北京丰台年鉴

2015

北京市丰台区地方志编纂委员会

中 华 书 局

2015

图书在版编目（CIP）数据

北京丰台年鉴. 2015 / 北京市丰台区地方志编纂委员会编.
—北京 ：中华书局，2015.12
ISBN 978—7—101—11391—4

Ⅰ. 北… Ⅱ. 北… Ⅲ. 丰台区－2015－年鉴
Ⅳ. Z521.3

中国版本图书馆 CIP 数据核字（2015）第 281892 号

责任编辑：朱　慧

北京丰台年鉴（2015）
北京市丰台区地方志编纂委员会编
*
中 华 书 局 出 版
（北京市丰台区太平桥西里 38 号　100073）
http: // www. zhbc. com. cn
E-mail: zhbc@zhbc. com. cn
廊坊飞腾印刷包装有限公司
*
787×1092　1/16　28 印张　32 插页　530 千字
2015 年 12 月第 1 版　　2015 年 12 月第 1 次印刷
印数：1000 册　　定价：130 元

ISBN　978—7—101—11391—4

北京市丰台区地方志编纂委员会

《北京丰台年鉴》编辑部

编 辑 说 明

一、《北京丰台年鉴》是一部综合性资料性工具书和史料文献。在丰台区委、区政府领导下，由区地方志编纂委员会主持编纂。

二、本年鉴以邓小平理论、“三个代表”重要思想和科学发展观为指导，坚持以经济建设为中心，坚持实事求是的原则，与时俱进，开拓创新，科学地反映客观情况。

三、本年鉴从 2002 年开始，逐年编辑出版。当年出版的年鉴全面汇集上一年度丰台区各项事业、行业等诸方面新发生的重大事件、新情况和重要的文献信息，为各级领导提供可资参考的依据，为各个行业提供有价值的资料，为各方面人士了解、熟悉和研究丰台提供最新信息。

四、本年鉴以详记区属各系统、各单位为主，略记驻区部分中央、市属单位的情况。

五、本年鉴采用文章、条目等体裁，以条目为主，用规范的语体文、记述体直陈其事，文字力求言简意赅。

六、本年鉴文字内容设有特载、大事记、政党团体、政权政协、政法军事、农村经济和农业、工业、商贸服务业、高新技术产业、综合经济管理、财政税务审计、金融、城市建设和管理、交通邮电、科技教育、文化体育卫生、社会、街乡（镇）、人物、附录等一级栏目，一级栏目下设二级栏目，二级栏目下设分目，分目下设条目。

七、本年鉴收有 2014 年内丰台区党、政、军、民主党派、团体、街乡（镇）、部分企业负责人名录及驻区部分单位负责人名录，所列职务均以 2014 年内任职为限，其中有任免情况的分别予以说明，同时收有获得国家（中央部委）、市奖励与荣誉称号的单位和个人名单和获得高级职称的人员名单。

八、本年鉴选入的文章、条目均由各部门、各单位确定专人撰写，并经主管负责人审核。统计资料由区统计局提供，照片由各单位提供。

九、本年鉴反映 2014 年 1 月 1 日至 12 月 31 日期间的情况，文内一般直书月、日，不再写年份。

十、本年鉴由区地方志办公室《北京丰台年鉴》编辑部负责编辑、文字加工和版面设计。在编辑出版过程中得到了全区各单位及各方面的大力支持和热情帮助，在此一并表示感谢。由于编辑水平所限，疏漏和不足之处恳请读者批评指正。

9 月 6 日 国务院副总理汪洋到卢沟桥乡调研

5 月 20 日 市委书记郭金龙到世界种子大会筹备处调研

6月25日 中宣部副部长黄坤明到区参观乡史规划馆

6月27日 国家食药总局副局长滕佳才到光彩路体育馆考察

6月27日，副市长程红到光彩路体育馆考察

12月17日 区委书记杨艺文到丽泽商务区调研

3月26日 区委副书记、区长冀岩到方庄地区调研

5月30日 区人大常委会主任王苏维到方庄地区调研

10月14日 区政协主席李昌安到方庄地区调研

9 月 25 日 区委副书记顾晓园慰问公安分局劳动模范

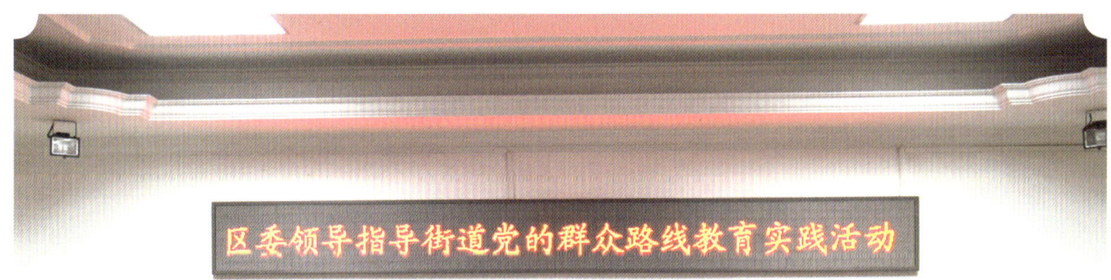

3 月 11 日 区纪委书记李军到东高地街道调研

5月20日 区委常委、副区长刘宇到小瓦窑村调研

12月9日 副区长高峰到东高地街道考察党风廉政建设工作

5月4日 副区长钟百利到岳各庄农贸市场调研

3月5日 副区长吴继东陪同清华大学五道口金融学院教育专家到区考察

重要会议

1月10日 丰台区第十五届人民代表大会第四次会议

1月8日 中国人民政治协商会议北京市丰台区第九届委员会第四次会议

重要会议

12 月 30 日 丰台区工会第十二次代表大会

4 月 25 日 丰台区农村工作会

9 月 25 日 丰台区商会成立大会

党建掠影

10月23日 区委党校召开党的群众教育实践活动总结大会

10月13日 区少工委在抗战雕塑园举行示范队日活动

商务楼宇党务专职工作者“知企情、强服务、促规范”大比武、大练兵活动

4月28日 中福丽宫商务楼宇党建工作站成立

5月18日 市第24次“全国助残日”丰台区丝网作品展台

10月26日 农村妇女“两癌”免费检查宣传活动

9月18日 市侨联和丰台区委联合举办的“首都侨界纪念抗战胜利歌曲大联唱”活动

6月26日 区总工会组织“五月的鲜花”红歌汇演

8月21日 全总女工部部长王倩到区调研“妈咪屋”建设情况

5 月 22 日 民建丰台区工委奖学金签约暨民建“爱心·扬帆”助学基地揭牌

8 月 23 日 民进丰台暑期班开课

11 月 16 日 区中国农工民主党第 26 届国际科学与和平周义诊活动

5月30日 民建经一支部赴区儿童福利院“六一”献爱心活动

10月22日 “民盟送爱心 健康公益行”走进卢沟桥社会福利中心

7月1日 区委副书记、区委政法委书记顾晓园带队到丰台法院调研

6月21日 举行丰台区第二次律师代表大会

4月18日 区法律援助中心与律师协会驻看守所工作站揭牌

10月28日 召开市检察机关附条件不起诉适用标准专家论证会

3月15日丰台工商分局普及学习新消法

1月10日公安分局举办“110守护您的平安”主题宣传活动

4月10日 消防支队组织搜救队实战拉动演练

10月2日 市消防总队长吴志强到分钟寺地区检查工作

5月8日 赵登禹学校安全疏散演练

10 月 23 日 民防局志愿者特种应急救援队伍培训

3 月 4 日 应急指挥车业务知识培训交流

5月16日 区治安巡防队到千灵山练兵考核

7月14日 区领导接待信访群众

6月25日 国土分局开展第24个全国土地日宣传活动

长辛店大灰厂村水源地项目

种子大会

10月15日至18日举办第22届北京种子大会

国内首家种业主题展示中心

7 月 1 日 市住房公积金贷款中心丰台网点开业

8 月 22 日 长征七号首次助推分离试验成功

12 月 4 日 市政协领导到自动化研究院调研

5月28日 市第三届京交会丰台区展台

9月28日 白沟大红门国际服装城开业

3月25日 蔬菜直销车进入彩虹嘉园社区

7月3日 区食品药品安全监控中心挂牌

7月1日 天坛医院开工

6月12日 房管中心供暖所有限空间作业演练

9月26日 西罗园街道气象信息员到气象局学习

园博湖风景

8月2日 区第六届自主择业军转干部专场招聘会

9月2日 区档案局（馆）与区统战部联合举办卢沟桥事变抗战图片展

10月21日 京港“社区医疗新世界社区卫生服务培训示范中心”项目合作协议签署及授牌

5 月 10 日 区科委在莲花池公园组织防震减灾科普宣传

9 月 23 日 在丰台花园举办全国科普日主场活动

8月13日 群众合唱大赛

10月19日 北京国际车辆模型大奖赛

10月1日 园博园里举办建国65周年游园会

9月19日 区原创文学作品朗诵会

9月1日 首都经济贸易大学附中附小揭牌

9月3日 区中学生十八岁成人仪式

1月24日 方庄地区第一届"最美方庄人"评选总结大会

8月15日 东铁匠营街道举办心露工程
—助残工作者压力管理培训

9月26日 "舞动红门·乐享健身"
群众舞蹈大赛

10月23日 和义街道残疾人温馨家园
"中外学生实践公益基地"挂牌仪式

8月1日 卢沟桥街道"火红八月·卢沟记忆"
活动

8 月 18 日马家堡街道在“首地大峡谷”举办大型图片展

3 月 27 日 区领导到南苑调研棚户区改造

1 月 17 日 市文明办领导到太平桥街道调研

8 月 13 区领导参加宛平城地区自来水问题协调会

10 月 11 日 西罗园街道组织社区进行社会主义核心价值观知识竞赛

友好往来

9月10号 丰台区与克罗地亚大戈里察市友好交流签署“备忘录”

9月5日 北京汽车博物馆与法国米卢斯国家汽车博物馆开启汽车文化交流合作

12月22日 埃塞俄比亚代表团到北京三兴汽车有限公司考察

目　　录

特　　载

专　　文

区情概况

大 事 记

政党　团体

政权　政协

政法　军事

农村经济和农业

工　业

商贸　服务业

高新技术产业

综合经济管理

财政　税务　审计

金　　融

城乡建设和管理

交通　邮电

科技　教育

文化　体育　卫生

社　会

街　乡（镇）

人　　物

统计资料

附　　录

索　　引

特 载

杨艺文同志在区委十一届六次全会上的工作报告

（2015年1月9日）

同志们：

受区委常委会委托，我向全会作工作报告。

一、关于2014年工作情况

区委十一届五次全委会以来，在市委、市政府领导下，常委会全面贯彻落实党的十八大和十八届三中、四中全会精神，认真学习贯彻习近平总书记系列重要讲话精神，特别是视察北京时的重要讲话精神，全年共召开了40次会议，审议了150个议题，以稳增长、转方式、调结构为核心深化改革，推动经济平稳健康发展，坚持不懈保障和改善民生，加强城市环境和社会秩序治理，推进民主政治建设和宣传思想文化建设，扎实开展党的群众路线教育实践活动，全区呈现良好发展态势。下面我报告一年来的重点工作：

（一）扎实开展党的群众路线教育实践活动

狠抓班子建设，发挥领导示范表率作用。常委会坚持突出重点、聚焦问题，带头落实整改，以实际行动为全区党员干部树标杆、作榜样。区人大常委会党组、区政府党组、区政协党组精心组织，确保工作扎实到位。全区处级领导班子结合实际、抓好落实，在全区形成了以上率下、整体联动、善始善终、善作善成的工作局面。

狠抓思想教育，提升服务群众能力和水平。紧扣“三严三实”要求，全面加强理想信念、宗旨意识、先进典型、反面警示教育，广大党员干部思想上补了课、精神上补了钙。下大力气解决了一批群众反映强烈的买菜难、停车难等切身利益问题，努力畅通服务群众“最后一公里”，使人民群众真正得到实惠，得到了广大群众的拥护和称赞。

狠抓“四风”问题，推进整改落实与建章立制。严格落实中央八项规定和市委实施意见，抓好突出问题整改落实，精简会议、文件，压缩“三公经费”，吃拿卡要、庸懒散拖等问题得到有效整治。针对“四风”问题易发多发的重点领域和薄弱环节，区委制定17个方面68项制度，初步形成了既“治病”又“防病”的制度体系。

狠抓正风肃纪，深化党风廉政建设。加大查办案件力度，纪检监察机关新立案81件，同比增长84%。查处违反中央八项规定问题10起，处理党员干部6人。给予党纪政纪处分63人，移送司法机关处理18人。立案查处17起“小官贪腐”案件，初步刹住了少数农村基层干部目无法纪、肆意妄为的腐败之风。

狠抓基础工作，加强基层服务型党组织建设。采取“调整、选派、驻点、结对、扶助”等措施，集中整顿 22 个软弱涣散基层党组织。开展 46 个基层服务型党组织建设试点工作，广泛开展在职党员回社区报到、服务群众活动。全面推进社会领域党建工作，实现商务楼宇网站服务体系全覆盖。

（二）深入贯彻总书记视察北京重要讲话精神

坚持“瘦身健体”，推进产业结构调整。以丽泽金融商务区、科技园区为重点，着力构建“高精尖”经济结构，金融、科技、商务等生产性服务业增加值占第三产业比重超过 50%，其中金融业对经济增长贡献率近 20%。出台新增产业禁止和限制目录，推动经济转型发展。围绕京津冀协同发展，主动落实非首都核心功能疏解工作，成立工作机构、搭建对接平台、引导企业迁移，为疏解工作的进一步推进奠定了良好的基础。

持续加强环境建设，推动“城市病”治理。严格落实人口规模调控要求，加大地下空间、违法群租房整治和拆违控违力度，重点打造方庄环境建设综合示范区，综合整治纪家庙、分钟寺等城乡结合部地区。严格落实清洁空气行动计划，调整退出工业污染企业 40 家，加强中小河道治理，完成三年平原造林任务，生态环境有效提升。

统筹城乡发展，提升城乡一体化水平。持续推进河东地区城市化进程，统筹农村征地拆迁、回迁转居、产业落地、社会管理等工作。成功筹办第 75 届世界种子大会，抓住二道绿隔试点机遇推动河西发展，探索新型城镇化路径，加大对经济薄弱村的扶持，产业发展质量、基础设施水平明显改善。

加大民生保障，改善群众生活质量。常委会注重保障和改善民生，近三分之一固定资产投资投向基础设施领域。道路和轨道建设顺利推进，城市路网进一步完善。郭公庄水厂投入使用，保证了市民顺利用上“南水”。南苑、长辛店棚户区改造加快实施，老旧小区综合整治继续推进，保障房建设加大力度，超额完成年度任务。完善公共服务体系，深化教育集群和优质校集团化建设，优势教育资源得到提升。推进医药卫生体制改革，建立全市首家紧密型区域医联体，养老服务工作机制和政策引导稳步推进，城乡居民收入稳步增长。

（三）切实抓好改革措施落地

坚持简政放权，促进政府职能转变。常委会加强对改革工作的领导。建立行政审批联席会议制度，清理 284 项区级行政审批。积极推进投资项目审批流程试点工作，行政效能得到提高。推进工商登记制度改革，放宽市场准入，优化营商环境，企业注册量增长 50.5%。对重点功能区、重点产业开设绿色通道，“一对一”上门服务，政府服务能力进一步提升。

完善产权制度，资源配置得到优化。加强国有资产监管，区属国有企业进一步重组，积极探索混合所有制的发展模式。深化农村产权制度改革，启动农村产权交易平台建设，推进集体建设用地统筹利用试点工作。引导集体经济组织以股份制形式参与重点功能区建设，卢沟桥乡、长辛店镇借助丽泽金融商务区、科技园区辐射，成立合作开发主体，探索“共同开发、共享收益”的长效机制。

激发社会活力，推进社会治理创新。推进全区社会治理改革试点工作，围绕老旧小区管理积极探索多元共治的新方式、新途径，通过协商议事拓展各治理主体参与社区事务的渠道，形成了很多好的经验做法。加大力度推进政府购买社会组织服务项目，积极培育扶持社会组织发展，落实街道级“枢纽型”社会组织认定工作，引导社会组织在志愿服务、文体活动等领域开展活动。

（四）积极推进社会主义民主法治建设

发挥人大、政协制度优势。常委会高度重视区人大、区政协工作，支持和保障人大依法履行职责，支持人大围绕养老事业发展、重点功能区建设等重大问题提出议案，并加强议案、建议的督办，提高了办理质量和效率。积极发挥人民政协作为协商民主重要渠道作用，围绕农村城市化等重点工作进行高质量政治协商，加强提案、社情民意信息的办理力度，推动协商民主建设制度化、规范化、程序化。

推动基层自治创新发展。认真落实社区、农村基层组织向群众报告工作等群众工作制度，深入实施居民“四权实践”，推广社区事务议事协商、自管会、劝导队等基层民主经验。制定《丰台区加强老旧小区服务管理工作的意见》，开展老旧小区自我服务管理试点工作。严格实施“四议一审两公开”，加强村务监督委员会规范化建设。开展“民主日”活动，全面修订村规民约，继续推进农村典型示范社区建设，提高了农村地区社会治理水平。

维护社会和谐稳定。完善社区民警驻区制，开展“千警万户”大走访活动，发挥群防群治作用，狠抓重点地区秩序整顿。加强重大决策社会稳定风险评估，注重源头预防，及时化解矛盾，解决了一批突出信访问题。推进安全生产标准化工作，开展重点行业专项整治活动，加强隐患排查，安全生产形势平稳。

同志们，2014 年取得的成绩来之不易，积累的经验弥足珍贵，大家付出了辛勤劳动和艰苦努力，我代表常委会向大家表示衷心的感谢！

常委会 2014 年干部选拔任用工作报告以书面形式印发大家，请予审议。

二、2015 年面临的形势和要求

党的十八大以来，围绕全面建成小康社会总目标，中央对全面深化改革，全面推进依法治国，全面推进从严治党，认识把握经济发展新常态，提出了一系列明确要求，全区各级领导干部要认真领会和深刻认识，把思想统一到中央和市委、市政府的各项决策部署上来，主动观大局、善于谋大势。

（一）充分认识当前形势下从严治党的重要性和紧迫性

党的十八大以来，习近平总书记反复强调从严治党的极端重要性，明确提出要牢固树立抓好党建是最大政绩的理念。在最近召开的市委六次全会上，郭金龙书记要求切实增强党要管党的历史使命感，把全面从严治党的要求不折不扣地落到实处，进一步提高全市党建工作水平。中央和市委的一系列要求和部署，标志着我们党已经形成“党要管党、从严治党”的新常态。

多年来，区委高度重视党的建设，坚持围绕中心、服务大局这一根本，坚持不懈地抓各级领导班子、基层党组织和干部队伍建设以及党风廉政建设责任制的落实，切实把组织优势转化成为发展优势，促进了党建工作与区域发展的互促双赢，形成了一系列先进典型和经验。面对新形势下从严治党的各项要求，我们也要清醒地看到，在进一步落实党委（党组）抓党建的主体责任方面，在充分发挥基层党组织战斗堡垒作用、整顿基层软弱涣散党组织方面，在进一步增强党员意识、密切党群关系、发挥党员干部先锋模范作用方面，在加强党风廉政建设、惩治腐败方面，还有大量工作要做，还有需要研究探索的路径和方法，还有面临的新挑战和新考验。

全区各级班子和领导干部要切实增强从严治党的责任感和使命感，要经常问一问各级党组织是不是真正做到了聚精会神抓党建，书记是不是真正成为了从严治党的书记，班子成员是不是真正履行了分管领域从严治党的责任，要认真想一想：巩固党的执政基础靠什么，整合力量凝聚社会共识靠什么，推动发展实现“中国梦”靠什么。在当前复杂多变的国内外形势下，加强和改善党的自身建设，提高党建工作科学化水平，是一项重要的政治任务，也是一个永恒的课题。要切实把思想和行动统一到中央和市委的要求部署上来，各级党委要坚持党建与中心工作同谋划、同部署、同考核，坚持高标准、严要求、重实效，真正做到思想教育要从严要求，干部管理要从严约束，作风建设要从严整改，制度规章要从严管用，廉政建设要从严落实。要加强党建工作创新，建立科学的考评体系，既要避免党建与发展一手软一手硬，也要防止党建工作形式主义、“两张皮”，增强党建工作的针对性、导向性和实效性。要坚持问题导向、重视基层需求、回应群众关切、关注社会反映，求真务实地抓好党建工作。要通过加强党员领导干部的思想政治建设，夯实创新发展的思想基础；通过加强各级领导班子和基层组织建设，提升领导发展的能力水平；通过加强改进作风建设，凝聚推动发展的社会力量；通过加强党的各项规章制度和党风廉政建设，营造廉洁发展的政治环境。

（二）充分认识依法执政是实现治理体系和治理能力现代化的必然要求

党的十八届四中全会作出了全面推进依法治国的重大战略决策，与三中全会确立的全面深化改革、建设法治中国的目标形成了姐妹篇。依法治国不仅是全面深化改革的重要保障，也是今后我们党领导方式和执政方式的重大改变。市委六次全会审议通过了《关于贯彻落实党的十八届四中全会精神全面推进法治建设的意见》，提出建设法治中国首善之区的目标。丰台作为首都的重要组成部分，推进法治建设、实现首善之区的目标，既是义不容辞的当然责任，也是内在发展的迫切需求。

当前丰台正处于产业结构调整期、城市化攻坚期、“城市病”治理期、多元矛盾化解期、社会治理创新期，在这个过程中，不仅要认真总结过去行之有效的经验和方法，也要探索适应发展要求的法治之策、法治之路、法治之举。有的同志面对新形势新要求还有些不适应，产生畏难情绪和“怠政”现象，把依法办事片面理解为“依法办不了事”和“依法不办事”，这是依法执政意识不强、能力不高的表现。要强化“六五”普法宣传教育，各级党委要提高“办事依法、遇事找法、解决问题用法、化解矛盾靠法”的自觉性，善于依法执政；各级领导干部要运用法治思维考虑问题，善于依法决策；各部门要学会用法治方式推动发展、破解难题，善于依法履责；全体党员要遵守法治约束，做到法律面前一律平等，善于依法作为；要在全社会创造一个遵法用法守法的法治环境，使广大人民群众善于依法维护自身合法权益。本次会议也将审议区委《关于全面推进丰台法治建设的意见》，请大家认真讨论并提出修改意见建议，全会通过后，各级党委要认真贯彻执行。

（三）充分认识首都形势发展为丰台带来的新机遇和新挑战

区十一次党代会提出了建设经济繁荣、社会文明、人民幸福新丰台的奋斗目标，围绕这个目标我们坚持高端发展、创新发展、绿色发展、统筹发展、和谐发展，区域经济社会取得了新成就。成绩来之不易，既定的发展思路要坚持，既定的发展目标要努力完成。同时要根据习近平总书记视察北京时所作的重要讲话和对当前中国经济发展新常态的阐述，牢牢把握首都“四个中心”的城市功能定位和建设国际一流的和谐宜居之都的战略目标，紧密结合区情，实现区域发展与首都发展相适应、相协调，确保丰台经济社会发展结构更优、质量更高、效益更好。

一是强化全局站位。面对首都的发展战略和丰台区发展的阶段性特点，我们的目光不仅要聚焦在一个地区、一个区域，还要着眼于全市和京津冀地区的协同发展。要坚持不懈地把疏解非首都核心功能作为一项重要任务抓紧抓好，要摸清全区需要疏解的底数，不断研究总结疏解的经验和典型，统筹考虑产业疏解、升级和转型一体化的政策机制。要坚持“一盘棋”发展思路，区、乡镇街道、社区村发展规划和产业目录要统筹协调、衔接配套，充分发挥好区、乡镇街道、社区村各自的优势和积极性。要持续解决区域发展不平衡问题，除了进一步加大对河西地区的政策和资金倾斜、加快推进城镇化进程外，也要发挥河西地区生态优势，引入与其资源禀赋和劳动力就业相适应、相匹配的产业。

二是紧抓发展机遇。要在认真落实区“十二五”规划和区十一次党代会确立的奋斗目标的基础上，结合“十三五”规划的研究制定，认真分析丰台区未来五到十年中在全市的发展优势和发展布局，积极探寻城南行动计划、第二机场建设、京津冀一体化协同发展给丰台区带来的发展机遇，加紧完善并谋划新的产业发展定位和布局，进一步夯实丰台发展的基础。要倍加珍惜现有的土地资源，坚持规划先行、发展持续。目前我们正经历一个阵痛过程，既要加速发展又缺少资金供给，以房地产项目开发带动会有一段惯性，但必须要始终牢记“高精尖”、创新型产业是丰台发展之本。区十一次党代会对土地资源统筹和集约利用已经作了战略性要求和部署，必须坚持。具有生态环境资源禀赋优势的地区，特别是一些具有历史文化特色和保留价值的城镇和遗址，一定要注意多元利用、保护式发展，探寻新的发展路径和增长点。

三是提升发展质量。在当前新常态的经济形势下，要把转变发展方式、提升发展质量和效益作为区域发展的核心和关键。目前国家正在清理规范各地区的税收等优惠政策，能够享受的政策红利越来越少，下一步的关键是深化改革、转变职能；疏解非首都核心功能，规划用地等指标也受到一定的限制，下一步的关键是产业聚集、优化升级；基础设施薄弱，加快建设与资金短缺的矛盾仍然突出，下一步的关键是多元合作、资本引入；产业功能区建设拆迁，成本和难度进一步加大，下一步的关键是集中力量、攻坚克难；绿隔试点政策与城乡一体化协调推进需要一定周期，下一步的关键是政策集成、创新带动。我们既要重视大项目、大企业“顶天立地”的支撑作用，也要发挥“专精特新”创新型中小企业在增强发展活力、促进就业中“遍地开花”的辐射作用。既要加大引入新产业项目的力度，扩大优质增量，也要注意发挥驻区企业的科技文化资源优势，促进相互间的合作发展，形成各具特色的产业链条，优化提升存量。既要做强做大产业功能区，加速“高精尖”产业聚集，也要发挥区位生态环境资源优势，促进现代服务业的发展。要围绕市民生活个性化、时尚化、多元化消费新需求，引领新时尚、打造新平台，实现区域优势产业的聚集，做好做优都市生活新兴产业。要按照中央和市委市政府的要求，加速转方式、调结构，提质增效、创新驱动，同心协力把发展蓝图描绘好。

三、关于2015年工作安排

今年区委的主要任务是：全面贯彻党的十八大、十八届三中、四中全会和中央经济工作会议精神，贯彻落实习近平总书记视察北京时的重要讲话精神，落实市委十一届六次全会精神，以加强党的建设、落实从严治党责任、提升领导发展能力为统领，以积极主动适应新常态、坚持首都发展战略、继续深化改革、提升发展质量为核心，以统筹区域发展、加快城乡一体化步伐、保障民生促进和谐为目标，以加快社会治理体系建设、推进丰台法治建设为保障，坚定信心，敢于担当，锐意进取，为建设繁荣、文明、幸福新丰台作出新贡献。

关于今年全区主要经济社会发展指标，冀岩同志将作部署，要在新常态下坚持稳中求进、进中有为。新常态是调结构、转方式、引领经济发展的方向盘，是深化改革、创新驱动、提质增效的助推器，是做好今年工作的指路灯。下面，我结合全区工作讲几点意见。

（一）切实加强对全区经济社会发展的领导

区委要发挥好统揽全区经济社会发展的领导作用，协调人大、政府、政协发挥好各自的制度优势和职能优势，把完成区委确定的目标任务变成全区广大干部群众和社会各界的自觉行动。坚持提质增效，推进科学发展。要坚持不懈地提升重点产业功能区的建设水平，充分发挥对区域发展的支撑带动作用。丽泽金融商务区要加快整体开发，加强基础设施建设，完善运营管理机制，优化金融产业生态环境设计，加速金融要素聚集，提升金融商务区整体形象。科技园区要强化创新驱动，壮大特色产业集群，加强文化科技创新型中小企业的引入和培育，创造新的增长点。发挥和利用好青龙湖文化会都和园博园的平台作用，加强后续利用，加快推进国家数字出版基地和戏曲文化中心建设，逐步做强文化创意产业，打造文化丰台。促进一产与三产、文化与旅游、线上与线下的有机融合，发挥区位、资源、环境优势，聚集带动区域会展经济、文化旅游、健康养老、都市休闲等特色产业发展。加强楼宇经济研究，促进楼宇引入企业与区域产业定位的紧密结合，提高区域经济发展贡献力。做实做强“智慧丰台”数据平台建设，加大经济综合分析力度，提高经济发展决策水平。要坚定不移地推进非首都核心功能疏解，坚持把疏解低端产业与控制人口无序增长有机结合，以大红门等地区为试点，加强分类指导，完善政策机制，促进产业转型和优化升级。继续加强与保定市的合作，促进疏解功能的有序对接，建立互利共赢的合作机制。坚持规划先行，认真完成“十二五”规划目标，抓好第二阶段城南行动计划收尾工作，按照“多规合一”的原则编制好“十三五”发展规划纲要和专项规划。根据区域发展现状，今年要实现地区生产总值增长8%左右，一般公共预算收入增长8%以上，做到调速不减势、量增质更优。

坚持提升品质，加强环境建设。

坚持人口资源环境协调发展，抓好“城市病”治理。严格落实人口调控目标，强化属地责任，常住人口增速控制在1.3%以内。继续加强群租房、地下空间整治工作，严控新增违建，加大力度解决违章建设和征地拆迁遗留问题。提升绿化美化水平，集中力量打造方庄二期、科技园区环境建设亮点。加大城乡结合部整治改造，加强老旧小区环境提升，针对群众反映强烈、社会关注度高的环境脏乱和设施欠账较多的地区，每年要有计划地解决一批，形成环境建设常态化。要结合纪念中国人民抗日战争暨世界反法西斯战争胜利70周年等重大国家活动的保障，加强宛平城地区和周边沿线环境整治。严格落实大气污染和水污染防治任务，确保万元GDP能耗下降2%左右。进一步完善基础设施建设，坚持不懈优化区域环境，提升城市形象品质。

坚持以人为本，切实改善民生。继续抓好就业增收，实现城镇居民人均可支配收入增长8%左右，农民人均纯收入增长9%左右。加大保障房建设，切实实现“十二五”末筹措建设保障性住房2.5万套的目标，基本满足区内1.6万户经适房和限价房备案轮候家庭住房需求。推进长辛店、东铁营等棚户区改造，切实改善群众居住条件。加强公共文化服务体系建设，做好规划布局，扩大社区文体活动场地，加快综合文化中心建设。加强养老服务体系建设，扩大养老服务设施的供给，推进居家养老、社区养老、机构养老有机结合。加强社区服务体系建设，注重社区各类资源共享、品牌打造，整合利用好地下空间，解决群众活动需求。加大政府购买服务力度，放大资金使用效益，推动公共服务均等化，提升社工人才队伍水平。继续深化教育体制改革，实施“内升外引”战略和“集团+集群”的推进模式，扩大优质教育资源，促进均衡发展。加快医疗体制改革，深化医联体建设，持续做好“国家慢性病综合防控示范区”建设，不断提升卫生服务水平。大力开展精神文明创建活动和公民思想道德建设，探索多种形式的市民文化宣传活动，寓教于乐，将社会主义核心价值观内化于心、外化于行。推进金中都遗址保护和宛平城修缮等文物保护工作，提升城市的文化品质。

坚持深化改革，破解发展难题。落实行政审批制度改革措施，深化工商登记制度和投资项目审批制度改革，按照“先照后证”、“三证合一”的要求，推进“一口办理、限时办理、规范办理、透明办理”，切实转变政府职能，提升政务综合服务效能，维护公平竞争的市场秩序，优化企业发展环境。加快转变国有资产监管方式，推进国有企业重组。积极发展混合所有制经济，打通社会资本进入通道，用经济杠杆撬动社会资本参与区域建设发展。加快推进农村城市化进程，深化农村集体经济产权制度改革和农村集体建设用地改革，以河东一道绿隔地区城市化改造试点为突破，推动解决历史遗留问题，借助二道绿隔地区建设，推动河西发展。探索城市管理新机制，研究建立统筹协调、条块结合、联勤联动的城市综合管理体系。

（二）切实加强对全区民主法治建设的领导

充分发挥人大、政协制度优势。区委将认真落实市委关于人大和政协工作会议的要求和部署，增强促进民主政治建设的自觉性和主动性。支持人大、政协围绕全区发展大局，发挥各自的制度优势，定期听取人大、政协党组工作汇报，坚持把人大、政协工作作为区委全局工作的重要组成部分，把区委重大决策和工作部署通过人大、政协工作形成社会共识，推进区委领导人大、政协工作的制度化建设。区委全力支持和保证人大、政协依法依章，独立行使职责。支持人大加大对“一府两院”工作中重大事项的法律监督，形成定期向人大报告工作的机制。强化基层协商民主广泛多层制度化，探索民主监督有效形式，建立向政协通报情况机制，制定定期协商年度计划，提高民主政治建设的能力和水平。

促进政府提高依法行政水平。要认真落实中央提出的建设职能科学、权责法定、执法严明、公开公正、廉洁高效、守法诚信的法治政府的目标，推进政府事权规范化、法定化。坚持推进简政放权，优化组织结构和运行机制，强化服务意识，为企业发展创造良好环境。坚持推进依法决策，扩大公众参与、专家论证，加强重大行政决策的风险评估。坚持推进政务公开，推行权力清单制度，规范权力运行程序，加强对行政权力的制约和监督。坚持推进依法履责，建设高素质的行政执法队伍，增强依法行政、合理行政意识，遵循法定职责必须为、法无授权不可为，全面落实行政执法责任制，加强城市管理和市场监管，依法惩处各类违法行为。

有效推进社会治理创新。切实提高基层社会治理能力，加强党组织领导下的居委会、村委会等群众自治组织建设和公益性、服务性社会组织建设，深化社区自管会、村规民约等群众自治形式，坚持“四化入户”、市民劝导队等组织动员方式，扩大公众参与，促进协同共治，总结推广具有丰台特色的基层治理模式，夯实基层民主基础。切实组织好居委会换届选举工作，扩大直选范围，着眼于提高基层组织凝聚力，选出群众认同度、满意度高的基层领导班子。切实落实居务、村务公开制度，加大“四议一审两公开”工作的推进力度，加强群众对基层组织述职的评议，切实保障群众知情权、参与权、表达权、监督权。按期完成社区办公、活动用房达标工作，为社区党组织、自治组织和群众提供必要的活动空间。

广泛凝聚社会力量。区委要围绕全区经济社会发展和事关群众切身利益的重大事项，定期与各党派团体、驻区单位、群团组织、社会组织和社会各界加强情况沟通，听取意见建议。要牢固树立不求所有、但求所在、为我所用的意识，广泛凝聚社会力量，发挥社会各方资源优势，汇聚建设发展共识，实现共驻共建。要扎实开展双拥模范城“六连冠”争创活动，巩固军政军民团结的良好局面。要充分发挥离退休老同志和社会公众关注区域经济社会发展的热情和积极性，举全区之力，集各方之智，为建设繁荣、文明、幸福新丰台献计献策、贡献力量。

（三）切实加强对全区政治和谐和社会稳定的领导

坚持正确的舆论导向。采用群众喜闻乐见的形式和鲜活可学的实践案例，加强对习近平总书记系列重要讲话精神和党的路线方针政策的学习辅导，加强对丰台建设发展的新成就、新变化的宣传，振奋全区人民的信心，形成强大的思想动力。通过纪念中国人民抗日战争暨世界反法西斯战争胜利 70 周年活动，在全区广泛开展多种形式的“中国梦•和平梦”宣传活动，凝聚广大群众的爱国之情、爱区之情。通过在全区深入开展“创造丰台之美”等主题活动，组织动员广大干部群众和驻区单位参与区域建设发展。通过“我身边的先锋”特色宣讲，“最美丰台人”的选树，宣传优秀事迹和先进典型，弘扬社会主义核心价值观。通过“你所不知道的丰台”等文献资料发掘，展现丰台悠久、厚重的历史文化。通过《丰台报》、丰台有线、官方微博、微信等各种媒体资源的融合，不断巩固壮大思想舆论阵地。

预防化解社会矛盾。各级领导干部要牢固树立依法执政理念，坚持依法办事，健全完善重大决策社会风险评估机制，加大风险排查力度，从源头上预防和减少社会矛盾的发生。要提高整合社会力量、协调社会关系、平衡社会利益的能力，建立利益表达机制、协商沟通机制、矛盾纠纷多元调解机制，充分发挥行政调解、司法调解、人民调解和专业调解衔接配套的多元调解体系的作用。进一步把信访工作纳入法治化轨道，落实属地责任，将矛盾化解在基层、解决在当地、消除在萌芽状态。要加强对重大突发事件应急处置，做到反应迅速、处置得力，确保全区的安全稳定。

加强社会综合治理。深入推进平安丰台建设，强化治安重点地区、城乡结合部地区综合整治工作，完善打防控一体化社会治安防控体系。推进专群结合、群防群治工作规范化建设，加强老旧小区技防物防建设，持续开展“千警万户”大走访活动，夯实治安防范基础。建立健全安全生产责任体系、隐患排查治理体系、安全生产预防控制体系，有效防止群死群伤重特大安全生产事故和火灾事件的发生，保障人民群众生命财产安全。全面加强食品药品、商品质量等领域的专业化监管，保障消费安全，不断提高人民群众的安全感和满意度。

维护社会公平正义。认真贯彻落实中央关于完善司法管理体制和司法权力运行机制的要求，全区各级领导干部要旗帜鲜明支持司法机关依法独立行使职权，各级行政机关负责人要带头出庭应诉，支持法院受理行政案件，尊重并执行生效判决。构建公开透明的司法监督体系，保障诉讼当事人和其他诉讼参与人的合法权益。加强司法救助和法律援助工作，为困难群众提供高效、便利、优惠的法律服务。加强法治工作队伍的政治素质和思想建设，提高队伍的业务工作能力和职业道德水准，为丰台法治建设提供强有力的组织和人才保障。

（四）切实加强对全区从严治党工作的领导

切实抓好党员领导干部思想政治建设。区委将制定《加强党员领导干部思想政治建设的意见》，推进党员领导干部思想政治建设的制度化、常态化。完善各级中心组理论学习制度，通过请进来、走出去开展行之有效、持续深入的学习教育活动，使党员干部进一步坚定理想信念，严守政治纪律，增强宗旨意识。组织、宣传、纪检部门要统筹安排干部教育培训，把党员领导干部教育、专项素质培训、党风廉政教育等纳入培训主体班次，办好党（工）委书记党建研修班和基层党支部书记培训班，增强教育培训的系统性、实效性，进一步深化学习型党组织建设，提高党员干部的思想理论水平和推动发展的能力。

切实抓好各级领导班子和基层党组织建设。各级领导班子成员要以身作则，率先垂范，严格落实党建主体责任，完善党建工作述职、评议和责任追究制度，积极探索党建创新，研究制定党建工作评价指标体系，树立正确的工作导向。坚持干部选拔任用标准，加强民主酝酿、集体决策，重视年轻干部培养选拔和多岗位锻炼，合理使用各个年龄段的干部，以信念坚定、为民服务、勤政务实、敢于担当、清正廉洁为标准建设高素质的干部队伍。进一步深化基层党组织建设，不断完善区域化党建工作格局，增强基层党组织的服务功能，加强对基层党组织的管理，抓好社区、村党组织换届选举工作，确保把党性强、能力强、改革和服务意识强的党员选拔到基层党组织负责人队伍中来，增强基层党组织战斗力和凝聚力。

切实抓好教育实践活动整改落实。要巩固和扩大教育实践活动成果，继续深入转变作风，以整改方案和计划中确定的各项任务为重点，严格按照既定的牵头领导、责任主体、工作时限抓好落实，并纳入述职述廉和年度考核。要抓好区委 12 项群众工作制度的落实，把形成的好经验、好做法用制度固定下来，融入党建经常性工作。区委将对落实整改和制度建设工作进行专项检查，对“四风”问题出现反弹、群众反映强烈的，将约谈党委（党组）主要负责同志；对涉及违法违纪行为的，发现一起，查处一起，决不姑息迁就，将作风建设常抓不懈。

切实抓好党风廉政建设。严格执行市委《关于落实党风廉政建设责任制党委主体责任和纪委监督责任的实施意见》，研究完善各级纪委的组织设置模式。坚持正风肃纪，加强对窗口行业、一线执法部门的监督，加大执法办案力度，重点查办问题线索集中、群众反映强烈的领导干部，重点查办“四风”方面的违纪案件，重点查办工程建设、征地拆迁等领域违法案件。加强农村“三资”管理，强化审计监督，完善民主监督，预防和治理“小官贪腐”问题。严格执行党员领导干部报告个人有关事项、述职述廉等制度，完善“三重一大”决策制度，加强廉洁自律，营造风清气正干事创业的从政环境。

切实抓好执政能力建设。在全面深化改革、推进依法治国、坚持党要管党从严治党的新常态下，各级领导干部的执政能力面临新的挑战和考验。要适应新形势、新要求，立足大局、把握方向、拓宽眼界、深度思考，着力提高驾驭全局、处理复杂事务的能力；要加强调查研究、注重学习创新，把握经济社会发展的客观规律，着力提高推动经济社会发展的能力；要强化党员干部的法治思维和法治观念，敢于担当、善于作为，着力提高依法办事的能力；要深入群众、了解民意，以需求为导向，解决好群众关心的切身利益问题，着力提高服务群众的能力。

同志们，新的一年新的征程就在我们眼前，前进之路就在我们脚下，走好丰台的发展之路就在我们担负的职责使命之中，就在我们坚持不懈的努力奋斗之中。新常态蕴育新机遇，新挑战成就新作为，我们绝不辜负市委、市政府的期望和丰台广大人民群众的期盼，咬定青山不放松，一张蓝图绘到底，以更加饱满的精神状态，以更加积极的主动作为，以更加清晰的工作思路，以更加务实的工作作风，为建设经济繁荣、社会文明、人民幸福的新丰台而努力奋斗！

杨艺文同志在区委十一届六次全会上的总结讲话

（2015年1月9日）

同志们：

这次全会明确了今年区委工作的指导思想、目标方向和重点任务，大家在此基础上统一了思想，坚定了信心，凝聚了力量，达成了共识，实现今年的目标任务还需要大家集中精力谋划、抓好落实。下面，我讲三点意见。

一、保持奋发有为的精神状态，坚持争创一流的工作目标

当前，全区呈现团结向上、奋发有为的精神状态，为全面完成今年的工作打下了良好的基础。各级党组织和广大党员干部要坚决贯彻落实中央、市委决策部署和区委工作要求，不断提高领导力、动员力、执行力，凝聚全区智慧和力量，形成上下一股劲、共同促发展的良好局面。

一是坚定信心。近年来，丰台经济社会发展和环境建设有了很大的改变，上下多层面的关注度和群众的满意度不断提高。到丰台一个月后有三点突出感受。第一是深刻体会到在以超钢同志为班长的区委领导下，在区人大、区政府、区政协和全体同志的共同努力下，丰台区经济社会发展和城市面貌发生了很大变化，这些发展和变化为我们今后的工作打下了良好的基础，值得珍惜和持续坚持。第二是丰台干部队伍基础好、精神状态好，全区上下都有一股要迫切发展的愿望和干事的良好精神状态，这为丰台今后的发展奠定了重要的思想基础和组织基础。第三是丰台的环境资源优势、区位优势非常明显，为以后的发展留有很大的空间和潜力。

去年，习近平总书记视察北京时作了重要讲话，为首都工作指明了方向。市委、市政府以总书记视察北京重要讲话为统领，在落实首都城市战略定位、建设国际一流和谐宜居之都、转变发展方式、推动京津冀协同发展等方面作出了重要决策部署。落实好中央和市委的要求，需要我们认识、把握丰台区现阶段发展的特点和规律，利用好区位优势和资源环境优势，筑牢基础、挖掘潜力、抢抓机遇。我们有理由坚信丰台在首都发展新格局中必将扮演更重要的角色，作出更重要的贡献；有理由坚信我们在建设繁荣、文明、幸福新丰台上必将大有作为、再创新绩。

二是敢于担当。在经济发展的新常态下，丰台的发展正处在上升期，但也确实面临着很多问题和挑战，例如城乡发展不平衡问题、城乡结合部绿隔遗留问题、老旧小区环境提升和棚户区改造问题、疏解非首都核心产业问题等。这些困难和问题是我们所处的发展阶段所决定的，是发展中出现的问题，是绕不开、躲不过的。尽管解决这些困难和问题会有难度、会很棘手，但惟其艰难，才考验勇气，也才衡量担当。全区各级领导干部要以等不起的紧迫感、慢不得的危机感、坐不住的责任感，敢于担当、敢于碰硬、敢于负责，直面问题、直击矛盾，不回避、不推诿、不畏难，真正做到把责任扛在肩上，把困难踩在脚下，把目标任务落实到行动上。

三是善于创新。在破解发展瓶颈、治理

"城市病"等方面，我们要继续总结现有的、行之有效的经验和做法，同时进一步加大改革和创新的力度。国务院 2015 年第一次常务会议，把规范和改进行政审批行为、治理"审批难"问题作为今年的一项重要任务，媒体评论这是政府自我革命的进一步深化。会议对行政审批确定了五项改革措施：推行"一口受理"，实行"限时办理"，严格"规范办理"，坚持"透明办理"，推进"网上办理"。国务院的改革措施给了我们强烈的信号，要充分发挥市场在资源配置中的决定性作用，激发市场的动力和活力。更好地发挥政府的作用，就必须要向改革要红利，就必须要切实转变政府职能，就必须要不断创新体制机制，就必须要提高公共服务水平，为企业的发展、社会的参与创造良好的环境。近年来，我们在转变职能、为企业和社会提供服务方面做了大量的工作，已经有了很大的改进，但面对深化改革新形势、新任务的要求，我们还有改进和提升的空间，也仍然有企业和基层对我们的服务效率提出质疑。在政策红利越来越少的情况下，体现我们的竞争优势的核心是做好服务、优化环境，这需要我们不断改善服务、优化环境吸引企业聚集，需要我们不断学习提高、扩展视野、提升水平，适应管理理念、管理模式的创新，同时也需要我们研究如何引入管理经营经验丰富的市场团队和管理人才，进行高位嫁接，快速推动发展，真正使改革新红利转化为发展新动能。

四是争创一流。多年来，市委、市政府始终坚持把"建首善，创一流"作为首都工作的标准，这也是我们完成今年工作任务的重要遵循。丰台区目前经济社会发展指标均优于全市平均发展水平，城市环境建设等工作在全市也名列前茅。但是我们也应当清醒地认识到，距离实现首善的标准、满足人民群众的需求还有一定的差距，需要我们有"百舸争流千帆竞"的勇气和魄力，需要我们有"狭路相逢勇者胜"的锐气和胆识，让发展的机遇落地丰台，让社会的目光聚焦丰台。全区各单位、各部门要保持一流的精神状态，按照一流的工作标准，坚持一流的务实作风，创造一流的发展业绩。要有锲而不舍、求贤若渴、主动作为、坚韧不拔、不甘落后、勇于争先的精神。各单位、各部门在今年工作安排中，要积极研究、谋划落实，争取各项指标在全市保持前列。

二、以求真务实的工作作风，抓好重点工作落实

今年是检验群众路线教育实践活动成果的重要一年，要用真抓实干、求真务实的作风，切实抓好各项任务目标的落实。

一是突出为民办实事。发展任务和目标的核心是保障和改善民生，人民群众的呼声是我们工作的第一信号，群众满意是我们工作的第一标准。政府多年来坚持为民办实事计划，解决了一大批群众关心的难点、热点问题。今年，要继续安排好为民办实事计划，认真梳理、聚焦群众关心、反映强烈的难点、热点问题，集中解决一批，使群众看得见、摸得着、感觉好、满意度高。

二是细化任务分解。区委、人大、政府、政协的报告，虽然有各自不同的角度，但都围绕同一个目标，是一个有机整体。在落实全年重点任务工作中，四大系统的任务分解也要形成一个相互衔接、协同推进的有机整体，围绕全区重点工作加强统筹研究、细化分解、形成合力。各项任务的牵头部门和责任部门要严格落实分工，力戒形式主义和表面文章，加强协同配合，确保各项任务落到实处。特别是各级领导干部，要当好"主攻手"，主动谋划、抓好落实、带头实干。

三是集中破解难题。今年，区委、区政府要在全年计划安排中统筹难点、重点问题，明确牵头领导，集中力量攻坚克难，打好"歼灭战"。各部门、各单位要以勇于担当的意识、甘于奉献的精神做好各项工作。我们是不是蛮拼的，就看年底丰台区的群众给不给我们点赞。

四是加强督办落实。要抓好决策落实督查，定下来的事情就要雷厉风行，抓紧实施；部署了的工作就要跟踪问效，一抓到底；已经确定的重点工作和重点项目，就要明确专人专责，确保各项工作落到实处。要抓好过程督查，通过事前摸情况、事中盯进展、事后问结果等途径，使监督工作落实到各方面、体现到全过程，尤其要在节点督查上下功夫，通过倒排时限、抓好节点，督促责任单位制定实施方案，确保各项工作如期启动、按时开展、务求实效。

三、做好春节期间有关工作，确保人民群众度过欢乐祥和的春节

元旦刚刚过去，春节即将来临，各单位、各部门要早谋划、早安排、早部署，做好春节前各项工作。

一是确保社会安全稳定。元旦前后，上海等地发生了多起重特大生产安全事故和群众聚集踩踏事件。我们要增强政治意识、忧患意识和责任意识，严格落实安全生产责任，坚持党政同责、一岗双责、齐抓共管，加大对建筑工地、烟花爆竹等重点领域和大型商市场、老旧平房区、长途汽车站等人员密集场所的排查整治力度，维护人民群众生命财产安全和社会稳定，确保不发生重特大事故。同时，妥善化解社会矛盾，严厉打击各类违法犯罪行为，维护社会大局和谐稳定，确保人民群众度过一个安定祥和的春节。

二是严格落实党风廉政建设责任制。年关将至，各级领导干部要严格遵守中央八项规定和市委相关制度规定，坚持务实节俭文明过节，严禁公款走访、送礼、宴请等拜年活动，严禁收受礼金、有价证券、支付凭证，严禁年底突击花钱，坚决杜绝“节日腐败”。

三是保证城市安全运行和市场供应。全力做好水电气热通信交通等服务保障和应急处置，确保城市运行平稳。提前做好各类生活必需品供应，确保市场供应充足、价格稳定、质量安全。组织开展节日特色营销活动，挖掘潜力、活跃市场、扩大消费。

四是精心组织各类文化活动。坚持节俭务实、为民惠民，整合区内现有资源，开展富有丰台特色的节日文化活动，组织好新春游乐会、庙会、文化下乡等活动，营造喜庆热烈的节日氛围，使人民群众乐享文化盛宴，不断满足人民群众的精神文化需求。

五是认真做好节前走访慰问。开展好节前“送温暖”活动，深入生活困难的劳动模范、老党员和干部群众家庭，深入驻区企业和部队，深入节日期间一线值守部门和岗位，送去党和政府的关怀与温暖，传递中央和市委的声音，凝聚发展正能量。

同志们，新的一年已经开始，面对市委、市政府的要求，面对丰台区广大人民的期盼，我们有责任、有义务、有情怀、有自信，团结一致、努力奋斗，为建设经济繁荣、社会文明、人民幸福的新丰台，为建设国际一流的和谐宜居之都作出新的、更大的贡献。

北京市丰台区人大常委会工作报告

——2015年1月15日在丰台区第十五届人民代表大会第五次会议上

丰台区人大常委会主任　王苏维

各位代表：

我受丰台区第十五届人民代表大会常务委员会委托，向大会报告工作，请予审议。

2014年主要工作回顾

一年来，区人大常委会在中共丰台区委的领导下和市人大常委会的指导下，深入学习贯彻党的十八大、十八届三中和四中全会精神，扎实开展党的群众路线教育实践活动，认真执行十五届人大四次会议决议和大会批准的各项任务，履行职能，加强监督，紧紧依靠代表行使职权，发挥了地方国家权力机关的作用，为我区经济社会发展提供了民主法制保障。全年召开6次常委会会议，听取和审议了20个专项工作报告；依法作出6项决议、决定；依法审议并决定16件人事任免案，任免地方国家机关工作人员51人次。召开10次主任会议，听取“一府两院”6个专项工作报告，向常委会会议提请26项建议议题。

一、着眼全区社会事业协调发展，扎实做好人民代表大会议案督办工作

随着我区人口老龄化问题日益突出，养老事业越来越引起社会关注。区十五届人大四次会议通过了“完善养老服务保障体系，促进养老事业发展”的议案，决定交由区政府办理。区人大常委会认为，养老问题既是产业发展问题，更是重大民生工程；既是现实需要，更是长远战略任务。为此，常委会把议案督办作为年度工作重点，注重发挥区政府办理主体作用，督促政府改进办理方式，加强问题整改，推动养老议案办理取得实效。

健全议案督办组织领导机制。坚持议案督办领导格局，常委会加强统筹，工作委员会密切协同，人大街道工委、乡镇人大主动参与，形成督办合力。认真制定并落实议案督办方案，分解目标任务，明确责任和时限，扎实稳妥地推进实施。常委会领导分工负责，分别带队深入基层听取情况，掌握议案办理动态，提出指导性意见，加快办理进度。

深入开展视察调研。改进交办方式，议案交办会邀请国家和北京市有关部门领导、专家学者、市区人大代表、国外养老机构参加，重点围绕养老事业发展面临问题和发展趋势等专题，开展研讨交流，集思广益，拓展思路，明确议案督办重点，把握关键环节。改变以往常委会会前一次集中视察为多次分组视察，围绕推进居家养老信息化和配套设施建设、实施“医养结合”等问题开展视察调研，广泛听取代表和群众的意见建议，并及时反馈区政府改进工作。

推行议案办理过程公开。将往年议案办理情况向领衔代表沟通，改变为向全体代表报告。年初，运用视频会议形式，组织代表参加区政府议案办理工作部署会议；年中，

召开代表工作会议专门听取区政府议案办理工作进展情况。组织市、区代表实地视察我区居家、社区和机构养老情况。安排代表深入社区开展入户调查，走访了1167名老人，征求意见300多条。在人大门户网站及时发布议案办理工作动态信息，接受社会监督。

支持政府加快养老事业发展。常委会抓住市人大对养老工作进行立法调研的契机，及时提出立法建议，从市级层面推动相关政策出台，理顺工作体制机制；主动与市人大对接工作，建立市、区、街乡镇三级反馈养老服务意见的直通渠道，借势深化议案督办工作。召开常委会会议听取和审议区政府养老议案办理情况工作报告，形成审议意见书。区政府积极抓好审议意见的落实，将养老事业和产业发展纳入经济社会发展总体规划及城乡建设规划，适时出台了《加快养老服务业发展的实施意见》，搭建了区、街乡镇、社区村三级养老服务平台，着力构建以居家为基础、社区为依托、机构为支撑的养老服务体系，取得了初步成效。

二、聚焦丰台区城市战略定位和产业发展方向，推动区域经济持续发展

按照北京市调整疏解非首都核心功能和着力构建京津冀一体化发展新格局的总体要求，常委会进一步深化对丰台区转型发展阶段性特征和城市功能拓展区的新认识，突出重点，讲求实效，强化监督，促进区域经济转型升级。

高度关注宏观经济运行质量。常委会围绕稳增长、促改革、调结构、惠民生的发展要求，加强了对全区宏观经济运行情况的监督。常委会领导带队，深入区政府综合经济管理部门，听取相关工作情况，了解掌握经济发展动态。建议区政府进一步健全投融资机制，加快土地储备，提升招商引资质量，加强税收征管，保持经济平稳增长。先后于7月和12月召开常委会会议，听取和审议区政府2014年国民经济、社会发展计划执行情况和2015年国民经济、社会发展计划草案的报告，提出了完善区域功能定位，加强产业发展规划调控，加大经济结构调整，转变经济发展方式，增强可持续发展能力的审议意见。

实施全口径预决算审查监督。推进全过程预算监督，发挥工作委员会和人大代表的作用，动态监督区政府预决算执行情况，并提前介入2015年预算编制工作。拓展预算监督覆盖面，把政府公共财政、政府基金、国有资本经营、社会保障基金预算全部纳入预算监督范围。探索预算监督新形式，加强预先审查工作，由过去常委会一个部门牵头实施，转变为5个工作委员会共同参与，分类审查，分口把关，借助区政府审计、教育督导等监督部门力量，对教育部门预算、政府购买服务等提出针对性意见，促进了科学、民主、依法理财。常委会听取和审议区政府关于2014年预算执行情况和2015年预算草案，以及2013年本级预算执行和其他财政收支情况的审计报告，并批准2013年区级决算，向区政府提出深化财政改革，规范预算管理，强化审计整改，提高预算资金使用绩效的意见建议，并全程跟踪监督。推进预算公开透明，召开预算监督培训会和专题研讨会，通报财政预算编制情况，围绕做实预算监督建言献策，增强预算监督的完整性、实效性。

着力推进重点工程建设。紧紧把握全区年度重大目标任务，分类开展专项视察，认真督促、全力支持区政府狠抓落实。围绕重大项目、重点工程进展情况，积极开展现场调研督办，集中视察2014年世界种子大会筹备建设情况，就场馆环境、配套设施建设和会议筹备、安全保卫等工作，开展代表询问活动；围绕加快实施城南第二阶段行动计划，召开主任会议，听取专项工作报告，督促政府部门抓好重点工程项目落实；围绕加快产业聚集，提升产业发展水平，深入调研科技园区和丽泽金融商务区建设进展情况，督促区政府加强统筹推进，为提高区域经济发展质量作出新贡献。

促进农村城市化进程。对河东三乡集体经济组织对外投资工作进行实地调研分析，督促进一步明确投资方向，调整投资结构，控制投资风险，提高投资质量和效益，推动农村地区经济社会可持续发展。对城市化进程中撤村建居工作进行调研，就农民社保金趸交、过渡期农村社会服务管理等具体问题提出建议，督促进一步提高公共服务水平，切实维护和保障村民合法权益，加快农村城市化发展进程。对平原造林工作进行视察检查，督促正确处理好改善生态环境与发展集体经济的关系，不断提高群众生产生活质量。

三、落实依法治区任务，推进依法行政和公正司法

发挥法治的引领和规范作用，始终把保障宪法和法律法规在区域的贯彻实施作为重要任务，加强法律监督，积极推进法治丰台建设。

督促政府依法行政。加强法治政府建设，常委会组成人员和市、区人大代表，深入区政府有关部门，对依法行政工作进行视察检查，召开常委会会议，听取区政府专项工作报告，督促落实国务院、北京市关于加强法治政府建设的意见，提高运用法治思维、法治方式开展工作的能力和水平。围绕行政机关树立行政应诉观念，强化应诉意识，提高应诉水平，组织召开专题研讨会，督促行政机关在依法行政能力建设上下功夫。加强执法检查工作，重点就义务教育法、道路交通安全法、北京市市容环境卫生条例等在我区贯彻执行情况开展视察检查，保障法律法规的有效实施。

维护和促进公正司法。围绕新修订刑事诉讼法的贯彻实施，认真把握刑事诉讼法的关联性、协同性和社会性特点，发挥刑事诉讼法对社会公平正义的司法保障作用，召开常委会会议，集中听取和审议区法院、区检察院、区公安分局、区司法局等司法机关和执法部门专项工作报告，提出转变执法理念，完善配套制度，加强沟通协调，提高司法公信力等方面的审议意见，交“一府两院”落实。组织人大代表视察区公安分局指挥大厅和刑侦技术中心，提出了进一步优化执法环境，加强治安防控体系建设，提升干警素质等建议。在市、区、乡镇人大代表中组成若干专业小组，采取听取汇报、座谈研讨、旁听案件审理等形式，先后深入派出所、基层法庭、司法所等单位开展调研，征求到7个方面62条意见建议，及时反馈有关部门，推动刑事诉讼法的贯彻落实。督促“一府两院”继续坚持大调解格局，合力化解社会矛盾纠纷，促进社会和谐稳定。

深化“六五”普法宣传教育监督。坚持把全民普法和守法作为依法治区的基础性工作，督促政府部门健全普法宣传教育机制，引导社会公民自觉守法、遇事找法、解决问题靠法。督促政府部门完善公务员法律培训制度，始终把领导干部带头学法守法作为重点。推动多层次、多领域依法治理，督促区政府开展法治创建活动，提高社会治理法治化水平。常委会会议听取了区政府法制宣传教育年度主要工作情况，推动“六五”普法规划的落实。

协助市人大开展立法调研。围绕市人大确定的立法任务，先后组织市、区人大代表开展工作调研和专题研讨，重点就居家养老条例、城镇基本住房保障条例、控制吸烟条例等5部法律法规草案，广泛征求意见，提出了具体立法修改建议。

加强对2013年常委会会议审议的11份审议意见书的跟踪督办，督促有关工作落实。

四、围绕改善民生，推动解决事关群众利益的突出问题

常委会坚持民生优先，积极回应社会关注、群众关切，抓住重点问题，加强监督，努力促进民生改善。

力促《北京市大气污染防治条例》的落实。常委会高度关注人民群众对改善空气质量的热切期盼，大力推动条例的宣传贯彻落实；组织开展了区域内施工工地扬尘、四环主路机动车尾气排放等执法检查；视察检查了燃煤锅炉改造、机动车污染治理、平房煤改电等工程建设项目。常委会会议听取和审议了区政府关于防治大气污染工作情况的报告，提出强化统筹推进力度，推动全民共同治理，实现源头化、精细化和量化管理，进一步提高执法效率的审议意见，推进了大气污染防治工作的开展和《丰台区2013——2017年清洁空气行动计划》的落实。

推进公共服务设施建设管理工作。为推动公共服务设施合理配置、加快建设、发挥作用，常委会采取与政府联动、人大委室联合和市、区代表联手的方式，围绕教育、卫生等7个专题开展深入调研，摸清情况，掌握底数，提出对策。常委会会议听取和审议了区政府关于公共服务设施建设管理情况的报告，提出进一步强机制、增投入、补欠账、求实效的审议意见，并就区政府有关部门需整改的工作内容列出清单，持续关注，督促落实，为整体提升我区公共服务设施建设管理水平，不断满足人民群众日益增长的公共服务需求奠定了基础。

推动义务教育优质均衡发展。常委会组织人大代表认真调研我区中小学校规划建设管理、名校引进、师资队伍建设等情况，听取区政府关于义务教育优质均衡发展情况的报告，围绕推进均衡、保障公平，扩大优质、满足需求，注重内涵、提升质量，提出了具体意见建议，督促政府有关部门进一步统筹规划、科学配置好教育资源，加速培养优秀校长和骨干教师队伍，加强学校管理机制创新，努力推进教育优质均衡发展。

持续关注棚户区改造和环境整治工作。常委会组成人员、部分工作委员会委员和代表，深入长辛店、东铁匠营、南苑等地，调研棚户区改造进展情况，现场听取专项工作报告，督促区政府加快推进棚户区改造，借势优化区域空间布局，调整产业结构，努力实现改善民生、改善环境、改善功能的目标。督促区政府深入推进城乡环境整治，继续下大力治理“城市病”，提升城市形象。

五、支持和保障代表依法执行职务，充分发挥代表作用

尊重代表主体地位，提高代表素质，发挥代表作用，是做好人大工作的基础。常委会进一步完善代表服务保障工作机制，提高代表服务保障工作水平，代表履职的积极性得到进一步发挥。

强化代表建议督办。认真落实代表建议办理条例，按照“坚持功能、完善方式、规范程序、提高实效”的要求，将建议督办纳入常委会重要工作，由常委会进行总体统筹和审议，积极推进建议督办工作规范化、法制化。加强对代表建议的分析，分门别类提出年度督办工作计划，督促区政府制定办理工作方案，明确责任分工，规范办理、检查、保障和信息公开的工作流程。发挥建议督办格局作用，坚持常委会领导牵头和集体督办、工作委员会对口督办，提高办理实效。结合视察调研、执法检查、听取专项报告等工作，加强与政府部门沟通协调，提升了办理工作质量和效率。区十五届人大四次会议上和闭会期间，代表共提出260件建议，已按照工作要求和程序办理完毕并答复代表，代表同意的占83.1%，基本同意的占16.1%，不同意的占0.8%。

搭建代表履职平台。加强代表学习，以举办代表履职学习班、网络学习、寄发学习

资料等形式，丰富代表学习内容；编辑“代表风采”，宣传代表履职事迹，发挥典型示范引导作用，激发代表履职热情。拓展代表知情知政渠道，邀请区政府领导向代表通报半年经济社会发展情况，便于代表全面了解区情。丰富代表活动，邀请代表列席常委会会议，使代表知晓常委会工作；发挥街、乡镇、代表联组作用，定期开展视察调研和研讨活动，扩大代表深度参与丰台经济社会工作。探索代表履职新途径，常委会在充分调研的基础上，确定 10 个会前视察专题，由代表自主选题参加，各工作委员会分别组织开展活动，加深代表对相关工作的认识和了解，利于代表在大会上审议报告和提出议案、建议。加强与代表的沟通联系，做好代表季度报表分析工作，及时掌握代表履职活动和代表信息变更情况，落实服务保障。

密切联系人民群众。坚持落实代表联系群众制度，深化联系活动，充分发挥代表优势和作用，深入选区走访、接待选民，及时收集、反映社情民意，使人民群众的意愿和诉求通过依法有序的途径和渠道得以表达和实现。开展代表履职报告工作，各街、乡镇、代表联组结合实际，组织代表到原选区向选民报告履职情况，采取召开选民代表会或公示书面材料等形式，广泛听取选民意见，接受群众监督。今年以来，区代表积极行动，到社区走访、接待选民 14328 人次，慰问困难群众 960 人次，收集问题 1637 件，推动协调解决 1068 件。

做好市代表服务保障。落实《北京市人大代表联系区县人大代表制度》，对市人大丰台团代表分组进行调整并确定召集人；完善工作机制，明确街、乡镇、代表联组工作任务，确保市代表联系区代表工作顺利开展。积极配合市人大开展闭会期间代表活动和学习，扎实做好市十四届人大二次会议代表提交的 12 件议案、113 件建议等各项服务保障。邀请市代表参与区政府有关部门考核评议、民主测评和视察调研等活动，为市代表更好地依法履职和知情知政搭建平台，畅通渠道。市代表充分发挥自身优势，为推动区域经济社会发展，积极建言献策，发挥了不可替代的重要作用。

六、加强常委会自身建设，不断提高履职能力和工作水平

常委会组成人员来自于人大代表，来自于人民群众。一年来，常委会不忘全区人大代表重托，加强学习，牢记责任，依法履职，切实加强和改进了常委会工作。

深入开展党的群众路线教育实践活动，着力解决“四风”突出问题。按照中共丰台区委统一部署，区人大党组织和机关干部从 2014 年 1 月下旬至 10 月底，扎实开展了以“为民、务实、清廉”为主题的党的群众路线教育实践活动。通过认真学习、听取意见，查摆问题、开展批评，深入整改、建章立制，集中解决了“四风”突出问题。期间，先后进行了 28 次集体学习；开展了 4 次集中研讨交流；征求市、区人大代表意见建议 61 条；召开民主生活会查摆“四风”突出问题 17 项，完成整改任务 14 项，还有 3 项正在整改之中，努力做到把开展教育实践活动同推动人大常委会工作紧密结合起来，把活动成效真正体现到解决突出问题，促进各项工作上。活动中，领导干部以身作则，带头示范，经过自上而下民主整风和立行立改，人大常委会机关的作风进一步转变，为民、务实、清廉要求进一步落实，发挥人大优势贯彻群众路线的自觉性进一步增强。

坚持和完善制度，加强常委会履职能力建设。坚持常委会集体学习、专题讲座制度，结合常委会中心工作和会议议程，有针对性地安排会前集中学习和会前自学，努力做到学有所得、学有所用。精心组织会前视察调研，掌握第一手情况，增强履职的针对性和有效性。落实《常委会会议审议办法》、《主

任专题会议意见办理办法》，加强会议管理，提高会议审议质量。坚持“实用、实际、实效”的原则，修订完善制度措施 53 项，推进了常委会工作及机关建设管理的规范化、制度化。加强信访工作，全年共受理人民群众来信来电 71 件次，接待上访群众 62 批次，对反映的有关问题和材料均按法定程序进行办理。

充分发挥工作委员会作用，增强整体合力。各工作委员会紧紧围绕区域经济社会发展重大问题和常委会工作重点，发挥人才荟萃、知识密集的优势，密切配合，主动作为，认真研究、审议和拟订有关意见和建议，加强与“一府两院”和市、区代表的沟通协调，深入开展立法调研、执法调研和专项工作调研 70 多次，形成了一批质量较高的调研报告，助推了常委会依法履职。

注重对街乡镇人大的领导和指导，提高工作水平。加强对人大街工委工作的领导，围绕“健全机构、发挥作用、服务代表”，开展工作培训和经验交流，规范人大街工委工作；落实常委会领导联系街道人大工作制度，重点就保障代表联系群众、组织开展代表活动，加强调研指导，协调解决具体困难和问题。加强对乡镇人大工作的指导和支持，坚持乡镇人大主席联席会议和列席常委会制度，通过以会代训，提高乡镇人大工作水平；规范乡镇人民代表大会工作，制定乡镇人大代表补选办法，指导乡镇人大依法做好代表补选工作，开好人民代表大会。

各位代表：常委会 2014 年工作所取得的成绩，离不开市人大常委会的指导和区委的正确领导，离不开全体代表的共同努力，离不开“一府两院”、驻区单位、社会各界和全区人民的大力支持。在此，我代表区人大常委会，向所有关心、支持、帮助人大工作的同志们、朋友们，表示衷心的感谢和崇高的敬意！

我们清醒地认识到，常委会的工作与人民群众的期望、代表的要求还有不小差距。比如，监督调研存在深入基层、深入群众、回应关切不够的问题，跟踪督办的机制需要完善；审议工作的组织方式较为单一，审议水平需要进一步提升；讨论决定重大事项的机制需要进一步探索和完善；作风建设还有待进一步加强，常委会同代表的联系要进一步做细做实，等等。我们将自觉接受人民群众监督，虚心听取代表意见，更好地发挥区人大及其常委会作为地方国家权力机关、依法履行职责的工作机关和密切联系人民群众的代表机关的作用。

2015 年重点工作安排

2015 年，面对全面深化改革、全面推进依法治国的新形势、新任务、新要求，区人大常委会将在区委的领导下，深入学习贯彻党的十八大和十八届三中、四中全会精神，认真落实北京市人大四次工作会议要求，继续巩固和拓展党的群众路线教育实践活动成果，坚持党的领导、人民当家作主、依法治国有机统一，以推进全面深化改革为重点，以促进依法治区为目标，紧紧围绕全区工作大局，依法履行各项职能，积极推进我区民主法制建设和经济社会发展进程。

一、监督工作方面

不断深化新时期、新阶段对监督工作的新认识，把握监督工作规律和特点，做该做能做、有用有效的事，切实增强监督实效。贯彻执行本次会议各项决议、决定，认真督办好代表议案。常委会会议重点听取和审议区政府关于 2015 年国民经济、社会发展计划和预算执行情况与 2016 年国民经济、社会发展计划和预算草案的报告，2014 年预算执行和其他财政收支的审计工作报告，2014 年决算草案的报告，审查批准 2014 年决算；听取和审议区政府深入推进依法行政，加快法治政府建设情况的报告；听取和审议区政府关于贯彻执行《中华人民共和国食品安全法》、《中华人民共和国环境保护法》及“十三五”规划编制、农村城市化建设、代表建议办理等情况的报告。持续关注区域重点工程、重点项目建设进展情况，听取区政府关于实施城南第二阶段行动计划、科技园区和丽泽金融商务区建设、老旧小区整治和棚户区改造等情况的报告。维护和促进司法公正，听取区法院关于推进司法公开工作和区检察院关于预防职务犯罪、推进惩防体系建设情况的报告。积极推动“六五”普法宣传教育、《全民健身条例》、知识产权保护与促进等工作落实。加强对食品安全法、教育法以及新颁布的法律法规贯彻实施情况的执法检查。改进完善对预算的初步审查和做好全口径预算监督工作。强化对落实常委会审议意见情况的监督检查。

二、代表工作方面

认真学习贯彻市人大代表法实施办法，充分发挥代表主体作用。修订丰台区代表建议办理办法，保障代表依法行使职权，创新代表建议督办方式，健全督办工作机制，推进建议办理网上公开，积极回应社会关切。加强代表履职学习，丰富活动形式，组织代表视察检查、专题调研、列席常委会会议、参与各工作委员会等活动，提高代表履职能力和水平。坚持落实市、区代表联系群众制度，开展走访、接待、联系选民活动，充分汇集和反映社情民意。健全代表履职报告工作通报机制，自觉接受选民监督。加大对代表履职典型事迹的宣传力度，扩大影响，营造氛围，展示风采。加强对人大街道工委、代表联组的领导和乡镇人大工作的指导，夯实工作基础，推进人大工作规范化、程序化。做好市人大丰台团代表各项视察检查、集中活动服务保障工作。

三、自身建设方面

以坚持正确方向、完善工作方式、提高工作实效为目标，进一步加强常委会及机关自身建设，不断提高履职能力和服务保障水平。认真贯彻落实北京市人大四次工作会议精神，推动人民代表大会制度与时俱进。积极运用党的群众路线教育实践成果，不断改进工作作风，持续抓好整改措施落实，切实增强工作实效。坚持学习制度，创新工作方式，加强工作调研，提高运用法治思维和法治方式推动解决问题的能力和水平。加强备案审查等工作机制建设，加大对“一府两院”工作的监督。建立和完善各项规章制度，促进人大工作的制度化、法制化、规范化。

各位代表：新的一年，我们肩负着更加重要的责任，面临着更加繁重的任务，让我们在中共丰台区委的领导下，认真履行宪法和法律赋予的职责，毫不动摇地坚持和完善人民代表大会制度，为推动丰台区民主政治建设和经济社会全面发展作出新的更大贡献！

北京市丰台区人民政府工作报告

——2015年1月14日在丰台区第十五届人民代表大会第五次会议上

丰台区区长　冀　岩

各位代表：

现在，我代表丰台区人民政府，向大会报告政府工作，请予审议，并请区政协各位委员提出意见。

一、2014年工作回顾

2014年是全面深化改革的起步之年，是“十二五”规划的攻坚之年，也是实施第二阶段城南行动计划的关键之年。一年来，在市委、市政府和区委的坚强领导下，在区人大及其常委会和区政协的监督支持下，我们深入学习贯彻习近平总书记系列重要讲话特别是视察北京重要讲话精神，紧紧围绕落实首都城市战略定位和建设国际一流的和谐宜居之都的目标，着力提高思想认识，转变发展理念，拓展工作思路，扎实开展党的群众路线教育实践活动，以踏石留印、抓铁有痕的精神，推动各方面工作取得新成效，保持了区域经济社会持续健康发展。

初步预计，地区生产总值1094亿元，比上年增长8.5%；全社会固定资产投资820亿元，增长9%；社会消费品零售额960.3亿元，增长8%；一般公共预算收入86.1亿元，增长12%；城镇居民人均可支配收入和农民人均纯收入分别增长9%和10%；万元地区生产总值能耗下降4.8%。主要指标增速高于全市平均水平，较好地完成了区十五届人大四次会议确定的目标任务。主要做了以下工作：

（一）全面深化改革，重点领域取得新突破。加快政府职能转变。梳理284项行政审批事项，取消13项。开展投资项目审批流程试点工作，确定57个试点储备项目。制定事业单位分类工作实施方案，启动区属事业单位改革工作。改革工商登记制度，试行“一口受理、多证联办”的审批新模式，新设企业数量增长50.5%，进一步激发了市场活力。完善现代市场体系。完成3家区属国有企业重组。探索混合所有制发展模式，进一步吸引社会资本流入。园区扩区工作完成，7个区域纳入中关村国家自主创新示范区范畴。出台文化创意产业扶持专项资金管理办法，加速推进“全球创客空间”等6个项目落地。创新服务模式，扶持“专精特新”企业融资5亿元，新增订单10亿元。盘活农村集体资产。启动农村产权交易平台建设，规范农村集体土地、房屋等资源交易行为。强化农村“三资”管理，严格乡镇集体经济组织财务收支审计。深入推进社会建设。深化医药卫生体制改革，打造全市首家跨区域紧密型医联体合作单位“北京大学第一医院·丰台医院”。启动乡级社区服务中心社会化运营试点，推行农村社区化管理。出台加快推进社会组织改革与发展实施意见，向71个社会组织购买104项服务项目。制定加强老旧小区服务管理工作意见，推动286个老旧小区服务管理工作全面升级，加强和创新社会治理的内涵不断深化。

（二）大力调整结构，提质增效迈出新步伐。高端产业引领作用进一步增强。第三产业占比达78%，其中现代服务业对经济增长贡献率达66.9%，拉动地区生产总值增长5.4个百分点。金融业留区税收增长59.7%。新引进亿元以上企业159家，居全市第三，增长106%，其中商务服务业占43%、金融业占28%、高新技术业占18%。创新驱动促进产业结构更趋合理。完成技术合同成交额455亿元，居全市第三，促进科技成果转化137项，专利授权量增长15.6%。实施第二阶段城南行动及政府投资计划119项，实现投资470亿元，累计完成三年总投资额的70%;吸引民间投资334.4亿元,增长83.3%,占全社会固定资产投资的48.4%。新登记市场主体3.2万户，全区企业总量占市场主体的比重达59.5%。重点功能区带动作用更加凸显。丽泽金融商务区新兴金融产业聚集效应显著，新引进华林证券、海航金融等亿元以上企业43家，留区税收增长28%，首创金融广场等12个项目实现开工，开复工面积331万平方米。丰台科技园区总收入超过3600亿元，增长10%，留区财政收入24.7亿元，增长17%，技术合同认定登记额等七项指标居“一区十六园”第二。新引进亿元以上企业51家，其中高科技企业29家，轨道交通、应急救援、军民融合、节能环保等特色产业集聚效应日益增强。推动青龙湖—长辛店会展旅游、生态休闲区建设，成功举办第75届世界种子大会。北京国家数字出版基地发展规划逐步完善，政策研究和招商工作全面启动。非首都核心功能疏解初见成效。编制新增产业的禁止和限制目录，新兴凌云等制造企业外迁并投产，大红门近1000家商户入驻河北白沟，与保定市签订产业园区合作共建协议，积极融入京津冀协同发展。

（三）统筹城乡发展，城市品质实现新提升。人口规模调控力度加大。建立财政转移支付和流动人口规模调控挂钩机制，整治群租房、地下空间3000余处，人口无序过快增长势头得到有效遏制。基础设施承载力大幅提高。地铁8号线三期、14号线中段、16号线开工建设，万寿路南延南四环至金星路段等9条道路竣工通车，新增城市道路通车里程19公里。生活垃圾循环经济园建设进展顺利。郭公庄水厂投入使用，86.4万居民用上“南水”；治理中小河道11条，升级改造立交桥排水泵站6处，完成了马草河总部基地段综合整治。城乡环境明显改善。落实清洁空气行动计划，改造燃煤锅炉1218蒸吨，减煤换煤8.1万吨，淘汰老旧机动车7万辆，关闭非法砂石料场9家，调整退出工业污染企业40家。完成平原造林3520亩，建成园博绿道64.5公里，新增城市绿化120.3公顷。以“环境提升年”活动为载体，实施公共服务设施改造和环境绿化美化提升工程，打造了方庄等区域环境建设综合示范区。积极开展背街小巷、轨道交通站点周边环境整治工作；治理黑车、黑摩的、小广告、露天烧烤、无照游商成效显著；拆除违法建设96.5万平方米，新生违法建设实现零增长。城市服务管理水平显著提升。“智慧丰台”建设取得成效，在全市率先建立信息化滚动规划实施机制。网格化社会服务管理日趋完善；“一刻钟社区服务圈”广泛覆盖；80个社区办公、活动用房规范化建设达标。25处道路大修和拥堵点改造完成，2000辆公租自行车和24个电动汽车充电站投入使用。城市化进程加速推进。9个村整建制农转居。8个重点村集体企业搬迁和宅基地腾退基本完成，西局、石榴庄上市地块实现开工，白盆窑北地块入市交易。纪家庙村、羊坊村宅基地腾退基本完成。分中寺村土地一级开发全面启动，宅基地腾退完成98.7%。

（四）切实改善民生，社会事业开创新局面。群众生活持续改善。新增城镇就业3.3万人，城乡劳动力就业1.9万人，城镇登记失业率 2.17%。保障房开工 1.3 万套、竣工 9000 套，解决了 1572 户保障房轮候家庭住房困难。南苑棚户区三期启动；长辛店棚户区征收补偿政策确定，50%回迁安置房结构封顶。老旧小区综合整治 335 万平方米，惠及居民 3.5 万户。出台加快推进养老服务业发展实施意见，新建 6 家养老照料中心、4 家养老机构，新增养老床位 2030 张。救助特困人员 1.3 万人；完成残疾人家庭无障碍设施改造 1000 户。教育卫生事业稳步发展。加强义务教育阶段入学统筹，推动义务教育均衡发展，投入教育资金 44 亿元，增长 25%。引进中国教科院、北京师范大学、清华附中等 7 所院校入区办学，增加优质资源学位 2876 个。累计建成方庄、丰台镇等 8 个教育集群，丰台五小、丰台二幼等 12 个教育集团。启动人大附中丰台学校建设，完成中央民族大学新校区土地一级开发。天坛医院新址建设进展顺利；鼓励优质资源和社会资本建设河西医疗机构。成功创建国家慢性病综合防控示范区。建立了食品药品安全三级监督网络，完善检测及应急体系建设。文化体育事业繁荣发展。“发现丰台之美”主题活动亮点纷呈，首次在中国美术馆举办“北京意象·丰台华彩”绘画作品展，“卢沟晓月”、戏曲嘉年华等文化品牌更具特色，群众性文化活动达到 1000 余场次。依托园博园、汽车博物馆等有影响力的文化平台，成功举办建国 65 周年游园、世界旅游城市联合会香山峰会、北京国际铁人三项赛和中法汽车文化交流等活动。建成 75 个体育生活化社区；丰台科技体育馆竣工。安全稳定局面不断巩固。注重源头预防，畅通信访渠道。开展了 75 项重大决策社会稳定风险评估和“千警万户大走访”活动。创新立体化社会治安防控体系，加强老旧小区物防技防建设。开展安全生产标准化、安全社区创建和城乡结合部安全整治等专项行动，安全生产形势持续平稳。重大政治任务保障有力。圆满完成建国 65 周年、亚太经合组织会议、纪念抗日战争爆发 77 周年、纪念中国人民抗日战争暨世界反法西斯战争胜利 69 周年等重大活动的服务保障任务。

（五）强化教育实践活动成果，作风建设呈现新气象。严格落实中央八项规定精神和市委十五条实施意见，制定实施区政府党组教育实践活动整改方案，17 项年度整改任务全部完成。出台了公务车辆管理、会议培训经费支出等 24 项制度，32 个单位公开了 2013 年部门及“三公”经费决算，50 个单位公开了 2014 年部门及“三公”经费预算。坚持科学民主决策，认真听取人大代表、政协委员的意见建议，办复人大代表议案、建议和政协委员提案 404 件。建立“马上就办”工作机制，完善行政问责制度。坚持依法行政，推行政务公开，开展网络问政，行政复议、行政应诉、行政执法监督工作继续加强。监察、审计工作扎实开展，惩治和预防腐败体系建设取得新进展。打通服务群众“最后一公里”，解决了一批群众身边的急事、难事，整改“庸、懒、散、拖”等作风问题 275 起，“四风”问题得到有效遏制。

各位代表，一年来，我们自觉接受区人大及其常委会的依法监督和区政协的民主监督；注重政治协商，积极听取各民主党派、工商联、无党派人士和人民团体的意见建议，主动接受社会各界监督。全力落实“六五”普法工作。高质量完成第三次全国经济普查。加强为驻区单位、部队和企业服务，国防教育不断深入。深化对口支援和经济合作，与南水北调源头地区十堰市张湾区开展对口交流协作；组织社会力量两度赴云南开展抗震救灾。深入推进社会主义民主法治和精神文明建设，认真做好新时期民族、宗教、外事、对台、侨务等工作，积极推进妇女儿童、残疾人事业发展。

各位代表，过去的一年，成绩来之不易，这是市委、市政府和区委坚强领导的结果，是全区上下团结奋斗的结果。在此，我代表丰台区人民政府，向全区各族人民，向人大代表、政协委员，向各民主党派、工商联、各人民团体和各界人士，向驻区单位、解放军和武警部队官兵，向关心支持丰台建设发展的港澳台同胞、海外侨胞和国际友人，表示诚挚的感谢！

在看到成绩的同时，我们更清醒地认识到，全区经济社会发展中还存在一些矛盾和问题，政府工作中还有不足和差距：城乡结合部地区发展滞后，环境脏乱、违法建设等问题亟待解决；产业优化升级任务十分艰巨，面临低端疏解和高端引进的双重压力；区域发展不平衡，河东、河西发展差距较大，公共服务基础薄弱，保障和改善民生、促进社会和谐稳定任务繁重；个别部门和窗口单位存在服务意识不强、办事效率不高、不作为、乱作为等现象，改进作风、提高服务水平还需要下更大的功夫。我们一定要直面问题，秉承为人民服务的宗旨，采取更加有力的措施，切实解决存在的问题，努力把各项工作做得更好，决不辜负人民群众的重托。

二、2015 年工作任务

今年是全面深化改革的关键之年，是全面推进依法治国的开局之年，也是全面完成“十二五”规划和第二阶段城南行动计划的收官之年，更是“十三五”蓝图的谋划之年。做好今年政府工作的总体要求是：深入贯彻落实党的十八大、十八届三中、四中全会、中央经济工作会议和市委十一届六次全会精神，以习近平总书记对北京市工作的重要指示精神为指引，主动把握和积极适应经济发展新常态，坚持稳中求进工作总基调，突出改革创新，突出经济发展的质量和效益，突出城市可持续发展，突出民生改善，突出法治政府建设，巩固和拓展党的群众路线教育实践活动成果，努力建设经济繁荣、社会文明、人民幸福的新丰台。

全区经济社会发展主要预期目标是：城镇居民人均可支配收入增长 8%左右，农民人均纯收入增长 9%左右；城镇登记失业率控制在 2.5%以内；万元地区生产总值能耗下降 2%左右；全社会固定资产投资增长 6%左右；社会消费品零售额增长 7.5%左右；地区生产总值增长 8%左右；一般公共预算收入同口径增长 8%以上。

（一）坚定不移地推进改革攻坚

全面深化改革是新常态下实现经济社会持续发展的动力源泉。要从群众最期盼的领域改起，从制约经济社会发展最突出的问题改起，推动重点领域改革。

加快转变政府职能。完善行政审批制度改革，优化审批流程。落实注册资本认缴登记制，推行“先照后证”、探索“三证合一”，实现工商登记准入与产业发展等规划有机衔接。推进政务服务中心建设。按照中央和北京市部署，推进机关事业单位养老保险制度改革，建立与城镇职工统一的养老保险制度。继续推进事业单位分类工作。对购买公共服务内容实行指导性目录管理，推进公共服务社会化、市场化。

充分激发市场活力。积极发展混合所有制经济，注重吸引央企、市属国企和民企的优质资源，通过多种方式合作进行开发建设。深化国有企业重组和国资中心改革。修订产业发展引导基金管理办法。依托市级平台和区内担保资源，鼓励社会资本加快“专精特新”企业基地建设和发展。创新融资方式，拓展融资渠道，积极推行政府和社会资本合作等多种投融资模式，建设河西轨道 T1、T2 线、长辛店第三水厂等项目。发挥行业协会、产业联盟、商会组织的作用，营造企业特别是民营企业发展的良好环境。制定创业扶持政策，鼓励自主创业，以创业促就业，增强区域市场活力。

转变农村经济发展方式。支持集体经济以入股、合作、委托等形式创新资产运营，引导农村资金参与功能区、基础设施和公共服务设施建设。深化农村产权制度改革，出台深化产权制度改革的意见，建立“归属明晰、权能完整、流转顺畅、保护严格”的集体产权制度。深化分配制度改革，推进福利分配向股份分红转变。深化农村集体资产监管平台应用，实现农村集体资产管理制度化、规范化、信息化。

推进社会治理创新。整合各类社会力量，深化社会动员试点，加强老旧小区服务管理，创新志愿服务方式，形成具有鲜明特色的社会治理模式。完成社区居委会换届选举。多措并举推动社区办公、活动用房达标工作，提高社区管理和服务水平。推动社区民主协商，健全社区听证、社区评议等对话机制。激发社会组织活力，简化登记流程，落实退出机制，完成108家社会组织等级评估，建立4家街道级服务指导中心，认定10家区级“枢纽型”社会组织，打造10个社会组织品牌，强化与社区社会组织的有效衔接。建立“多网融合、立体运行、智能服务、精细管理”的社会服务管理网格化体系。合理划分政府公共服务和农村社区服务管理职能，探索政府提供、志愿服务和有偿供给相结合的社区服务管理体系。

（二）坚定不移地推进经济结构向“高精尖”转变

构建“高精尖”经济结构是落实首都城市战略定位的必然要求，是推动丰台经济持续健康发展的必然选择。要积极适应新常态，走出一条符合区域实际的提质增效升级之路。

坚持创新驱动。找准科技与经济的结合点，充分发挥科技的支撑引领作用，打造驱动作用明显的科技创新高地。制定科技创新行动指导意见，完善创新生态政策体系。支持50个科技创新与转化项目，促进3项重大科技成果落地。推动专利服务机构发展，开展对重点企业、主导产业的专利分析和挖掘。利用专利质押贷款等新兴金融工具，鼓励新型科技服务组织和业态发展。借鉴“车库咖啡”等新模式，积极打造“创新型孵化器”，为创业者提供交流、办公场所，搭建创业者与投资者交流合作平台。利用现有孵化器平台，鼓励中小企业创新发展。优化科技企业孵化服务链，积极引导民营科技企业孵化器建设。全面启动“智慧丰台”重点项目，推进区级政务数据中心建设，全力优化发展环境。

坚持高端引领。优化高端产业发展布局，完善经济发展综合政策体系，促进区域经济持续健康发展。聚焦金融、文化创意、高新技术等产业，完善重大项目评估机制，着力引进成长快、影响大、示范性强的“高精尖”企业，提升招商引资质量。重点发展互联网金融、信托、金融租赁、私募、风投等新兴金融业态，支持创新金融发展，提升金融业发展实力。积极引入社会力量，促进养老、医疗、体育、旅游等产业融合发展。推动轨道交通、应急救援、军民融合等产业园建设，不断壮大生物医药等特色产业集群，增强高端产业发展新优势。

坚持转型升级。严控增量和优化存量并举，推动经济结构“瘦身健体”。积极融入京津冀协同发展，加强跨区域产业转移与合作，促进产业园区共建等战略合作协议落地。积极调整疏解大红门等区域性专业市场。加快疏解工业企业生产制造功能，鼓励有需求的企业通过外迁扩大优势产能，调整退出10家工业污染企业。引导汉龙、五里店仓储物流企业升级改造。积极研究疏解空间的后续规划利用，严格执行新增产业的禁止和限制目录，继续推行准入许可协调联动机制，为高端产业聚集释放更大的空间。

坚持扩大消费和投资。完善消费政策，改善消费环境，出台进一步优化市场消费环境的意见。推动城南购物中心、六里桥大厦开业，新开大型商业设施50万平方米。依托服装、花卉、医药等优势产业，促进实体与电商融合发展。积极培育汽车露营、会展等新兴消费业态，促进旅游休闲消费。积极开展文化消费季系列活动，促进文化体育消费。制定好 2015 年落实城南行动及政府投资计划，确保第二阶段城南行动计划圆满完成。以政府投资引导带动社会投资，推动投资结构优化和效益提升，更好地发挥投资对稳增长、调结构、惠民生的促进作用。

（三）坚定不移地推进重点功能区建设

重点功能区是构建“高精尖”经济结构的有效平台。要加大统筹协调力度，狠抓任务落实，打造高端产业集聚的桥头堡和主阵地。

推动丽泽金融商务区成为新兴金融发展的桥头堡。加速新兴金融业态聚集，推进丽泽金融创新中心建设，加快国家金融信息、财富管理、大数据金融和非银行金融等机构入驻，打造首都金融产业发展新的增长极。全面提速丽泽金融商务区建设，完成西客站南路南延等 3 条城市主干路、南区 13 条次支干路建设，初步形成“六横七纵”的棋盘式路网格局。长城资产等项目主体结构完工，晋商联合、西部矿业等项目投入使用，实现开复工400万平方米，固定资产投资156亿元。全面完成丽泽金融商务区土地一级开发任务。建设生态智慧城市，积极落实环境景观设计方案，建成丰草河新河道，打造特色滨水景观带，提升区域环境品质。

推动科技园区成为科技创新的主阵地。围绕首都“科技创新中心”建设，加速园区转型升级，创建多维度科技园区发展评价体系，走内涵集约发展道路。留区财政收入增长 10%、总收入增长 8%。设立丰台园创业投资引导基金，引入“科技银行”模式，建立新型多层次科技金融服务体系。整合国际高端“产学研用”资源，推动石墨烯在交通、航空等领域取得阶段性应用成果，使科技创新成为园区发展的内生动力。加快“东扩西进”，实现开复工 200 万平方米，固定资产投资 50 亿元。推进东区三期铁路通号产业园、海格通信产业园等重点项目建设。实现科技园区西区Ⅰ开工，落实绿色生态示范区各项指标；完成西区Ⅱ控规调整。

紧抓首都西部转型发展契机，实施青龙湖—长辛店会展旅游、生态休闲区规划，推动国际文化会都建设。利用河西地区独有的生态优势，发挥园博园辐射带动作用，探索大健康产业与休闲农业、乡村旅游及商务会展、文化创意等产业的协同发展。完成大红门地区发展规划编制。

（四）坚定不移地推进城乡发展新格局构建

构建城乡发展新格局是实现全区人民共享改革成果的必然途径。要加快城乡一体化发展步伐，促进城乡要素平等交换和公共资源均衡配置。

充分发挥规划引领作用。结合首都城市总体规划修改和北京市“十三五”规划编制，以人口资源环境承载能力为底线，统筹功能疏解、人口调控、用地减量、空间优化等目标任务，高质量完成总规修改实施评估，优化城乡功能和空间布局。坚持“适度超前、相互衔接、满足未来需求”的原则，加强城市建筑规划设计，不断提升城市形象和建筑品质。科学编制区域经济社会发展“十三五”规划纲要和专项规划，推动经济、社会、城乡、土地、人口、生态“多规合一”，明确京津冀协同发展背景下的区域定位，统筹区域产业关联和功能互补，优化产业布局，更好地实现规划引导发展。

提升基础设施建设质量和水平。实现马家堡西路南延（丰台段）等 5 条道路竣工通车，加快六圈路、通久路等 12 条城市道路建设，完成丰台西路等 30 条区属道路大修改造和配套设施建设。加大轨道交通建设力度，推进河西 T1、T2 线、8 号线、16 号线建设，实现 14 号线中段通车。开工建设万泉、通久110千伏输变电工程，建成郭公庄、大红门110千伏变电站。长辛店第三水厂实现开工。实施蟒牛河等3条河道治理和6处立交桥排水泵站升级改造，确保安全度汛。

加快推进新型城镇化。坚持城镇发展与产业支撑、人口疏解相统一，加快城乡结合部地区建设步伐。加快“一绿”地区城市化，完成8个重点村集体企业搬迁，实现100公顷土地具备入市条件，回迁房全部竣工，完善配套公共服务和商业设施。加强重点村产业发展引导，实现夏家胡同、石榴庄等产业项目开工建设。启动时村、东罗园等地区城市化改造。抓好“二绿”地区统筹利用集体经营性建设用地试点，确定长辛店镇试点方案并启动实施。统筹城乡基础设施建设，推动教育、卫生、文化、体育资源向乡镇特别是河西地区延伸覆盖。

着力提高农村发展水平。制定农村地区产业发展指导意见，加强乡镇、村与重点功能区的产业衔接，实现区、乡镇、村三级利益协调共享。根据农村产业准入标准，切实把好“落地关”，坚决杜绝新增、扩建不符合区域功能定位的产业项目。加强集体资产管理，发挥农村产权交易平台作用，降低经营风险和廉政风险。加强农村财务规范化建设和经济合同管理。严格征地补偿费监管，实行专户存储、专款专用。以“集体经济审计年”为契机，对集体经济组织进行专项审计。

（五）坚定不移地推进城市可持续发展

推进城市可持续发展是破解“城市病”难题的关键，是功在当代、利在千秋、迫在眉睫的重要任务。要加大力度、综合施策，全力打好攻坚战。

加强人口规模调控。综合运用经济、法律、行政等多种手段，强化人口调控的统筹协调。推动产业合理布局，控制人员密集型产业发展和住宅项目开发规模，淘汰低端产业，有效带动人口疏解。依法加大对群租房、地下空间的治理力度。建立人口动态监测机制，落实属地调控责任，常住人口增速控制在1.3%以内，逐步降低流动人口总量。

抓好大气污染治理。严格贯彻执行新环保法，编制实施环境总体规划，落实清洁空气行动计划，实施环境质量、减排、安全三大工程，持续开展大气污染防治专项行动。开展高污染燃料禁燃区建设，改造燃煤锅炉240蒸吨，新增减煤换煤任务5.9万吨，淘汰老旧机动车2.8万辆，完成市政府下达的大气细颗粒物年均浓度下降指标。加强三级环境监管队伍建设，实施精细化管理。狠抓工地、道路扬尘污染控制，实现主要道路无遗撒。实施8公顷代征地、10公顷便民绿地绿化，完成平原造林1050亩，提升生态环境水平。

强化城乡环境建设。巩固环境建设成果，实现环境提升常态化。治理非正规垃圾填埋场，逐步完善环卫设施建设。围绕保障中国人民抗日战争暨世界反法西斯战争胜利70周年纪念活动，加大宛平城地区环境治理力度。继续开展方庄二期、科技园区等地区环境治理，打造区域环境亮点。加强水污染治理，实现出境断面考核达标。实施铁路、轨道交通沿线及背街小巷等区域环境治理工程，提升区域整体形象。

注重城市精细化管理。继续抓好医院、学校、商市场等周边交通拥堵治理，实施纪家庙、五里店等地区拥堵点改造。新增公租自行车1500辆，扩大公租自行车覆盖范围。采取多种措施增加停车位，缓解停车难问题。以城乡结合部为重点，加大对黑车、黑摩的、小广告、无照游商、露天烧烤的治理力度，改善区域环境秩序。保持控违拆违高压态势，实现新生违法建设零增长。继续坚持环境考核公示制度，实现环境建设水平持续提升。

推进平安丰台建设。加强消防、交通、生产经营等领域隐患排查治理，坚决防范遏制重特大事故。围绕北京南站、大红门地区等重点区域，加强突发事件信息预警和应急准备，提升反恐防恐能力。抓好社会矛盾源头治理，推进“阳光信访”平台建设，实现办理过程与结果双公开。提高老旧小区物防技防水平，强化社区巡防队伍建设，筑牢平安丰台基础。深入开展双拥共建活动，实现双拥模范城“六连冠”。

（六）坚定不移地推进保障和改善民生

民之所望是我们施政所向。要坚持把工作做到人民群众心坎上，把人民群众最关心、最直接、最现实的利益问题解决好，不断提高人民生活水平。

着力做好就业和社会保障。新增城镇就业2.85万人，城乡劳动力就业1.9万人，职业技能培训2万人。继续扩大社会保险覆盖范围，提高各项社会保障待遇水平，完成各项社会保险指标任务。充分调动社会力量兴办养老机构，加强居家养老服务保障，新建2个养老照料中心，新增2200张养老床位，打造居家、社区、机构“三位一体”养老综合服务平台。

着力做好住房保障。开工建设各类保障房8000套，竣工5500套，实现“十二五”末筹措建设2.5万套的目标，基本满足全区1.6万户经适房和限价房备案轮候家庭需求。推进在施棚户区改造和环境整治项目。推动长辛店、东铁匠营等棚户区改造，完成3500户搬迁。完成南苑村、小屯村等6个村的项目规划调整，启动安置房建设。继续开展五里店南里、马家堡西里等老旧小区整治工作，改善群众住房条件。

着力发展教育事业。继续深化教育体制改革，实施“内升外引”战略，推动十二中等优质教育资源开办10个分校（园），完成4个教育集群、5个教育集团建设，引入海淀实验小学等名校合作办学。开工建设长辛店铁路中学，做好人大附中丰台学校等4所学校建设，加快北京十中晓月苑校区等5项工程前期工作。加大对幼儿园的补贴力度，鼓励社会办园，缓解学前学位紧张的问题。通过购买社会服务，丰富课程设置，提升教育品质。

着力发展医疗卫生事业。深化医疗卫生体制改革，继续加强医联体建设，形成市级优质资源、区属二级医疗机构、社区卫生服务机构三级联动的医疗格局。将15所社区卫生服务站纳入基本医疗保险定点单位。推行“智慧新农合”，实现新农合试点医院即时报销。推广家庭医生式服务健康管理新模式，打造全科医学京港示范中心品牌。创建全国艾滋病综合防治示范区。力促北京电力医院二期改扩建工程开工。强化食品药品安全监管，建设安全监控中心，构建五大批发市场进京食品安全风险防控体系。

着力提升文化软实力。大力弘扬社会主义核心价值观，深入开展“中国梦•和平梦”等主题宣传活动，充分发挥“北京榜样”、“最美丰台人”示范带动作用，扎实做好思想道德建设。加快文化创意产业功能区建设，制定文化创意产业园区和孵化器认定管理办法，开工建设北京国家数字出版基地，促进数字出版产业集聚。继续推进区级综合文化中心、戏曲文化中心建设，不断提升公共文化服务设施水平。做好区域文化资源的传承与创新，推进金中都遗址保护和宛平城修缮等工作。广泛开展“我的丰台我的家”文化惠民活动，打造“花好月圆传戏韵”等节庆文化品牌。突出科技体育和家庭体育特色，办好第十届全民健身体育节，扩大北京国际铁人三项赛等赛事影响力。落实全民健身计划，实现体育生活化社区全覆盖，不断提高市民身体素质。

三、深入推进依法行政，加快法治政府建设

法治政府建设是推进依法治国的核心与关键。要按照党的十八届四中全会精神和市委、区委贯彻落实意见的要求，强化执行

职责，努力打造职能科学、权责法定、执法严明、公开公正、廉洁高效、守法诚信的法治政府。

推进政府履行职能法定化。忠实履行宪法和法律赋予的职责，坚持法定职责必须为、法无授权不可为。清理公开区级审批事项清单、投资项目审批清单和行政处罚权力清单。完善政府职权目录，明确各层级、各部门职能配置和关系，推动政府事权规范化，机构、职能、权限、程序、责任法定化。加强行政规范性文件管理。继续做好“六五”普法和法律援助工作。

健全行政决策机制。认真执行重大行政决策法定程序，规范重大行政决策出台前向本级人大报告程序，健全重大行政决策民主协商制度。落实行政机关内部重大决策合法性审查机制，推行政府法律顾问制度，完成行政事业单位和各街乡镇法律顾问聘任工作。落实重大决策终身责任追究制度及责任倒查机制。

严格规范公正文明执法。深化行政执法机制改革，严格实行行政执法人员持证上岗和资格管理制度。健全行政执法裁量权基准制度，严格执行自由裁量权标准，提高行政执法公信力。全面落实行政执法责任制和评议考核制，强化对不作为、乱作为、选择性执法行为的行政监察和究责、问责。

强化对行政权力的制约和监督。坚决执行市、区人大及其常委会的决议和决定，认真听取各民主党派、工商联、无党派人士和人民团体的意见建议，自觉接受人大依法监督和政协民主监督，自觉接受新闻舆论和人民群众监督。保障依法独立行使审计监督权，对公共资金、国有资产、国有资源和领导干部履行经济责任实行审计全覆盖。加强政务公开，全面推行财政预算、社会公益事业等领域的信息公开。加强行政复议工作，认真做好行政应诉。

持之以恒改进作风。作风建设永远在路上，教育实践活动没有休止符。要巩固和拓展党的群众路线教育实践活动成果，坚持改进作风常态化，坚决防止“四风”问题反弹，提升政府执行力和公信力。政府工作人员特别是领导干部要切实做到“三严三实”，以上率下改进作风，带头遵守法律，带头依法办事，提高运用法治思维和法治方式的能力。要加强窗口服务单位政风行风建设，全面实行“一口受理、限时办理、规范办理、透明办理、网上办理”审批模式，用便捷、高效、透明的行政审批打造政府服务品牌。

各位代表，奋斗成就梦想，实干创造辉煌，丰台发展我们重任在肩，人民福祉我们责无旁贷！让我们更加紧密地团结在以习近平同志为总书记的党中央周围，在市委、市政府和区委的坚强领导下，始终保持干事创业的热情、动真碰硬的豪情、奋发有为的激情，真抓实干，攻坚克难，勇往直前，为建设经济繁荣、社会文明、人民幸福的新丰台而努力奋斗！

中国人民政治协商会议北京市丰台区第九届委员会常务委员会工作报告

——2015年1月13日在政协北京市丰台区第九届委员会第四次会议上

李昌安

各位委员：

我受政协北京市丰台区第九届委员会常务委员会委托，向大会报告三次会议以来的工作，请予审议。

2014年工作回顾

2014年，是丰台区政协团结奋进、务实创新、聚焦改革发展的一年，是全体委员改进作风、履职为民、强化能力建设的一年。一年来，常委会在中共丰台区委的领导下，坚持政协工作主动融入全区中心工作和发展现实需求、委员履职活动融入基层群众生产生活实际，充分发挥了人民政协作为协商民主的重要渠道作用。全年共召开常委会议5次、主席会议7次，围绕“推进丰台城市（镇）化进程”进行了政治协商，提出提案199件，组织学习培训、情况通报、调查研究、视察考察及各类协商会等履职活动90余次，参与委员达2800多人次。全体委员以高度的政治责任感和饱满的履职热情，建真言、献良策，为推动“经济繁荣、社会文明、人民幸福”的新丰台建设作出了积极贡献。

一、加强学习、改进作风，强化了协同共进的凝聚力

（一）深入开展教育实践活动，工作作风呈现出新的转变。按照市、区委统一部署和要求，区政协党组和机关坚持为民务实清廉主题，从严从实推进党的群众路线教育实践活动有效开展。共征集各类意见建议70余条，梳理出“四风”问题17种突出表现，制定整改措施15项、37条。落实中央八项规定要求，注重问题导向，对文风会风、调研视察方式等方面存在的问题，开展专项整治，做到了立行立改。对健全工作制度、完善工作机制等方面问题，逐一明确责任，做到限时整改。广大委员积极融入、参与其中，在意见的提出、履职作风的转变等方面，发挥了积极作用。在整个活动中，思想建设、组织建设、作风建设、反腐倡廉建设、制度建设都有了明显加强。

（二）举办政协讲坛，学习方法赋予了新的形式。从全体委员集中辅导、专门委员会专题研讨、机关干部集体学习培训三个层面，形成系统化、常态化学习机制。围绕贯彻中共十八届三中、四中全会精神，深入学习了习近平总书记系列重要讲话精神。围绕建设和谐宜居之都、推进基层协商民主建设等委员普遍关注的问题，邀请委员、专家走上讲坛，举办8场学习报告会。依托政协讲坛、暑期学习班，开展各类专题学习研讨50次，为委员把握方向、知情明政、开阔视野创造了条件。

（三）爱丰台走基层，为民宗旨得到了新的体现。开展“爱丰台基层行”系列活动，切实为基层群众排忧解难。关注环境整治、城市（镇）化推进，到社区（村）调研视察32次，提出了加大宣传、加强统筹、完善村规民约等60余项对策建议；关注有效提升社区卫生服务能力，视察了基层社区服务中心和卫生服务站，提出了“保基本、强基层、建机制”的系列建议；关注基层群众切身利益，走进10个社区（村）开展“明法规、送健康”公益活动，受益群众达到2000多人次；组织政企对接协商会，讲政策、送服务，为中小企业更好发展建言献策；关注基层文化建设，组织委员参与“发现丰台之美”系列活动，就如何传播丰台美丽元素提出了60余项意见建议。各项活动的开展受到了基层单位和群众的欢迎。

二、紧扣中心、助推发展，增强了协商议政的服务力

（一）注重提案质量，提案办理协商形成了新的机制。通过探索和实践，在提高提案质量上形成“知情传递、征集线索、拓展渠道、评优示范、落实责任”的工作办法，有效地提高了提案质量。在提案督办上，形成了“共商、交办、走进、督办、复核、反馈、延伸、评议”各环节衔接紧密、流程完整的工作机制。全年提案办结率达到100%。

（二）聚焦重大课题，政治协商取得了新的成效。着眼于破解丰台城市（镇）化进程中的突出矛盾和瓶颈问题，邀请各民主党派、工商联成员及专家学者共同参与，深入街乡（镇），走访社区（村），经过8个月的调研攻关，形成常委会《关于加快推进丰台城市（镇）化进程政治协商议题的研究报告》和7个专项报告。通过协商，提出了在推进城市（镇）化的进程中，把握好“赋权富民”的核心内容、疏解非首都核心功能的总体要求、“乐业、安居、有保障”的工作目标、人口资源环境相协调的实现路径等6大类、28项具体意见建议，得到了区委、区政府的重视和采纳。

（三）延伸工作触角，专题和对口协商步入了新的层次。按照“两个融入”的要求，履职触角向深层次延伸。开展“加快推进科技园区西区建设，提升园区核心竞争力”重点调研，组织各类专题协商会26次，形成常委会建议案，从规划实施、区域统筹、项目带动、政策落实、改革探索等方面建言献策。针对“丰台区城乡双重二元结构管理体制改革问题与对策”课题，组成专家课题组，从推进功能区建设、“城市病”治理、城乡人口调控等方面开展调查研究，并与区政府相关部门进行对口协商，形成了初步成果。

三、突出重点、聚焦热点，提升了民主监督的履职力

（一）开展重点监督。按照“专项、精简、高效”的原则，组织常委、界别委员，对世界种子大会筹备、北京国家数字出版基地筹建、清洁空气行动计划落实、生活垃圾循环经济园建设等情况进行视察监督，提交了4个专项视察报告，汇集意见建议57条，有效发挥了视察监督的作用。

（二）实施专项监督。对高考、中考、成人高考等升学考试情况进行监督巡视，开展了对“学校文化建设与提升工程”、老旧小区专项资金使用过程和效果、“六五”普法情况和基层民主法治建设等情况进行专项监督，初步形成了常态化监督机制。在监督过程中，委员们认真了解各领域工作的政策法规与现实要求，坚守原则、注重细节，提出了进一步加强制度建设等20余项改进意见。

（三）拓展定点监督。19个委员特约监督小组，在有关部门和单位实施定点监督活动36次，就政风行风等问题提出改进意见建议200余项；针对街道、乡镇发展实际需

求，8 个委员地区活动组分别就区域发展规划、环境建设提升、社会管理创新等内容开展定点监督，为区域科学发展献计献策。50 余名委员参与了对区政府目标责任考核、工作效能考核等活动。在群众路线教育实践活动中，委员参与区党政机关的作风建设综合评议活动达到 110 人次，有效履行了民主监督职责。

四、密切交流、强化联络，汇聚了和谐民主的向心力

（一）团结各方，增进了共识。健全了主席、副主席、秘书长联系常委，常委联系委员工作机制，坚持走访各民主党派、工商联、各界代表人士，使其形成制度化。针对转变发展方式和调整经济结构、促进基层社会治理体系建设、推进文化事业发展等重要课题进行座谈研讨、深入开展协商，增进了区政协各参加单位、各界人士对市、区委总体部署的认知。对各民主党派、各族各界代表人士所提出的意见建议进行督办，做到了件件有回音。组织民族、宗教界别委员活动，看望、慰问各界爱国人士，促进了民族团结。举办“感知新丰台、共谋新发展”台商服务日、台海形势报告会等活动，凝聚了思想共识。

（二）关注民生，反映了民意。突出政协反映社情民意特色，围绕“意见有新意、观点有高度、反映有实效”的目标，就民生热点问题、社会管理难点问题积极提交社情民意信息。一年来，共编发《委员话发展》社情民意信息 31 期，编发《丰台政协信息》普刊 50 期，专刊 28 期。区各民主党派、工商联报送社情民意信息 35 条。区委、区政府主要领导批示 13 件（次）。通过妥善处理来信来访和反映社情民意信息，及时协助区有关单位化解了矛盾，解决了一些群众现实困难和问题。信息工作在市政协综合评比中获奖。

（三）编史修文，传承了文化。面向社会各界，认真开展《发现丰台之美》文史资料征编工作，从自然、历史、创造、成长、奉献、共建六个方面征集文稿百余件，精心整理出 76 篇文章编辑成书，展示了丰台科学发展历程和在建设过程中呈现的新气象、新风貌。深入开展“我与丰台政协”征文活动，得到各级领导和各党派团体、历届政协委员的大力支持。已征集稿件 60 余篇，陆续在区政协网站和《丰台报》上刊发。

（四）交流联谊，增添了内力。积极参加市政协组织的理论研讨会，探讨新形势下基层政协工作的新思路、新理念、新做法。开展对口交流，带着课题赴兄弟区县进行考察学习，拓宽了履职思路。接待全国政协、北京市政协到我区视察指导工作，上海闽行区政协、武汉东湖区政协来我区调研考察。广泛的联络联谊，宣传和推介了丰台，促进了合作交流。

五、积极探索、助力改革，激发了参政议政的创新力

（一）推进协商议政形式与内容创新。针对“推进文化强区建设”政治协商议题做追踪调研，通过视察文化服务设施、参与群众文化活动、评议文化展示项目，对成果转化、利用情况进行调研和评估，进一步提出意见建议，与区委、区政府等有关部门进行了协商，促进了弘扬社会文明之风、唱响戏曲文化品牌和健全公共文化服务体系等相关意见建议的有效落实。针对推进丰台基层协商民主建设开展延伸调研，“人民政协与基层民主协商研究”课题被列为市政协 2014 年重点调研课题，通过 19 次专题调研、研讨，总结了实践经验，形成了研究成果，提出了在我区探索“三级联动、四层协商”的基层协商民主模式的意见。

（二）以协商民主理念助推社会治理创新。区政协将和义街道、方庄地区、右安门街道等单位作为市、区政协的常态化协作单

位，定期召开座谈会、现场会，就基层民主协商形式开展调查研究。在总结经验、深入研讨的基础上，发挥政协优势，运用协商民主理念，指导有关街道社区健全和完善了居民议事协商制度、社会监督员制度和社区事务会商会制度，并从协商议题的选定、协商主体的参与、协商程序的完善、协商结果的监督与反馈等方面给予具体帮助，推进了基层社会治理创新的有效开展。

（三）探索政协履职机制的创新。按照区委深化改革的统一部署，成立区委民主政治建设改革小组政协工作组，相继就健全政协工作制度体系、完善委员地区联络制度、推进基层民主协商制度化建设以及拓展民主监督领域等专题，邀请各民主党派和工商联代表、部分委员和专家，举行协商研讨会8次，达成广泛共识。依据政协章程，结合自身特点，向区委提出了构建具有丰台特色的民主协商工作机制的改革建议，得到了区委的高度重视。

六、内强素质、外树形象，扩大了政协工作的影响力

（一）注重加强队伍建设。制定并实施区政协《关于加强能力建设的工作意见》。充分发挥常委会的领导、示范作用，明确职责任务，强化纪律要求，倡导精诚团结，用清晰的工作思路、扎实的作风统领全局工作。充分发挥委员的主体作用，通过综合评价、表彰先进、树立典型，进一步激发了委员爱岗敬业、履行职责、服务社会的积极性和主动性。充分发挥机关干部的服务保障作用，以建设“学习型、服务型、团结型”机关为目标，制定工作标准，完善督查办法，落实考核措施，有效提高了履职效率和服务水平。

（二）注重完善制度规范。以群众路线教育实践活动为契机，在认真梳理已有制度的基础上，围绕联系服务委员、履职效能建设、作风建设和干部管理等方面工作，建立和完善了《委员视察办法》、《关于加强与委员联系的办法（暂行）》、《委员考评办法》等22项相关制度规则。

（三）注重理论与实践研究。形成应用型理论研究文章12篇。《以创新推动整体水平提升》、《基层协商民主实践》等文章被《北京观察》、《政协研究》刊发，《坚持提案质量与办理质量并重，有效提升提案办理协商的能力和水平》、《以协商民主理念推进基层民主协商》等研究成果分别在市政协推进协商民主建设研讨会和区县政协提案工作交流会上作了专题交流。《丰富内容，彰显特色，推进基层政协界别协商创新与发展》、《基层政协推进协商民主实践与发展探讨》等文章，入选《求是先锋》等重要刊物。

（四）注重营造良好氛围。加强政协新闻报道的组织策划，在《丰台报》刊发政协工作专版和“提案助推丰台发展”专栏共25期；优化政协网站栏目、丰富网站信息内容，相继编发各类履职信息、研讨性文章和群众路线教育实践活动专题内容等210篇；丰台有线电视播发“政协视窗”专题片9期，并对政治协商、政协讲坛、“爱丰台基层行”等活动进行了系列追踪报道，提升了政协工作的社会影响力。

各位委员，一年来区政协工作取得的成绩，是中共丰台区委坚强领导，区政府和社会各方面大力支持的结果，是全体政协委员、区各民主党派、工商联、人民团体、无党派代表人士和各族各界人士共同努力的结果。在此，我代表区政协常委会，向一年来为区政协工作作出积极贡献的各党派团体和全体委员，向关心支持区政协工作的区各职能部门、街乡（镇）及社会各界人士，表示崇高的敬意和衷心的感谢！

在总结成绩的同时，我们也清醒地看到，对照新形势、新任务和新要求，常委会工作还存在一些差距和不足。一是在加强

“三支队伍”的作风建设，提高履职能力和服务水平上仍需继续努力；二是在发挥人民政协协商民主重要渠道作用，深化改革，推动基层民主政治建设上仍需进一步实践和探索；三是在实现“两个融入”上仍需加大工作力度。对于这些差距和不足，常委会将在今后的工作中认真研究改进。

2015年工作任务

2015年是全面深化改革、推进依法治区的重要一年，也是“十二五”规划收官和“十三五”规划谋划之年。区政协工作的指导思想是：高举中国特色社会主义伟大旗帜，深入贯彻落实中共十八届三中、四中全会和习近平总书记系列重要讲话精神，牢牢把握团结民主两大主题，在中共丰台区委的领导下，适应发展的新常态，紧密团结和依靠全体委员，坚持在传承中创新，在创新中发展，紧紧围绕依法治区、深化改革、民生保障等重大问题，认真履行政治协商、民主监督、参政议政职能，推动人民政协事业不断前进，为实现我区经济社会持续健康发展作出新贡献。

2015年工作总要求是：突出“一个主题”，体现“三个注重”，推进“五化标准”。“一个主题”：“适应全面深化改革与依法治区新要求，推进创新与发展”。在履职活动中体现改革和法治建设的成效，体现履职作风的进一步转变，体现政协功能的有效发挥，体现机制方法的制度化，体现履职形式“品牌”的打造。“三个注重”：注重务实，就是要把促进科学发展作为履行职能的第一要务，把实现和维护最广大人民群众的根本利益作为人民政协工作的出发点和落脚点，提高工作实效，树立人民政协的良好形象。注重创新，就是要坚持解放思想、实事求是、与时俱进的工作思路，体现自身特点和优势，积极探索在理论应用、制度规范、协商广泛、平台多样等履职方面的有效模式，开创工作新局面。注重贴近实际，就是始终坚持履职围绕中心工作，贴近基层群众关注的热点、难点问题。从实际出发，从区域发展重大决策入手，从基层群众的工作、生活实际中最需要解决的问题入手，发挥政协人才荟萃、智力密集的优势，通过委员提案、专题议政、社情民意等多种形式，向区委、区政府提出推进决策执行和解决群众实际困难的意见建议，体现人民政协履职为民、建言献策促发展的新要求。“五化标准”：致力于思想观念的现代化，始终保持政治上的清醒，强化法治意识、民主意识、协商意识、责任意识。致力于知识结构的现代化，要具备扎实的人民政协理论基础和丰富的相关专业知识，适应新的形势与任务要求。致力于协商能力的现代化，要熟悉区情、把握重点，做到协商有目标；要深入基层群众、认真调查研究、善于包容协作，做到协商有基础；要持之以恒、锲而不舍、追踪问效，做到协商有成效。致力于监督能力的现代化，要具备开展民主监督的基本素质和能力，熟悉开展专项监督的相关政策法规和程序，了解定点监督单位的相应专业知识，做到依法监督、规范监督和有效监督。致力于参政议政能力的现代化，围绕全区工作大局，参政参在点子上、议政议到关键处。符合政协组织的独特优势，做到明确着眼点、找准切入点、抓住关键点、把握落脚点，主动作为，多做贡献。

一、加强学习研讨，巩固扩大教育实践成果

认真领会和把握习近平总书记在人民政协成立65周年大会上重要讲话的深刻内涵，围绕提高政治把握能力、调查研究能力、联系群众能力、合作共事能力的总要求，制定政协讲坛实施方案，确定双月学习研讨计划，围绕服务改革发展、推进法治建设、促

进民主和谐、提升履职能力等重大问题组织学习辅导、交流研讨，切实做到学有所得、学以致用。抓好机关作风建设各项制度和整改任务的落实，完善为委员履职服务的基础政务信息平台建设，健全共享机制，加强对成果转化的追踪问效，不断巩固和扩大群众路线教育实践活动成果。

二、坚持围绕中心，服务大局有效作为

（一）在全面推进依法治区上主动作为。增强法治理念，树立法治信仰，始终坚持在宪法、法律和政协章程范围内履职尽责。在调研视察、提出提案、社情民意反映、会议发言、特约监督、民主评议等履职活动中，自觉学法、尊法、信法、守法、用法、护法，积极为法治丰台建设建言出力，努力做社会主义法治建设的模范践行者。

（二）在破解区域非首都核心功能疏解重大问题上主动作为。按照京津冀协同发展的格局，针对区域非首都核心功能疏解问题，深入开展调查研究，组织多方协商探讨。遵循首都城市功能战略定位，以转变发展方式、构建高精尖经济结构为主线，以实现人口资源环境可持续发展为目标，以促进功能区建设、推进城市（镇）化进程为重点，围绕疏解什么、如何疏解、谁来疏解等重大问题集思广益、建言献策。

（三）在谋划区域长远发展战略与路径上主动作为。结合区“十三五”规划调研论证与编制工作，从落实区域功能定位、坚持高端发展方向、空间合理布局、产业有效聚集等方面，认真研究，深入思考，在建言献策的同时，全面开展协商议政活动。

三、注重凝心聚力，支持各方发挥作用

（一）充分发挥委员主体作用。政协委员要积极参与社区（村）居民事务协商，就关系群众切身利益的民生问题，倾听民意、汇聚民智、建言献策；委员地区活动组要积极参与地区事务协商，围绕街道、乡镇中心工作和群众关心的问题，听取意见建议，反映诉求，广泛协商；区政协各专门委员会要认真组织与区职能部门的专题协商、对口协商、界别协商、提案办理协商，围绕全区中心任务、群众期盼和社会关注的热点、难点问题，深度协商议政。

（二）充分体现界别特色和优势。制定《关于进一步发挥界别作用的工作意见》。依托各专委会联系界别委员的优势，强化专委会工作与界别委员活动的衔接，为有效开展界别委员活动提供组织协调和服务保障。组织和推动界别委员加强与界别群众的联系，引导各界群众理解、支持和参与繁荣、文明、幸福的新丰台建设，通过丰富多彩的界别活动达到凝心聚力的作用。

（三）充分汇聚社会各方力量。以制度为保障，加强政协与民主党派、人民团体和无党派代表人士的联系走访、沟通交流。以课题为纽带，组织其参与联合调研、视察活动。以宣传“践行社会主义核心价值观”为主要内容，组织委员积极参与基层社会治理实践活动。进一步加强与民族宗教界代表人士的联系，促进民族团结、宗教和睦。以纪念世界反法西斯战争暨中国抗日战争胜利70周年为主题，征集抗战史料，组织纪念活动，弘扬民族精神。

四、聚焦社情民意，围绕民生履职尽责

（一）关注民生和社会的热点问题履行职能。就教育均衡发展、社区卫生服务、就业和养老服务以及大气治理、城乡环境改善等问题，深入基层，运用平时提案、《委员话发展》社情民意信息等形式，及时提出对策建议，推动相关问题的解决。

（二）关注基层重点难点问题履行职能。关注区政府为民办实事“折子工程”的落实，密切跟踪办理情况和群众反映，积极发挥智力优势和专业优势，善于发现问题、出谋划

策，推动重点民生工程落到实处。

（三）关注群众身边的现实困难问题履行职能。按照“发挥优势，履职为民，传递正能量”的要求，深入开展“爱丰台基层行”活动。制定活动方案，把握活动节奏，明确活动内容。通过“法治基层行”、“健康基层行”、“文化基层行”等系列活动，为维护社会和谐稳定作出积极贡献。

五、完善制度机制，使履职活动充满活力

（一）进一步完善民主协商制度。将推进政协工作制度化、规范化、程序化建设作为全区深化改革的重点内容，按照中央和市、区委深化改革的要求，遵照政协章程，与区委、区政府共同制定完善“六个三”工作制度。通过政治协商“三在前、三在先”制度、民主监督“三通报、三倾听”制度、参政议政“三提供、三主动”制度，为政协组织履行职能提供政治保障。

（二）落实协商年度工作计划制度。坚持每年确定一项具有全局性、战略性、前瞻性的重要课题作为政治协商议题，由区委同各民主党派、工商联和无党派代表人士进行政治协商。实施季度协商座谈会制度，围绕区域经济社会发展重大问题和群众普遍关心的热点难点问题确定协商议题，区政协组织相关界别委员与区政府及有关职能部门进行协商座谈。

（三）健全委员联络制度。加强委员联络工作，强化服务委员联络工作的组织建设，有效提升服务委员履职的能力和水平。探索在街道、乡镇建立政协委员联系制度，将联系和服务委员纳入全区各街道、乡镇党（工）委职责范围和工作日程，在各街道、乡镇举办协商座谈会时，邀请政协委员就地区经济社会发展和群众关心的热点、难点问题听取情况、调研视察、沟通交流、发表意见。

（四）改进民主监督形式。开展视察监督，就区域经济社会发展的重点事项，每年开展两次监督视察活动。拓展专项监督，在教育、财政民主监督的基础上，推进法治、环境和城市建设专项监督工作的有效实施。扩大定点监督范围，继续推进向有审批职能的政府部门和街道、乡镇派驻特约监督员小组。实施个案监督，对提案（平案）、社情民意所反映问题的办理情况，有针对性地进行监督，确保实效。探索综合评议监督，丰富形式，主动参与，发挥优势。

（五）构建基层协商民主新模式。引导广大委员积极参与街道、乡镇和社区、村开展的基层民主协商活动，助推“三级联动、四层协商”模式，使我区的基层协商民主形式上下畅通、有的放矢，形成具有丰台特色的基层社会治理新机制。

（六）推进提案工作实现新转变。进一步推进提案工作从关注经济增长向服务转变发展方式转化，从关注城市建设向建言城乡环境提升转化，从关注一般民生问题表达向延伸为民办实事转化，从关注社会管理，向促进法治建设和社会和谐稳定转化，从关注重要决策执行中的问题向聚焦重大规划和决策制定前的协商转化。继续坚持重点提案区领导督办制度，深化集中督办、专委会督办、现场督办、追踪督办。推进提案办理评议、办理反馈、成效公开办法的落实，扩大提案社会影响力。

六、加强自身建设，做到五个有效把握

（一）有效把握履职基础，主动融入。通过深入基层，掌握第一手资料，增强建言献策的针对性，提升建言质量。同时，要发挥人民政协联系广泛、渠道畅通的独特优势，广泛交友联谊，加强宣传推介，促进交流合作。

（二）有效把握根本要求，关注多层。认真听取并反映群众的意愿、诉求及对重点工作的意见建议。开展“下基层、访委员、听民意”活动，为群众反映情况创造条件、

提供平台；围绕区委、区政府的重要决策、重大事项，组织政协各参加单位和委员座谈讨论，为区委、区政府决策集聚民智。

（三）有效把握履职形式，坚持广议。坚持围绕中心、服务大局，选择事关区域改革发展的重大问题，以及群众关注的热点问题作为履职重点。组织多种协商形式，以“人无我有，人有我新，人新我深”的原则，建睿智之言、献务实之策。

（四）有效把握责任使命，做到善言。善于发现问题，敢于指出问题，做到政治协商说真话、不敷衍了事，民主监督出真招、不做表面文章，参政议政建真言、不随声附和，大胆反映真实情况，做到摸实情、讲实话、建诤言，用好话语权。

（五）有效把握现实需要，勤于汇集。加强“三支队伍”培训工作，整体提高理论水平和写作能力，使来自各方的意见建议有效集成，重点反映。善于总结、善于分析、善于写作，做到理论与实践的有机结合。利用好新闻网站、网络论坛等新媒体，加强宣传和互动，扩大政协工作的影响力。

各位委员，丰台正处于改革攻坚、加快发展的关键时期，需要政协更好地发挥协调关系、汇聚力量、建言献策、服务大局的重要作用。让我们紧密团结在以习近平同志为总书记的中共中央周围，在中共丰台区委坚强领导下，以改革创新精神和法治思维推进协商民主的广泛多层制度化发展，为建设繁荣、文明、幸福的新丰台贡献智慧和力量！

附件：

名词解释

“两个融入”：按照区政协的职能要求，各项工作的开展要融入区委、区政府的中心工作和地区发展现实需求；政协委员的履职活动要融入基层群众生产生活实际。

“四风”问题：包括形式主义、官僚主义、享乐主义和奢靡之风等方面存在的突出问题。

“发现丰台之美”系列活动：为展示丰台科学发展、强势崛起的新气象和新风貌，从城市和人文的角度，以文艺演出、先进评选、书画展览、舞蹈大赛以及摄影、征文和其他文艺作品的征集为手段，以发现美、创造美、展示美为目的，发现丰台自然之美、历史之美、创造之美、成长之美、奉献和共建之美，全面提升社会环境形象、行业精神风貌和个人文明素养。

“知情传递、征集线索、拓展渠道、评优示范、落实责任”的工作办法：知情传递，是区政协通过视察、调研、政协讲坛、“爱丰台基层行”、专委会情况通报等形式，为委员知政情、晓民意服务；征集线索，是区政协通过媒体宣传和网络手段，面向社会各界广泛征集提案线索，供委员参考，促进提案与社情民意对接；拓展渠道，是区政协组织党派团体负责人和界别委员走进区党政部门开展互动交流，并面向各民主党派、人民团体征集提案方向，结合选题与所涉及部门进行对接；评优示范，是组织优秀提案评选工作，并编印优秀提案汇编，在《提案工作指南》上进行优秀提案点评，起到学习参考、引领示范的作用；落实责任，是明确区政协各专委会在提案工作中的作用和职责，认真落实“提案组初审、提案委复审、两办调整终审”的工作机制，强化提案工作合力。

“共商、交办、走进、督办、复核、反馈、延伸、评议”的提案督办工作机制：共商，是通过大会提案组、提案委、区两办等不同层面，在共同协商的基础上，对提案进行分类，为准确确定承办单位奠定基础；交办，是在深入分析提案内容和建议的基础上，区委、区政府、区政协共同召开提案办理工作会议，对办理工作提出要求；走进，是提案方、办理方共同走进提案办理现场，共同了解情况、促进提案办理和落实；督办，是包括区领导督办重点提案、专委会督办界别提案、提案委集中督办同类提案，对反映问题比较突出的提案进行现场办理、对上一年度做出明确承诺而尚未落实的提案组织追踪督办；复核，是严格审查提案办理报告，对办理过程中存在问题的提案进行复查补办；反馈，是加强对办复情况的分析，征询委员对办理情况的意见；延伸，是对提案在现场督办和集中办理过程中衍生出的其他问题，积极协调相关部门开展追踪延伸办理，进一步强化提案办理的效果；评议，是对提案质量和办理质量进行双向评议，进一步推动提案撰写由重数量向数量与质量并重转变、提案办理由重答复向答复和落实并重转变。

“赋权富民”：这是我国新一轮农村改革的核心。具体讲，就是要重点赋予和保障农民的财产权、自由迁徙权、社会保障权、公共参与权、自主表达权和生育权等六种基本权利。

双重二元结构：丰台区位于北京的城乡结合部，既存在同一行政区域内的城市和乡村的二元化管理体制，也存在大量外来人口与本地人口的二元化社会管理模式，前一个“二元”可以称为“老二元”，后一个二元可以称为“新二元”，一并称为双重二元结构。

“城市病”：指因人口过于向大城市集中而引起的一系列社会问题，表现在：城市规划和建设盲目向周边摊大饼式的扩延，大量耕地被占，使人地矛盾更尖锐。造成人口膨胀、交通拥堵、环境恶化、住房紧张、就业困难等问题，将会加剧城市负担、制约城市化发展并引发市民身心疾病。

特约监督小组：区政协受邀并经主席会议同意，推荐政协委员到区政府有关单位或区司法部门担任特约监督员。2014 年起，在区各相关单位或部门都组建了由 3 名以上委员组成的特约监督小组，开展常态化监督工作。

“三级联动、四层协商”基层民主协商模式：积极推进建立社区（村）居民协商议事会、街道（乡、镇）社会协商议事会和区级民主协商议事会三级协商议事机制，分别就基层群众反映的重要问题，对应范围的协商内容开展民主协商。通过居民代表协商、地区事务协商、区政府及职能部门专题协商（对口协商）、区委政治协商（重点协商）四个层面，形成基层民主协商体系，使我区的民主协商形成一个完整的环状结构。协商议题汇集基层群众反映的民生问题，按照职责范围和权限逐级收集、提交、筛选、协商并反馈，使民主协商工作上下畅通、有的放矢，形成有效的基层社会治理新机制。

政治协商“三在前、三在先”制度：把政治协商作为重大决策的必经程序，切实做到对涉及全区政治、经济、文化、社会和生态建设的重大问题，支持政协协商在区委决策之前，人大通过之前，政府决定之前。制定全区经济建设和社会发展规划及事关人民群众生活的重要问题，坚持先协商后决策；对相关重要的人事安排，坚持先协商后决定；制定关系丰台全局的重要政策和意见，坚持先协商后通过。

民主监督“三通报、三倾听”制度：根据政协实施民主监督的工作需要，通过政协全体会议、常委会议及专题协商座谈会议，把国家各项法律法规的实施情况及时向政协通报；把重要政策、意见的贯彻执行情况及时向政协通报；把党政机关及其工作人员履行职责、遵守法纪、为政清廉方面的情况向政协通报。区党政负责同志积极参加政协的协商议政会议和调研视察活动，认真倾听政协组织和委员对制定、实施大政方针的意见和建议，对区委、区政府机关及其工作人员在执行党的路线、方针、政策和党风廉政建设方面的意见，以及对人民群众普遍关注的热点、难点问题的反映和建议。

参政议政“三提供、三主动”制度：区党政部门为政协参政议政创造良好条件，积极提供情况、提供条件、提供保证。主动加强与政协组织和委员的联系与沟通；主动听取政协委员对地区发展重大问题、重要工作部署、重大改革措施、重大项目建设、重要人事任免等情况的意见和建议；主动支持、配合政协围绕发展中的重要问题和人民群众普遍关心的问题，深入调查研究，开展咨询论证，提出意见和建议。

定点监督：政协组织向国家司法、行政机关派驻政协委员作为民主监督员（组），对派驻单位的政务活动实施全面监督。既包括对实施宪法和法律、法规情况和贯彻执行党的方针政策的情况进行监督，也包括对其领导班子及其工作人员履行职责、职业道德、遵纪守法、廉洁从政等方面的情况进行监督，具有定点实施的特征。

个案监督：对涉及地区中心工作和群众关心问题的平类提案和社情民意信息，选择重点内容作为监督题目，由党政部门和政协成立监督小组，跟踪监督办理情况，通过监督工作推动意见建议的的有效落实。

“三支队伍”：即政协常委、政协委员和政协机关干部三支队伍。

专 文

丰台区深入开展党的群众路线教育实践活动实施方案

丰群组发〔2014〕1号

按照《中共丰台区委关于在全区深入开展党的群众路线教育实践活动的实施意见》（京丰发〔2014〕3号）的总体部署，全区党的群众路线教育实践活动从2014年1月开始到9月底结束，分为学习教育、听取意见，查摆问题、开展批评，整改落实、建章立制三个环节进行。现结合丰台区实际，制定如下实施方案：

一、活动前期准备

（一）成立领导机构和工作机构

各单位要按照区委要求，成立教育实践活动领导小组和工作机构，负责本单位教育实践活动的组织领导和具体实施。各单位领导小组和工作机构的组成，报区委教育实践活动领导小组办公室备案。

区委党的群众路线教育活动领导小组将向各单位派出区委督导组，全程督导教育实践活动。各街道、乡镇要向社区、村派出教育实践活动督导组或督导员；教育、卫生、国资委党（工）委也要向系统内单位派出督导组或督导员，加强对基层党组织的督查指导。

（二）制定工作方案

各单位在广泛调研基础上，结合自身实际，有针对性地研究制定本地区本系统本部门深入开展党的群众路线教育实践活动的实施方案，明确活动目标、主要任务、方法步骤和工作要求。经区委督导组审阅修改完善后，报区委教育实践活动领导小组办公室备案。

社区、村党组织要制定切实可行的活动计划。其他基层党组织也要根据上级党组织的要求，制定简单易行的活动计划。

（三）建立活动联系点

有下属基层单位的区级党政机关、（国有）企事业单位，处级党员领导干部要在所属基层单位建立活动联系点，其他单位的处级党员领导干部要在所属党支部建立活动联系点；每名街道、乡镇党员领导干部在教育实践活动中都要建立基层联系点，突出在重点帮扶社区、村党组织建立联系点。党员领导干部要经常深入联系点开展调研，听取党员群众的意见，参加联系点专题民主生活会等重要活动，对联系点教育实践活动进行指导，推动各项工作落实。

（四）启动制度建设工作

各单位要对作风建设有关制度进行全面梳理，启动制度建设的调查研究工作。

二、学习教育、听取意见

（一）动员部署

2月15日前，区委召开全区教育实践活动动员部署大会，正式启动全区教育实践活动；2 月底前，各单位要召开动员部署会，启动本地区本系统本部门的教育实践活动；各单位所属基层单位、社区、村以及非公经济组织党组织、社会组织党组织的教育实践活动，要在 3 月上旬前完成启动，负责联系的党工委（党组）领导班子成员要参会。

各单位的动员部署会上，党工委（党组）书记（不设党组的部门主要负责同志）做动员部署，并配合区委督导组在参会人员范围内，对本单位领导班子和党员领导干部进行民主评议，并做好征求意见工作。参会人员范围和部署会召开时间由各单位商区委督导组确定，主要负责同志的动员讲话稿要提前报区委督导组审阅。

（二）开展学习教育

重点围绕树立宗旨意识、群众观点组织处级以上领导班子和领导干部开展学习教育，集中学习时间不少于 7 天。

1．开展集中学习。制定各单位学习教育计划，确保计划落实到位。一是学习党章、党的十八大报告和十八届三中全会精神、习近平总书记在党的群众路线教育实践活动工作会议上的重要讲话等一系列讲话精神等。二是研读中央编写的《论群众路线——重要论述摘编》、《党的群众路线教育实践活动学习文件选编》、《厉行节约反对浪费——重要论述摘编》、《各地联系服务群众经验做法选编》、《损害群众利益典型案例剖析》、《警示与教训》等学习材料。三是学习《党政机关厉行节约反对浪费条例》、《党政机关国内公务接待管理规定》、《关于党员干部带头推动殡葬改革的意见》、《党员干部在作风方面存在的突出问题》、《关于在全市开展会员卡专项清退活动的通知》、《关于在党的群众路线教育实践活动中严肃整治“会所中的歪风”的通知》、中央八项规定、市委 15 条实施意见等党内条规。四是观看市委书记郭金龙、区委书记李超钢讲党课录像片，市、区委制作的专题教育片，电影《周恩来的四个昼夜》，《苏联亡党 20 年祭——俄罗斯人在诉说》，50 集大型电视系列片《正道沧桑——社会主义 500 年》，《为民爱民的好医生——贾立群同志先进事迹报告会》，从中深刻理解马克思主义群众观点的基本内容和党的群众路线的丰富内涵。

2．参观辅导。参观北京市反腐倡廉警示教育基地；各单位党工委（党组）书记（不设党组的部门主要负责同志）要结合实际为党员干部讲党课；有关党员领导干部要深入联系点调研指导工作，了解学习教育和征求意见的有关情况。

3．召开集中学习交流会。在认真组织学习的基础上，处级以上领导班子重点围绕群众路线的时代内涵，围绕“四风”的具体表现和危害，围绕为民务实清廉的具体要求，结合工作实际，组织召开一次集中学习交流会。每位党员领导干部要形成书面交流材料，会上都要发言，结合分管工作交流学习心得。区委督导组将参加各单位领导班子的学习交流活动。

（三）听取意见建议

1．督导组个别谈话听取意见。区委督导组与督导单位领导干部和普通党员干部群众进行谈话，具体谈话范围，由区委督导组同所督导单位确定。谈话内容主要是听取对本单位领导班子和党员领导干部作风方面情况的总体评价，在“四风”等方面存在的突出问题以及搞好教育实践活动的意见建议等。

2．广泛征求意见。各单位制定《征求意见方案》，紧扣作风建设，聚焦反对“四风”，坚持开门搞活动，让群众参与、监督和评判，把“面对面”与“背靠背”结合起来，把“个别听”与“集体谈”结合起来，把“走进群众听”与“组织群众评”结合起来，通过问卷调查、设置意见箱和网上邮箱、开通专线电话、座谈、个别访谈及实地调研等形式，广泛听取群众意见，特别是听取工作对象和服务对象的意见，为对照检查、开展批评和解决问题打好基础。要重视来信、来访等送上门的意见，统筹做好征求意见工作，防止相互征求意见搞“公文旅行”、“函来函往”，防止“一窝蜂”下基层、重复征求意见。

（四）形成简要情况报告和征求意见汇总材料

各单位形成学习教育、听取意见简要情况报告和征求干部群众意见建议的汇总材料，上报区委督导组。

三、查摆问题、开展批评

（一）找准找实突出问题

处级以上领导班子和党员领导干部要紧紧围绕为民务实清廉要求和中央八项规定、市委15条意见精神，对照全市39项专项整治任务及《党政机关厉行节约反对浪费条例》、《党政机关国内公务接待管理规定》等文件规定，对照党章、对照廉政准则、对照改进作风要求、对照群众期盼，对照先进典型，查找宗旨意识、工作作风、廉洁自律等方面的差距，特别是要找出“四风”问题的具体表现、典型事例，注重从关系群众切身利益的问题中查找问题。要逐风查找，不能“漏风”，既要查找共性问题，更要紧密结合实际，有针对性地查找个性问题。各乡镇还要对照《农村基层干部廉洁履行职责若干规定（试行）》进行检查。行政执法监管部门、窗口单位和服务行业基层党组织要组织党员、干部针对群众反映强烈的“门难进、脸难看、事难办”等突出问题，结合岗位特点和履职情况，逐一对照检查。

（二）区委督导组通报反馈情况

区委督导组根据区委有关部门提供的材料，结合征求干部群众意见和个别谈话等情况，形成对督导单位处级领导班子和党员领导干部的总体评价、作风建设情况及存在问题、党风廉政建设情况的通报材料。通报材料报区委教育实践活动领导小组办公室审批，经审批同意后，向领导班子、党员领导干部进行通报和反馈（或谈话提醒）。

（三）开展谈心活动

党工委（党组）书记（不设党组的部门主要负责同志）与班子成员之间，班子成员相互之间，班子成员与分管部门（联系的基层单位）负责同志之间要深入开展谈心交心活动。党工委（党组）书记（不设党组的部门主要负责同志）与党员领导干部谈心谈话，主要是向党员领导干部反馈在征求意见中征求到的领导班子作风建设情况、存在的突出问题以及对党员领导干部个人的意见建议，听取党员领导干部对自己的批评，并督促做好相互谈心工作；党员领导干部之间相互谈心谈话，主要是进行深刻的批评与自我批评，坦诚地征求意见；党员领导干部与分管部门负责同志谈心谈话，主要是征求对自己存在的“四风”问题的意见和改进的建议。另外，还要主动接受党员、干部和群众的约谈。

谈心时间安排要充分，既要肯定成绩，又要指出问题和不足，要敞开心扉、坦诚相见，有话讲在当面，力求谈开谈透。对拟在专题民主生活会上开展批评的问题，要在谈心过程中充分沟通和交流意见，取得共识，把矛盾化解在民主生活会前。

（四）撰写对照检查材料

处级以上领导班子和党员领导干部，要按照衡量尺子严、查摆问题准、原因分析深、整改措施实的要求，对“四风”方面存在的突出问题及具体表现，逐一进行检查，认真撰写对照检查材料。领导班子对照检查材料主要内容包括遵守党的政治纪律情况，贯彻落实中央八项规定和市委 15 条意见精神、转变作风方面的基本情况，“四风”方面存在的突出问题和具体表现，产生问题的原因分析，提出整改落实、建章立制的思路和措施等；党员领导干部对照检查材料主要内容包括遵守党的政治纪律情况，贯彻落实中央八项规定和市委15条意见精神、转变作风方面的基本情况，“四风”方面存在的突出问题，产生问题的原因分析，今后的努力方向和改进措施等。对群众反映和上级点明的突出问题，要实事求是地作出回应，并一个风一个风地进行对照检查。对照检查材料要紧密围绕反对“四风”问题提出整改思路、措施和办法。

领导班子对照检查材料由党工委（党组）书记（不设党组的部门主要负责同志）主持起草，党员领导干部个人的对照检查材料由自己动手撰写。领导班子和党员领导干部个人的对照检查材料，要经党工委（党组）书记（不设党组的部门主要负责同志）把关，于民主生活会前15日报区委督导组审阅，并根据区委督导组提出的反馈意见进行修改。区委督导组要将修改后的对照检查材料，于民主生活会前5日报区委教育实践活动领导小组办公室，经审核同意后，才能召开专题民主生活会。

各单位领导班子和党政主要负责同志的对照检查材料，经区委督导组、区委教育实践活动领导小组办公室审阅后，要呈报主管区领导审阅。区领导联系点单位的领导班子和党政主要负责同志的对照检查材料，同时呈报联系区领导审阅。

（五）制定民主生活会方案

按照区委有关要求，各单位制定专题民主生活会方案，方案内容包括：会前征求意见、相互谈心谈话情况，会上开展批评和自我批评的安排等。方案在民主生活会前15日报区委督导组，经审核同意后，按照程序分别报送区纪委、区委组织部、区委教育实践活动领导小组办公室。

（六）召开专题民主生活会

在区级领导班子专题民主生活会召开之后，处级领导班子紧紧围绕党的先进性和纯洁性，按照“照镜子、正衣冠、洗洗澡、治治病”的总要求，以为民务实清廉为主题，以“反对‘四风’、服务群众”为重点，召开一次高质量的民主生活会，认真解决“四风”问题，解决群众反映强烈的突出问题，解决制约本单位发展的突出问题。民主生活会上的发言既要谈思想，也要明确摆出“四风”问题，对群众意见和上级点明的问题逐一检查并作出实事求是的回应，从世界观、人生观、价值观上深刻检查剖析问题根源，并提出改进的具体措施。民主生活会上，每名班子成员发言时间不少于30分钟，不得请假，不安排外出任务。在不同班子中任职的领导干部，要参加所任职的每个班子的民主生活会。区委督导组全程参与督导单位领导班子民主生活会，并对民主生活会召开情况进行简要点评。区领导联系点单位还要邀请联系区领导参加本单位领导班子专题民主生活会。

（七）上报民主生活会专项报告

党工委（党组）书记（不设党组的部门主要负责同志）主持起草专题民主生活会情况专项报告，于民主生活会召开后7日内报区委督导组；按照反馈意见进行修改完善，经区委督导组审阅同意后，于民主生活会召开后15日内，将修改后的专项报告上报区纪委、区委组织部和区委教育实践活动领导小组办公室。

（八）召开民主生活会情况通报会

党工委（党组）书记（不设党组的部门主要负责同志）主持召开通报会，通报专题民主生活会情况。通报材料需会前报区委督导组审阅，并进行修改完善。通报范围由各单位商区委督导组确定。

（九）参加组织生活会和基层专题民主生活会

党员领导干部要带头执行双重生活会制度，既要参加领导班子专题民主生活会，又要以普通党员身份参加所在党支部或党小组的专题组织生活会，并在会上进行发言，交流思想和认识。有关党员领导干部还要审阅基层联系点的对照检查材料，并参加基层联系点的二级班子专题民主生活会，并进行简要点评。

四、整改落实、建章立制

（一）制定整改方案

党工委（党组）书记（不设党组的部门主要负责同志）要亲自主持制定领导班子整改方案，提交领导班子集体审议；每名党员领导干部要制定个人整改措施，形成书面材料。领导班子整改方案要明确责任领导、牵头部门、配合部门及其负责人、完成时限、具体责任等；党员领导干部个人整改措施要逐项列出清单，明确具体措施、完成时限等。领导班子整改方案和党员领导干部个人整改措施，要报区委督导组审阅。领导班子整改方案经修改完善后，还要报区委教育实践活动领导小组审批。领导班子整改方案要在一定范围内予以公布，具体范围由各单位商区委督导组确定。

（二）落实整改任务

围绕群众反映强烈的突出问题，从活动一开始就要改起来，从具体事抓起、从身边事做起、从群众最不满意的事改起。要抓住本单位领导班子、党员领导干部“四风”方面存在的突出问题，发扬钉钉子的精神，逐项进行整改，做到目标明确、措施具体、责任清晰、务实管用。整改落实必须做到“三个确保”：确保整改成效让群众看得见、感受得到、大多数人满意，确保形成的制度行得通、指导力强、能长期管用，确保整个教育实践活动善始善终、善作善成。把整改落实情况要纳入专项整治和制度建设内容，并制定任务书和时间表。整改全过程要置于群众监督之下，并通过一定方式、在一定范围内向群众公开，请群众监督和评判。公开的内容、范围和方式，由各单位商区委督导组确定。

（三）开展专项整治

把专项整治作为整改落实的重中之重。严格按照《北京市开展“四风”突出问题专项整治方案》要求，不折不扣地落实 39 项整治任务，以重点突破推动作风整体好转。特别是对文山会海、检查评比创建泛滥，办事拖拉、推诿扯皮，门难进、脸难看、事难办，不负责任、不敢担当，工作状态慵懒散漫，大吃大喝、铺张浪费，公车私用，变相旅游等侵害群众利益行为等问题，下猛药、出重拳，一项一项地整治，一个一个地突破。对于条件具备的，立行立改；对于经过努力能够在短期内完成的，加大整改力度，限期完成；对于情况复杂需要一段时间研究解决的，尽快启动研究和摸底工作，提出具体工作计划，积极推进各项任务的落实。

对于 39 项整治任务以外的本单位存在的其它突出问题，也要进行专项治理，尤其要把整治侵害群众利益行为作为重中之重，不达目的不罢休。各单位开展“四风”突出问题专项整治方案，要报区委督导组审阅，修改完善后报区委教育实践活动领导小组审批。

（四）加强制度建设

各单位在前期工作基础上，制定切实可行的制度建设计划，按照于法周延、于事简便的原则，围绕解决“四风”突出问题，进一步对现有制度进行全面梳理，完善已有制度，制定新的制度，废止不适用的制度，要把建立健全工作制度、管理制度、考核制度和督促检查制度等作为重要内容。要更好的用制度管住干部的行为，用机制规范权力的运行，从体制机制上堵塞滋生“四风”问题的漏洞。要抓好区委系列群众工作制度的落实，加强对执行制度情况的督促检查，坚决纠正有令不行、有禁不止的各种行为，维护制度的严肃性和权威性。

各单位改进作风制度建设计划，经区委督导组审阅，修改完善后报区委教育实践活动领导小组审批。

（五）强化正风肃纪

坚持严字当头，坚决查处发生在群众身边的不正之风和腐败问题。加大监管查处力度，对软、懒、散的领导班子要进行整顿；对存在一般性作风问题的干部加强教育、促其改进；对群众意见大、没有明显改进的干部进行组织调整；对在活动中发现的重大违纪违法问题，特别是顶风违纪者，要及时移交纪检监察机关或有关方面依法依纪严肃查处。加强基层党组织建设和党员教育管理，对软弱涣散的基层党组织，进行集中整顿；对长期不起作用甚至起负作用的党员，进行严肃教育或组织处理。

强化纪律监督、效能监察和专项审计，充分发挥纪检监察机关和审计等职能部门在正风肃纪中的作用。对工作中的重大问题，要明确政策依据，把握政策界限，规范操作、慎重处理。对涉及人的问题，要坚持依法依规、实事求是、客观公正，做到既从严要求、又关心爱护。

五、做好总结工作

（一）撰写总结材料

各单位要认真总结本单位教育实践活动取得的思想认识成果、实践成果、理论成果和制度成果，实事求是地对教育实践活动成效作出评价，客观指出工作中存在的问题和不足，深化对作风建设规律性认识。开门搞总结，采取实地走访、个别访谈、召开座谈会等多种形式，听取党员群众意见，组织撰写教育实践活动总结报告、开展“四风”突出问题专项整治情况报告、改进作风建设情况报告、党工委（党组）书记（不设党组的部门主要负责同志）在总结大会上的讲话。以上材料上报区委督导组审阅。修订完善后上报区委教育实践活动办公室。

（二）召开教育实践活动总结大会

9 月底，在区委教育实践活动总结大会召开之后，各单位召开总结大会。会上，各单位党工委（党组）书记（不设党组的部门主要负责同志）通报开展教育实践活动的基本情况、做法和成效，查摆的突出问题、整改措施和今后工作的努力方向。配合区委督导组，对本单位领导班子及党员领导干部开展教育实践活动的情况进行民主评议。总结大会召开时间、参会人员范围由各单位商区委督导组确定。

关于印发《丰台区党的群众路线教育实践活动学习教育、听取意见环节工作安排》的通知

丰群组发〔2014〕10号

全区各单位党的群众路线教育实践活动领导小组，区委各督导组：现将《丰台区党的群众路线教育实践活动学习教育、听取意见环节工作安排》印发给你们，请结合实际，认真贯彻落实。

中共丰台区委党的群众路线
教育实践活动领导小组
2014年2月28日

丰台区党的群众路线教育实践活动学习教育、听取意见环节工作安排

学习教育、听取意见，是教育实践活动的第一环节，是搞好教育实践活动的基础。根据《丰台区开展党的群众路线教育实践活动工作方案》（丰群组发〔2014〕1号）的工作部署，现就全区学习教育、听取意见环节工作具体安排如下。

一、扎实开展学习教育

学习教育要紧紧围绕树立宗旨意识、增强群众观念这个重点，通过认真学习、深刻思考、集中交流，使党员干部特别是领导干部进一步坚定理想信念、提高思想认识。

1. 制定学习计划。各单位要结合实际制定学习教育计划，明确集中学习的具体时间、人员范围、内容、形式等。处级领导班子和领导干部集中学习时间不少于7天，达不到要求的要“补课”。各单位学习计划要报区委督导组审阅。

2. 明确学习目的。各单位要通过组织系列学习教育、研讨交流活动，教育引导党员干部对照理论理想、党章党纪、民心民声、先辈先进“四面镜子”，重温党的光辉历史和优良传统，自觉加强党性修养和品德修养，不断提高思想认识，做到“五个明确”：即明确群众路线的概念、内涵、精神实质、历史意义、现实意义等，明确“群众”的定义、本单位“群众”的定义范围、新形势下本单位和党员干部贯彻群众路线、做好群众工作的基本方法和要求等；要明确“四风”的定义，明确中央、市委、区委提出加强作风建设的要求以及提出的“四风”具体表现和危害等，明确本单位领导班子和党员干部存在的“四风”突出问题及表现，以及产生这些问题的思想根源，等等。

3. 丰富学习形式。坚持灵活多样、务实管用的原则，采取集中学习与个人自学相结合，在坚持自学的基础上，以理论中心组学习、支部生活会学习、辅导报告、主题党课、学习研讨等多种方式开展集中学习教育活动。党员领导干部要带头参加集中学习，带头坚持自学，将学习教育贯穿活动全过程。加强分类指导，对于社区、村、两新组织以及流动党员、年老体弱党员，要采取灵活多样的方式进行学习，实现对机关单位、企事业单位、基层一线的全覆盖，确保每名党员都普遍受到一次马克思主义群众观点和党的群众路线教育。

4. 明确学习重点。一是学习党章、党

的十八大报告和十八届三中全会精神、习近平总书记在党的群众路线教育实践活动工作会议上的重要讲话等一系列讲话精神等。二是研读《论群众路线——重要论述摘编》、《党的群众路线教育实践活动学习文件选编》、《厉行节约反对浪费——重要论述摘编》、《各地联系服务群众经验做法选编》、《损害群众利益典型案例剖析》、《警示与教训》等学习材料。三是学习《党政机关厉行节约反对浪费条例》、《党政机关国内公务接待管理规定》、《关于党员干部带头推动殡葬改革的意见》、《党员干部在作风方面存在的突出问题》、《关于在全市开展会员卡专项清退活动的通知》、《关于在党的群众路线教育实践活动中严肃整治"会所中的歪风"的通知》、中央八项规定、市委15条实施意见、区委27条实施意见等党内条规。四是观看市委书记郭金龙、区委书记李超钢讲党课录像片，市、区委制作的专题教育片，电影《周恩来的四个昼夜》、《苏联亡党20年祭——俄罗斯人在诉说》，50集大型电视系列片《正道沧桑——社会主义500年》，《为民爱民的好医生——贾立群同志先进事迹报告会》等影视资料。

5. *开展教育辅导*。各单位党工委（党组）书记（不设党组的部门主要负责人）要结合实际为党员干部讲一次党课，可邀请专家围绕群众路线作辅导报告。组织参观北京市或丰台区反腐倡廉警示教育基地，结合群众提出的"四风"方面存在的突出问题，联系近年来我区党员干部中出现的违纪违法典型案例，总结经验教训，进行深刻反思，努力提高辨别能力、政治定力和实践能力。

6. *进行学习交流*。在认真组织学习的基础上，处级领导班子要紧紧围绕群众路线的时代内涵、重要意义，围绕"四风"具体表现和危害，围绕为民务实清廉的具体要求，结合工作实际，以"我是谁、为了谁、依靠谁、惠及谁"为主题，组织召开一次集中学习交流会。每位党员领导干部要形成书面交流材料，会上都要发言，结合分管工作交流学习心得，进一步强化宗旨意识、群众观点，相互学习、相互促进、共同提高。区委督导组参加各单位领导班子的学习交流活动。各单位所属基层党组织要开展专题学习交流活动，交流加强基层服务型党组织建设的认识和心得，牢固树立全心全意为人民服务的理念，形成以人为本、人民至上的价值追求，增进与人民群众的深厚感情。

二、广泛听取意见建议

要坚持开门搞活动，从一开始就要深入群众听取意见和建议，问政于民、问需于民、问计于民。围绕反对"四风"查找问题，为对照检查、开展批评和解决问题打好基础。

1. *督导组个别谈话听取意见*。区委督导组与督导单位领导干部和普通党员干部群众进行谈话，主要内容是对单位领导班子和处级党员领导干部履职情况进行总体评价；对单位领导班子和处级党员领导干部作风方面情况进行总体评价；指出单位领导班子和处级党员领导干部"四风"方面存在的突出问题以及对搞好教育实践活动的意见建议等。谈话范围由区委督导组与所督导单位确定，一般应包括领导班子成员、近三年退休的领导班子原成员、全体中层正职干部，还要包括中层副职干部代表、普通党员群众代表、所属基层单位党政主要负责人代表等。

2. *各单位制定征求意见方案*。各单位要结合实际制定切实可行的征求意见方案，明确征求意见的内容、范围、方式和途径。各单位征求意见方案要报区委督导组审阅。

3. *突出征求意见重点*。紧扣作风建设，着重听取群众对领导班子和党员领导干部在作风方面存在突出问题的反映，听取对贯彻落实中央八项规定和市委十五条实施意见，反对“四风”以及践行党的群众路线方面的意见和建议。听取意见的内容必须聚焦反对“四风”，一个风一个风的查找，不能“漏风”，避免分散主题，既找准问题症结，又找到解决问题的办法。

4. *确定征求意见范围*。要广泛听取基层党员、干部和群众的意见，注意听取老同志和“两代表一委员”的意见。单位主要领导重点听取班子成员、下级单位负责人的意见，也要听取其他同志的意见。领导班子成员注意听取分管部门和单位的意见，也要听取基层部门和单位的意见。行业管理部门要注意听取下属单位的意见；执法监管部门、窗口单位和服务行业要注意听取服务对象的意见；乡镇、街道和村、社区等党组织要围绕影响地区发展和涉及群众切身利益问题，广泛听取居民、村民的意见建议。

5. *改进征求意见方式*。把“面对面”与“背靠背”结合起来，把“个别听”与“集体谈”结合起来，把“走进群众听”与“组织群众评”结合起来，采取随机调研、座谈访谈、问卷调查、设置意见箱、网络征询等多种形式，拓宽听取意见方式，畅通群众意见表达渠道，让群众有机会、有途径把真心话讲出来，确保能够听到“真”意见。党员领导干部要深入基层，深入联系点，加强调查研究，主要采取召开座谈会、个别访谈等方式听取意见。要重视来信、来访等送上门的意见，防止相互征求意见“公文旅行”、“函来函往”，防止“一窝蜂”下基层、重复征求意见。

6. *及时梳理反馈意见*。要原汁原味地梳理从各类渠道中征求到的意见和建议，进行分析和总结。梳理出的意见建议，要及时提交本单位教育实践活动领导小组研究，及时向领导班子和班子成员反馈。

各单位要形成学习教育、听取意见简要情况报告和征求干部群众意见建议的汇总材料，上报区委督导组。

三、坚持边学边查边改

着力解决突出问题，是这次教育实践活动的鲜明特色。要紧密结合工作实际，把学习与查摆问题结合起来，与解决问题结合起来，与建章立制结合起来，边学习、边查找、边改进，让群众看到变化、见到成效。

1. *注重边学边查*。通过学习讨论，教育引导党员、干部拿起思想武器，有针对性地纠正党员、干部存在的轻视思想、观望心理、敷衍态度和担心情绪，通过群众提、自己找、上级点、互相帮等方式，深入查找“四风”方面的突出问题。要带着问题学习讨论，搞清楚哪些问题是能够马上解决的，哪些问题经过努力是可以解决的，哪些问题是需要较长时间才能解决的。

2. *注重边学边改*。对在学习教育过程中发现的“四风”方面存在的问题、群众反映强烈的切身利益问题、联系服务群众“最后一公里”问题，要切实做到能改的马上改，小有小改，大有大改，知过必改。领导班子和领导干部要把自己摆进去，带头转作风，从自己做起，从一开始改起。对能够自身解决的问题，不推诿扯皮，不上交矛盾；对一时难以解决的，要创造条件积极解决，拿出切实可行的整改计划。

3. *注重边学边建*。要特别注重做好建章立制工作，教育实践活动一开始，就要启动制度建设工作，针对“四风”问题，立规矩、建制度，从源头上防治作风不正、不实、不廉的问题。全面梳理现有制度，该坚持的坚持，该废止的废止，该完善的尽快完善。针对薄弱环节研究制定具体制度和规定，内容要具体细致，标准要尽可能量化，办法要可操作执行，并尽可能公开透明，便于群众监督。

四、切实加强组织领导

全区各单位要把学习教育、听取意见环节工作作为重要任务，切实加强组织领导和工作指导。

1. 精心组织安排。各单位群众路线教育实践活动领导小组及其办公室要加强思想引导，结合实际制定务实管用的学习教育、听取意见工作计划，对不同群体党员、干部提出不同要求，确保计划和方案落实到位。党工委（党组）要通过领导示范学、原原本本学、联系实际学、带着问题学、对照典型学等方式，不断增强学习教育效果。

2. 务求工作实效。防止搞形式、走过场，不以记多少学习笔记，写多少体会文章来衡量学习效果；不搞走马观花、浮光掠影的调研，避免一窝蜂下基层征求意见；不以开了多少会、发了多少文件简报来衡量工作成效。要通过学习教育、听取意见，使全区党员干部投身教育实践活动、落实为民务实清廉要求的认识进一步提高，宗旨意识、群众观点进一步强化，反对“四风”、改进作风的行动更加自觉，为深入开展教育实践活动打下坚实的思想基础。

3. 强化舆论引导。充分发挥丰台报、有线电视等传统媒体的优势，重视发挥微博、微信等新兴媒体的作用，创新宣传方式方法，大力宣传学习教育、听取意见环节的主要做法和经验，反映社会各界的积极评价。增强舆论引导的针对性，根据舆情变化进行有效引导，通过言论评论、专题专访等形式，正面引导社会舆论，形成有利于学习教育、听取意见的正能量。

区委督导组要切实加强对学习教育、听取意见环节的督查和指导，确保有序开展、取得实效。

关于印发《丰台区教育实践活动查摆问题、开展批评环节工作安排》的通知

丰群组发〔2014〕12号

全区各单位党的群众路线教育实践活动领导小组，区委各督导组：《丰台区教育实践活动查摆问题、开展批评环节工作安排》已经区委党的群众路线教育实践活动领导小组第三次会议审议通过，现印发给你们，请结合实际，认真贯彻执行。

中共丰台区委党的群众路线教育实践活动领导小组

2014年5月15日

丰台区教育实践活动查摆问题、开展批评环节工作安排

根据中央《关于做好第二批教育实践活动查摆问题、开展批评工作的通知》（群组发〔2014〕10号）和《北京市第二批教育实践活动查摆问题、开展批评工作安排》（京群组发〔2014〕17号）精神，按照《丰台区深入开展党的群众路线教育实践活动实施方案》（丰群组发〔2014〕1号）要求，现就做好全区查摆问题、开展批评环节工作具体安排如下。

一、组织开展“回头看”工作

贯彻落实中央关于要对前期活动开展情况进行“回头看”的指示精神，各单位、区委各督导组要认真对照中央、市委和区委关于学习教育、听取意见环节的部署要求，逐项进行“回头看”。

（一）主要内容。主要是“七看”：一看思想发动是否充分。主要看动员是否深入，党员干部思想认识是否到位，是否把中央精神、活动要求、“四风”危害以及突出问题讲清讲透等。二看学习教育是否到位。主要看是否认真学习了中央、市委和区委规定的学习材料，是否完成了规定的集中学习时间，是否开展了交流研讨，是否存在追求表面形式、实际效果不好的现象等。三看听取意见是否聚焦。主要看征求意见是否深入，是否用工作问题、民生问题代替“四风”问题，是否真正敞开门让群众参与，是否找准找实突出问题等。四看立行立改是否见效。主要看对征求到的意见建议是否提出了实质性的整改举措，是否做到了边学边改、边查边改、真转真改，是否有规必依、令行禁止等。五看领导干部是否带头。主要看领导干部是否把自己摆进去，带头学、带头查、带头改是否到位，一把手是否切实担负起政治责任，是否当“甩手掌柜”等。六看活动开展是否扎实。主要看活动开展是否变味，是否有用形式主义反对形式主义问题，规定动作是否落实到位，是否抢时间、赶进度，是否针对不同对象进行了分类指导等。七看督导工作是否严格。主要看是否从严督导、从严把关，是否讲原则不讲关系、讲规矩不讲面子，是否真督真导真查，是否有放松要求、放水过关现象等。

（二）工作要求。各单位要对照中央、市委和区委要求逐项进行自查，对查找出的问题查漏补缺，进一步完善补充提高。要立即纠正排查中发现的有形式主义倾向的工

作措施，坚决叫停活动中强行摊派学习任务、空喊口号、搞扭曲民意的征求意见方式，特别是以会议开了多少次、笔记写了多少字等作为评价活动成效标准的形式主义做法。对学习教育不深入、听取意见不充分、没有做到边学边查边改的，及时纠正，认真“补课”。

区委督导组要及时掌握各单位开展学习教育、听取意见、边查边改的情况，做好指导督促工作，要防止抢时间、赶进度，确保每一环节都推进到位、每一项工作都做得更加扎实。

二、督导组通报情况和反馈（或谈话提醒）

（一）审定相关材料。区委督导组根据区有关部门提供的相关情况，结合动员大会民主评议、个别谈话和征求干部群众意见等情况，汇总形成对单位领导班子总体评价、作风、党风廉政建设情况和存在问题的通报材料、以及对处级党员领导干部（含调研员和副调研员）的书面反馈（或谈话提醒）材料。形成的材料经区委教育实践活动领导小组办公室同意后，向各单位领导班子、处级党员领导干部进行通报和反馈（或谈话提醒）。

（二）通报领导班子情况。区委督导组对各单位领导班子作风及党风廉政建设情况的通报，采取向领导班子集体通报的方式进行。

（三）反馈（或谈话提醒）。区委督导组将各单位处级党员领导干部（含调研员和副调研员）的情况向党工委（党组）书记（不设党组的部门主要负责同志）反馈。区委督导组对听取意见中发现的问题，除属人身攻击、发泄私愤或偏离“四风”的情况外，都要原汁原味地进行反馈。

对反映问题较多的领导班子主要负责同志，区委督导组在与区纪委、区委组织部沟通后，采取适当方式进行谈话提醒。对反映问题较多的领导班子成员，督导组会同领导班子主要负责同志进行谈话提醒。

三、从严从实找准突出问题

（一）总体要求。认真贯彻“照镜子、正衣冠、洗洗澡、治治病”的总要求，紧紧围绕反对“四风”，以理论理想、党章党纪、民心民声、先辈先进为镜，学习弘扬焦裕禄精神，对照“三严三实”要求，对照总书记列举的“四风”问题25种集中表现、中央教育实践活动办公室梳理的37项共性问题，对照郭金龙书记在给全市党员干部讲党课报告中列举的“四风”问题表现和李超钢同志在给全区党员干部讲党课报告中列举的“四风”问题表现，对照全市第一批教育实践活动39项整治任务、第二批教育实践活动14项整治任务，采取群众提、自己找、上级点、互相帮、集体议等方式，深入查摆“四风”突出问题、关系群众切身利益的问题和联系服务群众“最后一公里”问题，特别是发生在群众身边的不正之风问题。

（二）分类指导。全区各级领导班子和党员领导干部要聚焦“四风”，开展“六查”，即：查修身严不严、查用权严不严、查律己严不严，查谋事实不实、查创业实不实、查做人实不实。各机关单位重点聚焦庸懒散拖、推诿扯皮，工作消极、不干事、不担责等问题。执法监管部门和窗口单位、服务行业重点聚焦门难进、脸难看、事难办，乱收费、乱罚款、乱摊派，利用手中权力谋取不正当利益，吃拿卡要、执法不公等问题。乡镇、街道重点聚焦不关心群众冷暖，责任心不强，对群众反映的问题置若罔闻、得过且过，落实惠民政策缩水走样，工作方式简单粗暴，弄虚作假等问题。

社区、村等基层组织和党员干部重点围绕党员意识强不强、服务群众好不好、为民办事公不公、自我要求严不严，查找软弱无力，服务群众意识和能力不强，不诚心为群众办实事，优亲厚友等问题。

（三）工作要求。全区各级领导班子和领导干部要在真正找问题上下功夫。领导班子对征求到的群众意见，要召开专题会议进行“会诊”，注意从群众反映的切身利益问题中透视“四风”问题，从近年来发生的典型案例、重大事件中分析“四风”问题，从信访积案中查摆作风问题，从基层暴露出的问题中反思领导机关、领导班子和领导干部的问题。党员领导干部要紧密联系思想、工作和生活实际，联系履行职责和运用权力情况，主动深查细照、认领问题，不能轻描淡写、避重就轻，坚决防止只讲下级不讲自身，只讲别人不讲自己，只讲班子不讲个人，只讲工作不讲思想，只讲虚的不讲实的，只摆现象不作剖析，只讲客观不讲主观，只讲枝节不讲关键。党工委（党组）书记（不设党组的部门主要负责同志）要带头查摆自身存在的“四风”问题，勇于承担责任，凡是属实和基本属实的，要主动认账、逐一检查，不上推下卸，同时对领导班子成员存在的问题及时进行点明提醒。

四、全面深入开展谈心交心

（一）谈心范围。区委书记要与乡镇、街道党（工）委主要负责同志谈心，区长要与乡镇、街道行政主要负责同志谈心。区四套班子党员领导干部要与分管部门、处级单位联系点党政主要负责同志谈心。处级领导干部要做到“四必谈”，即党工委（党组）书记（不设党组的部门主要负责同志）与班子每个成员必谈，班子成员相互之间必谈，班子成员与分管科室主要负责同志之间必谈，督导组与班子成员必谈。乡镇、街道党（工）委书记要与村、社区党组织书记谈心，乡镇、街道行政主要负责同志要与村、社区自治组织主要负责同志谈心，其他单位对所属基层负责人的谈心工作由各单位研究确定。对存在问题的基层班子，上级党组织要有针对性地开展谈心谈话，一次谈不好的多次谈。党员领导干部要主动接受党员、群众约谈。

（二）谈心内容。党工委（党组）书记（不设党组的部门主要负责同志）与班子成员谈心谈话，主要是向班子成员反馈在征求意见中征求到的领导班子作风建设情况、存在的突出问题以及对班子成员个人的意见建议，听取班子成员对自己的批评，并督促班子成员做好相互谈心工作；班子成员之间相互谈心谈话，主要是进行深刻的批评与自我批评，坦诚地征求意见；班子成员与分管科室负责同志谈心谈话，主要是征求对自己存在的“四风”问题的意见和改进的建议；区委督导组与班子成员谈话，主要是及时了解班子谈心交心情况，对谈心交心进行严格把关。

（三）工作要求。要安排充足时间，普遍开展谈心交心活动，把问题谈开谈实，把思想谈深谈通，消除隔阂、形成共识，为开好专题民主生活会和组织生活会打下基础。谈心谈话要敞开心扉、以诚相见，见人见事见思想。要带着问题谈，主动亮明自身存在的突出问题，诚恳指出对方的问题，互相交换对班子存在问题的看法，深入探讨解决问题的意见建议，对一些有误解、有分歧的问题要敞开谈。要出以公心同志式地谈，有话讲在当面，有什么问题就提什么问题，是什么问题就摆什么问题，推心置腹、沟通思想，增进了解、共同提高。对拟在民主生活会上开展批评的问题，会前要充分沟通和交换意见，取得共识，把矛盾化解在民主生活会前。谈心谈话情况要在专题民主生活会和组织生活会上作出说明。

社区、村等基层党组织要采取个别谈话、集体座谈等多种方式，有组织地开展谈心交心活动。班子成员之间要逐一谈心，党支部负责人要与党员普遍谈心。对外出流动党员可通过电话沟通等途径，了解思想和工作情况。对困难党员、年老体弱党员要上门谈心，主动关怀、扶贫帮困。对青年党员要主动约谈，交流思想，帮助提高服务群众的意识和能力。

五、认真撰写对照检查材料

处级领导班子、党员领导干部以及社区、村党组织及其书记和党员行政负责人，要按照衡量尺子严、查摆问题准、原因分析深、整改措施实的要求，认真撰写对照检查材料。

（一）撰写领导班子对照检查材料。由党工委（党组）书记（不设党组的部门主要负责同志）亲自主持起草、集体讨论。内容包括：遵守党的政治纪律情况，贯彻落实中央八项规定和市委 15 条意见精神、转变作风方面的基本情况，“四风”方面的突出问题和具体表现，产生问题的原因分析，提出整改落实、建章立制的思路和措施。

对照检查材料要严格按照中央和市委要求，开门见山、直奔主题，重点突出、内容实在、剖析深刻，不要写成工作总结，不评功摆好、不讲客套话、官话和虚话。要聚焦“四风”存在的突出问题，逐一进行对照检查，并列举具体表现和典型事例。对群众反映、上级和督导组点明的突出问题，要实事求是地作出回应，并一个风一个风地进行对照检查，检查事关全局的突出问题，检查领导班子应当承担重要责任的问题，要对关系群众切身利益问题和联系服务群众“最后一公里”问题进行查摆分析。对照检查材料要紧紧围绕“四风”问题提出整改思路、措施和办法，具体实在、切实可行。

领导班子对照检查材料要在一定范围内征求意见。区委常委会对照检查材料要征求全委会成员和乡镇、街道党（工）委的意见。乡镇、街道党（工）委领导班子的对照检查材料要征求社区、村党组织的意见。其他单位领导班子对照检查材料征求意见范围由各单位领导班子研究，商区委督导组确定。执法监管部门和窗口单位、服务行业领导班子的对照检查材料要向工作对象和服务对象公示。村、社区党组织的对照检查材料要向群众公示。

（二）撰写个人对照检查材料。处级党员领导干部（含调研员、副调研员）的对照检查材料必须自己动手，杜绝工作人员代写，严禁抄袭照搬。对照检查材料要直奔主题、直面问题，不能写成工作总结，不能以文字多少定优劣。内容包括：遵守党的政治纪律情况，贯彻落实中央八项规定和市委 15 条意见精神、转变作风方面的基本情况，“四风”方面的突出问题和具体表现，产生问题的原因分析，今后的努力方向和改进措施。

对照检查材料重点写清“四风”突出问题，列举具体表现和典型事例，对群众提出的意见和上级党组织、督导组点明的问题要明确作出回应。处级以上党员领导干部还要对“三公”经费支出、职务消费、人情消费、公务用车、办公用房和住房、家属子女从业等情况逐一作出说明；对是否存在把作风建设同推进改革发展对立起来，消极对待作风建设新的规章制度，“为官不为”的问题进行检查。要深挖问题根源，重点从理想信念、宗旨意识、党性修养、政治纪律和组织纪律、财经纪律以及“三严三实”要求等方面分析原因。要明确努力方向，提出务实管用的整改措施。

（三）材料送审。各单位领导班子和党员领导干部（含调研员、副调研员）个人的对照检查材料，党工委（党组）书记（不设党组的部门主要负责同志）要严格审核把关。领导班子和党政主要负责同志的对照检查材料于民主生活会前 20 日，报区委督导组预审。其他处级党员领导干部（含调研员、副调研员）的对照检查材料于民主生活会前 15 日，报区委督导组审阅，区委督导组将修改后的对照检查材料于民主生活会前 5 日，报区委教育实践活动领导小组办公室，经审核同意后，才能召开专题民主生活会。区委督导组对查摆问题不全面不深入、没有列出具体表现，剖析原因不透彻，整改措施没有回应问题、操作性不强的对照检查材料，要督促修改甚至退回重写。

区总工会主席、师职军转干部的对照检查材料，乡镇、街道党（工）委领导班子和党政主要负责同志的对照检查材料，经区委督导组审阅后，要呈报区委书记审阅；其中，区总工会主席、师职军转干部的对照检查材料，还要呈报市委督导组审阅。各单位领导班子和党政主要负责同志的对照检查材料，经区委督导组审阅后，要呈报主管区领导审阅，非中共副区长主管部门的对照检查材料，呈报分管的区委常委审阅；区领导联系点处级单位领导班子和党政主要负责同志的对照检查材料，同时呈报联系区领导审阅。社区、村党组织及其书记和党员行政负责人的对照检查材料要报乡镇、街道党（工）委主要负责同志审阅。

中央巡回督导组按照一定的比例，对乡镇、街道党（工）委主要负责同志的对照检查材料进行抽查。

六、制定民主生活会方案

各单位要制定专题民主生活会方案，方案内容包括：会前征求意见、相互谈心谈话情况，会上开展批评和自我批评的安排等。专题民主生活会方案于民主生活会召开前15天，报区委督导组，经审核同意后，分别报送区纪委、区委组织部、区委教育实践活动领导小组办公室。

七、召开专题民主生活会

（一）会议时间。要按照“统一部署、梯次召开、压茬进行”的原则逐级召开专题民主生活会，区级领导班子专题民主生活会拟于6月15日前召开；处级领导班子专题民主生活会于6月下旬以后召开；社区、村等基层党组织于7月中旬以后召开。要坚持时间服从质量，准备不充分的不能急于开会。乡镇、街道党（工）委专题民主生活会时间不少于一天半。

（二）会议主题。各单位领导班子要以为民务实清廉为主题，以“反对‘四风’、服务群众”为重点，召开一次高质量的专题民主生活会。

（三）会议目标。通过召开一次高质量的专题民主生活会，认真解决“四风”问题和群众反映强烈的突出问题，解决制约本地区本单位发展的突出问题，促进党员领导干部牢固树立宗旨意识和马克思主义群众观点，切实改进工作作风，提高群众工作本领，进一步把领导班子建设成为坚定贯彻党的理论和路线方针政策，善于领导科学发展的坚强领导集体。

（四）会议议程。会议由党工委（党组）书记（不设党组的部门主要负责同志）主持，包括四项议程：一是领导班子主要负责同志代表领导班子作对照检查发言；二是领导班子成员逐一开展批评与自我批评；三是督导组组长对民主生活会进行点评；四是党工委（党组）书记（不设党组的部门主要负责同志）作小结。

（五）会议要求。专题民主生活会上，党工委（党组）书记（不设党组的部门主要负责同志）要以树立标杆、向我看齐的态度，带头揭短亮丑，班子每名成员都要严肃认真地开展批评和自我批评，每名领导班子成员发言时间不少于30分钟，不得请假，不安排外出任务。在不同班子中任职的领导干部，要参加所有任职的班子民主生活会。区委督导组全体成员全程参与督导单位领导班子民主生活会，并对民主生活会召开情况进行简要点评。市委督导组参加区法院、区检察院领导班子民主生活会、有选择地参加处级单位领导班子民主生活会。区级党员领导干部要参加联系点处级单位领导班子和软弱涣散基层党组织领导班子专题民主生活会。在基层建立联系点的处级党员领导干部也要全程参加联系点专题民主生活会并进行点评。区纪委、区委组织部、区教育实践活动领导小组办公室要派人列席有关单位领导班子专题民主生活会。

自我批评要明确摆出“四风”突出问题，明确回应群众意见和上级点明的问题，明确落实从严管理家属子女和身边工作人员相关要求的情况，并从世界观、人生观、价值观深刻检查剖析问题根源，提出改进的具体措施。相互批评要逐一进行，聚焦“四风”，从党性强不强、工作实不实、要求严不严等方面指出对方的问题和不足，帮助分析原因，提出改进建议。批评和自我批评要坚持原则，坚持问题导向，动真碰硬、敢于交锋，不当老好人，不搞无原则纷争，使领导干部受到一次严格的党内生活锻炼，红脸出汗、加油鼓劲，达到“团结—批评—团结”的目的。

准备工作不充分、班子成员之间谈心谈话没有全覆盖、对照检查材料审核没有通过的，不能开会。批评和自我批评不触及问题、不触动思想的，要及时提醒纠正；搞突然袭击、发泄私愤的，要及时叫停；相互评功摆好走过场的，要责令重开。

八、上报民主生活会专项报告

各单位党工委（党组）书记（不设党组的部门主要负责同志）主持起草专题民主生活会情况专项报告，于民主生活会召开后7日内，报区委督导组；按照区委督导组反馈意见进行修改完善后，于民主生活会召开后15日内，将修改后的专项报告上报区纪委、区委组织部和区委教育实践活动领导小组办公室。

九、召开民主生活会情况通报会

党工委（党组）书记（不设党组的部门主要负责同志）主持召开通报会，通报专题民主生活会情况，通报内容主要包括会前准备、开展批评和自我批评、制定整改措施等情况。通报材料需会前报区委督导组审阅，并进行修改完善。通报范围一般为动员大会民主评议的范围，具体由各单位商区委督导组确定。

十、开好基层党组织专题组织生活会和抓好民主评议党员工作

（一）召开专题组织生活会。基层党组织要以党支部或党小组为单位，召开一次专题组织生活会，认真进行批评和自我批评，并开展民主评议党员工作。上级党组织要派人参加基层单位的专题组织生活会，进行点评，加强指导。专题组织生活会上，党员要针对转变作风、提高服务群众能力、做好党组织分配工作等，交流思想和认识。党员领导干部要带头执行双重生活会制度，既要参加领导班子专题民主生活会，又要以普通党员身份参加所在党支部或党小组的专题组织生活会，并在会上进行发言，交流思想和认识。流动党员一般参加流入地党组织的专题组织生活会。

社区、村党组织要先召开支委会或支委扩大会议，认真进行对照检查。在此基础上，召开全体党员大会，通报支部对照检查情况，听取党员意见建议，研究提出加强支部建设的意见，并开展民主评议党员工作。

（二）开展民主评议党员工作。民主评议党员要依据党章，采取切合实际、简便易行的方法进行。对机关和企事业单位党员，重点围绕履行党员义务、立足岗位发挥作用等开展评议。对村、社区和非公有制经济组织、社会组织党员，重点围绕按期缴纳党费、参加组织生活、完成党组织交给的任务等开展评议。对长期不发挥作用甚至起负面作用的党员，要严肃教育，限期改正；经教育仍无转变的，要按照党章和党内有关规定作出组织处理。

十一、坚持边学边查边改边建

要坚持立行立改、标本兼治，以解决问题的实际效果促进活动不断深入，以建立健全制度机制固化作风建设成果。

（一）抓好“四风”突出问题的整改。严格按照《北京市第二批教育实践活动“四风”突出问题专项整治方案》要求，不折不扣落实整治任务，以重点突破推动作风整体好转。对于条件具备的，立行立改；对于能够在短期内完成的，加大整改力度，限期完成；对于情况复杂需要一段时间研究解决的，尽快启动研究和摸底工作，提出具体工作计划，积极推进各项工作落实。各牵头单位要按照方案要求，认真组织实施，切实抓出成效，坚决防止搞形式、走过场。相关部门要结合职能职责，一项一项分解任务，明确责任主体和完成时限；其他单位要全力配合、主动作为，共同抓好落实。

各单位要针对自身存在的“四风”问题，扎扎实实进行专项治理、专项督查，对常规性问题加大力度，对遗留问题集中攻坚，对新发现问题及时跟进。要建立“四风”问题台账，具体到事、具体到人，一件一件解决，一件一件销号。各单位一把手要对本单位的问题整改负总责、亲自抓，做到亲自谋划、亲自推动、带头整改，落实好“第一责任人”责任。

（二）解决群众反映强烈的突出问题。各单位要从各自实际出发，把解决“四风”问题与解决群众反映强烈的突出问题结合起来。加强基层服务型党组织建设，夯实基层基础，切实解决好联系服务群众的“最后一公里”问题，着力纠正群众身边的不正之风。要按照尽力而为、量力而行的原则，尽快解决一批关系群众切身利益问题，使群众感受到活动带来的变化。

（三）抓紧建立健全规章制度。要按照“行得通、指导力强、能长期管用”的要求，重点针对查摆出来“四风”方面的突出问题，认真研究制定出台、修订和废止相关制度的具体方案和时间表，抓紧制定新的制度、完善已有制度、废止不适用制度，从制度上堵塞滋生“四风”问题的漏洞。要坚持边实践、边总结，及时把教育实践活动中的好做法形成规范，形成改进作风的长效机制。要严格执行制度，坚决纠正有令不行、有禁不止行为，使制度成为党员干部联系和服务群众的硬约束，使贯彻党的群众路线真正成为党员干部的自觉行动。

（四）继续抓好学习教育。要把学习教育与查摆问题、开展批评结合起来，贯穿于教育实践活动的全过程。要在第一环节的基础上，继续抓好学习教育，特别要把学习焦裕禄精神作为一条红线，贯穿活动始终，引导党员干部以先进典型为镜，向身边的典型模范看齐，在深学、细照、笃行上下功夫，努力做焦裕禄式的好干部和好党员。要进一步拓展学习深度，帮助党员、干部进一步增强政治定力、强化宗旨意识，提高新形势下做群众工作的能力。

十二、切实把领导和督导责任落到实处

（一）切实担负起领导责任。各单位党工委（党组）要落实领导责任，加强领导和统筹协调，对查摆问题、开展批评环节进行专题研究、作出安排。各单位党工委（党组）在抓好自身查摆问题、开展批评工作的同时，要层层传导压力，一级抓一级，一级带一级，一级做给一级看。各单位一把手要切实履行好第一责任人的职责，深入一线靠前指挥，真正把责任扛在肩上、把活动抓在手里。领导干部要以中央政治局常委同志指导推动联系点开展活动为标杆，蹲点指导、发现问题，总结经验、示范带动。要按照分工负责要求，指导教育实践活动基层联系单位做好查摆问题、开展批评各项工作，认真负责审阅相关基层班子和班子成员的对照检查材料，全程参加教育实践活动联系单位领

导班子专题民主生活会并进行点评，促进领导班子和基层干部找准找实突出问题，把批评和自我批评真正开展起来。

（二）加强组织领导。区委教育实践活动领导小组办公室要加强分类指导，对不同层级、不同类型单位查摆问题、开展批评提出具体意见和操作办法，防止一刀切，一锅煮。要把握好工作节奏，明确时间节点，指导各级党组织压茬有序推进这一环节各项工作。要深入调查研究，及时发现苗头性、倾向性、潜在性问题，制定有效的预防和解决对策，有针对性地加强政策指导。对工作薄弱、问题突出的单位要安排精干力量帮助做好工作。

（三）严格督导把关。区委督导组要坚持严字当头，真正沉下去、深下去、融进去，切实拧紧螺丝扣、上紧发条，传导压力，把关到位、督导到位。要敢于“唱黑脸”，不怕得罪人，对思想认识上不去、不真正把自己摆进去的不放过，对查找问题不聚焦、走神散光的不放过，对自我剖析不深刻、没有触及思想灵魂的不放过，对整改措施不到位、大而化之的不放过，对成效不明显、群众不满意的不放过，对领导责任不落实、组织推动不力、搞形式走过场的不放过。督导组要履职尽责、严格把关，确保每一环节都推进到位，每项工作都做得更加扎实。

（四）加大宣传力度。要进一步强化宣传引导，充分利用各级各类媒体，深入宣传中央的决策部署和指示精神，宣传推广开展活动的好经验好做法和为民务实清廉先进典型，及时发现和介绍活动开展中的好经验、好做法，营造浓厚舆论氛围。要更好地发挥舆论监督的作用，及时曝光“四风”典型案例，发挥警示作用。

关于印发《丰台区群众路线教育实践活动“四风”突出问题专项整治方案》的通知

丰群组发〔2014〕14号

区各单位党的群众路线教育实践活动领导小组，区委各督导组：

《丰台区群众路线教育实践活动“四风”突出问题专项整治方案》已经区委常委会审议通过，现印发给你们，请结合实际，认真贯彻执行。

中共丰台区委党的群众路线
教育实践活动领导小组
2014年7月14日

丰台区群众路线教育实践活动“四风”突出问题专项整治方案

为进一步深入推进专项整治工作，根据中央《关于开展第二批党的群众路线教育实践活动的指导意见》（中办发〔2014〕4号）、《关于开展“四风”突出问题专项整治和加强制度建设的通知》（群组发〔2013〕23号）、《北京市第二批教育实践活动“四风”突出问题专项整治方案》（京群组发〔2014〕22号）和有关要求，结合我区实际，制定本方案。

一、整治任务和责任分工

我区开展的专项整治工作，包括中央、市委要求开展的整治任务和我区针对群众反映突出问题开展的整治任务，共28项任务。

（一）全市整治任务

1．整治违反财经纪律问题

主要整治违反财政财务相关政策规定的行为，整治隐瞒、滞留、截留、挪用、坐支应当上缴的财政收入的，以虚报，冒领等手段骗取财政资金，违反规定扩大开支范围，提高开支标准的，单位和个人违反财务管理的规定，私存私放财政资金或者其他公款的，不按规定办理财政资金支付的，违反规定擅自动用国库款或财政专户资金的，违反规定开设银行账户的，应当纳入法定账簿的资产未纳入法定账簿资产或转为账外等行为。

牵头领导：刘宇

主责单位：区财政局

协办单位：区纪委监察局、区审计局

完成时限：2014年8月20日前

2．整治超职数配备领导干部的问题

主要整治超出核定的领导职数配备干部，以“低职高配”等形式超机构规格提拔干部，违反规定设置领导职务名称配备干部，违反规定提高干部职级待遇，突破比例限额、超出规定范围、变相设置非领导职数配备干部。严格审核把关因军转安置、机构改革、换届等确需超职数配备干部的特殊情况。

牵头领导：霍连明

主责单位：区委组织部

协办单位：区编办、区人力社保局

完成时限：2016年前

3．整顿软弱涣散基层党组织问题

主要整治党组织班子配备不齐、书记长期缺职、工作处于停滞状态的；党组织书记不胜任现职、工作不在状态、严重影响班子整体战斗力的；班子不团结、内耗严重、工作不能正常开展的；组织制度形同虚设、不开展党组织活动的；村务居务财务公开和民主管理混乱；社会治安问题和信访矛盾纠纷集中；无固定办公活动场所及便民服务设施；党组织服务意识差、服务能力弱、群众意见大的；农村换届选举拉票贿选问题突出的；农村宗族宗教和黑恶势力干扰渗透严重的。

牵头领导：霍连明

主责单位：区委组织部

协办单位：区委社工委、区委农工委、各街道、乡镇

完成时限：2014 年 12 月底前

4．整治文山会海问题

主要整治以会议落实会议，会议数量过多，会议效率不高，会议时间过长，官话套话多、内容空洞，会议计划性不够，临时通知多，陪会现象严重，凡是开会都要请一把手讲话、要求一把手参加，会议纪律松懈，玩手机、开小差等；以文件落实文件，文件简报、内部出版物过多，文件套话多，不研究实际问题、简单转发文件，发文审批不严，文风不扎实、重点不突出、指导性不强，不能有效指导实际工作，流转较慢等问题。

牵头领导：孙军民、刘宇

主责单位：区委办、区政府办

完成时限：2014 年 8 月 20 日前

5．整治调研流于形式问题

主要整治调查研究走马观花，不解决问题，流于形式，与群众面对面沟通少；随行人员过多，迎来送往，调研变扰民，造成基层负担过重；看“门面”和“窗口”多，看“后院”和“角落”少，领导调研达不到规定时间等问题。

牵头领导：孙军民、刘宇

主责单位：区委办、区政府办、区委区政府研究室

协办单位：各委办局、各街道、乡镇

完成时限：2014 年 8 月 20 日前

6．整治党政机关铺张浪费问题

主要整治花钱大手大脚、摆阔气的现象；购置价格高、配置高的办公用品，浪费水电和办公耗材以及办公经费管理、行政开支等方面铺张浪费的现象；人走不关灯、开空调开窗等缺乏节俭意识的现象；机关食堂浪费等现象。

牵头领导：刘宇

主责单位：区财政局、区机关事务管理处

完成时限：2014 年 8 月 20 日前

7．整治节庆、论坛、展会过多问题

主要整治活动名目过多，求大求全，讲排场，相互攀比，花大钱邀请明星演员，造成经费支出过大等问题。

牵头领导：孙军民

主责单位：区委宣传部、区文化委

协办单位：区财政局、区审计局

完成时限：2014 年 8 月 20 日前

8．整治门难进、脸难看、事难办问题

主要整治窗口部门服务意识不高，存在慵懒散现象，心思不在工作上，工作消极、不干事、不担责、效率不高，出工不出力，自由散漫，上班玩游戏、玩手机、上网、看视频、炒股票、在工作岗位抽烟、闲聊，无故迟到早退、擅离职守；服务水平不高，对待群众态度生硬、口大气粗、推诿扯皮、敷衍塞责，让群众来回折腾、处处受难；利用手中权力谋取不正当利益；服务不规范，仪容仪态不严肃、不端庄，穿装不整洁；服务不主动，遇事“踢皮球”，不作为、慢作为，审批程序繁琐，对群众反映的问题置若罔闻、得过且过；对机关和窗口服务部门的明查暗访未形成常态化机制，查处、通报力度不够，警醒作用不够等。

牵头领导：李军

主责单位：区纪委监察局

协办单位：区委组织部、区人力社保局、区政府办

完成时限：2014 年 8 月 20 日前

9．整治借公务之名旅游问题

主要整治在出差、出国期间“搭车”旅游现象；把出国（境）、出差学习考察作为福利待遇，借学习考察、联系交流等方式搞变相旅游等现象。

牵头领导：李军

主责单位：区纪委监察局

协办单位：区外事办、区财政局、区审计局

完成时限：2014 年 8 月 20 日前

10．整治吃拿卡要、办事不公、违规收受礼品问题

主要整治吃拿卡要，滥用职权、作风粗暴，搞暗箱操作、权力寻租；办事不公，在征地拆迁、廉租房分配等方面优亲厚友、厚己薄人，不能一碗水端平；逢年过节收送红包，违规收受礼品、购物卡、土特产和各种有价证券、支付凭证等问题。

牵头领导：李军

主责单位：区纪委监察局

完成时限：2014 年 8 月 20 日前

11．整治公车超标、公车私用问题

主要整治违规配备、更新小轿车，长期借占用其他单位或个人车辆，挤占、挪用项目资金或摊派款项购车，豪华装饰公务用车，公车私用等问题。

牵头领导：刘宇

主责单位：区财政局、区机关事务管理处

协办单位：区纪委监察局

完成时限：2014 年 8 月 20 日前

12．整治公款大吃大喝和超标准公务接待问题

主要整治用公款大吃大喝，安排与公务无关的宴请，部门之间轮流坐庄，机关内部互相吃请；变换方式公款吃喝，从宾馆酒店转向私人会所、内部食堂或“农家乐”；公款发放物品和节礼；超标准安排公务接待活动等问题。

牵头领导：李军、刘宇

主责单位：区纪委监察局、区财政局

协办单位：区委办、区政府办、区审计局

完成时限：2014 年 8 月 20 日前

13．整治检查评比过多过滥问题

主要整治有些部门检查评比过多、过频，检查评比指标与丰台实际结合不紧密；基层为迎接、应付检查，花费大量人力、财力，造成负担过重等问题。

牵头领导：顾晓园、钟百利

主责单位：区人力社保局

协办单位：区委办、区政府办、区纪委监察局

完成时限：2014 年 8 月 20 日前

14．整治违法建设、违法经营问题

坚决遏制新生违法用地、违法建设，确保实现零增长；对各类历史遗留及重点地区违法建设实施集中整治拆除；大力整治违法出租，规范经营行为，构建治理违法建设、违法经营的长效管理机制；进一步规范拆违行为，维护群众利益；整治背街小巷、城乡结合部等地环境脏乱差，对群众生活、出行造成较大影响的问题；整治露天烧烤、无照游商等非法经营行为；整治违章停车、占道经营等影响市容环境的行为。

牵头领导：钟百利

主责单位：区城管执法监察局、区市政市容委（区环境办）

协办单位：区住房城乡建设委、区综治办、区园林绿化局、区环卫中心、区公安分局、区规划分局、区国土分局、区工商分局、区交通支队、南站地区管委会、丰台园管委、各街道、乡镇

完成时限：2014 年 12 月底前

（二）我区的整治任务

15．整治区级行政审批项目不规范的问题

主要整治区级行政审批项目不规范，审批程序繁琐、审批时限长、审批效率不高等问题。

牵头领导：刘宇

主责单位：区编办、区发展改革委

协办单位：区纪委监察局、区政府办（信息中心）、区法制办

完成时限：2014 年 12 月底前

16．整治基层干部豪华装修办公用房等问题

主要整治基层单位领导干部、社区村基层干部配置高档办公家具，豪华装修办公用房，在办公室内摆放豪华观赏鱼缸、茶海等非办公用品的问题。

牵头领导：李军、刘宇

主责单位：区纪委监察局、区委农工委

协办单位：相关委办局、各街道、乡镇

完成时限：2014 年 8 月 31 日前

17．整治党员干部大操大办婚丧喜庆事宜的问题

主要整治全区各级党员干部大操大办婚丧喜庆事宜；借婚丧喜庆事宜之机敛财，收受或者变相收受与行使职权有关或可能影响公正执行公务的单位和个人的礼品、礼金、有价证券等；利用职务上的便利和影响使用公款、公物办理婚丧喜庆事宜等问题。

牵头领导：李军

主责单位：区纪委监察局

协办单位：区委组织部

完成时限：2014 年 8 月 31 日前

18．整治区行政效能考核不科学的问题

主要整治行政效能考核内容不够精简优化，有些指标与丰台实际结合不紧密；委办局对街乡镇属地责任考核过多、“一票否决”过多等问题。

牵头领导：刘宇

主责单位：区政府办

完成时限：2014 年 8 月 31 日前

19．整治为驻区单位、辖区企业服务不到位问题

主要整治“四个服务”意识欠缺，职责履行不到位、水平不够高，联系调研、走访慰问不主动等问题。

牵头领导：刘宇

主责单位：区政府办

协办单位：区发展改革委、区投资促进局、区人力社保局、丰台园管委、区丽泽开发办

完成时限：2014 年 8 月 31 日前

20．整治政府招标采购效率不高问题

主要整治政府采购周期长、效率低；政府采购清单中部分服务项目和产品价格高于市场价格等问题。

牵头领导：刘宇

主责单位：区财政局

完成时限：2014 年 8 月 31 日前

21．整治职能部门与街道乡镇综合执法职责不清、条块分工不合理问题

主要整治属地责任过重、职能部门下达任务过多、过杂；人力、物力、财力向基层倾斜力度不够。

牵头领导：刘宇、钟百利

主责单位：区编办、区财政局

协办单位：区人力社保局

完成时限：2014 年 12 月底前

22．整治教育事业中损害群众利益行为

主要解决征地拆迁、旧村改造中在校学生分流、周转校建设、适龄儿童入托入学问题；加强师德师风建设，严肃整治教育乱收费。

牵头领导：孙军民、狄涛

主责单位：区教委

协办单位：区住房城乡建设委、区发展改革委、区审计局、区规划分局、各乡镇

完成时限：2014 年 12 月底前

23．整治医疗卫生方面损害群众利益行为

主要整治医药购销和办医行医中的不正之风，坚决打击非法行医，强化医疗质量管理，加强医德医风建设。

牵头领导：孙军民、张婕

主责单位：区卫生局

协办单位：区纪委监察局、区食药局、各街道、乡镇

完成时限：2014 年 12 月底前

24. 整治老旧小区服务管理薄弱问题

主要整治老旧小区、棚户区改造搬迁小区、城中村拆迁区域和部分经适房廉租房小区环境脏乱，绿化养护管理困难，安全隐患多，管理服务不到位等问题。

牵头领导：刘文洪、高峰

主责单位：区社会办、区房管局

协办单位：区市政市容委、区住房城乡建设委

完成时限：2014 年 12 月底前

25. 整治影响群众安全感满意度突出问题

严厉打击偷盗自行车、拎包扒窃、打架斗殴、诈骗、入室盗窃等违法犯罪行为，整治学校、车站、市场、地下空间、公共娱乐场所等重点地区和场所治安隐患突出等问题。

牵头领导：顾晓园、衡晓帆、吴继东

主责单位：区综治办、区公安分局

协办单位：相关委办局、各街道、乡镇

完成时限：2014 年 12 月底前

26. 整治安全生产方面损害群众利益行为

主要整治违规许可、不依法依规处理安全事故；安全生产责任制和责任追究制不落实等问题。

牵头领导：高峰

主责单位：区安监局

协办单位：区公安分局、各街道、乡镇

完成时限：2014 年 12 月底前

27. 整治食品药品安全方面损害群众利益行为

主要整治滥用职权、玩忽职守、徇私舞弊等问题。

牵头领导：钟百利

主责单位：区食药局

协办单位：区纪委监察局、区卫生局

完成时限：2014 年 12 月底前

28. 整治环境保护中损害群众利益行为

主要整治违法排污企业，整治破坏环境保护、损害群众健康、影响可持续发展的突出问题，严肃查处出台有悖于环保法律法规的“土政策”、限制和干扰环保执法，纵容企业违反环保要求建设、生产和非法排污等问题。

牵头领导：刘树苹

主责单位：区环保局

协办单位：区市政市容委、区水务局、区发展改革委、区经信委、区监察局、区住房城乡建设委、区农委、区工商分局、区安监局、区城管执法局、区供电局、各街道、乡镇

完成时限：2014 年 12 月底前

二、时间安排

全市整治任务中整顿软弱涣散基层党组织问题和整治违法建设、违法经营问题于 2014 年 12 月底前完成整治任务；整治超职数配备领导干部问题于 2014 年 8 月 20 日前完成工作计划，2016 年前完成整治任务；其它 11 项整治任务于 2014 年 8 月 20 日前完成。

我区整治任务中第 16-20 等 5 项整治任务于 2014 年 8 月 31 日前完成；其余 9 项整治任务于 2014 年 12 月底前完成。

以上各项整治任务的主责单位请于 2014 年 7 月 31 日前将专项整治工作安排报区委教育实践活动领导小组办公室。

三、工作要求

（一）牵头区领导、区级各有关主责单位和协办单位要切实负起责任，抓好有关专项整治工作。牵头区领导加强对相关专项整治工作的领导，指导、督促和协调，抓好工作落实。主责单位承担专项整治的第一责任，要加强与有关单位的沟通协调，积极谋划，统筹部署，针对所负责的专项整治工作任务提出具体整治工作安排，明确整治目标、范围、内容、步骤以及时间安排、任务分工、有关要求和问责办法等，并抓好组织落实。协办单位要积极主动配合主责单位，

参与研究整治工作安排，认真落实所承担的专项整治工作具体任务，共同推进专项整治工作取得实效。

（二）各单位要高度重视专项整治工作，要把专项整治工作作为整改落实的重中之重。要制定专项整治工作方案，明确整治的目标、范围、内容、步骤以及时间安排、任务分工、有关要求等。对区委要求开展的28项专项整治任务以外的本单位需要开展整治的内容，也要列入本单位专项整治工作方案进行整治。各单位“四风”突出问题专项整治工作方案于2014年8月31日前上报区委教育实践活动领导小组办公室。

（三）各级领导干部特别是一把手要以身作则带头抓整治，敢抓敢管，推动班子和党员领导干部抓落实，督促所属单位抓好整治工作。

（四）区委各督导组要把专项整治作为督导工作的重要着力点，加强对所督导单位专项整治工作的督促指导，有针对性地提出要求，对专项整治效果不明显、群众不满意的要责成“补课”、“返工”。

（五）加大问责力度。对未按时完成专项整治任务的，要责成有关责任单位向区委作出书面说明；对产生较大影响的，要进行批评，限时完成；对情节严重的，要追究主要负责人的责任。

（六）区委教育实践活动领导小组办公室要做好专项整治的组织协调工作，做好与市委教育实践活动领导小组办公室和市委督导组的沟通协调工作。

（七）要充分发挥舆论宣传和监督的作用.采取情况综述、言论评论、典型示范、明察暗访等方式，引导推动“四风”问题专项整治工作扎实开展。

（八）对于按照中央和市委有关要求，在第一批教育实践活动中需要继续推进的整治任务，各主责单位和协办单位要认真抓好落实；对于已完成阶段性目标的整治任务，各主责单位、协办单位要建立长效机制，持续进行监督检查。

（九）区纪委监察局要认真履行职责，按照“四风”突出问题专项整治监督检查办法，及时对专项整治工作进行监督检查，严肃查处违纪违法案件。各级纪检监察组织要充分发挥职能作用，对顶风违纪的要坚决查处、及时通报，情节严重的要追究相关责任人的责任。

关于印发《关于在群众路线教育实践活动中基层党组织召开专题组织生活会并开展民主评议党员工作安排》的通知

丰群组发〔2014〕15号

各单位党的群众路线教育实践活动领导小组，区委各督导组：

《关于在群众路线教育实践活动中基层党组织召开专题组织生活会并开展民主评议党员工作安排》已经区委党的群众路线教育实践活动领导小组第四次会议通过，现印发给你们，请结合实际，认真贯彻执行。

中共丰台区委党的群众路线
教育实践活动领导小组
2014年7月31日

关于在群众路线教育实践活动中基层党组织召开专题组织生活会并开展民主评议党员工作安排

根据中央、市委关于基层党组织在第二批党的群众路线教育实践活动中召开专题组织生活会并开展民主评议党员工作有关部署和要求，结合中央《关于在第二批党的群众路线教育实践活动中进一步加强基层党组织建设的通知》（中组发〔2014〕13号）、北京市《关于在第二批党的群众路线教育实践活动中进一步加强基层服务型党组织建设的通知》（京群组发〔2014〕11号）精神，现就全区基层党组织召开专题组织生活会并开展民主评议党员工作有关事项安排如下：

一、总体要求

在党的群众路线教育实践活动中，基层党组织召开专题组织生活会并开展民主评议党员工作，是严格党内生活、提高党员素质的一项重要举措，对于增强基层党组织活力，加强党员教育管理，确保教育实践活动取得实效至关重要。各单位要按照从严从实的要求，指导基层党组织召开专题组织生活会，针对严格党内组织生活、落实“三会一课”等情况进行对照检查，认真组织党员开展批评和自我批评，做好民主评议党员工作，切实加强基层党组织自身建设，使每名党员都受到一次马克思主义群众观点和党的群众路线教育。与党组织长期失去联系的党员，所在党组织要本着对党员负责的态度，积极与他们取得联系，如确实联系不上的，可不参加本次教育实践活动的专题组织生活会及民主评议。

二、时间安排

按照“梯次召开、压茬进行”的原则，在各处级领导班子召开专题民主生活会后，再召开基层党组织的专题组织生活会。先依次召开基层党委、党总支、党支部委员会议，再召开党支部（党小组）的专题组织生活会。各基层党组织的专题组织生活会和民主评议党员工作在8月底前完成，要坚持时间服从质量，准备不充分的不能急于开会。

三、工作步骤

（一）进一步加强学习，提高思想认识

要在前期学习教育基础上，组织广大党员进一步学习党章和《中国共产党发展党员工作细则》，学习习近平总书记关于教育实践活动一系列重要指示精神、在北京视察时的重要讲话和出席指导河南省兰考县委常委班子专题民主生活会时的讲话精神，让广大党员明确党员的条件和标准，明确召开专题组织生活会和民主评议党员的目的和方法，切实增强思想自觉和行动自觉。

基层党组织要紧密联系党员思想和工作实际，特别是针对部分党员认为“四风”问题是领导干部的事，与己无关、不以为然等模糊认识，深入细致地做好思想动员工作，引导党员以严肃认真的态度参加专题组织生活会和民主评议党员工作，正确对待自己存在的不足，正确对待群众提出的意见，正确对待党组织指出的问题，切实增强发挥先锋模范作用的自觉性，激发保持先进性的内在动力。

（二）普遍开展谈心谈话，沟通交流思想

通过个别谈话、集体座谈、入户走访、电话访问、发放问卷等多种方式，进一步听取党员群众的意见建议。谈心谈话要互相掏心窝子、说心里话，要敞开心扉、以诚相见，见人见事见思想，既要主动说明自己身上存在的问题，又要诚恳指出对方的不足，特别是对群众反映的问题和意见，要实事求是地认真对待并互相提醒。

上级党组织负责人要与下一级党组织负责人谈心谈话，特别是对存在突出问题的基层党组织班子成员，要有针对性地谈话提醒。基层党组织书记与委员之间要谈心；委员之间要相互谈心；党支部负责人要与每名党员进行一次谈心；党员之间也要借此机会充分交流思想。对存在问题又缺乏认识的党员要反复谈，帮助提高认识、正视问题；对平时有分歧、有疙瘩的要通过谈心，消除隔阂、增进了解。对外出流动党员可通过电话、网络等方式，了解思想和工作情况；对困难党员、年老体弱党员要上门谈心，主动关怀、扶贫帮困和听取意见。要借助谈心活动的机会，对于平时联系不到的、出国（境）的、不能正常参加活动的党员，逐个进行摸底调查，建立党员分类管理台账，为严格党员管理奠定基础。

（三）认真查摆问题，撰写（简要）对照检查材料

基层党组织要认真汇总梳理征求到的意见建议，召开会议集体把脉会诊，一项一项讨论分析，找准找实存在的突出问题。各机关党组织重点聚焦庸懒散拖、推诿扯皮，不干事、不作为、不担责等作风问题；执法监管部门和窗口单位、服务行业党组织主要针对群众反映强烈的“门难进、脸难看、事难办”，“乱收费、乱罚款、乱摊派”，执法不公、效率不高，利用手中权力吃拿卡要、谋取不正当利益等突出问题；社区、村级党组织主要围绕执行落实上级部署到位不到位、群众工作能力够不够、党员意识强不强、服务群众好不好、为民办事公不公、自我要求严不严等方面，深入查摆具体问题。其他基层党组织也要结合岗位特点和履职情况，查摆突出问题，开展对照检查。

全区各基层党委（不含区委直属、发挥领导核心作用的党委）、党总支、党支部及其负责人要撰写简要对照检查材料；区属党政机关、群团组织、国有企事业单位、法院检察院的内设机构及所属站所（队），乡镇、街道内设机构及所属单位的党员主要负责同志，要撰写简要对照检查材料；基层党组织的其他委员要撰写简要发言提纲；机关、国有企业、事业单位在职党员应撰写简要自我评价发言提纲。

按照我区《在农村（社区）基层组织中开展党的群众路线教育实践活动的工作安排》（丰群组发〔2014〕7、8号），以及社区

和村级班子撰写对照检查材料的补充通知要求，社区、村级班子要撰写对照检查材料，村“三套班子”党员主要负责人和社区“两委一站”党员负责人撰写对照检查材料。公示时，要对社区和村级班子对照检查材料进行摘要，条目式地列出问题清单和整改措施。

简要对照检查材料要包括存在的主要问题、产生问题的原因分析、努力方向及改进措施等内容，要对上级点明和党员群众反映的问题作出回应。不要求统一格式，不以字数多少定优劣。基层党组织委员和在职党员的简要发言提纲，主要包括存在的主要问题和改进措施。按照加强基层党建工作责任制的规定，实行一级抓一级，上级党组织要对下级党组织的（简要）对照检查材料审核把关。街道、乡镇党（工）委要对社区、村级班子党员（主要）负责同志的对照检查材料进行审核把关。

（四）召开基层党委、党总支、党支部委员会议，开展批评和自我批评

全区各基层党委（不含区委直属、发挥领导核心作用的党委）、党总支、党支部都要召开委员会议。社区、村级党组织委员会议可与社区、村级班子民主生活会合并，召开委员（扩大）会议。

基层党委、党总支、党支部委员会议，由党组织书记主持，主要议程包括：一是党组织书记代表本级党组织做简要对照检查发言；二是党组织成员逐一开展批评与自我批评；三是对照基层服务型党组织建设的目标任务，查找本级党组织存在的主要问题和不足，并研究提出加强自身建设的主要思路和举措。社区、村召开基层党组织委员（扩大）会议（即基层班子民主生活会）的议程可参考处级领导班子专题民主生活会安排。

自我批评要直奔问题，特别是对群众反映强烈的不正之风问题和上级点明的问题，要逐一作出回应。相互批评要抹开面子，直截了当指出问题和不足，真心实意提出改进意见。基层党组织负责人要树标杆、当示范，带头查摆自己的问题，带头对班子成员提出批评，并虚心接受他人提出的批评意见。开展批评和自我批评都要坚持用事实说话，点到具体人具体事，是什么问题就摆什么问题，真正达到既红脸出汗、触动思想，又增进团结、促进工作的效果。

（五）召开党员大会，开展民主评议党员工作

1．评议对象。党员正式组织关系在本党支部的党员。党员领导干部要以普通党员身份参加所在党支部的专题组织生活会，在各级教育实践活动动员大会上已进行过民主测评的党员干部不参加党支部的民主测评。对年老体弱、行动不便的党员，可通过灵活多样的形式参加专题组织生活会，可不参加民主测评。流动党员参加流入地党组织的专题组织生活会，可不参加民主测评。

2．评议内容。主要内容体现在以下五个方面：

（1）坚定理想信念方面：是否具有坚定的共产主义理想信念，践行全心全意为人民服务的宗旨，坚决贯彻执行党的基本路线和各项方针政策，在思想上和行动上同党中央保持一致。

（2）履行职责义务方面：是否认真学习科学文化知识，不断提高自身业务素质，把实现首都科学发展的目标任务同脚踏实地做好本职工作结合起来，努力工作，履行党员义务，在本职岗位上发挥先锋模范作用。

（3）联系服务群众方面：在服务群众中是否能做到带头服务、带领服务和带动服务；是否密切关心、联系群众，做群众思想工作，为群众排忧解难，及时解决群众反映的突出问题。

（4）弘扬社会道德风尚方面：是否积极弘扬社会主义核心价值观，发扬时代精神和创新精神，自觉吸收文明成果，带头弘扬社会主义道德风尚。

（5）廉洁自律和遵守党纪国法方面：是否自觉做到廉洁自律，遵守国家法律法规，遵守党的纲领和章程，遵守党的纪律和制度，执行党的决议。

基层党组织还要根据不同领域、不同行业、不同群体党员的特点，明确民主评议的具体内容。对机关和企事业单位的党员，重点围绕履行党员义务、立足岗位发挥作用、主动回社区报到并参与志愿服务情况等开展评议。对社区、村和非公有制经济组织、社会组织党员，重点围绕按期交纳党费、参加组织生活、完成党组织交给的任务以及在工作、学习和社会生活中发挥作用等情况开展评议。

3．评议流程。

（1）支部对照检查。设支委会的党支部，由党支部书记通报支部班子对照检查情况（不设支委会的党支部，党支部书记作对照检查发言），并听取党员批评意见，引导党员对党支部加强基层服务型党组织建设提出意见和建议，明确整改方向和具体措施。

（2）党员个人自评。每名党员都要发言，对照党员标准、对照教育实践活动要求，实事求是地作出客观自我评价。

（3）党员之间互评。党员之间要互相进行评议，摆问题、提意见，讲真话、说实话，但不要搞人身攻击。

（4）开展民主测评。采取发放测评表的方式，按照“好”、“一般”、“差”三种情况，对党员进行投票测评。社区、村级党组织，执法监管部门和窗口单位、服务行业的基层党组织，可邀请群众代表、服务对象参加民主测评。

（5）支部综合分析。党支部要综合党员平时现实表现和民主测评结果，形成简短的书面评定意见，经本单位领导班子审阅把关，报上级党组织审阅同意后，再向本人如实反馈。

党员人数超过 30 人的党支部，个人自评、党员互评、民主测评环节可分党小组进行。8 月底前，各支部要完成民主测评工作，支部综合分析工作待区委提出具体意见后再进行。

4．评议结果。对表现优秀的党员，要予以表扬或表彰（表彰工作待市委明确要求后进行），推动形成学习先进、崇尚先进、争当先进的良好氛围。对那些长期不发挥作用甚至起负面作用的党员，要逐一研究并落实教育帮助的具体措施，促其改正；经教育仍无改变的，要按照党章和党内有关规定作出组织处理。鉴于教育实践活动集中学习教育时间于 9 月底基本结束，对综合评定为“差”的党员，一般需要进行 3-6 个月的教育帮助、限期整改，仍无改变的，才能进行组织处理，要谨慎稳妥推进，防止简单粗糙，具体工作按照中组部后续下发的关于严格党员日常管理的文件执行。

基层党组织在召开专题组织生活会并开展民主评议党员工作后，要认真研究分析查摆出的问题和党员群众提出的意见，理清哪些是党组织要改的问题、哪些是单位要改的问题、哪些是党员个人要改的问题，做到所有需要整改的事项任务明确、措施明确、责任明确、时限明确，并进行公示，接受群众监督。

区属各单位要对专题组织生活会和民主评议党员工作进行总结，于 8 月 31 日前，向区委教育实践活动领导小组办公室上报专题报告。

四、工作要求

（一）落实领导责任。各单位党（工）委（党组）对开展专题组织生活会和民主评议党员工作负总责，并对具体实施办法进行专题研究、作出安排、加强指导。各单位教育实践活动领导小组要深入基层党组织调研、掌握了解情况，及时发现问题、解决问题。各单位一把手要切实履行好第一责任人的职责，深入一线、靠前指导，防止工作走形式、程序搞变通、活动出偏差。

（二）加强组织领导。各单位党（工）委（党组）要加强分类指导，把握好节奏，要对基层党组织和社区、村级班子情况的分析研判，发现问题及时处理并上报有关情况。要加强对党支部书记的培训和指导，教方法，帮助他们熟悉政策、明确程序，开好会议、抓好整改。要派人参加党支部专题组织生活会，具体指导民主评议党员工作，对会议情况进行点评，并对加强党支部建设、改进作风提出要求。对少数软弱涣散、问题较多、依靠自身力量无法开好专题组织生活会的基层党组织，上级党组织要在抓好整顿转化的同时，指派专人亲自指导开好专题组织生活会，做好民主评议党员工作。

（三）落实从严要求。各单位党工委（党组）要坚持从严标准，严格按照中央和市、区委要求开展各项工作，让每一名党员都能够在思想上受到触动；各基层党组织要坚持从实标准，提意见、摆问题要实，开展批评、进行评议要实，防止走过场、作表面文章。区委督导组要坚持严字当头，要采取随机抽查、明察暗访等方式，注重加强点对点、面对面指导，督促各级党组织高度负责、一抓到底，确保广大党员经受一次严格的党内生活锻炼。对敷衍应付的，要批评教育、及时纠正；对民主评议流于形式、失真失实的，要责令重新进行。

关于在丰台区群众路线教育实践活动中开展“四风”突出问题专项整治的补充通知

丰群组发〔2014〕16号

全区各单位，区委各督导组：

近日，中央教育实践活动领导小组印发了《关于在第二批教育实践活动中深化“四风”突出问题专项整治的通知》（群组发〔2014〕15号），要求在持续推进专项整治工作基础上，进一步严肃整治发生在人民群众身边的不正之风有关问题，以“准狠韧”劲头打好专项整治攻坚战。为全面贯彻中央精神，市委教育实践活动领导小组印发了《关于在第二批教育实践活动中开展“四风”突出问题专项整治的补充通知》（京群组发〔2014〕24号），要求在全市范围内新增14项整治任务。按照中央和市委有关要求，现结合我区实际，就在教育实践活动中集中开展专项整治工作补充通知如下：

一、整治任务

中央和市委有关通知要求，要严肃整治四类发生在人民群众身边的不正之风问题，包括：群众办事难问题；乱收费、乱罚款、乱摊派问题；落实惠民政策缩水走样问题；拖欠群众钱款、克扣群众财物问题。对照我区教育实践活动“四风”突出问题专项整治任务，在已开展28项整治任务基础上，确定以下14项新增整治任务。

1．整治政府有关部门指定各类服务性机构垄断经营，高额收取咨询费、认证费、检验费、鉴定费、评估费、代办费，搞借权营生、利益输送等问题；巧立名目，超标准、超范围、超期限收费、罚款，违反规定强行向服务对象搞集资捐助、摊派费用等问题。

牵头领导：李军、刘宇

主责单位：区纪委监察局、区发展改革委

2．整治党政机关、干部对群众欠账不付、欠款不还，“打白条”、耍赖账，拖欠群众餐饮费、租赁费、供货款等问题。

牵头领导：李军

主责单位：区纪委监察局

3．严肃查处培训中心腐败浪费行为。

牵头领导：李军

主责单位：区纪委监察局

协办单位：区财政局

4．严肃查处基层党员干部不正之风和违法违纪行为。

牵头领导：李军

主责单位：区纪委监察局

5．“裸官”清理调整工作。

牵头领导：霍连明

主责单位：区委组织部

6．整治在农民住房抗震节能改造对象确定、城镇保障性住房分配中把关不严、违规操作、谋取私利等问题。

牵头领导：刘文洪

主责单位：区房管局、区农委

7．整治拖欠农民工工资问题。

牵头领导：钟百利、刘文洪

主责单位：区人力社保局、区住房城乡建设委

协办单位：区国资委、区公安分局、区水务局、区工商局、区总工会

8．整治执法监管部门以罚代管，滥用自由裁量权随意罚款问题。

牵头领导：吴继东

主责单位：区法制办

9．整治教育系统违规收费或变相收费问题。

牵头领导：孙军民、狄涛

主责单位：区教委

协办单位：区发展改革委

10．整治医疗卫生、计划生育系统违规收费或变相收费问题。

牵头领导：孙军民、张婕

主责单位：区卫生局、区计生委

协办单位：区发展改革委

11．整治在城乡低保工作中错保漏保，徇私舞弊，搞人情保、关系保、重复保等问题；在救灾救济物资发放、特困群体救助等工作中处事不公、优亲厚友等问题。

牵头领导：高峰

主责单位：区民政局

12．整治在发放农机具购置补贴、种粮补贴等强农惠农政策操作中弄虚作假、以权谋私等问题。

牵头领导：刘宇

主责单位：区农委、区财政局

13．整治不按标准及时足额发放征地拆迁补偿款问题。

牵头领导：刘文洪

主责单位：区国土分局、区住房城乡建设委

协办单位：区农委、各乡镇

14．整治滞留截留、抵扣挪用、虚报冒领、套取侵吞各种补助资金问题。

牵头领导：刘宇

主责单位：区财政局

二、时间安排

各主责单位和协办单位要制定有关整治任务的具体工作安排，明确整治目标、范围、内容.步骤以及时间安排、任务分工、有关要求和问责办法等，并抓好组织落实。对于条件具备的，要落实立行立改，在 2014 年 8 月 31 日前完成；对于情况复杂需要一段时期研究解决的，要尽快启动研究和摸底工作，提出整治工作的具体安排并进行整改，推进有关整治工作。

三、工作要求

（一）牵头区领导、区级各有关主责单位和协办单位要高度重视，发扬钉钉子的精神，持续用力，认真履责，采取有力措施，深入抓好我区教育实践活动中所确定的专项整治任务（共 42 项），特别是对发生在群众身边的不正之风问题，要出重拳、用实招，不达目的绝不罢休。同时，要坚决杜绝“四风”问题“隐身”、“变种”、“反弹”、“回潮”的现象，持续推进专项整治任务落地生根，确保改进作风规范化、常态化、长效化。

（二）各单位在前期工作基础上，要对新增加的专项整治任务作出具体安排，细化措施，建立台账，一项一项改，一个一个纠，一抓到底、见到实效。“一把手”要亲自审定方案，强力推动落实，切实承担第一责任人的责任。区委教育实践活动领导小组办公室要加强总体谋划和协调指导，明确专门力量负责专项整治，重点问题随时调度，难点问题集中会诊，整治情况定期通报。

（三）区委各督导组要把专项整治列为当前和今后一段时间的督导重点，对落实情况要跟踪督导。对专项整治工作不重视的，要约谈“一把手”；对避重就轻、不敢碰硬绕弯子的，要严肃指出，促其改正；对在整治过程中华而不实、大而化之、作表面文章的，要严肃批评、严格追责、坚决纠正。

（四）全区各级纪检监察组织要认真履

行监督执纪问责，通过巡查抽查、专项检查、明察暗访等多种方式，及时查处各种违法违纪行为，特别是对侵害群众利益行为等典型案例，要“零容忍”，发现一起、查处一起、曝光一起。对整治中搞形式主义、弄虚作假的单位以及顶着不办、拖着不改的人和事，要严肃追究主要领导和当事人的责任。

中共丰台区委党的群众路线
教育实践活动领导小组
2014年8月7日

关于印发《丰台区党的群众路线教育实践活动整改落实、建章立制环节工作安排》的通知

丰群组发〔2014〕17 号

全区各单位党的群众路线教育实践活动领导小组，区委各督导组：

《丰台区党的群众路线教育实践活动整改落实、建章立制环节工作安排》已经区委党的群众路线教育实践活动领导小组第五次会议审议通过，现印发给你们，请结合实际，认真贯彻执行。

中共丰台区委党的群众路线
教育实践活动领导小组
2014 年 8 月 11 日

丰台区党的群众路线教育实践活动整改落实、建章立制环节工作安排

根据中央《关于做好第二批教育实践活动整改落实、建章立制工作的通知》(群组发〔2014〕18 号）和《北京市第二批教育实践活动第三环节整改落实、建章立制工作安排》(京群组发〔2014〕28 号）精神，现就做好全区整改落实、建章立制环节工作具体安排如下。

一、总体要求

落实中央、市委要求，坚持高标准严要求，聚焦“四风”问题，联系实际，抓好整改落实，着力解决“四风”突出问题，解决群众反映强烈的切身利益问题，解决联系服务群众“最后一公里”问题，以整改落实的实际成效取信于民，努力达到让群众受益、让群众满意的目标。各级党组织和党员干部必须回应征求到的群众意见，回应对照检查材料查摆的突出问题，回应专题民主生活会和专题组织生活会上提出的批评意见，回应上级党组织和督导组点明的问题。要把中央要求、群众期盼、实际需要、新鲜经验结合起来，努力形成系统完备的制度体系，以刚性的制度规定和严格的制度执行，确保规范化、常态化、长效化，切实防止“四风”问题反弹。

二、抓好整改落实

（一）组织开展“回头看”

按照中央和市委要求，专题民主生活会结束后，领导班子和党员领导干部要认真对照中央和市委关于教育实践活动学习教育、听取意见和查摆问题、开展批评环节的工作要求，逐项进行“回头看”，看学习教育是否扎实，看查摆问题是否聚焦，看自我剖析是否深刻，看谈心交心是否充分，看开展批评是否认真，看边查边改是否见效。对在“回头看”中发现的新问题，要纳入领导班子整改方案及个人整改措施，“回头看”整体情况要在领导班子整改方案中进行说明。

（二）制定领导班子整改方案和个人整改措施

各单位党（工）委、党组书记（不设党组的部门主要负责同志）要亲自主持制定领导班子整改方案，并提交领导班子集体审议。领导班子整改方案要列出整改问题清单，按照“四个回应”的要求，与人对应、

与事对应，明确整改事项、存在问题、工作目标、具体措施、责任领导、牵头单位、配合单位及其负责人、完成时限和问责机制等，加强责任制，确保任务到人、责任到人。领导班子整改方案要在一定范围内予以公布，具体范围由各单位与区委督导组商定。村、社区党组织整改措施和非公有制经济组织、社会组织及其他基层组织要针对具体问题列出整改清单，明确整改措施，并向群众公布。

处级党员领导干部（含调研员、副调研员）都要制定个人整改措施，形成书面材料。个人整改措施要逐项列出清单、明确整改事项、存在问题、具体措施、完成时限等，并在领导班子或单位内部公开。

（三）材料送审

各单位领导班子和党员领导干部个人的整改措施送党（工）委、党组书记（不设党组的部门主要负责同志）审阅把关，修改完善后报区委督导组审阅。经区委督导组审阅同意后，于8月25日前送区委教育实践活动领导小组办公室审阅。

经区委教育实践活动领导小组办公室同意后，乡镇、街道领导班子和党（工）委主要负责同志的个人整改措施呈报区委书记审阅，乡镇、街道行政主要负责同志的个人整改措施呈报区长审阅；其他有关单位领导班子整改方案及党政主要负责同志个人整改措施呈报联系区领导审阅。

社区、村党组织及其书记的整改措施要报乡镇、街道党（工）委主要负责同志审阅，党员行政负责人的个人整改措施报乡镇、街道行政主要负责人审阅。

（四）动真碰硬抓好整改落实

要紧盯“四风”方面存在的突出问题，发扬钉钉子的精神，逐项进行整改。机关单位重点解决履职尽责不到位、部门利益至上、特权思想严重、衙门作风，检查评比表彰泛滥，脱离实际、脱离基层、脱离群众、庸懒散拖、推诿扯皮等问题；执法监管部门和窗口单位、服务行业重点解决吃拿卡要、执法不公等问题；区属国有企业重点解决盲目决策、乱铺摊子，挥霍公款、追求奢华享受，违反有关财经纪律等问题；乡镇、街道重点解决执行力不强，群众工作能力弱，不关心群众冷暖，责任心不强，落实惠民政策缩水走样，工作方式简单粗暴，弄虚作假等问题；社区、村等基层组织重点解决软弱无力、服务群众意识和能力不强、不诚心为群众办实事、优亲厚友等问题。要集中解决干部“走读”、收“红包”及购物卡，党员干部参赌涉赌，领导干部参加天价培训等问题。

要下大力气解决关系群众切身利益问题，从具体事抓起、从身边事做起、从群众最不满意的事改起。认真梳理听取意见中群众反映的问题，区分轻重缓急和难易程度，对目前能够解决的马上办，对通过努力可以解决的限期办，对暂不具备条件解决的向群众做好解释工作。着眼利民便民，从解决群众饮水、行路、用电、环境卫生、物业管理、老旧小区设施维修等身边困难做起，特别关爱农村贫困人口、城市贫困居民、残疾人、空巢老人等困难群众和特殊人群，带着感情帮助他们解决困难和问题。对群众反映强烈、久拖不决、目前有条件解决的老大难问题，特别是信访积案中反映的群众切身利益问题，有关单位、部门要敢于负责，强化责任，集中攻坚，努力解决。

要上下联动抓整改，力戒形式主义，真正下功夫去解决问题。按照全区上下联动工作机制，对于基层单位上报的需区级部门帮助解决的事项，区级有关部门结合职能职责，要主动认领和帮助解决基层反映的问题特别是涉及群众切身利益的问题，务求取得实效。对有条件立即解决的，要即知即改；当前尚不具体条件的，要千方百计创造条件加快推动；有政策约束的，要抓紧调查研究，有针对性地提出措施，力求有所突破；对由于各种原因无法解决的，要做好说明解释工作。做到事事有回音、件件有着落，推动整改工作落地生根。

要坚决纠正“为官不为”不良作风。对那些工作不在状态、萎靡不振、得过且过的，对中央、市委和区委部署要求不认真执行甚至变形走样的，对群众诉求推三阻四、没有好处的事拖着不办的，对改革发展稳定问题不上心、不研究，不违规不违纪但也不干事不担责不作为的，要从严监督问责，情节严重的要给予党纪政纪处分。

三、推进专项整治

（一）制定工作方案

按照《丰台区群众路线教育实践活动“四风”突出问题专项整治方案》（丰群组发〔2014〕14 号）和《关于在丰台区群众路线教育实践活动中开展“四风”突出问题专项整治的补充通知》（丰群组发〔2014〕16 号）要求和区级主责单位有关工作安排，对于全区 42 项整治任务以外的本单位存在的其它突出问题，制定本单位专项整治工作方案，明确每项整治任务的目标、范围、内容、步骤以及时间安排、任务分工、有关要求等，细化具体措施并建立工作台账，一项一项改，一个一个纠，一抓到底、见到实效。

有关单位专项整治工作方案，报区委督导组审阅同意后，于 8 月 25 日前报区委教育实践活动领导小组办公室。

（二）持续用力开展专项整治

要不折不扣地落实中央、市委要求，持续抓好全市第一批活动 39 项整治任务落实，已完成的任务要继续巩固，继续推进的任务要加大力度，确保完成，坚决杜绝“四风”问题“隐身”、“变种”、“反弹”、“回潮”的现象，推进专项整治任务落地生根。要全面抓好全区确定的 42 项整治任务的落实，特别是对发生在群众身边的不正之风问题，要出重拳、用实招，不达目的绝不罢休。对于条件具备的，要立行立改；对于经过努力能够在短期内完成的，要加大整改力度，限期完成；对于情况复杂需要一段时间研究解决的，要提出具体工作计划，并开展整治工作，力争在 9 月底前解决一批群众反映强烈的问题，让群众看到教育实践活动的成效。

要强化问题导向，加大查处力度不留“死角”。深入整治“会所中的歪风”，抓紧解决违法经营、侵占群众利益、助长奢靡之风、滋生腐败行为等问题，严肃查处违规出入会所的党员领导干部；扎实做好“裸官”清理调整工作，坚决按照中央要求对所有“裸官”相关职务调整到位；清理整治培训中心的腐败浪费问题；集中整治“吃空饷”等问题；严肃查处基层干部办事不公、损害群众利益等违法违纪行为特别是涉黑涉恶问题；解决作风漂浮、工作不实、出现反弹问题；解决行政不作为、乱作为，门好进了、脸好看了但事仍然难办等问题；解决及时行乐、特权现象和挥霍浪费、骄奢淫逸“隐形”、“变种”，楼堂馆所变身“创业大厦”、“研发中心”，公款吃喝转入隐蔽场所，利用电子礼品卡收礼送礼，红白喜事不请客但收礼等问题。

四、深化制度建设

（一）制定制度建设计划

各单位要按照中央、市委和区委部署，结合本部门、本单位实际，在已开展工作基础上，进一步对现有制度进行全面梳理，列出制度清单，广泛听取群众意见，特别是关系群众切身利益的制度，提出废、改、立制度的工作安排，制定切实可行的制度建设计划。制度建设计划包括主要任务、工作分工、时间安排和工作要求等内容，要务实管用，确保可执行、可监督、可检查、可问责。

各单位改进作风制度建设计划，报区委督导组审阅同意后，于 8 月 25 日前报区委教育实践活动领导小组办公室。

（二）务求实效狠抓建章立制

各单位要把中央、市委和区委出台的各项制度承接好、贯彻好，防止简单照搬照抄，重复建制度。认真贯彻中央八项规定和市委15条意见精神，贯彻《党政机关厉行节约反对浪费条例》和党员干部直接联系群众、加强基层服务型党组织建设，规范公务接待、办公用房和会议费、差旅费、培训费管理，加强公务支出和公款消费审计等制度规定，对需要配套和细化的制度，要结合自身实际，制定完善实施细则，明确具体规定。

要结合实际健全完善相关制度，注重把教育实践活动中好经验、好做法用制度形成固定下来、坚持下去，防止短期效应。机关单位重点围绕科学民主决策、党务政务公开和各领域办事公开，执法监管部门重点围绕公正执法、规范执法、阳光执法，窗口单位、服务行业重点围绕便民服务、高效服务、优质服务，乡镇、街道和村、社区重点围绕联系服务群众、加强民主管理、维护群众合法权益，健全完善制度机制。各领域基层党组织要重点围绕增强党组织功能、严格党内生活、加强党员管理等完善相关制度。

（三）进一步强化制度执行

坚决杜绝有令不行、有禁不止，制度形同虚设等问题。要教育引导党员干部树立法制意识、规矩意识和纪律意识，增强遵规守纪、执行制度的自觉性。区有关部门要加强督促检查，划出“红线”，标出“雷区”，架起“高压线”，强化问责制，严查违规行为，充分发挥制度的刚性约束作用，切实维护制度的严肃性和权威性。

五、解决好联系服务群众问题

（一）整顿建强基层组织

深入推进基层服务型党组织建设试点工作，加强调研指导，认真总结提炼经验做法、剖析工作规律特点，形成符合本单位实际的基层服务型党组织建设的工作模式和长效机制。对前期整顿软弱涣散基层党组织情况进行分析评估，已经整顿的要继续巩固提高，防止“回潮”；效果不明显的，由各单位主要领导挂村、社区联点，限期整顿到位。9月20日前，区委组织部和区委教育实践活动领导小组办公室将对整顿工作开展情况进行检查。

（二）落实完善民主管理制度

在村、社区全面推行“四议一审两公开”的民主管理制度，凡涉及群众基本权益的重大事项，都要按照党组织提议、“两委”会商议、党员大会审议、村（居）民代表会议或村（居）民会议决议的程序决策，街道、乡镇审核，决议内容和实施结果公开。全面建立村务监督委员会或其他形式的村务监督机构，进一步规范监督内容、权限和程序。结合民主评议党员，对“两委”成员履行职责、廉洁自律情况普遍进行一次评议。

（三）健全服务群众体系

建立完善区级行政服务中心和乡镇、街道一站式服务大厅以及村、社区便民服务站三级服务平台，上下衔接优化服务功能、提高办事效能。深入做好在职党员到社区报到工作，为报到的党组织和党员搭建发挥作用平台，形成联系服务群众的有效合力。在村、社区全面推行为民服务全程代办制度，为群众代办各类证照、社保低保、户籍计生等事项。推行村干部轮班和社区干部错时上班等制度，公开干部联系方式，坚决防止基层干部空岗，服务站点空置、群众办事找不到人等问题。全面清理部门延伸到村、社区的公共事务，由区一级统一编制村、社区承担公共事务目录，凡不属于村、社区职责范围内的一律取消、工作相近的一律合并、未经审批的一律不得下放，切实整改基层牌子多、台账多、检查评比多等问题。要进一步健全服务保障体系，完善“一刻钟”服务圈建设。同时，要强化基层基础保障，加大扶持力度，推动人、财、物向基层倾斜，改善基层干部工作生活条件，形成重视基层、关爱基层的正确导向。

六、强化正风肃纪

（一）严肃查处不正之风和违法违纪行为

坚决查处发生在群众身边的不正之风和腐败问题，高度重视群众举报、网络舆情等反映的问题，充分运用巡视、审计和干部考察等成果，对违法违纪问题，以“零容忍”态度发现一起、查处一起，绝不搞例外、绝不姑息迁就。对顶风违纪的，实行“一案双查”，既要追究当事人责任，还要追究相关领导责任，形成强大震慑，防止失之于宽、失之于软。

（二）严格把握政策界限

对存在问题的党员、干部，既要严格按照党章和有关纪律规定严肃处理，又要慎重稳妥，防止简单粗糙。已经有明确规定的按规定执行，规定不明确的要认真研究，形成明确政策意见，并注意统筹协调，避免政出多门、政策偏颇、宽严皆误。要立足教育提高，对犯有一般性错误的干部，只要主动讲清问题，深刻认识，认真纠正，视具体情况，可不予追究或免于处分。对在教育实践活动中主动查摆收“红包”，不构成违法和严重违纪、主动如数上交、如实报告组织的，根据情节，可不予处分、免于处分或减轻处分；不上交、不主动报告组织的，依照有关规定处理。

七、加强组织领导

（一）落实领导责任

各单位党（工）委、党组书记（不设党组的部门主要负责同志）要加强领导和统筹协调，真正把责任扛在肩上，把工作抓在手上，不能用抓下面代替抓自己，确保教育实践活动善始善终、善作善成，坚决防止前紧后松，防止矛盾积压，防止简单粗糙，防止短期效应。各单位党（工）委、党组书记（不设党组的部门主要负责同志）要认真履行第一责任人的职责，既抓好领导班子的整改，亲自主持制定本单位“两方案一计划”（领导班子整改方案、专项整治方案和制度建设计划），并严格审核把关，指导落实；又督促班子成员搞好个人和分管领域的整改，不断提高领导班子发现和解决自身问题的能力。

（二）严格督导把关

区委督导组要加强对整改落实、建章立制工作的督促检查，从严从紧，真督实促。要抓住一把手这个关键，有效传导压力，对有问题不整改、大问题小整改、边整改边反弹的，要约谈提醒、批评指出、督促问责。要认真审阅“两方案一计划”和党员领导干部个人整改措施，对整改措施不具体、专项整治不力、制度建设针对性不强的，该指出的指出，该批评的批评，该纠正的纠正。

（三）坚持统筹推进

把推进整改落实、建章立制与推动中心工作结合起来，与稳增长、促改革、调结构、防风险结合起来，与保障和改善民生结合起来，以教育实践活动成效推动经济社会发展、造福人民群众。要注重上下联动、整体推动，以上带下，从上级机关改起，从领导干部改起，形成一级带一级、层层抓整改的工作格局。对于涉及行业系统的突出问题，要协同配合，共同攻坚，推动解决。对于涉及多个部门、单位的问题，要加强沟通，整合资源，合力解决。

（四）加强宣传引导

大力宣传在整改落实、建章立制工作中的好经验好做法，宣传活动中涌现出的先进典型，宣传广大群众对活动的感受评价，使广大党员、干部学有榜样，行有示范。要加强案例教育，及时曝光反面典型，发挥警示作用。加强舆论引导，营造良好氛围。在梳理教育实践活动进展情况基础上，要认真总结取得的思想认识成果、实践成果、理论成果和制度成果，不断深化对作风建设的规律性认识。

李超钢同志在全区党的群众路线教育实践活动总结大会上的讲话

（2014 年 10 月 21 日）

同志们：

今天，我们召开全区党的群众路线教育实践活动总结大会，会议的主要任务是，认真学习贯彻习近平总书记在中央党的群众路线教育实践活动总结大会上的重要讲话精神，深人落实郭金龙同志在北京市群众路线教育实践活动总结大会上提出的要求，全面总结我区教育实践活动，具体部署从严治党的各项任务。一会儿，市委常委、市委第五督导组组长叶青纯同志还要作重要讲话，我们要认真学习领会，抓好贯彻落实。

下面，我讲三个方面的意见。

一、深入学习习近平总书记重要讲话精神，认真贯彻“从严治党”的要求

10 月 8 日，中央召开了党的群众路线教育实践活动总结大会。会上，习近平总书记发表了重要讲话，对全党群众路线教育实践活动进行了系统总结，对活动中积累的宝贵经验进行了深刻阐述，对全面推进从严治党作出了具体部署。总书记的讲话高屋建瓴、内涵丰富、思想深邃，充分表明了党中央坚持党要管党，从严治党的鲜明态度，体现了我们党顺应时代发展新要求，保持党的先进性和纯洁性的高度自觉，是在新的起点上推进党的建设的根本遵循，是新形势下从严治党的任务书、路线图和动员令。10 月 11 日，在全市总结大会上，郭金龙书记在系统总结了北京市教育实践活动成果的同时，对学习贯彻总书记讲话精神，全面落实从严治党任务提出了明确要求。全区各级党组织和广大党员干部要将学习贯彻好总书记讲话精神作为当前首要政治任务，周密部署、全面跟进，不断把作风建设和从严治党引向深入。

第一，要在深入学习总书记重要讲话中不断增强践行群众路线的主动性。总书记在讲话中从 5 个方面系统总结了教育实践活动取得的重大成果，强调，“只要真管真严、敢管敢严、长管长严，而不是管一阵放一阵、严一阵松一阵，就没有什么解决不了的问题。”我们要充分认识到，正是由于扎实深入践行了群众路线，才进一步树立了党的威信和形象，进一步凝聚了党心民心，形成了推动改革发展的强大正能量。我们要从活动取得的重大成果中进一步增强践行群众路线的信心和动力，不断强化作风建设的主动性与自觉性，以活动成果为新起点，推进作风建设踏上新征程、开启新篇章、取得新成效。

第二，要在深入学习总书记重要讲话中准确把握新时期党建工作的规律性。总书记全面总结了新形势下开展党内集中教育活动的新经验，明确提出了 6 个“必须”，深刻揭示了教育实践活动取得成效的关键和根本，既是优良传统的回归和弘扬，也有与时俱进的创新做法，把握了新时期党的建设的内在规律，适应了形势发展的客观需要，为加强和改进新形势下党的建设积累了一笔宝贵财富。我们要深刻理解、准确把握，切实把这些宝贵经验作为指导今后党的建设的重要遵循。

第三，要在深入学习总书记重要讲话中充分认识作风建设的长期性。总书记在充分肯定这次活动取得成绩的同时，也明确指出了存在的问题和不足，并特别强调“活动收尾绝不是作风建设收场，必须以锲而不舍、驰而不息的决心和毅力，把目前作风转变的好势头保持下去，使作风建设要求真正落地生根”。我们要始终牢记作风建设永远在路上，充分认识到作风建设的长期性、艰巨性，既打好攻坚战，更打好持久战，确保作风建设常抓不懈、持之以恒。

第四，要在深入学习总书记重要讲话中全面领会从严治党的重要性。总书记从8个方面对从严治党作出了具体部署，明确了新时期从严治党的总体要求和工作任务，并且指出“历史使命越光荣，奋斗目标越宏伟，执政环境越复杂，我们就越要增强忧患意识，越要从严治党，做到‘为之于未有，治之于未乱’，使我们党永远立于不败之地”。我们要充分认识到，办好中国的事情，实现中华民族伟大复兴的中国梦关键在党，加强党的建设关键在党要管党、从严治党，并且真正把这一思想认识变成具体行动，不断推进党的建设达到新水平，有效巩固党的执政地位和领导地位。

二、认真总结教育实践活动的成效，继续落实各项整改任务

按照中央和市委统一部署，我区党的群众路线教育实践活动于2月12日全面启动，全区4672个党组织、11万名党员共同参加。活动开展以来，在市委第五督导组的精心指导下，区委认真执行中央和市委决策部署，区四套班子以身作则、率先垂范，各级党组织精心组织、狠抓落实，广大党员干部深入群众、勇于担当，广大人民群众和社会各方面热烈响应、大力支持，教育实践活动取得了预期的成果，向市委和全区人民交出了一份合格的答卷。

（一）坚持把学习教育贯彻始终，广大党员干部受到了一次深刻的马克思主义群众观教育

各级党组织始终把思想教育放在首位，把理论武装贯穿全过程。区四套班子带头学原著、读原文、悟原理，各级领导班子集中学习时间普遍达到 10 天以上，党员干部思想上补了课，精神上补了钙，践行群众路线的思想自觉和行动自觉进一步增强。

一是理想信念更加坚定。通过学习，广大党员干部进一步坚定了道路自信、理论自信、制度自信，进一步把牢了世界观、人生观、价值观这个“总开关”。特别是对于全面深化改革，推进科学发展，实现中华民族伟大复兴的中国梦等理论和实践问题，思想上有了提高、认识上有了升华、作风上有了转变，实现了每学一次思想认识就高一层，查找问题就深一步，攻坚克难、奋发进取的精神得到进一步弘扬。

二是宗旨意识更加牢固。通过学习，广大党员干部进一步增进了与人民群众的感情，拉近了与人民群众的距离，广大党员干部走出了办公室、走进了群众中，访民情、听民意、解民忧，拆除了隔离墙，加深了鱼水情，有效提高了群众工作的能力与水平，从根本上解决了“我是谁、为了谁、依靠谁”的问题。群众普遍反映，与活动前相比，党员干部与群众见面多了、谈心多了、主动上门服务多了、办实事解难事多了，与老百姓的心贴得更近了。

三是大局观念更加强化。通过学习，广大党员干部自觉把思想和行动统一到总书记视察北京时的重要讲话精神上来，科学分析丰台在首都全局工作中的定位和角色，跳出丰台谋发展、着眼全局抓工作，有所为有所不为，特别是对区委提出的“把丰台打造成为充满活力的金融、科技、文化创新企业总部的聚集地，令人瞩目的重要国际活动举办地，特色鲜明的文化产业发展地”的发展

思路有了高度认同，积极主动地疏解生产加工、服装批发等非首都核心功能，促进发展的信心得到极大提振，敢于担当的精神得到充分激活，干事创业的干劲得到全面迸发。

（二）拿起批评与自我批评有力武器，党内生活的政治性、原则性、战斗性显著增强

各级党组织把开好专题民主生活会和专题组织生活会作为关键环节，坚持整风精神，突出问题导向，真诚开门听、触动灵魂查、敞开心扉谈，自我批评反思深刻、有的放矢，相互批评推心置腹、直击要害，起到了红脸出汗、排毒治病、加油鼓劲的作用，专题生活会开出了高质量、好效果。

一是提升了党性修养。党员干部普遍感到，对照检查材料的修改过程，本身就是提高认识、升华境界、增强党性的过程。比如，有的同志经过不断深挖细照严查，对于工作中抓经济发展多、抓民生改善少等问题，从开始认为的工作统筹问题，最终认识到实际是政绩观、发展观存在偏差。问题越查越深入.材料越改越深刻，党员干部思想和心灵受到了从未有过的震撼和洗礼。

二是弘扬了优良传统。专题民主生活会前，普遍开展了4次以上的谈心谈话。刚开始谈心时，有的同志一条批评意见都提不出来，通过反复思想发动，一轮一轮交心谈心，党员干部克服了面子、身份、人情等障碍，把原来藏在心里的话，都摆在桌面上说了出来，进一步端正了政治态度，增强了政治担当，恢复了党内正常的政治生活，拿起了批评和自我批评这个武器，使我们党的优良传统得到继承和发扬。

三是提高了班子战斗力。许多同志表示，会上虽然相互批评，辣味十足，但彼此之间思想见了面，消除了隔阂误会，会后再坐到一起，不仅不别扭，反而更亲切了。专题生活会增进了同志情谊和班子团结，班子的合力、凝聚力、向心力明显增强，队伍的活力、战斗力、执行力明显提升，形成了心齐、气顺、风正、劲足、人和、业兴的良好局面，汇聚起了加快丰台发展的强大正能量。

（三）始终聚焦反对“四风”，党风政风明显好转

区委始终坚持严的标准、严的措施、严的纪律，标本兼治、破立并举，“四风”问题得到有效遏制，制度建设得到全面加强。

重拳出击狠刹“四风”。严格落实中央八项规定和市委实施意见，突出抓好市委39项专项整治任务，并聚焦区内42项“四风”突出问题，集中力量啃硬骨头，打攻坚战，解决了一批多年想解决而没有解决的问题，用老百姓的话说，没想到“四风”问题咔嚓一下就刹住了。今年以来，区委、区政府发文减少了17.8%。全区性大会压缩了17%；取消了13项行政审批，各类考核、评比、表彰项目较活动开展前减少了33%；“三公”经费压缩了42.6%。全面清理公车超标，重拳整治“裸官”、超职数配备领导干部、吃空饷等问题和吃拿卡要、慵懒散拖等侵害群众利益行为，坚决纠正公款送节礼、公款吃喝、公款旅游等不正之风。有的基层单位负责人感慨说：“我们是最大的受益者。以前过节光忙着请客送礼，现在这些都没了，能把精力集中在工作上了。”扎紧扎牢制度笼子。一方面，健全和完善各项制度。区委按照“行得通、指导力强、能长期管用”的要求，确定了17个方面、68项制度建设任务，目前已完成49项。各单位共新建各类制度673项、修订完善688项，初步形成了既“治病”又“防病”的长效机制体系。另一方面，强化正风肃纪，今年1月至9月，纪检监察机关新立案46件，同比增长130%。查处违反中央八项规定问题4起，处理党员干部5人。查处了17名处级领导干部违法违纪问题。整改“慵懒散”方面问题275个，对79人进行了内部处理。立案查处15起“小官巨腐”案件，刹住了少数农村基层干部目无法纪、肆意妄为的腐败之风。通过严格执纪，

使制度真正成为带电的高压线，成为不可逾越的红线。

（四）切实加强和改进服务群众工作，树立了为民务实清廉的良好形象

全区各级党组织以群众需求为一切工作的出发点和落脚点，把转作风、提能力与解民忧、惠民生结合起来，树立了各级党组织的良好形象。

全心全意解决群众切身利益问题。各级党组织对群众反映的问题不等不拖、及时整改。区委在“北京丰台”官方微博开通“马上就办”微话题，网上收集群众意见建议，共督办857件，赢得了网民的纷纷点赞。各单位围绕群众反映强烈的民生问题，建台帐、定时限，千方百计为群众排忧解难，共解决群众身边的各类急事、难事 1207 个。全区新增停车位13355个，开通社区蔬菜直通车211辆，新建便民菜站101个，解决了65个社区村的饮水问题和26个社区、村的用电问题。这些实实在在的实事做到了群众心坎上，有的群众在表扬信里说：“现在我们说话有人听了，事情有人办了，困难有人帮了，压在心头多年的石头搬走了，我们心里感觉到舒服！”。

全力畅通服务群众“最后一公里”。依托区级社区服务中心，建立了392个区、街道乡镇、社区村三级服务中心和服务站，服务群众平台进一步完善。通过采取“早提前晚延时”、“A、B角制度”、送服务上门等措施，窗口和服务单位实现了服务时间“零等候”、服务方式“零距离”。通过整治门难进、脸难看、事难办等4大类7个方面的突出问题，提升了服务群众的意识与水平。有的企业负责人说：“过去执法单位来，不是开罚单就是约谈。现在再来，不但告诉我们问题出在哪，问题怎么解决，还给我们介绍一些好经验好做法，我们受益很大。”

（五）加强基层党组织建设，夯实了党的执政基础

通过群众路线教育实践活动，切实把改作风的各项举措落实到了“末梢神经”，基层党组织和党员队伍的凝聚力战斗力显著增强。

一是有效整顿软弱涣散基层党组织。确定 22 个软弱涣散基层党组织，制定整治方案，着力解决领导班子不齐、民主管理混乱、社会治安和信访矛盾突出等问题。围绕环境整治、社区管理、便民服务设施等方面，设立专项资金，加大投入力度，提升服务保障水平。采取“调整、选派、驻点、结对、扶助”等措施，加强领导班子建设。目前已经完成转化和明显提升的合计达到90%以上。

二是扎实推进基层服务型党组织建设。确定 46 个服务型基层党组织试点，加大投入、创新机制、整合资源，推动组织转型。开展在职党员回社区报到工作，报到率达到94.6010。推广“民情图”、“离案走动”等经验，继续开展大比武大练兵活动，党群干群关系更加密切。加强对流动党员的服务管理，依托连锁企业资源优势，建立“党员驿站”，延伸党建工作链条，解决了流动党员就近活动难等问题。

三是建立健全基层党组织管理制度。建立健全了组织建设、班子运行、村（居）务公开、党风廉政等基本规范，全面推行社区、村“四议一审两公开”民主管理制度，确保基层组织运行和基层干部队伍“不突破底线”、“不冲破红线”。加强对农村干部的监督管理，开展房产宅基地、集体土地租赁、经营企业、违法建设和群租房等情况“三公开六承诺”，预防发生“小官巨腐”问题。

（六）坚持围绕中心、服务大局，切实以优良的作风推动区域发展迈上新台阶

始终坚持两手抓、两促进，切实把开展教育实践活动中热情与能量转化为推动发展的动力，真正使教育实践活动成为了发展的助推器和加速器。

一是破解难点实现新进展。围绕非首都

核心功能疏解等难点问题，建立了调整疏解非首都核心功能的体制机制，全面推进大红门地区服装批发市场与河北白沟、永清等地对接，新发地一般农副产品批发向高碑店转移，产业疏解效果逐步显现。大力推进京津冀合作，成功推动了凌云医药化工公司、榆构生产线等外迁，实现了多方共赢。

二是推进重点取得新成效。围绕构建“高精尖”的产业结构，深入推进发展方式转变，区域经济发展质量和效益进一步提升。金融、高新技术、文化创意等产业所占比重持续提高，拉动效果逐步显现。1-8 月丽泽金融商务区累计实现税收 12.3 亿元，同比增长 55.7%，入驻企业的总注册资本金超过 1100 亿元。全面加快农村城市化步伐。目前，已有 30 个村基本实现回迁上楼，7 个村基本完成宅基地腾退。

三是打造亮点树立新形象。围绕城乡环境痼疾顽症，深入开展城乡环境提升年活动。在形象提升上，根据不同地区的禀赋条件，实施一街一品、一乡一品，打造了一批特色景观；在区域品质上，方庄地区环境示范区建设初见成效，园博园和青龙湖会都相关区域打造了绿色宜人的优美环境；在难点攻克上，违法建设、群租房、小广告、黑摩的等突出问题整治取得实效，群众身边的环境难点问题得到持续改善。

教育实践活动带来的新气象新变化，广大群众充分认可，党内外积极评价。根据区委活动办对全区 107 个单位进行的群众满意度调查，对我区活动总体评价“好”和“较好”达到了 99.4%，对党员干部转变作风评价“好”和“较好”达到了 98.5%。

我区教育实践活动虽然取得重要成果，但也存在一些问题和不足：总书记在讲话中指出的问题和不足，在我区有些地区、有些单位还不同程度地存在；“四风”问题虽然得到了有效遏制，但是距离真正“不愿”、“不想”还有差距，作风问题反弹的风险依然存在；一些直接面对群众的窗口单位、基层单位的工作人员，服务群众的意识和能力还需要不断提高；社区、村基层党组织建设还需要进一步加大工作力度，特别是个别软弱涣散党组织的建设还需要不断加强；为官不为、相互推诿的问题应引起高度重视，尽快解决；整改措施的落实还需要做大量工作，等等。这些问题说明，我们取得的成果还是初步的，不断改进作风、巩固作风建设成果，任务还很艰巨，必须以锲而不舍、驰而不息的决心和毅力，把当前作风转变的好势头保持下去，把作风建设不断引向深入。

通过开展教育实践活动，我们有以下体会：

第一，加强作风建设，必须牢牢把握世界观人生观价值观这个总开关。思想决定行动。产生“四风”问题的根本原因就是“总开关”出现故障。教育实践活动中，区委毫不放松地抓好思想建设，不断强化理论武装，党员干部进一步增强了政治定力，使“四风”得到有效遏制、整体好转。实践证明，只有解决好“总开关”问题，才能真正在思想观念上构筑“万里长城”，自觉抵御侵蚀、坚守信念。

第二，加强作风建设，必须牢牢把握“四风”这个重要突破口。“有的放矢事易成，无的放矢事难成”。“四风”问题是作风建设中的痼疾顽症，严重损害党的形象，威胁党的执政地位。教育实践活动中，区委始终聚焦“四风”，出重拳、下猛药，实现了党风政风的整体好转。实践证明，抓住“四风”就牵住了作风建设的“牛鼻子”，就找准了靶子，点中了穴位，就能取得事半功倍的效果。

第三，加强作风建设，必须牢牢把握实现好维护好发展好最广大人民根本利益这个出发点和落脚点。“民之所望，施政所向”。加强作风建设，归根结底是为了密切与人民群众的血肉联系。教育实践活动中，各级党组织始终围绕群众所思所想所愿，着力为群众办好事实事，让群众真受益，实现了群众真满意。实践证明，党员干部只有强化公仆意识，“以百姓之心为心”，才能真正赢得人民群众的支持和信任。

第四，加强作风建设，必须牢牢把握党员领导干部这个关键。“风成于上，俗行于下”。领导一个行动，胜过万千号令。教育实践活动中，区委常委会责任担在先、行动走在前，为各级党组织做出表率。区级党员领导干部兑现“八个带头”的郑重承诺，为全区党员干部做出榜样。实践证明，只有领导干部先行一步、带头示范，改进作风才有强劲的推动力、巨大的号召力，才能形成风清气正的良好政治生态。

第五，加强作风建设，必须牢牢把握制度机制这个重要保障。“政贵有恒，治须有常”。制度机制是教育实践活动成果落地、成效持久的关键。教育实践活动中，全区各级党组织围绕建章立制下功夫、正风肃纪动真格，一手抓完善、一手抓执行，做到了有章可循，标本兼治。实践证明，只有扎紧扎牢了制度笼子，才能从源头上防止不正之风，产生密切联系群众、弘扬优良作风的长效驱动力。

在历时8个多月的教育实践活动中，市委常委、市纪委书记、市委第五督导组组长叶青纯同志身体力行、率先垂范，多次到我区深入基层、深入一线调研指导，并全程参加了区委常委会和丰台街道工委班子的专题民主生活会，对我区教育实践活动作出了一系列指示，对我区深入开展教育实践活动发挥了至关重要的作用。市委第五督导组全体同志认真落实市委要求，充分结合丰台实际，精心指导，从严把关，以大量卓有成效的工作为我区教育实践活动扎实开展指明了方向、提供了保障。在此，我代表区委和全体党员干部向叶书记和第五督导组的同志们表示衷心的感谢！

三、聚精会神抓党建，形成从严治党的新局面

从严治党是一个永恒的重大课题。我们要按照中央和市委的要求，以教育实践活动为起点，一心一意谋发展，聚精会神抓党建，在从严治党上继续探索、不断前进，把丰台党的建设和经济社会发展提高到新的水平。

（一）严格落实从严治党责任

习近平总书记指出，从严治党，必须增强管党治党意识、落实管党治党责任。我们要按照总书记指示要求，常怀忧党之心，恪尽兴党之责，把从严治党的责任放在心上、扛在肩上、抓在手上、落在实处。落实从严治党责任，必须切实履职尽责。各级党委党组是党的建设的领导者、执行者、推动者，必须在党言党、在党忧党、在党为党。各级党委党组书记要落实好第一责任人的职责，对党建工作亲自抓、负总责，班子其他成员要严格执行“一岗双责”，认真履行对分管领域的从严治党责任。要把党建工作与中心工作一起谋划、一起部署、一起考核，把经济社会发展作为党建的重要载体，用党建工作来推动和促进经济社会发展，在经济社会发展中加强和完善党建工作，以经济和社会发展成果检验党建工作成效。这次总结大会后，区委将举办全区街乡镇、委办局党委党组书记轮训班，从意识、责任、途径、方法等方面增强党的意识，明确党建要求，落实管党治党责任。落实从严治党责任，必须注重考核问责。要进一步完善考核标准和考核办法，把总书记提出的“三个是不是”作为考核重要内容，这三个是不是就是“是不是各级党委党组都做到了聚精会神抓党建，是不是各级党委党组书记都成为了从严治党的书记，是不是各级党委党组成员都履行了分管领域管党治党的责任”。对各级党委党组书记的考核，首先要看抓党建的实效，考核其他党员领导干部，也要加大这方面权重，切实发挥好考核的“指挥棒”作用。要建立责任追究制度，对主体责任落实不力的，要严格追究责任，切实增强履行党建职责的责任感和自觉性。

（二）持续深入强化作风建设

作风建设始终是从严治党的基本任务。作风问题具有顽固性、反复性.抓与不抓大不一样，一时抓与长期抓大不一样，一旦放松就有可能反弹。我们要始终把作风建设紧紧抓在手上，持续努力、久久为功，打赢作风建设的“持久战”。一要坚持不懈狠刹“四风”。对于区委明确的42项专项整治任务，要严格按照既定目标时限，集中力量，一抓到底。要紧紧盯住作风领域出现的新变化、新问题，始终保持反对“四风”的高压态势，下决心走出“改过来又弹回去”的循环。按照市委要求，全区各级教育实践活动领导机构还将保留一段时间，继续抓好教育实践活动的整改和后续工作，并在适当时机开展专项检查，不断巩固和拓展活动成效。二要扎紧扎牢制度笼子。坚持制度治党，必须突出刚性和严密，抓好各项制度的完善和执行。纪检监察机关、组织、宣传等部门以及各级党委党组要全面梳理已经制定的制度，对制度执行情况进行评估，对执行不好的制度要进行分析，属于制度本身没有可操作性的，要增强针对性和可行性；属于制度执行不力、不到位的，要加强落实，坚决纠正有令不行、有禁不止的行为，使制度真正成为硬约束而不是橡皮筋。三要严肃党内政治生活。活动收官，要把清朗的政治生态保持下去，就要继续从严抓好党内生活，让广大党员干部在严格的党内生活中锻造政治品格、激发信念精神、锤炼良好作风。严肃党内政治生活，贵在经常、重在认真、要在细节。各级党组织都必须严格坚持党内政治生活制度；任何党员，不论职务高低、资历深浅、成就大小，都必须自觉遵守党内政治生活准则。要健全党内政治生活的制度规范，不断丰富内容和形式，使严肃的党内政治生活成为一种常态。要坚持用好批评与自我批评这一强大武器，使之成为一种习惯、一种自觉，真正形成团结和谐、纯洁健康、弘扬正气的良好氛围。

（三）从严从实管理干部队伍

从严治党，重在从严管理干部。要坚持以严的标准要求干部、以严的措施管理干部、以严的纪律约束干部，使干部心有所畏、言有所鉴、行有所矩。一要从严教育。习总书记在这次重要讲话中特别强调了“坚持思想建党和制度治党紧密结合”的问题。思想是源，浚源才能流长，思想上松一寸，行动上就会散一尺。要加强思想教育，引导党员干部坚定理想信念，坚守共产党人精神追求。要加强职业道德教育，解决好部分干部“为官不为”的消极思想，激发干事创业的动力。要加强警示教育，让党员干部主动在思想上划出红线，在行动上明确界限，真正敬法畏纪、遵规守矩。二要从严监管。各级党委党组织要把加强班子和队伍建设作为管党治党的重要内容，作为体现一把手能力素质的重要标准，把管人和管事结合起来，敢于要求、敢于管理，真正把班子团结起来，把队伍凝聚起来。要以党政正职和关键岗位干部为重点，加强干部经常性监督管理，对发现的问题，该提醒的提醒，该教育的教育，该处理的处理，让干部感觉到头上有紧箍、身边有戒尺。三要从严执纪。纪律严明是从严治党的重要保障。每一个党员干部都要懂得，与其他人相比，做党员、当干部就必须遵守更多的规矩、接受更严的约束。纪委要对各项纪律进行梳理，制定学习计划，不断增强纪律教育的针对性、实效性，切实把党的纪律转化为内心的道德准则和行为规范。各级党组织要强化刚性约束，坚决同违反纪律的行为作斗争，严肃查处各种违纪行为。

（四）统筹兼顾推动区域发展

要按照“一心一意谋发展，聚精会神抓党建”的要求，不断增强改革的动力、发展的活力以及工作的合力，推动区域经济社会在更高水平上实现科学发展。一要确保目标任务圆满完成。现在距离年底还有不到三个月的时间，完成全年各项任务目标时间紧、任务重，需要我们快马加鞭、加倍努力，切实把精力集中到办实事上来，把本领用到加快发展上来，把功夫下到解决突出问题上来，推进各项目标任务不折不扣地完成。二要确保重点工作取得突破。要以丽泽、科技园区等功能区为重点，加快建设、加强服务、优化环境，打造成为我区构建“高精尖”产业的排头兵和先锋队。要以大红门服装批发、二手车市场、长途汽车站等为重点，加快非首都核心功能疏解。要以人口调控为重点，继续用好市场、行政、社会等多种手段，确保实现流动人口数量下降 10%的工作目标。要以城乡环境建设为重点，继续深入开展好城乡环境提升年各项工作，为 APEC 会议的顺利召开营造良好的环境。三要确保民生保障持续改善。要不断加大人力、物力、财力的投入力度，进一步解决好医疗、教育、养老、安全、住房、就业等群众关心的热点问题，办好一批群众看得见、摸得着、感受得到的好事、实事，不断提升人民群众的幸福感。

同志们，党的群众路线教育实践活动开创了作风建设的新局面，党的建设正站在新的历史起点上。让我们紧密团结在以习近平同志为总书记的党中央周围，全面贯彻落实党的十八大和十八届三中、四中全会精神，坚定信心、凝聚共识，扎实工作、开拓创新，以首善的标准做好各项工作，为建设经济繁荣、社会文明、人民幸福的新丰台而努力奋斗！

关于印发《丰台区关于对教育实践活动整改落实情况进行“回头看”的工作安排》的通知

丰群办发〔2014〕12号

全区各单位：

为贯彻落实中央、市委有关精神，深入推进全区教育实践活动整改落实工作，现将《丰台区关于对教育实践活动整改落实情况进行“回头看”的工作安排》印发给你们，请结合实际认真贯彻落实。

中共丰台区委党的群众路线
教育实践活动领导小组办公室
2014年12月25日

丰台区关于对教育实践活动整改落实情况进行“回头看”的工作安排

为深入贯彻落实习近平总书记在教育实践活动总结大会上的重要讲话精神，持续用力抓好各项整改任务落实，按照市委教育实践办《北京市关于对教育实践活动整改落实情况进行“回头看”的工作安排》（京群办发〔2014〕13号）和《丰台区关于深化“四风”整治、巩固和拓展党的群众路线教育实践活动成果的工作安排》（京丰办发〔2014〕33号）要求，全区各级党组织要结合年度工作总结，对执行中央八项规定和市委、区委实施意见情况、对教育实践活动整改落实情况进行“回头看”，现就有关工作安排如下。

一、主要内容

全区各级党组织要以“三严三实”为标尺，对照中央和市委、区委关于认真落实整改任务的要求，对照教育实践活动中查摆出的问题特别是群众反映强烈的突出问题，对照“两方案一计划”（即整改方案、专项整治方案和制度建设计划），对照上下联动整改事项，对整改落实的进展、效果和存在问题进行全面深入的“回头看”。

1．党（工）委、党组领导班子。主要看：

（1）学习习近平总书记系列重要讲话特别是在教育实践活动总结大会上的重要讲话精神情况。重点是，领导班子是否安排时间集中学习，是否组织党员干部开展专题学习；是否结合实际研究制定贯彻讲话精神、巩固和拓展教育实践活动成果的具体措施。

（2）整改方案落实情况。重点是，整改措施是否具体可行、落实到位，列入整改的问题是否按期解决，整改效果群众是否认可。

（3）专项整治进展情况。重点是，对全区确定的47项专项整治任务进行逐项排查，检查是否整治到位，是否做到“共性病”与“个性病”一起治。

（4）制度建设情况。重点是，全区改进作风制度建设计划是否落实；对市委和区委出台的相关制度规定是否承接配套，是否按照作风建设要求结合实际建立健全有效管用规章制度，是否严格制度执行强化正风肃纪。

（5）上下联动整改情况。重点是，全区42项上下联动整改任务是否按计划推进落实，是否以上带下协同解决基层和群众反映强烈的政风行风问题，是否针对基层需要上级牵头解决的问题组织抓好联动整改。

（6）整改责任落实情况。重点是，党（工）委、党组主要负责同志是否真正担负起第一责任，班子成员是否按照任务分工抓好具体负责的整改工作，基层党建工作责任制是否落到实处。

2．社区、村等基层党组织。主要看整改措施落实情况。重点是，发生在群众身边的不正之风是否有效整治，向群众承诺的事项是否办好办实，基层党组织建设制度是否健全落实。

3．党员干部。主要看个人整改措施落实情况。重点是，遵守党的纪律特别是政治纪律情况，执行中央八项规定精神和市委、区委实施意见情况，解决查摆出的突出问题情况。党员领导干部还要看牵头负责的班子整改任务落实情况，指导推动分管部门和教育实践活动联系点整改工作情况。

二、方法步骤

整改落实“回头看”结合年度工作总结开展。

1．认真开展自查。全区各级党组织和党员干部对整改落实情况进行回顾盘点，按照“回头看”重点内容，逐项梳理整改落实情况。领导班子要集体研究自查情况，分析存在问题，提出深化整改的具体措施。党员领导干部特别是主要负责同志要带头开展自查。

2．通报整改情况。召开党（工）委、党组扩大会议，通报领导班子整改落实情况，班子成员要在会上报告个人整改措施落实情况。社区、村等基层党组织召开党员大会或在年度工作总结会上通报整改落实情况，主要负责同志要在会上简要报告个人整改措施落实情况。领导班子整改落实情况要采取适当方式向党员群众通报。

3．强化整改措施。对基本完成的整改任务，要提出巩固提高的具体要求；对尚未完成整改的，要逐项明确责任、逐项落实措施、逐项跟踪推进；对整改效果不理想、群众不满意的，可采取下发督办通知单等方式，责成“回炉”、“补课”，限期整改到位；对新发现的问题，要及时纳入整改内容。加大开门整改力度，通过适当形式，公布整改进展和完成情况，接受群众监督。

4．撰写情况报告。全区各单位要在开展“回头看”的基础上，对整改落实、建章立制情况进行认真总结，撰写整改落实情况报告，于2015年1月20日前报区委活动办。

三、有关要求

全区各单位党（工）委、党组要加强对“回头看”工作的领导，结合实际组织实施，一级抓一级，层层落实责任，把压力传导到位。党（工）委、党组主要负责同志要切实负起第一责任，带头到联系点指导“回头看”，示范带动面上工作。要通过“回头看”推动深化整改工作，确保整改方案不折不扣落到实处，各项整改承诺逐一得到兑现。

1．深入分析研判。全面梳理整改落实情况，对整改成效进行客观评估，对存在的问题特别是“回头看”中党员群众反映的问题和意见建议进行认真分析，切实找准薄弱环节，明确进一步深化整改的着力点。

2．加强督促检查。区委活动办将组织力量对全区重点单位、重点问题的整改情况特别是专项整治情况进行抽查。抽查情况及时向相关单位反馈。各单位党（工）委、党组要对所属基层党组织整改任务落实情况查核把关。各街道乡镇要结合基层党组织“三级联创”检查工作，深入社区村，听取基层干部群众对教育实践活动的评价、意见和建议，注意了解掌握群众关注度高的问题整改情况，推动整改落到实处。督促检查要坚持标准、从严要求，深入基层听意见、看变化、问实效，防止简单听汇报、查资料、流于形式。

3．严格责任追究。对整改工作抓得不

紧、整改措施落实不力、整改效果不明显的，要对单位主要负责人进行约谈提醒；对搞形式、走过场、群众意见大的，要对单位主要负责人进行诫勉批评：对出现“四风”问题反弹回潮甚至顶风违纪的，既要追究当事人责任，还要追究相关领导责任。

4．纳入年度考核。把整改落实情况作为领导班子、领导干部年度考核的重要内容，作为评先选优的重要依据。对整改工作抓得紧、成效好的单位和个人予以表扬，整改不力的不能列入评先选优对象。

5．加强宣传引导。继续加大宣传工作力度，通过电视、报纸等媒体，及时公布整改落实进展情况，深入宣传整改落实成果，让广大群众切实感受到整改落实工作带来的新变化、新气象、新成效，为继续深化整改营造良好氛围。

区 情 概 况

2014年丰台区情

概况

丰台区地处北京城西南，面积305.87平方公里。年内，区常住人口230万人，比上年末增加3.9万人；其中常住外来人口85.1万人，占常住人口的比重为37%，比上年末下降0.6个百分点。在常住人口中，城镇人口228.6万人，占常住人口的99.4%。全区常住人口出生率为9.43‰，死亡率为4.56‰，自然增长率为4.87‰。常住人口密度为每平方公里7528人，比上年末增加128人。年末全区户籍人口112.8万人，比上年末增加1.4万人。

全年实现地区生产总值1091.6亿元，比上年增长8.3%。其中，第一产业增加值0.8亿元，下降32.8%；第二产业增加值253.3亿元，增长8.1%；第三产业增加值837.5亿元，增长8.5%。按常住人口计算，全区人均地区生产总值达到47867元（按年末汇率折合7823美元），比上年增长6.3%。三次产业结构为0.1：23.2：76.7。

全区完成地方公共财政预算收入86.1亿元，比上年增长12%。其中，增值税12.3亿元，增长17.5%；营业税32.6亿元，增长13.3%；企业所得税12.3亿元，增长19.3%；城市维护建设税7.6亿元，增长14.2%。地方公共财政预算支出152.9亿元，比上年增长1.5%。其中，用于节能环保、社会保障和就业、教育、医疗卫生、科学技术的支出分别增长122.6%、18.9%、13.8%、13.8%和7.3%。全区金融机构各项存款余额5212.3亿元，比上年末增长9.5%；其中储蓄存款2434.8亿元，增长5.1%。各项贷款余额3015.9亿元，增长15.8%；全年城镇居民人均可支配收入41334元，比上年增长9.1%；农村居民人均纯收入22553元，增长10.3%。城镇居民人均消费性支出26816元，比上年增长8.2%，恩格尔系数为31.0%，与上年基本持平；农村居民人均生活消费支出18303元，增长8.3%，恩格尔系数为36.5%，上升0.6个百分点。全区城镇居民人均住房建筑面积30.49平方米，比上年增加0.81平方米；农村居民人均住房面积32.22平方米，增加0.98平方米。

2014年国民经济和社会发展

经济建设

大力调整结构，提质增效迈出新步伐。高端产业引领作用进一步增强。第三产业占比达78%，其中现代服务业对经济增长贡献率达66.9%，拉动地区生产总值增长5.4个百分点。金融业留区税收增长59.7%。新引进亿元以上企业159家，居全市第三，增长106%，其中商务服务业占43%、金融业占28%、高新技术业占18%。创新驱动促进产业结构更趋合理。完成技术合同成交额455亿元，居全市第三，促进科技成果转化137

项，专利授权量增长15.6%。实施第二阶段城南行动及政府投资计划119项，实现投资470亿元，累计完成三年总投资额的70%；吸引民间投资334.4亿元，增长83.3%，占全社会固定资产投资的48.4%。新登记市场主体3.2万户，全区企业总量占市场主体的比重达59.5%。丽泽金融商务区新引进亿元以上企业43家，留区税收增长28%，首创金融广场等12个项目实现开工，开复工面积331万平方米。丰台科技园区总收入超过3600亿元，增长10%，留区财政收入24.7亿元，增长17%。

全年规模以上工业实现工业总产值338.7亿元，比上年增长2.6%。其中现代制造业实现产值168.4亿元，增长2%；高技术产业实现产值66.3亿元，增长4.3%。实现销售产值336.4亿元，比上年增长2.9%。其中内销产值323.3亿元，增长1.7%；出口交货值13.1亿元，增长48%。产品销售率为99.3%。

新批三资企业28家，投资总额6.1亿美元，注册资本2.9亿美元，合同外资1.9亿美元。实际利用外资4.5亿美元，比上年增长1.4倍。海关进出口总额146.5亿美元，比上年下降0.1%。其中进口128.5亿美元，下降0.8%；出口18亿美元，增长5.3%。

北京国家数字出版基地发展规划逐步完善。推动非首都核心功能疏解，编制新增产业的禁止和限制目录，大红门近1000家商户入驻河北白沟，与保定市签订产业园区合作共建协议，推动京津冀协同发展。

城乡建设和管理

地铁8号线三期、14号线中段、16号线开工建设，万寿路南延南四环——金星路段、青龙湖5号路、青龙湖23号路、云岗西路、魏各庄路、电碳厂南路、康辛路二期富丰桥至樊羊路段、石榴庄路、张新路北段9条道路竣工通车，新增城市道路通车里程19.13公里。完成老旧小区综合整治335万平方米，惠及居民3.5万户。郭公庄水厂投入使用，86.4万居民用上“南水”。治理中小河道11条，升级改造立交桥排水泵站6处，完成马草河总部基地段综合整治。生活垃圾循环经济园建设进展顺利。9个村整建制农转居。8个重点村集体企业搬迁和宅基地腾退基本完成，西局、石榴庄上市地块实现开工。纪家庙村、羊坊村宅基地腾退基本完成，分中寺村土地一级开发全面启动。大力推动青龙湖——长辛店会展旅游、生态休闲区建设，成功举办第75届世界种子大会。

组织各乡镇完成平原造林3520亩。基本完成64.5公里园博绿道建设，总面积143.67公顷。完成种子大会周边“三主一次”四条道路绿化工程33公顷，王佐代征地及小屯代征地绿化10公顷。实施了马家堡、郭庄子、郁芳园等3个城市休闲森林公园建设，项目总面积8.12公顷。完成顶秀欣园社区绿地、南苑路西侧绿地、角门南路3处绿地便民工程10公顷。完成屋顶绿化18处1.74万平方米，超出年计划16%。完成方庄地区周边环境整治1.76公顷，公路河道绿化10公里，彩叶工程500亩，森林植被恢复2467亩。完成“十一”、国庆65周年、APEC期间全区主要道路、重点大街、公园及周边的花卉布置工作，共布置立体花坛9处、容器花卉累计1762组、地栽花卉29处，栽摆各类花卉132万株。

科技、教育、文化、卫生、体育

丰台科技园区引进亿元企业51家，其中高科技企业29家。中铁产业园诺德中心230余家企业入驻，其中亿元以上企业15家，中国华电集团新能源板块正式入驻园区。新增上市公司7家，其中创业板1家，新三板5家、上交所1家；实现技术合同认定登记额409亿元，占全区85%以上；实现技术收入218.2亿元，同比增长19.4%；104家企业入选丰台区2014年第一批“专精特新”企业名单；244家企业的科技项目获国家、北京、中关村及区级项目立项支持。

与保定市签订了关于推动产业园区合作共建的框架协议，并完成涉及园区合作、市场类、生产类等14个项目(总投资达1045亿元)的签约。加快编制园区产业和空间发展规划，携手开展招商、合作融资，共同参与园区建设和管理，全力打造京津冀区域产业合作的先行先试示范区。

全年专利申请量与授权量分别为6704件和3884件，分别比上年增长5.2%和18.6%；其中发明专利申请量与授权量分别为3295件和835件，分别增长16.5%和10.6%。签订各类技术合同2764项，比上年增长11.5%；技术合同成交总额455.2亿元，下降27.7%。

年末中关村国家自主创新示范区丰台园投产开业企业1400个，全年实现总收入3600亿元，比上年增长9.2%。其中实现技术收入335亿元，增长9.9%；实现新产品销售收入400亿元，增长4.7%。全年出口总额14亿美元，增长9.4%。实现利润总额178亿元，增长0.4%。

内升外引，布局优质教育资源。组织实施《丰台区基础教育设施专项规划》的修编工作，建设规模学校，满足优质教育资源的需求；在区域划分上引入“南、中、北”的思路，在北部的张仪村、六里桥、右安门、方庄一线，南部的南苑、花乡地区打造优质教育资源带；打造重点区域，将东高地、云岗地区教育资源整合，引入优质教育资源；完成引进中国教科院在五里店地区、首师大在云岗地区、北京教育学院在卢沟桥北部、北京教科院在南苑地区、首经贸在桥南地区、北师大在右安门地区、清华附中在太平桥地区等的布局；通过名校办分校完成了北京十二中在张仪村地区，丰台五小在桥南地区，丰台八中、铁十一小在花乡地区，十八中在方庄地区，丰台二幼在葆台地区的布局。2014年为小学新增优质资源学位1724个，占小学招生总计划的13%，为中学新增优质学位1152个，占招生总计划的14%。全区普通高中招生2427人，在校生8474人，毕业生2565人；初中招生7874人，在校生22097人，毕业生5379人；小学招生12928人，在校生70432人，毕业生10069人；幼儿园入园幼儿13637人，在园幼儿40401人。职业教育招生1026人，在校生3789人，毕业生1502人；成人教育招生283人，在校生1099人，毕业生349人。

夯实三级文化网络基础，综合性区级文化中心筹备工作进展顺利，改造方庄数字文化中心，新建、改建大红门文化广场、卢沟桥乡大井村文化广场和方庄休闲文化广场；建立政府投入保障机制，引导文化资金重点向公益性、基础性、功能性文化设施和农村薄弱地区倾斜，全年出资125.95万元对全区42个重点文化室进行文化扶持；为卢沟桥街道新建青塔文化活动中心和5个社区新建文化室、图书室申请项目改造及文化设备购置经费共计561.3万元。通过新建、改扩建、共建、地下民防工程公益化利用等多种方式，对社区服务站、居委会、学校等区域文化设施资源进行整合利用，提高文化设施覆盖率。文化馆、图书馆及相关文化设施继续全免开放，对街乡镇文艺骨干队伍免费培训，共开展基层文化骨干培训摄影6次、合唱指挥4次，累计受众6000余人次。拓展文化馆、图书馆现有功能，举办文化工作回顾展、新书推荐专栏等各类展览展示活动34场；针对外来务工人员、残疾人群、少年儿童等不同人群文化需求，实行文艺演出“订单式”服务、“自助式”菜单、“定制式”课程、“问卷式”调查，开展区级文化活动1031场，街乡镇及社区（村）文化活动154场，流动电影放映3240余场，受众50余万人。

全区共有卫生机构549个，比上年末增加8个；其中医院70个。医疗机构共有床位9347张，比上年末增加421张，其中医院 9207 张。全区卫生技术人员达到 17063 人，比上年末增加 1064 人；其中执业（助理）医师 6267 人，注册护士 7348 人。全区医疗机构共诊疗 1670.5 万人次，健康检查 32.6 万人次。

全区有全民健身工程 512 个，全年更新健身器材 77 套。成功举办第六届全民运动会、卢沟桥醒狮越野跑、北京国际铁人三项赛等大型体育活动。全区运动员在全市体育比赛中获奖牌 76 枚，其中金牌 22 枚。

民政、人力资源和劳动保障

完善社会救助政策体系。在全区街道乡镇设立救急难社会救助窗口，建设“一门受理，协同办理”的救助工作模式，整合全区 15 个委办局和 21 个街乡镇各类救助资源，实现资源共享、信息互动，确保实现救助对象动态管理下的应保尽保。低保标准由每人 580 元提高到 650 元，农村五保供养标准调整到每人 1267.2 元，生活照料费调整到 500/月。全区共有 6307 户、11712 名城乡低收入群体纳入低保范围，累计支出低保金 8500 万元。落实惠老优待政策，共发放养老券 4169.71 万元，高龄津贴 279.07 万元，办理医疗补贴 47.38 万元，为 21795 名 65 周岁及以上老年人办理了优待卡，为 9633 名 60 周岁及以上的老年人办理了优待证。新建养老机构 4 家，新增养老床位 2030 张。全区共有养老机构 28 家，养老床位累计达 6882 张。全区 18 家福利企业解决残疾人就业 327 人，共完成 11928.38 万元销售额，完成利税总额 1739.5 万元，申请到残疾人就业岗位补贴 229.3 万元，返还社会保险补贴 164.3 万元。

全区参加基本养老、基本医疗、失业、工伤和生育保险人数分别为 84.8 万人、92.4 万人、59.2 万人、57.7 万人和 52.3 万人，分别比上年末增加 6.2 万人、4.4 万人、2.3 万人、3.5 万人和 2 万人。参加城乡居民养老保险的农村居民为 8.8 万人，比上年末增加 0.1 万人。全区享受城市最低生活保障的居民为 9672 人，享受农村最低生活保障的农民为 299 人。

全年办理结婚登记 9471 对，离婚登记 3699 对，补结婚姻登记 1401 对，补离婚姻登记 318 对，开具婚姻证明 4173 份。

全区 5 个公墓、4 个骨灰堂全年接待祭扫群众 52.8 万人，祭扫的车辆 9.8 万台。推进“零、百、千、万”殡葬工程，批准发放丧葬补贴 1281 人，发放金额 640.50 万元。

全区实现新增就业 3.27 万人，城镇失业人员就业 1.99 万人，城镇登记失业率为 1.91%，农村劳动力实现转移就业 5262 人，3416 名丰台籍高校毕业生实现就业，培训城乡劳动力 1.9 万人。全年共落实市区就业资金 2.8 亿元。拓宽就业渠道，为城乡劳动力提供 5.1 万个就业机会。优惠奖励企业，鼓励岗位增加，开发社区就业岗位，安置 7998 人在社区实现就业。成立区创业工作联席会，组建青年创业联盟，帮扶 680 人实现创业，带动就业 3189 人。规模输送 430 名村民外出就业。

全年引进高级人才 117 人，其中为教育系统引进特级教师和学科带头人 15 人，引进硕士以上非京生源 342 人。

丰台区主要领导人

区委书记　李超钢（11 月免）
　　　　　杨艺文（女，11 月任）
区人大主任　王苏维
区　　长　冀　岩
区政协主席　李昌安

（欧阳煜）

大 事 记

2014年丰台区大事记

1月

3日 农业部张延秋局长带队调研2014年世界种子大会主场馆和品种展示基地。

7日至9日 召开政协北京市丰台区第九届委员会第三次会议。

8日至10日 召开丰台区第十五届人民代表大会第四次会议。

15日 花乡、新发地两个村被评为最高星级理论宣讲示范基地。理论宣讲示范基地是市委宣传部为了更好的整合资源，及时传播党的创新理论，推动理论“接地气”而搭建的全新的平台。

▲ 2014年春节烟花销售增加“三禁止、一登记”规定。“三禁止”，即禁止向精神异常、行为异常和未成年人销售烟花爆竹；“一登记”，即烟花爆竹零售网点要建立流向登记记录，个人多次购买烟花爆竹或购买量一次达到五箱以上的，要登记购买者身份信息，同时报告给当地公安部门，防止烟花爆竹流向非法渠道。

2月

7日 《北京市丰台区商业发展规划(2013—2020)》正式发布。根据规划，丰台商业定位于“品质生活的基础，现代商务的保障，特色商业的典范，区域增长的引擎”，构建适应新丰台建设发展的宜居宜业现代商业服务体系。

12日 丰台区全面启动党的群众路线教育实践活动。

15日 地铁14号线七里庄站启用，实现9号线与14号线换乘。全区地铁换乘站增至6个。

16日 市委书记郭金龙到丰台，就贯彻落实习近平总书记对北京工作的重要批示精神，努力破解制约首都可持续发展的重大问题进行调研。

21日 丰台区文化创意公众微信正式开通，公众帐号名为：丰台文创。

▲ 在2013年首都环境建设综合考评中，丰台从过去连续多年的排名倒数，一跃成为城六区中的第三名，环境卫生干净指数位居城六区第二。丰台区委书记李超钢在全区干部大会上自豪地宣布：丰台摘掉了城乡环境脏乱差的帽子！

▲ 丰台区六个村进入全市集体资产总额十强，比上年增加一个村。这六个村是南苑乡槐房村、果园村、大红门村，卢沟桥乡西局村、东管头村，花乡造甲村。

3月

17日 区环保局向国兴汽车服务中心机动车检测场送达了行政处罚决定书，对该单位处以3万元罚款。这是《北京市大气污染防治条例》实施后丰台区开出的首张大气环境违法罚单。

28 日 “第十届国际绿色建筑与建筑节能大会”在北京召开。副区长、中关村丰台园管委会主任张婕代表丰台区政府与新加坡建设局交换合作意向书，希望借此增进双方了解，进一步探讨未来在绿色建筑设计和景观设计等领域的合作机会。

▲ 丰台区新型农村合作医疗筹资标准调整为每人每年 1270 元，较上年人均增加 450 元，增幅 55%。位列全市第一。

▲ 长辛店生态城获得中华人民共和国住房和城乡建设部的同意批复，成为北京市首批绿色生态示范区。

4 月

2 日 丰台区首例私家电动车充电装置启用。西罗园南里的姜玉霞成为首例用户。

4 日 新发地市场被评为诚信示范市场。

10 日 全国人大常委会领导到丰台义务植树。

16 日 北京市第一家外迁企业正式在河北邯郸落成。这家外迁企业是丰台区境内的北京凌云建材化工有限公司。

▲ 青龙湖再生水厂建成并试运行。这是北京市首座出水水质达到地方标准 A 标的再生水厂。

▲ 北京十二中组成的丰台区代表队获得第二届中国汉字听写大赛北京赛区第一名。

▲ 在北京市第十届见义勇为先进个人、先进单位评选表彰活动中，全市共评选出 302 名先进个人和 10 个先进单位。丰台区 188 名被北京市人民政府授予“首都见义勇为好市民（荣誉市民和模范群体）”称号，获表彰的人数名列全市第一。

▲ 根据国家旅游局和环境保护部联合下发的旅发【2014】1 号文件，南宫国家生态旅游示范区正式获批成为全国 38 家国家生态示范区之一。

▲ 丰台区城管执法监察局获得“全国五一劳动奖状”。这是北京市获此奖项的唯一行政机关，也是首都城管建队 17 年来首次获得这样的荣誉。

5 月

8 日 举办大红门地区与白沟商贸产业对接推介会。

13 日 国网北京丰台供电公司高损变压器改造工程竣工。

20 日 市委书记郭金龙到丰台调研 2014 年世界种子大会筹备工作。

26 日 南宫民族温泉养生园室外园正式对外开放。

27 日 举办“丰台区自主创业学院”揭牌仪式。这是北京市首家自主创业学院。

26 日至 28 日 2014 年世界种子大会在北京丰台青龙湖国际文化会都举办。

▲ 丰台区建成北京市首家大型养老照料中心。

6 月

5 月 26 日至 6 月 5 日 由总装备部、工业和信息化部、国防科技工业局、全国工商业联合会联合主办的首届“民营企业高科技成果展览暨军民融合高层论坛”在丰台区装甲兵工程学院召开。

8 日 全国水产品菜篮子惠民工程在北京的首家惠民直营店，落户丰台京深海鲜城。

7 月

1 日 丰台公安分局官方微博“丰台警事”正式开通。

7 日 在全民族抗战爆发七十七周年之际，首都各界在中国人民抗日战争纪念馆集会。中共中央总书记、国家主席、中央军委主席习近平发表重要讲话。中共中央政治局常委、全国政协主席俞正声主持纪念仪式。刘延东、刘奇葆、范长龙、栗战书、郭金龙、王晨、张庆黎出席纪念仪式并参观展览。

同日 美国《财富》杂志发布 2014 年度世界 500 强排行榜，中关村丰台园企业中国通用技术（集团）控股有限责任公司首次跻身世界 500 强，排名第 469 位。至此，园区已有两家企业进入世界500强。另一家是中国中铁股份有限公司。

18日 区委书记李超钢，区委副书记、区长冀岩带队赴保定市，就贯彻落实习近平总书记视察北京重要讲话精神，加强与保定市对接合作进行学习考察。

同日 大红门地区主力市场进驻白沟签约仪式在白沟和道国际箱包交易中心举行。大红门商圈主力企业方仕集团，中国实力型旅游企业中铁旅业集团，分别与白沟和道国际签订合作协议，开启了共同开发白沟、互利共赢的崭新序幕。

24日至25日 中央巡回督导组、市领导参加丰台街道领导班子专题民主生活会。

▲ 长辛店街道张家坟村一工地在施工中出土了明代张铭的墓志铭。墓志中记载张铭"生而英迈勇敢毅然以忠贞报国为事"。据区文物所推断墓主人是明代大将张懋第三个儿子张铭及其妻妾。

▲ 国内首家民营公募基金管理公司落户丽泽金融商务区。这家公司是九泰基金管理有限公司。

▲ 中关村丰台园被北京市科协授予"优秀院士专家中心"荣誉称号。

▲ 丰台区北车轨道交通科技创新城控制性规划方案获得北京市规划委员会正式批复。

8月

12日 北京十二中文体楼竣工并交付使用。

9月

1日 法国代表团到汽车博物馆访问。

3日 是中国人民抗日战争暨世界反法西斯战争胜利69周年纪念日。党和国家领导人习近平、李克强、张德江、俞正声、刘云山、王岐山、张高丽等来到位于丰台区中国人民抗日战争纪念馆，与首都各界代表一起，向抗战烈士敬献花篮。

4日 "中关村丰台园战略性新材料国际合作项目"正式启动。这是北京市首个以石墨烯新材料为关键技术的国际合作项目。

8日至10日 克罗地亚大戈里察市市长巴里西奇为团长的大戈里察市政府友好代表团一行七人，对丰台进行友好访问。

18日 丰台区人民政府办公室下发《关于设立北京市丰台区卫生和计划生育委员会的通知》（丰政办发〔2014〕32号），根据北京市机构编制委员会《关于组建区县卫生和计划生育委员会的实施意见》（京编委〔2014〕44号）精神，经研究决定，设立北京市丰台区卫生和计划生育委员会，为区政府工作部门，负责本区卫生和计划生育工作。不再保留北京市丰台区卫生局、北京市丰台区人口和计划生育委员会。

19日 北京榆构有限公司在河北固安建设的混凝土预制构件自动化生产线正式启用。标志丰台区产业结构调整迈出重要一步。

19日至22日 举办第三届全国野战运动大赛暨户外运动推广文化节。

26日 北京汽车博物馆被中国汽车工业协会授予"中国汽车文化推广基地"称号。

28日 白沟大红门国际服装城开门营业。

10月

16日 丰台区最大养老院——老吾老养老院正式开业。老吾老养老院位于刘庄子路127号，共有1000张床位，设单人间、双人间、三人间、家庭豪华间，价格从1900元至3500元不等。

15日至18日 举办第22届北京种子大会。

11月

2日 举办"丰台区百名书家扇面书法展"。这在丰台区属首次，在北京市也不多见。

23日 北京汽车博物馆成为中国博物馆协会理事单位。

25日至26日 第十八届北京·香港经

济合作研讨洽谈会在北京举行。期间，丰台区与中安国际和恒基中国等企业进行项目签约，签约额80亿元。

12月

3日至4日　“北京—哥本哈根城市可持续发展研讨会”在丰台区举办，双方就长辛店生态城的可持续发展规划与建设开展交流。

26日　北京汽车博物馆通过“国家级服务业标准化试点单位”验收。

政党 团体

中国共产党丰台区委员会

【概 况】2014年，丰台区常委会全面贯彻落实党的十八大和十八届三中、四中全会精神，学习贯彻习近平总书记系列重要讲话精神，特别是视察北京时的重要讲话精神，全年共召开40次会议，审议150个议题，以稳增长、转方式、调结构为核心深化改革，推动经济平稳健康发展，坚持不懈保障和改善民生，加强城市环境和社会秩序治理，推进民主政治建设和宣传思想文化建设，扎实开展党的群众路线教育实践活动，全区呈现良好发展态势。

区委常委会狠抓班子自身建设，发挥领导示范表率作用。坚持突出重点、聚焦问题，带头落实整改，以实际行动为全区党员干部树标杆、作榜样。区人大常委会党组、区政府党组、区政协党组精心组织，确保工作扎实到位。全区处级领导班子结合实际、抓好落实，在全区形成“以上率下、整体联动、善始善终、善作善成”的工作局面。狠抓思想教育，提升服务群众能力和水平。紧扣“三严三实”要求，全面加强理想信念、宗旨意识、先进典型、反面警示教育，广大党员干部思想上补了课、精神上补了钙。下大力气解决一批群众反映强烈的买菜难、停车难等切身利益问题，畅通服务群众“最后一公里”，使人民群众真正得到实惠，得到广大群众的拥护和称赞。

狠抓“四风”问题，推进整改落实与建章立制。严格落实中央八项规定和市委实施意见，抓好突出问题整改落实，精简会议、文件，压缩“三公经费”，吃拿卡要、庸懒散拖等问题得到有效整治。针对“四风”问题易发多发的重点领域和薄弱环节，区委制定17个方面68项制度，初步形成既“治病”又“防病”的制度体系。狠抓正风肃纪，深化党风廉政建设。加大查办案件力度，纪检监察机关新立案81件，同比增长84%。查处违反中央八项规定问题10起，处理党员干部6人。给予党纪政纪处分63人，移送司法机关处理18人。立案查处17起“小官贪腐”案件，初步刹住少数农村基层干部目无法纪、肆意妄为的腐败之风。狠抓基础工作，加强基层服务型党组织建设。采取“调整、选派、驻点、结对、扶助”等措施，集中整顿22个软弱涣散基层党组织。开展46个基层服务型党组织建设试点工作，广泛开展在职党员回社区报到、服务群众活动。全面推进社会领域党建工作，实现商务楼宇网站服务体系全覆盖。

坚持“瘦身健体”，推进产业结构调整。以丽泽金融商务区、科技园区为重点，着力构建“高精尖”经济结构，金融、科技、商务等生产性服务业增加值占第三产业比重超过50%，其中金融业对经济增长贡献率近20%。出台新增产业禁止和限制目录，推动经济转型发展。围绕京津冀协同发展，主动落实非首都功能疏解工作，成立工作机构、搭建对接平台、引导企业迁移，为疏解工作的进一步推进奠定良好的基础。

持续加强环境建设，推动“城市病”治理。严格落实人口规模调控要求，加大地下空间、违法群租房整治和拆违控违力度，重点打造方庄环境建设综合示范区，综合整治纪家庙、分钟寺等城乡结合部地区。严格落实清洁空气行动计划，调整退出工业污染企业40家，加强中小河道治理，完成三年平原造林任务，生态环境有效提升。统筹城乡发展，提升城乡一体化水平。持续推进河东地区城市化进程，统筹农村征地拆迁、回迁转居、产业落地、社会管理等工作。成功筹办第75届世界种子大会，抓住二道绿隔试点机遇推动河西发展，探索新型城镇化路径，加大对经济薄弱村的扶持，产业发展质量、基础设施水平明显改善。

加大民生保障，改善群众生活质量。常委会注重保障和改善民生，近三分之一固定资产投资投向基础设施领域。道路和轨道建设顺利推进，城市路网进一步完善。郭公庄水厂投入使用，保证了市民顺利用上“南水”。南苑、长辛店棚户区改造加快实施，老旧小区综合整治继续推进，保障房建设加大力度，超额完成年度任务。完善公共服务体系，深化教育集群和优质校集团化建设，优势教育资源得到提升。推进医药卫生体制改革，建立全市首家紧密型区域医联体，养老服务工作机制和政策引导稳步推进，城乡居民收入稳步增长。

坚持简政放权，促进政府职能转变。建立行政审批联席会议制度，清理284项区级行政审批。积极推进投资项目审批流程试点工作，行政效能得到提高。推进工商登记制度改革，放宽市场准入，优化营商环境，企业注册量增长50.5%。对重点功能区、重点产业开设绿色通道，“一对一”上门服务，政府服务能力进一步提升。完善产权制度，资源配置得到优化。加强国有资产监管，区属国有企业进一步重组，积极探索混合所有制的发展模式。深化农村产权制度改革，启动农村产权交易平台建设，推进集体建设用地统筹利用试点工作。引导集体经济组织以股份制形式参与重点功能区建设，卢沟桥乡、长辛店镇借助丽泽金融商务区、科技园区辐射，成立合作开发主体，探索“共同开发、共享收益”的长效机制。

激发社会活力，推进社会治理创新。推进全区社会治理改革试点工作，围绕老旧小区管理积极探索多元共治的新方式、新途径，通过协商议事拓展各治理主体参与社区事务的渠道，形成很多好的经验做法。加大力度推进政府购买社会组织服务项目，积极培育扶持社会组织发展，落实街道级“枢纽型”社会组织认定工作，引导社会组织在志愿服务、文体活动等领域开展活动。

推进社会主义民主法治建设。高度重视区人大、区政协工作，支持和保障人大依法履行职责，支持人大围绕养老事业发展、重点功能区建设等重大问题提出议案，并加强议案、建议的督办，提高办理质量和效率。发挥人民政协作为协商民主重要渠道作用，围绕农村城市化等重点工作进行高质量政治协商，加强提案、社情民意信息的办理力度，推动协商民主建设制度化、规范化、程序化。推动基层自治创新发展。认真落实社区、农村基层组织向群众报告工作等群众工作制度，深入实施居民“四权实践”，推广社区事务议事协商、自管会、劝导队等基层民主经验。制定《丰台区加强老旧小区服务管理工作的意见》，开展老旧小区自我服务管理试点工作。严格实施“四议一审两公开”，加强村务监督委员会规范化建设。开展“民主日”活动，全面修订村规民约，继续推进农村典型示范社区建设，提高农村地区社会治理水平。维护社会和谐稳定。完善社区民警驻区制，开展“千警万户”大走访活动，发挥群防群治作用，狠抓重点地区秩序整顿。加强重大决策社会稳定风险评估，注重源头预防，及时化解矛盾，解决了一批突出信访问题。推进安全生产标准化工作，开展重点行业专项整治活动，加强隐患排查，安全生产形势平稳。

（侯晋阳）

重要活动

【党的群众路线教育实践活动动员部署大会召开】 2月12日，丰台区党的群众路线教育实践活动动员部署大会召开，李超钢同志作了动员部署，市委第五督导组组长苗立峰代表市委督导组作了重要讲话，冀岩同志主持会议。

（侯晋阳）

【市领导调研丰台区工作】 2月15日，市领导郭金龙到三环新城、纪家庙村就贯彻落实习近平总书记对北京工作的重要批示精神，努力破解制约首都可持续发展的重大问题进行调研，并召开座谈会听取丰台区工作汇报。市领导赵凤桐、张延昆，区领导李超钢、冀岩、孙军民陪同调研，王苏维、李昌安、李军、霍连明、刘宇、钟百利、张建国、狄涛、张婕、刘文洪、高峰、刘树苹、吴继东同志参加会议。

（侯晋阳）

【李超钢调研大红门商圈商贸发展情况】 3月20日，李超钢同志围绕“贯彻落实习近平总书记重要讲话精神，调整疏解非首都核心功能、推动京津冀协同发展”主题，带队到大红门天雅商城、新世纪商城，调研大红门商圈商贸发展情况。顾晓园、孙军民、刘宇、钟百利同志一同调研。

（侯晋阳）

【市领导调研世界种子大会筹备工作】 5月20日，市领导郭金龙到2014年世界种子大会会议中心、品种展示基地实地调研种子大会筹备工作。市领导牛有成、赵凤桐、林克庆，区领导李超钢、冀岩、刘宇陪同调研。

（侯晋阳）

【区领导赴河北保定考察交流】 7月18日，李超钢、冀岩同志带队赴河北省保定市，就贯彻落实习近平总书记视察北京重要讲话精神，加强与保定市对接合作进行交流和考察。考察组一行先后到白沟新城和道国际接待中心、和道国际箱包交易中心、白沟大红门国际服装城二期、白沟国际商贸城、高碑店经济开发区等地进行实地考察。随后，双方领导召开座谈会，就深化双方合作事宜进行了沟通和交流。保定市委书记聂瑞平陪同考察。区领导顾晓园、霍连明、钟百利、张婕、刘树苹一同考察并座谈。

（侯晋阳）

【党的群众路线教育实践活动总结大会召开】 10月21日，丰台区党的群众路线教育实践活动总结大会召开。市委常委、市纪委书记、市委第五督导组组长叶青纯出席会议并作重要讲话；李超钢同志全面总结了丰台区教育实践活动，对全面推进从严治党做出具体部署；冀岩同志主持会议。市委第五督导组第一副组长苗立峰、副组长石喜军，区领导王苏维、李昌安、顾晓园、李军、衡晓帆、霍连明、孙军民、钟百利、朱继明、张建国、吕跃进、郭振江、李杜、狄涛、张婕、刘文洪、高峰、吴继东、周大春、李新民、邢方岭、刘占良、张兆旗、程留恩，区法院院长王宜生、区检察院检察长叶文胜出席会议。

（侯晋阳）

【市委宣布丰台区主要领导职务变动决定】 11月28日，丰台区领导干部大会召开。市委常委、组织部部长姜志刚宣布中共北京市委关于杨艺文等同志职务变动的决定并作重要讲话，市委决定：杨艺文同志任中共北京市丰台区委员会委员、常委、书记，免去李超钢同志中共北京市丰台区委员会书记、常委、委员职务。李超钢、杨艺文同志讲话，冀岩同志主持并讲话。市委组织部副部长张建春，区领导王苏维、李昌安、顾晓园、李军、衡晓帆、霍连明、孙军民、刘宇、钟百利、朱继明、张建国、吕跃进、苗华、郭振江、李杜、狄涛、张婕、刘文洪、高峰、刘树苹、吴继东、周大春、邢方岭、张兆旗、程留恩，区法院院长王宜生、区检察院检察长叶文胜出席。

（侯晋阳）

【杨艺文调研基层党建工作】 12月5日，杨艺文同志先后到丰台街道丰益花园社区和永善社区，现场了解社区开展党建工作的情况，并召开座谈会听取丰台街道关于基层党建工作的汇报。霍连明同志一同调研并参加座谈。

（侯晋阳）

【杨艺文调研国家数字出版基地建设情况】 12月30日，杨艺文同志到花乡榆树庄村调研北京国家数字出版基地建设情况并召开座谈会。狄涛、刘文洪同志一同调研并参加座谈。

（侯晋阳）

组 织 工 作

【概　况】 2014年，全区组织工作认真贯彻落实十八届三中、四中全会精神和区委工作部署，以开展党的群众路线教育实践活动为主线，严格落实"党要管党、从严治党"要求，认真履行组织部门"双重职责"，坚持从严从实、突出问题导向、贯彻整风精神，组织全区4676个党组织、11万名党员积极参与到活动中来，广大党员干部受到深刻的思想政治洗礼，党心民心进一步凝聚，形成推动丰台改革发展的强大能量。牢牢把握"从严治吏"这一关键，组织完成全区1055名处级干部个人有关事项报告的首次填报、汇总综合及抽查核实等工作。做好超职数配备干部清理整治工作，确保在规定的时限内完成消化整改任务。组织开展企业、社团兼职清理规范工作。结合群众路线教育实践活动，听取19个督导组对107个单位领导班子及班子成员情况的汇报，有针对性地提出班子调整及干部配置的意见建议。按照市委组织部的统一部署，开展2个市级试点和44个区级试点的基层服务型党组织创建试点工作，为全面深化全区基层服务型党组织建设奠定实践基础。整顿22个基层软弱涣散党组织，选派22名后备干部蹲点，14个职能部门开展结对帮扶，确保整顿工作取得显著成效。组织完成17521名区属机关企事业单位在职党员、740个市属机关企事业单位党组织到社区报到工作，全区301个社区共组织志愿服务8320次，同时形成丰台街道在职党员"先锋驿站"、宛平城社区古城文物保护队等一批好做法好经验。落实新修订的《干部选拔任用工作条例》，制定《丰台区处级领导干部选拔任用工作流程》等10项干部工作制度。研究修订《丰台区加强基层党建工作责任制的规定》，出台全区《加强党员发展和教育管理服务工作的实施意见》，夯实基层基础工作。围绕建设支撑丰台高端发展、创新发展的人才队伍，制定《丰台区人才工作领导小组工作运行推进制度》、《丰台区人才工作目标责任制实施办法（试行）》等制度办法，健全党管人才体系，完善人才工作机制。

（卢　颖）

【党的群众路线教育实践活动】 年内，坚持把开展好党的群众路线教育实践活动作为首要政治任务和中心工作，认真履行组织部门"双重职责"，从思想发动、机构建设、方案制定、载体设计、工作制度等各个方面入手，坚持从严从实、突出问题导向、贯彻整风精神，组织全区4676个党组织、11万名党员积极参与到活动中来，形成推动丰台改革发展的强大能量。

（卢 颖）

【开展在职党员到社区参加为群众服务工作】 年内，牵头区委各主管部委、系统党工委，对接部分市级单位党组织，建立社区党组织与在职党员双向服务、社区与单位党组织间的信息沟通反馈、社区（村）—街道（乡镇）—区三级数据信息月报等机制，统筹推进在职党员回社区报到、为群众服务工作。全区17521名区属机关企事业单位在职党员、740个市属机关企事业单位党组织到社区完成登记报到工作，301个社区组织在职党员开展志愿服务8320次。

（卢 颖）

【推进基层服务型党组织建设】 年内，结合党的群众路线教育实践活动，在推进角二社区和西局村2个市级试点工作的同时，遴选确定44个涵盖不同领域、不同类型、不同发展阶段的区级试点，通过举办专题研修班、实地调研推动、专家咨询指导等形式，促进基层党组织强化服务功能，提升基层党组织的凝聚力和影响力。

（卢 颖）

【整顿基层党组织】 年内，确定22个软弱涣散基层党组织，着力解决基层党组织领导班子不齐、工作不在状态、民主管理混乱、社会治安和信访矛盾突出等问题。选派22名后备干部蹲点，14个职能部门开展结对帮扶，部分街道通过选派社区第一书记、派驻工作组等方式，切实加强领导班子建设。全区22个软弱涣散党组织都实现转化或取得重大进展。

（卢 颖）

【加强专题组织生活会和民主评议党员指导】 年内，按照中央和市、区委要求，指导基层系统安排全区基层党组织开展专题组织生活会、民主评议党员工作。全区共有4145个基层党组织召开专题组织生活会，85499名党员参加民主评议活动，处级以上领导干部以“普通党员身份”主动参与所在党支部活动，全体党员在批评和自我批评中受到深刻的思想教育。

（卢 颖）

【建立完善基层党建工作长效机制】 年内，推进制度“废、改、立”，深化社区“大党委制”、推行街道“大工委制”，制定《城市化过渡期间基层组织建设指导意见》，建立基层党组织排队抓尾、分类定级长效机制，梳理加强社区、国有企业党建工作指导意见。修订《丰台区加强基层党建工作责任制的规定》，深化“三级联创”考评工作，完善机关、国有企业系统党建考评办法，初步形成基层党建全领域的考评体系。出台全区《加强党员发展和教育管理服务工作的实施意见》，修订党组织工作和活动经费管理办法以及发展党员票决制、公示制等系列制度，进一步夯实基层基础工作。

（卢 颖）

【强化科级事业单位党建力量】 年内，在全区范围对科级事业单位基本情况进行调查摸底，为符合一定条件的科级事业单位配备专职党组织书记，涉及科级事业单位54个，为进一步加强事业单位党的建设工作，发挥党的基层组织在事业单位改革发展中的政治核心作用奠定基础。

（卢 颖）

【搭建党代表发挥作用载体和平台】 年内，结合群众路线教育实践活动，组织党代表在区属执法部门、窗口单位和服务行业范围内开展察访活动，推进群众反映强烈的关乎切身利益问题和服务群众“最后一公里”问题解决。落实《党代表列席区委有关会议制度》，先后组织9名党代表参与区委区政府领导班子征求意见，组织5名基层党代表列席全区经济形势分析会，组织5名基层党代表部领导班子征求意见座谈会，增强党代表履职实效性。

（卢　颖）

【贯彻落实新修订的《党政领导干部选拔任用工作条例》】 年内，分5批组织全区1000余名处级干部进行新修订的《党政领导干部选拔任用工作条例》的学习培训和交流研讨，并纳入各级党组织理论中心组重要学习内容。结合干部选拔任用工作实际，制定出台《丰台区处级领导干部民主推荐办法》等10个相关配套制度，提高制度的操作性和执行力，为选准用好干部提供基本遵循和制度保障。

（卢　颖）

【干部的监督管理】 年内，开展超职数配备干部清理整治工作，按照编制职数配备干部，对超配的干部制定消化整改计划，在规定的期限内消化解决。做好“裸官”清理规范工作，对“裸官”按规定进行岗位调整。开展党政干部企业兼职和退离休干部社团兼职清理规范工作，促进领导干部廉洁从政。做好领导干部个人有关事项报告工作，组织1055名处级干部报告个人有关事项，报告率为100%。开展个人有关事项抽查核实，按照3%的比例，完成35名干部的随机抽查和信息核查。在全区70余个有科级干部选拔任用的党（工）委、党组中开展年度科级干部选拔任用“一报告两评议”工作。加大违规用人问题查处问责力度，对违反组织人事纪律的行为实行“零容忍”，发现一起，查处一起。

（卢　颖）

【优化领导班子结构】 年内，认真落实党政领导班子建设规划纲要要求，及时了解班子运行状况和结构需求，有针对性地进行班子优化配备工作。全年，共调整处级干部352人。其中，提拔128人，平级交流83人，其他141人，女干部、少数民族干部和党外干部的配备基本达到纲要要求。

（卢　颖）

【干部监督综合信息管理系统建设】 年内，着手开发干部监督综合信息管理系统，整合领导干部个人有关事项报告、经济责任审计、信访举报、组织处理、干部选拔任用监督检查、一报告两评议等监督信息，同时涵盖党建工作情况、人才工作情况、干部教育培训情况以及“两代表一委员”身份信息等。通过信息整合和综合分析研判，推进领导班子领导干部履职尽责。

（卢　颖）

【加大干部教育培训力度】 年内，坚持需求导向、分级分类原则，突出培训重点领域、重点内容和重点对象，加大干部培训力度，全年组织各类培训班次153期，培训干部2万余人次。关注区域发展，组织开展处级领导干部公共管理和社会治理专题培训班、处级领导干部推动改革发展能力专题培训班、金融产业专题培训班等培训，以专题培训提升工作能力。

（卢　颖）

【推进人才工作】 年内，印发《丰台区人才工作领导小组及办公室工作职责》《丰台区人才工作领导小组工作运行推进制度》等人才工作制度，健全人才工作科学运行机制；梳理“十二五”时期“158”人才工程进展，研究出台《丰台区人才工作项目化运行实施办法》，编制《丰台区人才工作项目申报指南》，组织开展2014年度人才工作项目申报评审立项工作，推动18个单位申报25个工作项目，申请人才发展专项资金2660万元。

（卢　颖）

宣传工作

【概　况】 2014年，丰台区深入学习贯彻习近平总书记8·19重要讲话精神，以构建大宣传格局为统领，把握党在意识形态领域的领导权、管理权、话语权，突出群众主体化、媒体融合化、活动品牌化、文艺精品化工作特征，促进理念创新、手段创新、基层工作创新，进一步巩固团结奋斗的共同思想基础，为改革发展提供强大精神动力。区委宣传部获“重大引导任务全市网评工作先进集体”等称号。推荐一批单位和个人入选市思想政治工作“双优”、北京榜样、文明单位、建设学习型党组织工作示范点、理论和百姓宣讲等先进称号，全区获市“丹柯杯”优秀论文一等奖数量再创新高。一批文创企业荣获国家级文化出口重点企业和市著名商标、设计创新中心、文化企业30佳和文化建设示范单位等称号。

（王　斌）

【推动主题联学】 年内，处级中心组举办专题学习研讨会500余场，基层党组织举办主题联学活动200余场。制定实施处级中心组学习规范化管理办法，深入实施建设学习型党组织工作示范点和品牌活动考核管理办法，开展调研考核等工作，形成一批基层示范点和品牌活动建设成果。区思想政治工作研究会完成换届，成立体制内与体制外相结合的“群众理论家”队伍，组织开展基层思想政治工作调研和课题立项推荐。

（王　斌）

【构建多维度宣讲体系】 年内，围绕中国梦、党的群众路线、核心价值观、十八届三中四中全会精神等主题，构建起区级品牌宣讲团、乡镇特色宣讲团、社区村主题宣讲团、楼门邻里故事会宣讲体系。创新京剧、微博微信等宣讲方式，丰台有线每月播出《幸福生活大讲堂》。全年举办宣讲活动1100余场，覆盖所有社区、村，有力密切党群干群关系。组建窦珍老人先进事迹报告团，区内外巡讲54场，6000余名干部群众和师生现场聆听，好评率96.6%，助推“学窦珍、行善举、做好人”热潮。组建最美丰台人宣讲团，宣讲活动有力提升干部群众主人翁责任感。组建党和群众心连心宣讲团，亲历、亲闻、亲为的鲜活故事架起党和政府与人民群众的连心桥。“讲法治 守秩序”宣讲团巡讲活动促进以法治思维和方式推进法治实践。开展基层团队宣讲策划培训等服务工作，最美社工、最美公共文明引导员、最美家庭、最美南苑人、最美航天人、最美云岗榜样、最美新村人、德润铁营、花椒树故事会等团队活跃在群众身边宣讲，党的理论和惠民政策更加接地气、落实地，增进干部群众血肉联系的思想认同。

（王　斌）

【宣传报道贯穿服务民生】 年内，丰台有线、丰台报、丰台官方微博、“前线·丰台在线”手机报、区政府新闻频道等区属媒体全方位宣传报道教育实践活动。区广电中心开设“记者走基层”专栏，丰台报头版开设“记者走一线”专栏，全面宣传各单位解决群众切身利益问题的举措和成效，宣传新增停车位、开通社区蔬菜直通车、新建便民菜站、解决社区村饮水和用电问题等实事。《丰台报》刊登官方二维码，开启区图书馆电子阅读器，方便群众阅读。官方微博、微话题网民阅读近20万。手机报给全区3000余名村级以上党员干部推送学习宣传教育专题54期。服务民生，引入媒体为李家峪枣农解决卖枣难问题，《北京日报》微信公众号发布消息，一周内阅读量超10万次，转发收藏7400多次，中央电视台等媒体纷纷跟进报道，各方援手半个月卖出滞销大枣25万斤。开展丰台最大养老院宣传工作，千张床位不到一个月入住过半。

（王　斌）

【社会宣传全覆盖】 年内，相关部门、各街乡镇协同行动，社会面和区属媒体整体传播。植入城市环境，实现主要大街、居民街区和人流密集场所“三个全覆盖”，其中布置文化墙和施工围挡6.88万平方米，设置单立柱公益广告3400平方米，打造出卢沟桥宛平城主题区、莲花池公园主题区、丽泽桥—丰体时代主题大街、马家堡街道和丰台街道等主题街道、五里店北里等主题小区、丰台科技园主题区、主题办公区等七个特色。区属媒体刊播核心价值观公益广告，横幅、宣传栏、电子屏等各类平台和宣传品融入百姓生活，营造出浓厚的社会宣传环境氛围。

（王　斌）

【社会教育活动深入开展】 年内，协调开展“俭以养德”全民节约行动、“勿忘国耻 圆梦中华”诗词楹联征集、百位共产党人百篇小传朗诵、首个烈士纪念日和国家公祭日、系列形势政策报告会等主题教育实践活动，协同10个市级爱国主义教育基地开展年度主题活动。与区委组织部等部门共同组织6万余党员干部群众和中小学生观看大型题材电影《天河》，观影人数居全市区县首位。

（王　斌）

【组织新闻培训】 年内，结合全区新闻宣传工作需求，邀请市级领导、高校专家、资深媒体人、优秀记者就媒体应对、突发事件新闻应急、政务微博运营、舆情分析研判、新闻策划等内容分别对新闻发言人、社区（村）宣传工作负责人进行培训，共240人次参训。培训将理论讲授与实战演练相结合，增强新闻发言人的媒介素养。同时，加强新闻宣传队伍建设，组织网评员、通讯员培训十余期。

（王　斌）

【组织“宛平之魂 红色之源”主题周系列活动】 年内，借助七·七全民族抗战爆发纪念活动等国家仪典契机，立足宛平城地区独有的红色文化资源，组织社区居民自编自导自演《抗战烽火 红色记忆》等39个短剧，卢沟桥事变亲历者郑福来老人亲身参演抗战逃难人，引发居民心灵强烈共鸣。据第三方机构监测，活动网络热度居北京首位、全国第二。

（王　斌）

【互联网网军队伍初步建成】 年内，推进全区微博矩阵建设，逐步组建“十百千”网军队伍。运用大数据工具抓取主要新闻媒体、区内外微博、论坛等486个网络舆论表达平台开放性文本信息，并进行城市形象数据结构和语义分析。此项工作获得零点公司工作创新奖。与新华社北京分社、千龙网等10家媒体共同策划开展传播活动，与法制晚报新媒体中心合力推进官方微博建设，微博粉丝量突破百万，全市区县排名第四。开设各类网络话题50余个，参与话题讨论、评论网民27万余人，“丰台邀你来做客”等话题阅读量超5000万。推进舆情落地督办，反馈转化网民意见700余件，处理应急事件50余起。

（王　斌）

【“发现丰台之美”主题活动】 2014年主题活动突出人文形象展示传播，策划推出自然之美、和谐之美、人物之美等6大版块和21个街乡镇主题周活动。创作和征集各类文艺作品1.1万余件，举办原创音乐作品演唱会等活动近2000场次，“北京意象·丰台华彩”大型美术绘画作品在中国美术馆展出，音乐会、骑游、服装秀、赛诗、插花等多种展示方式吸引广大市民参与。策划开展新闻摄影学会采风摄影、新浪城市频道微博话题互动和《新京报》21个专题报道等大型传播活动，4400万人次阅读新浪城市频道微博系列话题，72万人次访问豆瓣官方网站。

（王　斌）

【修订实施新版村规民约】 年内，组织全区所有行政村修订实施新版村规民约，为传统“准法”注入时代价值内涵，把法治思维融入农村地区社会管理。新版村规民约在促进环境秩序优化、减少不文明陋习等方面发挥出更大的作用，降低村域治理成本。

（王　斌）

【精神文明建设】 年内，启动年度精神文明建设折子工程，制作、发放和张贴宣传品24.8万份，突出“北京榜样·最美丰台人”推选、学雷锋志愿服务和“我们的节日”等宣传文化活动载体建设，推选出百名“最美丰台人”，7 人入选北京榜样人物榜。9 个团队和 103 个站点被命名为首都学雷锋志愿服务示范站（岗）。开展“迎接 APEC 精彩北京人——文明有礼好乘客”推举活动，收到各类推荐上万人，张榜宣传 2462 人，市协调办表彰 150 人。开展“与长辈说知心话”等六个板块教育实践活动，“校园心理剧”获评首都“十大”品牌活动提名奖。2 名“美德少年”入围中央文明办初选。

（王　斌）

【世界种子大会宣传】 年内，依托大宣传格局，主动策划，突出选题特色，围绕“小种子·大梦想”的宣传主题，紧扣打造品牌会议承载地的目标，策划“当小镇遇上国际会议时”、“‘种子大亨’齐聚丰台”等新闻话题，确保会期宣传日日有主题，天天有亮点；丰富宣传形式，通过召开新闻发布、组织集中采访，开展人物专访，进行摄影采风等，满足媒体需求；加大专题专版报道，人民画报推出《小镇牵手种业“奥林匹克”》图文专题，北京日报《种子的梦》、北京晚报《种子之旅》等报道引发广泛关注；创新网络推广形式，首创以微动漫形式解读专业会议，实现专业会议从可读到可视、从静态到动态的升级融合。世界种子大会期间，共刊发各类原创稿件 300 余篇，日均发稿量创历史新高。

（王　斌）

【打造“卢沟晓月”特色文化品牌】 年内，与千龙网合作开展“卢沟晓月·中秋传情”大型中秋文化传播活动，组织拍摄主题微电影《卢沟晓月》，制作《来自月亮的我——兔儿爷卢沟晓月奇遇记》微动漫，传播“网络圆情”、“网求拍”栏目和相关网络话题，帖文浏览量达 100 万次，网友跟帖近 3000 条。官方微博话题阅读、转发和评论量 61 万人次，“卢沟晓月”中秋文化旅游吸引 6 万余名中外游客直接体验。

（王　斌）

【国际铁人三项赛宣传】 年内，结合增加半程赛和移师园博园亮点，突出“全民铁三”策划重点，推出国内首部国际铁人三项赛主题微电影《最美赛道》、微动漫《铁人是怎样炼成的》等原创产品，在移动端、移动电视、楼宇电视等平台立体传播。策划推出最美赛道、半程铁三、美丽园博、全民赛事等话题，网络传播 500 万余人次。主题微电影点击量近 60 万次，微动漫点击量超 40 万次，吸引大批游客参与体验和观光游览。

（王　斌）

【新闻舆论影响力持续攀升】 年内，策划推出年度选题宣传报道，日均发布正面消息 10 条次、平均 3 天组织 1 次新闻宣传报道、平均 10 天推出 1 个整版宣传。据统计，人民日报、中央电视台、北京日报、北京晚报、北京电视台等首都媒体刊发可追踪的新闻报道 3000 余篇（条）。主流媒体免费整版宣传 35 个，版面数量相当于近 5 年总和。

（王　斌）

【非首都功能疏解宣传】 年内，与首都媒体联手，策划推出“丰台率先按下北京‘卸载’启动键”大型系列宣传报道，力促“红”（大红门）、“白”（白沟）对接，880 余家大红门商户正式转战白沟经营。新兴际华小苏打生产线迁往邯郸，成为新华社内参等媒体关注热点，促成京津冀协同发展的“北京经验”样本。

（王　斌）

【惠民文化生活】 年内，举办“书香丰台”、相声乐苑和周末场演出等文化活动 700 余场，流动电影放映 3000 余场，进一步丰富基层群众文化生活。

（王　斌）

【文化创意产业】 年内，产业总资产增长 9.8%，实现收入逾 360 亿元，占第三产业收入比重 7.3%，企业总数达到 14000 余家。其中，新闻出版业收入增速 26.3%，设计服务业收入达 45.8 亿，成为支撑产业发展的“双龙头”。文化艺术业和艺术品交易业增速跃居第一和第二位，收入增速分别为41.9%和36.3%。中国戏曲文化中心、北京国家数字出版基地等4个功能区列入全市文化创意产业布局。首个设计服务特色园——京壹文创产业园改造工程启动。引进亿元以上注册企业5家。

（王　斌）

【文创产业引导政策和服务体系】 6月11至13日，组织全区70个行政村产业工作负责人和23个驻区文创企业负责人参加“2014年丰台区文化创意产业培训班”。跟踪服务八一电影制片厂文化街区等各类项目200余个，63家企业成为北京文惠卡签约商户。区文化创意产业促进中心升级，并加挂中国戏曲文化中心筹备办牌子。整合形成产业政策汇编及企业服务手册，出台专项资金管理办法。建立信息化产业服务综合平台，组织企业参加国家级和市级项目洽谈、评选活动，完成北京文博会丰台分会场展示和活动。

（王　斌）

精神文明建设工作

【概　况】 2014年，丰台区精神文明建设工作深入贯彻党的十八大、十八届三中全会精神，紧密结合第二批党的群众路线教育实践活动，认真贯彻落实区文明委年度工作要点和市、区相关工作部署，坚持围绕中心、服务大局，全面推进公民思想道德建设、公共文明引导、精神文明创建、未成年人思想道德建设与关心下一代工作，全区精神文明建设各项工作取得新的进展。

（章广伟）

【社会主义核心价值观宣传】 年内，坚持以培育和践行社会主义核心价值观为根本，用大项活动牵引日常工作，以社会宣传推动文明提升，努力为区域建设提供强大精神动力、坚实道德支撑和良好社会氛围。设计制作社会主义核心价值观海报10600张，折扇、便签纸等宣传品3.5万份，横幅200条等主题社会宣传品，统一派送至全区21个街乡（镇），组织700余家基层党政机关、企事业和社会单位广泛张贴，开展宣传；拨付55万元经费，重点指导7个街乡（镇）进行社会主义核心价值观主题宣传文化墙建设；协助区委宣传部指导推动社会主义核心价值观宣传主题公园、主题街道、示范社区、示范村建设和宛平地区开展主题宣传环境布置。

（张　莹）

【“2014北京榜样·最美丰台人”活动】 年内，把市委宣传部、首都文明办组织开展的“2014北京榜样”大型主题活动与区“最美丰台人”榜样人物选树活动有机结合，开展“2014北京榜样·最美丰台人”评选宣传活动。6月30日，首都文明办主任滕盛萍带队对丰台区3个社区（村）“北京榜样”活动开展情况和《北京榜样举荐榜》设置情况进行现场检查，对丰台区的做法给予充分的肯定。丰台区黄醒华、刘国权、徐从中等6人登上“2014北京榜样”周人物榜，金伯宏、陈红、胡钧等3人登上“2014北京榜样”月度人物榜、晋级最终总评选并荣获“提名奖”。

（张　莹）

【学雷锋志愿服务活动】 年内，以“学雷锋、学窦珍、做好人，践行社会主义核心价值观”为主题，组织开展学雷锋志愿服务月活动；宣传全区近几年涌现出的100名“最美丰台人”先进典型事迹；协调开展“首都学雷锋志愿服务示范站（岗）”申报命名活动，全区有9个团队被命名为“首都志愿服务示范站（岗）”，103个站点被命名为“首都志愿服务站（岗）”；指导各街乡镇开展多种形式的学雷锋主题实践活动，提供敬老爱老、扶残助残、公益普法、节能宣传等服务，全区学雷锋活动和志愿服务逐渐常态化。

（张　莹）

【开展传统节庆文化活动】 年内，注重传统文化节日的宣传，统一印制元旦、春节、端午、中秋、重阳宣传海报2万张，制作春节福袋4万份，发放至街乡镇、社区村；在《丰台报》开设中秋、端午“我们的节日”宣传专版；开展清明节互动活动，依托电视、报纸、网络等媒体，解析清明常识，报道特色活动；组织街乡（镇）、社区（村）利用宣传栏、文化墙等进行主题宣传，开展小型化、多样化的时令群众性特色文化、体育活动约2700场，丰富市民生活、传播节庆文化。

（张 莹）

【开辟“清洁空气蓝天行动”专栏】 年内，在文明丰台官网开辟“清洁空气蓝天行动”专栏，对全区各单位活动开展情况进行及时报道。动员组织全区各单位利用官方网站、博客、微博、QQ群、手机报等网络传媒，采取在报刊开辟专栏、制作海报和横幅、编印活动简报、电子显示屏滚动播放等方式，刊发活动宣传《提纲》全文，供辖区居民下载等多种媒介形式和渠道，对活动进行广泛宣传。

（张 莹）

【公共文明引导行动】 年内，以“清洁空气蓝天行动”、“文明有礼好乘客”等为主题，开展12次“公共文明引导宣传日”活动。培训、选派200名引导员，参与庆祝建国65周年园博园游园保障任务，在公交地铁站台、园博园3个入口、停车场等重点位置开展秩序引导，确保5万余名游客安全有序进出。采取乘客自荐、群众推荐、引导员举荐相结合的方式，按照筹备启动、开展宣传、揭晓表彰的步骤，开展“文明有礼好乘客”推举活动，为迎接APEC提供优质的社会公共服务，开展集中宣传活动5场、月表彰展示活动5场，悬挂展板646块、张挂横幅310条、佩戴绶带530条，收到各类推荐上万人、张榜重点宣传2448人、被市公共文明协调办表彰“文明有礼好乘客”150人。开展赛场文明引导行动，共出动1250人次，完成24场北京国安主场比赛和5场CBA五棵松场馆比赛的文明观赛引导保障。坚持每周四开展“垃圾减量垃圾分类”宣传活动，引导广大居民把环保付诸于行动。组建由8名引导员组成的“最美丰台—最美文明引导员”百姓宣讲团，围绕核心价值观和最美引导员事迹宣传，完成7场巡回宣讲，提高公共文明引导行动的知名度。组织假日文明引导，利用清明、五一、中秋、国庆等时机，优化社会公共秩序，传播传统节庆文化。指导16支街道文明引导员中队以项目化方式开展活动、规范管理。开展“公民道德日”活动。推动特色创新活动开展，在北京南站参加指南针服务站，义务为乘客提供指路、自制地图等服务；成立街道巡逻小分队，发挥优势破解困扰社区建设和市民生活的突出环境秩序问题。

（任海东）

【精神文明创建活动】 年内，坚持以文明区创建为龙头带动“三大创建”活动，充分发挥主观能动性，统筹、协调区域内各单位积极参与精神文明创建工作，形成全区上下齐创建的良好氛围。制定《丰台区创建首都文明区复查工作方案》，召开文明区复查培训工作会，开展问卷调查，确保首都文明区复查工作的落实。组织全区660名网络文明传播志愿者开展网络文明宣传、传播活动；及时协调相关单位，对中央文明办、北京文明城市检查调研时指出的问题进行整改落实；开展的“诚实做人、守信做事”主题活动，在全区社会面形成诚信丰台的良好宣传氛围。首都文明单位的申报、推荐工作稳步推进。在基层单位自愿申报自测、街乡镇和系统单位检查推荐、征求“一票否决”成员单位意见、社会公示、文明办审核的基础上，2012-2014年度全区共推荐208个单位参评首都精神文明创建先进单位。全国文明村镇、文明单位的推荐和现有全国文明单位的复查工作进展顺利。推荐花乡草桥村参评第四届全国文明村镇；推荐北京市丰台区国家税务局、丰台街道永善社区参评第四届全国文明单位。向市里申请继续保留丰台一小、丰台街道办事处、丰台东高地青少年科技馆全国文明单位荣誉称号；继续保留卢沟桥乡张仪村全国文明村镇荣誉称号；组织首都精神文明创建工作在线管理平台重点内容和2014年首都精神文明创建各类先进管理办法重点内容的业务知识培训，编辑印发1500套汇编材料，为全区精神文明创建工作提供服务保障。组织乡镇分管精神文明创建工作人员，到朝阳区高碑店村和高井村参观学习乡情村史陈列室建设的经验做法。乡情村史陈列室已经建成9个（含4个乡史馆），农村精神文明建设宣传栏（LED屏）12个。

（贾学奎）

【军（警）民共建活动】 年内，春节前夕协调驻区10大牵头部队和区武装部、双拥办，开展“送文化进军营”活动，援建12个基层连队图书室，每个连队赠送2万元图书，支持驻军学习型军营建设，丰富部队官兵的文化生活。基层各单位结合元旦、春节、“八一”等重大节日，开展慰问、联欢、周末大舞台、书画展、文艺演出到军营等共建活动，加深军民鱼水情。

（贾学奎）

【“扮靓我家”市民实践活动】 年内，以服务保障APEC会议为契机，结合丰台区实际，引导全区群众当好APEC东道主，组织好“扮靓我家”活动，把实践活动与创建文明社区、文明村和“美丽乡村”、“美丽街巷”、“美丽小区”活动相结合，联合区市政市容委、区园林绿化局、区妇联研究确定，向首都文明办推荐美丽街巷13条、美丽小区13个、美丽家庭100户，为APEC会议圆满召开营造热烈喜庆、文明和谐的社会环境和人文环境。

（贾学奎）

【未成年人思想道德建设】 年内，未成年人思想道德建设与关心下一代工作相融合，以主题活动为重点，推动学习教育和实践活动，全区未成年人整体思想道德素质进一步提升。将社会主义核心价值教育融入课堂、融入教学、融入校园文化、融入社会家庭，贯穿未成年人思想道德教育各方面。联合区关心下一代工作委员会办公室设计制作宣传社会主义核心价值观基本内容的5万套套尺和5万个笔袋，发放到青少年手中。组织开展“唱响新童谣、做合格小公民——践行社会主义核心价值观”主题实践活动，抒发师生爱国情怀。策划开展文明用语道祝福、2014“闪耀梦想”新春网上寄语、“与长辈说知心话”、做力所能及家务、争当“六小公民”、“星级社区文明小使者”推荐等六个板块的活动，引导未成年人树立正确的世界观和价值观，培养他们的亲情爱心、自理能力、社会责任心等。区文明办、区关工办联合区教委在全区未成年人中开展“中国梦我的梦”新童谣征集活动，精选160首编辑成册，取名为《红领巾相约中国梦》，下发各学校、社区（村）。开展清明节“网上祭英烈”、“六一”“学习和争做美德少年”、“七一”“童心向党”歌咏展演、“十一”上网面向国旗敬礼并签名、寄语等活动，引导未成年人用正确的价值观引领人生航向。组织开展首都未成年人十大品牌推荐活动，《“校园心理剧”品牌活动》被评为首都未成年人思想道德建设工作“十大”品牌活动提名奖。组织开展“美德少年”推荐工作，精选10名“美德少年”事迹报首都文明办，其中3名获首都文明办推荐上报，2名入围中央文明办初选。推荐右安门一小、芳城园小学作为全区试点校，参与市关工委“欢乐足球在校园”推广活动，被选定为活动“示范校”，区关工委被评为“优秀组织奖”，右安门一小、芳城园小学分别获“优胜奖”和“优秀奖”。组织2014年未成年人思想道德建设创新案例征集推荐评选，丰台二小“从行为习惯中践行核心价值观”被评为首都创新案例奖，蒲黄榆派出所“校盾志愿者”被评为首都创新案例提名奖。

（黄　伟）

统战工作

【概　况】 年内，丰台区统一战线工作按照全市统战部长会议的工作部署，深入开展党的群众路线教育实践活动，充分发挥统一战线的优势和作用，着重搭好“三个平台”，做好党外代表人士队伍建设工作，继续对新形势下如何开展统战工作进行思考和调研，较好地完成全年工作任务。深入开展党的群众路线教育实践活动，将服务基层、服务统战人士作为工作根本，将协调解决广大统战人士和基层群众最关心的问题作为工作方向。开展“统战人士进社区，专家学者走基层”活动，选派专家、学者组成医疗卫生、文化、法律等方面的讲师团，不定期与街乡镇合作，进行知识讲座，全年共组织讲师团5次，参与人数600余名；深入宗教团体听取意见建议，帮助解决实际问题，投入30万元实施教堂内部建设，对宗教场所周边环境开展绿化整治，协调相关部门解决清真寺阿訇韩京爱人被拖欠4年工资款等问题；搭建好非公经济企业与政府职能部门的联系平台，成立工商联（商会）会员之家，引入银行、律师事务所、证券交易所等专业化机构入驻，为会员企业提供免费的法律、金融贷款、上市、政策法规等方面的咨询服务，保障非公企业的健康发展。

（苏　芳）

【组织各类教育培训活动】 年内，坚持将学习习近平总书记系列讲话与主题教育相结合、与举办活动相结合、与教育培训相结合，邀请国台办、市委统战部领导、中央社会主义学院教授，做主题教育和报告6次，参加培训1200余人次。同时，以纪念抗日战争胜利为契机，开展系列爱国主义教育活动，组织全区200多名党外各界人士及统战干部参观以“烽火卢沟桥，不屈民族魂”为主题的展览；联合组织近800位侨界代表人士参加“首都侨界纪念抗战胜利歌曲大联唱”；协助促成将中国人民抗日战争纪念馆作为市社会主义学院的爱国主义教育基地；全年共接待中央、市委统战部组织的民族、宗教人士400余人参观卢沟桥、抗战馆。

（苏　芳）

【加强党外代表人士队伍建设】 年内，着眼于2016年民主党派换届工作，通过走访、谈心，定期沟通、广泛听取意见，对各民主党派区工委领导班子及后备人选进行深入调研和全面了解。为加强无党派队伍建设，7月，成立丰台区党外知识分子联谊会，110名会员涉及经济、社会、文化、卫生、科技、教育等多个领域，其中研究生以上学历占48%，丰台区党外知识分子联谊会初步拟定相关工作制度，主动与市知联会开展学习交流活动，并推荐2名会员担任市知联会理事。加大党外干部政治素养和工作能力的培养力度，推荐2名党外干部参加北京市委统战部组织的党外干部处级培训班，并与区委组织部沟通，推荐提拔1名处级领导干部。

（苏　芳）

【促进非公经济健康发展】 年内，切实做好非公企业服务，加强调研，强化联系，成立区工商联（商会）会员之家，提供区域政策、法律法规等方面的咨询服务，开展十余次考察、交流活动，并邀请《中华工商时报》、《北京晚报》资深记者为非公企业开展以民营品牌宣传为主题的通讯员培训，不断在提高服务层次、拓宽服务范围上下功夫。开展非公经济人士理想信念教育，围绕促进“两个健康”，组织五四青年诚信座谈会，分享青年企业家创业经营理念。

（苏　芳）

【深化拓展社会领域统战工作】 年内，在总结以往经验的基础上，以典型示范，推动社会领域统战工作不断发展，积极发挥街道和基层统战工作站的引领作用。马家堡街道时代风帆大厦，依靠手机平台，促进统战人士交流，推进基层协商民主建设；大红门街道成立一家社区统战工作站，定期开展交流活动，向社区居民宣传统战政策，提供服务，组织活动等，加强对基层统战干部的培养、教育；集美统战工作站以解决统战人士的实际问题为工作重点，通过建立职工书屋、餐厅、浴室、发屋、活动中心、卫生服务中心等设施，建立和完善服务平台，通过培训、座谈，带动辖区内的非公企业巩固和树立“致富思源”“回报社会”的理想信念。

（苏　芳）

【加强宗教团体自身建设】 年内，与各宗教团体班子成员进行沟通交流，了解各宗教团体人员组成情况，推动年轻后备人才队伍建设。联合区基督教三自爱国运动委员会，在100余名骨干信徒中进行笔试、面试选拔24位优秀学员，参加为期两年的“圣经研修班”的首期培训。

（苏　芳）

【维护社会和谐稳定】 年内，完善机制调整区民族宗教工作领导小组，在原有18个成员单位基础上，增加6个单位，进一步加大做好民族宗教工作的力度。加强与公安、民宗侨办、维稳办及相关街乡镇和宗教团体的联系，特别是在重要节日、敏感日、重大事件前期，对影响民族宗教团结稳定的矛盾纠纷开展深入排查，同时，加强与各宗教团体沟通，确保区宗教领域安全稳定。

（苏　芳）

【侨务工作】 年内，在全区范围内下发涉侨人员、港人调查表，开展涉侨人士、港人普查，掌握基础资料、建立和完善党外人士数据库；进一步加大与海外侨界高层次人才为国服务团成员的联系，促成丰台区教委与芬中教育协会在相关教育领域的意向合作，芬中教育协会、中国教育科学研究院国际比较教育研究中心、丰台十八中签订三方合作项目。进一步拓展新侨工作，探索开展新侨工作服务区域发展的有效方法和途径。

（苏　芳）

对台工作

【概　况】 2014年，全区对台工作在区委、区政府的领导和市台办的具体指导下，贯彻落实中央对台工作大政方针和习近平总书记系列讲话精神，围绕对台工作目标和重点任务，整合资源，多措并举，加强涉台教育，开展涉台服务，推进对台交流等工作，完成各项对台任务。

（张振明）

【强化对台工作组织领导】 年内，向区委汇报市委对台工作会议精神。区委书记、区委对台工作领导小组组长李超钢强调新时期做好对台工作的极端重要性，并指出对台工作要围绕全区中心工作，为中央对台工作大局和区域经济社会发展大局服务，不断开创对台工作新局面。及时更新调整区委对台工作领导小组和丰台区台胞权益保障协调小组组成人员，不断强化对台工作的组织领导。7月，区委常委、统战部部长张建国、区政府副区长高峰共同听取区台办半年工作汇报，对对台工作提出具体要求。协调区教育工委，明确在区教委设置台办工作机构及工作人员。

（张振明）

【涉台教育调研工作】 年内，继续推进涉台教育工作，区台办联合区委党校成立课题调研组，开展涉台教育工作的调研，9月，完成题为《丰台区涉台教育工作的实践与思考》的区级调研报告；与市台办共同完成国台办立项的《基层涉台教育浅谈》一书的编撰。

（张振明）

【组织对台工作干部培训】 年内，采取区党校集中培训、干部在线教育学习、选送培训的方式，集中组织两期基层涉台干部、统战对象共330人参加的涉台教育专题培训，与区政协、社工委联合组织两次500余人参加的台海形势教育，并明确对台工作干部在线涉台教育学习不少于3个课程的学习规定。为基层单位订阅国台办主管的对台工作权威刊物《两岸关系》和《台湾工作通讯》，增强涉台教育的针对性。6月，丰台区台办被国台办宣传局评为“2014年中央台办‘两刊’对台宣传工作先进单位”。

（张振明）

【涉台教育的广覆盖】 年内，涉台教育不仅走进党校、楼宇党建工作站、社区和农村，而且走进校园，实现“五进”（涉台教育进党校、进学校、进社区、进农村、进楼宇）的目标。与区教委联合下发《关于印发丰台区创建区级青少年涉台教育基地工作的通知》，以指导中小学校开展涉台教育工作的开展。经市台办、市教委和区台办、区教委联合考核，北京市第十二中被评为“市级青少年涉台教育基地”，东铁匠营一中、芳城园小学和丰台区第五小学等3所学校被评定为“区级青少年涉台教育基地”，全区共有市级青少年涉台教育基地达到2个、区级涉台教育基地8个。

（张振明）

【举办“两岸一家亲 共圆中国梦”书画摄影展】 年内，加大涉台教育“五进”工作推广力度，展示出近年来丰台区开展涉台教育工作成果，12月25日，由区委统战部、区台办、区文联联合举办“两岸一家亲 共圆中国梦”主题书画摄影展。各街乡镇、中小学校踊跃参与，共收到书画摄影作品319幅，其中书画作品177幅，摄影作品142幅。“两岸一家亲 共圆中国梦”主题书画摄影展活动，展示宣传涉台教育工作成果，提升涉台教育的影响力。

（张振明）

【开展对台服务系列活动】 年内，继续开展“感知新丰台，共谋新发展”台商服务日系列活动。主管区长高峰多次主持召开台企育青食品开发有限公司选址迁厂专题会议；组织驻区台商参观盛芳国际花卉总部基地和丽泽金融商务区；举办台胞台属“迎中秋，游览北宫国家森林公园”等联谊活动。

（张振明）

【促进对台交流交往】 年内，严格纪律要求，突出赴台交流主题，有序推进对台交流交往工作，两岸文化、教育交流交往效果明显。完成台湾和平统一团体联合参访团等5个团组200余人次的接待任务。全年办理赴台手续43件208人次，其中因公22件166人次，商务赴台21件42人次。

（张振明）

【处理涉台投诉及突发事件】 年内，受理台商投诉、涉台事务及突发事件5起（含市台办批转文件），其中台商投诉及求助3起，涉台事务1起，突发事件1起。

（张振明）

调查研究工作

【概　况】 2014年，全区政策研究工作以服务区委区政府工作大局为主线，紧紧围绕扎实开展党的群众路线实践教育活动，坚持转变创新，着力做好文稿起草、课题调研、信息收集等重点工作，撰写区委区政府重要文稿起草15篇，完成2个市级重点课题研究和9个区级重点课题研究，统筹全区调查研究并完成《2013年丰台区调研报告选编》，改版编发《丰台调研与学习》7期。围绕履行区委全面深化改革工作办公室职能，加强全区深化改革工作的推动调度和政策研究，编发《丰台改革工作简报》25期。

（蒙秋燕）

【起草文稿】 年内，完成《区委十一届六次全会报告》、《区政府工作报告》、《李超钢同志在丰台区 2014 年上半年经济形势分析会上的讲话》、《李超钢同志在丰台区生态文明和城乡环境建设动员大会上的讲话》、《李超钢同志在党的群众路线教育实践活动党课报告》、《李超钢同志在市委十一届五次全会上的发言提纲》、《李超钢同志在两会谈改革发言材料》、《市政府区县工作研究会上报材料》、《区委区政府关于习近平总书记视察北京重要讲话精神学习贯彻落实情况的报告》、《区委常委会党的群众路线教育实践活动整改方案》、《区委领导班子对照检查材料》、《李超钢同志向市委党风廉政建设责任制落实工作巡视组的汇报》、《郭金龙书记会见国际种子联盟主席蒂姆·约翰逊先生谈话提纲》、《关于市委 2014 年工作总结和 2015 年重点工作的意见建议》、《2013 年市级重点课题〈新形势下丰台区群众工作研究〉》等区委区政府文件和领导讲话稿、汇报稿。

（蒙秋燕）

【调查研究】 年初，对各单位年度课题选题方向进行指导。课题开展过程中，加大对课题进度和研究阶段成果的评价和指导，确保课题研究的正确方向。年内，共收集各单位党政主要领导调研成果 93 篇并进行汇编，其中将 44 篇优秀调研成果进行选编。

（蒙秋燕）

【重点课题】 年内，分别由区委书记李超钢、区委副书记、区长冀岩同志亲自主持，研究室牵头负责，与专业研究机构合作成立课题组，开展《丰台区深化改革若干问题的思考——基于发展阶段性特征的改革重点研究》、《丰台区产业功能提升研究》两个市级重点课题调研，对丰台区推进全面深化改革工作、产业功能提升与城市功能的协同发展进行研究。

（蒙秋燕）

【刊物编辑】 年内，《调研与决策》改版为《丰台学习与调研》，共编发大红门功能疏解专题、丰台城市、社区发展、丰台处级学习培训调研、政协专题等 7 期专刊，切实为领导决策提供真实、准确的信息参考。

（蒙秋燕）

【改革办设立】 3 月 19 日，区委第 92 次常委会决定成立区委全面深化改革领导小组（京丰发〔2014〕4 号），领导小组下设办公室（简称区委改革办），作为常设性机构，设在区委区政府研究室，负责处理领导小组日常事务。组织开展本区全面深化改革问题的政策研究，统筹协调有关方面提出的改革工作方案和措施，协调督促有关方面落实领导小组的工作事项。

（蒙秋燕）

老干部工作

【概　况】 2014 年，丰台区老干部工作紧紧围绕深入学习贯彻党的十八大，十八届三中、四中全会和习近平总书记系列重要讲话精神，结合党的群众路线教育实践活动和“与党同心、与祖国同行——同心共筑中国梦”主题活动，进一步推进离退休干部“两项建设”和老干部工作队伍建设，全面贯彻落实市区为老干部办实事，充分发挥离退休干部优势作用，积极推动老干部工作转型发展、科学发展，以老干部工作的实际成效为党和人民事业增添正能量。

（尚立新）

【走访慰问老干部】 “春节”、“七一”和“国庆节”前夕，为落实党和政府的关怀，在全区各单位普遍慰问的基础上，丰台区委老干部代表区委、区政府对全区离退休干部 240 余名代表进行入户走访慰问，同时，对有特殊困难的老干部送去特困慰问金 21 万元。

（尚立新）

【开展主题教育活动】 年内，在离退休干部中广泛开展“与党同心、与祖国同行——同心共筑中国梦”主题教育活动，全区各单位利用“元宵节、重阳节、七一、十一”等传统节日和重大纪念日开展主题活动，通过“主题活动带动学、下发书籍文件引领学、举办报告会专题学、组织培训班集中学、融入社区就近学”等学习方式，使全区离退休干部思想政治建设有效的得到加强。

（尚立新）

【离退休党员参与教育实践活动】 年内，第二批党的群众路线教育实践活动2月份在全区启动，按照区委转发市委的《关于做好区县离退休党员参加第二批党的群众路线教育实践活动工作的通知》要求，组织全区各单位离退休党员参加教育实践活动，通过广泛动员、制定方案、专题学习及开展组织生活会民主评议党员等工作，使群众路线成为凝聚党员共识的重要力量。利用党支部书记工作会、党支部书记培训班、树典型立榜样推荐“双先”等宣传教育活动，着力加强离退休干部党支部建设，使离退休干部党支部战斗堡垒作用得到进一步巩固。组织老干部局离休干部党支部和离退休人员党支部参加活动。同时，注重发挥先进典型的示范引领作用。全区各单位采取播放电教片和辅导报告光盘、征求意见座谈会、主题党日活动等方式，深化离退休党员对群众路线的理解，畅谈对群众路线和与党同心的看法和认识。对于因身体原因无法参加集体活动的老党员，各单位均采取打电话、入户走访等方式一一进行传达，并将相关学习资料发放到离退休党员手中，使离退休党员参与教育实践活动的全过程，确保教育实践活动的全覆盖。

（尚立新）

【为老干部办实事】 年内，提高离休干部护理费标准，对尚未享受医疗照顾的离休干部的住院床位费标准提高到每天80元，为患慢性疾病需要长期服药的老同志在定点医院干部门诊适当延长处方用药量，完成为全区50个单位的315名离休干部办理优诊医疗卡工作。根据2013年全市老干部工作会关于“完善解困帮扶机制，对离休干部自费用药部分统一补助标准，分级财政负担”的精神，修改完善《丰台区老干部解困慰问金管理使用暂行规定》。为全区324名离休干部上门安装可视闪光门铃等家庭无障碍设施。完成5名离休干部助老员的增聘工作，实现对区属离休干部助老服务的全覆盖。

（尚立新）

【全面落实政治待遇】 年内，举办全区离退休干部“纪念中国共产党成立93周年座谈会”；开展“与党同心，与祖国同行——同心共筑中国梦”征文活动和主题座谈会；引导全区各单位开展“同心共筑中国梦”主题党日活动。通过讲党课、作交流、学先进，进一步凝聚离退休党员力量。制定《2014年丰台区离退休干部理论学习重点》，学习习近平总书记系列重要讲话精神作为全年重点学习内容，引导各单位和离退休干部按照理论学习重点组织开展集中学习或自学。先后举办北京市纪委副书记杨逸铮向离退休干部通报全市党风廉政建设和反腐败工作情况，北京市委副书记、市长王安顺向离退休干部通报北京市社会和经济发展情况，党的十八届四中全会精神专题辅导，宣讲“最美丰台人”和冬季老年养生保健知识五场报告会，近千名离退休干部和老干部工作人员参加学习。相继举办正处级退休干部理论学习班、局级退休干部理论学习班等9次培训，集中学习教育实践活动文件精神，通报实践活动开展情况和丰台区上半年经济形势分析会精神，听取北京市委党校原副校长殷庆言教授和老干部宣讲团成员作的学习辅导报告，就深入开展教育实践活动、学习和践行社会主义核心价值观及加强离退休干部党支部建设等主题进行交流探讨，深化学习效果。

（尚立新）

【全面落实生活待遇】 年内，严格落实《责任制》检查，坚持自查与抽查相结合、督促工作与加强调研两不误的工作原则，并对有离休干部3人（含）以下的单位进行抽查，进一步严格工作要求、强化主体责任，达到以检查强责任、以检查促工作的目的，确保老干部工作领导有力、贯彻有方。为全区1116名副处级以上退休干部每人发放2张区属公园游览年票；组织全区1001名离休干部和副处级以上退休干部参加健康体检；为2015名离休干部下拨“四就近”服务管理经费等。

（尚立新）

【加强离退休干部社区课堂建设】 年内，根据不同时期的学习重点，及时向20个社区课堂下发各种学习资料和辅导光盘。同时，注重做到“三个跟上”，即组织领导跟上、制度跟上、教学活动跟上，加强对社区课堂建设的资金支持和社区书记的培训教育，并做好督促检查工作，形成以社区课堂为阵地、社区书记为引领、丰富的学习资源为支撑的社区教育平台，为离退休干部实现就近学习创造良好条件。

（尚立新）

【老干部活动阵地建设】 年内，丰台区委老干部局花费近30万元对老干部活动中心进行节能改造：对活动中心院内水池进行节水、净水改造；对活动中心照明设施进行节能改造；对台球厅、乒乓球馆内的饮水热水器进行更新；对台球厅进行防水改造，更换7张台球桌的台呢；更新活动大厅按摩椅7台、气血循环机4台；更新乒乓球馆男女浴室的淋浴设备，增添太阳能热水器；在乒乓球馆安装电子监控系统；在办公楼三层专门建立“老干部文件阅览室”。

（尚立新）

【老干部区域文化建设】 年内，区委老干部局金秋艺术团参加北京市离退休干部庆祝新中国成立65周年文艺汇演；参加丰台区“我的丰台·我的家”群众舞蹈大赛，荣获“创作奖”；在老干部元宵节及重阳节慰问演出等活动中展现自创文艺成果。丰台区委老干部局晓月诗社送诗词楹联下基层活动，到看丹老年公寓、望园社区举办诗词联谊活动，为公寓老年人和社区居民赠送书籍和诗词楹联作品，演出特色文艺节目。丰台区委老干部局乒乓球队、门球队、台球队等体育团队，参加“梦之杯”台球及乒乓球比赛，“乒协杯”、“松鹤杯”、“和谐杯”等市区比赛，屡创佳绩。丰台区老年书画研究会开展文化下乡活动，春节及国庆节前夕，组织书画家们到街乡社区、退伍老兵和武警战士中，送春联、赠书画、表祝福，举办“桑榆情致，墨海逍遥——十名老会员书画展”及“夕阳染墨歌盛世——纪念建国65周年书画展”。

（尚立新）

信访工作

【概　况】 2014年度，全区的信访工作在市委、市政府的领导下，在市信访办的具体指导下，围绕年度中心工作任务，以群众工作统揽信访工作，开展党的群众路线教育实践活动，不断改进工作作风，严格各级领导干部接访、约访、下访制度落实，畅通信访渠道，注重源头预防，实行重大决策信访评估，开展矛盾纠纷排查，加强初信初访办理，解决突出信访问题和历史积案，协调化解大量的社会矛盾纠纷，维护地区社会和谐稳定。做好全国“两会”、党的十八届四中全会和北京APEC会议期间信访维稳工作，实现“四个不发生”（1.不发生重大暴力恐怖事件；2.不发生危害国家安全和社会稳定的重大政治性事件；3.不发生大规模群体性事件和重大个人极端事件；4.不发生重大公共安全事件。）的工作目标。

（韩延春）

【落实领导干部接待群众来访制度】 年内，区信访办共组织落实区级领导干部信访接待日56个，接待来访群众592批245件涉及3708人次，其中集体访128批56件涉及

3144人次。同时，督促推进各街乡（镇）、委办局主要领导采取定期接访、包案下访、签订维稳责任书等形式，履行“第一责任人”的责任；分管领导具体抓落实，形成一级抓一级、一级对一级负责的信访工作责任体系。

（韩延春）

【矛盾排查化解】 年内，组织开展拉网式矛盾纠纷大排查2次、“六四”期间不稳定因素专项排查1次、地铁施工运营噪音振动扰民问题专项排查1次，开展建国65周年期间专项排查和动态排查1次，共排查出各类社会矛盾纠纷170件，信访重点人102名。其中，上报市联席办申请市联席会议协调解决的28件、列为区级重点矛盾16件，最后经市联席办研究确定，交办丰台区的区级重点矛盾13件。动用信访维稳资金37.62万元，年度列入区级重点矛盾纠纷13件已化解9件，其它的正在按计划推进化解和稳控之中。重点矛盾化解率69%。

（韩延春）

【信访事项办理】 年内，受理群众来信来访5891件涉及22271人次，信访总量与去年同期（6100件涉及18956人次）相比件次下降3.4%，涉及的人数上升17.5%。其中，受理群众来信4449件13386人次（联名信183件9071人次），来信量与去年同期（4644件涉及10685人次）相比件次下降4.2%，涉及的人数上升25.3%；受理群众来访1442批8885人次（集体访311批7217人次），来访量与去年同期（1456批涉及8271人次）相比件次下降了1%，涉及的人数上升了7.4%。通过加大对初信初访的办理力度，严格按照信访事项办理程序，采取转办、交办或现场答复的办法，使大多信访问题都能及时得到解决。群众来信办结率92.3%，群众来访办结率90%。全年，共办理领导批示件和上级交办件67件，涉及信访群众986人次。其中，中央督导组通过市联席会议交办1件（已办结）；区领导阅批66件已办结64件，2件正在办理之中（规定的时限内），办结率96.9%。

（韩延春）

【推进信访事项“三级终结”】 年内，通过复查复核，推进信访事项“三级终结”，严格信访事项复查程序落实，推进信访事项复查复核工作开展。全年区信访事项复查委员会共受理信访事项复查申请65件，已办结62件，3件还在办理之中（在规定时限内）。其中维持40件，重新答复15件，撤销2件，销案4件，变更办理1件。同时，协助市信访办办理信访事项复核24件，已办结19件，5件还在办理之中（在规定时限内）。其中，已维持17件，2件要求重新答复；提供复查报告24份，收集提供相关材料320份，保障信访事项复核件的办理，维护信访人的合法权益，实现信访事项的“三级终结”。

（韩延春）

【联合接访平台建设】 年内，借助区社会矛盾调处中心，搭建由区农委、区城管执法局、区人力社保局和司法局等十余个部门参与的联合接访平台，发挥各相关单位及职能部门的作用，综合解决信访人的合理诉求。同时，针对年度重点矛盾突出、找后账及历史遗留问题多的特点，以区联席会议的名义，规范和完善矛盾化解多方协调机制，召集相关职能部门和责任单位，研究协商化解方案及稳控措施，推动问题的解决。

（韩延春）

【完善信访特派员队伍建设】 年内，发挥信访特派员队伍作用，研究制定下发《丰台区关于信访特派员分工及督导联系单位的通知》，明确各信访特派员的职责、任务，定期参与街乡镇信访接待工作，开展联合接访、督查督办工作，通过对各街、乡（镇）和相关委办局信访工作的督导检查，推动全区信访工作的开展。

（韩延春）

【推进依法信访工作开展】 年内，聘请律师参与各级领导信访接待日工作，协调化解群众信访中的涉法问题。通过律师参与来访接待工作，提高各级领导信访接待工作的质量，增加政府为民办实事的渠道，提高政府职能部门依法行政能力，树立政府的良好形象；开展普法教育，增强广大群众的法律意识，为来访群众解决信访中的涉法问题提供方便，促进社会稳定。

（韩延春）

【坚持群众工作统揽信访工作】 年内，结合全区开展的党的群众路线教育实践活动，做好群众思想工作，区领导及各单位党政一把手深入基层、深入群众，了解社情民意，把握热点难点问题。发挥区联席会议的统领和协调作用，推动重点矛盾和历史积案的化解。针对不同时期排查出的突出信访问题和信访重点人，分析研究确定市、区级重点矛盾，明确包案领导和主责单位，逐件制定化解稳控方案，并召开重点矛盾协调会、重大问题调度会，进行集中化解。发挥各街道、乡（镇）社会维稳中心和基层信访干部队伍的作用，记好“民情日记”，关注帮助困难群众。

（韩延春）

【加强信访秩序的宣传教育】 5 月，在全区集中开展《北京市信访条例》及相关的法律法规知识宣传教育活动，讲解具体案例，发放纸质宣传材料，通过开展信访法治宣传教育，引导信访人以理性、有序方式，依法逐级走访反映个人诉求。9 月，结合国家信访局下发《关于进一步规范信访事项受理办理程序引导来访人依法逐级走访的办法》的通知要求，向全区各单位及时下发《关于做好引导群众逐级走访的通知》，加大对信访工作的宣传力度，教育引导信访人以理性、有序方式反映个人诉求；同时，充分发挥区联席会议作用，综合协调公安和区维稳办加大对信访过激行为的治理力度，推进对诉法分离的研究，引导涉法涉诉信访人到有权处理部门，依法、有序走访。

（韩延春）

【加强对人民建议的征集和办理】 年内，聘请信访联络员和社区工作者，成立一支 141 人组成的人民建议征集工作联络员队伍和 2 名市级特邀人民建议征集人。9 月 17 日至 18 日，对这支队伍开展集中培训，对《北京市人民建议征集办理工作规定（征求意见稿）》进行专题讲解，通过集中培训提高联络员的能力素质，调动参与关注社会矛盾的自觉性和积极性。加强对人民建议方面的来信办理，对该类信访件进行单独编号、登记、转送承办单位，按照《信访条例》要求，进行跟踪督办，并要求承办单位及时将办理情况回复建议人，对建议暂时不能采纳的要说明原因。全年共征集人民建议 49 件，主管领导对重要人民建议亲自作出批示，对有价值的人民建议以摘报形式上报区领导，注重合理化建议的采用和转化工作。

（韩延春）

【完善网络信访建设】 年内，投入十余万元，更新电脑和打印设备，完善网络系统。同时，利用市信访综合办公网络系统，采取集中和分片方式进行业务培训，规范管理网上受理、办理工作制度，全面推进信访问题受理、办理、答复一体化，实现网上受理、网下办理、网上回复，努力推进 “阳光信访”。

（韩延春）

【实施信访代理制】 年内，按照国家信访局的通知要求，在全区推进《关于在全区深化实施代理制“一单式”机制，引导群众依法逐级走访的工作规程》，通过实施开展信访“一单式”代理制工作，构建起以党政干部为责任主体，以全过程代理为办法，以信访诉求单为载体，全面落实责任，畅通诉求表达渠道，及时就地化解矛盾，实现逐级有序走访。全区代理体系分为三个层级。社区代理，解决小事身边事；街道、乡（镇）代理，解决专事突出事；区代理，解决特殊疑难矛盾纠纷。通过推行信访代理制，做到及时就地解决信访问题，有效地规范信访秩序。

（韩延春）

保密工作

【概　况】2014年丰台区保密工作紧紧围绕提高信息化条件下保密管理能力，以全面贯彻《保密法》及《实施条例》为主线，以打好三大“攻坚战”即规范定密工作、抓好网络保密管理、加强涉密人员管理为着力点，开展保密意识和保密常识教育，发挥保密服务中心保障大局的作用，较好完成各项任务，全年未出现失泄密事件。

（黄　洁）

【召开年度区委保密委会议】 3月27日，召开丰台区委保密委员会年度第一次全体会议，副区长、区委保密委副主任高峰主持会议并传达中保委、市保密委工作会议的主要精神；区保密局局长尚保华报告2013年全区保密工作开展情况，并对2014年保密工作要点进行说明。会议研究部署2014年全区保密工作；区委常委、区委宣传部部长、区委保密委主任孙军民就如何贯彻落实中央、市委保密委会议精神，进一步做好2014年全区保密工作提出四点要求：要有效应对风险挑战；要聚焦难点主动出击；要抓住机遇深化宣传；要加强领导落实责任。会上讨论并通过对区委保密委员会成员进行调整的决定。

（黄　洁）

【编写并配发《丰台区保密业务指导手册》】 2月初，根据《保密法》及上级有关规定，结合近年来全区保密行政管理工作特点规律，保密局对定密工作、涉密载体保护、涉密载体管理、政府信息公开、保密要害部位管理、涉外保密、保密宣教和事件处置等重点工作流程、工作要求进行梳理，编撰《丰台区保密业务指导手册》，并配发到全区各单位，用以指导全区日常保密管理工作。

（黄　洁）

【“两会”期间保密检查】 年内，针对全国“两会”敏感时期，保密局局长尚保华带队对全区开展保密专项检查。一是对区委组织部、区委政法委、区综治办等重点涉密单位的办公用计算机、涉密文件、涉密载体的使用管理情况进行检查；二是对“两会”代表驻地的街道、社区进行保密安全检查并发放保密宣传品。同时，加大对区政府各级门户网站发布信息的检查力度。

（黄　洁）

【涉密中央文件保密管理专项检查】 4月3日，按照市委保密委通知要求，由区保密局牵头，会同区委机要局成立“涉密中央文件保密管理专项检查”领导小组，部署全区检查工作。检查采取自查与抽查相结合、现场检查与远程检查相结合的方式进行。前期要求全区106家单位对照检查目录规定的内容落实责任。在此基础上，对重点单位开展抽查并利用保密检查平台对全区93个机关网站进行远程检查。

（黄　洁）

【保密法制宣传月活动】 4月16日，区保密局制定下发《丰台区保密法制宣传月实施方案》，将5月定为全区保密法制宣传活动月，采取多种形式集中开展保密宣教：保密知识讲座。5月4日，区保密局局长尚保华对全区2013年度军转干部进行保密知识授课。《丰台报》刊登《保密法实施条例》解读。在5月23日的《丰台报》上，将《保密法实施条例》中应重点掌握的内容分章节进行深入解读。保密普法专题调研。5月21日，区人大常委会副主任苗华带队到丰台街道东安街头条19号院，对保密普法宣教如何在社区取得更好实效，与街道、社区领导进行座谈；5月22日，保密局局长尚保华带队到云岗街道镇岗南里社区，就如何开展好特殊地区百姓保密普法工作进行座谈。军工企业保密工作座谈会。5月23日，保密局组织辖区内15家军工企业召开保密工作座谈会，对《保密法实施条例》进行解读，就如何做好服务，广泛听取企业的意见。保密宣传资料进机关、进基层。集中购置保密书籍、挂图百余份，自行制作保密宣传册页千余份，下发到全区各单位及涉密人群相对集中的重点社区、村。

（黄　洁）

【“世界种子大会”保密服务】 4月23日，保密局局长尚保华带队前往2014年世界种子大会丰台筹备指挥部，与指挥部领导进行交流，针对指挥部下设的9个部门共同制定相应保密规定；指导指挥部组织全体人员签订保密承诺书并赠送保密宣传资料。

（黄　洁）

【党政机关网络核查分类】 6月，根据中央及北京市关于对机关、单位在用网络进行全面核查分类的通知要求，区保密局积极指导协调全区各单位开展网络核查分类、上报工作。

（黄　洁）

【开展“全国保密普查”工作】 6月，为促进保密工作精准化管理，按照国家保密局的统一要求，在上一年度全国保密普查的基础上继续开展保密普查工作，对年度新增和有变化的单位、数据进行填报。7月，完成数据的审核上报工作。

（黄　洁）

【区政府常务会议专题学习《保密法实施条例》】 7月4日，在第38次区政府常务会议上，区政府领导和全区64家委办局、街道、乡镇的主要领导共同学习《中华人民共和国保守国家秘密法实施条例》，区长冀岩强调四点：一把手要高度重视；要吃透内涵；要制定并完善工作预案；要抓好贯彻落实。

（黄　洁）

【涉密科研项目保密管理专项检查】 7月下旬，根据市委保密委“开展涉密科研项目保密管理专项检查工作”的通知要求，区保密局成立由局长任组长的专项检查小组，将全区132家机关单位和27家军工企业纳入检查序列，统一部署检查工作。在各单位自查的基础上，保密局对4家军工企业进行全面检查。

（黄　洁）

【涉密信息系统集成资质专项检查】 8月，区保密局成立检查组，对辖区内7家具有涉密信息系统集成资质的单位展开专项检查。检查组对7家单位的互联网门户网站、日常保密管理、涉密项目管理、资质证书使用管理等环节进行全面检查，对检查中发现的问题当面指出，限期整改。

（黄　洁）

【国家秘密载体印制资质年审与重申工作】 3月，完成辖区内国家秘密载体印制资质单位的年审。8月，根据市保密局统一部署，全面启动辖区内国家秘密载体印制资质的重申工作，9月上旬完成申请材料的受理、审查、上报工作。

（黄　洁）

【保密专题党课】 9月12日，组织开展保密委员会主任讲保密专题党课活动，全区108家党政机关、企事业单位的党政主要领导150余人参加。保密委员会主任孙军民以“认清形势 关注细节 扎实推进网络保密管理工作落实”为主题，解读当前保密工作中存在的突出问题，重点阐述“领导干部保密责任制”的重大意义。号召全区领导干部以身作则，带领全员切实筑牢保密防线。

（黄　洁）

【保密干部全员培训】 10月14至15日，区保密局以“创新思维，依法治密”为主题举办保密干部全员培训。培训课程分为3个部分，突出“精而管用”的务实原则。来自全区机关单位的120名专兼职保密干部参加培训。

（黄　洁）

【确定定密责任人】 年内，按照市保密局的统一部署，根据《国家秘密定密管理暂行规定》的要求，区保密局组织全区103家机关单位完成定密责任人的确定、上报工作。

（黄　洁）

【自查自评工作】 11月，围绕国家保密局下发的《机关、单位保密自查自评工作规则（试行）》及《机关、单位保密自查自评工作标准》，广泛听取保密局工作人员、区属机关单位保密干部的意见，对自评标准进行修订，使其更具有操作性和实用性。将修订后的自评标准编入《保密工作手册》，要求自评结果随手册上报，由保密局对结果进行复核并给出综合评价，增强保密日常监管。

（黄　洁）

【《保密工作》征订】 年内，区保密局充分认识到《保密工作》在保密宣教方面所起的重要作用，坚持做好刊物征订工作，确保征订工作覆盖到区级和处级党政主要领导，覆盖到保密干部，覆盖到涉密重点部门及部位，覆盖到涉密人群相对集中的特殊群体，覆盖到涉密军工企业及国家秘密载体印制企业。

（黄　洁）

【国家级考试考务保密检查】 年内，按照《国家教育考试考务安全保密工作规定》中的职责分工，在辖区高考、中考、成考、自考等国家级考试期间，对区考试中心及各考点保密室启用前的物防、技防情况和责任落实情况进行检查，对试卷的运输、交接、分发、封装等重点环节现场监督。

（黄　洁）

【军工企业保密资格审查认证】 年内，严格按照《武器装备科研生产单位保密资格审查认证管理办法》的规定，完成辖区内军工企业申请保密资格的初审工作。

（黄　洁）

【政府信息公开保密检查】 年内，加大对区政府政务网和互联网的检查力度，坚持每天对区党政机关办公平台和政府外网的门户网站进行检查。

（黄　洁）

区直机关工委工作

【概　况】 2014年，在区委的领导下，区直机关工委在区直机关系统深入贯彻落实党的十八大、十八届三中、四中全会精神，围绕党的群众路线教育实践活动，谋划和组织开展机关党建工作。年内，组织区直机关系统66个单位党员干部集体观看电影《周恩来的四个昼夜》和反映南水北调建设的电影《天河》。选取区发改委、区市政市容委作为全区基层党组织试点单位；以典型选树为抓手，为机关工委系统各党组织提供工作标杆，分期总结12个机关基层党组织的典型经验。

（李　林）

【党的群众路线教育实践活动】 年内，按照中央和市、区委有关深入开展党的群众路线教育实践活动部署和要求，区直机关工委在区委教育实践活动领导小组的正确指导下，组织开展“转作风、强服务”思想教育实践活动，转变工作作风，发挥示范引领作用。工委班子成员率先垂范，在思想上和行动上把自己“摆进去”，全力根除“四风”；改变沟通联系方式，变被动为主动，学习借鉴怀柔区、石景山区先进经验；继续深化“三进三服务”活动。指导基层党组织建设，组织发放相关学习资料，督促抓好党员干部学习；牵头组织区直机关和全区机关直属事业单位党组织书记、纪检委员共150人的群众路线教育实践活动专题培训；指导基层党组织开展专题组织生活会，深入查找剖析机关党组织存在的突出问题；落实区直机关系统不合格党员专项整治工作。

（李　林）

【基层党务干部能力素质建设】 年内，针对机关基层党组织的不同情况，采取集中授课与个别辅导相结合的教育培训方式，先后开展党员发展程序规范培训、新任党组织书记任职谈话提示、部分基层党组织帮带式学习交流等培训工作，全面提升基层党务干部的能力素质。

（李　林）

【基层组织换届选举】 年内，重点加强机关党组织的换届选举工作。做到有计划、有部署地对基层任期届满的机关党委、总支和支部的换届选举工作进行督促、指导和检查，对基层党组织负责人缺额的及时调整充实，选好配强基层党组织领导班子队伍，确保机关党建工作运转正常。全年共改选党总支、党支部25个。

（李　林）

【开展专项检查】 年内，按照中央、市委组织部的要求，在全区机关开展《中国共产党党和国家机关基层组织工作条例》及实施办法贯彻落实情况自查；同时，按照20%比例，对16个机关党组织进行抽查。

（李　林）

【开展体育健身活动】 年内，转变工作理念，创新活动形式，将传统的集中比赛变为系列赛事活动，组织羽毛球比赛，共有41家单位191人次参加；开展园博园健步走活动，共有68家单位908人参加，其中区机关事务管理处、区民防局、区信访办分获三个组别第一名；组织太极拳骨干培训班和瑜伽骨干培训班等活动。

（李　林）

【举办知识竞赛】 年内，组织区直机关工委系统“守党纪、转作风、做表率”党纪政纪知识竞赛，共有24家单位参加，选送区园林绿化局、区商务委两支队伍参加全区比赛，并分获全区第一、二名。

（李　林）

【组织纪念活动】 年内，组织机关干部分别参加中央组织的“七七事变”、抗战胜利69周年纪念活动以及区委组织的烈士纪念日活动，接受爱国主义教育。

（李　林）

【召开工作座谈会】 2014年11月和12月分别召开部分机关基层党组织书记工作研讨会和机关基层党员代表座谈会，就加强2015年机关党建工作思路和重点工作，广泛征求各方意见，为进一步转变机关作风、提高服务党员群众质量提供依据。

（李　林）

党校工作

【概　况】 2014年，区委党校（简称党校），在区委区政府的领导下，以全面深化改革为主题，围绕贯彻《中共中央关于全面深化改革若干重大问题的决定》这条主线，以“大培训、大科研、大保障”为抓手，深化教学、科研、保障改革，实现“决胜2014”全年工作总布局。以党校（行政学院）更名为契机，提升党校教育自信力；以开发新课程、设立教育基地的形式强化干部教育培训内容；以科研课题为牵引强化党校、区行政学院和社会主义学院为丰台区建设建言咨政；以群众路线教育实践活动为动力增强党校建设的凝聚力。全年，共举办各级各类培训班55期，培训学员9767人次；接待国际、国内现场基地教学团体12期，共600余人次；共有15个科研课题获立项，其中：国家级科研课题1项，市级科研课题4项，区级科研课题6项，校级科研课题4项。

（李树贵）

【“决胜2014”工作总布局】 年内，党校以“决胜2014”为目标，以把学习习总书记系列讲话精神引向深入，把贯彻党的十八届三中、四中全会精神引向深入，把开展党的群众路线教育实践活动和巩固其成果引向深入作为全年干部教育培训工作的总布局，为全区干部增强政治定力，提高人格魅力，提升工作魄力。

（李树贵）

【开展群众路线教育实践活动】 年内，党校召开党的群众路线教育实践活动动员会，组织学习区委关于开展党的群众路线教育实践活动的精神，结合党校工作的实际，确立“为民、务实、清廉”的活动主题，部署开展党的群众路线教育实践活动实施方案。校委班子成员先后召开5次有40人参加的座谈会，个别访谈45人次；6名班子成员相互谈心，分别与分管科室36人谈心。校委领导班子查找宗旨意识、工作作风、廉洁自律等方面的突出问题28条，建议5条；处级党员干部查找问题135条。按照“照镜子、正衣冠、洗洗澡、治治病”的总要求查摆问题、分析原因、撰写对照检查材料、提出整改措施，制定领导干部取消小食堂、固定用车等特殊待遇，重新修定《中共北京市丰台区委党校规章制度汇编》等具体整改措施600余条。在总结大会上，督导组充分肯定党校的群众路线教育实践活动取得的成果，要求党校把群众路线教育实践活动的成功做法和经验用制度的形式固定下来、不折不扣地贯彻落实下去。

（李树贵）

【承担国家行政学院课题】 年内，党校以课题组的形式首次承担国家行政学院协作课题《丰台文化强区战略研究》，探讨如何把丰台建设成为充满活力的首都文化强区。以文化强区战略内涵及评价指标体系、丰台区文化强区战略的优势与挑战、实现文化强区的意见建议为课题内容。课题组多次向国家行政学院科研部、社会和文化教研部的领导专家请教，先后到丰台区委宣传部、区发改委、区文委、区统计局等机关调研，课题组先后6次研究调研提纲，5次讨论调研结果，最终形成文稿。3月，北京市行政学院组织专家盲审，获得总评第一，国家行政学院准予课题结项。

（李树贵）

【成人学历教育】 3月5日，党校成人学历教育课题组系统梳理资料、全面总结党校1983年至2013年成人学历教育历程。完成《学历教育三十年 党校育才谱新篇》—丰台区委党校成人学历教育工作总结，并整理成册，详细记载成人学历教育历经创办、发展、退出三大阶段，总结“三个坚持”（坚持培育各类社会人才、坚持打造党校教师队伍、坚持完善党校教育制度的）的工作成就和“三个坚定”（坚定贯彻党校教育正规化方针、坚定秉持党校育才为本的办学宗旨、坚定遵循党校教育原则教学规律）的办学经验，承载着党校30年的成人教育成果。

（李树贵）

【区行政学校更名】 6月16日，根据丰台区机构编制委员会办公室《关于北京市丰台区行政学校更名的通知》（丰编发〔2014〕56号）的文件精神，原中共北京市丰台区委党校（北京市丰台区行政学校）更名为中共北京市丰台区委党校（北京市丰台区行政学院）。学院由中专类院校提升为大专类院校。

（李树贵）

【“MPA教育实践基地”揭牌】 9月19日，首都师范大学、党校“MPA教育实践基地”揭牌仪式在党校礼堂前举行。首都师范大学管理学院党委书记胡洁主持，党校常务副校长李富国致辞，首都师范大学管理学院院长赵新峰讲话。首师大管理学院与党校通过协商形成共识，党校提供教学设备和场所，首师大管理学院负责教学和招生，从2015年起，双方合作办学共同培养公共管理硕士（MPA）研究生。

（李树贵）

【“廉政教育基地”揭牌】 11月14日，区纪委、党校“廉政教育基地”挂牌仪式暨廉政教育座谈会在区委党校举行。区纪委书记李军、副书记王和友，党校常务副校长李富国，副校长范十月、张晓霞等共同探讨党风廉政教育的内容、方式，查找、分析存在问题的原因，提出一些解决现实问题的办法。

（李树贵）

【“法制教育基地”揭牌】 12月2日，丰台区司法局、行政学院举行“丰台区法制教育基地”揭牌典礼。为弘扬宪法精神，强化丰台区领导干部和公务员的法治意识，丰台区司法局确立区行政学院为“丰台区法制教育基地”。

（李树贵）

【开发新课程】 年内，党校开发《深入学习贯彻习近平总书记系列讲话精神》、《中国梦与中国特色社会主义》、《中国梦与党的群众路线》、《当前反腐形势与反腐倡廉建设》、《强反腐倡廉意识，提高拒腐防变能力》、《坚持依法行政，建设法治政府》、《发挥协商民主优势，推进基层民主建设》、《培育和践行社会主义核心价值观》、《〈中国共产党历史〉第二卷导读》、《〈论共产党的修养〉导读》、《京津冀协同发展与丰台非首都核心功能疏解》等课程。实现培训的系统思维，提高培训的实际效果，在教学方式上开发情景体验式教学、现场互动式教学、问题导向式教学、行动学习式教学、无教授自助式教学等干部教育培训新模式。通过对不同的班次的更新课程设置、增设不同的教学方式。

（李树贵）

【合作科研】 年内，党校与中国人民大学农业与农村发展学院合作《丰台区新老二元结构问题的研究》课题，与通州区博士联谊会、通州党校、通州社工委、新华街道合作《社会服务管理创新项目》课题，与市委党校合作《丰台区城乡结合部治理问题研究》、《丰台区行政执法体制改革研究》、《新型城镇化进程中发挥基层党组织作用研究》课题；区行政学院承担国台办的《基层涉台教育浅谈》和区台办的《丰台区涉台教育工作的实践与思考》课题；区社会主义学院通过招标赢得的《人民政协与基层民主协商研究》、《丰台农村产权制度改革和产业发展协调》课题，这些课题为政府机关、领导决策、咨询以及推动工作提供重要参考。

（李树贵）

【修订规章制度汇编】 12月30日，落实党校的群众路线教育活动整改措施，对原《中共北京市丰台区委党校规章制度汇编》进行重新制定、修改和完善，形成《中共北京市丰台区委党校、北京市丰台区行政学院、北京市丰台区社会主义学院规章制度汇编》。增加区行政学院、区社会主义学院的相关职能和工作，对不符合现实工作需要和存在问题的职能和规定进行修改，为规范人、财、物的管理制定新的规章制度，包括基本任务、“三重一大”制度、岗位职责、日常管理、教学管理、科研管理、经费管理、物资保障、党的建设、考核评估等十大类主体的职责规定50件，管理规定89件；废止职责规定3项，增加3项；废止管理规定23项，增加26项。

（李树贵）

党史资料征集工作

【概　况】 年内，区党史资料征集工作按照区委工作部署，结合党史办实际，制定党的群众路线教育实践活动实施方案。同时以领导干部转变“四风”为整改重点，通过健全工作机制，建立和完善听取群众意见、民主科学决策、项目经费管理、廉洁勤政规范、工作检查督促、绩效考核应用、工作效率评估、综合信息反馈等工作机制和制度，解决党史工作中存在的突出矛盾和问题。编纂完成十余万字的《丰台党史教育读本》，作为开展党的群众路线教育实践活动的一项重要成果。

（张国庆）

【党史宣传活动】 年内，继续开展党史宣传月有奖征文活动，共收到各类征文352篇。编写和整理《党的历史上重要会议简介》和《党史知识简介》宣传册，发放到全区各基层党组织。党史办组织人员分别到槐树岭中学、右安门街道东庄社区、新村街道优筑社区和长辛店镇郭公庄村等基层单位，围绕党的建设发展、群众路线活动和深化改革发展等内容为中小学生、党员干部、企业工人进行党课教育，并赠送党史书刊。12月18日，丰台区委党史办组织召开党史宣传月活动总结表彰会，为获奖单位和个人代表颁奖。

（张国庆）

【党史征研工作】 年内，编纂完成《中国共产党北京市丰台区历史大事记（2001—2013年）》《党史宣传月征文获奖作品汇编2012-2013》等刊。组织编纂《丰台党建资料（2011-2013）》。全年，共收到81个单位的党建资料。

（张国庆）

【开展群众路线教育实践活动】 2月27日，区委党史办召开党的群众路线教育实践活动动员会，组织学习区委关于开展党的群众路线教育实践活动的精神，并结合丰台区党史工作的实际，对党史办开展党的群众路线教育实践活动进行部署，确立“纠四风、强素质、学党史、谋发展”的活动主题。4月28日，党史办全体工作人员参观“北京市反腐教育基地”，以配合本单位的党风廉政建设和群众路线教育实践活动整改工作。5月，为检验群众路线教育实践活动的具体成果，继续开展党史宣传“三进”活动，即党史宣传进入中小学课堂、进入乡镇村和街道社区讲堂、进入企业单位党课。10月29日，党史办召开党的群众路线教育实践活动总结会。

（张国庆）

【开展调研活动】 7月1日，丰台区委党史办常务副主任杜来全一行4人到丰台区南苑乡成寿寺开展调研，与北京丰台金城源投资管理公司（原成寿寺村）党总支就新农村建设股份制改革中遇到的困难，采取的措施，工作思路、建设方法、经验推广以及坚持党的建设等问题进行交流。通过调研，党史工作者对全区农村股份合作制改革有了直观的印象。

（张国庆）

【启动党史编写工程】 8月13日，《中共北京市区县历史丛书·丰台卷》编写工程正式启动，党史办常务副主任杜来全主持启动仪式，并部署具体工作。组建编写领导小组，聘请多名退休老同志组成编辑部，着手进行纲目设计和资料征集工作。

（张国庆）

【出版党史大事记】 8月18日，《中国共产党北京市丰台区历史大事记（2001年—2013年）》正式出版发行。该书记录2001年到2013年期间丰台区在党的领导下所经历的重大事件、重要会议、重点人物和重要成果，区委书记李超钢为该书作序。

（张国庆）

【开通党史网站】 11月4日，中共丰台区委党史资料征集办公室网站（网址：http://ftds.bjft.gov.cn/）正式上线开通。网站建设以“党史知识的学习园地、党史信息的传播阵地、党史研究的交流平台、党史工作的展示窗口”为宗旨，设立工作动态、党史大事记、党建资料、丰台党史、编研成果、党史宣传、基层党建、组织机构等栏目。采取图像与文字说明、历史背景与现代发展相结合的方式，从多个角度展示中国共产党领导丰台革命和建设所取得的辉煌成就，宣传丰台党史上的重大历史事件和重要人物，弘扬党在不同历史时期、不同历史阶段和不同时代条件下所凝聚的革命精神和优良作风。

（张国庆）

【开展有奖征文活动】 年内，依据市委党史研究室开展“党史宣传周”的要求，并结合丰台区的实际，制订下发“党史宣传月”活动安排的通知。根据此通知精神，重点开展有奖读书征文活动。活动共收到各类读书征文352篇。按照标准，对征文进行评比遴选，共遴选出60篇优秀文章作为获奖文章，评出《丰台的故事 历史的足迹》等10篇文章为一等奖，《玉东二社区“大管家”》等 20 篇文章为二等奖，《玉润以温 惠民以诚》等 30 篇文章为三等奖；太平桥街道、新村街道、丰台区房屋管理局、卢沟桥街道、卢沟桥乡、丰台区城市管理综合行政执法监察局等 6 个单位获得优秀组织奖。

（张国庆）

纪检监察工作

【概　况】 2014 年，丰台区的纪检监查工作在市纪委和区委区政府的领导下，履行党的纪律检查和行政监察两项职能，加快落实“三转”（转职能、转方式、转作风），全面推进纪律检查体制机制改革；践行群众路线，着力打造作风建设常态化机制；聚焦主责主业，不断加大惩治和预防腐败力度，成功查处“6·24”、“9·11”专案要案。年底，区纪委监察局被市纪委、市人力资源和社会保障局、市监察局联合表彰为案件工作先进单位，荣立集体一等功，胡春溪、任凤东等同志被记功通报表彰。

（韩永海）

【中共丰台区纪委十一届五次全会召开】 2 月 18 日，中共丰台区纪委十一届五次全体会议召开，全会充分肯定 2013 年区纪委常委会工作及全区党风廉政建设和反腐败工作，并明确 2014 年工作思路和主要任务。全会强调，要聚焦中心任务，加强反腐败体制机制创新和制度保障；要加强党的纪律建设，坚持用严明的纪律改进工作作风；要建立健全案件查办工作协调机制，坚持以零容忍的态度惩治腐败；要完善权力制约与监督机制，强化对党员干部的监督、管理和教育；要加快转职能、转方式、转作风，切实提高纪检监察组织履职能力。

（韩永海）

【开展党的群众路线教育实践活动】 年内，成立由李军同志为组长的党的群众路线教育实践活动领导小组，狠抓学习教育、听取意见，查摆问题、开展批评，整改落实、建章立制三个环节，查纠整改 25 个意见建议，以整风精神开展委局班子民主生活会，对委局现有制度进行全面梳理，废止制度 6 个，修改完善制度 17 个，新制定制度 12 个，初步建立起以制度建设统领全局工作的长效机制。

（韩永海）

【推进主体责任落实】 年内，制定《贯彻落实〈建立健全惩治和预防腐败体系 2013－2017 年工作规划〉的实施办法》，将年度目标任务细化分解到 87 个牵头和协办单位。组织区委区政府领导带队检查责任制落实情况，约谈分管单位党（工）委、党组书记，督促落实责任。组织区园林绿化局、丰台街道等 16 个单位党（工）委书记，接受丰台有线、丰台报的访谈，在全区形成讲责任、抓落实的氛围，年底，在全市组织的党风廉政建设责任制检查中取得 91.26 分的成绩，在 16 个区县中名列前位。

（韩永海）

【“三转”机制的落实】 年内，在内设机构、行政编制、领导职数总量不变的情况下，两次进行机构调整，新成立案件监督管理室和 3 个纪检监察室，组建组织部、宣传部、党风政风监督和预防腐败室。要求纪委书记、纪检组长不再分管其他工作，街道纪工委书记原则上不再分管其他工作，把力量聚焦到监督执纪问责上，对牵头或参与的 38 个议事协调机构进行清理调整，保留参与议事协调机构 11 个，精简率达 71%。转变教育方式，抓早抓小，建立早发现、早提醒、早处置机制，制定区纪委监察局约谈办法，全年约谈委办局、街乡镇党政主要领导 6 人次，约谈基层纪检监察组织负责人 12 人次。

（韩永海）

【加强监督检查】 年内，制定《关于加强窗口单位作风建设的规定》《关于规范党员干部办理婚丧喜庆事宜的暂行规定》，要求全区领导干部作出不出入私人会所承诺，要求农村地区党员干部做到“三明示一公开”。对清洁空气行动计划、保障性住房建设、行政审批制度改革和打击违法用地违法建设开展立项监察，下发监察建议书10份，对7名干部进行行政问责，严肃查处长辛店镇辛庄村违法占地案件，给予党纪处分2人。

（韩永海）

【开展正风肃纪专项整治】 年内，成立25个明察暗访监督组，对全区各单位进行高频次、全方位、不间断监督检查。结合市、区要求，开展“门难进、脸难看、话难听、事难办”、借公务之名旅游、大操大办婚丧喜庆事宜和基层干部豪华装修办公用房等十个方面专项整治。全年共开展各类监督检查558次，发现纠正问题340个，批评教育79人，对35个单位、11名个人进行通报曝光，给予党纪政纪处分6人。

（韩永海）

【重拳惩治腐败】 年内，开展严肃查处农村基层党员干部不正之风和违法违纪行为专项行动，大起底排查案件线索，对涉及农村主要干部的案件线索，区纪委负责直接查办，严肃查处卢沟桥乡六里桥村集体经济组织原负责人张会民、南苑乡新宫村原党总支书记赵胜利等腐败案件。全年区纪检监察组织共接受信访举报790件（次），同比上升18%；初查核实195件，同比提高23%；立案查处违纪违法案件81起，大案要案52件，分别同比增长84%和53%；给予党纪政纪处分69人，移送司法机关18人，分别同比增长85%和20%；区检察院共立案侦查贪污贿赂、渎职侵权等职务犯罪41人，区法院审结贪污贿赂案件32件、渎职侵权案件6件。

（韩永海）

【规范审查程序】 年内，对初核、立案、调查、移送审理等关键环节的审批权限和工作流程进行逐项规范。制定案件线索排查制度，规范拟立案、初核、暂存、谈话函询和了结5类处置标准，严格落实行政执法机关向监察机关移送违反行政纪律问题线索的规定。制定安全文明办案规定和责任追究机制，升级改造办案设施，开展办案场所安全情况监督，进一步完善涉案款物和扣押物品保管办法，实现全年“办案人员零违纪、办案安全零事故”的目标。

（韩永海）

民主党派

民革丰台区工委

【概　况】2014年，区工委党员总数214人，新增党员15人；区人大代表3人，区政协委员13人。年内，区工委提交了《给高端人才提供更好服务保障的建议》、《关注老年人精神需求，创新我区特色养老形式的建议》2件党派提案，作了“关于把养老事业融入到文化强区战略之中，打造我区特色文化养老品牌的建议”的大会发言。其中，《关注老年人精神需求，创新我区特色养老形式的建议》被列为区政协重点提案，区老龄委负责办理，区政协副主席邢方岭进行督办；《给高端人才提供更好服务保障的建议》的党派提案由组织部、区人力社保局、区教委等多个部门联合办理和答复。在区政协九届二次全会上提交的提案《关于促进园博会会址后期利用》获党派优秀提案。全年出版《丰台民革之声》4期。

（康冬花）

【举办新党员培训会】 3月22日，区工委举办了新党员培训会。为新党员介绍了民革党史、区工委基本情况和组织工作主要职责。副主委张俊峰做了“如何提升参政议政能力及做好信息工作”的专题培训；老主委杜荣军介绍了参政议政工作经验和体会，并提出具体建议；统战部副部长蒋旭东介绍了区经济社会发展情况；六位青年骨干党员分别从专委会工作、支部工作、信息工作、参政议政工作及政协委员如何履职等不同角度介绍了工作经验；主委张兆旗对区工委“团结、民主、奉献、互助”八字精神理念进行了解读，并对如何做好党派工作提出了要求。

（康冬花）

【创新参政议政新形式】 4月至10月，区工委根据拟定的议政题目，发挥党员的专业特长，以党员中的专业人才为主讲人，通过“双周知情议政会”的形式，开展了集讲座、学习、座谈为一体的“京津冀一体化发展对我区带来的机遇与挑战”、“知识产权对经济建设的支撑”、“塑造企业型政府的思考”、“智慧型社区是我们生活的未来”、“国际教育理论”、“从阿里巴巴上市看中国电子商务发展”6次活动，参与人员达200人次。党员在活动中开展了互动研讨，发掘出了热点信息和调研选题。

（康冬花）

【举办暑期学习班】 8月15日至16日，区工委在昌平举办了主题为“继承光荣传统，坚定不移走中国特色社会主义道路，提升参政议政能力”的暑期学习班。区工委班子成员、各支部班子成员及各专委和新党员代表60人参加了学习班。主委张兆旗作了开班动员讲话，要求大家继承民革光荣传统，注重学习；统战部副部长蒋旭东通报了丰台区党的群众路线教育实践活动开展情况，对区上半年经济社会发展形势和发展中存在的问题进行了介绍和分析；民革市委研究室主任刘家麒就如何提高参政议政能力和做好信息工作进行了阐述。各支部和专委会还进行了分组讨论以总结经验，查找不足和研究下一步工作安排。

（康冬花）

【开展抗战文化调研活动】 年内，区工委先后两次与区宣传部、中国人民抗日战争纪念馆开展了“弘扬爱国精神，维护世界和平，打造丰台抗战园区”调研，共同就在卢沟桥地区建设“中国抗战文化历史档案馆”、“世界反法西斯战争纪念馆”、“世界反法西斯抗战影剧院”及抗战文化学术研究机构和休闲旅游场所的工程进行了研讨。

（康冬花）

【信息推动工作】 年内，区工委信息被民革北京市委采用56条，其中被民革中央、市统战部、市政协采用信息10件。张楠撰写的《中关村示范区内土地出让条件亟待进一步明确》的信息，得到副市长苟仲文批示。张俊峰撰写的《关于加强〈北京市节约用水办法〉的执法力度，杜绝遍布京城各小区中净水机尾水巨大浪费》的信息被副市长林克庆批转给市水务局局长金树东，并于12月30日在丰台节水办召开了协调落实会议。

（康冬花）

【推动两岸交流合作】 年内，为推动丰台区招商引资，促进两岸经济合作，区工委邀请台湾立法院立法委陈学圣国会办公室主任、中华台湾向阳两岸产业交流发展协会秘书长、博士何东皓到丰台区参观考察。7月16日，何东皓参观了丰台花卉总部基地。区委统战部副部长、区台办主任房书勇，区民政局党委委员、老龄委主任刘藏生，区委统战部副部长蒋旭东，花卉总部基地总经理刘德君，民革丰台区工委副主任张俊峰及部分民革党员陪同考察。考察中，区相关领导介绍了花乡的历史沿革及种养殖花卉现状，何东皓介绍了台湾方面农业科技、花卉育种、养殖及商业运作方面的情况。双方分析了各自优劣势，表达了合作愿望，并约定尽快安排总部基地的专业技术人员赴台湾考察专业花卉育种、养殖、商业运营情况并洽商合作。

最后，房书勇作了总结讲话，肯定了此次活动的意义，并代表区委统战部感谢民革丰台区工委、民革党员为做好区统战工作，推动两岸交流合作所做的努力。

（康冬花）

【弘扬抗战精神】 区工委一直注重于宣传抗战将领事迹和弘扬抗战精神，2007年和2012年两次向区委、区政府提交关于设立佟麟阁将军及同难官兵殉国处纪念标志的提案和建议，工委主委张兆旗也多次向民革市委文史委员会反映，最终引起北京市相关部门的重视，于年内11月将丰台南顶中学更名为佟麟阁学校。2012年区工委受赵登禹女儿赵学芬委托，建议在赵登禹学校修建赵登禹将军事迹陈列室，并成立“关于在赵登禹学校重设赵登禹将军事迹陈列室”的调研小组，先后到丰台区教委和赵登禹学校调研。经过努力，2014年9月3日，赵登禹学校举行了“赵登禹将军事迹纪念馆开馆仪式”。区工委应区教委和北京市赵登禹学校邀请，出席了开馆仪式。

（康冬花）

【智障儿童村献爱心活动】 11月中旬，二支部联合区工委社会服务专委会和各支部主委组织了“自愿捐赠献爱心活动”。12月13日，部分党员将一批急需物资送到天津牧羊地儿童村，与儿童村的创始人、运营总监进行了会面，了解了儿童村的历史及运营状况，就各自关心的问题进行了讨论，并分三组与孤残儿童及其家庭进行了互动。

（康冬花）

【开展纪念抗战胜利69周年抢救史料活动】 年内，为纪念抗战胜利69周年，区工委请专业视频技术公司人员对93岁的民革党员、黄埔老人张祖光进行了采访，将其关于抗战时期的叙述整理为历史资料并编辑制作成光盘，用来教育各级党员。资料在北京电视台《北京您早》节目中播出。

（康冬花）

【进一步实践基层协商民主的新方法】 年内，区工委会同区政协四室、区社会主义学院针对方庄地区的蔬菜直通车、环境改造、公交微循环等问题成立民主协商小组，将方庄地区作为试点，继续探讨如何发挥民主党派在基层协商民主中的优势和作用，如何拓宽在基层民主协商领域里的新方式，注重关注社区、服务身边，进一步增强党员参政议政意识。

（康冬花）

民盟丰台区工委

【概　况】 2014年，民盟丰台区工委有基层支部13个，年内组织发展5名优秀青年入盟，年增长率3.8%。截止年底，盟员总数为345人。在区政协九届三次全会上提交的《增加消费供给能力 促进区域经济发展》被评为区政协2014年度优秀集体提案。张雪梅、赵欢、张桂敏、田祖豪被聘为丰台区政府新一届特约监察员。

（李亚一）

【政协提案热点多获奖多】 年内，区工委在区政协九届三次全会上提交《增加消费供给能力 促进区域经济发展》、《农村地区协商民主制度建设》两项党派提案，其中前者同时作为区工委在政协全体会议上进行大会发言的核心内容，年初被列为区政协领导亲自督办的年度重点提案，年终被评为区政协2014年度优秀集体提案；委员提交个人提案20件，内容涵盖了区域经济社会发展和民生关切的热点问题。

（李亚一）

【广泛征集重点调研课题】 年内，区工委首次面向全体盟员公开征集年度重点研究课题，将“关于促进丰台文创产业大发展大繁荣的建议”作为2014年度党派调研重点课题，并作为区工委在区政协九届三次全会大会发言的主要内容。

（李亚一）

【组织委员节庆活动】 3月15日，区工委妇委会、老龄委联合在北京戏曲艺术职业学院参观校史展览，观看了《中华美德故事汇·京剧专场》演出，共庆“三八”国际妇女节。9月19日，区工委组织老盟员秋游活动，近30名老同志游览了门成湖公园。

（李亚一）

【报送信息量大质高】 年内，区工委优化、固化了信息工作管理流程，坚持“数量质量并重、更加注重质量”的工作方针，每季度开展一次信息工作定量定性分析，并将分析报告刊登在《丰台盟讯》上；先后两次召开信息工作领导小组会议、一次信息工作研讨会。社情民意信息工作进一步实现了从信息专项行动到制度化、常态化管理的转变。全年，区工委共报送信息133篇，其中，张振军撰写的《建议为昆明“三一”暴恐事件遇难同胞设立全国哀悼日》、李亚一撰写的《我国对外援助也应有法可依》被民盟中央采纳；焦健撰写的《关于完善农村房屋登记制度、设立担保物权促进产权转移的建议》获得中共北京市委常委牛有成的重要批示；张雪梅撰写的《警惕未成年人流浪乞讨新趋势》和《完善<北京市控制吸烟条例（草案修改建议稿）>的建议》获得区长冀岩的重要批示。其中4条信息被市政协采纳；赵欢撰写的《关于废止“丰台镇”作为地名标识的建议》获得区政协主席李昌安的重要批示。年内区工委还印发了《民盟丰台区工委2013年参政议政建言集》。

（李亚一）

【统战理论研究】 年内，区统战理论研究会活动主要以学习中共十八大，十八届三中、四中全会和民盟中央十一大精神为主，以十八大提出的“健全社会主义协商民主制度，推进协商民主广泛、多层、制度化发展”为重点研究课题。在研究中，突出理论与实践结合的原则。

（李亚一）

【注重思想宣传】 年内，共编印《丰台盟讯》4期，配合盟市委开展《我与民盟》征文活动，在思想交流专栏刊登丰台盟籍的区政府特约监察员、区政协委员履职体会和经验介绍等。以区民盟组织成立30周年为契机，开展了《我与丰台民盟》征文活动。在第三期盟讯上刊发专文纪念因病逝世的民盟北京市委原副主委、区政协原副主席、区工委原主委韩笃昇，得到盟员共鸣。10月，区工委获民盟中央“思想宣传工作先进集体”称号，杜军代表区工委参加民盟中央思想宣传工作会议并领奖。

（李亚一）

【各领域展现盟员风采】 年内，盟员张雪梅应邀接受丰台电视台“政协视窗”栏目专题采访；张振军应邀为区政协讲坛暨理论中心组扩大学习活动作题为“当前外空安全形势和热点问题”的专题讲座；高广颖在参加区政协组织的“社区卫生服务专题协商调研”时接受丰台电视台采访；高旭在长辛店镇辛庄村进行义诊时接受丰台电视台采访。梁大庄、高旭等参与了区委宣传部组织的“发现丰台之美”活动，并撰写了征文。区工委副主委张振军当选新一届北京市侨联委员。

（李亚一）

【基层组织建设】 年内，按照民盟“基层组织建设年”要求，11月16日，区工委召开了民盟丰台区工委基层组织建设工作会议。会议对加强支部领导班子建设提出了明确要求，要求班子成员要主动与支部盟员、与单位党委交朋友，与他们沟通思想，增进共识，和谐合作；要注重提升基层支部活动的质量，增强基层盟组织的凝聚力。

（李亚一）

【开展支部活动】 年内，区工委所属13个支部相继开展了36次活动。医务一、二支部分别到北京基督教会丰台堂和振华民生流动人口子女学校开展义诊；首都经济贸易大学（西区）支部与北京市十二中支部建立了定期合作互助与交流机制；教育一、四支部联合开展活动，多次看望病重老同志；教育二支部组织盟员参观了中国人民抗日战争纪念馆；教育三支部盟员曲燕自8月起参加为期一年的援藏教学工作；经济支部就京津冀一体化战略到河北固安县参观；首都医科大学支部、医务一支部、北京京剧院支部联合参观了北京市京剧院。

（李亚一）

【发挥优势为社会服务】 年内，区工委配合区政协和统战部开展“丰台区政协委员、民主党派律师法律服务公益行”活动，3名盟员与望园、丰台路口、晓月苑二区三个社区结成“一对一”服务，到社区开展宣传和讲座10场次，解答法律问题100多人次。为拓展青少年消费教育引导的途径，延伸消费教育引导的受众范围，号召青少年儿童参与消费维权和公益宣传与服务活动，3月15日，区工委与区工商分局、区劳技中心（方庄少年宫）合作建立了青少年“消费教育基地”。8月25日，区工委在区卢沟桥街道望园社区开展了“为孩子们撑起一把安全伞——儿童安全行”社会服务活动，分别对儿童和家长进行参与式培训，共80多名儿童和家长参加了活动。活动中，为每位儿童和家长赠送了《守护童年——春蕾计划·护蕾行动儿童手册》、《守护童年——春蕾计划·护蕾行动家长手册》和《儿童伤害预防指导手册》等共150册，还为每位儿童赠送了由爱心人士捐赠的书包50件。10月22日，区工委与民盟中央社会工作委员会在区卢沟桥社会福利中心联合举办了“民盟送爱心健康公益行”活动，为卢沟桥社会福利中心的200多位老人和员工进行无创健康测评，建立健康信息档案，同时为老人进行健康咨询。

（李亚一）

民建丰台区工委

【概　况】 2014年，民建丰台区工委以学习、贯彻、落实中共十八届三中、四中全会精神、民建十大精神为重点，继续开展坚持和发展中国特色社会主义学习实践活动，注重在思想上抓引领、组织上抓凝聚、议政上抓落实、社会服务上抓实效、自身建设上抓规范，各项工作取得了新进展。截止12月31日，支部数为16个，会员总数为513人，其中全国政协委员1人，北京市人大代表2人、政协委员1人，丰台区人大常委1人、代表9人，区政协常委3人、委员19人，各级特约人员6人。会员中，公有经济145人，新的社会阶层人士179人；大专以上学历的465人；中、高级职称的205人。全年新发展会员37人，发展率为7.6%。

（王　虹　陈永玲）

【调查研究　参政议政】 年内，区工委围绕全面深化改革的重大课题和经济社会发展的重点，强化创新驱动、推进新型城镇化建设深入调查研究，同时参与了区政协“加快推进丰台城市（镇）化进程”、“加快推进科技园区、西区建设，提升园区核心竞争力”两个议题的调研活动，其中后者的研究报告由工委委员黄树森主笔。在2014年党派提案答复会上，区工委在区政协九届三次会议上的两个提案《关于构建新型工农城乡关系促进城乡一体化均衡发展的建议》和《关于促进民间资本投资文化创意产业的建议》得到了区政协、区委统战部以及区农委、区委宣传部的肯定和全面答复。

（王　虹　陈永玲）

【组织建设】 年内，区工委按照市委下发的《会员发展工作细则》的要求，进一步健全了组织发展程序，遵照细则规定的入会条件发展会员，在会员数量、质量、入会程序等方面严格把关。注重对会员进行培训并将之贯穿于日常工作中，先后组织会员120余人次参加了民建北京市委、北京社会主义学院、中共丰台区委统战部以及区工委自己举办的新会员学习班、民主党派骨干成员培训班、暑期学习班等各种形式的培训活动。

（王　虹　陈永玲）

【开展多种活动促思想建设】 年内，区工委以学习贯彻中共十八大和全国“两会”精神，以及开展坚持和发展中国特色社会主义学习实践活动为重点，开展了多种学习教育活动。1月25日，综合二、文化、冶金自动化院三个支部联合举办了统战理论学习活动；5月10日，为纪念“五一口号”发布66周年，文化支部成立会员文化之家，带领会员学习、回顾了中国特色的多党派合作事业的发展历程；9月28日，行政支部开展了“迎国庆”座谈会，学习了总书记习近平在中国人民政治协商会议成立65周年纪念大会上的讲话精神；10月30日，文化、综合二、冶金自动化院三个支部联合举办了学习落实习近平在人民政协成立65周年纪念大会上的讲话精神的报告会，邀请北京社会主义学院的讲师为会员作了“协商民主”报告。年内，区工委继续依托民建市委网站，以《丰台民建》为平台，开展会史传统教育和形势政策宣讲，全年编辑印发《丰台民建》四期。

（王　虹　陈永玲）

【编辑制作区工委纪念册】 年内，为庆祝民建北京市委成立65周年，回顾丰台民建成立、发展的历史沿革，展示丰台民建为丰台区经济社会发展做出的贡献，区工委编辑制作了《风雨同舟在丰台——丰台民建1954—2014年纪实》，记录了自区工委成立以来重要事件的图片、文字资料，展示了区工委在继承传统、思想建设、组织建设、参政议政、社会服务等方面的重要成果和精彩瞬间。

（王　虹　陈永玲）

【社情民意信息】 年内，区工委进一步加强了对信息工作的领导。6月，召开了宣传信息工作会，通过总结工作、分析问题、查找不足、介绍经验等方式，形成了对工委信息工作的指导意见。同时，区工委信息小组在原有微信群和QQ群的基础上，进一步扩充信息成员人数规模。截止年底，区工委上报民建北京市委信息82篇，其中民建市委采用18篇，区采用4篇。会员陈雪峰、金妮合写的信息《关于个人所得税完税证明样式修改的建议》以及会员王迎的信息《尽快全面建立环境噪音监控系统 加速建设宜居北京》、《关于北京市处理与少数民族相关的治安等问题的建议》、《保障幼儿健康快乐成长防止和纠正幼儿教育“小学化”现象》获得民建市委信息工作奖励。

（王　虹　陈永玲）

【献爱心为社会服务】 年内，区工委进一步加强对社会服务工作的指导，逐步形成了以“爱心·扬帆”为品牌，以“一老一小”、“特殊人群”为重点，以定点帮扶、精准扶贫为准则的社会服务工作新格局。2月，以综三支部会员为主的民博律师事务所律师到丰台区东滨河、玉林西里等社区，开展法律服务进基层活动，就居民关心的“二手房交易中的法律风险”、“国五条对二手房买卖的影响”多次开展了义务法制讲座，并现场免费咨询。5月23日，区工委在北京市太平桥中学设立“‘爱心·扬帆’助学基地”，为学校贫困学生捐助10万元奖学金，并由此正式开启区工委与太平桥中学为期五年的助学活动。5月29日，区工委社服部、科技支部联合丰台区少年宫到河北省唐县河南村小学，举办了“扬帆希望·爱心助学”捐赠活动，共捐款捐物价值约2万元。5月30日，丰台经济一支部到丰台区儿童福利院举行庆“六一”慰问捐赠活动，共捐款捐物折合人民币3万余元。5月至8月，老龄委先后走访慰问南苑社会福利中心、新秋老年公寓两家养老机构，在为老人献爱心、送温暖的同时，对养老院的环境建设及管理现状进行了调研并取得初步调研成果。

（王　虹　陈永玲）

民进丰台区工委

【概 况】2014年，民进丰台区工委共发展会员9名，全区15个支部共有会员340人。男性142名，占42%；女性198名，占58%。退休166名占49%。其中：教育界成员252名占75%，新闻出版界成员22名占6%，科技、经济、法律、医务、文化艺术、政府机关等66名占19%。高级职称人员约占33%。进一步完善了社情民意信息工作制度，多次召开工委扩大会，通报区经济发展情况、党风廉政建设情况和学习中共第十八届四中全会精神，并为会员配备了相关的学习辅导材料。截止年底，共报送信息51件。

（李朝晖）

【服务社会 奉献爱心】 2月13日，区工委组织13名会员到区长辛店社会福利中心看望60多位五保户老人，送去礼物和祝福。3月27日、28日和4月1日，区工委丰台分院支部副主任、丰台分院心理教研室主任程忠智为区中小学及幼儿园的22位党政正职领导进行了培训，从干部的领导力与提升心理能量的角度引领被培训人寻找个人优势和内在力量。5月3日，大红门、蒲黄榆联合支部主任刘贵滨、于瑞明代表会员到河北承德兴隆县大樟子乡中心学校捐赠了36台电脑。5月31日，十中支部主任李宏卫为河北省涞水县南北庄小学的孩子们送去了支部会员捐赠的100多本图书，拟订了下一步捐书助学的活动计划。8月16日至17日，云岗支部傅国辉、王玉红、肖玉琴、潘睿华等会员作为志愿者参加了云西路社区举办的流动超市——便民大集活动，参与了现场秩序维护，给社区行动不便的老人送菜到家。

（李朝晖）

【开展多种形式支部活动】 3月7日，区工委妇委会在区党派楼举办了“听雅乐声声，学传统古琴文化”庆三八节活动，会员30余人参加。3月22日，大红门、蒲黄榆联合支部会员到大兴区红星集体农庄，进行了“亲近自然 寻找绿色 健康养生”的支部活动，参观了芽菜基地，学习了芽菜的种植技术。4月19日至20日，桥南支部30余位会员到延庆县千家店长寿岭村的望山居开展支部活动。6月8日，经济支部主任张锦邀请区工委各支部主任参观走访了支部会员李京华的大屯一号庄园。7月6日，云岗支部在云岗中学礼堂举行了纪念中国共产党成立93周年党史知识竞赛，区委统战部副部长蒋旭东和区工委主委刘占良及云岗支部会员共16人参加了知识竞赛活动。9月6日，云岗支部和经济支部在南宫世界地热博览园举行了以“同庆教师节，共享中秋情”为主题的联合活动，共19名会员参加。11月4日和12月3日，十中支部平均年龄超过70岁的老会员分别参观了中国园林博物馆和故宫博物院。11月8日，桥北支部主任李桂林组织部分会员参加了“茶之香 画之意 相会得月”茶道公益讲座，共20余人参加。

（李朝晖）

【民进市委到区工委调研】 4月26日，“为执政党助力，为国家尽责”组织建设调研座谈会在区委党派楼3层会议室召开。市委主委庞丽娟、常务副主委李焕喜、副主委李春生、组织处处长鲁剑、办公室副主任魏斌和组织处干部史亚鑫参加调研。区委统战部常务副部长李小月和副部长蒋旭东应邀出席座谈会。区工委主委刘占良，副主委徐朝辉、陈景泉、孙鲁燕、于向英以及工委委员、支部主任和办公室工作人员近30人参加座谈会。主委刘占良汇报了自区工委成立以来的工作情况；于向英、邓莉丽、傅国辉、张锦和李宏卫分别从组织发展、支部活动的开展、个人的成长经历等方面谈了个人想法，提出了意见和建议；李小月和庞丽娟针对调研在会上提出了要求。

（李朝晖）

【暑期培训学习班】 8月23日，民进丰台区工委暑期班在侨园饭店举行，100余名会员参加。会议表彰了2013年至2014年信息工作先进个人，部分支部主任和会员进行了经验交流发言。会上播放了区教委宣传片《“北京丰台 教育追梦”——北京市丰台区义务教育均衡发展纪实》，主委刘占良传达了民进中央、民进市委、丰台区政协及统战部文件精神。最后统战部副部长蒋旭东作了总结讲话。

（李朝晖）

【提案答复】 9月24日，区工委提案答复会在党派楼会议室召开，区政协副主席程留恩、统战部副部长蒋旭东、区农委副主任王志刚、区金融办副主任游海和相关部门负责人共13人参加，就提案《关于加强政府引导，构建和谐社会，防止拆迁户由“富”返“贫”的几点意见》进行答复。区工委6位会员参加了答复会，对提案办理报告谈了看法，提出了意见和建议。主委刘占良代表民进区工委对答复报告表示满意。

（李朝晖）

【参政议政】 年内，区工委的《建立复印权监管体系，有效保护版权人合法权益》、《学校深入开展安全教育的调研报告》、《打造建设国家数字出版基地的建议》、《关于加快推进氢能源利用的建议》等建议被全国扫黄打非办公室、民进中央、民进北京市委采用。区政协会议上，由会员林晓芳撰写、北京市委宣传部长李伟批示的《打造建设国家数字出版基地的建议》提案获得市、区领导重视，调研报告已纳入《民进市委调研成果汇编》一书中。11月28日至29日，区工委参政议政专题研讨会在香山饭店举行。区委统战部副部长蒋旭东，民进市委议政调研处处长徐璐及区工委主委、副主委、支部主任和副主任、妇委会委员、调研报告专题组成员和2013年新发展的会员共计60人参加。

（李朝晖）

农工民主党丰台区工委

【概　况】 2014年，农工丰台区工委带领全体党员学习贯彻党的十八届四中全会以及习近平在庆祝中国人民政治协商会议成立65周年大会上的讲话精神，注重加强自身思想及组织建设，围绕丰台区委、区政府的中心工作献言献策并开展调研工作。向区政协第九届三次会议提交了《关于进一步加强我区社区卫生服务工作的建议》等党派提案两项，委员个人提案13项。向市政协递交提案6项。

（王东健）

【参加各级各类学习活动】 年内，共有46人（次）参加了农工党北京市委、丰台区政协、丰台区统战部举办的理论学习辅导报告会及暑期培训班。4月25日，工委委员于文平、刘均娥等6人参加农工市委举办的“农工党中央何维副主席专题辅导报告会”。5月22日，副主委武晋军及12名党员参加了区统战部举办的理论培训班。8月5日，工委主委温智勇，副主委韩秀娟、于文平及6位政协委员参加了区政协、区委统战部举办的暑期学习班。学习班上，区政协主席李昌安作了开班动员讲话；北京市社会主义学院老师常婧作了协商民主理论报告，国防大学教授张军果作了国家安全形势报告；区长冀岩通报了全区上半年经济社会发展和有关京、津、冀合作情况；区监察局局长胡春溪通报了区党风廉政建设和反腐败工作情况。9月24日，工委委员王计辰参加了区委统战部召开的“学习贯彻习近平总书记在庆祝中国人民政治协商会议成立65周年大会上发表重要讲话精神”专题研讨会。10月10日，副主委高彦彬参加了农工党北京市委召开的“人民政协理论与实践研究”座谈会，参与讨论并发言。11月28日，武晋军等党员参加了农工市委组织召开的京津冀“环境与健康”调研成果报告会暨2014年度第三次参政议政联席会，专委会委员霍文强参加了专题讨论会。

（王东健）

【第七届中国环境与健康宣传周活动】 6月15日，区工委举办了“2014中国环境与健康宣传周”义诊活动。工委主委温智勇、副主委韩秀娟及丰台医院、北京电力医院、北京中医药大学东方医院、丰台东铁营医院和丰台南苑医院的8名专家到六一八厂医院进行义诊，为百余名患者开展了有关内科、外科、骨科、皮肤科、口腔科、中医科和放射科的免费诊疗和健康咨询等医疗服务。

（王东健）

【参加调研】 7月15日，区工委组织医务界党员，参加了农工市委“北京市医务人员医改政策参与状况调查”调研工作，工委其中四个支部的党员，参加完成调查问卷82份，为相关调研课题提供了大量基础资料。区工委组织各支部参加了农工党北京市委组织处的关于开展“如何培养复合型干部”的调研课题，7月31日，举办座谈及个人访谈会，部分工委委员及各支部中青年党员后备干部15人参加。到会党员就复合型干部的培养重点、存在的问题及解决方法、个人在成长过程中的感受、希望取得哪些平台可以提高党员素养等作了发言。调研课题报告由副主委武晋军执笔完成。

（王东健）

【参政议政】 年内，工委主委温智勇，副主委武晋军、于文平参加了区政协组织的“推进丰台区城市（镇）化进程工作”研讨会，于文平在会上作了“关于推进城市化进程中把握好统筹协作的建议”的发言。副主委高彦彬参加了“丰台区政府工作报告”党派征求意见会，对报告提出了建议。副主委韩秀娟在区政协九届三次会议上，代表工委作了“关于进一步加强我区社区卫生服务工作的建议”的提案发言，温智勇及多位委员向区政协提出了关于《规范老年代步车使用的建议》、《关于改善基层社区卫生服务机构药品短缺问题的建议》、《关于加快丰台区人防工程公益化建设的建议》等多项提案。市政协委员、农工市委常委、区工委副主委高彦彬在市政协十二届三次会议上作了“充分发挥医务人员在医改政策制定和实施中的主力军作用”的发言。10月17日，温智勇、高彦彬、武晋军、韩秀娟、于文平，区政协委员孟超、王计辰及部分青年党员，参加了区委办召开的党派提案办理答复会。会议由区委办副主任张少宾主持，区政协副主席程留恩、区统战部副部长蒋旭东出席。区计生卫局、安监局、消防支队、城管大队等分别向工委汇报了《关于进一步加强我区社区卫生服务工作的建议》、《关于丰台区“城中村”火灾隐患治理的建议》的提案办理和落实情况。

（王东健）

【第二十六届国际科学与和平周活动】 11月16日，区工委在房山区十渡镇平峪村社区卫生服务站联合房山总支举办了“农工情·共铸中心 健康京郊行暨第二十六届中国国际科学与和平周活动”。副主委韩秀娟、于文平和北京中医药大学东方医院、北京电力医院、丰台医院和丰台南苑医院的6名专家参加了义诊，开设了内科、外科、骨科、皮肤科、中医科、肿瘤科、精神科等医疗服务，为百余名患者进行了免费诊疗及健康咨询。韩秀娟代表农工市委向十渡镇卫生中心捐赠了血压计和血糖仪。活动结束后，参加义诊的党员与房山区统战部副部长王文洪、十渡镇统战部部长任国利、十渡镇社区卫生服务中心院长丁海就如何促进十渡镇医疗卫生的发展进行了座谈。

（王东健）

【举办学习培训班】 11月22日，区工委为落实农工中央、市委及区统战部关于“认真学习贯彻习近平在庆祝人民政协成立65周年大会上的重要讲话精神”的通知，举办了区工委委员、各基层支部委员、党员骨干及部分新党员学习班。农工北京市委常委、丰台区政协常委、区工委主委温智勇作了“坚持走中国特色社会主义道路”的开班动员。区统战部副部长蒋旭东在会上传达了区委书记李超钢在区党的群众路线教育会议上的讲话，通报区情和近期统战工作重点。会议期间各支部对习近平在庆祝人民政协成立65周年大会上的讲话进行了学习和讨论。

（王东健）

【组织建设】 年内，区工委注重抓班子建设，按照“集体领导、民主集中、个别酝酿、会议决定”的原则，建立健全工委班子决策机制，提高工委班子组织领导能力。先后召开工委委员及工委扩大会议，组织政治理论学习及研究工委工作。全年发展新党员10名，转入新党员1名。其中，博士研究生1名、硕士研究生5名、大学学士5名，医药界占7人。有10个支部，共254名党员。

（王东健）

【社会服务】 年内，为支持门头沟区卫生事业的发展，党员定期到门头沟中医医院肿瘤科出诊，并对科室医生进行了培训。区工委对区南苑社区卫生服务中心开展帮扶工作，工委委员与中心负责人作了前期协商与沟通，确定了帮扶方式。将其作为农工医学专家支援定点单位，5个支部不同专科的22名专家党员自愿参加支援社区中心定点帮扶工作。

（王东健）

九三学社丰台区工委

【概　况】 年内，区工委所属学苑出版社、东方医院两个支社先后完成换届，成立了九三学社丰台科技园区支社筹备组，协助社市委成立了九三学社平谷支社筹备组。全年共出版《丰台九三社讯》4期，发放800多份。撰写报送信息36篇，人均报送率15%，社市委采用15篇，社中央、市政协、市委统战部采用1篇，领导批示1篇。报送有关活动稿件47篇。年内发展新社员17名（含平谷支社筹备组3人）。截止到年底，共有社员244名，其中，具有高级职称的有152人，占62%；中级职称92人，占38%。现有北京市政协委员2名，北京市人大代表1名；丰台区政协副主席1名，丰台区人大常委1名，丰台区政协常委2名，丰台区政协委员16名；平谷区政协委员1名；丰台区政府特约人员7名，市政府特约人员1名；丰台区青联委员2名；九三学社中央常委会委员1名，九三学社中央专业委员会主任1名，委员5名；九三学社北京市委专业委员会副主任2名，委员13名。区工委首都医科大学支社副主委陈进被九三学社中央评为先进组工干部。

（程留恩　郑成保）

【调查研究　参政议政】 年内，组织成员和政协委员参加区政协组织的课题调研、视察考查、参观座谈等各项活动。共有6名成员分别参加了“加快推进丰台城市化进程”的政治协商议题，“丰台区城乡双重二元结构管理体制改革问题与对策”的重点调研课题和“加快推进科技园区西区建设，提升园区核心竞争力”、“推进基层民主协商的实践与制度化建设”、“进一步推进丰台文化强区建设”等专委会课题的调研。完成了政协协商议题大会重点发言《进一步创新投融资模式加快推进丰台新型城镇化建设》的撰写。组织社员参加了社市委关于“社区发展与治理若干问题”的调研，并重点参加了其中三个子课题调研：中国康复研究中心支社与医药卫生支社主要参与了“社区康复工作的进展、面临的问题及未来对策”的调研并起草撰写了相关调研报告；首都医科大学支社陈进和首都经贸大学（西区）支社高立红主要参与了“社区公共图书馆现状与作用”的调研；医药卫生支社李洁和耿荣主要参与了“北京市、区机构和社区养老协调发展问题”的调研，并先后开展了两次主题活动。医药卫生支社孟一峰参加了社市委关于“民营资本办医面临的政策障碍调研”，并提供了大量一手材料。综合支社的沈砾子继续参加“北京发展市郊铁路的相关问题研究”课题重点研讨。与社市委“推进北京市新区生态建设纲要专项编制”课题组组成联合调研组到万年基业投资集团有限公司考察调研。为引导通过科技创新促进丰台区金融发展，区工委召开了“科技创新金融助推丰台发展”主题议政会，并在会后由社员邱梅和郭会共同起草了《发展金融科技产业，构建丰台经济新引擎》调研报告。年初，区工委在区政协会议上提出了提案《关于进一步加强丰台区科技企业孵化器品牌引领作用的建议》和《抓住信息消费产业机遇，提升区域发展软实力》。8 月 19 日，副区长张婕、区政协副主席李新民对提案《关于进一步加强丰台区科技企业孵化器品牌引领作用的建议》进行办中督办，针对提案办理过程中存在的问题，听取汇报。李新民肯定了区工委的提案，并就办理报告的修改提出了要求。区委督查室、区政协提案委和区委统战部针对提案《抓住信息消费产业机遇，提升区域发展软实力》组织召开了提案答复会，区经信委、区商务委有关负责人分别就该提案进行了答复。另外，区工委还提交了政协大会发言《全面落实简政放权，提升政府依法行政能力》和《关于多部门联合，保障康复服务进社区的建议》、《关于在卢沟桥头文化广场修建反映抗战文化主题雕塑的建议》两份提案，其中《关于在卢沟桥头文化广场修建反映抗战文化主题雕塑的建议》被区政协评为 2014 年度优秀提案。

（程留恩 郑成保）

【加强组织建设】 年内，区工委协助东方医院支社和学苑出版社支社完成了换届和调整工作，社员刘鹏、刘丰担任新一届支社主任委员。丰台科技园区支社正式成立，成员 15 名。7 月，协助社市委成立了平谷支社筹备组，贾满生任筹备组组长，冯振同、陈有勇为组员。至年底，已发展社员 3 名。注重充实后备干部人才队伍，推荐中青年骨干参加中共市委统战部和北京社院举办的民主党派中青年干部、区级组织负责人、新社员培训班和特约监督员培训班，组织社员参加社市委举办的新社员学习班和中青年骨干培训班。加强与中共党委和统战部的联系，走访了东方医院、佑安医院、中华书局、中国戏曲学院、丰台科技园区、丽泽商务区金融办、平谷区等单位党委，就组织建设问题进行了沟通协商。

（程留恩 郑成保）

【举办暑期学习班】 年内，举办了“持续推进社会主义实践活动”暑期学习班，邀请九三学社中央宣讲团成员许进、朱良为暑期班社员作了“坚持和发展中国特色社会主义学习实践活动”的专题报告，回顾了中国特色社会主义道路、多党合作、政治协商制度形成的历史，介绍了九三学社的核心价值观，强调了当前推动和学习社会主义实践活动的重要意义。

（程留恩 郑成保）

【完善社员信息数据库】 年内，成立了区工委社务管理信息工作小组，进一步建立健全社务管理信息数据库，负责社员信息变化更新工作。配合社市委开展了基础信息核对工作，重点核对 60 后中级职称社员职称晋升情况和 85 岁以上老社员情况。

（程留恩 郑成保）

【开展跨区域合作与交流】 年内，与湖北十堰张湾区的九三学社组织开展了合作和交流，社十堰市委主委张志，十堰市委委员朱文华，社湖北省委委员、十堰市委委员、张湾区副区长赵绪英等到丰台区就南水北调中线工程对口协作工作开展调研。区工委联系区发改委邀请中关村丰台科技园区管委会负责人曾令卓、花乡宣传部干部于江华到会介绍了科技园区和花乡产业的整体运转情况，交流了可能进行对接的事项，探讨了区工委对十堰市张湾区对口协作的有关事项。

（程留恩　郑成保）

【组织各类主题宣传活动】 年内，发动社员学习贯彻十八届三中全会、四中全会、习近平总书记一系列重要讲话精神及社十大精神。组织支社社员参加社市委开展的各种主题学习会、研讨会、座谈会，以及结合建国65周年和深化改革精神发动基层组织开展的主题支社征文等活动；组织社员参与社市委结合五四运动95周年及9月3日抗战胜利纪念日开展的九三学社北京市委原创诗歌汇活动；牵头联合海淀区和石景山区工委共同参观了卢沟桥和抗日战争纪念馆。组织邱梅等4名社员分别参加了北京社院7月14日至18日举办的北京市民主党派宣传干部培训班。

（程留恩　郑成保）

【建立微信群拓宽宣传面】 年内，区工委与社市委、各支社及所属各支社之间建立了微信群，设立微信群管理员，成立了区工委微信群工作小组，副主任韦云任组长，陈进、郑成保任副组长，社员王蕾任组员。进一步增强《九三丰台社讯》可读性，强调版块栏目设计结合年度重点工作主题，宣传优秀社员人物事迹，并且注重与微信群的相互配合。

（程留恩　郑成保）

【报送信息获肯定】 年内，共完成36篇信息的报送，其中医药卫生支社主委李洁撰写的《建议政府应急办统筹协调，保障南水北调进京平稳》得到了中共北京市委和社市委领导的肯定，所提建议均被采纳，并先后作为主要建议者出席了社市委和北京市召开的相关座谈会和南水北调保障会议。

（程留恩　郑成保）

【开展心理辅导活动】 年内，区工委发挥心理专家资源较多的优势，与社市委社会工作部联合举办了九三身心健康大讲堂系列讲座，在社市委党派楼三层报告厅开展了两次讲座，受众200余人；在区工委党派楼102房间设立了九三心理咨询室，由社市委秘书长刘永泰和区委统战部副部长蒋旭东共同揭牌，每周三下午定时为党派成员及亲属进行义务心理咨询。

（程留恩　郑成保）

【参加申冬奥活动】 年内，区工委副主委安威，彭宪建组织综合、冶金自动化、首经贸西区、医药卫生、首医大、文化艺术支社的9名社员参加了社市委与北京奥运城市发展促进会、萨马兰奇体育基金会、安踏集团、小米集团在国家奥林匹克体育中心熊猫广场联合举办的“益起跑”申冬奥活动。

（程留恩　郑成保）

【参加爱心义卖活动】 年内，区工委社员参加了北京九三书画院与北京九三王选关怀基金会在北京市党派团体办公大楼一层多功能厅共同发起的书画作品爱心义卖活动，区内书画家文化艺术支社社员、原社市委文化委员会主任、美术家范贻光，文化艺术支社社员、《采风中国》杂志社艺术总监何属辉，李苦禅大师的亲孙女、文化艺术支社社员、中国歌剧舞剧院三级导演李欣磬共捐赠了5幅作品，共拍得16400元；区工委副主任王宏镭、学苑出版社社长孟白、医药卫生支社社员石粤秀、综合支社副主委陈岩、社员温建东拍买了共记24400元的书画作品。

（程留恩　郑成保）

【助力“凝心聚力”工程】 年内，区工委响应中共北京市委统战部“凝心聚力”工程号召，由金融支社社员林海介绍引进，在社市委社会工作部和区工委的支持下，顺天鑫融国际投资（北京）有限公司在北京丽泽金融商务区设立完成。公司主要经营投资业务，注册资本5000万元，已全部实缴到位。

（程留恩　郑成保）

【开展公益宣传活动】 儿童节来临前夕，区工委医药卫生支社结合5月20日“全国学生营养日”，举办了“关注食品安全 关爱儿童健康”活动。在第27个世界无烟日来临之前，医卫支社与丰台区疾控中心等单位联合开展了无烟日宣传活动。邀请摄影名家范贻光为社员讲授社史和摄影知识，举办了“记录九三历史，发现丰台之美”活动。

（程留恩　郑成保）

致公党丰台区工委

【概　况】 2014年，致公党丰台区工委面向全体党员部署开展了坚持和发展中国特色社会主义学习实践活动，学习了中国特色社会主义理论、中共十八届三中全会精神及总书记习近平的系列讲话精神，结合党员本职工作，明确作为参政党成员参政议政的履职方向和重点，发挥自身“侨”“海”特色优势，发挥党员才智，提高了参政议政的履职水平。3月20日，经区工委扩大会议研究，致公党市委批准，任命原工委委员王峻为区工委副主委，第二支部主委王大业为区工委委员。截止到年底，区工委有主任委员1名，副主任委员4名，委员8名。新发展党员7人，共有党员82人。其中，区人大常委1人，区政协委员8人（包括区政协常委2人）。党员中，具有“侨、海”关系的党员约占78%，具有中高级以上职称党员约占92%，分布于科技、经济、法律、医卫、文化、政府机关等领域。

（王　峻）

【参政议政】 1月，区工委在区政协九届三次会议上提交了党派提案《改善城市管理执法环境，创建文明丰台城区面貌》。10月31日，在区民主党派楼三层会议室，就该提案召开了办理答复会，区政协副主席周大春、区委统战部副部长蒋旭东出席，区委办副主任杨杰主持。区城市管理综合行政执法监察局就提案作了答复说明，区工委副主委王峻代表区工委表态同意该提案的答复意见及办理结果。周大春在总结发言中肯定了区工委的提案联系实际区情，适应经济社会发展中城市管理的多样性变化，并提出了切实可行的解决办法，特别是依法加强城市环境治理的主张，具有一定的高度和现实指导意义。

（王　峻）

【无偿捐赠影视节目片】 5月16日，在区文化馆礼堂区残疾人联合会组织的助残日活动上，举行了致公党丰台区工委向区残疾人联合会捐赠影视节目片交接仪式，并接受了区残联颁发的“爱心捐赠单位”荣誉证书。此次捐赠活动，是区致公党员以其所在公司具有的版权持有人身份同区残联签署影视节目片版权无偿转让合约的形式进行的。捐赠影视节目片共计12部，播映时长近500小时，折合人民币价值达50余万元，内容包括历史纪录片、动画片、竞技体育片、科教片、娱乐片等。

（王　峻）

【社会服务活动】 5月31日，区工委妇女委员会与丰台区“南燕志工”志愿者组织，在北京义利食品厂为丰台区流动人口子女的小学生们，举办了迎“六一”社会实践活动，向儿童们赠送了1000余册少年儿童科教类图书，参观了面包制作生产线，聘请国学讲师为儿童们上了一堂国学知识课。活动由区工委委员、妇女委员会主任曹莹主持，区委统战部副部长蒋旭东、致公党北京市委社会服务部处长刘全信等相关领导出席了活动。

（王　峻）

【举办慰问演出活动】 9月3日，区工委与海淀区工委、致公党北京市委文化委员会在丰台区新村街道老吾老养老院联合举办了慰问演出活动，庆祝首个国家抗战胜利纪念日。区工委副主委王峻代表区工委参加了活动。

（王　峻）

【成立新党员活动小组】 为加强和提升新党员的自身素质，发挥民主党派成员参政议政的履职能力，9月25日，区工委成立了新党员活动小组，任命第三支部副主委傅正平为组长。

（王　峻）

群众团体

丰台区总工会

【概　况】 2014年，总工会在市总工会和区委的领导下，在区政府的大力支持下，深入学习贯彻党的十八届三中、四中全会、全总十六大和市总十三大会议精神，紧密围绕“繁荣、文明、幸福”新丰台建设，全面履行工会服务发展、维权维稳、帮扶帮困、聚合引领、桥梁纽带、管理服务等各项职能。是年，有基层工会组织9702家，覆盖职工183085人，工会会员172245人，被市总工会评为2014年度工作考核优秀单位。

（解瑞祥）

【召开区工会十二次代表大会】 12月28日，在双拥大厦召开大会选举产生新一届工会领导班子，通过了区工会十二次代表大会工作报告、财务工作报告和经费审查工作报告，大会代表、列席代表和特邀代表275人参加了会议。12月29日，在双拥大厦召开了区工会工作会议。区委、区人大、区政府、区政协主要领导出席了会议，区委书记杨艺文做了重要讲话。会议传达了《中共丰台区委关于进一步做好工会工作的意见》，100多家党政机关、企业负责人参加了会议。

（解瑞祥）

【完善建会工作机制】 年内，积极探索创新工会组织模式。加强“党建带工建、工建服务党建”工作，强化“党委领导、政府支持、工会运作、各方配合”的建会工作机制。1622家单位新组建了工会组织，覆盖职工14365人，职工入会率95.5%。建立完善会员数据库和工会法人登记制度，工会会员信息采集率98%。

（解瑞祥）

【工资集体协商】 年内，坚持工作促进会经常化、指导员管理科学化、工作目标协作化的工作思路，积极探索工资集体协商新途径。7755家企业签订集体合同或单独签订工资专项合同，其中独立企业471家，区域性企业325家，加大行业工资集体协商力度，卫生、教育及餐饮共计3个行业覆盖企业357家。企业签订集体合同、工资专项合同备案率达到92%，百人以上企业年度集体合同签订率达到100%。

（解瑞祥）

【服务体系建设】 年内，强化职工服务中心窗口服务职能，建立完善工会法律服务体系，开展法律援助工作。推进“职工之家”实体化建设，确定6家职工之家示范单位，以点带面开展建家工作，实现拥有独立办公用房和视频会议系统的安装，为服务站、职工之家共拨付资金及配备图书、书柜、电脑等合计370余万元。新选录6名专职社会工作者。

（解瑞祥）

【职工互助保障】 年内，进一步完善住院医疗、重大疾病、意外伤“三位一体”的互助保障体制，新入会员10007人，统计新增和续保 84206 份，投续保金额 400 余万元，受理理赔 911 人次，赔付 200 余万元，被评为职工互助保障工作优秀代办处。

（解瑞祥）

【京卡互助服务卡】 年内，采集工会会员信息 169311 人，办卡 153825 张，办卡率达 90.77%。推进京卡加盟工作，发展了娱乐、生活、医疗等全方位的京卡服务商。

（解瑞祥）

【宣传服务劳模】 年内，通过《丰台报》专刊和劳动午报，宣传获得全国和首都五一劳动奖状、奖章以及工人先锋号的单位和个人的典型事迹。为 377 名劳模送新春慰问品 81.6 万元，做好全国劳模“三金”、北京市困难劳模帮扶金和低收入离退休劳模补贴的申领、发放工作，慰问了 39 名困难劳模；为劳模办理公园年票 260 张。组织 140 名劳模外出休养，其中，3 批 5 人参加了全总、市总组织的外出休养；组织 140 名劳模参加了健康体检。

（解瑞祥）

【就业招聘】 年内，两次联合多家单位举办“就业援助招聘会”，160 余家企业参加招聘，应聘人员达 1300 人次，其中残疾人、复转军人和随军家属各 150 人参加，46 人现场签约。组织戎威远保安公司参加市总工会举办的“全国部分省区市区域性劳务协作活动暨内蒙古通辽市就业招聘会”。职工服务中心积极做好日常求职登记服务、招聘登记服务、岗位采集跟踪服务工作，为务工人员提供就业服务。

（解瑞祥）

【劳动争议调解】 年内，共确认承办市级指派法律援助案件 42 件；受理劳动争议案件 202 件、调解成功 134 件，成功率达 66%，履行金额 186 万元；为市总工会法律服务中心 提供各类法律援助信息 4 篇；创新劳动争议调解员培训模式。

（解瑞祥）

【职工技能大赛】 年内，基层工会组织开展保安、餐饮、汽车维修、电焊等 15 项职工技能大赛，累计 5000 人参加。推选上年度全国及北京安康杯优胜单位、优胜班组工作；联合下发《开展“安康杯”竞赛活动的通知》，部署工会系统“安康杯”竞赛活动，参赛企业达到 1425 家，所属基层班组参赛 2041 个，职工数达 103966 人，比上年提高 6%。荣获市“中国梦劳动美——我的安全家园”班组安全管理成果展示活动优秀班组单位和纪念《中华人民共和国劳动法》颁布 20 周年知识竞赛优秀奖。

（解瑞祥）

【职工素质培训工程】 年内，通用能力培训，加强与市总工会职工大学的合作，师资力量达到最优；采用 1N+3X 的选课模式；加大培训资金投入，共计投入资金 35 万元；通用能力培训范围进一步扩大，增加到 19 个单位，通用能力培训 7164 人次，培训率达到 4.2%。建立起国家级“职工书屋”示范点 1 家，市级“职工书屋”7 家。荣获全国“心系女性”系列教育活动示范单位、全国职工素质教育培训示范点和“我创新，我超越”职工读书活动优秀组织单位奖。

（解瑞祥）

【慰问帮扶一线职工】 年内，慰问 476 人，发放慰问品、慰问金共计 136.98 万元；走访慰问一线职工 1.6 万人次，发放慰问品 71 万元；金秋助学工作中，为符合条件的 46 人资助 4.6 万元。

（解瑞祥）

【职工文体活动】 年内，在园博园举行全市职工健步走启动仪式；获全市“六联杯”乒乓球比赛第一名；举办“三八”节职工职业装风采展示、“劳动创造幸福”第三十一届“五月的鲜花”职工文艺汇演、第二届职工广场舞大赛；成立职工体协，组织开展第六届职工乒乓球比赛，在企事业单位推广第九套广播体操，各基层工会广泛开展地区运动会、羽毛球、篮球、足球、棋牌、游泳、瑜伽、创意工间操等多种形式的职工体育健身活动。

（解瑞祥）

【宣传报道】 年内，通过报刊、网络和电视等多种媒体的宣传报道工会工作，在丰台报刊发“五一专刊”，为市总网站投送稿件 55 篇，在《劳动午报》制作“美丽丰台”专版 49 个，全年向中工网、市总网站、劳动午报、丰台报、丰台有线报送信息 300 余条。

（解瑞祥）

【社会工作】 年内，协助区综治委修改审定《综治（平安建设）工作要点》。收集基层工会上年度工会系统调研文章，选择审定修改稿件 24 篇。出版《北京市丰台区工会系统调查研究文章选编》，印制 400 余本发给基层工会。完成市总工会基金会，挖掘发起的三个社会组织的三个便民项目，落户签约结对子服务活动。

（解瑞祥）

【购买社会服务】 年内，购买社会服务项目 3 项。申报了《劳动关系协调员》培训项目，获得项目资金支持 4 万元，拿出 15 万元，完成工会干部、大学助理员等 150 人的培训。与园林绿化局协商区属四家公园服务职工项目，实行逛公园免门票特惠活动，帮助联系进行开发公园网络改造项目，有 4063 人参与活动，支付服务金额 30900 元。与汽车博物馆协商，开展了工会会员到汽车博物馆参观减免部分门票款的活动项目，有 436 人参与活动，购买服务金额 4360 元。

（解瑞祥）

【组织女职工各类福利慰问活动】 年内，“三八”节期间，开展“家庭梦、事业梦、中国梦”征文活动，征集征文 237 篇。开展了女职工职业装展示活动、慰问困难女职工活动。组织女职工“两癌”筛查，约 3 万名女职工受益。开展“幸福之家”创建工作。建成 18 家妈咪屋。组织首都女职工流动课堂 10 讲。组织开展“女工展风采、共筑中国梦”第二届广场舞风采展示活动。组织开展了《女职工权益保护》知识宣传活动。

（解瑞祥）

【严格经审职责】 年内，加强经费预算管理，严格履行经审职责。开展对基层工会主席的离任审计 10 次，对所属事业单位经营收支进行审计 1 次，外聘会计师事务所委托审计 78 家基层工会，被评为全国总工会优秀审计项目单位。

（解瑞祥）

共青团北京市丰台区委员会

【概　况】 2014 年，共青团北京市丰台区委员会（以下简称“丰台团区委”）是负责团员青年教育、管理和服务的群众性团体。坚持以邓小平理论、“三个代表”重要思想、科学发展观为指导，深入学习贯彻党的十八大和十八届三中、四中全会精神及团十七大精神，按照区委区政府、团市委对共青团工作的指示要求，以社区青年汇建设为参与社会建设的重要品牌项目，全面贯彻落实习近平总书记系列重要讲话精神，深入开展群众路线教育实践活动，积极推进志愿者服务、区域化团建、青年人才培养、青少年就业创业和权益保护等工作，沿着党的群众路线教育实践活动和共青团工作格局创新两条主线，牢牢把握重心下移、优势转化、创新驱动三点原则，重点做好世界种子大会志愿服务、区域化团建与社区青年汇、青年群众大调研三项重点任务，为建设“经济繁荣、社会文明、人民幸福”的新丰台贡献了青春力量。

（齐　欣）

【走访慰问困难青少年】 1 月 27 日，区委常委、组织部部长霍连明，团区委书记王松涛走访慰问了卢沟桥乡靛厂村困难青少年侯鹏。

（齐　欣）

【“青春自护·平安春节”青少年自护教育活动】 2月，开展了“青春自护·平安春节”青少年自护教育活动，各基层团组织紧扣主题，整合资源，在辖区内广泛开展“青春自护·平安春节”自护教育活动，共举办主题活动51场，开展活动63次，覆盖青少年2700余人，发放宣传材料1500余份。

（齐　欣）

【预防青少年违法犯罪暨未成年人保护工作会】 4月15日，预防青少年违法犯罪暨未成年人保护工作会在区委区政府第一会议室召开。区委副书记、政法委书记、区综治委主任顾晓园，副区长、区未委会主任高峰，区委政法委副书记、区综治办主任、区综治委预青组副主任姚建国、团市委权益部部长李海娟，团区委书记、区预青组、区未委会办公室主任王松涛以及区预青组、区未委会的全体成员单位的主管领导参加会议。

（齐　欣）

【志愿小V蜂绿色植树行动】 4月14日，区青联委员与46家社区青年汇的700余名团员青年一起，在房山青龙湖镇，开展志愿小V蜂绿色植树行动，同植一片树、共绿一方地，助力首都北京环保事业。

（齐　欣）

【举办青年干部培训班】 6月9日-13日、6月16日-20日，在北京青年政治学院、区委党校，面向全区33名青年干部，举办了青年干部培训班。培训为期2周，采取脱产和封闭管理方式培训。

（齐　欣）

【青年联合会五届四次常委（扩大）会议】 8月，召开区青联五届四次常委（扩大）会议，增补机关、企业系统以及金融、文化等领域的17名优秀青年代表成为青联委员，增补长期关注、支持青年事业，积极贡献区域建设的8名杰出人士成为青联常委，进一步增强了区青联的代表性，壮大了青联队伍。

（齐　欣）

【“中国声乐走基层 歌声唱响中国梦”主题活动】 10月27日，区青联协调委员资源，与新村街道团工委共同举办“中国声乐走基层 歌声唱响中国梦”主题活动，周发猛常委携学生走进三环新城社区，为居民呈现声情并茂的表演。区青联吸收区域化团建试点单位团工委负责同志成为青联席位制委员，充实了团建工作力量。

（齐　欣）

【群众路线教育实践活动】 年内，深入开展群众路线教育实践活动，组织集中学习14期，征集各方面意见建议86条。撰写对照检查材料，班子材料经过15轮修改，个人材料经过10轮修改。制定整改措施10项，其中立行立改4项，短期整改3项，中长期整改3项。

（齐　欣）

【组建“小V蜂志愿服务团”】 年内，“小V蜂志愿服务团”共招募1400名志愿者，累计服务时长2万多小时，服务对象20万人次，完成了庆祝建国65周年游园活动、世界种子大会、彩色跑、北京国际铁人三项赛、全民健身日、市科协第十届老年科技日、区第五届“敬老月”地书大赛等多项大型活动志愿服务工作。中国志愿服务联合会、国家行政学院、世界葡萄大会组委会志愿者部先后到区调研志愿服务工作。

（齐　欣）

【慰问未成年子女】 年内，“两节”期间，21个街乡镇团（工）委共开展送温暖活动45场次，走访慰问低保家庭重度残疾青少年、服刑人员未成年子女、生活困难青少年、安置帮教青少年等300余名青少年。

（齐　欣）

【区域化团建试点工作】 年内，协助指导新村街道、东高地街道、南苑乡三家区域化团建试点单位，实现54家社区（村）100%建团，开展共建活动65次，影响、覆盖青年2.2万人。

（齐　欣）

【捐衣献爱心活动】 年内，依托 46 家社区青年汇，积极开展“温暖衣冬”爱心捐衣活动，收到符合条件的冬衣 4400 余件。

（齐 欣）

【组织首都青年创新创业大赛】 年内，与中关村丰台园团工委联合承办“联东 U 谷杯”创业大赛初赛工作，吸引数十位怀揣创业梦想的青年参与其中。成功推荐优秀选手入围复赛。

（齐 欣）

【非公团建】 年内，完成非公有制企业团建任务 85 家，社会组织任务 8 家。

（齐 欣）

【为区贫困家庭的青少年捐资助学】 年内，区青联号召全体委员为贫困家庭的青少年捐资助学，募款 10 万元。通过“红领巾舞动中国梦”少先队集体舞大赛决赛，将助学金发放给来自全区各小学的 100 名品学兼优、家庭贫困的孩子。

（齐 欣）

【“放飞梦想、快乐足球”主题公益足球活动】 年内，青联足球队携手国安老男孩足球队举办以“放飞梦想、快乐足球”为主题的公益足球活动。双方球队共同为丰体时代小学的打工子弟小学生进行公益足球教学，开展了球队友谊赛。北京电视台、北京交通广播、丰台广电等多家媒体进行报道。

（齐 欣）

丰台区妇女联合会

【概 况】 2014 年，妇女联合会在区委区政府的坚强领导和市妇联的正确指导下，全面贯彻落实党的十八届三中全会、全国第十一届妇女代表大会、北京市委十一届五次全会、北京市第十三届妇女代表大会精神，深入开展党的群众路线教育实践活动，大力宣传贯彻男女平等基本国策，围绕中心工作，发挥桥梁纽带作用，为促进妇女儿童事业的全面发展作出了积极的努力。

（张 捷）

【“最美家庭”故事宣讲会】 5 月 14 日，在区工人俱乐部开展了纪念国际家庭日 20 周年暨“最美家庭”故事宣讲会。演讲比赛前 6 名组成宣讲团，将“最美家庭”故事在会上分享，200 名妇女干部参加会议。

（张 捷）

【开展健康行宣传活动】 10 月 26 日，由全国妇联发展部和北京市妇联主办的北京市健康与美丽同行”长跑暨农村妇女“两癌”免费检查项目宣传活动在奥林匹克森林公园举行。作为分会场之一，在园博园开展了丰台区“健康与美丽同行”徒步长走暨农村妇女“两癌”免费检查项目、妇女维权法律知识千人宣传活动。区妇联主席姜萍，副主席陈丽、王颖及机关干部和各街道妇工委、乡（镇）妇联主席、“两癌”妇女代表，巾帼志愿者代表 1000 余人参加活动。现场设置了“两癌”筛查和法律维权咨询台，有医学专家和律师进行现场答疑，发放了“两癌”筛查健康知识手册。

（张 捷）

【调研走访解困】 年内，以“打造服务型妇联、服务区域发展”为载体，先后召开基层妇女干部代表、执委委员、民主党派妇工委主任三个层面的座谈会，广泛征求基层妇女群众的意见和建议。坚持“下基层、访妇情、解妇困”机制，妇联班子带队集中对 21 个街乡镇进行调研走访，针对基层工作中存在的问题和困难进行集体研究，指导和帮助解决实际问题。

（张 捷）

【“巧娘”建设】 年内，成立巧娘工作室研发小组，对产品研发制作、由政府购买服务的形式，实现部分失地失业妇女弹性就业。组织巧娘骨干力量，为种子大会制作种子艺术画 400 幅。“北京巧娘”成功落户世界花卉大观园，组织各界先进妇女代表参观和了解“北京巧娘”。重新启动园博巧娘工作室，展示展卖各种手工艺作品。

（张　捷）

【评选“寻美”和廉洁家庭活动】 年内，征集最美家庭故事、照片、家训，开展宣讲会、大讲堂、调研走访等形式，积极开展寻找“最美家庭”活动，评选出87个“最美家庭”。与纪委联合在公务员和公务员家庭中开展争当廉洁文化家庭、争当清正廉洁模范评选活动，共评出廉洁文化家庭100户，清正廉洁模范47名。

（张　捷）

【帮扶慰问活动】 年内，投入100余万元对区贫困妇女、单亲困难母亲、老妇救会主任、大病儿童进行走访慰问。同时，重点落实农村贫困母亲患“两癌”人员申报、审核等工作，争取到救助资金75万元，成为市妇联系统唯一通过审核的单位。

（张　捷）

【建立妇女儿童维权机制】 年内，以家庭矛盾调解团为载体，举办各类普法讲座142场次，7913人次参加，发放宣传材料11695份。与公安局联合在市率先建立维护妇女儿童合法权益“二四一”工作机制。联合区综治办，评选命名100户平安示范家庭和7个流动妇女平安之家。全年接待妇女来信、来访134件，家庭暴力案28件，配偶有外遇案16件，其他案90件，结案率98%。

（张　捷）

【举办各类培训班】 年内，根据区域妇女发展需求，举办法律、业务、家政、技能、礼仪、心理等各类培训班，不断提高妇女群众的文明素质和文化素养。全年开展妇女培训班27期，3000人参加。

（张　捷）

【非公组织建设】 年内，为进一步扩大非公企业妇女组织覆盖和工作覆盖，在京卫医药科技集团有限公司召开非公企业“妇女之家”推进会，共有1万余家非公企业，其中15名妇女以上的企业1397家，建立妇女组织764家。

（张　捷）

【组织青年联谊活动】 年内，与市婚姻家庭咨询服务中心在北京市妇女儿童社会服务中心、北京世界花卉大观园、北京园博园共同举办3场联谊活动，有1216名青年参加，为92名女性牵线搭桥。

（张　捷）

丰台区工商业联合会

【概　况】 2014年，工商业联合会（简称工商联）围绕区委、区政府中心工作，把握“两个健康”工作主题，以党的群众路线实践活动为契机，在服务区域发展、履行参政议政、助力非公党建、推动光彩事业、完善工作机制等各项工作中，创新服务理念，增强服务效能，坚持求真务实，增强工商联组织的凝聚力和影响力，为推动非公有制经济的健康发展，为建设繁荣、文明、幸福的新丰台贡献力量。

（熊　英）

【开展理想信念教育实践活动】 按照中共中央统战部和全国工商联的统一部署，在全区非公经济人士中开展理想信念教育实践活动。通过召开座谈会、发放调查问卷等多种形式，听取了关于开展教育实践活动的意见和建议，激发和调动广大非公经济人士积极性和参与热情；利用媒体宣传理想信念教育实践活动，营造了浓厚的活动氛围；注重挖掘和树立非公企业在履行社会责任、诚信经营、创新发展、转型升级的典型，在《工商联》杂志进行宣传报道。

（熊　英）

【成立工商联会员之家】 年内，借助优势会员企业资源，建立了北京市首个会员之家。引入银行、律师事务所、证券交易所等专业化机构入驻会员之家，在法律咨询、金融贷款、IPO 上市咨询、企业品牌战略咨询、市区政策解读与对接、会员产品宣传、企业网站建设等各领域给予免费咨询服务。

（熊 英）

【成立工商联书院】 年内，聘请北大光华管理学院、长江商学院的教授，组织人才激励、融资方法、债务优化、项目选择等系列的讲座，以及为广大会员企业提供高水平的系列培训。

（熊 英）

【召开区商会成立大会】 年内，选举出 44 名理事组成的理事会，3 名监事组成的监事会，理事会再选举 18 人组成的首届区商会领导班子。全年发展会员 46 家。

（熊 英）

【服务会员企业】 年内，先后与天津市北辰区政府、湖北省十堰市工商联座谈并组织企业间互动，为区里和外阜经济建设合作和企业创业发展搭建平台。组织有需求的企业与银行以及担保公司进行沟通和洽谈，协助企业解决融资瓶颈。利用《工商界》杂志、区工商联网站、微信、QQ 群等平台发布市区政策、企业用工等各类信息。邀请政府部门介绍重点任务，解读相关政策。组织企业家和高级管理人员走进京东，参观京东商城总部，并和京东商城高层管理人员就团队建设、产品质量、售后服务等方面进行了座谈和交流。联合组织民营企业招聘会，为民营企业和求职群众提供招聘服务。

（熊 英）

【法律服务】 年内，传播法律知识，引导民营企业依法经营、诚信经营、科学发展。坚持常规免费咨询。每周为会员企业进行两次免费法律咨询；坚持特色专题讲座。围绕税收、劳动法等企业关注热点，每月组织一次法律大讲堂。先后组织了 6 次讲座，80 余家会员企业参加培训。

（熊 英）

【参政议政】 围绕产业优化升级和区商会建设，以召开主席会长座谈会、走访调研等形式，广泛征求意见和建议。配合全国和市工商联，完成了科技企业现状、《鼓励有条件的私营企业建立现代企业制度》等调查问卷工作，为非公经济健康发展查明情况、摸清底数。

（熊 英）

【非公党建】 年内，发展中共预备党员 10 名，为 8 名预备党员办理了转正手续，接转了 13 名党员组织关系，成立 1 个非公党支部。出资近 5 万元为各支部征订党报党刊，下发《非公有制企业党建》等指导书籍。制定《会员单位党委党建工作规则》，探索党建工作规范化、制度化管理模式。采取“走出去”、“请进来”、以会代训等形式，创新培训方式。组织党组织负责人和部分企业家参观了非公党建先进单位叶青大厦党委和慈铭集团党委。召开 3 次经验交流会，介绍各个党组织党建工作亮点、工作创新点，推广戎威远党委党建工作经验和做法。通过亮明“党员身份”、开展“党员示范岗”、组织“共产党员献爱心”等活动，激发党员责任感。

（熊 英）

丰台区归国华侨联合会

【概 况】 2014 年，侨联在区委、区政府的领导下，在市侨联、区委统战部的指导下，深入贯彻党的十八大、十八届三中、四中全会精神，认真开展党的群众路线教育实践活动，按照《关于进一步加强新形势下侨联工作的意见》的精神，坚持围绕中心，服务大局，充分发挥侨的独特资源与优势，积极服务经济发展，主动开展参政议政，拓展海外联谊，弘扬传承中华文化，认真开展为侨服务，依法维护侨益，热心公益事业，不断加强自身建设，为经济社会发展做出积极贡献。

（鞠明雪）

【中芬教育交流合作】 年内，“北京市第十三届海外学者团走进丰台”活动后，侨联专注做好后期跟进工作，多次与区教委和芬中教育协会沟通联系，促成了《丰台区教委与芬中教育协会合作意向书》的正式签约。

（鞠明雪）

【服务新侨企业】 年内，增聘北华源（北京）科技有限公司总经理郑同华博士为侨联海外顾问。引进落户丰台科技园区留学生创业园，获得市科技型中小企业创新基金 40 万元。

（鞠明雪）

【公益事业】 年内，组织方庄侨联老年模特队联合市十二中国际部学生到南苑社会福利中心敬老院、幸福里养老中心敬老院为老人们慰问演出，同时向养老中心赠送了 4 台微波炉；侨联委员自发为云南鲁甸地震灾区捐款 2000 元；区侨联企业代表为区内重点项目园博会捐款 4 万元。

（鞠明雪）

【促成中外教育交流】 年内，先后促成了丽泽中学、北京十八中与澳大利亚中学建立姊妹校，双方将在学生互访、网上教学、笔友联谊、教学管理等方面进行长期交流与合作。

（鞠明雪）

【成立区侨联合唱团】 年初，制定调研计划，精心设计调查问卷，深入各基层侨联调研，收回调查问卷 50 余份，收集到各类意见建议 28 条。成立了侨联合唱团，有团员 50 余人，平均年龄 65 岁，成员主要由退休的归侨侨眷组成。9 月，参加了区老龄委主办的“丰台区第六届‘银龄之声’老年合唱大赛”，23 支老年合唱团队近 900 人参加了比赛，夺得大赛一等奖。

（鞠明雪）

【春节前走访慰问】 春节期间，走访慰问了地区病困老归侨、老一辈侨界代表人士、多年行动不便不能参加活动老归侨 20 余人，为每位归侨送去了慰问品和祝福。

（鞠明雪）

【承办市侨联大型活动】 9 月 18 日，在中国人民抗日战争纪念雕塑园承办了市侨联“首都侨界纪念抗战胜利歌曲大联唱”活动。来自市归侨侨眷群体和各界人士组成的 6 个方阵演唱了 14 首各个历史时期耳熟能详的抗战歌曲，近千名首都侨界群众参加了此次活动。

（鞠明雪）

【海外学者团为国服务项目成功落地签约活动】 4 月，出席了区教委与芬中教育协会就《北京市丰台区教育委员会与芬中教育协会合作意向书》正式签约活动。同时，芬中教育协会、中国教育科学研究院国际比较教育研究中心同十八中也签订了三方合作协议。

（鞠明雪）

【参加市侨联文化活动】 年内，组织辖区归侨侨眷参加市侨联举办的“北京故事——首都侨界微视频（DV）大赛”活动，区教育系统侨联选送作品《一位老归侨的爱国情》荣获大赛二等奖。

（鞠明雪）

红十字会

【概　况】 2014 年，共募集捐款 336 万余元（其中：博爱捐款 218.39 万元，云南鲁甸地震专项捐款 97.09 元，少儿大病救助专项捐款 20.06 万元）。开展的“搭建生命援手，爱心汇聚丰台”活动获得市红十字会人道品牌奖，区红十字会获得中国红十字会宣传报道一等奖。

（李宏善）

【群众路线教育实践活动】 年内，把开展党的群众路线教育实践活动与贯彻落实《国务院关于促进红十字事业发展的意见》紧密结合，以改善最易受损害群体生活境况为工作的出发点和落脚点，集中解决存在的“四风”

问题。通过三个阶段党的群众路线教育活动的深入开展，红十字会党组紧紧围绕为民务实清廉的要求，抓住整改落实和建章立制两个关键，标本兼治、突出重点，加快完善干部作风建设，固化教育实践活动的成果。

（李宏善）

【少儿大病公益项目】 年内，向驻区企业发放了“搭建生命援手、爱心汇聚丰台”红十字会少儿大病援助公益项目致区企业和企业家的函，号召企业家们伸出援助之手，救助患病儿童。“献一份爱心，尽一份社会责任”，让人间大爱传承发扬光大。5月8日，结合第67个世界红十字纪念日，区红十字会举办了“搭建生命援手，爱心汇聚丰台”少儿大病救助公益项目启动仪式。并将100万元社会爱心捐款作为对少儿大病致困家庭救助的启动资金，发放救助款25万元。

（李宏善）

【举办应急培训班】 年内，举办应急救护培训班39期，4000余人取得了证书，普及急救知识讲座59场，6000余人受益，指导基层完成了2个社区演练活动。“链接生命，为幸福生活护航”获为民办实事项目品牌奖。

（李宏善）

【募捐筹资活动】 年内，以纪念“5·8世界红十字日”为契机，开展了以“爱聚丰台，共筑人道梦”为主题的“红十字人道博爱文化月”活动。通过设立红十字会宣传站（点）、咨询站（点）和服务站（点），利用板报横幅、电子显示屏、宣传栏、网站、报刊等载体进行突出红十字文化特色的宣传活动。全年“博爱在京城，传承在丰台”现场募捐活动，共募集捐款336万余元。

（李宏善）

【社会救助】 年内，开展了“两节“送温暖活动。市区两级发放救助款物总计55万元，救助特困家庭670户，受益人数2000人。将市红十字会下拨的救助物资2吨大米，价值1.5万元，及时下拨到河西长辛店镇贫困人员手中。对10名社区特困矫正人员、10名困难学生、科技园区10名困难职工和环卫中心10名困难职工800元/人。少儿大病救助项目共救助少儿困难大病家庭37个，发放救助金33.7万元。年内，共救助特困家庭707户，发放救助金101.4万元。

（李宏善）

【开展志愿服务和造血干细胞知识宣传】 5月，举办了红十字会的兼职工作者和志愿者共30人参加的造血干细胞知识培训班，完成“生命之光”政府购买服务工作。通过制作宣传环保袋、捐献纪念杯、宣传折页、志愿者骨干宣传T恤等宣传品。发放宣传资料20000余份。

（李宏善）

【红十字青少年培养】 年内，开展了“博爱在京城”募捐、急救知识和技能的展示等活动。开展“点亮心灵　护航成长”项目工程；制作了300册《红十字青少年工作指南》和132面红十字校旗，并发放各个学校。举办学校红十字会秘书长培训班。

（李宏善）

政权　政协

北京市丰台区人民代表大会常务委员会

【概　况】 年内，区第十五届人大常委会共召开6次常委会会议，听取和审议“一府两院”20个专项工作报告，作出6项决议决定；召开主任会议10次，听取“一府两院”6个专项工作报告，向常委会会议提请26项建议议题。依法任免国家机关工作人员51人（次），依法补选北京市丰台区第十五届人民代表大会代表1名。全年共受理人民群众来信来电71件次，接待上访群众62批次。

（闫　卉）

【区第十五届人大第四次会议】 1月8日至10日，区第十五届人民代表大会第四次会议在北京双拥大厦举行。应到代表337人，因病因事请假17人，实到代表320人。会议听取和审议了区人民政府工作报告、区人大常委会工作报告、区人民法院工作报告、区人民检察院工作报告，并作出了相关决议。审议了区2013年国民经济和社会发展计划执行情况与2014年国民经济和社会发展计划草案的书面报告，审查和批准了区2013年国民经济和社会发展计划执行情况的报告与2014年国民经济和社会发展计划；审议了区2013年预算执行情况和2014年预算草案的书面报告，审查和批准了区2013年预算执行情况的报告和2014年预算。

（闫　卉）

【常委会第十四次会议】 3月13日召开。会议共五项议程：决定了人事任免事项；审议通过了区人大常委会2014年工作要点；听取了区政府关于丰台区加强依法行政工作情况的工作报告；听取了区政府关于贯彻落实第十五届人大一次会议关于法制宣传教育第六个五年规划决议情况的工作报告；审议通过了关于乡、镇人民代表大会代表补选工作的决定。

（闫　卉）

【常委会第十五次会议】 5月29日召开。会议共二项议程：决定了人事任免事项；听取和审议了区法院、区检察院及相关部门关于贯彻落实《中华人民共和国刑事诉讼法》实施情况的工作报告。

（闫　卉）

【常委会第十六次会议】 7月31日召开。会议共进行了四项议程：决定了人事任免事项；听取和审议了区政府关于2013年本级预算执行情况和其他财政收支的审计工作报告；听取和审议了区政府关于2013年决算草案和2014年预算上半年执行情况的报告，审查和批准区2013年决算；听取和审议区政府关于2014年国民经济、社会发展计划上半年执行情况的报告。

（闫　卉）

【常委会第十七次会议】 9月23日召开。会议共进行了三项议程：听取和审议了区政府关于公共服务设施建设管理情况的报告；听取了区政府关于推进义务教育优质均衡发展情况的报告；决定了人事任免事项。

（闫　卉）

【常委会第十八次会议】 11月27日召开。会议共进行了八项议程：决定了人事任免事项；听取和审议了区政府关于防治大气污染工作情况的专项工作报告；听取和审议了区政府关于区第十五届人大四次会议代表建议、批评和意见办理情况的报告；听取和审议了区人大常委会代表联络室关于区第十五届人大四次会议代表建议、批评和意见督办情况的报告；听取和审议了区政府关于"完善养老服务和保障体系，促进丰台区养老事业发展"议案办理情况的报告；听取了区政府关于区2013年度本级预算执行和其他财政收支情况审计指出问题整改情况的报告；审议通过了代表资格审查委员会关于代表资格的报告；审议通过了关于补选区第十五届人民代表大会代表的决定。

（闫　卉）

【常委会第十九次会议】 12月23日召开。会议共进行了四项议程：决定了人事任免事项；听取和审议了区政府关于2014年国民经济、社会发展计划执行情况与2015年国民经济、社会发展计划草案的报告，初步审查区2015年国民经济和社会发展计划草案；听取和审议了区政府关于2014年预算执行情况与2015年预算草案的报告，初步审查区2015年预算草案；决定了召开区第十五届人大五次会议有关事项。

（闫　卉）

【主任会第十九次会议】 4月15日召开。会议听取了区政府关于丰台区棚户区改造和环境整治工作情况的汇报。

（闫　卉）

【主任会第二十次会议】 4月22日召开。会议听取了区政府关于2014年世界种子大会筹备建设情况的报告。

（闫　卉）

【主任会第二十三次会议】 8月28日召开。会议听取了区政府关于重点村建设进展情况的专项工作报告；听取了区政府关于平原造林工程进展情况的专项工作报告。

（闫　卉）

【主任会第二十五次会议】 10月28日召开。会议听取了区政府关于城南第二阶段行动计划重点项目建设情况的专项工作报告；听取了区政府关于丽泽金融商务区和科技园区建设情况的专项工作报告。

（闫　卉）

【加强议案督办】 年内，针对区第十五届人大四次会议确立的"完善养老服务保障体系，促进养老事业发展"议案，常委会坚持议案督办领导格局，改进交办方式，邀请国家和北京市有关部门领导、专家学者、市区人大代表、国外养老机构参加议案交办会，改变往年一次集中视察为多次分组视察，围绕推进居家养老信息化和配套设施建设、实施"医养结合"等问题开展视察调研，走访了1167名老人，征求意见300多条，并将议案办理情况向全体代表报告。同时，常委会抓住市人大对养老工作进行立法调研的契机，提出立法建议，从市级层面推动相关政策出台，理顺工作体制机制；主动与市人大对接工作，建立市、区、街乡镇三级反馈养老服务意见的直通渠道。召开常委会会议听取和审议区政府养老议案办理情况工作报告，形成审议意见书，并由区政府抓好审议意见的落实，将养老事业和产业发展纳入经济社会发展总体规划及城乡建设规划，出台了《加快养老服务业发展的实施意见》，搭建了区、街乡镇、社区村三级养老服务平台，着力构建以居家为基础、社区为依托、机构为支撑的养老服务体系。

（闫　卉）

【督办代表建议】 年内，落实代表建议办理条例，按照“坚持功能、完善方式、规范程序、提高实效”的要求，将建议督办纳入常委会重要工作，由常委会进行总体统筹和审议，推进建议督办工作规范化、法制化。加强对代表建议的分析，分门别类提出年度督办工作计划，督促区政府制定办理工作方案，明确责任分工，规范办理、检查、保障和信息公开的工作流程。发挥建议督办格局作用，坚持常委会领导牵头和集体督办、工作委员会对口督办，提高办理实效。结合视察调研、执法检查、听取专项报告等工作，加强与政府部门沟通协调。区十五届人大四次会议上和闭会期间，代表共提出260件建议，已按照工作要求和程序办理完毕并答复代表，代表同意的占 83.1%，基本同意的占16.1%，不同意的占 0.8%。

（闫 卉）

【开展法律监督】 年内，推进法治丰台建设，组织常委会组成人员和市、区人大代表，深入区政府有关部门，对依法行政工作进行视察检查，召开常委会会议，听取区政府专项工作报告，督促落实国务院、北京市关于加强法治政府建设的意见。围绕行政机关树立行政应诉观念，组织召开专题研讨会，督促行政机关在依法行政能力建设上下功夫。加强执法检查工作，重点就义务教育法、道路交通安全法、北京市市容环境卫生条例等在丰台区贯彻执行情况开展视察检查。围绕新修订刑事诉讼法的贯彻实施，召开常委会会议，集中听取和审议区法院、区检察院、区公安分局、区司法局等司法机关和执法部门专项工作报告，提出转变执法理念，完善配套制度，加强沟通协调，提高司法公信力等方面的审议意见，交“一府两院”落实。组织人大代表视察区公安分局指挥大厅和刑侦技术中心，提出了进一步优化执法环境，加强治安防控体系建设，提升干警素质等建议。在市、区、乡镇人大代表中组成若干专业小组，采取听取汇报、座谈研讨、旁听案件审理等形式，先后到派出所、基层法庭、司法所等单位开展调研，征求到7个方面62条意见建议，并反馈了有关部门。督促“一府两院”继续坚持大调解格局，合力化解社会矛盾纠纷，促进社会和谐稳定。深化“六五”普法宣传教育监督，督促政府部门健全普法宣传教育机制，引导社会公民自觉守法、遇事找法、解决问题靠法。督促政府部门完善公务员法律培训制度，把领导干部带头学法守法作为重点。推动多层次、多领域依法治理，督促区政府提高社会治理法治化水平。围绕市人大确定的立法任务，先后组织市、区人大代表开展工作调研和专题研讨，重点就居家养老条例、城镇基本住房保障条例、控制吸烟条例等5部法律法规草案，征求意见，提出了具体立法修改建议。坚持每季度组织代表旁听法院案件审理制度，共组织旁听活动4次，40余位代表参加。

（闫 卉）

【加强工作监督】 年内，加强对全区宏观经济运行情况的监督。7月和12月召开常委会会议，听取和审议区政府2014年国民经济、社会发展计划执行情况和2015年国民经济、社会发展计划草案的报告，提出了完善区域功能定位，加强产业发展规划调控，加大经济结构调整，转变经济发展方式，增强可持续发展能力的审议意见。推进全过程预算监督，发挥工作委员会和人大代表的作用，动态监督区政府预决算执行情况，并提前介入2015 年预算编制工作。拓展预算监督覆盖面，把政府公共财政、政府基金、国有资本经营、社会保障基金预算全部纳入预算监督范围。探索预算监督新形式，由过去常委会一个部门牵头实施，转变为5个工作委员会共同参与，分类审查，分口把关，借助区政府审计、教育督导等监督部门力量，对教育部门预算、政府购买服务等提出针对性意见。常委会听取和审议了区政府关于 2014年预算执行情况和 2015 年预算草案，以及

2013 年本级预算执行和其他财政收支情况的审计报告，并批准 2013 年区级决算，向区政府提出深化财政改革，规范预算管理，强化审计整改，提高预算资金使用绩效的意见建议，并全程跟踪监督。推进预算公开透明，召开预算监督培训会和专题研讨会，通报财政预算编制情况，围绕做实预算监督建言献策。把握全区年度重大目标任务，围绕重大项目、重点工程进展情况，开展现场调研督办，集中视察 2014 年世界种子大会筹备建设情况，就场馆环境、配套设施建设和会议筹备、安全保卫等工作，开展代表询问活动；围绕加快实施城南第二阶段行动计划，召开主任会议，听取专项工作报告，督促政府部门抓好重点工程项目落实；围绕加快产业聚集，提升产业发展水平，深入调研科技园区和丽泽金融商务区建设进展情况，督促区政府加强统筹推进。对河东三乡集体经济组织对外投资工作进行实地调研分析，督促进一步明确投资方向，调整投资结构，控制投资风险，提高投资质量和效益，推动农村地区经济社会可持续发展。对城市化进程中撤村建居工作进行调研，就农民社保金趸交、过渡期农村社会服务管理等具体问题提出建议，督促进一步提高公共服务水平，切实维护和保障村民合法权益，加快农村城市化发展进程。对平原造林工作进行视察检查，督促正确处理好改善生态环境与发展集体经济的关系，不断提高群众生产生活质量。加强对 2013 年常委会会议审议的 11 份审议意见书的跟踪督办，督促有关工作落实。

（闫　卉）

【加强代表工作】 年内，加强代表学习，以举办代表履职学习班、网络学习、寄发学习资料等形式，丰富代表学习内容；编辑“代表风采”，宣传代表履职事迹，发挥典型示范引导作用，激发代表履职热情。拓展代表知情知政渠道，邀请区政府领导向代表通报半年经济社会发展情况。丰富代表活动，邀请代表列席常委会会议，使代表知晓常委会工作；发挥街、乡镇、代表联组作用，定期开展视察调研和研讨活动，扩大代表深度参与丰台经济社会工作。探索代表履职新途径，常委会在调研的基础上，确定 10 个会前视察专题，由代表自主选题参加，各工作委员会分别组织开展活动，加深代表对相关工作的认识和了解，利于代表在大会上审议报告和提出议案、建议。加强与代表的沟通联系，做好代表季度报表分析工作，及时掌握代表履职活动和代表信息变更情况，落实服务保障。坚持落实代表联系群众制度，深化联系活动，发挥代表优势和作用，深入选区走访、接待选民，及时收集、反映社情民意。开展代表履职报告工作，各街、乡镇、代表联组结合实际，组织代表到原选区向选民报告履职情况，采取召开选民代表会或公示书面材料等形式，听取选民意见，接受群众监督。年内，到社区走访、接待选民 14328 人次，慰问困难群众 960 人次，收集问题 1637 件，推动协调解决 1068 件。落实《北京市人大代表联系区县人大代表制度》，对市人大丰台团代表分组进行调整并确定召集人；明确街、乡镇、代表联组工作任务，确保市代表联系区代表工作顺利开展。配合市人大开展闭会期间代表活动和学习，做好市十四届人大二次会议代表提交的 12 件议案、113 件建议等各项服务保障。邀请市代表参与区政府有关部门考核评议、民主测评和视察调研等活动，为市代表更好地依法履职和知情知政搭建平台，畅通渠道。

（闫　卉）

【加强调研信息工作】 年内，共完成调研报告 13 篇。注重人大信息员队伍建设，加强与市级媒体的联系。重视建设人大网站、人大电视在线、人大信息、人大宣传栏“四个”阵地，持续、广泛地宣传人民代表大会制度，宣传人大街道工委、代表联组和乡镇人大的工作经验，宣传代表履职的典型事迹和精神风貌，增强代表的荣誉感和责任感。

（闫　卉）

【群众路线教育实践活动】 年内，按照中共丰台区委统一部署，区人大党组织和机关干部从2014年1月下旬至10月底，开展了以“为民、务实、清廉”为主题的党的群众路线教育实践活动。通过学习、听取意见，查摆问题、开展批评，深入整改、建章立制，集中解决了“四风”存在问题。期间，先后进行了28次集体学习，开展了4次集中研讨交流，征求市、区人大代表意见建议61条，召开民主生活会查摆“四风”存在问题17项，完成整改任务14项，还有3项正在整改之中。

（闫　卉）

北京市丰台区人民政府

【概　况】 2014年，全区实现地区生产总值1094亿元，比上年增长8.5%；全社会固定资产投资820亿元，增长9%；社会消费品零售额960.3亿元，增长8%；一般公共预算收入86.1亿元，增长12%；城镇居民人均可支配收入和农民人均纯收入分别增长9%和10%；万元地区生产总值能耗下降4.8%。主要指标增速高于全市平均水平。

加快政府职能转变。梳理284项行政审批事项，取消13项。开展投资项目审批流程试点工作，确定57个试点储备项目。制定事业单位分类工作实施方案，启动区属事业单位改革工作。改革工商登记制度，试行“一口受理、多证联办”的审批新模式，新设企业数量增长50.5%。深化医药卫生体制改革，打造全市首家跨区域紧密型医联体合作单位“北京大学第一医院·丰台医院”。

完善现代市场体系。完成3家区属国有企业重组。探索混合所有制发展模式，进一步吸引社会资本流入。园区扩区工作完成，7个区域纳入中关村国家自主创新示范区范畴。出台文化创意产业扶持专项资金管理办法，加速推进“全球创客空间”等6个项目落地。创新服务模式，扶持“专精特新”企业融资5亿元，新增订单10亿元。

创新农村管理模式。启动农村产权交易平台建设，规范农村集体土地、房屋等资源交易行为。强化农村“三资”管理，严格乡镇集体经济组织财务收支审计。启动乡级社区服务中心社会化运营试点，推行农村社区化管理。出台加快推进社会组织改革与发展实施意见，向71个社会组织购买104项服务项目。制定加强老旧小区服务管理工作意见，推动286个老旧小区服务管理工作全面升级，加强和创新社会治理的内涵不断深化。

加强高端产业引领作用。第三产业占比达78%，其中现代服务业对经济增长贡献率达66.9%，拉动地区生产总值增长5.4个百分点。金融业留区税收增长59.7%。新引进亿元以上企业159家，居全市第三，增长106%，其中商务服务业占43%、金融业占28%、高新技术业占18%。创新驱动促进产业结构更趋合理。完成技术合同成交额455亿元，居全市第三，促进科技成果转化137项，专利授权量增长15.6%。实施第二阶段城南行动及政府投资计划119项，实现投资470亿元，累计完成三年总投资额的70%；吸引民间投资334.4亿元，增长83.3%，占全社会固定资产投资的48.4%。新登记市场主体3.2万户，全区企业总量占市场主体的比重达59.5%。

重点功能区带动作用更加凸显。丽泽金融商务区新兴金融产业聚集效应显著，新引进华林证券、海航金融等亿元以上企业43家，留区税收增长28%，首创金融广场等12

个项目实现开工，开复工面积331万平方米。丰台科技园区总收入超过3600亿元，增长10%，留区财政收入24.7亿元，增长17%，技术合同认定登记额等七项指标居“一区十六园”第二。新引进亿元以上企业51家，其中高科技企业29家，轨道交通、应急救援、军民融合、节能环保等特色产业集聚效应日益增强。推动青龙湖—长辛店会展旅游、生态休闲区建设，成功举办第75届世界种子大会。北京国家数字出版基地发展规划逐步完善，政策研究和招商工作全面启动。

非首都核心功能疏解初见成效。编制新增产业的禁止和限制目录，新兴凌云等制造企业外迁并投产，大红门近1000家商户入驻河北白沟，与保定市签订产业园区合作共建协议，积极融入京津冀协同发展。

加强城市建设管理，打造良好生活环境。建立财政转移支付和流动人口规模调控挂钩机制，整治群租房、地下空间3000余处，人口无序过快增长势头得到有效遏制。基础设施承载力大幅提高。地铁8号线三期、14号线中段、16号线开工建设，万寿路南延南四环至金星路段等9条道路竣工通车，新增城市道路通车里程19公里。生活垃圾循环经济园建设进展顺利。郭公庄水厂投入使用，86.4万居民用上“南水”；治理中小河道11条，升级改造立交桥排水泵站6处，完成马草河总部基地段综合整治。落实清洁空气行动计划，改造燃煤锅炉1218蒸吨，减煤换煤8.1万吨，淘汰老旧机动车7万辆，关闭非法砂石料场9家，调整退出工业污染企业40家。完成平原造林3520亩，建成园博绿道64.5公里，新增城市绿化120.3公顷。以“环境提升年”活动为载体，实施公共服务设施改造和环境绿化美化提升工程，打造了方庄等区域环境建设综合示范区。积极开展背街小巷、轨道交通站点周边环境整治工作；治理黑车、黑摩的、小广告、露天烧烤、无照游商成效显著；拆除违法建设96.5万平方米，新生违法建设实现零增长。城市服务管理水平显著提升。“智慧丰台”建设取得成效，在全市率先建立信息化滚动规划实施机制。网格化社会服务管理日趋完善；“一刻钟社区服务圈”广泛覆盖；80个社区办公、活动用房规范化建设达标。25处道路大修和拥堵点改造完成，2000辆公租自行车和24个电动汽车充电站投入使用。城市化进程加速推进。9个村整建制农转居。8个重点村集体企业搬迁和宅基地腾退基本完成，西局、石榴庄上市地块实现开工，白盆窑北地块入市交易。纪家庙村、羊坊村宅基地腾退基本完成。分中寺村土地一级开发全面启动，宅基地腾退完成98.7%。

切实改善民生，开创社会事业新局面。群众生活持续改善。新增城镇就业3.3万人，城乡劳动力就业1.9万人，城镇登记失业率2.17%。保障房开工1.3万套、竣工9000套，解决了1572户保障房轮候家庭住房困难。南苑棚户区三期启动；长辛店棚户区征收补偿政策确定，50%回迁安置房结构封顶。老旧小区综合整治335万平方米，惠及居民3.5万户。出台加快推进养老服务业发展实施意见，新建6家养老照料中心、4家养老机构，新增养老床位2030张。救助特困人员1.3万人；完成残疾人家庭无障碍设施改造1000户。教育卫生事业稳步发展。加强义务教育阶段入学统筹，推动义务教育均衡发展，投入教育资金44亿元，增长25%。引进中国教科院、北京师范大学、清华附中等7所院校入区办学，增加优质资源学位2876个。累计建成方庄、丰台镇等8个教育集群，丰台五小、丰台二幼等12个教育集团。启动人大附中丰台学校建设，完成中央民族大学新校区土地一级开发。天坛医院新址建设进展顺利；鼓励优质资源和社会资本建设河西医疗机构。成功创建国家慢性病综合防控示范区。建立食品药品安全三级监督网络，完善检测及应急体系建设。

文化体育事业繁荣发展。“发现丰台之美”主题活动亮点纷呈，首次在中国美术馆举办“北京意象·丰台华彩”绘画作品展，“卢沟晓月”、戏曲嘉年华等文化品牌更具特色，群众性文化活动达到1000余场次。依托园博园、汽车博物馆等有影响力的文化平台，举办建国65周年游园、世界旅游城市联合会香山峰会、北京国际铁人三项赛和中法汽车文化交流等活动。建成75个体育生活化社区；丰台科技体育馆竣工。

安全稳定局面不断巩固。注重源头预防，畅通信访渠道。开展75项重大决策社会稳定风险评估和“千警万户大走访”活动。创新立体化社会治安防控体系，加强老旧小区物防技防建设。开展安全生产标准化、安全社区创建和城乡结合部安全整治等专项行动，安全生产形势持续平稳。重大政治任务保障有力。圆满完成建国65周年、亚太经合组织会议、纪念抗日战争爆发77周年、纪念中国人民抗日战争暨世界反法西斯战争胜利69周年等重大活动的服务保障任务。

强化教育实践活动成果，作风建设呈现新气象。严格落实中央八项规定精神和市委十五条实施意见，制定实施区政府党组教育实践活动整改方案，17项年度整改任务全部完成。出台了公务车辆管理、会议培训经费支出等24项制度，32个单位公开了2013年部门及“三公”经费决算，50个单位公开了2014年部门及“三公”经费预算。坚持科学民主决策，认真听取人大代表、政协委员的意见建议，办复人大代表议案、建议和政协委员提案404件。建立“马上就办”工作机制，完善行政问责制度。坚持依法行政，推行政务公开，开展网络问政，行政复议、行政应诉、行政执法监督工作继续加强。监察、审计工作扎实开展，惩治和预防腐败体系建设取得新进展。打通服务群众“最后一公里”，解决一批群众身边的急事、难事，整改“庸、懒、散、拖”等作风问题275起，“四风”问题得到有效遏制。

（张　萌）

重要活动

【区领导李超钢冀岩带队调研】 1月4日，区委书记李超钢、区长冀岩带队，到北京中西医结合医院，现场察看了医院建设及运营情况，听取负责人对医院工作的汇报；到河西再生水厂，现场察看水厂的污水处理全过程，听取负责人对水厂运营情况的汇报。李超钢同志强调，北京中西医结合医院要积极探索多元化投资模式，引导社会资本参与医院的建设和运营；河西再生水厂要加快周边配套管线建设，提升自身经营管理水平，更好地为河西百姓服务，全力保障园博园水源供应。区领导孙军民、张婕、吴继东一同调研。

（张　萌）

【区领导到装甲兵工程学院调研】 1月29日，区长冀岩带队，到装甲兵工程学院，参观装备展；在学院办公楼召开座谈会，与工信部、装甲兵工程学院、新兴际华集团公司领导座谈，探讨合作发展军民融合产业事项。工信部军民结合推进司巡视员曹志恒，装甲兵工程学院政委夏晓鹏、副院长刘德刚，新兴重工集团有限公司党委书记陈春生，区领导朱继明、刘树苹参加座谈。

（张　萌）

【冀岩调研世界种子大会筹备情况】 4月11日，区长冀岩一行到世界种子大会建设现场，察看了青龙湖5号路的建设及园林绿化情况；在主场馆内，冀岩同志详细察看了馆内展厅及宴会厅，询问了地面承重能力、服务人员配备、施工人员就餐等情况；随后，现场察看了厨房、会议室、客房等酒店设施建设情况及公寓建设进展情况。冀岩要求合理安排工序，加紧建设，做好主酒店和酒店式公寓的工程收尾工作；提前筹划，高标准完成场馆周边道路和相邻地块的景观绿化工作；做好4月14日至16日国际种子联盟主席一行考察、试餐等活动的准备工作。

（张　萌）

【大红门地区—保定白沟商贸产业对接推介会举行】 5月8日，丰台区与保定市签订战略合作协议。白沟对进入现有专业市场的商户免除5年租金，对投资教育、医疗、文化、体育等城市配套功能设施的，免除行政事业性收费；丰台区对带头转移商户给予扶持性政策。鼓励北京实验二小怡海分校、八中怡海分校与保定合作，已在白沟规划选址建设一所占地700余亩、可容纳学生5000人的全学段学校。双方分别设立专职机构，统筹协调工作。中国商业联合会会长张志刚，区领导李超钢、冀岩、顾晓园、孙军民、刘宇、钟百利、狄涛，保定市领导聂瑞平、马誉峰、吴立芳、李国英、闫立英、杨猛出席推介会。

（张　萌）

【北京市“第24次全国助残日”活动在丰台区举办】 5月18日，活动主题为“关心帮助残疾人，实现美好中国梦”。中国残联理事长鲁勇向全国8500万残疾人和广大残疾人家属表示亲切问候和良好祝愿。市委副书记吕锡文及市有关部门领导，区领导李超钢、霍连明、高峰出席活动。

（张　萌）

【2014年世界种子大会正式开幕】 5月26日，中央政治局委员、国务院副总理汪洋出席开幕仪式。汪洋同志指出，现代农作物种业是农业发展的“生命线”，是国家优先支持的战略性、基础性核心产业。要大力实施创新驱动发展战略，深化种业体制改革，强化企业技术创新主体地位，提升良种创新、生产和供应保障能力，加强种业知识产权保护，加快推进现代种业发展。要继续扩大种业对外开放，创造更加公开透明的贸易环境，大力推进种业投资和贸易合作，促进种业技术和人才交流，推动中国由种业大国向种业强国转变。国际种子联盟主席蒂姆·约翰逊，农业部领导韩长赋、余欣荣，市领导吕锡文、李士祥、牛有成、林克庆，区领导李超钢、冀岩参加开幕仪式。大会于5月28日闭幕。

（张　萌）

【首都各界隆重集会纪念全民族抗战爆发七十七周年】 7月7日，首都各界，隆重集会中国人民抗日战争纪念馆，纪念抗战爆发七十七周年。中共中央政治局常委、全国政协主席俞正声主持纪念仪式。中共中央总书记、国家主席、中央军委主席习近平发表重要讲话强调，中国人民对战争带来的苦难有着刻骨铭心的记忆，对和平有着孜孜不倦的追求。纵观世界历史，依靠武力对外侵略扩张最终都是要失败的。这是历史规律。中国将坚定不移走和平发展道路，并且希望世界各国共同走和平发展道路，让和平的阳光永远普照人类生活的星球。纪念仪式后，党和国家领导人和各界代表走进展厅，参观“伟大胜利—纪念中国人民抗日战争暨世界反法西斯战争胜利大型主题展览”，并亲切看望了参加仪式的抗战老战士和老同志代表。刘延东、刘奇葆、范长龙、栗战书、郭金龙、王晨、张庆黎等领导出席纪念仪式并参观展览。

（张　萌）

【区政府党组召开专题民主生活会】 7月10日，区政府党组召开党的群众路线教育实践活动专题民主生活会。冀岩同志主持会议，市委第五督导组第一副组长苗立峰到会指导，市委组织部、市委教育实践活动办公室、市委督导组有关人员参加会议。冀岩代表区政府党组作班子对照检查。他深入剖析了“四风”方面存在的突出问题，并带头进行对照检查，随后区政府党组成员逐一做了认真对照检查。大家紧紧围绕会议主题，深刻查摆“四风”问题、剖析思想根源，深入开展批评和自我批评，做到了自我批评不遮不掩、见筋见骨，互相批评直截了当、真刀真枪，剖析原因深入骨髓、触及灵魂。苗立峰代表市委督导组对区政府党组民主生活会予以了肯定，认为会议准备充分、紧扣主题、重点突出、征求意见广泛，严肃认真坦诚，开出了好的氛围、好的效果。

（张　萌）

【冀岩带队到首都经济贸易大学进行调研】 7月24日，双方就合作共建丰台区经济社会发展研究院、首经贸校园征地进展情况等进行了座谈。冀岩同志表示，首经贸作为市属重点经济类高校是丰台区的宝贵资源，双方共建经济社会发展研究院将实现双赢。首经贸党委书记柯文进表示，首经贸大学将充分发挥综合经济学科优势，为丰台经济建设和社会发展提供专业化咨询和科学性建议。首经贸大学领导王稼琼、孙善学，区领导狄涛、刘文洪陪同调研。

（张　萌）

【丰台区与保定市开展共建园区暨重点合作项目集中签约仪式】 9月18日，双方领导在签约仪式上致辞，并就13个项目分别进行了签约。未来，丰台区将与保定市共同推进由政府组织引导，以企业、园区为合作主体的共建共享新模式，共同编制园区产业和空间发展规划，联手开展招商、合作融资，共同参与园区建设和管理，共同打造京津冀区域产业合作的重要平台、协同发展的先行先试示范区。保定市领导聂瑞平、马誉峰、刘颖、李志刚、杨猛、岳文民、刘峰，区领导冀岩、刘宇、钟百利、张婕出席签约仪式。

（张　萌）

【市委书记郭金龙到丰台区调研】 9月19日，市委书记郭金龙到方庄和分钟寺地区调研。强调指出，城市的管理和建设同等重要，一定要深入贯彻习近平总书记在京考察时的重要讲话精神，从推进国家治理体系和治理能力现代化的高度，进一步提升首都建设管理水平，改善老旧小区环境，搞好城乡结合部整治，努力使人民群众生活得更舒心。市领导陈刚，区领导李超钢、冀岩一同调研。

（张　萌）

【区领导陪同国家领导调研食品药品安全工作】 9月26日，到卢沟桥乡食品药品监管所视察。在行政受理室演示了许可证制证过程，察看了有关工作材料，检查了执法车辆装备情况。中央政治局委员、国务院副总理汪洋，国务院副秘书长、国家食品药品监督管理总局局长、党组书记张勇，国务院副秘书长毕井泉，国家食品药品监督管理总局副局长尹力，市领导李士祥、程红，市食药局领导张志宽，区领导李超钢、冀岩参加调研。

（张　萌）

【市领导检查区党风廉政建设责任制落实情况】 12月31日，市委常委、市委政法委书记杨晓超带队检查丰台区党风廉政建设责任制落实情况，检查组成员王海平、张才雄参加会议。区委书记杨艺文，区委副书记、区长冀岩，区委常委、区纪委书记李军分别做汇报。区人大常委会主任王苏维、区政协主席李昌安、区委副书记顾晓园一同参加。观看了全区党风廉政建设汇报专题片，听取了区委2014年落实党风廉政建设责任制主体责任情况的汇报、区政府党组2014年落实党风廉政建设责任制主体责任情况的汇报以及区纪委2014年落实党风廉政建设责任制监督责任情况的汇报。区领导衡晓帆、霍连明、孙军民、刘宇、钟百利、朱继明、张建国、狄涛、张婕、刘文洪、高峰、刘树苹、吴继东一同参加。

（张　萌）

法制工作

【概　况】 2014年，法制工作紧紧围绕全区中心工作，以建设法治政府、推进依法行政为核心，认真履行职责，务求实效，以扎实的政府法制工作为建设经济繁荣、社会文明、人民幸福的新丰台提供优质高效法制服务。被评为“2014年丰台区行政机关效能建设工作表彰单位”。

（吴　超）

【为城乡一体化建设提供法律支持】 年内，参与重点村建设及旧村改造工作，通过宣讲法规政策，为槐房村、大红门村、纪家庙村、造甲村、万泉寺村、郭庄子村、周庄子村、大瓦窑村等集体土地腾退及拆迁工作提供法律服务，全年共动员调解被腾退村民76户。为解决丽泽金融商务区、科技园区、南苑棚户区等工作中的难点问题提供法律支撑。

（吴　超）

【涉法事务合法性审查】 年内，完成对第三届区政府法律顾问团成员的续聘和新增工作，严格抓好规范性文件合法性审查工作，发挥政府法律顾问作用，共审核《丰台区生产安全事故应急救援预案》、《丰台区危险化学品事故应急救援预案》、《丰台区职业病中毒应急预案》等171份文件，提出修改意见500余条。

（吴　超）

【加强政府合同、协议审查】 年内，审核《中法青龙湖国际健康产业园战略合作框架协议》、《“丰台体育中心”改造发展合作备忘录》等93份合同，提出修改意见370余条。反馈《北京市轨道交通运营安全条例（草案）》、《北京市城镇基本住房保障条例》等市法律法规规章征求意见14件，提出修改意见30余条。

（吴　超）

【为重大决策风险评估提供法律服务】 年内，全程参与垃圾循环经济园项目建设，多次参加风险评估会、特许经营实施方案及成本测算分析会、专家评审会等，对相关文件进行研讨，为项目的招投标活动提供法律保障。

（吴　超）

【为涉法事宜提供法律支持】 年内，为区住建委、区水务局、区城管执法局、卢沟桥乡、南苑乡等单位，围绕行政处罚、许可、强制、征收等工作中涉法涉诉问题，提供法律指导和培训25次。对区政府办公室转来的《请求立即严肃查处花园市场违法拆迁的紧急情况建议书》、“关于东方家园家居建材商业有限公司支付工资争议案”、《要求区政府督促村委会公开村务申请书》、《关于西国贸汽配城项目的情况说明》等15份文件研提法律意见。

（吴　超）

【行政执法专项调研】 年内，在全区范围内开展行政执法专项调研活动，起草《丰台区行政执法专项调研报告》。通过调研，总结出区行政机关积极有效开展行政执法取得的成绩和经验。同时也找出行政执法工作存在的问题和不足，并有针对性地提出对策建议。

（吴　超）

【行政复议调研】 年内，为应对行政复议工作的新问题、新挑战，组织人员对区行政复议工作相关情况开展调研，起草《丰台区行政复议工作情况分析及对策研究》调研报告，对相关问题进行分析梳理，为推进区法治政府建设工作提供切实可行的意见和建议。

（吴　超）

【依法行政调研】 年内，对区2004年至2013年依法行政工作开展情况进行调研，从推进依法行政的基本情况、推荐依法行政的经验和创新性做法等四个方面，对丰台区十年来推进依法行政工作进行总结。

（吴　超）

【强化行政复议】 年内，共承办行政复议案件203件，同比增长31%。其中，职业打假引发42件，占案件21.8%，拆迁腾退引发的各类案件91件，占案件总量的47.2%。代理区政府参加市政府行政复议案件10件。被授予“北京市行政复议工作先进单位”，2名工作人员受到表彰。

（吴　超）

【加强行政应诉工作】 年内，共代理区政府行政应诉案件 22 件。强化应诉指导工作，前往区住建委、宛平办事处、马家堡街道等就应诉工作中的难点问题进行座谈，加强与市政府法制办、市二中院、区法院沟通，就政府信息公开、行政败诉问责等涉法问题进行研究。10 月 28 日，区委常委、区政府常务副区长刘宇代表区政府就市高院公开审理李某不服丰台区人民政府信息公开答复上诉一案出庭应诉。这是党的十八届四中全会闭幕后，行政机关负责人到北京高院出庭应诉的首起案件。

（吴　超）

【推进行政调解工作】 年内，区政府法制办与司法局、区人民法院编印《丰台区多元调解工作宣传手册》，宣传行政调解的概念、原则和类型。9 月，区政府法制办和区司法局联合举办丰台区多元调解业务培训会，深化对行政调解工作的认识，交流行政调解工作的先进经验。完成 2014 年全区行政调解数据统计工作，并对统计结果进行深入分析，对进一步规范行政调解工作，提高行政调解工作水平提供有利的数据支撑。

（吴　超）

【妥善处理遗留问题】 年内，参与各类遗留问题的协调工作，分别于 8 月与兴丰公司就以其名义办理土地手续的方式继续推动项目进行的可行性进行研究。11 月，与珠江公司就西站南广场写字楼项目进展情况进行沟通，充分研讨继续履行《项目转让协议》的先决条件，推动项目转让工作的顺利进行。为疑难涉访涉诉遗留问题的妥善解决提供有效法律支撑。

（吴　超）

【规范性文件备案】 年内，对全区 83 家行政单位和具有行政管理职能的事业单位制发的共计 231 份文件进行检查，共备案行政规范性文件 215 件，向市政府备案 9 件。

（吴　超）

【办理人大政协提案】 年内，作为会办单位和主办单位，认真研究、研提办理意见，分别完成政协提案第 129 号《促进政府工作人员法律知识普及和观念提高》及提案和第 190 号《关于在政府部门建立法律顾问制度》的办理工作。

（吴　超）

【加强依法行政学习培训】 年内，在区政府常务会前安排学习《北京市大气污染防治条例》、《保密法实施条例》和《关于区行政诉讼开展情况暨行政诉讼法修改情况的介绍》。7 月，面向全区开展依法行政信息工作问卷调查，针对调查存在的问题组织相关委办局 70 余人次参加的依法行政信息宣传工作专题培训。9 月，针对各行政机关在行政管理和行政执法中存在的共性问题，与区委政法委、区法院共同举办行政执法与行政诉讼系列专题培训。

（吴　超）

国有资产监督管理工作

【概　况】 2014 年，丰台区国有资产监督管理工作在区委区政府的领导下，在市国资委的指导帮助下，贯彻落实十八大、十八届三中、四中全会和习近平总书记系列重要讲话精神，开展党的群众路线教育实践活动，执行区委区政府的决策部署，推进国有企业全面深化改革，提高国有资产监管效能，鼓励支持国有企业服务促进区域经济社会发展，完成年初确定的各项工作任务。全区所属国有及国有控股和集体企业 52 户，具有法人资格企业 94 户，比上年的 99 户净减少 5 户。根据企业财务决算数据统计，截止 2014 年 12 月 31 日，全区 52 户国有及国有控股和集体企业账面资产总额 707.80 亿元，同比增长 5.66%；负债总额 611.81 亿元，同比增长 6.33%；所有者权益总额 95.99 亿元，同比增长 1.55%；年末合并国有资产总量 95.01 亿元，同比增长 0.88%。企业平均资产负债率

86.44%，同比增长0.71个百分点。企业全年累计实现营业总收入35.70亿元，同比下降12.60%;盈亏相抵后实现利润总额0.81亿元，同比增幅601.58%。上缴各项税费总额2.88亿元，同比增加33.39%。国有资本保值增值率100.14%，同比下降0.52个百分点。企业全年平均从业人员3838人，年末在岗职工3119人，全年在岗职工人均工资78531元，同比增长15.67%。年末离退休人员9463人。

（曹怀亮）

【开展党的群众路线教育实践活动】 年内，围绕“为民 务实 清廉”主题，聚焦“四风”问题整治，开展三个环节的各项工作，既做好规定动作，又突出国资特色，广大党员、干部普遍接受一次深刻的马克思主义再教育。通过活动开展，机关党员领导干部和企业党员干部的理想信念、宗旨意识和群众观点进一步增强，“治企理业”能力和国资监管水平进一步提升，国资委系统党内组织生活进一步健全，机关和基层企业工作作风明显转变，制度建设进一步完善，教育实践活动取得预期效果。

（曹怀亮）

【国有企业重组】 年内，采取托管方式，将兴丰房地产公司和芳城实业公司重组给综合投资公司。完成城建物业管理公司和丰开拆迁服务公司的公司制改制。

（曹怀亮）

【清理脱钩工作】 年内，开展行政事业单位经办企业摸排工作，共涉及16个行政事业单位、36家企业。按照清理脱钩工作领导小组的要求，各单位按照自定方案启动企业脱钩工作，其中：农委下属1家企业已经完成注销工作，卫生局下属2家和科委下属1家企业正在办理注销工作。

（曹怀亮）

【老旧小区商业网点治理】 年内，落实李超钢书记批示，提高商业网点规范化、信息化管理水平，对商业网点的业态核准、租期控制等实现日常动态管理。对无照经营、低端业态进行取缔、清理腾退，促进业态升级。共拆除99间房屋隔间，腾退建筑面积达1300平方米，清理流动人口约200人，近2160平方米商业网点实现业态升级。逐步推进商业网点回归便民惠民功能。支持“一刻钟社区服务圈”建设，并与法院、区社工委、区民宗侨办及街道等进行公益需求对接。同时，通过多部门联合执法、安全互查、安全生产点管理、合同约束等措施，推进安全生产管理和环境改善，树立国有商业网点新形象。

（曹怀亮）

【国有企业作用发挥】 年内，国有企业在重点工程建设、民生改善、区域承载力拓展等方面发挥更加突出的作用：在推进重点工程项目建设方面，区属国企承担了中央民族大学新校区、地铁9号线郭公庄站点、市政务服务中心等重大公益项目土地一级开发工作及丰台区政务中心建设任务；在推进民生改善方面，区属国企承担了南苑棚户区和长辛店棚户区改造、长馨园保障房建设及C9、郭公庄、市政务中心拆迁安置房建设，同时还承担了教学楼改扩建新建工程、老旧小区综合整治、直管公房与保障性住房管理、物业管理与供暖服务等民生工作；在促进提升丰台区承载能力方面，国资中心发行短期融资券、中期票据实现融资25亿元，缓解了区域建设的资金压力。促进丽泽金融商务区开发建设，为使丽泽早日成为首都金融产业发展新高地提供承载空间。成立丰综投轨道交通投资开发公司，加快推进河西现代有轨电车项目等市政与道路基础设施建设，增强区域市政基础设施承载能力。

（曹怀亮）

【保安全促稳定】 年内，贯彻安全生产“一岗双责”制度及国资委安全互查办法和安全生产点管理办法，强化企业主要领导是安全生产第一责任人意识，落实企业安全生产主体责任，践行安全生产工作部署，做好安全生产工作，全年未发生重大安全生产事故。建立健全畅通有序的诉求表达、矛盾调处、权益保障机制，及时就地解决群众的合理诉求。做好重点工程拆迁项目立项前社会稳定风险评估，充分考虑群众的合法利益和正当诉求，化解矛盾纠纷和不稳定因素，营造和谐稳定的企业发展环境。

（曹怀亮）

【改进作风制度建设】 年内，针对“四风”突出问题，结合国资国企实际，对已有的国资监管制度和机关工作制度进行全面梳理，制定《改进作风制度建设计划》和《改进作风制度建设计划表》，提出制度建设任务清单，完成23项制度的“废、改、立”工作，为促进国资监管规范化、机关工作流程化“新常态”的形成奠定基础。

（曹怀亮）

【企业人才队伍建设】 年内，围绕企业改革调整优化干部配置，补充、调整部分企业领导班子人员31名，其中提拔使用领导人员2人。就企业领导人员综合考核评价体系建设开展了课题研究。探索人才培养新模式，导师制企业人才培养项目获区委组织部立项批复。

（曹怀亮）

【开展各类教育培训】 年内，分类开展专业人才培训，先后举办劳动关系协调员、中小企业融资师、注册物业管理师、人力资源管理师等四个专业领域的技能人才培训班，共计130人参加培训，100人参加由国家组织的专业技能人才考试，并取得职业资格认证。

（曹怀亮）

【基层党组织建设】 年内，落实党建工作责任制，确立“一围绕三结合”的党建工作思路，组织清理12名行政单位领导在企业的兼职，严格做好处置不合格党员工作，对1名不合格党员进行劝退处置。加强基层党组织书记培训，组织开展在职党员回社区报到工作，推进服务型党组织建设试点工作，开展“我身边的好党员评选推荐”、党员献爱心捐款活动，有效发挥基层党组织的战斗堡垒作用和党员职工的先锋模范作用。

（曹怀亮）

【党风廉政建设】 年内，落实党风廉政建设责任制，层层签订责任书，开展廉政教育活动，组织参观反腐倡廉警示教育基地，参加区党风党纪知识竞赛，并获得三等奖和组织奖。着眼作风转变，落实中央“八项规定”、“六项禁令”等规定，抓好《党政机关厉行节约反对浪费条例》、《党政机关国内公务接待管理规定》等相关规定的贯彻执行，组织开展“十项专项整治”检查工作，对各单位领导办公室装修、摆设，公款吃喝、业务接待，借公务之名旅游，党员干部办理婚丧喜庆事宜情况进行检查。配合区纪委做好案件处理工作，办理4人次处分决定和执行，强化信访举报的接待处理，已处理6件，还有4件正在调查核实中，保持惩治腐败的高压态势。

（曹怀亮）

北京丽泽金融商务区

【概　况】 2014年，丽泽金融商务区实现税收15.9亿元，同比增长33%，其中金融业实现税收9.8亿元，同比增长92%，丽泽对区域的税收贡献越发明显。年内，南区金中都南路等3条主干路、东管头路等13条次干支路已实现开工建设，新建丰草河已进场施工。12个项目实现了开工，开复工面积达331万平方米。南区征地拆迁工作全部完成；北区集体企业完成拆迁腾退89%，农民宅基地完成97%，居民累计完成签约623户。另外，D12地块完成了上市交易，成交价为15350万元，D10、E010506地块已完成入市手续办理。

（徐国红）

【回迁安置】 年内，A02 和菜户营项目为北区农民回迁安置房，郭庄子、彩虹家园、开关厂、纪家庙、成寿寺等项目为北区居民回迁安置房源。开关厂、成寿寺项目已与各项目主体完成对接，确定房源指标和户型比例。郭庄子、纪家庙项目完成 362 套入住。其中，北区居民 116 套，万泉寺村 246 套。

（徐国红）

【招商引资】 年内，丽泽新引进企业 99 家，注册资本金超过 400 亿元，其中亿元以上企业 41 家。入驻机构包括海航集团发起设立的北京海航金融控股有限公司，长城资产旗下的北京长华投资基金（有限合伙）等有影响力的新兴金融机构。截至年底，累计引进企业 291 家，注册资本金超过 1500 亿元，其中亿元以上企业近 120 家。

（徐国红）

【环境建设】 年内，防尘网铺设面积 55 万平方米，新砌筑围墙围挡 15.5 公里，修复围挡 3.5 公里，累计投资近 1000 万。与公安、城管、工商、乡镇、街道等单位成立联合执法工作组，对商务区范围内的违章建筑、不法商贩、安全隐患等问题进行执法检查。

（徐国红）

机构编制管理工作

【概　况】 丰台区机构编制委员会办公室（区编办）是区机构编制委员会（区编委）的常设办事机构，在区编委的领导下负责本区行政管理体制和机构改革以及机构编制日常管理工作，既是区委工作机构，同时也是区政府工作机构，列入区委机构序列。2014 年，为全区 558 家事业单位换发法人证书，办理事业单位法人设立登记 4 家；变更登记 57 项；注销登记 18 家。安置 2013 年军转干部增加编制 83 个。

（匡怡芳）

【机构体制调整】 年内，按照市编委统一要求完成政府机构设置调整工作。将卫生局的职责、人口和计划生育委员会的计划生育管理和服务职责整合，组建卫生和计划生育委员会，为区政府工作部门，不再保留卫生局及人口和计划生育委员会。

（匡怡芳）

【行政审批制度改革】 年内，建立丰台区行政审批制度改革工作部门联席会议制度，制定并印发《丰台区行政审批制度改革工作方案》和《关于开展区属各单位行政审批事项清理工作的通知》。在各单位基本完成行政审批事项自查清理和上报的基础上，经过前后四轮审核，初步确认行政审批事项为 284 项，取消行政审批事项 13 项，保留行政审批事项 271 项，形成《关于取消一批行政审批事项的通知》，经区政府常务会审议通过后，以区政府名义印发并在区政府网站上公示。

（匡怡芳）

【机构和人员编制核查】 年内，建立区机构和人员编制核查全面推行实名制管理工作部门联席会议制度，制订《丰台区机构和人员编制核查实施方案》，统筹抽调工作人员，开展核查工作。指导参加核查的单位开展台帐整理和系统填报，帮助各单位按时保质保量的完成市编办核查系统的填报工作；对各单位上报的核查材料进行审核，确保各单位填报数据的真实有效可靠。按照市编办统一部署，丰台区与昌平区开展区县互查工作，全区共有 13 家行政机关和 55 家事业单位接受区县互查，达标率 100%。

（匡怡芳）

【机构编制管理】 年内，分别对健全完善中关村科技园区丰台园管理机构等事项进行调查研究，提请编委会审议后，按照编委会精神，经机构编制工作流程逐个落实发文。为人力社保局成立人才服务办公室；审计局、城管监督指挥中心、南苑街道调整内设机构；司法局调整内设机构编制职数等，保障全区各领域各专项任务工作力量。完成为接收安置2013年度军转干部单位下达编制工作，为区纪委机关等32个单位增加行政编制33名，为党史办等9个参照公务员法管理事业单位增加全额拨款事业编制10名，为区城管监督指挥中心增加行政执法专项编制2名，为丰台区委讲师团办公室等27个事业单位增加全额拨款事业编制38名。

（匡怡芳）

【事业单位法人年检制度改革】 年内，事业单位年检制度改革，即取消事业单位法人年检，改为年度报告公示制度。在不足一个月的时间内完成全区558家事业单位换发法人证书工作，并对没有按要求换发证书，不再具备法人资格的5家单位进行证书废止公告。全面压缩审批时限，将事业单位法人设立登记审批时限由法定的20日缩短为10个工作日。全年，办理事业单位法人设立登记4家；变更登记57项；注销登记18家。

（匡怡芳）

民族宗教侨务工作

【概　况】 2014年，区民族宗教侨务工作以开展党的群众路线教育实践活动为契机，以服务民生、维护稳定、促进和谐为理念，深入开展民族团结进步创建活动。新发地批发市场和长辛店镇在“中央民族工作会议暨国务院第六次民族团结进步创建表彰大会”上被表彰为先进集体。丰台区五小被评为北京市首批民族团结示范校。

（于立河）

【参加北京市第九届民族传统体育运动会】 年内，北京市第九届民族传统体育运动会于8月在西城举办，民宗侨办协调区教委、区体育局进行组队训练，区政府投入200余万元经费，参加17个大项的比赛，取得单项8个第一名、29个第二名、37个第三名的优异成绩。

（于立河）

【推动民族经济发展】 年内，建立全区清真网点和企业基础数据台账，向区财政申请建立专项扶持资金30万元，会商区财政局、区商务委共同制定《丰台区民族经济专项扶持资金使用管理办法》。推动和落实年度市级专项资金重点扶持的5个项目方案，利用市扶持资金100万元。引进西城区华天等清真品牌企业。

（于立河）

【组织政策法规培训】 9月24日，举办民族宗教政策法规培训和“宗教文化与社会主义核心价值观的理论研讨会”，全区伊斯兰教、天主教、基督教等3个宗教团体负责人及骨干信徒共约80余人参加。10月30日，举办民族宗教工作培训班，全区21个街道、乡镇主管干部及重点社区（村）的专（兼）职干部及部分委办局负责同志共约170余人参加。

（于立河）

【处置民族纠纷】 年内，共处理涉及少数民族群众合同纠纷事件1起、疑似吸毒死亡事件2起、宾馆拒住事件3起、民族饮食习惯投诉事件3起、越级访事件1起、治安事件2起，均得到圆满处置。

（于立河）

【解决宗教场所难题】 年内，协助区基督教“三自”爱国运动委员会办理房产建档办证工作，协调处理区天主教爱国委员会房产地界纠纷事件，主动协调解决基督教丰台堂亮起来工程资金不足困难。帮助丰台清真寺、南苑清真寺、长辛店清真寺、基督教丰台堂、天主教长辛店教堂维修场所设施改善场所环境。

（于立河）

【促进侨资企业融入区域经济】 年内，帮助侨资企业北京科蓝之星环保科技有限公司解决因税收核查审批环节滞缓，导致企业无法购领发票正常经营的问题。搭建对接平台，接待美国北京联合会会长、美国加州华人社团联合会副主席、中国国际民间组织促进会顾问李立等人商讨投资生物医药领域相关事宜。

（马艳辉）

【帮助华侨侨眷解决难题】 年内，审核办理归侨身份认定2件，审核办理华侨、港澳同胞和外籍华人学生来京上中小学17人，走访慰问侨界代表人士及困侨14人，协调办理华侨子女照顾入学2人，协助1名香港同胞购买公租房。协助处理长辛店街道老归侨刘某某的外孙女因家庭纠纷致残事件，申请救助金共1.9万元。

（马艳辉）

【社区侨务工作】年内，开展全国明星社区、示范社区创建活动，组织开展“暖侨敬老行动”，深入街道、社区，沟通协调，制定实施方案，加大指导力度，提供所需支持。年内，大红门街道怡然社区被国务院侨办评为2014年“全国社区侨务工作明星社区”，云岗街道北里社区、大红门街道怡然社区、东高地街道东高地社区被评为“北京市侨务工作示范单位”。同时，落实“社区为侨服务好，侨为社区贡献多”双向机制，开展在东高地街道东高地社区举行“2013年度全国社区侨务工作示范单位”颁牌仪式；中秋节、端午节期间进行联欢、义诊、走访慰问；组织归侨侨眷去水立方观看“水立方杯”海外华裔青少年中文歌曲大赛等系列活动。

（马艳辉）

对外事务

【概　况】2014年，丰台区外事工作紧紧围绕首都世界城市的建设和区委、区政府中心工作，统筹区域外事资源，扎实开展外事活动。全年，共接待党宾、国宾、友好团组21批276人次。参与保障2014年世界种子大会、香山旅游峰会等国际会议；与友城开展丰富多彩的交流活动，同时拓展交往渠道，签订友好交流备忘录；做好因公出国（境）管理工作，共办理因公出国（境）36批141人次；深入推进国际语言环境建设，指导种子大会英文标识与场馆建设同步推进；加强涉外管理，修订《丰台区涉外突发事件应急预案》。

（孙郁菲）

【外事交流访问】 1月，“丰台区京剧交流代表团”对日本东京都葛饰区进行友好访问。期间在葛饰区进行专场演出，并与葛饰区的学生们共同体验数学、体育、生活等课程。4月，新加坡建设局代表团一行赴丰台区科技园西区就合作开发及下一步规划进行考察和座谈。7月，澳大利亚墨尔本理工大学培训中心CEO瑞秋来丰台区进行友好访问，8月，丰台区组织丽泽中学师生赴墨尔本理工大学交流访问。并于本月，接待日本东京都区市町村代表团一行到丰台区参观访问，就节能环保、垃圾处理等问题进行座谈。

（孙郁菲）

【签署“备忘录”】 4月17日，比利时布兰肯堡市副市长比约恩·普拉瑟先生访问丰台，两区签署《丰台区与比利时布兰肯堡市友好交流备忘录》。9月，克罗地亚大戈里察市市长一行访问丰台，两区签署《丰台区与克罗地亚大戈里察市友好交流备忘录》。

（孙郁菲）

【多国代表云集世界种子大会】 5月26日，2014年世界种子大会在北京丰台召开，参会代表来自六大洲的近60个国家和地区。作为种业界的“奥林匹克盛会”，是国际种业界规模最大、水平最高的集会议会展、贸易洽谈、行业决策于一体的综合性种业大会。大会会址设在丰台区青龙湖国际文化会都，会议围绕“小种子，大梦想”的主题，广泛交流良种培育技术和经验，深入探讨和谋划种业未来发展。

（孙郁菲）

【涉外交流比赛】 6 月，韩国全罗北道乒乓球代表团一行 25 人访问丰台，两区选手进行友好交流比赛。赛后，代表团与丰台区体育总会及乒乓球协会分别签署合作备忘录。8 月，丰台区棒球代表团对日本葛饰区进行友好访问。期间，代表团拜会葛饰区政府，并与葛饰区棒球队进行友好交流比赛。

（孙郁菲）

【青少年民宿交流】 8 月，韩国江东区青少年代表团对丰台区进行友好访问，并与首师大附属丽泽中学学生进行民宿交流活动。

（孙郁菲）

【举办 2014 北京香山旅游峰会】 9 月 4 至 5 日，“世界旅游城市联合会 2014 北京香山旅游峰会”在丰台区召开。峰会以“世界旅游城市：市场与合作”为主题展开讨论，邀请国际知名旅游城市市长、大型旅游企业高层以及业界知名专家学者等出席。为期两天的活动包含论坛、城市巡展、旅游资源和项目推介会及交易洽谈会。

（孙郁菲）

【开启汽车文化交流合作】 9 月 5 日，北京汽车博物馆、法国米卢斯国家汽车博物馆和法国欧中国际协会共同举办新闻发布会，正式发布两馆将举办 2014-2015 年“艺术、技术和专业成果”文化交流合作活动。近 50 多位中外政府、文博行业、汽车行业的嘉宾出席新闻发布会，来自新华社、中新社、中央电视台、北京电视台、北京日报等 30 多家媒体参加本次发布会。

（孙郁菲）

【召开城市可持续发展研讨会】 12 月 3 日至 4 日，“北京—哥本哈根城市可持续发展研讨会”在丰台召开，双方就长辛店生态城的可持续发展规划与建设开展交流。市委常委、副市长陈刚，哥本哈根市市长弗兰克·延森，以及双方城市规划建设领域的 50 多位嘉宾出席研讨会。

（孙郁菲）

【异国游客参与“彩色跑”活动】 6 月 21 日，2 万市民和来自世界各地的游客齐聚北京园博园参加“彩色跑”这项快乐的跑步。参与者在享受快乐跑步的同时，也欣赏到独特的园林美景。“彩色跑”发源于美国，融合了跑步和色彩，被称为“地球上最快乐的 5 公里赛跑”。彩色粉末由纯天然玉米粉制成，对人体和环境无害。

（孙郁菲）

【北京国际铁人三项赛吸引多国运动员参赛】 9 月 14 日，2014 北京国际铁人三项赛在丰台开赛。历时两天的赛程，共吸引来自 40 多个国家和地区的 1272 名运动员参赛。2014 年是北京国际铁人三项赛连续落户丰台的第三年，铁三赛道移师风景优美的园博园，赛道沿途是园林美景，赛道上是选手们的激烈竞逐，可以说是一次力与美的完美融合。

（孙郁菲）

档案工作

【概　况】2014 年档案工作紧紧围绕党的十八大、十八届三中和四中全会精神，深入贯彻习近平总书记系列重要讲话，深入落实中央办公厅、国务院办公厅联合印发的《关于加强和改进新形势下档案工作的意见》，以开展党的群众路线教育实践活动为主线，以促进保障完成好全年档案工作任务为主要内容，坚持改革创新，坚持稳中求进，坚持依法行政，全面加强“三个体系”建设，档案资源体系内容不断丰富，档案服务体系不断规范，档案安全体系建设提前完成“十二五”目标任务。园博会园区绿化景观及相关设施建设项目档案顺利验收移交，医疗保险业务档案顺利通过市级验收，新农村建设档案工作获得市级检查组充分肯定。丰台区档案事业“十三五”规划课题完成招投标和初稿编写任务。全年，全区共接待查档利用者 12.2 万人次，提供调阅档案16.8万卷（件）。

（吕　萍）

【领导调研】 7月14日，丰台区委副书记、区长冀岩，副区长高峰、区政府办主任张洋、区发改委主任周新春、区规划分局局长杨浚、区文委书记史文彬等一行到档案局（馆）进行调研。12月3日，北京市档案局副局长马素萍一行到丰台区档案局（馆）调研。

（吕　萍）

【重点工作保障】 3月28日，与区农委、区民政局联合召开新农村建设档案工作联席会，完成全区新农村建设档案工作自查报告。完成北京市档案局、北京市农委、北京市民政局三家联合测评组对丰台区档案局、区农委、卢沟桥乡及岳各庄村新农村建设档案测评工作。其中，岳各庄村将村民学生档案纳入档案室统一管理的方法，作为创新点获得市检查组充分肯定。6月12日，区医疗保险业务档案通过市级达标验收，评定成绩为优秀。全年，严格落实《重大建设项目档案验收办法》规定，实行档案工作登记制度，开展对世界种子大会主场馆、丽泽金融商务区等重点建设项目档案指导。

（吕　萍）

【档案法制建设】 年内，对涉及档案局职权范围的行政审批事项进行梳理，最终保留行政审批事项4项。将行政审批事项在区政府网站、档案局（馆）门户网站进行及时公开。完成行政处罚权力运行流程图、行政处罚职权汇总表的梳理上报工作。落实“六五”普法规划，参加北京市档案局开展的“征集档案法制宣传漫画作品”活动，获得优秀组织奖。利用“国际档案日暨北京市第六届档案馆日”活动，加强档案法律法规宣传，先后向全区各街、乡、镇、社区、村发放档案法律法规宣传册及宣传漫画挂图400余册。

（吕　萍）

【档案执法检查】 年内，开展年度档案行政执法检查，将《档案管理违法违纪行为处分规定》纳入行政执法检查内容，对执法检查中发现的问题，现场即时开具执法监督检查通知书，限期整改，事后及时监督、检查、复查。

（吕　萍）

【档案业务培训】 年内，落实“新上岗人员初任学法”制度，在新上岗人员培训班专题讲授《档案管理违法违纪行为处分规定》。创新培训方式，利用网络平台对17家立档单位开展视频指导试点工作，全年，通过电话、网络进行业务指导4400余次。改革培训形式，10月，举办2014年丰台区新上岗档案人员专业知识培训，首次聘请大学院校专业老师讲授档案理论基础知识，业务指导科指导档案实际操作部分，提升教学质量。全年举办各级各类培训班15次，培训人员共388人次。

（吕　萍）

【档案征集接收】 6月9日，“国际档案日暨北京市第六届档案馆日”，在中国人民抗日战争纪念雕塑园，举行“陈虎翼、谢廷怀、王琦卢沟桥数码照片资料捐赠仪式”，征集照片2540余张。继续丰富馆藏戏曲档案资料内容，征集到戏曲专家鲁青先生戏曲档案资料39册，共2134页（其中包含齐如山先生编辑的北京地区1863年至1927年戏班花名册手稿复制件，12册，870页），照片资料2180张，底片资料982张，声像资料147张。接收原区委书记李英威回忆录——《从教师到区委书记》一书的手稿及相关资料共计185件。结合抗战征集主题，拍摄赵登禹、佟麟阁（路、学校、纪念馆）及赵登禹墓等地数码照片约100张，接收立档单位对征集所得的日本《支那事变画册》进行数字化后的副本4.16G。

（吕　萍）

【档案安全体系建设】 年内，进一步加大档案保管保护体系建设。完成第一次全国可移动文物收藏情况调查登记，申报包括图书、书画、石碑、地契等可移动文物 45 件套。年内，完成丰台区档案馆库无线温湿度自动监测系统和馆库安全预警广播系统建设。两个系统的建成，标志着提前一年完成“十二五”时期馆库安全体系建设的目标任务。有序开展档案开放、到期档案鉴定工作。按照到期档案鉴定工作规则，完成馆藏期满 50 年到期档案的一审鉴定，涉及馆藏各立档单位 1963-1964 年形成的长期档案 1375 卷。开放馆藏 1983 年度档案 319 卷，对馆藏 1984 年形成的档案进行一审鉴定，全年累计审卷 1200 卷。

（吕　萍）

【档案信息化建设】 年内，通过公开招投标完成馆藏档案数字化副本 145 万页，各类目录数据库已覆盖馆藏全部内容，数据量共计 180 万条。加大投入，对服务器进行扩容，存贮馆藏档案数字化副本达到 256 万页。与石景山区档案馆签订档案数字化副本交换协议，涉及档案 382 件、影像 3255 幅。完成第二批馆藏重要档案在北京市信息安全容灾备份中心和陕西省档案馆的同城、异地备份工作，综合容量约为 6T。加强档案目录中心建设，继续接收 2013 年区立档单位档案机读目录，共计 6 万余条。年内，完成“丰台区档案信息网”网站系统的升级改版工作。

（吕　萍）

【档案利用服务】 年内，持续完善《档案利用者须知》、《丰台区政府信息公开查阅服务规则》、《丰台区档案馆利用馆藏开放档案管理办法》、《丰台区档案馆利用馆藏未开放档案管理办法》、《丰台区档案馆档案借阅制度》等查档制度。制定《丰台区档案局（馆）关于加强窗口科室作风建设的规定》，并在窗口显著位置张贴工作人员信息公示牌。年内，档案馆接待档案利用者 4721 人次，电话咨询 1000 余人次，调阅案卷 5663 卷，复印档案原件 1576 页，打印档案数字化副本 6706 张，出具各类证明 2942 份，光盘档案 10 余张，提供信函代查 1 次、送档上门 2 次。民生档案的查询量占全年查询总量的 94.68%，其中查阅婚姻档案 3227 人次，占全年查询率的 68.35%。

（吕　萍）

【爱国主义教育基地】 年内，完成爱国主义教育基地展陈重新布置，复制翻拍老照片 177 张。发布“丰台区档案馆爱国主义教育基地网上展厅通告”、“丰台区档案馆爱国主义教育基地网上展厅版权声明”，新增《国剧风采展》、《非物质文化遗产展》、《丰台美景展》三个爱国主义教育基地网上展厅。9 月 2 日至 5 日，与区委统战部联合举办《烽火卢沟桥 不屈民族魂——“卢沟桥事变”抗战图片展》，丰台区委副书记、区长冀岩，区委常委、区委统战部部长张建国，副区长高峰以及来自全区统战系统的 300 多名代表参观展览。编辑完成《丰台记忆》第 4 期。

（吕　萍）

【国际档案日暨北京市第六届档案馆日】 6 月 7 日至 11 日，以“走进档案”为主题，举办 “国际档案日暨北京市第六届档案馆日”活动。丰台区活动分多项内容：6 月 9 日在中国人民抗日战争纪念雕塑园，举行陈虎翼、谢廷怀、王琦卢沟桥数码照片资料捐赠仪式。6 月 7 至 9 日，在园博园、卢沟桥乡张仪村推出《北京城乡变迁图片展》、《回顾党的历程 坚定理想信念——党的历史上重要会议简介展》。6 月 9 日至 11 日，在区政府 1 号楼大厅举办《北京城乡变迁图片展》，宣传改革开放以来北京城市化进程中的发展与变化。活动期间还组织开展档案利用咨询、档案征集咨询、家庭档案咨询、档案法制宣传、百姓珍藏老照片数字化修复服务等档案宣传咨询活动。共参与 3800 余人次，发放档案宣传资料 2500 余份，修复老照片 193 张。北京市档案局副巡视员郭飞、区政协副主席邢方岭参加相关活动。

（吕　萍）

地方志工作

【概　况】 2014年，丰台区地方志（年鉴）工作深入贯彻落实党的十八大、十八届三中、四中全会精神，围绕党的群众路线教育实践活动，统筹部署全年编纂工作，二轮修志工作稳步进行。较好地完成全区各单位撰稿人业务培训、《北京年鉴》丰台区情编写报送和《北京丰台年鉴》编纂出版工作。

（孙艳霞）

【党的群众路线教育实践活动】 年内，在区教育实践活动领导小组的指导下，深入开展党的群众路线教育实践活动，组织单位全体党员参加学习，并进行讨论总结，组织开展专题组织生活会，深入查找剖析单位和个人存在的突出问题，并加以整改。

（孙艳霞）

【组织开展编纂培训】 3月，按照年初制定的计划，组织全区各单位年鉴撰稿人编纂培训。总结上年年鉴编纂工作，结合编纂工作中出现的突出问题，对年鉴编纂规范进行讲解，使新老作者的编纂水平得到进一步提高。同时，对年度编辑工作进行具体安排，并提出相关要求。参训人员约120人。

（孙艳霞）

【《丰台区情》编辑报送工作】 4月，按照北京市地方志办公室的要求，结合丰台区的实际情况，通过对相关资料的收集、整理、撰写、修改完善，按时完成《丰台区情》的撰写工作。经主管领导审阅后报送北京市年鉴社，并全文刊发。《丰台区情》全文约4000字，客观反映了丰台区政治、经济、文化和社会各方面的发展变化情况。

（孙艳霞）

【《北京丰台年鉴2014》出版】 2015年初，《北京丰台年鉴》正式出版。全书共收录153家单位的年鉴，共分23个版块160个栏目，共51万字，插图104幅。《北京丰台年鉴》全面、系统地反映2014年全区各系统、各单位在政治、经济、文化、社会等领域发展变化的基本情况以及当年发生的大事、要事、新事和各项事业所取得的成就。

（孙艳霞）

机关事务管理工作

【概　况】 2014年是深入贯彻党的十八届四中全会精神、全面深化改革，推进依法治国的开局之年，也是全面落实《机关事务管理条例》和《党政机关厉行节约反对浪费条例》，推动机关事务管理工作转型发展的关键之年。管理处在区委区政府的领导下，在区委督导组的指导下，全面落实各项指示精神，坚持党的群众路线，定位机关事务管理工作，理顺机关事务管理体制，完善职能，落实责任，推动机关事务工作再上新台阶。

（刘　琳）

【开展党的群众路线教育实践活动】 2014年，管理处在区委党的群众路线教育实践活动领导小组的统一部署下，在督导组的指导下，处党组按照“照镜子、正衣冠、洗洗澡、治治病”的总要求，以“为民、务实、清廉”为主题，结合工作实际和干部党员思想状况，聚焦“四风”认真查找和整改，历时八个月，分五个阶段，完成党的群众路线教育实践活动，处班子成员、副调研员及各支部书记从2月至5月底，累计学习62小时；各党支部组织所属党员干部累计学习21个小时，听取意见200多人次。共收集对处班子意见16条65人次；收集对处级干部个人（含副调研员）意见54条168人次。

（刘　琳）

【办公用房清理整改】 2013年年底，管理处按照区办公用房清理领导小组办公室的部署，对全区范围内的党政机关发放《房屋情况调查表》进行摸底调查，根据统计出的数据制定《办公用房清查和整改方案》并上报区委区政府。同时，按照“先局级后处级”的文件要求，合理制定施工方案，在最短时间内完成局级领导办公用房整改任务，调整出超标面积815平方米。截止5月底，全区107家涉及办公用房面积超标的单位，都按时完成整改工作。超标面积17922.92平方米，完成整改11821.27平方米，整改后的办公室面积都控制在超原标准50%的规定允许范围内，完成全区办公用房清理整改工作。

（刘 琳）

【公务用车治理】 1月，根据《北京市关于加强和规范党政机关公务用车配备使用管理的规定》及区政府会议精神，管理处对管辖范围内的29家单位128辆车实行“四统三定”和“联动管理”的管理模式：即统一编制管理、统一更新购置、统一车辆维修、统一调配使用以及定点维修、定点加油、定点保险，同时采取直管与统管联动结合的管理模式。规范管理后，公务车辆消耗降低，车辆费用消耗总量较去年同期降低28%，全年费用定额消耗384.33万元，无超支无补贴，加注油料25.6万公升，安全行车270万公里。驾驶员对车辆维保服务满意率达96%。

（刘 琳）

【“四风”专项整治】 年内，根据党的群众路线教育实践活动领导小组印发的《丰台区群众路线教育实践活动“四风”突出问题专项整治方案》，管理处召开党组会学习讨论，指定主管副处长牵头负责专项治理，并由相关科室制定方案组织实施并负责监督检查。会议服务方面：取消果盘和茶点、撤掉会议室绿植、减少制作会议横幅、减少提供会议用纸、笔及干湿纸巾，降低会议损耗。食堂餐饮方面：按照区委办要求各单位轮流安排专人在餐食倾倒处巡视督导，对浪费行为给予提醒教育，随意倾倒残食现象减少；原材料边角料通过改刀、晾晒、腌制等方式制成咸菜在早餐时提供食用，降低运行成本；节能降耗方面：职能科室跟踪检查，明确保洁、安保、会议服务人员对楼道及卫生间长明灯、水龙头、空调最低温度等巡视职责；截止12月，与去年同期相比，用水指标下降8.3%，用气指标下降3.1%，用电指标下降3.6%。

（刘 琳）

【房屋设备维修】 年内，按照年初制定的工作计划，提高办公效率，改善办公环境，完成丰北路办公区复建工程，装修改造办公楼内厕所，恢复丰北路办公区办公秩序；完成电气火灾监控系统的安装，共查出漏电危险点14个，间接的避免14起安全事故的发生；加紧七里庄28号院改造工程前期手续的办理，解决环保局等单位的办公用房短缺问题，缓解区政府办公用房紧张的现状；完成文化中心办公区室外地坪的整治工程，通过铺设柏油路、修整室外设施和重新规划使用空间，提高文化中心室外空间的使用率；组织区行政服务中心及区内网核心机房建设的前期规划；建设区委区政府办公区、丽泽办公区、环保局五楼等视频会议室的前期筹备工作；对1号楼3部电梯进行维修，排除电梯安全隐患；对各配电室进行每年一次的常规保养，确保供电设备的良好运行。

（刘 琳）

【参加各类教育培训】 年内，结合区委组织部和人保局等培训机构有关要求，固化党的群众路线教育实践活动成果，提高全处干部职工队伍的综合素质，把干部职工教育培训摆上重要议事日程，着力加强干部职工政治理论学习。全年先后组织19批次108人参加处级领导周末大讲堂、新任科级干部培训、业务交流、知识讲座等各类培训。

（刘 琳）

【安全保卫管理】 年内，按照区内保大队要求，对所辖办公区监控设备进行全面检查并更换：南院联合办公区更换红外对射探头5对、摄像机一部；丽泽办公区室外区域新装数字视频监控系1套，高清数字摄像机10部，更换消防中控主板，维修监控摄像机3部；文化中心办公区维修监控摄像机6部；丰北路75号办公区新装数字视频监控系统和红外对射报警系统，高清数字摄像机10部、红外对射3组。邀请部队教官对丰台保安公司保安员进行军姿、队列、交通指挥手势、军体拳训练，塑造保安员良好形象，提高处理突发事件的反应速度。

（刘　琳）

【餐饮公司管理】 年内，在引入餐饮服务方面，寻求更加科学有效的管理模式，充分激发工作人员的比拼精神，提高餐饮公司服务质量，三年来首次引入竞争机制，在区采购中心的监督指导下，丽泽和丰北路两个办公区的食堂通过招标引进北京芳馨小灵通餐饮公司进行服务管理，形成两家公司竞争的态势，谁做得好谁就是标准，要求另一家向此看齐，如此反复比较反复改进，不断提高餐饮服务质量。

（刘　琳）

【资产信息化建设】 年内，完成资产管理系统的审批流程、界面字段修改，表格样式的制定以及相关部门和人员的基础信息和所有资产卡片数据的导入与核对工作。为使资产管理更加规范便捷，将现行的资产管理模式由二级管理改为三级管理，增加各办公区管理科的审批环节。

（刘　琳）

【机关文化建设】 年内，妇委会组织女同胞观看话剧表演并发送《慰问信》庆祝妇女节；以工会名义申请为40岁以上干部职工增加补充体检项目，在机关幼儿园搭建羽毛球场，选派实力选手参加机关工委组织的羽毛球比赛，组织全体人员在青龙湖公园开展“拓展训练”，各工会小组开展跳绳、踢毽、扑克牌比赛，学习太极拳、瑜伽等文体活动。同时，参加区属各单位组织的各类文体活动，先后组织参观反腐倡廉教育基地、北京国际节能环保展览会及国际文化创意产业博览会；五月参加区直机关健步走比赛，成功获得20人A组团队第一名的成绩；九月参加“一区一品醒狮杯”越野接力赛，荣获三等奖。

（刘　琳）

【机关幼儿园发展建设】 年内，发展骨干教师，带动全园教师专业化水平的整体提高；重点培养青年教师，树立“一年合格、三年成熟、五年成为教学骨干”的培养目标；按照不同节日、季节，先后开展“我爱妈妈，我爱老师”、“六一欢乐周”系列活动，组织全体幼儿及家长进行秋季亲子采摘，组织孩子们参与“ 棒娃娃秋季运动会”、“亲子汇操表演”等活动。

（刘　琳）

政协北京市丰台区委员会

【概　况】 2014年，区政协常委会在中共丰台区委的领导下，坚持政协工作主动融入区中心工作和发展现实需求、委员履职活动融入基层群众生产生活实际，发挥了人民政协作为协商民主的重要渠道作用。全年共召开常委会议7次、主席会议7次，围绕“推进丰台城市（镇）化进程”进行了政治协商，提出提案199件，组织学习培训、情况通报、调查研究、视察考察及各类协商会等履职活动90余次，参与委员达2800人次。

（宁定辉）

全体委员会议

【九届三次会议】 1月7日至9日召开。听取并审议了主席李昌安代表常务委员会作的工作报告，副主席邢方岭作的提案工作报告；列席了区第十五届人民代表大会第四次会议，讨论了其他报告；表彰2013年度优秀委员、优秀信息委员、优秀提案委员、优秀提案集体；审议通过了会议决议。市政协副秘书长王荔茹出席开幕式。区委书记李超钢出席开幕式并讲话。李昌安致闭幕词。

（宁定辉）

常务委员会会议

【第十一次常委会议】 1月8日召开。听取大会秘书长关于九届三次会议进行情况、关于区政协常委会两个工作报告和区政府工作报告讨论情况的汇报，审议区政协九届三次会议决议（草案），协商决定会议能否如期闭幕。李昌安主持。

（宁定辉）

【第十二次常委会议】 1月9日召开。审议大会提案情况的报告（草案）。李昌安主持。

（宁定辉）

【第十三次常委会议】 3月12日召开。审议通过了区政协常委会2014年工作要点和关于加强能力建设的工作意见，研究了干部人事事宜。副主席刘占良主持。

（宁定辉）

【第十四次常委会议】 6月5日召开。听取了区政协常委对区政协领导班子对照检查材料的意见，审议了干部问题。副主席周大春主持。

（宁定辉）

【第十五次常委会议】 9月18日召开。审议了《政协北京市丰台区委员会全体会议工作规则》、《政协北京市丰台区委员会委员视察工作办法》、《政协北京市丰台区委员会关于加强与委员联系的意见（试行）》、《政协北京市丰台区委员会委员考评办法》、干部人事事宜。李昌安主持。

（宁定辉）

【第十六次常委会议】 12月2日召开。通报了“推进文化强区建设”政治协商议题落实情况、2013年建议案办理情况，审议了《加快推进科技园区西区建设提升园区核心竞争力》调研报告、《关于推进基层协商民主建设》调研报告。李昌安主持。

（宁定辉）

【第十七次常委会议】 12月24日召开。听取了区委办、区政府办关于2014年度提案办理情况的通报；审议了区政协常委会工作报告、提案工作报告、确定了四次会议的主持人、报告人；审议了九届四次会议的时间、议程、日程、执行主席分工、委员讨论组、秘书处设置、列席人员；协商增补委员、补选副主席事宜；审议了选举办法，总监票人、监票人建议名单；通报了优秀委员、优秀提案、优秀信息员表彰决定。李昌安主持。

（宁定辉）

专门委员会工作

【学习委员会】 年内，深化学习研讨，办好政协讲坛，主动融入教育实践活动，组织政协暑期读书班。聚焦政治协商重大议题，进行了四次专题协商议政会；服务改革发展重要课题，参与推进基层协商民主建设专题；开展了“丰台区城乡双重二元结构管理体制改革问题与对策”研究。加强人民政协应用型理论研究，发表了《丰台：以创新推动整体水平提升》、《丰富内容，彰显特色，推进基层政协界别协商创新与发展》、《基层政协推进协商民主实践与发展探讨》等文章。

（宁定辉）

【教文卫体委员会】 年内，进行专题协商，组织委员开展了促进社区卫生服务工作专题协商活动。开展好教育民主监督，对成人高考、高考、中考等升学考试情况进行监督巡视。对“弘扬社会文明之风”、“唱响戏曲文化品牌”、“健全公共文化服务体系”三个专题的调研成果转化、利用情况开展跟踪调研，促进政治协商议题落实。融入基层，组织参与了“发现丰台之美”、“感受丰台之美”活动，促进区域经济社会发展。

（宁定辉）

【文史资料委员会】 年内，发挥文史资料“存史、资政、团结、育人”以及服务区域经济社会发展的作用，力求做到出精品、有特色、高水平。完成《发现丰台之美》编纂工作和北京抗战史料的征集工作，开展了“我与丰台政协”征文活动。

（宁定辉）

【经济科技委员会】 年内，开展了“加快推进科技园区西区建设，提升园区核心竞争力”调研课题。以求真求细为原则，以开展“一名委员、一份荣誉、一份责任”三个一活动为主线，强化服务委员的责任意识和担当意识，突出做好专业性服务、个性化服务。开展了对区财政老旧小区改造情况的民主监督。搭建政企对接平台，举办了“政企携手，共谋发展”为主题的政协第十五届企业家联谊会暨政企对接会。

（宁定辉）

【城乡建设和管理委员会】 年内，落实“加快推进丰台城市（镇）化进程”政治协商工作。推进“丰台区新老二元结构管理体制改革问题与对策”重点课题调研。发挥委员民主监督职能。视察了世界种子大会筹备工作、清洁大气行动计划落实情况和丰台区生活垃圾循环经济园。打造履职平台，围绕《关于整建制转居撤村后社区建设管理相关问题的建议》等进行协商。

（宁定辉）

【社会法制委员会】 年内，开展“推进丰台区基层协商民主建设”课题调研，“人民政协与基层民主协商研究”课题被列为市政协2014年招标课题。参与“爱丰台·基层行”公益活动，组织法律界委员走进社区和村庄。把公益法律服务延伸到医疗领域，协助成立医患纠纷调解与法律援助中心，建立医患关系阳光工程，致力于为群众免费解决就医过程中遇到的法律问题。准确把握方位，提升法治监督能力。组织委员听取了“六五”普法情况通报。在加快青少年法治教育制度建设和内容完善、强化普法宣传力度和频度等方面提出了具体建议。

（宁定辉）

【民族宗教和港澳台侨委员会】 年内，搭建和谐共筑平台。围绕“民族宗教界兴建敬老院”课题开展专题协商，搭建了区职能部门与区各爱国宗教团体面对面沟通协商的平台。组织委员与少数民族小朋友共同庆祝“六一”国际儿童节。举办了“感知新丰台共谋新发展”主题台商服务日活动，搭建了台胞了解区情、加强联谊的平台。搭建了“委员之家”平台，举办了“政协讲坛”开展社会主义核心价值观教育活动。

（宁定辉）

【提案委员会】 年内，采取广泛征集提案线索、搭建知情平台、办前沟通、提案选题对接、委员参与评选等方式，提高提案质量。坚持围绕完善提案办理协商，不断探索创新督办方式，通过深化同类提案集中协商办理、组织提案现场督办、开展提案复查补办、拓展追踪督办参与面等途径，确保提案办理成果落实。促进相关规范完善，组织修订了《政协北京市丰台区委员会委员考评办法》。

（宁定辉）

重要活动

【接待市政协慰问、调研】 1月27日，市政协主席吉林到纪家庙村走访慰问。李昌安陪同。3月15日，吉林一行到丰台区调研。李昌安汇报工作。市政协领导周毓秋、孙新军、王荔茹、陈煦，区领导李超钢、冀岩参加会议。4月9日，市政协城建环保委员会、社会和法制委员会委员到丰台调研，参观了新发地批发市场、电子交易信息大厅和花乡黄土岗村神天龙园艺花卉市场。

（宁定辉）

【召开交流工作会】 10月28日，市政协区县政协提案工作（西区）第三次交流会在丰台区召开。市政协副主席闫仲秋，市政协提案委员会主任董瑞龙、副主任李春增，丰台区政协李昌安出席。邢方岭主持。

（宁定辉）

【听取区政协制度梳理工作进展情况】 3月5日，区政协党组书记、主席、教育实践活动领导小组组长李昌安，党组副书记、副主席、教育实践活动领导小组副组长周大春，党组成员、秘书长、教育实践活动领导小组成员兼办公室主任赵冬辰，听取教育实践活动领导小组办公室关于制度梳理的初步情况，并对区政协各项规章制度的废、改、立提出具体意见，明确了相关室的职责分工，并对工作进度提出要求。

（宁定辉）

【举办专题学习】 3月11日，区政协和区委统战部共同举办了主题为“学习习近平同志讲话精神，建设和谐宜居之都”专题学习报告会。市委研究室副主任朱柏成作辅导报告。李昌安参加。周大春主持。

（宁定辉）

【李昌安到长辛店镇辛庄村调研】 3月26日，李昌安到长辛店镇辛庄村调研。听取了辛庄村党总支关于党的群众路线教育实践活动情况的汇报，对辛庄村在回收土地、解决养老、治理污染及解决村民出行等方面所做的工作给予肯定，对辛庄村党的群众路线教育实践活动的开展提出了意见。赵冬辰陪同调研。

（宁定辉）

【开展“推进丰台区基层协商民主实践”调研】 4月23日，区政协“推进丰台区基层协商民主实践”调研组到方庄地区办事处调研，听取了方庄地区基层协商工作情况介绍，并进行了座谈交流。李新民参加座谈会。

（宁定辉）

【召开城市管理类提案办理协商会】 4月25日，区政协召开城市管理类提案办理协商会。主席李昌安、副区长钟百利，副主席邢方岭、秘书长赵冬辰出席协商会。邢方岭主持。

（宁定辉）

【组织常委委员视察活动】 4月29日，区政协组织部分委员视察2014年世界种子大会筹备工作。李昌安参加。9月11日，区政协组织常委和部分委员视察清洁大气行动计划落实情况。李昌安参加。10月23日，区政协常委视察丰台区生活垃圾循环经济园。李昌安参加。

（宁定辉）

【基层协商民主建设】 5月9日，举办“推进丰台区基层协商民主实践”研讨会。市政协副秘书长、研究室主任陈煦，市政协副秘书长、办公厅副主任李丽凤，丰台区政协主席李昌安参加。李新民主持。

（宁定辉）

【召开“加快推进丰台城市（镇）化进程”政治协商工作动员会】 5月12日，区政协召开“加快推进丰台城市（镇）化进程”政治协商工作动员会。李昌安、周大春、李新民、邢方岭、刘占良、张兆旗、程留恩、赵冬辰出席会议。周大春主持会议。

（宁定辉）

【举办暑期学习班】 8月5日至7日举办。学习班以“聚焦改革发展，强化能力建设”为主题，以习近平总书记系列重要讲话精神、协商民主广泛多层制度化总体要求等进行了学习与研讨。区政协主席李昌安作了开班动员讲话。区委常委、统战部部长张建国，区政协副主席周大春、李新民、邢方岭、刘占良、张兆旗、程留恩，秘书长赵冬辰以及区政协全体委员，各民主党派、工商联负责人，区政协、区委统战部机关工作人员参加了培训学习。

（宁定辉）

【举办政协讲坛】 9月28日，举办国学知识讲座。市政协常委、民进北京市委常务副主委、北京航空航天大学博士生导师、教授李焕喜讲解《老子的为人观和养生观》。

（宁定辉）

【召开重点提案督办会】 10月10日，区领导督办重点提案，关注文化科技融合发展。就区政协2014年度重点提案——区科协《关于以北京国家数字出版基地建设为契机，促进我区文化科技产业发展的建议》进行督办。李昌安、狄涛、邢方岭、赵冬辰出席会议。邢方岭主持会议。

（宁定辉）

【搭建服务企业平台】 11月21日，举办以“政企携手，共谋发展”为主题的第十五届委员企业家联谊会暨政企对接会。市经信委规划处，市科委高技术成果转化中心、高技术创业中心，中关村管委会政府采购中心、产业处，区科委、经信委、人力社保局、金融办、科技园区管委相关领导及部分委员企业家参加会议。区政协主席李昌安、副主席周大春、程留恩出席会议。区政协秘书长赵冬辰主持会议。会上，市经信委规划处、市科委高技术成果转化中心、中关村科技园区管委会产业处、政府采购中心分别就北京市中小企业发展专项资金、北京市工业发展资金、高新技术成果转化项目认定、“十百千工程”和“首台套”相关政策，进行了解读。与会人员围绕企业可持续发展中面临的问题，结合丰台区构建“高精尖”产业结构，推进非首都核心功能的调整疏解实际，进行了交流。

（宁定辉）

【开展政治协商】 11月27日，召开加快推进丰台城市（镇）化进程政治协商会议。区政协主席李昌安主持，区委副书记、区长冀岩，区委常委、常务副区长刘宇，区委常委、统战部部长张建国，区政协副主席周大春、邢方岭、张兆旗、程留恩，秘书长赵冬辰出席会议。周大春就加快推进丰台城市（镇）化进程政治协商议题工作情况作了说明，民建区工委主任王虹代表各民主党派区工委、区工商联作了关于加快推进丰台城市（镇）化进程现状、存在问题及建议的主题发言，其他民主党派区工委、区工商联负责人分别就加强公共服务、优化产业结构、创新投融资形式等有关内容作了补充发言。区委常委、常务副区长刘宇与区各党派团体和区政协常委围绕区城市化工作进行了交流。冀岩对各民主党派、工商联和政协委员的工作给予了肯定，并就加快推进丰台区城市化进程提出了“五个坚持”（坚持稳步可持续的城市化、坚持生态文明贯穿全过程的城市化、坚持城乡统筹的城市化、坚持更多利用市场机制的城市化和坚持以人为本的城市化）的要求。

（宁定辉）

政法　军事

政　法

【概　况】2014年，区委政法委全面贯彻落实中央、市委政法工作会议、十八届四中全会和习近平总书记视察北京重要讲话精神，紧紧围绕区委区政府中心工作，充分发挥统筹协调作用，坚决落实维护社会大局稳定、促进社会公平正义、保障人民安居乐业三大任务，积极做好世界种子大会、全国两会、建国65周年庆祝活动、十八届四中全会、APEC会议安保等服务保障，启动维稳情报战时会商机制，全方位搜集各类情报1870条，累计发动治安志愿者、专职巡防队员等力量上街布控累计136万人次。

（刘　婷）

【重大事项社会稳定风险评估】年内，启动了卢沟桥街道等四个地区的基层风险评估试点工作，市召开现场会总结推广了工作经验。组织开展专题培训，指导各单位将风险评估纳入城市建设、环境保护、强制拆迁等领域重大工程和项目实施前置环节。全年，对81个事项进行了评估。

（刘　婷）

【防范化解重点群体性矛盾】年内，排查群体性矛盾纠纷246起，化解106起。会同公安分局制定群体性事件综合处置演练方案，并在北京南站、新发地等场所开展实地演练，及时处置了南苑乡槐房村民堵路事件、APEC期间京深海鲜市场商户酒后滋事妨碍民警执法引发聚集事件等。

（刘　婷）

【防范邪教处置】积极落实日常巩固帮教和法制宣传教育措施，全年共教育转化11人，防控工作扎实有效，全市发案上升率最低。

（刘　婷）

【司法救助】年内，会同区财政局制定《丰台区司法救助资金使用管理办法》，统筹政法各单位司法救助资金使用。是年，受理司法救助申请12件，发放司法救助资金210万元。

（刘　婷）

【党的群众路线教育实践活动】年内，成立以主要领导为组织的教育实践活动领导小组，制定《丰台区委政法委机关党的群众路线教育实践活动学习计划》，通过专题辅导、集中党课等形式，设立专项电话、征求意见箱、谈心谈话等方式，征集意见建议30条、处级党员干部139条。领导班子针对“四风”存在的问题，开展对照检查，查摆问题、批评与自我批评，并结合工作落实整改。

（刘　婷）

公　安

【概　况】2014年，接报刑事类警情13498件，同比下降12.5%。APEC会议期间，警情同比下降 61.8%。黄赌警情同比下降 50.6%。符合街头立案刑事警情同比上升 8%。社区可防性案件同比下降 0.1%。破案、刑拘、治拘三项主要指标，同比前三年均值分别上升 14.6%、2.6%、14.1%，“命案”破案率保持 100%。破侵财案件同比上升 42.2%。破获“两抢一盗”案件同比上升 37.4%。“第二战场”深挖破案 4300 余起，提捕批捕率达 75.4%，同比上升 1.4%；行政复议诉讼案件同比下降 9.7%。打击处理“黑车”扰序、散发小广告、盗销自行车嫌疑人同比分别上升 349.7%、40%、13.4%。创新“非正常死亡”处置和“非现场”处置机制，化解缓和社会矛盾 830 批，解决突出个体访 42 件，处置群个体事件 1656 批 2.7 万余人次，依法拘留访闹人员 213 人。

（马　艳）

【纪念抗战胜利活动警卫任务】 7 月 7 日和 9 月 3 日，习近平、俞正声等中央领导，中央政治局全体常委、在京政治局、书记处书记以上领导、全国人大、全国政协，以及各界代表分别到中国人民抗日战争纪念馆纪念全民族抗战爆发 77 周年仪式和中国人民抗日战争暨世界反法西斯战争胜利 69 周年活动。分局出动各类安保力量 3269 人次，确保了活动现场平稳有序，外围及行车路线安全稳定的警卫任务。

（张新宁　陶　涛）

【世界种子大会安保】 5 月，世界种子大会在王佐镇召开，出动警力 800 余人次、保安 1200 余人次、安检员 200 余人次、群防群治力量 4000 余人次，确保了要人警卫、4 场重大活动，15 场专题会议，3 场文娱活动，13 场其他活动及 4 处涉会驻地安保工作。

（陶　涛）

【组织建设】 年内，召开党委会研究干部工作会议 25 次，调整领导干部 376 人次，免职 129 人、交流 206 人、提拔 41 人。依托市局后备干部选拔，储备干部 26 人，内部调整民警 404 余名。

（段彤宇）

【开展执法整顿活动】 年内，按照“执法不公群众不满”问题大整顿专项工作整体部署，自主开展五大集中专项行动，累计发放宣传资料 120 万份，走访区人大代表、政协委员 891 人次，走访群众 21.2 万人次，征集意见建议 3980 条，办结线索案件 549 起，办结率达 100%。追责问题案件 107 个，涉及 193 人。对 11025 件警情回访，群众评价满意度从年初 92.5%上升到 98.9%。

（全　民）

【成立执法办案中心】 6 月 27 日，办案中心揭牌并正式成立运行。承担打击彝族人盗窃专项行动、“11·06”京深事件等 10 余次重大案事件的集中审查处置任务，累计审查各类违法犯罪嫌疑人 160 余人，参战民警 350 余人。在涉恐涉稳、团伙系列、涉众型秩序类等犯罪审查中使用率达 100%。

（马　艳）

【执法办案场所规范化建设】 年内，对 34 个执法单位的办案场所及 260 间功能室开展全面检查 1500 余次，投入 400 万元，对 16 个单位办案区共 105 间功能室集中安装了防撞隔音墙，增加了监控探头 49 个、应急灯 70 个、增容硬盘录像机 63 台，为所有办案场所更换各种标识、标牌 1500 余块，对执法办案音视频资料保存系统进行全部扩容保存至 3 个月，提高了分局规范执法水平。

（杨　光）

【警务技能专训】 年内，坚持“实战主导培训”，组织开展“01”巡逻、检查站民警 280 人进行枪支专项培训；围绕北京南站、大红门商圈重点维稳地区，组织 79 名领导干部和民警开展“一分钟处置”专项培训；“两会”期间，组织分局 10 名警务教官分 5 组，深入一线“送训到岗”；对分局 34 个“01”巡逻车组跟进培训；依托市局警务技能大比武活动，开展 3 大类 13 项科目初赛、集训和模拟演练，并在市局大比武综合科目中获得第四名，在13个人项目中，6项取得前三。

（段彤宇）

【公安装备建设】 年内，资产变动共计76675条，配发装备共10168台件，维修各类装备500余台件，保障日常办公耗材1.3万余件，5月至8月，对分局56个单位公安单警装备逐件进行现场核查，清查各类装备共计2.48万件。

（刘博宇 李宝海）

【危险物品专项整治】 年内，收缴管制刀具371把、砍斧1把、仿真枪55支、猎枪1支、自制火枪1支、气枪17支、气枪枪管1支、发令枪3支、各类子弹13470发、弹夹1个、烟花224箱（2798公斤），废旧炮弹1枚、废旧榴弹头1枚、弩1支、镖30支，依法打击处理62人。

（马 艳）

【整肃社会治安秩序】 年内，牵头成立一支由公安、城管、交通部门参加的3+7+N的专业执法小分队，共查扣各类黑车3078辆，行政拘留以上处理扰序人员573人（其中刑事拘留阻碍执法11人，治安拘留562人），拘留非法散发小广告人员148人，清理取缔侵街占道无照游商920人（其中羌藏族无照游商217人），在打击车虫方面，共收缴倒买倒卖招牌460个，抓获非法倒车人员128人，行政拘留33人。

（马 艳）

【开展“压发案、控警情、强核录”专项行动】 年内，开展“围点核录”专项行动，对95个重点地区开展“围点核录”170余次，出动巡警支队武装处突车民警810人次，牵动派出所巡逻民警400余人次，核录信息14万余条，盘查核录可疑人员6300余人次、车辆900余辆次，抓获犯罪嫌疑人32人。

（马 艳）

【打击涉医违法犯罪】 年内，会同工商、城管、卫生等单位开展打击涉医违法犯罪行动18次，排查涉医突出问题10件，成功集中治理涉医突出问题9起。

（马 艳）

【三非专项行动】 年内，以“三非”和“三无”外国人为重点，每周1次持续不断进行日常检查和捆绑清查。出动警力614人次、协警150余人次，清查出租房屋963间，查验境外人员证件1451余人次，查获“三非”外籍人员64人，移送64人。

（常晓斌）

【消防专项整治】 年内，共检查社会单位4471家，发现火灾隐患3381处，整改火灾隐患3341处，临时查封单位100家，责令“三停”单位57家，罚款524.4万元。是年，处置火警2431起，抢险1145起，社会救助1239起。

（马 艳）

【打击销售伪劣卷烟行动】 1月2日，会同区烟草专卖局，出动警力30人，对看丹村、永合庄、万泉寺、柳村、纪家庙等地涉嫌销售假烟开展集中抓捕，抓获李某某（男，38岁）、刘某某（女，46岁）、李某某（男，49岁）等8名河南省郏县籍嫌疑人，现场查获中华、红梅、玉溪等35个品牌卷烟8166条，查封伪劣卷烟库房9个。经检验，收缴的香烟均为假冒卷烟，涉案价值121.39万元。犯罪嫌疑人李某某、刘某某、李某某3人被刑事拘留。

（马 艳）

【开展虚开增值税专用发票专项打击行动】 年内，会同市局经侦总队、市国税稽查局等单位开展了“11·10”虚开增值税专用发票专案买方市场第一至四波次专项打击行动，共组织警力600余人次，对109家受票公司开展虚开增值税专用发票买方市场集中打击，共计审查106家受票公司，抓获处理犯罪嫌疑人215人，其中刑事拘留122人、取保候审26人，涉及虚开增值税专用发票1000余份，价税合计11398.97余万元。

（马 艳 梁 颖）

【反恐宣传活动】 10月30日，会同区委宣传部、政法委、消防支队、交通支队以及驻区特警大队等单位在京开五金建材市场开展反恐宣传活动，1000余名群众参加，特警大队民警向群众讲解了防砍杀、冲撞等自我防护技巧，电子屏幕滚动播放反恐宣传动漫片及反恐公益宣传片，发放宣传《公民反恐防范手册》、反恐防恐宣传手包、手提袋等宣传品5000余份。

（马 艳）

案例举要

【破获系列抢劫强奸案件】 3月5日，会同市局十二总队、便衣总队破获系列抢劫强奸案，将嫌疑人张某某（男，1980年8月出生，河北省邱县）、邓某（男，1983年7月出生，四川省巴中市）、杨某（男，1988年10月，云南省弥勒县）抓获，破获2013年底以来在丰台区京港澳高速沿线抢劫、强奸案件4起。邓某于6月30日取保候审，杨某于8月2日取保候审，犯罪嫌疑人张某某10月17日送人民法院审理（一审）。

（赵 雄）

【打掉特大入室盗窃犯罪团伙】 针对丰台区岳各庄、马家堡地区多个小区连续发生入室盗窃案件，3月5日分局抓获陈某某（男，1987年8月出生，云南省昭通市）、李某某（男，1982年4月出生，云南省昭通市）等5名云南昭通籍嫌疑人，并发现一个20余人的云南昭通籍犯罪团伙，3月8日，分局出动100名警力先后在大兴旧宫、丰台分钟寺等地抓获嫌疑人21名，现场起获大量笔记本电脑、手机、首饰以及现金，缴获3辆租赁的作案车辆，核实案件100余起。犯罪嫌疑人陈某某、李某某于4月4日被取保候审。

（赵 雄）

【破获一起故意杀人案】 3月28日7时许，接到群众报警称：在地铁9号线科怡路站C口东南侧发现一女性尸体。分局会同市局相关单位迅速成立专案组开展工作。于当日21时许，在分钟寺垂直极限网吧内将犯罪嫌疑人张某（男，1994年9月出生，河北省深州市）抓获。5月5日，被北京市人民检察院二分院批准逮捕。

（赵 雄）

【破获一起销售假冒香港李锦记牌调料案】 4月16日，丰台分局会同相关单位破获一起销售假冒香港李锦记牌调料案，在岳各庄批发市场内抓获嫌疑人吴某某（男，1984年1月出生，福建省清流县人），并在其驾驶的面包车后备箱、以及其在丰台区五里店300号租用的库房内，起获价值约15万人民币的假冒李锦记牌调料。经审，犯罪嫌疑人吴某某对其销售假冒李锦记牌调料的犯罪事实供认不讳，犯罪嫌疑人吴某某于5月16日被逮捕，7月3日移送起诉。

（梁 颖）

【破获一起绑架杀人案】 6月5日，分局破获一起绑架杀人案，在大兴区团河将涉嫌绑架的嫌疑人杜某某（男，1996年1月出生，河南省民权县）、刘某（男，1995年3月出生，河北省迁安市）抓获，并根据犯罪嫌疑人供述，在三环新城小区7号院8号楼地下空间发现了被害人的尸体。犯罪嫌疑人杜某某、刘某于7月11日被北京市人民检察院二分院批准逮捕。

（赵 雄）

【破获一起特大运输毒品案】 6月9日，丰台分局会同市局禁毒总队、十二总队在南六环路南大红门出口将涉嫌运输毒品的嫌疑人关某某（男，1982年2月出生，湖北省仙桃市人）、李某某（男，1989年9月出生，湖北省潜江市人）2人抓获，并从车内起获毒品可疑物两包。经鉴定，白色晶体可疑物为冰毒，重994.86克；白色粉末状可疑物为“K粉”即氯胺酮，重1001.45克。经审，犯罪嫌疑人关某某、李某某2人对贩卖毒品的犯罪事实供认不讳，2人已被分局刑事拘留。

（马　艳）

【破获一起利用互联网制售假药案】 8月6日，会同市局经侦总队对两个生产、销售假药的团伙开展集中打击，抓获彭某团伙4人、苏某某团伙7人，现场查获的10种假药，价值100余万元。彭某（男，1962年4月出生，黑龙江省哈尔滨市人）团伙3人、苏某某（男，1991年12月出生，黑龙江省哈尔滨市人）团伙4人被分局刑事拘留。9月12日彭某等团伙成员3人被取保候审；9月11日苏某某被逮捕，11月6日判无期徒刑，苏某某团伙其余3人于9月12被取保候审。

（梁　颖）

【破获特大聚众赌博案件】 8月12日，分局破获特大聚众赌博案件，抓获参赌人员72人，收缴赌资30余万元。经审，犯罪嫌疑人刘某（男，1981年10月出生，湖北省天门市人）、马某某（男，1968年3月出生，湖北省孝感市人）、谭某某（男，1971年10月出生，湖北省仙桃市人）3人对为赌博提供工具并从中获利的犯罪事实供认不讳，嫌疑人王某某（男，1971年10月出生，湖北省荆门市人）等49人对赌博的违法事实供认不讳。犯罪嫌疑人刘某、马某某、谭某某3人已被分局刑事拘留，嫌疑人王某某等49人被分局治安拘留，其余20人被教育释放。

（马　艳）

【打掉一起卖淫团伙案】 8月17日，分局破获一起卖淫团伙案，抓获嫌疑人刘某某（男，1974年5月出生，江西省南昌县人）、闫某（男，1987年5月出生，河北省承德市人）、刘某某（女，1975年7月出生，湖南省衡阳县人）等23人（9男，14女），收缴作案对讲机9部、避孕套等物。经审，犯罪嫌疑人刘某某、闫某、刘某某对组织容留卖淫的犯罪事实供认不讳，罗某某（女，1964年6月出生，湖南省常德市人）、张某某（男，1989年12月出生，辽宁省朝阳市人）等17人对卖淫嫖娼的违法事实供认不讳。嫌疑人刘某某、闫某、刘某某3人已被分局刑事拘留，罗某某、张某某等17人被分局治安拘留，其他3人教育释放。

（马　艳）

【破获市级目标案件贩卖毒品案】 10月初，分局接到线索称：一个以何成勇（男，1980年4月出生，湖北省仙桃市人）为首的湖北籍吸贩毒团伙在大兴区旧宫地区、丰台区大红门地区活动频繁，近期将从湖北运输毒品进京进行贩卖，上、下线人员众多，毒品交易频繁且数量较大。分局立即成立专案组开展立案侦查，经工作，成功打掉一个以何成勇为首的湖北籍吸贩毒团伙，成功破获市级目标案件，共抓获刑事拘留涉毒违法犯罪嫌疑人5名，收缴冰毒991.01克。

（张梦婷）

检　察

【概　况】 2014年，检察院紧紧围绕区经济社会发展大局，贯彻党的十八大、十八届三中、四中全会精神，开展党的群众路线教育实践活动，推进修改后两法的贯彻落实，改进工作作风，履行检察职能，创新执法机制，各项检察工作均取得进展。

（孙　锴）

【审查批捕和审查起诉】 年内，共批准逮捕1078件1226人，提起公诉2351件2454人。打击强奸、抢劫、故意伤害、寻衅滋事、黄赌毒等暴力、多发性犯罪869件910人；查办侵犯知识产权、制售假冒伪劣产品、虚开增值税发票等影响区域创新发展、扰乱区域经济秩序的案件188件191人。对各类不起诉案件启动听证程序24件28人。对17件17人作出附条件不起诉决定，制定出台了《未成年人典型犯罪案件相对不起诉、附条件不起诉适用标准》。在审查起诉环节适用刑事速裁程序21件21人，其中18件18人已审结并获得有罪判决。

（孙　锴）

【查办职务犯罪】 年内，共立案侦查贪污贿赂犯罪26件27人，其中大案21件，要案12件，查办局级干部2人，处级干部10人。配合中纪委成功查处了水利部综合事业局原局长王某某（正局级）涉嫌受贿800余万元、中国水务投资有限公司原副总经理孙某某涉嫌受贿400余万元的窝串案。依法查办消费日报原总编室主任兼专题部主任顾某某（正处级）涉嫌贪污案。查办区司法局原局长李某受贿、司法局原办公室主任张某某贪污受贿窝串案、区人力资源和社会保障局原流动调配科科长邵某某涉嫌受贿80余万元等一批有重大影响的案件。是年，共立案侦查渎职犯罪15件15人，以及6名公安干警非法撤销刑事案件、涉嫌徇私枉法和受贿罪的窝串案，同时还查处了看守所民警帮助犯罪分子逃避处罚案1件。

（孙　锴）

【犯罪预防】 年内，制发检察建议21份，对22家驻区单位、乡镇领导干部、村干部及财务人员等开展专项警示教育。加强行贿档案查询工作，构建电话预约、互联网查询模式，受理行贿犯罪档案查询5900余件。创办《丰台检察学会》刊物，为驻区企业提供优质法律服务。

（孙　锴）

【刑事侦查监督和审判监督】 年内，依法监督公安机关立案19件，撤销案件50件，追捕、追诉犯罪嫌疑人41人，提出书面纠正意见20件。依法提出刑事抗诉8件9人。

（孙　锴）

【刑罚执行和监管活动监督】 年内，开展指定居所监视居住监督3件3人，加强捕后羁押必要性审查，促使司法机关对14名在押犯罪嫌疑人变更强制措施，保障在押犯罪嫌疑人合法权益。针对看守所监管活动中的违法情形提出书面纠正意见1件，清理羁押2年以上案件6件，并建立健全了防止案件久押不决的长效机制。针对职务犯罪、金融犯罪和黑社会性质犯罪开展暂予监外执行专项检察，依法监督收监执行3件3人。加强派驻监管场所检察室建设，荣获“全国二级规范化检察室”称号。

（孙　锴）

【强化民事诉讼监督】 年内，共办理民事申诉案件112件，提请上级检察院启动民事抗诉并获得支持3件，提出民事再审检察建议3件，法院均已裁定再审。依法对6起民事调解案件中的虚假诉讼情形开展监督。

（孙　锴）

【接受外部监督】 年内，公开案件程序性信息1284件，公开法律文书80份，发布重要案件信息27件。制作《案件信息公开工作宣传手册》，并向人大代表和辖区群众发放4200余册。刊发各类宣传稿件874篇，第六次被评为“全国检察宣传先进单位”。联络和走访人大代表600余人次，收集意见建议80余条并及时改进相关工作。建立“丰检动态”微信群，创办《丰台检察手机报》。

（孙　锴）

【开展作风形象专项督察】 年内，收集到的82条意见建议确立14项44条整改措施，均已整改到位，全体干警查找廉政风险点1238个，建立自我防控措施1171项。针对出庭、提讯、接待、驻所检察等重点工作环节先后开展6次作风形象专项督察。

（孙　锴）

【签署《世界种子大会预防服务协议书》】 3月14日，与第75届世界种子大会筹备部门联合签署《世界种子大会预防服务协议书》

（孙　锴）

【检察开放日活动】 4月25日，举办“守护青春、展望未来”检察开放日活动。区人大代表、政协委员、特约监督员、市青少年法律援助与研究中心工作人员、市商贸学校师生代表及新闻媒体记者30余人应邀参加活动。院党组成员及相关处室负责人参加。

（孙　锴）

【检察学会第一次理事会】 5月23日，召开“服务社会发展预防职务犯罪研讨会暨检察学会第一次理事会”。来自长辛店镇政府、中国航天科工飞航技术研究院等12家机关、企业的30余位代表参会，院副检察长苏从舜出席会议。

（孙　锴）

【获得“全国文明接待示范窗口”荣誉称号】 5月，连续四届被高检院评为“全国文明接待室”，而首次获得“全国文明接待示范窗口”荣誉称号。

（孙　锴）

【《丰台检察学会》创刊】 5月，由检察院和检察学会共同主办的《丰台检察学会》（季刊）正式创刊。

（孙　锴）

【赴对口援疆单位交流】 6月10日至13日，党组成员、副检察长苏从舜一行前往新疆维吾尔自治区和田县人民检察院进行对口援疆工作交流。

（孙　锴）

【“国家宪法日”主题宣传活动】 12月4日，院检察院第一、第二派驻检察室分别与驻区司法所联合开展“国家宪法日”主题宣传活动。向群众展示了“国家宪法日”宣传海报，发放宪法和检察工作宣传材料1000余份，并现场讲解宪法知识、提供法律咨询服务。

（孙　锴）

【《丰台检察》手机报正式创刊】 12月，面向市、区人大代表、政协委员创办《丰台检察》手机报半月刊正式创刊。主要包括丰检要闻、检情简报、代表联络、丰检知道等几个板块，创刊第一期共面向市、区人大代表、特约监督员、政协委员、市检察院相关部门、区委区政府相关部门等共推送471条。

（孙　锴）

案例举要

【肖英发非法经营、破坏公用电信设施案】 被告人肖英发，男，1968年2月20日出生于湖北省宜城市，汉族，研究生文化，无业，户籍所在地北京市海淀区西三旗育新花园68楼1902号。因涉嫌犯非法获取计算机信息系统罪，提供侵入、非法控制计算机信息系统程序、工具罪，于2014年1月14日被羁押，同年2月22日被逮捕。2014年6月4日，检察院以被告人肖英发犯非法经营罪、破坏公用电信设施罪向法院提起公诉。起诉书指控：2013年5月至2014年1月期间，被告人肖英发在本市海淀区西三旗桥附近，为牟取非法利益，向陈永伟、马荣丽、王孝伟、靳向葵、李松杰（均另案处理）等人出售“伪基站”设备1台。2013年至2014年1月间，被告人肖英发在本市丰台区、朝阳区、海淀区等地，为牟取非法利益，通过操控“伪基站”设备占用移动基站频率发射信号，强行与发射有效范围内的移动用户手机建立连接并发送广告短信，致使移动用户手机与正常的移动通信网络之间的连接中断。且被告人肖英发为其销售的“伪基站”设备进行升级，使用“伪基站”设备进行测试，占用移动基站频率发射信号，强行与发射有效范围内的移动用户手机建立连接并发送测试短信，致使移动用户手机与正常的移动通信网络之间的连接中断。经对被起获被告人肖英发使用“伪基站”设备进行勘验证实，被告人肖英发使用“伪基站”设备发送短信，共造成11万余名手机用户通信中断。2014年6月25日，法院作出判决，以被告人肖英发犯非法经营罪，判处有期徒刑一年六个月，并处罚金人民币五万元；犯破坏公用电信设施罪，判处有期徒刑四年；决定合并执行有期徒刑五年，并处罚金人民币五万元。扣押在案的作案工具，予以没收。肖英发未提出上诉。

（孙　锴）

司法行政

【概　况】 2014年，司法局设置10个职能科（室），即办公室、法制科、法制宣传教育科、基层工作科、法律援助工作指导科、公证工作管理科、律师工作管理科、社区矫正和帮教安置工作指导科、行政财务科、政工科。下设3个事业单位，即区法律援助中心（加挂“148”法律服务牌子）、区阳光中途之家和市首佳公证处。辖区内现有16个街道司法所、5个乡镇司法所、129家律师事务所和20家基层法律服务所。122名公务员中，博士研究生2人，硕士研究生9人、未授学位研究生17人；双学士1人；大学本科84人；大学专科9人。30岁以下19人，31岁至40岁54人，41至50岁30人，50岁以上的19人。党员117人。

（赵　楠）

【法制宣传教育】 年内，调整区法制宣传教育领导小组成员单位，组建法治文艺演出队、法治文明守护队、法治文化宣讲队三支法制宣传“轻骑兵”，深入社区、村，进行常态化的巡回演出。依托多种媒体提升宣传效果，开办综合类法治节目《法治风景线》；与影视创作公司合作，拍摄普法微电影和公益普法宣传广告片。安装法治宣传栏、社区配备法治宣传教育资料自由索取架、建设法治文化墙、启动莲花池、长辛店、南苑公园法治角，推出包括法治文化培育工程、法律护航工程、法治实践三大内容普法惠民工程，为31所中小学校和9个区级普法品牌配备模拟法庭全套设施，调整中小学法制副校长和法制辅导员队伍，加强青少年法治宣传教育工作。

（赵　楠）

【法律服务】 年内，共计审查新设立律师事务所18家，其中个人所15家，合伙所3家；个人变合伙的事务所2家；办理机构类备案审批47件，人员类备案审批中由外区迁入的律师共计110名；许可负责人变更2件，许可实习期满转正律师41人，异地进京律师5人。在“法律服务村居行”活动中，共有167名律师开展各项法律活动4300余次，提供法律咨询13594人次，发放宣传材料81660份，对调解员培训达1939人次。在律师监管工作上，受理投诉23起，作出行政处罚2起。登记的公证机构1家，公证员7名，公证助理员14名。办理公证14991件，其中国内公证6691件，涉外公证8300件。

（赵　楠）

【法律援助】 年内，利用电视、刊物、QQ和新浪微博等多种平台，广泛宣传法律援助工作，通过发放宣传材料、开设律师讲座、开展现场咨询、提供上门服务等多种形式把法律援助服务送到百姓身边。开展妇女儿童、残疾人、老年人、农民工等专项维权季活动。全年，受理法律援助案件共计474件，其中民事202件，刑事268件，行政4件，解答咨询4000余人次。收到锦旗14面，表扬信5封。回访满意率为100%。

（赵　楠）

【司法所建设】 年内，有14个司法所实现了办公业务用房120平方米。实现硬件升级，投入60.5万元，为16个司法所安装外观门楣、室内背景墙、户外指示牌，实现21个司法所视频监控系统全覆盖。

（赵　楠）

【人民调解】 年内，成立区人民调解协会，发挥行业自治的优势作用。组织调解员参与《第三调解室》、《生活广角》、《健康生活下社区》等电视栏目录制400余期。参与市“和谐之星人民调解能手”争创活动，4家调委会获先进调解组织、1名调解员获调解明星、4名调解员获调解能手称号。完成了对《构建大调解工作格局、维护社会和谐稳定工作情况的报告》的整改。调解民间纠纷 9881 件，成功 9541 件。调解成功率 96.6%，涉案金额 3647 万元。其中防止矛盾激化 154 件，涉及 4687 人。

（赵 楠）

【行政处罚】 1 月 2 日和 3 月 5 日分别给予北京市四方律师事务所主任李平停业整顿 1 个月和罚款 3000 元的行政处罚。

（赵 楠）

【开展“三送”农民工专项活动】 1 月 6 日，法律援助中心联合右安门街道司法所在中交隧道工程局工地开展“送温暖、送知识、送健康”为主题的农民工专项活动。

（赵 楠）

【帮扶公益培训】 2 月 18 日，与北京市工商联美容美发化妆品业商会联合举办“美丽心灵梳理”帮扶公益培训，10 余名临近解矫社区服刑人员参加培训。

（赵 楠）

【举办妇女维权讲座】 3 月 3 日，法宣办、法律援助中心与妇联共同举办“贯彻男女平等基本国策、以创新思维解决家庭暴力等社会问题”妇女维权讲座。362 个家庭矛盾调解团的团长参加讲座。活动现场还设置了法治宣传展板和法律咨询台，律师等工作人员为大家发放宣传资料并提供法律咨询服务。

（赵 楠）

【成立首个农民工刑事法律援助工作站】 4 月 11 日，联合北京市致诚律师事务所成立“丰台区法律援助中心农民工刑事法律援助工作站”（以下简称“工作站”），该站将是全国首个专门服务农民工刑事案件的法律服务机构。局长郗俊生与北京市农民工法律援助工作站主任佟丽华参加成立仪式。

（赵 楠）

【法制宣传三支队伍成立】 4 月 29 日，区法宣办举办“防治大气污染共建生态文明”暨区法治文艺演出队、法治文明守护队、法治文化宣讲队成立仪式。区人大常委会副主任郭振江、市司法局法宣处处长马燕、区司法局党组书记、局长郗俊生、区环保局局长出席。区环保局、区市政市容委和卢沟桥街道、卢沟桥乡、丰台街道、太平桥街道等委办局、街乡镇和法制宣传志愿者代表共 300 余人参加。

（赵 楠）

【关爱残疾人爱心普法志愿活动】 5 月 16 日，区法宣办、马家堡司法所和街道残联在马家堡温馨家园开展了以“关心帮助残疾人，实现美好中国梦”为主题的爱心普法志愿活动。在博爱医院门口设立普法咨询、义务理发等服务台，先后有 25 名智障残疾人得到志愿服务，同时向残疾人发放宣传品和宣传资料 100 余份。

（赵 楠）

【开展世界环境日大型环保宣传活动】 6 月 5 日，由区政府主办，司法局、环境保护局承办的第 43 个“六.五”世界环境日大型环保宣传活动，在郭庄子文化中心启动。市环境保护局副巡视员刘广明，区委常委、统战部部长张建国，区人大常委会副主任郭振江，副区长刘树苹，团区委书记、青联主席王松涛，环委会成员单位以及 21 个街乡镇的有关领导和 500 余名群众参加活动。

（赵 楠）

【第二届律师协会换届】 6 月 21 日至 22 日，区第二次律师代表大会在北京丽维赛德酒店胜利召开，选举产生的 57 名律师代表参加大会，大会顺利完成律师协会换届工作，选举产生了新一届协会会长、副会长及监事长。市司法局副局长李公田，副区长吴继东，市律协会长张学兵，区委政法委常务副书记张旭明，市局律师综合处处长、市律协秘书长高鹏，区司法局党组书记、局长郗俊生出席。

（赵 楠）

【普法惠民工程】 9 月，法宣办为 93 个重点社区、村单元楼门口安装“六五”普法惠民公示栏共 1950 个，为 40 所学校配备模拟法庭设施，用于在各学校开展模拟法庭活动。

（赵 楠）

案例举要

【“真假”玉挂件纠纷案】 基本案情：4月，岳各庄派出所联合调解室调处了一起因购买玉挂件引发的买卖合同纠纷。3月初，支女士在丰台路口汇隆市场一珠宝店花3000元购买了一款碧玉挂件，经朝阳区国家质检部门检测为玻璃制品。支女士大怒，找到珠宝店付老板要求退货并进行双倍赔偿。调解过程：两位调解员在调解过程中，认真听了双方当事人的陈述：支女士道：今年3月初在付先生经营的珠宝店看中了一款深绿色的吊坠，付先生介绍这是一款和田碧玉，售价5000元。因为自己很喜欢这款吊坠，便与付先生商量价钱，经双方协商3000元成交。后到朝阳国家质检部门对这个吊坠做了检测，但没想到检测结果为：此坠为玻璃制品，支女士把检测证书给付先生过目，要求付先生退款。但付先生否认这吊坠是从他这里出售的，并指责，说调包了，用一款相同的伪品讹诈他，拒不退款。付先生也感到自己很委曲，他告诉调解员，自己在出售这款吊坠时用店里的设备为支女士做了检测，现在事过半个多月了，支女士突然拿了一张检测书，说我卖给他的吊坠是玻璃制品，要求退货，不能接受。双方当事人各说各的理，互不相让。如何将这起纠纷公正的化解，又不让双方当事人的合法权益受到损害，这是对调解员心理素质、法律知识和调解经验等各方面能力的考验。两位调解员做出决定，暂停调解，深入汇隆市场，调查取证，了解业内行情、行规，找出纠纷的中心点。调解员从汇隆市场负责人了解到，市场开业时间不长，市场经销人员也比较复杂，良莠不齐，玉的品种也比较多，有价位高的，也有不值钱的。市场要求商户所经营的玉石制品要货真价实，不能有欺诈行为，同时也要求顾客买玉需谨慎，古玩行水太深，有风险。从一位卖古玉的商户了解到，无论多好的卖玉商户，也有看走眼的时候，而且所卖的玉制品没有证书，故售出后只要出了市场大门就概不退换，如果必须退换时，就得按行里的约定，也是这行的行规，不能退全款，要扣30%的违约金。调解结果：通过多方的了解，调解员对纠纷有了调解方向，他们首先做支女士的工作，为了更有效的化解纠纷，保护她的权益，要求她退一步，接受古玩行里不成文约定，如退货要扣货款30%的违约金，退还2100元。支女士表示同意。后经过两天苦口婆心的工作，付先生终于承认是自己没看准，玉制品确实有问题，同意退货返还2100元。2014年4月10日，经过近一个月的时间，这起买卖合同纠纷在调解员的主持下得到化解，付先生现场退还支女士2100元。

（赵 楠）

【拔火罐被烫受伤调解案】 纠纷背景：2013年12月5日，付女士到位于区西罗园西北路绿洲美容院做后背拔罐时，由于操作人员失手造成付女士背部烫伤入院治疗。美容院的负责人赵女士交付了付女士前期所有费用2.2万元左右。但双方因为后续的赔偿问题，起了严重的争执。调解过程：2014年1月9日，因为付女士烫伤在家养伤，来不了。付女士委托丈夫陈先生与赵女士一同到西罗园洋桥联合调解室申请调解，希望一次性解决此事故纠纷。陈先生刚来调解室的时候，态度很激动。冲着赵女士喊：“我们本来是来美容，想要更漂亮的。结果却是竟然把后背给烫成那样，那还不得留疤啊。这事要是解决不好，你就让我把你的后背烫一下，我们就不追究了。”美容院负责人陈女士说：“我们也迅速的救治了。顾客烫伤后，我们就把她送到右安门医院了，在治疗过程中，全部医药费都是我们垫付的。但后续赔偿要是狮子大开口，我们也奉陪到底。”两个人边说边语调高，互相谁也不让谁。看着两位这么情绪激动，为了能平和的处理此事，让当事人情绪平静下来，调解员吕凤藻采取了“冷处理”的方式。递给双方各一杯水，说“润润嗓子，接着说”。双方一看调解员的态度，就都不好意思，停下来了。看着两个人都吵累了，调解员吕凤藻趁热打铁，赶紧帮两个人理清事情的原委。根据陈先生提供的证据，发现他反映情况属实。随即调解员又与陈女士进行沟通，她认为：顾客要求赔偿 4 万元，的要求过高，不同意赔偿 4 万元，只肯赔偿消费者后续医药费和营养费用。可陈先生认为，妻子因背部烫伤需去医院治疗，产生了误工费、交通费等，坚持要求赔偿 4 万元。在处理这件事的过程中，问题的难点就在于强势的一方拿出解决问题的诚意和态度，简化繁杂的赔偿程序。吕师傅清楚当下要做的就是淡化代表美容院的概念，把双方拉平到人与人之间，爱美的女人与女人之间，能够换位思考，只要走到这一步问题也就基本解决了。调解员吕凤藻指出：根据《消费者权益保护法》第七条消费者在购买、使用商品和接受服务时享有人身、财产安全不受损害的权利。消费者有权要求经营者提供的商品和服务，符合保障人身、财产安全的要求。第十一条消费者因购买、使用商品和接受服务受到人身、财产损害的，享有依法获得赔偿的权利。第四十一条经营者提供商品或者服务，造成消费者或者其他受害人人身伤害的，应当支付医疗费、治疗期间的护理费、因误工减少的收入等费用。调解结果：经调解，双方自愿达成如下协议，美容院负责人赵女士自愿一次性付给付女士人民币 2.1 万元，作为付女士后期治疗费用及营养费等全部赔偿。调解员在此案例后也提醒广大消费者：依据有关规定，拔火罐、针灸、中医推拿等都属于中医治疗项目，所以消费者在需拔火罐、针灸、推拿时一是应选择医疗机构进行拔火罐、针灸、推拿；二是看其是否持有执业许可证；三是看从业人员是否持有执业医师许可证。避免产生不必要的伤害和损失。

（赵　楠）

审　判

【概　况】2014年，法院新收各类案件32658件，同比减少1425件，下降4.2%；审结31453件，同比增加144件，上升0.5%；未结5665件，同比增加1205件，上升27.0%。受理刑事案件2472件，同比增加62件，上升2.6%；审结2481件，同比增加56件，上升2.3%。受理民商事案件20882件，同比减少876件，下降4.0%；审结19594件，同比增加342件，上升1.8%。受理行政案件364件，同比减少25件，下降6.4%；审结377件，同比减少2件，下降0.5%。受理执行案件8865件，同比减少601件，下降5.3%；执结8928件，同比减少267件，下降2.9%。受理再审、申诉、赔偿案件75件，同比增加15件，上升25.0%；已结73件，同比增加15件，上升25.9%。获得了全国法院学术讨论会组织工作先进奖、全国法院网络宣传先进集体、第八届北京市先进法院、北京法院新闻宣传工作先进单位等多项荣誉称号；涌现出了第八届市法院先进集体、全市法院“立案调解先进单位”、全市法院行政审判年度报告工作先进单位、市法院司法警察体能达标优秀单位、区文明单位等一大批先进单位和“全国法院办案标兵”盖平山，“全国‘两会’期间涉诉信访工作先进个人”蔡琴，“清理涉党政机关执行积案专项活动先进个人”秦建平，“全国法院司法警察体能达标活动先进个人”李永平，北京市“三八”红旗奖章获得者王晓艳，“首届北京市法院模范法官”王凤琴、张亚林、魏洪杰，“第八届北京市法院先进法官”胡海、万迪、叶晓、周生辉，“第八届北京市法院先进工作者”齐军、杨玉良、左琳，“北京法院第二届司法业务技能标兵”仇春子、高原、李永平、施洪璋。

（王琼瑶）

【会签防止冤假错案规定】 1月3日，与检察院、公安分局共同签署《关于严格执行刑事诉讼法防止冤假错案的规定》，就办理刑事案件中的证据问题及相关工作进行明确细化的规定。

（王琼瑶）

【行政执法座谈】 2月25日，行政庭庭长崔秀春等一行6人到环保局，在执法工作中面临的法律问题开展座谈。区环保局副局长芮元鹏、办公室主任王志坤、环境影响评价科科长阴素贵、法制科科长刘姚等参加了座谈会。

（王琼瑶）

【集中结案专项活动】 3月至6月，开展“集中结案专项活动”，重点清理6个月以上未结案件及上年12月20日之前立案的其他未结案件。活动期间共审结此类案件1677件，占此类案件总数的52.54%。

（王琼瑶）

【四川高院领导来院调研】 3月20日，四川省高级法院刑一庭副庭长丁铁军一行6人到院调研“轻微刑事案件快速办理机制”。市高级法院有关领导和区法院刑一庭庭长张勇、刑二庭负责人李红华等人参加了调研座谈。

（王琼瑶）

【第三届法官讲坛】 4月22日，围绕“司法改革的基层视角”主题举办第三届法官讲坛。来自刑事、民事、商事、行政、执行等不同审判领域和庭室的10位主讲人分别从基层审判实践出发，就改革审判委员会、落实合议庭和主审法官责任制、完善院庭长审判管理权、完善法官任职制度四项议题进行了阐述。

（王琼瑶）

【编发廉洁司法制度汇编】 5月14日，纪检监察部门收集、整理和编纂的《北京市丰台区人民法院廉洁司法制度汇编》正式印发。汇编共收集了现行13项廉政制度，其中6项为廉政管理类，7项为惩戒教育类。

（王琼瑶）

【“全国助残日”主题活动】 5月18日，第二十四个“全国助残日”，积极参与市残联组织的“全国助残日”主题活动。民五庭受邀为本次助残日残疾人模拟法庭活动提供帮助和指导；花乡法庭向参观群众发放多种法律宣传手册并就广大群众关心的问题进行了解答，花乡法庭庭长韩文川还就残疾人权益保护的行政与司法衔接等问题与市残联及区司法局工作人员进行了交流。

（王琼瑶）

【接待外国交流学生旁听商事案件】 6月17日，接待来自美国、澳大利亚等国的交流学生到院旁听商事案件。

（王琼瑶）

【区委政法委书记来院调研】 6月27日，区委副书记、政法委书记顾晓园到院调研基层法院建设重点工作情况，与院党组书记、院长王宜生进行了会谈。院党组副书记、副院长王晓艳参加调研。

（王琼瑶）

【完成“东方森茂案”案款集中清退】 7月14日至15日，协助市一中院，集中对登记住址位于区属地的“东方森茂案”购林人展开案款清退工作，共清退67人，涉及金额1151981元。

（王琼瑶）

【外省法院来院交流】 8月25日，河南省许昌市中级人民法院党组书记、院长韩玉芬，党组成员、常务副院长张英绍到院交流学习信息化建设工作，院党组书记、院长王宜生，党组副书记、副院长王晓艳以及办公室技术科部分干警参加座谈会。

（王琼瑶）

【警示教育活动】 8月27日，配合区纪委组织区各单位党政主要领导200余人旁听原司法局局长李华受贿一案。96个委办局和群团组织、21个街乡镇及众多国有企事业单位的正职领导干部，旁听人数200多人。

（王琼瑶）

【曝光失信房产中介公司】 9月26日，执行局执行一庭召开“集中公布失信房产中介公司名单现场会”，向新闻媒体公布涉案较多、长期拒不履行判决义务的15家房产中介公司名单，涉及案件51件，涉案金额达到119万余元。

（王琼瑶）

【共建廉政教育基地】 9月28日，与区纪委举行共建廉政教育基地揭牌仪式，并签订《纪委与人民法院共建廉政教育基地》协议书。年内，教育基地组织刑事、行政等各类案件旁听16次，接待旁听人员1000余人。

（王琼瑶）

【区人大领导及部分市区人大代表视察】 11月13日，区人大副主任苗华陪同市区人大代表一行15人到院专题视察司法公开工作。党组书记、院长王宜生，党组副书记、副院长王晓艳，党组成员褚凤杰及相关部门负责人参加了视察座谈。

（王琼瑶）

【区长冀岩来院调研】 11月20日，区委副书记、区长冀岩，区委常委、常务副区长刘宇，副区长吴继东等一行8人来院调研。院党组书记、院长王宜生率部分党组成员及部分中层领导参加调研座谈。

（王琼瑶）

【国家宪法日宣传活动】 12月4日，首个国家宪法日暨第十四个全国法制宣传日，开展“司法公开你我同行”法院公众开放日主题活动，辖区居民代表、在校大学生、热心网友等三十名群众来院参观交流。

（王琼瑶）

【销毁6000余双假冒名牌运动鞋】 12月16日，执行局联合纪检监察室、机关后勤服务中心、刑事审判庭、法警大队、司法宣传科六部门联动，在市环卫集团一清分公司依法对6000余双价值49万余元的假耐克、阿迪达斯、鳄鱼牌运动鞋集中进行公开粉碎销毁。

（王琼瑶）

【开展党的群众路线教育实践活动】 年内，认真组织开展党的群众路线教育实践活动，组织中层以上干部集中学习23次、研讨交流4次；通过开展个别谈话、座谈会、设立意见箱、开通内网“干警心语”版块等方式，征求意见建议100余条；召开民主生活会开展领导班子和班子成员之间的批评与自我批评，针对查摆出来的“四风”问题制定13项53条整改措施，废止制度4项，新建制度26项，修订制度4项。

（王琼瑶）

【为世界种子大会提供司法服务】 年内，为保障被誉为种业届“奥林匹克”的世界种子大会的顺利召开，在王佐法庭组建中层领导牵头负责的涉大会工作统筹小组，全程负责大会期间的预案制定、沟通协调和检查监督等统筹工作；主动征询大会司法需求，并与王佐镇政府、魏各庄村委会、王佐镇司法所等部门交换意见，加强协调合作；逐案进行矛盾排查，整合审判资源，选择审判经验丰富、熟知区情民风的合议庭作为涉大会审判组，专门负责涉大会纠纷的矛盾化解工作；在大会召开期间设立值班法官。

（王琼瑶）

【司法网络拍卖试点】 年内，作为全市首批试点单位在淘宝网开设司法网络拍卖专栏，正式启动司法网络拍卖试点工作。全年36批次网络拍卖工作，6套房产、3台车辆顺利成交。

（王琼瑶）

【刑事审判】 年内，共受理刑事案件2472件2604人，审结2481件2615人。其中，判处五年以上有期徒刑203人，判处拘役、管制等轻刑364人，适用缓刑、免予刑事处罚835人。

（王琼瑶）

【民商事审判】 年内，共受理民商事案件20882件，审结19594件。

（王琼瑶）

【行政审判】 年内，受理行政案件364件，审结377件。处理涉及马家堡三期城中村环境整治项目、地铁亦庄线等重点工程案件；协调方式化解行政争议，促使各方当事人达成和解60件。

（王琼瑶）

【执行案件】 年内，共受理执行案件8865件，执结8928件，执结标的额5.25亿元。开展“涉民生案件专项集中执行活动”，执结涉民生案件201件，执行到位标的额857.48万元。

（王琼瑶）

案例举要

【网页抄袭侵权案】 北京奥菲斯装饰工程有限公司（以下简称奥菲斯公司）是一家从事建筑装饰的专业公司，具有国家建设行政主管部门颁发的建筑装饰装修工程设计与施工贰级资质。奥菲斯公司对域名为ofszs.com的官方网站上的效果图和文字享有著作权。奥菲斯公司认为北京品道建筑装饰工程有限公司（以下简称品道公司）将奥菲斯公司网站上的7张装饰效果图和“公司简介”、“经营范围”、“服务流程”文字作品，非法复制到其公司网站，侵犯了奥菲斯公司对以上作品的著作权，且构成不正当竞争；品道公司在其网站首页设计风格上模仿奥菲斯公司网站，且在并未取得建筑装饰装修工程设计与施工贰级资质的情况下，在其网站上谎称具有该资质，构成不正当竞争。遂将品道公司诉至丰台区法院，要求品道公司停止侵权、赔礼道歉、消除影响并赔偿经济损失。经院审理认为，奥菲斯公司对其网站上的涉案效果图及文字享有著作权，品道公司使用涉案7张效果图及文字构成侵害著作权。品道公司网站上使用涉案效果图、文字及与奥菲斯公司网站高度相似的首页设计，意在将他人的业绩作为自己的业绩进行宣传，不当提高自己的商誉，属于虚假宣传行为，且奥菲斯公司与品道公司同属建筑装饰装修工程设计与施工单位，品道公司的上述行为构成不正当竞争。品道公司在尚未取得建筑装饰装修工程设计与施工贰级资质的情况下，在其网站公司简介中宣称“拥有中华人民共和国住房和城乡建设部颁发的建筑装饰装修工程设计与施工贰级资质”，宣传明显缺乏事实依据，会导致消费者对其服务质量和服务水平产生误解，但奥菲斯公司并无证据证明该虚假宣传特定针对的对象，亦无证据证明该虚假宣传与奥菲斯公司有直接利害关系，故对奥菲斯公司的该项不正当竞争指控，法院不予支持。2014年11月2日，丰台区法院依法判决品道公司自判决生效之日起立即停止涉案著作权侵权行为和不正当竞争行为，于木判决生效之日起三十日内在其域名为bjpdzs.com的网站首页连续三十日刊登致歉函，向奥菲斯公司赔礼道歉、消除影响，于判决生效之日起十日内赔偿原告北京奥菲斯装饰工程有限公司经济损失五万元、合理费用7030元，驳回奥菲斯公司的其他诉讼请求。一审宣判后，品道公司不服提起上诉，市第二中级人民法院审理期间双方达成和解，于2014年12月16日撤诉结案。

（王琼瑶）

【肖英发非法出售、使用“伪基站”犯罪案】 2013年7月至2014年1月期间，被告人肖英发在海淀区西三旗桥附近，为牟取非法利益，先后向李松杰、王孝伟、马荣丽、陈永伟（均另案处理）等人出售“伪基站”设备各1台。同一时期，被告人肖英发在丰台区、朝阳区、海淀区等地，为牟取非法利益，通过操控“伪基站”设备占用移动基站频率发射信号，强行与发射有效范围内的移动用户手机建立连接并发送广告短信，致使移动用户手机与正常的移动通信网络之间的连接中断。且被告人肖英发为给其销售的“伪基站”设备进行升级，使用“伪基站”设备进行测试，占用移动基站频率发射信号，强行与发射有效范围内的移动用户手机建立连接并发送测试短信，致使移动用户手机与正常的移动通信网络之间的连接中断。被告人肖英发于2014年1月14日被北京市公安局丰台分局刑侦支队抓获。公安机关依法扣押被告人肖英发的“伪基站”设备1台，笔记本电脑2台以及组装“伪基站”设备的配件若干。经对被告人肖英发扣押在案的“伪基站”设备及笔记本电脑进行检验，被告人肖英发使用“伪基站”设备发送短信，影响的用户数量共为116 061个。丰台区法院经审理认为，被告人肖英发向他人非法销售“伪基站”设备，扰乱市场秩序，情节严重；并非法使用“伪基站”设备占用频率，干扰公用电信网络信号，截断通信线路，造成11万余名手机用户通信中断，危害公共安全，其行为已构成非法经营罪和破坏公用电信设施罪，依法应予数罪并罚。鉴于被告人肖英发有如实供述、自首、立功等情节，对其予以从轻处罚。2014年6月25日，法院以非法经营罪，判处肖英发有期徒刑1年6个月，并处罚金人民币5万元；以破坏公用电信设施罪，判处其有期徒刑4年；决定合并执行有期徒刑五年，并处罚金人民币5万元。一审宣判后，肖英发不服，提起上诉。经市第二中级法院审理，判决驳回上诉，维持原判。

（王琼瑶）

【原丰台区司法局局长李华受贿案】2003年至2011年间，被告人李华利用担任北京市丰台区人民政府新村街道办事处主任、中共丰台区新村街道工作委员会书记等职务，主持丰台区新村街道行政工作等职务便利，为徐荣根谋取承揽新村街道办事处的装修工程等利益，从徐荣根处收受贿赂款16万元、白色二手捷达轿车一辆以及价值45000万元的北京权金城鸿福临酒店有限公司洗浴卡3张。2010年至2013年间，被告人李华利用担任北京市丰台区司法局局长，主持丰台区司法局工作的职务便利，帮助潘礼群、王万山、蔡利萍、张迪调入丰台区司法局工作，收受上述人员给予的贿赂款共计人民币18万元。丰台区法院认为，被告人李华无视国家法律，身为国家工作人员，利用职务上的便利，非法收受他人财物，为他人谋取利益，其行为已构成受贿罪，依法应予处罚。鉴于被告人李华能如实供述主要犯罪事实，认罪态度较好，且部分违法所得已退缴，故本院对其予以从轻处罚。根据被告人李华犯罪的事实、性质、情节和对社会的危害程度，该院于2014年8月27日以受贿罪，依法判处李华有期徒刑10年，并处没收财产人民币5万元。一审宣判后，李华未提起上诉。

（王琼瑶）

社会治安综合治理

【概　况】2014年，综治工作按照区委区政府工作部署，坚持服务大局，以群众路线为主线，以提升群众安全感和“五个坚决防止”为目标，开展大宣传、大走访、大防控、大整治、大服务工作，稳定和谐的良好局面。

（梁　超）

【治安志愿星级评定】1月6日，举行了治安志愿者星级评定仪式，为三星级治安志愿者授予了证书和证章。8760名治安志愿者被评定为三星级治安志愿者。

（梁　超）

【召开群租房整治工作推进会】1月14日，召开了群租房整治工作推进会。区委政法委副书记、综治办主任姚建国通报了房屋违法出租问题治理试点工作进展情况与集中开展房屋违法出租问题调查摸底工作情况。区委常委、副区长刘宇提出了要求。区政府各职能部门与各街乡镇主管领导参加了会议。

（梁　超）

【启动“两会”安保社会面等级防控】 3月3日至13日，启动社会面二级加强防控等级，21个街乡镇社会面防控力量参与等级防控，各类专业、职业和群众性防控力量对照二级加强防控等级力量配置标准组织上岗执勤，共投入专业警力6767人次、群防群治力量30.75万人次。

（梁　超）

【净化村域环境】 3月20日，会同公安分局、工商分局、城管执法监察局、消防支队、花乡政府等部门和单位，对花乡纪家庙（万柳桥北侧帐房村及其周边）集体土地上，私搭乱建窝棚及堆物堆料造成的安全隐患，进行集中清理整治。

（梁　超）

【区综治委第一次全体（扩大）会议】 4月8日，区综治委（流管委）第一次全体（扩大）会议召开。会议就上年度社会治安形势、群众安全感满意度和综治工作领导责任制考核情况作了通报，审议了《丰台区社会管理综合治理工作要点》，对是年社会治安综合治理工作作了部署。区委副书记、政法委书记顾晓园与街乡镇、成员单位代表签订了《社会管理综合治理工作责任书》，并作了重要讲话。区委常委、常务副区长刘宇主持会议。

（梁　超）

【举办综治干部培训班】 5月7日至9日，区综治办在云泽山庄举办了为期三天的综治干部培训班。各街道乡镇综治维稳工作的分管领导、综治办主任参加了培训。区委副书记、政法委书记顾晓园给综治干部做了专题讲座。

（梁　超）

【市领导到区调研】 5月30日，市委政法委副书记、首都综治办主任、市流管办主任闫满成，首都综治办副主任、市流管办常务副主任苗林到区调研平安建设工作，区委副书记、政法委书记顾晓园，区委政法委副书记、综治办主任姚建国作了工作汇报。

（梁　超）

【举办“社会治安群防群治工作宣传汇演”】 6月9日，“社会治安群防群治工作宣传汇演”活动在卢沟桥乡举办。综治办、文明办、团区委、公安分局等领导同志及21个街乡镇的综治办领导和治安志愿者、治安巡防队员、义务消防员、流管协管员代表共200余人观看了演出。

（梁　超）

【部署违法群租房清理整治工作】 6月27日，召开违法群租房清理整治工作中期推进会。区委督查室、监察局、区房管局、公安分局、工商分局，及涉及违法群租房清理整治工作的16个街乡主要领导参加了会议。副区长吴继东传达了市“6·12”现场会会议精神，并部署了区清理整治工作。

（梁　超）

【首都综治委五部门督查】 7月25日，市纪委常委、预防腐败局副局长（正局级）宋兰刚带领首都综治委五部门考核督查第二组到区督查综治工作。区委副书记、政法委书记、综治委主任顾晓园代表区委接受督查。

（梁　超）

【打击黑摩的专项行动】 9月12日，由综治办、公安分局、城管执法局、交通支队等职能部门抽调优势力量组成专项整治小组，针对各重点部位“黑摩的”开展了规模化集中整治行动。同时，各街乡镇也在辖区内自行开展了集中整治行动。

（梁　超）

【综治信息员培训班】 10月16至17日，在洋桥大厦举办全区综治信息员培训班，21个街道乡镇及366个社区（村）的475名综治信息员参加了培训。

（梁　超）

【违章停车专项治理】 10月29至30日，APEC街面整治办公室（综治办、公安分局、城管执法局、交通支队、交通执法七大队、园区管委会、花乡、新村街道）对樊羊路两侧违章停放的车辆进行了集中清整，并对毁坏的隔离桩进行修复，防止车辆再次停放到人行便道。

（梁　超）

【举行黑车销毁仪式】 12月24日，区黑车办在大红门久敬庄路甲1号，举行黑车销毁仪式，对APEC街面秩序整治期间查扣的符合条件的3668辆黑摩的进行解体销毁。

（梁　超）

【社会面等级防控】 年内，共发动治安志愿者、专职巡防队员、安全稳定信息员等各类力量上街布控累计1363902人次，排查矛盾246起，化解106起，确保了"两节"、"两会"、"六四"、"七五"、"7.7"、"9.3"以及世界种子大会、庆祝建国65周年、十八届四中全会、APEC会议等一系列重要时间节点的社会面安全稳定。

（梁　超）

【二手车市场周边秩序整治】 年内，针对二手车市场周边违法停车现象和车虫"招手"、"举牌"拦车现象突出的问题，创新立体化防控体系，将原有的"多部门联合巡查式"，调整为"点位盯守布控与多部门综合巡查相结合"整治方式。在原有管控力量基础上，投入专项资金，新增加15名保安参与市场周边点位盯守与布控。共拖无牌车等违规车辆210辆，现场处罚交通违法行为123例，没收自制车牌138块，开具违法停车处罚通知单5000余张，二手车市场周边秩序得到明显改善。

（梁　超）

【开展黑车治理专项行动】 年内，各相关单位共出动各种执法力量2500余人次，查扣各类黑车8642辆，黑摩的2881辆，行政拘留604人，刑事拘留12人。

（梁　超）

【加大物技防建设投入】 年内，提请区长办公会研究决定，区科技创安图像系统建设三年规划由区财政划拨专款2765万元，用于警务站基础设施建设、补充辅警力量以及后期维护保障工作。协调资金40余万元，在1900个无物业管理的老旧小区设置"平安丰台宣传栏"。

（梁　超）

【群防群治队伍建设】 年内，开展综治大讲堂百场宣讲活动，区级组织2次，参加人数达400余人。组织开展"社会治安群防群治工作宣传月"活动，各街乡镇、社区（村）共组织演出236场，受众达4.3万余人，并举办了"社会治安群防群治工作宣传汇演"。落实群防群治队伍实名制管理，约10.3万名治安志愿者全部在首都综治网信息系统实名登记。开展了治安志愿者星级评定工作，共认定一星22801人，二星13427人，三星12676人。组织开展了巡防队员比武大赛，对治安志愿者、专职巡防队员、安全稳定信息员等各类力量开展教育培训422021人次。

（梁　超）

【社区网格化建设】 年内，完善社区网格化服务管理体系，16个街道划分979个网格，配备"网格员"979人，配发电台308台、PDA无线终端705台。累计流转案卷367898件，办结355598件，办结率达96.7%。

（梁　超）

交通管理

【概　况】 2014年，交通支队共接各类警情361614起，日均报警991起，其中，接拥堵报警26024起，日均报堵71起；接事故报警131637起，日均报警360起；接群众反映警情203953起。报警回访361614起，群众满意率为100%。加特勤警卫1070次，出动警力8972人次，其中一级勤务20次、一级疏导勤务194次、二级勤务40次、二级疏导勤务374次、三级勤务139次、三级疏导勤务303次。

（崔　妍）

【交通秩序大整治】 年内，交通整治四大类突出违法行为，相继开展了二、三、四号专项整治行动，改善了整体交通秩序环境。检查客货车、外埠车7.8万余辆，罚扣“残三、摩的”6700余辆。开展了涉牌涉证车辆等专项整治行动65次，组织区域性酒后夜查100余次。全年，现场处罚各类交通违法行为24万余笔，办理“醉酒驾车”刑事案件201起。

（崔　妍）

【静态交通管理】 年内，对“僵尸车”、占压消防通道等问题，开展专项整治行动110余次。新增居住区停车位6900余个，完成了蒲芳路东段、芳星路南段和北段共计1300余米、2万5千余平方米人行步道和自行车道改造工作。

（崔　妍）

【道路优化渠化】 年内，新增、复划交通标线80余公里、设置交通标志2500余面、增设各类隔离设施20余公里。通过对道路交通伤亡事故数据分析，对三四五环路以及快速路和联络线等事故易发高发区域开展排查，增设监控探头6处，施划减速带10余公里，增设警示牌12面，警示灯6处，消除事故隐患，保障道路安全。

（崔　妍）

【执法大厅服务】 年内，执法大厅共处罚各类非现场违法行为235935起，处理超过规定时速50%以上违法行为一般程序1455起（吊销驾驶证137起），接待被套牌案件1010起，套牌立案750起，结案48起，辅警录入非现场违法数据2820140笔。办理客车通行证110张、货车通行证459张，班车证1325张，办理剧毒化学品运输证5张，暂扣驾驶证886个。

（崔　妍）

【保春运交通安全】 年初，实施交通大队及属地街乡镇捆绑式承包责任制，实施24小时严看死守，春运期间，出动警力370多人次，严把春运车辆、驾驶人资质关，对进出站长途客运车辆逐一进行检查登记，对驾驶人逐一进行教育，累计检查进出站长途客运车辆12800多辆次，与长途客运驾驶人签订春运交通安全责任书4500多份。40天春运，6家长途客运站共进出班次99864辆，运送旅客2009095人次安全无事故。

（崔　妍）

【安全监管】 年内，组织交通安全大检查4次，走访检查长途、旅游、客运、危化等重点专业单位400多家次，检查社会单位7200多家次，检查机动车12800多辆次，督促单位制定整改措施560多份，消除各类交通安全隐患465件。追查社会交通违法超标单位2342家次，追查专业运输交通违法超标单位206家次，追查发生酒后驾车等严重交通违法行为社会单位1145家1319起，追查发生严重交通违法专业运输单位95家207起。下发限期改正通知书2868份，给予2855家禁止机动车上路行驶处罚，禁止机动车上路行驶5790多辆。严追逾期未检报废车辆，深入单位2700多家，入户1.5万多户，发放告知函2万多封，粘贴宣传告知海报3000多张，追查逾期未检验机动车42805辆，报废机动车9970辆。

（崔　妍）

【安全宣传】 年内，建立21支宣传小分队，每周组织不少于2次宣传活动，累计出动小分队人员7400多人次，深入社区、单位、公共场所组织开展各类宣传活动1600多场次，发放、粘贴各类宣传海报、宣传材料100多万份。

（崔　妍）

【事故预防】 年内，对大、中、小、幼儿园接送学生客车安全隐患排查11次，纳入监管视线接送学生客车38辆，消除隐患校车2辆，汇总、存档各街乡镇上报接送学生客车隐患排查报告231份。是年，累计排查、治理路树遮挡交通标志、交通信号灯、道路堆物堆料、交通隔离护栏被挪移、被拆卸等隐患328处。追查重大安监交通死亡事故15起，下发限期改正通知书15份，给予禁止机动车上路行驶处罚11家，召开公开处理现场会3场次，追究单位领导责任3家，11名事故驾驶人被单位解除劳动合同。

（崔　妍）

【车管服务】 年内，共办理各项业务231966件，其中驾驶员换证手续71767件，机动车临时牌照35635件，换办临时进京证113108件，外埠（长途）进京证5435件，机动车免检6021件。每天接待办理手续群众1820余人，接咨询电话240余个。为残疾老年人排忧解难上门服务7件，共收到群众送来锦旗2幅，感谢信12封。

（崔　妍）

【逃逸事故侦办】 年内，建立逃逸事故挂销账制度，侦破4起亡人逃逸事故。

（崔　妍）

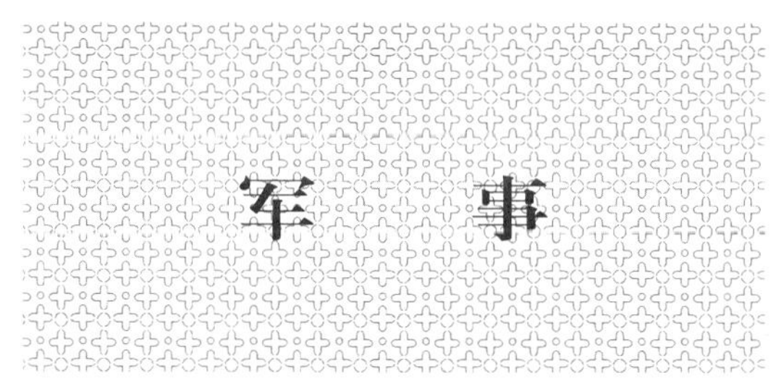

军　事

人民武装

【概　况】 2014年，人武部贯彻党的十八届三中、四中全会精神和习主席系列重要讲话精神，紧紧围绕强军目标和“三个特别”建设要求，紧跟形势变化，狠抓贯彻落实，开展各项军事工作，国防基础建设更加稳固。

（张宝忠）

【开展群众路线教育实践活动】 年内，开展党的群众路线教育实践活动，按照“三严三实”要求，对照“四面镜子”，聚焦反对“四风”，围绕人武部系统重点查找了6个方面问题，解决了廉洁征兵、经费管理、训风考风、住房用车等方面存在的19个问题，制定了《党员干部廉洁自律规定》、《关于厉行节约反对铺张浪费措施》等10项规章制度，全面规范、从严落实，不断巩固整改成果。

（谭炳辰　张宝忠）

【战备训练】 年内，在编6500名基干民兵基础上，每个乡镇组建了不少于50人，每个街道、企业不少于30人的“常态化、专业化、规范化”民兵应急骨干力量。依据《北京卫戍区民兵预备役部队应急力量建设实施细则》及卫戍区民兵应急分队建设现场观摩会的标准要求，在花乡高立庄建立了区民兵应急分队，投资60余万元，完备了队部、三室一库等硬件设施。4月，按照“授课辅导理思路，结合工作抓实际、强化训练练作风”的基本思路，组织58名专武干部进行了专题培训。6月，抽调国营618厂100名民兵，完成了卫戍区民兵防汛应急分队调研拉动任务。是年投入民兵19620人次完成8个敏感期共计67天的看桥护路、社会防控和应急维稳任务。

（谭炳辰　张宝忠）

【年度征兵】 年内，针对夏季征兵与年度工作尤其是训练工作交叉重叠、应征青年兵源数量逐年下降、适龄青年体检合格率不高等实际情况，坚持做到不间断发动、全程化体检、公开化政审。通过海量公布北京市征兵网网址，协助高校“捆绑式”邮寄录取通知和征兵宣传手册，协调电视报刊等主流媒体滚动播报征兵信息，做到网络化宣传唱主角，增强了宣传发动的覆盖面和影响力。区征兵办制定完善了《廉洁征兵十条措施》和“五公开、三公布”制度，组织街乡镇和高校征兵办向区征兵办签订廉洁征兵责任书。

（谭炳辰　张宝忠）

【民兵工作会议】 3月21日，召开民兵工作会议，区委、区政府和区人武部及区属各街道（党）工委、乡镇党委书记、主管武装工作的有关领导和驻区企事业单位、高校人武部部长等300多人参加会议。政委李树元主持会议。

（谭炳辰　张宝忠）

【双拥共建活动】 年内，围绕争创北京市双拥模范区和全国双拥模范城目标，利用八一、春节等重大节日，为驻区部队赠送了20余万元的图书和影像资料，慰问金190余万元。协调驻区部队700多人次，参加并保障了中国人民抗日战争暨世界反法西斯战争胜利 69 周年纪念活动、纪念全民族抗战爆发 77 周年活动、送法进军营以及庆祝“宪法日”法制文艺演出等活动。协调解决 235 名现役军人子女入学，完成200名军转干部接收安置，协调安排随军家属 30 名进入社区工作者岗位。同时，与区双拥办联手开展了 10 个主题月活动，每月围绕一个主题，军地共融开展共建。在学雷锋主题月中，组织官兵 2000 余人次参与了便民服务、巡诊送药、精神宣讲等学雷锋活动；在植树造林主题月活动中，区领导带领500名官兵和数百群众完成了年度平原造林任务。

（谭炳辰　张宝忠）

消防安全工作

【概　况】 2014年，区消防安全紧紧围绕市局、总队各项工作部署，以贯彻落实习总书记重要讲话精神为主线，以确保“两个稳定”为基础，凝心聚力、真抓实干，圆满完成了“6·4”、“7·5”敏感期专项维稳，“7·7”、“9·3”中国人民抗日战争纪念馆重大勤务，全国“两会”、十八届四中全会、APEC会议等重大消防保卫任务。

（王　蕊）

【开展专项整治】 年内，共检查社会单位4471家，发现火灾隐患3381处，整改火灾隐患3341处，临时查封单位100家，责令“三停”单位57家，罚款524.4万元，。

（王　蕊）

【工作运行机制层层抓落实】 年内，强化各级政府、领导消防责任落实，进一步完善“区政府领导包街乡镇、街乡镇领导包社区村、社区村领导包楼门院落”工作模式，将工作任务层层分解落实到具体岗位和人员。共出动检查人员5万余人次，检查单位6万余家，发现并督促整改隐患5万余处。同时，依托“96119”火灾隐患举报机制发动社会力量积极查找消防隐患。

（王　蕊）

【营区建设】 年内，完成右安门、方庄、北大地三个中队的“国土证” 和“房产证”办理，房屋土地办证总面积 15784.16 平方米。投资305万元对方庄中队进行营区改造，投资 40 万元完成大红门等五个中队的营区和设施设备维修改造。

（王　蕊）

【实战化训练】 年内，支队组织开展三合一建筑火灾、仓库火灾、地铁火灾等支队级实战演练18次，中队级演练900余次，11月，举办首届机关警官比武竞赛。

（王　蕊）

【副市长张延昆到区调研】 12 月 11 日，市政府副市长张延昆带队由安监、消防、规划、工商、城管等部门组成联合检查组，专题调研指导城乡结合部及群租房消防安全整治工作。检查组突击检查分钟寺广告制作城、广客缘公寓和奥迪城市展厅 4S 店等单位。副总队长谭林峰、支队长刘永利陪同检查。

（王　蕊）

【法国高等消防学校代表团到方庄中队参观】 3 月 16 日，法国高等消防学校代表团51人来到方庄中队参观交流学习。武警学院办公室主任王波、市公安消防总队副总队长李进等领导陪同代表团在方庄中队前院观摩“班进攻平地操”演练。

（王　蕊）

【冀岩带队开展节前消防安全检查】 9月27日，正值国庆节前，区长冀岩带领安监、公安、消防等部门组成联合检查组，对北京集美卢沟桥家居商贸有限公司等人员密集场所消防安全工作进行检查。

（王　蕊）

【开展地震救援实战拉动演练】 4月10日14时20分，按照《北京市丰台区公安消防支队地震灾害事故跨区域应急救援预案》要求，由长辛店中队、右安门中队、西客站中队、西罗园中队组成跨区域地震救援轻型搜救队，共计4部消防车、30名官兵携带装备器材奔赴集结地右安门中队营区，开展科目演练。

（王　蕊）

民防工作

【概　况】 2014年，区民防工作认真贯彻党的十八大精神，把开展党的群众路线教育实践活动与民防建设发展新情况相结合，推进人防工程综合整治，加强指挥体系建设，扎实推进防空防灾宣传教育、人防工程公益化利用，战时防空、平时防灾、应急救援的能力不断增强。

（郑建丽）

【人防指挥场所建设】 年内，启动了区级指挥所工程建设，完善了区预备指挥所的功能建设。完成指挥通信系统建设，安装的视频会议系统、文电传输系统、指挥调度系统、北斗时统和定位系统、3种无线电台通信系统等相关设备设施正常运转，预备指挥所达到了基本功能要求。

（郑建丽）

【开展应急保障实操演练】 年内，加强训练演练。为增强通信实战能力，开展了应急移动指挥通信车、通信电台，指挥所等通信设备基础知识培训、通信设备操作训练。在汽车博物馆、丰体中心、世界花卉大观园等重点地域开展实操训练。落实了24小时值班备勤制度，参加了市局组织的跨区通信支援拉练。编制了《市人民防空袭演习推演计划》，9月20日组织区武装部、消防支队、公安分局等相关单位观摩了“京盾－2014”人民防空袭演习，完成了“北京市人民防空袭演习”3个科目的演习任务。

（郑建丽）

【经济目标普查】 年内，开展对11个街道、乡镇辖区内14个北京市重点经济目标资料登记普查工作。

（郑建丽）

【开展各类民防知识宣讲活动】 3月，国际民防月，与卢沟桥街道共同在“红星美凯龙”广场开展了“防灾减灾、利国利民”为主题的宣传教育活动，发放各类宣传资料及用品近9000余份，展出宣传展板200块，悬挂标语口号条幅40条，黑板报34期。4月，“普及公共安全知识，提高幼儿避险能力”——民防知识进校园主题教育活动在宛平幼儿园举办。5月，防灾减灾宣传周，与地震局、红十字协会联合举办了“科学防震、健康生活、从我做起”的主题宣传活动。9月，与教委共同组织教师40余人学习。对240名民防志愿者骨干和街道人防干部分批分次进行了室外体能训练及民防业务知识培训。年内，12名讲师向社区居民讲授防空防灾、公共安全知识、人防工程安全管理方面的政策、法规，街道宣讲活动44次。

（郑建丽）

【人防工程综合清理整治】 年内，分成13个整治小组与有整治任务的街乡形成对接，共拆除房间2143间，清退房间6042间，清退居住人员9836人，关停人防工程123处。

（郑建丽）

【区大副主任苗华调研】 8月12日，区人大副主任苗华一行，就人防工程公益化利用情况进行调研。

（郑建丽）

农村经济和农业

农村经济

【概　况】 2014年，全年实现农林牧渔业总产值25103.4万元，比上年下降31.0%。其中，农业产值为8745.9万元，下降16.2%；林业产值12612.8万元，下降38.1%；牧业产值2280.5万元，下降12.7%；渔业产值93.0万元，下降94.4%；农林牧渔服务业产值1371.2万元，增长5.7%。粮食作物全部为玉米种植，总面积为2672亩，比上年下降28.8%，产量为1069吨，增长5.6%；蔬菜累计播种面积2389亩，上市产量3862吨，下降36.4%。花卉产值3179.5万元，下降40.9%。全区畜禽养殖93户，水产养殖场4个；禽蛋产量682.3吨，下降5.4%；牛奶产量466.3吨，下降47.8%；生猪出栏3219头，下降34.9%；水产品产量31吨，下降95.2%。农业机械共366台套，总动力49105.9千瓦，其中：柴油发动机动力7799.2千瓦，汽油发动机动力，29746.4千瓦，电动机动力，11560.3千瓦；机引耕作机具33台，播种机械5台，收获机械3台，农产品加工机械3台，畜牧用机械17台，植保机械233台。

（汤海丽）

【落实农业补贴政策】 年内，全区粮食直补、农资补贴89434元，其中：粮食直补资金29504元，农资综合补贴资金50710元，中央财政良种补贴资金9220元。补贴面积（玉米）922亩，共涉及长辛店镇、王佐镇6个村。全区享受基本农田保护补贴面积8343亩，基本农田流转补贴面积12110亩，共涉及王佐镇和长辛店镇14个村，补贴资金共计534.2万元。新购置8台30马力拖拉机，16台汽油田园管理机，总金额30.88万元，享受补贴15.44万元。

（汤海丽）

【无公害认证与标准化建设】 年内，共有7家无公害认证企业，全部位于河西地区，认证面积77公顷，包括粮油、蔬菜种类在内的认证产品共32个。其中6家为市优级标准化蔬菜生产基地。河东地区的花乡有1家市良好级标准化基地。

（汤海丽）

【农业政策性保险】 年内，由人保财险丰台支公司承保花乡和长辛店镇区域，华联合保险公司承保卢沟桥乡、南苑乡、王佐镇区域。全区政策性农业保险投保总面积2840亩，共涉及11个险种，总保费89.07万元，区级补贴资金17.81万元。

（汤海丽）

【动物防疫】 年内，动物诊疗机构49个，饲料生产企业4家，大中型动物产品经营性冷库7家，兽医实验室1家，乳制品加工企业1家，兽药经营企业4家。对高致病性禽流感、口蹄疫、猪瘟、鸡新城疫实施强制免疫，免疫率达100%，采样1404份，监测1870项次，检疫净化1354头/只/匹家畜，全区未发现重大动物疫病阳性病例。累计向各乡镇和养殖场户发放强制免疫疫苗32万毫升，防疫物资1.5万余件；组织开展养殖场环境消毒、除虫、灭鼠4次，发放消毒药3.8吨。出动防疫人员155人次入户检查、指导。

（汤海丽）

【行政许可审批工作】 年内，全程办事代理室共受理办结许可案件631件，按时办结率100%。完成对全区动物诊疗、执业兽医师、兽药经营、饲料生产、生鲜乳收购、动物防疫等证照年检备案及注册334份。

（汤海丽）

【农村经济发展】 年内，实现农村经济总收入348.4亿元，同比增长5.7%；税金总额14.8亿元，同比增长4.3%。农村居民人均纯收入22553元，同比增长10.3%。严格落实新增产业禁止和限制目录、农村地区产业准入规定，严禁不符合区域功能定位的产业项目。全年农村地区引进亿元以上企业25家。12个农业观光园接待68.1万人。

（汤海丽）

【举办世界种子大会】 5月24日至28日，举办2014年世界种子大会。此次大会以“小种子、大梦想”为主题，来自60个国家和地区的1452名种业代表参会。在东方美高美国际会展酒店、丽维赛德酒店、品种展示基地等6个地方，举行开幕式、贸易洽谈、品种展示等11项活动，召开蔬菜政策协调、育种家委员会开放会议、植物检疫委员会公开会议、贸易和仲裁规则委员会公开会议、种子应用技术委员会公开会议等16场会议。会间举行了中外种业合作签约仪式，北京4家种子企业与6家国外企业签订1500万美元进出口合约。本次大会首次发表了《国际种子联盟2014年世界种子大会北京宣言》。丰台区完成大会展示接待保障工作，升级改造了新品种展示基地，新建了种子交流馆，大会期间展示新特优品种1200个，接待国家领导人、世界种子联盟、农业部、大会组委会以及科研院所、企业代表等调研、考察、观摩1109人次。

（汤海丽）

【举办第二十二届北京种子大会】 10月15日至18日，举办第二十二届北京种子大会，主会场设在大成路九号酒店，分会场在丰台体育中心和新品种展示基地。本届大会共举办6项主题活动：开幕式、嘉宾联谊会、专题座谈会、企业形象展示、现货交易、新品种展示观摩。大会参展企业725家，参展人数2万余人，交易内容涵盖大田类、蔬菜花卉类种子以及农资、机械、农业图书等多个领域，专业观众日高峰进场8000余人，总交易金额估算5亿元。

（汤海丽）

【经济薄弱村帮扶工作】 年内，投入2813.3万元支持了经济薄弱村8个民生和基础设施项目建设，含大灰厂村河道综合治理、庄户村煤改电配套等项目建设。

（汤海丽）

【推进“减煤换煤、清洁空气”行动】 年内，全区减煤换煤87541.363吨，超额完成市政府下达的目标任务。其中，优质无烟煤订购20472.313吨（蜂窝煤13168.763吨，煤球4810.3吨，块煤2493.25吨）；平房拆迁上楼14361户，压减燃煤43083吨；拆违建955800平方米，压减燃煤10514吨；炊事气化完成开户11345户，配送罐装液化石油气37449瓶，压减燃煤9362吨；煤改电1370户，压减燃煤4110吨。

（汤海丽）

【加强农村环境综合治理】 年内，12个村开展美丽乡村建设，南苑村被评为“北京最美乡村”。完成平原造林3520亩。拆除违法建设532处、90.4万平方米。严格人口调控措施，农村流动人口减少3.14万人，同比下降12.2%。

（汤海丽）

农村经济管理

【概 况】 2014年，全区农村经济总收入、税金、农民人均所得等主要指标均实现不同程度的增长，分别增长5.7%、4.3%和11%。全年完成总收入348.4亿元，同比增加18.6亿元，增长5.7%，与上年同期相比，增长速度上升了2.5个百分点。其中：主营业务收入330.3亿元，同比增长5.3%。非公经济地位显著提升，实现总收入225.7亿元，比去年同期增加16.4亿元，增长7.8%，高出集体经济总收入增速5.9个百分点，占全区农村经济总收入的64.8%，所占比重比上年同期上升了1.3个百分点。集体经济增幅回升，实现总收入122.7亿元，比上年同期增加2.2亿元，增长1.9%。第一、二、三产业分别完成收入5亿元、62亿元、263.3亿元，第一、二产业所占比重分别为1.5%和18.8%，与上年相比，分别下降了0.4和1.3个百分点，第三产业实现收入比上年同期增加18.5亿元，占主营业务收入的比重达79.7%，与上年同期相比上升了1.7个百分点。年内，农村经济实现利润21.6亿元，与上年同期相比基本持平，下降0.1%。集体经济利润稳步增长，实现利润15.6亿元，比去上年同期增加0.9亿元，增长5.9%。乡镇、村集体企业共实现利润6.5亿元，增长了1.6%。非公经济实现利润近6亿元，比上年同期减少0.9亿元，下降了13%。年内，农村经济应交税金实现平稳增长，共完成14.8亿元，同比增加0.6亿元，增长4.3%。其中：增值税完成1.4亿元，增长90.1%；所得税完成2.9亿元，增长1.8%；营业税完成4.5亿元，下降0.6%；其他税金共完成5.9亿元，下降1.8%。其中集体和非公经济实现税金增速均比较平稳，分别完成7.6亿元和7.2亿元，比上年同期均增加0.3亿元左右，分别增长4%和4.6%。第一、二、三产业分别实现税金0.1亿元、3.1亿元、11.5亿元，分别占税金总额的比重为1%、21%、78%。其中服务业完成税金10.3亿元，比上年同期增加0.6亿元，占税金总额的69.6%，所占比重上升了1.5个百分点，在农村各行业中占有纳税主体地位。年内，农民收入人均21347元，比上年同期增加2116元，增长11%。其中从集体所得为16288元，比上年同期增加1391元，增长9.3%，占农民人均所得的76.3%，仍是农民收入来源的主渠道。

（葛伯祥）

【农村劳动力分布】 年内，农村劳动力总数为90511人，其中就业人数为83912人，就业率为92.7%，比上年提高了0.1个百分点。在集体就业的有60295人，占就业劳动力的71.9%，集体安置仍是农村劳动力就业的主要途径，其中在村集体就业的有57222人，占就业劳动力的68.2%。待业人数为6599人，失业率为7.3%，比上年同期下降0.1个百分点。

（葛伯祥）

【农村集体资产运营】 年内，农村集体资产总额1000亿元，比上年同期减少73亿元，同比下降6.8%。乡镇级集体资产总额为96.8亿元，同比下降4.9%；村级集体资产总额为903.2亿元，同比下降7%，村级集体资产占90.3%。农村集体所有者权益为313亿元，比上年同期增加11.5亿元，同比增长3.8%。其中：乡级集体所有者权益为38.6亿元；村级集体所有者权益为274.4亿元，同比增长4.8%。人均所有者权益超过40万元的村有13个，比上年增加3个，其中卢沟桥乡11个、花乡10个、南苑乡10个、王佐镇2个、太平桥街道（精图）1个；人均所有者权益在万元以下的村9个，比上年减少2个，其中卢沟桥乡1个、花乡2个、长辛店镇4个、王佐镇2个。

（葛伯祥）

【农村集体合同清理规范工作】 年内，共检查乡镇级集体经济组织合同96份，涉及合同年租金5860万元，合同总金额9亿元。

（葛伯祥）

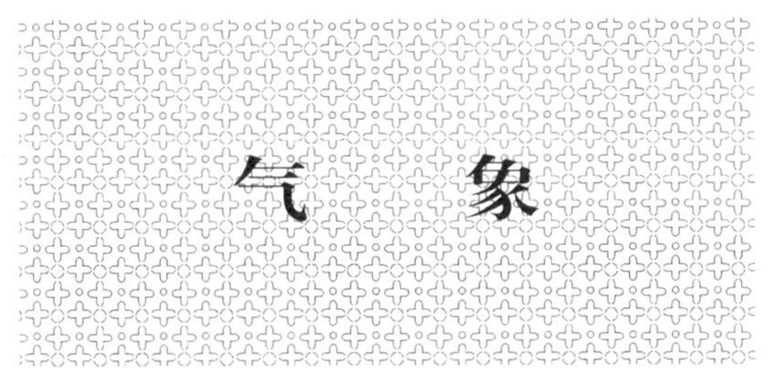

气象

【概　况】 2014年，分区预警业务及乡镇精细化预报业务等正式由丰台区气象台独立承担。年内向有关部门发送决策服务材料1316期，公众气象服务材料1119期，发送气象短信71万人次。做好重大气象服务保障工作，完成国际性大型活动：第75届世界种子大会、2014年园博园彩色跑、世界旅游城市联合会2014年香山峰会、2014年北京国际铁人三项世界锦标赛、APEC峰会期间气象服务保障工作；全国性大型活动：抗战爆发77周年系列纪念活动、中国人民抗日战争暨世界反法西斯战争胜利69周年纪念活动气象服务保障工作；全市及全区性大型活动：北京市第28届卢沟桥醒狮杯越野跑比赛、“卢沟晓月 中秋传情”、建国65周年游园庆祝活动、北京市旅游节、北京市第52届中学生运动会等活动气象服务保障工作。

（王桂枝　韦洁菲）

【气候评价】 本年度年平均气温为14.2℃，比常年（1981-2010年）平均值（12.7℃）偏高1.5℃。年极端最高气温41.1℃（5月29日），年极端最低气温-11.1℃（2月11日）。2月、6月平均气温接近常年平均值，3月、4月平均气温比常年明显偏高（分别偏高3.9℃、2.5℃），5月、7月至12月平均气温比常年偏高。全年极端最高气温大于等于35℃的天数为17天（常年为8.7天）。全年降水量为429.8毫米，比常年（537.4毫米）偏少20%，比上年（480.0毫米）偏少10%。1月、12月无降水，2月、5月降水比常年同期偏多，3月、4月、7月至11月降水比常年同期偏少。主汛期6月至8月降水为303.5毫米，比常年同期（383.8毫米）偏少21%。年内本站降水日数（日降水量大于等于0.1毫米的日数）为53天，日最大降水量为34.4毫米（6月1日）。年度日照时数为2383.9小时，比常年平均值（2426.2小时）偏少42.3小时。

（王桂枝）

【灾害性天气】 年内，发生气象灾害主要有短时暴雨、大风、雷暴、冰雹。其中发生短时暴雨灾害32起，损失约202.1万元。发生大风灾害36起，损失约189.4万元。发生雷暴灾害3起，损失约8万元。发生冰雹灾害1起，损失约1万元。

（王桂枝）

【气象科普】 年内，以气象科普知识、气象法律法规、气象防灾减灾常识为重点宣传内容，通过“3.23”世界气象日和“5.12”全国防灾减灾日等主题活动现场宣传，台站开放日宣传，电视台节目、报刊、微博等公共媒体宣传，执法过程中发放宣传材料，向街道赠送科普材料等主要途径开展气象科普宣传。推进气象防灾减灾科普知识“进社区”、“进农村”、“进学校”、“进公园”等，在云西路社区、长安新城小学、莲花池公园、方庄体育场和卢沟桥文化广场等开展气象防灾减灾科普宣传。

（韦洁菲）

工 业

区属工业

丰台区经济和信息化委员会

【概 况】2014年，丰台区197家规模以上工业企业实现工业总产值338.7亿元，同比增长2.6%，增速比上年同期下降6个百分点，低于全市3.1个百分点。在全市16个区县及开发区中，丰台区工业产值所占比例约为1.9%，排名第11位，增速排名第12位，增速排名比去年下降了3位。全年工业企业实现销售产值336.4亿元，同比增长2.9%，其中，实现内销产值323.3亿元，同比增长1.7%；实现出口交货值13.1亿元，同比增长48%。工业产销率为99.3%。全区现代制造业全年共实现工业总产值168.4亿元，同比增长2%，占全区总产值的比重已达49.7%；高技术产业全年实现工业总产值66.3亿元，同比增长4.3%。

全区六大产业产值呈现出“四增两降”态势。其中，汽车与交通设备产业、基础与新材料产业、生物医药产业和电子信息产业均有较快增长，同比增速分别为13.6%、4.3%、21.3%和8.9%；装备产业同比下降14.2%，连续三年的下滑使其在全区工业总产值中的比重降低到21.1%，比上年减少7.8个百分点；都市产业同比下降2.1%。

全区前十大行业实现总产值270.6亿元，占全区总产值比重为79.9%。前十大行业呈现“五增五降”态势。其中，铁路、船舶、航空航天和其他运输设备制造业，电力、热力生产和供应业，医药制造业分别增长24%、28.2%和21.2%。年内，在全区35家重点监测企业中，51.4%的企业全年产值超过上年，48.6%的企业全年产值比上年减少。其中，产值增长超过1亿元（含1亿元）的企业10家，占28.6%；产值增长在0至1亿元之间的企业8家，占22.9%；产值减少小于0.5亿元的企业8家，占22.9%；产值减少超过0.5亿元的企业9家，占25.7%。从重点企业看，京桥热电、市政路桥、首航机械、北方车辆、北车二七等企业订单增长较多，产值分别比上年增长5.7亿元、5.1亿元、2.7亿元、3.3亿元和7.2亿元；钢铁行业产能过剩，金自天正产值下降最为明显，较上年减少4.1亿元。

（王 雪）

【率先按下京津冀一体化“启动键”】 年内，继京津冀一体化上升为国家战略后，丰台区新兴凌云医药化工有限公司作为北京首个央企制造业项目率先整体搬迁至河北邯郸，实现了节能减排和扩能增效，获得中央和市区首肯以及国家11个部委的调研关注。

（王 雪）

【北车轨道交通科技创新城项目控制性规划方案获批】 年内，中国北车股份有限公司与丰台区人民政府分别向北京市规划委员会呈报了北车轨道交通科技创新城控制性规划方案，最终获得北京市规划委员会的正式批复。根据控规方案，北京二七装备公司现有生产制造功能在搬迁至窦店高端轨道交通装备产业园后，将以原厂区为核心，以“两轴、两带、五中心”为布局结构开发建设享受中关村自主创新示范区优惠政策的中关村北车轨道交通科技创新城。“两轴”即以南北向道路为功能轴，以东西向延展为生态轴；“两带”，即历史文化带和生态景观带；“五中心“分别是研发中心、创新中心、历史文化中心、综合商务中心和配套居住中心。

（王　雪）

【完成国家新型工业化产业示范基地复核工作】 年内，围绕进一步细化“装备制造（轨道交通装备）·北京中关村科技园区丰台园”示范基地的空间规划、产业规划和建设规划工作，出台《北京丰台区轨道交通产业示范基地2014-2016年工作方案》，以促进轨道交通产业在丰台区的聚集发展。

（王　雪）

【举办首届“民营企业高科技成果展览暨军民融合高层论坛”】 5月26日至6月5日，协助总装备部、工信部在丰台区举办了首届“民营企业高科技成果展览暨军民融合高层论坛”，该活动是军地深入贯彻落实习总书记关于军民融合战略思想的具体举措。全市32家参展企业中，丰台共有8家企业参展，分别是：北京元六鸿远电子技术有限公司、北京爱科迪通信技术股份有限公司、北京捷世智通科技股份有限公司、北京盛博协同科技有限责任公司、北斗航天（北京）卫星传输技术服务有限公司、北京碧海舟腐蚀防护工业股份有限公司、阳光凯讯（北京）科技有限公司、北京米波通信技术有限公司，占全市参展企业总数的24%。

（王　雪）

【新认定市级企业技术中心】 年内，新认定市级企业技术中心4家：北京东方通科技股份有限公司、北京元六鸿远电子技术有限公司、北京兴竹同智信息技术股份有限公司、中航天建设工程有限公司。

（王　雪）

【创新中小企业服务体系】 年内，创新了“专精特新”中小企业政策体系，认定了包括东方通、鼎汉技术等高科技企业在内的第一批121家“专精特新”企业，鼓励和促进“专精特新”企业在区内稳步聚集和创新发展。建成了包含846家重点企业信息的中小企业服务信息化平台（一期），平台具备了数据查询、短信互动等功能。同时，“丰台中小微”企业服务微信公众号开通，发展了500家驻区企业505名项目和信息联络专员，实现“政企互动、信息直通”。

（王　雪）

【创新解决中小企业融资难题】 年内，通过搭建“专精特新”企业融资平台、打造“丰邮时贷”专属融资产品、探索设立中小企业发展引导基金等方式，帮助解决中小企业融资难题。全年已通过市级平台支持18家企业融资19400万元，贴息补助388万元；通过区级平台融资23560万元，贴息补助234万元。

（王　雪）

【创新解决中小企业开拓市场难题】 年内，组织12家企业参加第三届中国国际循环经济成果交易博览会；组织4家企业赴宁夏与吴忠市政府对接；推动中进恒通等企业环保新技术在区试点示范。共协助企业开拓近6亿元的市场空间，初步形成了“政府搭台、企业唱戏”的市场开拓新模式。

（王　雪）

【工业污染企业退出】 年内，按照调整疏解非首都核心功能的总体要求，全面摸底区规模以下工业污染企业，建立丰台区不符合首都功能定位的企业台账，全年共退出40家工业企业，超额完成全年工作任务25家。

（王　雪）

【空气重污染日应急措施】 年内，在北京市于2月22日至26日和10月9日至11日发布空气重污染橙色预警期间，按照《丰台区空气重污染应急预案》要求，对需采取应急措施的12家工业企业（停产类8家，减产类4家），分别采取了全线停产、减产30%及洒水防尘、公车禁止出行等相关应急措施。同时，按照《丰台区空气重污染橙色应急督查工作方案》要求，确保应急值守，每日通过电话检查和现场检查等方式，对12家企业的停、减产等应急措施执行情况进行监督检查，确认12家企业均对各项应急措施严格落实。

（王　雪）

【全面完成区域能耗信息平台项目建设】 年内，对区域内尚未参与能耗平台建设的重点耗能单位进行了梳理，确定了项目实施的备选单位名单和工作方案，并已全面完成区域能耗信息平台项目建设，共实现105家重点耗能企业在线监测。

（王　雪）

【全面启动智慧丰台建设】 年内，出台《智慧丰台顶层设计实施方案》，建立了信息化建设规范、标准体系和信息化项目管理办法，确立了资金建设保障机制，编制了年度信息化滚动规划，并对全区147个信息化类项目进行了立项评审。

（王　雪）

【信息化基础设施提升】 年内，筹备建立区级统一绿色低碳政务数据中心及区级统一政务网络；在全区34个中小学校及办事服务大厅建设了无线wifi覆盖，试点开展了全区600余个移动通信基站统筹规划。

（王　雪）

【为种子大会顺利召开提供信息化保障】 年内，制定24小时应急通信保障工作方案，协调三大运营商调集六辆应急通信车和卫星车保障信号畅通，助力种子大会提升服务管理品质，成功保障种子大会圆满闭幕。

（王　雪）

【无线电审批与宣传】 年内，缩短审批办理时间，做好日常无线电审批办理工作；全年共审批无线电对讲机8台。印制并发放了无线电宣传品5000余份。

（王　雪）

中央市属工业

首都航天机械公司

【概　况】 首都航天机械公司是中国航天技术领域的骨干企业和最大运载火箭生产、总装厂，拥有数控加工、特种加工、发动机制造、低温贮箱制造和总装测试等多项技术。年内，公司获“中国机械500强”称号，完成首件自主“3D打印”产品，并将该技术首次应用于载人航天工程产品，长征二号丙火箭发射专项工程遥一试验、长征七号运载火箭芯一级首次动力系统试车、长征七号运载火箭首次助推分离试验、长征五号乙运载火箭整流罩首次合罩试验及长征五号乙整流罩首次分离试验均取得成功。

（刘玉光）

【公司掌握长征七号运载火箭所有箱底制造技术】 1月2日，长征七号运载火箭二级煤油箱后底通过了液压、气密、氦质谱检漏等一系列检验。至此，长征七号运载火箭所有低温、常温箱底，均已通过验证，标志着公司具备了长征七号运载火箭所有箱底的制造能力。

（刘玉光）

【长征二号丙火箭发射专项工程遥一取得成功】 1月9日，长征二号丙H型遥一运载火箭按照预定程序完成了一、二级飞行，将专项工程遥一研究性飞行试验遥一飞行器准确送至交班点，器箭正常分离。飞行器工作正常，存储器成功回收，获取了全部试验数据，达到了“分得好、滑得起、控得住、测得到”的预期试验目的，试验取得圆满成功。

（刘玉光）

【召开十届十一次职工（会员）代表大会】 1月15日，公司召开十届十一次职工（会员）代表大会。会议从形势任务特点、总体目标和主要经济指标以及工作重点等方面阐述了公司2014年工作重点和要求。审议通过了“公司职工误餐补贴标准由200元提高至300元”提案，票决通过了《2014年公司捆绑工资及效益工资发放办法》。

（刘玉光）

【首个3.35米直径全搅拌摩擦焊贮箱完成焊接】 1月24日，公司首个全搅拌摩擦焊贮箱下架。这是公司研制的首个全搅拌摩擦焊贮箱，同时也是全国首个全搅拌摩擦焊贮箱，标志着公司突破了搅拌摩擦焊接又一项关键技术。该全搅拌摩擦焊贮箱已通过超声相控阵和X射线检测，并一次合格。

（刘玉光）

【危改二期职工住宅配售工作完成】 2月28日，公司获得参与配售资格的员工完成选房，标志着危改二期第一阶段职工住宅配售工作基本完成。此次，公司可供配售的新房源共有199套，拟售房基准价格为每平方米5923元，最终售房价格以中央国家机关住房制度改革办公室批复为准。共有5164名员工申请参与此次职工住宅配售。公司对申请参与职工住宅配售的员工信息进行了三榜公示，并根据个人反馈意见责成相关部门进行核实，最终确定获得参与配售资格的员工名单。

（刘玉光）

【首件自主“3D打印”产品完成】 3月21日，公司利用激光增材制造技术（3D打印）首次自主完成YF-75D发动机复杂结构叶轮的整体制造，使该技术得到进一步提升。

（刘玉光）

【公司怀柔厂区生活配套设施项目取得建设用地批复】 3月31日，北京市人民政府根据国务院批复意见，批复公司怀柔厂区生活配套设施项目所需土地性质由农用地转为建设用地。标志着公司自2004年6月取得该项目调整批复以来，历经10年的推进，即将取得土地权属，为配套生活设施项目进入工程建设阶段创造条件。

（刘玉光）

【3D打印技术首次应用于载人航天工程产品】 4月16日，公司历时一个月，采用3D打印技术成功研制出空间站舱外航天服通风流量分配管路产品，这是公司3D打印技术首次应用于载人航天工程。该次攻关得到了中国航天员科研训练中心的认可。

（刘玉光）

【长征七号运载火箭芯一级首次动力系统试车圆满成功】 4月19日16时，长征七号运载火箭芯一级动力试车箭在一〇一站进行首次动力系统试车，运行188秒后定时关机，试验圆满成功。

（刘玉光）

【二期空间站舱外航天服首件模样件产品完成交付】 4月28日，国家航天员训练中心对公司研制的二期空间站舱外航天服首件模样件产品进行了验收评审，认为产品满足使用条件，可以交付。该模样件突破了头盔和躯干壳体薄壳压力成形、磁脉冲校形、风管3D打印、环形底座电子束焊接、头盔空间曲线CMT自动焊等工艺难题，完成了工艺方案的整体验证。

（刘玉光）

【公司员工获中央企业技术能手称号】 6月8日，公司报名参加由国务院国资委在市昌平区主办的2014（第三届）北京“嘉克杯”国际焊接技能大赛的选手彭铮，被国资委授予“中央企业技术能手”称号，公司其他选手均被授予“北京嘉克杯优秀参赛选手”称号。此次大赛有来自23个国家、27家央企、6个高职院校的492名选手参加。

（刘玉光）

【中央领导到天津新一代运载火箭产业化基地调研】 6月11日，原中央政治局常委、原国家副主席曾庆红到天津新一代运载火箭产业化基地调研。曾庆红在肯定一院取得成绩的同时，希望要放心大胆的干事业，天津市各级政府要支持一院的发展，将之作为“一号工程”来推进。11月21日，中共中央政治局委员、中央书记处书记、中宣部部长刘奇葆一行到天津新一代运载火箭产业化基地视察。刘奇葆一行视察了基地总装测试车间、查看了长征五号芯一级动力试车产品、长征七号合练箭产品和长征五号乙火箭整流罩产品，观看了三维数字化制造技术的现场演示，就火箭发动机技术、材料技术、研制进展等提出问题。刘奇葆表示，看完整个天津的发展和新一代运载火箭的研制情况之后感到非常振奋，并对航天科技集团公司社会主义核心价值观的宣传教育成果表示了肯定。

（刘玉光）

【十三车间低温活门组被授予全国“工人先锋号”】 6月，公司十三车间低温活门组被全国总工会授予“工人先锋号”光荣称号。这是继高凤林班组和总装事业部装配二组之后，公司第三个班组获此荣誉。十三车间低温活门组，是航天系统唯一承担液氢液氧发动机低温活门装配与试验任务的班组。班组在长征三号乙运载火箭生产过程中，自主创新，攻坚克难，完成了大量攻关验证试验，将低温活门合格率由原有的20%提升到50%。

（刘玉光）

【长征七号运载火箭首次助推分离试验圆满成功】 8月1日，长征七号运载火箭进行首次助推分离试验，取得圆满成功，验证了设计的合理性与工艺的正确性。

（刘玉光）

【公司获“中国机械500强”称号】 8月6日，2014年第十二届《中国机械500强研究报告》发布会在北京召开，公司再次获得“中国机械500强”荣誉称号，排名第248位。

（刘玉光）

【长征五号乙运载火箭整流罩首次成功合罩】 9月5日，国内最大卫星整流罩——长征五号乙运载火箭整流罩首次成功合罩，验证了大型结构件的铆接生产能力，标志着公司大型整流罩装配能力的重大提升。

（刘玉光）

【公司成立科学技术委员会】 9月15日，公司成立科学技术委员会。其定位为公司在科学技术发展和技术管理方面的决策支持、审查把关和咨询参谋机构。科技委下设7个专业组，具体负责各专业领域决策支持和评审把关工作。

（刘玉光）

【北京首航科学技术开发公司改制项目获审批】 9月19日，公司全资子企业北京首航科学技术开发公司（以下简称“首航公司”）进行公司制改制的方案，获得集团公司审批通过。以首航公司经集团公司备案的净资产评估值作为出资，将首航公司由全民所有制企业改制为首都航天机械公司出资的一人有限责任公司。改制后公司注册资本为5000万元，实际出资与注册资本的差额计入资本公积，公司名称变更为北京首航科学技术开发有限公司。

（刘玉光）

【建立三方战略合作关系】 10月10日，公司与一院研发中心及中航通飞华北飞机工业有限公司签署三方战略合作协议，正式建立战略合作伙伴关系。三方通过研发中心项目，在结构机构制造、总装测试、牵引滑跑试验等课题研究和试验工作中开展合作，发挥各自优势，促进科技创新和科研成果转化，共同致力于国家航天技术的研究发展。

（刘玉光）

【参加第 66 届纽伦堡国际发明展览会】 11月初，一院作为集团公司唯一参展单位，首次参加了第 66 届纽伦堡国际发明展览会。共有航天技术应用领域 9 个创新发明项目，获得了 6 金、1 银和 2 个“俄罗斯国际科技创新专项大奖”。特级技师、中国高技能人才十大楷模高凤林参展的阀座组件软钎焊制造工艺、TC4 钛合金自行车车架 TIG 焊接制造工艺、螺旋管束式喷管延伸段制造工艺三个创新发明项目，全部获得了金奖。

（刘玉光）

【公司火箭壳段实现自动化喷涂】 12 月 10 日，公司引进的自动喷涂设备顺利完成长征二号丙 H 型火箭芯二级 4 个壳段的烧蚀涂层喷涂任务，这是该设备引进后完成的首批喷涂任务。此次喷涂共历时 16 天，相比较以往手工喷涂需两个月时间才能完成喷涂任务，生产效率大幅度提升。同时，通过自动喷涂设备喷涂的壳段，涂层更加均匀，产品质量也得到大幅度提高。

（刘玉光）

【长征五号乙整流罩首次分离试验取得圆满成功】 12 月 26 日，长征五号乙运载火箭整流罩首次分离试验取得圆满成功。长征五号乙运载火箭整流罩总长 20.5 米，直径 5.2 米，由组合前柱段、后柱段、冯·卡门锥段、端头帽组成。此次分离试验主要验证纵向分离面 42 米导爆索的安装，大尺寸整流罩分离过程中弹性变形控制，大质量、高风阻整流罩对分离能源的要求，低过顶角速度整流罩分离的可靠性，以及适应弹性变形和动态位移的整流罩包络分析等技术难题。整个分离过程无机械卡滞、干涉和不协调问题发生，试验取得圆满成功。

（刘玉光）

【《火箭抢险十杰》登上“劳动最美丽”故事会舞台】 年内，公司《火箭抢险十杰》作为航天系统唯一被推荐的故事，在国资委主办的“劳动最美丽”——一线工人故事会启动仪式上进行了展示。《火箭抢险十杰》故事，讲述的是 2006 年底长征三号甲遥十一火箭发射前 24 小时，公司 10 位参试队员冒着生命危险，6 次进入箭体更换活门，确保火箭成功发射的事迹。

（刘玉光）

南车二七车辆有限公司

【概　况】 南车二七车辆有限公司（以下简称二七公司）隶属于中国南车股份有限公司，为国内铁路货运平车、平车—集装箱两用车和特种平车的制造基地。具备年新造铁路货车 4000 辆、修理铁路货车 3000 辆的综合能力，同时拥有年产 MT、HM-1 型缓冲器 2.5 万套、交叉支撑装置 6 万份、轴承保持器 300 万件的配件生产能力。2014 年末，公司本部在册人数 2675 人，其中教授级高级工程师 16 人，具有高级专业技术职称 96 人，中级专业技术职称 191 人。二七公司所有生产用地为 630204.86 平方米；房屋建筑 193647 平方米；设备 2852 台，其中主要生产设备 1477 台。固定资产原值 5.382 亿元。公司的组织结构模式属直线职能制，即总经理对业务和职能部门实行垂直式领导，各级直线管理人员在职权范围内对直接下属行使指挥和命令的权力，并对此承担责任。公司下设 26 个部门（其中总经理办公室与党委办公室合署办公、人力资源部与党委干部部合署办公、企业文化部与党委宣传部合署办公、监察部与纪委办公室合署办公），4 个车间，1 个分公司，2 个一级控股子公司，1

个一级全资子公司，1个二级控股子公司。

（刘　浩）

【规划发展】 年内，适应行业发展新常态，持续巩固国铁、神华、特货等大客户市场，不断挖掘培育自备车市场客户。全年签订新造订单2490辆、检修车订单2746辆，完成报废车84辆。中标了泰国112辆集装箱平车检修配件合同，签署了阿根廷贝尔格拉诺货运铁路通用平车300辆合同，该合同包含三种轨距产品，合同总金额超过1亿元。在公司全年新造车新增订单中，国铁、自备、出口所占比例分别为25%、63%、12%，非国铁订单占比达到了75%。

（刘　浩）

【改革改制】 年内，优化调整了公司领导职责分工。调整了组织架构，撤销新产业部、信息管理部、住宅办、钢结构车间和新造车车间，重组规划发展部，成立运营管理部和车体车间。完成打砂业务资源整合。启动管理标准梳理精简优化，确定了顶层框架和以流程为主的建设思路与实施方案。启动主营业务报表设计与填报工作，管理层全面掌握公司经营状况。开展资本运营，启动隆长泰公司存续分立暨设立隆长泰投资公司项目。完善投资管理，燃煤锅炉清洁能源改造工程投资项目按责任书落实，资本性支出重点项目实施后评价。组织资产大清查活动，修订了物资管理和清查标准，明确了物资管理、资产清查流程及各单位职责。完善存续企业出租资产管理，启动了南戴河招待所资产处置工作。推动采购电子商务平台建设，加强供应商管理，优化供方管理模式。推进信息化建设，实现内外网分离，开展了ERP应用诊断和项目优化。

（刘　浩）

【经营管理】 年内，实施全面预算管理，将各项成本费用支出全部纳入预算管控范围。细化预算管理层级，狠抓预算落实，推动成本管理有效加强。通过降低采购成本、压缩委外费用、优化检修工艺，严控材料定额及外委业务，严控制造、管理及销售费用等措施，全年降低成本费用约6086万元，其中采购降成本2700万元，降幅达5.18%。合理筹划资金，严格使用计划。畅通融资渠道，控制融资规模，建立协定存款账户，增加了公司存款利息收入。加强应收账款管理，收回应收账款16.8亿元。全年可享受财税优惠政策1682万元。

（刘　浩）

【科技创新】 年内，开展了9个整车的新产品研发工作：SQ7型运输汽车-普货两用车通过铁总组织的样机评审，实现了小批量生产；完成宁东敞车及棚车设计工作并实现批产；SQ8型三联关节式双层汽车运输专用车、NA1型运输卡车专用车、卷钢-矿粉运输专用车、柔性货车和泰国20t轴重米轨集装箱专用车等重点项目完成了阶段性研制工作；参与研制神华载重100t铝合金漏斗车轻量化方案设计工作；完成阿根廷、老挝、肯尼亚项目方案设计，完成快捷货车用160km/h转向架的优化设计。缓冲器研究取得进展：快捷货车用YQ30型液气缓冲器通过铁总验收；JN30型胶泥缓冲器完成样机装用；HM-1G型重载货车缓冲器完成试验验证，在铁道学会的重载运输技术研讨会上进行了交流；HDDG型弹性体缓冲器实现销售；城市客运低地板车胶泥缓冲器装车进行试验。开展了木地板承载能力与阻燃防腐性能等19项基础性技术研究和试验。

（刘　浩）

【生产运营】 年内，造修货车产品范围得到拓展。完成了80t级C80E（H）型敞车、GQ80型罐车的试制和小批量生产，投入运用考验。试制的GQ70型罐车、P70型棚车和KZ70型石渣漏斗车等新车型通过技术评价，新造货车产品品种实现了敞、平、棚、罐、漏的全覆盖。厂修X6K、SQ3K、DL1、NX70A、SQ6等整车产品通过CRCC认证，取得检修资质。弹性胶泥芯体等6项配件通过CRCC复评认证，保持生产资质。公司已有型号合格证42项、制造许可证22项、维修许可证15项。

（刘 浩）

【市场营销】 年内，针对SQ6发车困难，厂内面临被迫停产的局面，采取了公关发车为主、外单位存车为辅方式，兑现了合同要求。组团参加第10届柏林轨道交通技术展览会、第12届中国国际现代化铁路技术装备展。与万邦嘉泰签订了战略性合作意向。传感器项目部、长纤维项目部、诺安舟公司共实现销售收入1513万元。装备能源服务分公司实现收入49万余元，其中外委收入占54%。

（刘 浩）

【基建与技改】 年内，深入管理纵深面，开展价格管理等专项审计。以风险为导向，加强对中长期风险全局性、趋势性预警和重大项目专项风险分析。建立合同动态管理与评价机制，合同法律审核实现了信息化。开展重点项目效能监察，规范了废旧物资销售程序。构建能源计量与指标核算体系，节能减排完成指标。燃煤锅炉清洁能源改造项目获北京市资金支持1000万元。《构建铁路货车车辆产品快速报价系统》获第七届南车管理创新三等奖。公司获第九届全国设备管理优秀单位称号。

（刘 浩）

【人力资源管理】 年内，优化管服岗位33个，精简定员37名，减少劳务中心待岗人员14人。提升用工效率，规避用工风险，规范劳务派遣，严控劳务用工。实行中干任期制，对88个中层领导岗位实行了任期届满竞聘。通过构建中层领导胜任力模型等手段，搭建选拔任用、交流培养、绩效考核的全方位中层领导管理体系。采用E-learning平台和360度全方位选课等多种方式强化中层领导培训。全年共组织开办一级培训班83期，培训2784人次；二级培训班102期，培训2978人次。制定员工职业生涯发展与职位管理办法，为海洋计划铺开奠定基础。建立了高级职业经理后备库、中层领导后备库、优秀大学生库的三级后备队伍体系，形成了由班组、导师、员工构成的三位一体见习生管理模式。开展核心人才工作室评估工作，选拔公司级核心人才20名、中层后备10名，中层领导助理3名。截至年底，公司有高级及以上专业技术任职资格人员119人，其中教授级高工16人；具有中级专业技术任职资格人员219人；具有高级技师资格89人，技师资格207人。实施HCM人力资本管理系统，员工团队、薪酬管理等4项内容实现稳步应用。对绩效指标实施了系统优化和动态管理，完善薪酬分配方案，提升绩效管理水平。全年对921名员工岗位工资进行调整。

（刘 浩）

【质量管理】 年内，为完成在不到1个月时间内客户要求200辆C80车从开工灌线到实现交车的任务，公司各要素联动，多措施并举，通过立军令状，定严计划，实现了生产日清日结，日产水平由2013年单班8辆提升到12辆，达到日产24辆的新水平。公司作为南车“6621运营管理平台”试点企业之一，以“目标引领、现场拉动、管理推动、体系构建”为推进思路，以C80E（H）、JSQ6试点导入标准工位与两模线建设，依靠工位制节拍化提高了生产效率，JSQ6车日产最高达到10辆。持续拓展精益示范区线和精益车间建设，货车车间获南车三级精益车间称号。开展精益安全工位建设，全年安全形势基本平稳可控。IRIS管理体系以72%得分率通过第一次换证审核。测量管理、焊接管理等体系通过年度监督审核。建立了涵盖7个类别、2项报表支撑的质量损失管理体系。落实铁总破损车整治和货车达速要求，组织开展提升车体厂修质量和探伤专项检查等活动。确立大部件零缺陷交验机制，规范检验质量记录。健全3类别、9项内容的质量信息库，提升安全风险信息采集水平。售后服务完善分区域内部竞争机制，对全路运用车间实施重要度分级施策。开展“新绿”服务形象打造活动，走访162个运用车间。全年出厂货车无责任事故，未出现因处理不当被顾客投诉情况。典故排名检修车一季度、三季度分获第1名和第3名，春季货车质量抽查检修排名第1。

（刘　浩）

【和谐企业建设】 年内，推进了 BI 建设。开展了“光影车城、美在二七”主题摄影比赛。车体车间李德龙入选市国资委“北京楷模、北京榜样”50 名优秀人物。组织开展了“向不良习惯说不”和“员工行为规范情境模拟”等活动。

（刘　浩）

北京二七轨道交通装备有限责任公司

【概　况】 北京二七轨道交通装备有限责任公司（以下简称二七装备公司）隶属中国北车股份公司。2014 年，公司主要经营的项目是：开发、设计、制造、修理、销售铁路及城市轨道交通运输设备、电子设备、机械电器设备等。有机械动力设备 3000 余台（套），占地面积 43 万平方米，厂房建筑面积 16.5 万平方米。注册资本 1225978 万元，固定资产原值 118983 万元。从业人员 2976 人，现有博士 8 人，硕士 125 人，本科 618 人。其中，具有高级专业技术职称 161 人，中级职称 352 人。公司行政下设 9 部 1 室 5 中心、7 个事业部和 7 个子公司。党群系统设有 8 个职能部室。公司产品出口 20 多个国家和地区，遍布全国 18 个路局、100 多家路外工矿企业，矿山车辆领域正在形成从 50 吨到 400 吨的产品系列，是世界上唯一同时拥有整车集成和交流传动核心技术的矿车制造商。公司先后通过了 IRIS 体系认证、ISO9001:2000 质量管理体系认证、ISO10012 测量管理体系认证、ISO14001 环境管理体系认证、OHSAS18001 职业健康安全管理体系认证和 EN15085 焊接体系认证，获得中国钢结构协会颁发的中国钢结构制造一级企业资质。DF7G-E 型机车通过欧盟标准认证。公司已具备新造电力机车 100 台，新造内燃机车 100 台，修理内燃机车 80 台，大型养路机械 60 标准节的能力。主要产品有：HXD3 和 HXD3C 型 7200KW 电力机车、DF7 系列内燃机车、GK1E 和 GK31E 型内燃机车、铁路大型养路机械 LZC-800 型路基处理车、GMC96B 型钢轨打磨车、多功能作业车、边坡清筛车等。

（胡跃平）

【改革改制】 年内，印发《关于成立北京二七装备公司科技城开发建设管理中心的通知》，成立二七装备公司科技城开发建设管理中心及下设机构。印发《关于公司组织机构调整的通知》，撤销了原柴油机分公司、柴油机分厂、机械一分厂、机械二分厂、机械三分厂，在此基础上合并成立柴油机事业部；撤销原金属结构分厂、备料分厂，在此基础上合并成立钢结构事业部；撤销原转向架分厂，成立转向架事业部。中国北车首个科学院院士工作站获北京市科学技术协会批准。

（胡跃平）

【生产发展情况】 年内，公司完成销售收入 17.36 亿元。净利润-11922 万元。其中，生产路外、出口新造内燃机车 36 台，修理内燃机车 80 台，路内新造电力机车 40 台，96 头钢轨打磨列车 5 列，16 头钢轨打磨车列车 1 列，多功能综合作业车 8 台，50 吨宽体自卸车 22 台，配件收入 1.18 亿元。销售工程机械车实现的收入占主营业务收入的 41.33%；销售新造电力机车实现的收入占主营业务收入的 29.48%；销售新造内燃机车实现的收入占主营业务收入的13.33%；修理内燃机车实现的收入占主营业务收入的9.03%；销售配件收入占主营业务收入6.83%。

（胡跃平）

【健全销售奖励制度】 年内，制定了《机车销售部销售奖励办法》、《工程机械销售部销售奖励办法》、《国际贸易部销售奖励办法》、《售后服务人员考核奖励管理办法》、《非专职销售岗位员工销售市场产品的奖励办法》，鼓励各方面人员开拓市场。

（胡跃平）

【推行费用预警机制】 年内，实行费用全面预算指导，实施指标计划管控，推行费用预警机制，合理规划调配使用，严格控制各项费用发生。

（胡跃平）

【人才岗位管理绩效化】 年内，公司领导与各指标主管部门签订绩效目标责任书。下发了《关于开展2013年度公司一般管理、技术岗位和生产操作及辅助、服务岗位员工业绩考核工作的通知》、《关于开展2013年度中层管理岗位员工业绩考核工作的通知》和《关于开展2013年度公司副总经理级管理岗位人员业绩考核工作的通知》。完成了《关于2013年度公司各单位业绩考核评价结果通报》。修订完善《关于印发<全员绩效考核办法>的通知》。通过采用“滚动进出”方式，灵活调整工作岗位；采用内部调配资源与短期劳务用工的方式，缓解下半年生产用工需求；合理微调一线单位工资分配，确保符合相关原则并掌握稳定骨干人员和多劳多得之间的平衡；建立明确分配导向，以“按劳分配、量入为出”为首要原则，在技术、操作和管理等三类骨干人员之间合理设定分配比例，同时加大二次分配检查监督力度；多种渠道引进各类人才，满足公司人员需求，建立售后服务人员库；加大清理长期不在岗人员力度，累计清理81人。

（胡跃平）

【严把供应商资质】 年内，对46家新增供应商进行了准入评价，扩展了5家合格供应商的供货范围；整理汇编了《2014年合格供应商名录（配件）》和《2014年合格供应商名录（铸锻件）》；合格供应商名录内通过CRCC产品认证且CRCC证书有效的37家供应商有97项产品，未通过产品认证的产品，则进行严格卡控，严禁采购。不断消除独家供应商，采购时比价比选。以地铁16头打磨车为样本，67项独家采购已消除63家，剩余4项被纳入“负面采购清单”，持续跟踪推进；边坡清筛机、多功能作业车和刚果（金）机车正按此方式开展消独工作。

（胡跃平）

【严控风险点　严把质量关】 年内，制定了《2014年度公司质量目标》，并实行按月统计上报。形成5种车型的安全风险控制表，共涉及风险点474项，其中内燃机车107项、电力机车91项、钢轨打磨车100项、边坡清筛机73项、多功能综合作业车103项。涉及安全风险的专检记录共375份，覆盖了所有风险源风险点。组织生产单位根据“质量安全风险控制表”，建立了18份“质量安全风险管理台帐”，针对新增的风险源风险点内容，修订完善作业指导书126份，工艺文件101份，保证各类文件技术要求的一致性。实行主管领导负责制，明确各车型质量负责人，建立产品交接外观质量确认制度，建立外观质量奖惩机制；建立工序交接与工资挂钩的机制。通过了法国贝尔国际认证机构对公司的第二次IRIS体系监督审核工作。

（胡跃平）

【严守安全关】 年内，修订了公司安全生产责任制，落实党政同责、一岗双责，管业务必须管安全的要求。发生轻伤事故3起，轻伤率为0.9‰，低于北车股份公司下达的2.6‰指标，未发生重伤及以上事故。坚持日巡视、周通报、月考核制度，组织了防火防爆、特种作业人员持证作业、天车司机操作、起重设备、吊索具、焊工操作及焊接设备和砂轮机、手持电动工具的专项安全检查。对气瓶站、油库等重要危险源进行重点检查。开展了安全法律法规、安全事故案例、职业卫生、电力机车生产安全、班组安全建设等安全培训班，严格落实企业主要负责人、安全管理人员和特种作业人员持证上岗制度，“三项岗位人员”持证上岗率达到100%。

（胡跃平）

【注重环保　节能降耗】 年内，下发了《能源供应与使用凭证》，开展了“2014 全国节能宣传周”活动。对部件喷漆漆雾处理净化设施进行改造，对车体喷漆漆雾净化设施中的活性炭及过滤底棉进行更换；对锅炉脱硫除尘净化系统进行大修，清理除尘塔内的水垢，更换喷嘴等，提高净化效率；为加快含油污泥干化，污水处理站新增污泥脱水机，污泥干化池增加防雨棚。

（胡跃平）

【生产办公信息化程度提高】 年内，完成了信息化规划项目，制定了公司三年信息化的蓝图，主要是 PLM、ERP、MES 三大系统的实施计划和窦店制造园基础建设工作；在备料车间 MES 系统成功实施的基础上对焊接车间 MES 系统进行了推广应用；根据公司事业部机构改革，在 ERP 系统中建立了事业部核算体系，实现了计划成本和实际成本两套账的融合；制定了新产品定额流程规范；根据股份公司要求完成了 OA 升级工作，加入移动办公功能。

（胡跃平）

【收购天津康库得公司工作获进展】 年内，《关于收购天津康库得公司的可行性报告》获北车股份公司批准，由二七公司对康库得公司实施收购。已完成中介机构对康库得公司现场审计调查工作。已完成资产向新公司划转工作。

（胡跃平）

【自主研发新技术新产品】 年内，为满足非洲尼日利亚、刚果（金）等国家铁路标准要求，自主设计开发具有多种不同吨位轴重、不同传动方式、耐高温防风沙及模块化特点的窄轨机车车型。自主研发地铁打磨车、地铁综合作业车组、钢轨铣磨车。在工程机械领域开展双模式动力传动系统、牵引技术、低恒速技术、微机网络控制、电气和气动控制技术、钢轨打磨技术、钢轨铣磨技术、车体轻量化技术等方面的技术创新工作。通过技术引进消化吸收，开展 50T、190T 和 220T 大吨位重载自卸车的研发工作。与美国底特律重卡公司联合开发 220 吨 LNG/柴油双燃料交流电传动矿用自卸车，开发甲醇燃料 50 吨宽体车。完成专利申报共计 46 项，其中实用新型、发明各 23 项。共获得授权专利 24 项，其中实用新型为 17 项，发明 7 项，均已取得专利证书。科技研究投入资金近 1 亿元，其中用于研发投入资金总额 2100 万元。在科研方面分别与西南交大、大连交大、铁科等国内院校，齐二机床厂等国内企业，SPENO 公司和 DHTE 公司等国外企业开展科技合作，共同进行产、学、研攻关。DF7G-E 型内燃机车取得爱沙尼亚国家技术质量监督局的批准文件《轨道车辆注册登记证书》，标志着该车型的设计制造水平全面达到了欧盟标准要求，获得了进入欧盟国家铁路网运行通行证。DF7G-E 型内燃机车成为首台取得欧盟国家铁路运行资质的机车。

（胡跃平）

【市场销售业绩喜人】 年内，工程机械产品共形成销售收入7.12亿元，完成市场签约额4.59亿元；国内机车产品共形成销售收入8.04亿元，完成市场签约额8.45亿元；出口机车产品共形成销售收入2.2亿元，完成市场签约额4.2亿元。工程机械板块：交付5列 GMC96B 型钢轨打磨列车、8台 BR711型快速综合作业车、1列 GMC16A 型地铁打磨车；签订1列 GMC-96B 型钢轨打磨列车、10台 BS-1200型边坡清筛机、3台 GMC16A 型地铁打磨车和1列地铁综合作业车组合同，签订深圳地铁综合包。国内机车板块：签订新造内燃机车9台，交付7台，新签并交付40台电力机车、79台大修机车和1台中修车。出口机车板块：交付18台刚果（金）机车、4台坦赞机车、2台尼日利亚机车；签订20台阿根廷机车、20台刚果（金）机车、2台尼日利亚机车和1台爱沙尼亚机车。GMC-96B型钢轨打磨列车市场份额50%，累计获取订单22列；BR711型快速综合作业车市场份额57.1%，累计获取订单16列，公司首台样车已经完成运用考核，是目前国内唯一获得国家铁路局颁发型号合格证和制造许可证的综合作业车；GMC16A 型地铁打磨车市场份额75%，累计获取订单4列；BS-1200型边坡清筛机市场份额100%，作为中国铁路总公司独家采购产品，累计获得订单24台。HXD3型和 HXD3C 型电力机车共计275台，占全路电力机车产品的2%；调车内燃机车生产近2700台，占路内调车机车市场的55%，占路外调车机车市场的20%；大修机车份额大约为3%-4%。截止年底，出口机车签约212台，出口国家或地区达15个。

（胡跃平）

【注重售后服务】 年内，共派出售后服务人员 216 余人次，处理机车故障 255 项，采取发运配件、电话指导等服务方式处理机车故障约 98 件。组织恢复电力、内燃返厂机车 7 台。共接收铁路电报 42 份、传真 53 份、反映机车质量问题电话记录 341 余件。收回“零公里整备机车故障”通知书 16 份，反映问题 117 件。三包费用合计 313.86 万元。HXD3、HXD3C 型电力机车 275 台配属洛阳段、济南西段、新丰镇、库尔勒机务段，每段安排 2 至 3 名驻段服务人员 24 小时服务，保证在段机车的正常运用。“乘务人员机车意见考核表”反馈情况为满意 98%、不满意 2%。“运用机车故障处理记录”中段方反馈的满意情况为满意 90%、较满意 10%。“满意度调查表”的调查结果为满意 100%。“春运”期间到郑州铁路局、新乡段、洛阳段，济南铁路局、济南西段，北京铁路局、北京段及机车主要配属段进行了用户走访座谈，满意度为 98%。全年做到了用户“零”投诉。

（胡跃平）

【装备制造园规划建设】 年内，北京市发改委通过了对中国北车北京二七高端装备制造园项目《节能专篇》的审核。正式取得制造园项目建设工程规划许可证。根据北京市最新定位要求，对制造园规划进行了调整，项目建设延误一年。12 月 24 日，调整规划后的项目立项获得北车股份公司批复，规划正式引入轻轨地铁车辆和有轨电车造修业务。截至年底，制造园调试联合厂房主体钢结构及屋面板墙板已吊装完成；组装联合厂房、零部件加工厂房主体钢结构及屋面板已吊装完成；涂装加工联合厂房基础施工已全部完成；钢结构厂房主体钢结构已吊装完成；备料厂房除 1-3 轴有树苗无法施工基础外，其余厂房地下基础已全部完成；室外综合管网正在进行施工。总开工面积达 17 万平方米，投资额累计完成 8.5 亿元。

（胡跃平）

【科技园项目启动】 年内，中关村北车轨道交通科技创新城控制性规划方案获得北京市规划委员会正式批复同意，科技城招商引资、开发建设等各项工作开始启动。根据丰台区政府要求，加快推动科技园开发与丰台河西地区市政改造协调发展步伐，二七公司推出科技园与周边地区配套改造方案，即公司现有生产制造功能在搬迁至房山区窦店北车二七高端制造园后，以原厂区为核心，以“两轴、两带、五中心”为布局结构开发建设享受中关村自主创新示范区优惠政策的中关村北车轨道交通科技新城。“两轴”即以南北向道路为功能轴，以东西向延展为生态轴；“两带”即历史文化带和生态景观带；“五中心”分别是研发中心、创新中心、历史文化中心、综合商务中心和配套居住中心。至年底，已与市规划院签署道路规划设计和交通影响评价合同。

（胡跃平）

北京京丰燃气发电有限责任公司

【概　况】 2014年，京丰公司执行集团“改革提升年”的工作思路，不断深化“发展是刚性要求”的强企意识，以安全生产为基底，促经济、提发展，不断完善各项规章制度，加强培训教育，响应节能降耗、增收节支号召，全年累计完成发电量17.68亿千瓦时，完成了集团公司和董事会下达的各项任务指标。公司全年未发生人身伤亡事故、未发生有人员责任的重大设备事故、未发生重大火灾事故，安全生产实现“十无”，生产经营继续保持良好态势。

（胡岩毅）

【被命名为北京市安全文化建设示范企业】 年内，京丰公司继续坚持“以人为本，求真务实”的核心理念，贯彻执行“安全第一，预防为主，综合治理”的安全生产方针，制定明确的安全管理目标，建立健全职责明晰的安全管理制度，推行安全生产标准化建设，进一步规范全员生产行为；继续通过开展企业安全文化建设，实现了安全管理制度化、安全措施规范化、作业行为标准化，安全文化融汇到了全员和企业生产的全过程。经北京市安全生产监督管理局初审、现场考察及综合评定，被命名为北京市安全文化建设示范企业。

（胡岩毅）

【安全生产得荣誉】 年内，公司安全生产态势持续平稳，未发生人身伤亡生产安全责任事故，无市级安全生产方面行政处罚不良记录。企业通过二级安全生产标准化建设达标评审，获得全国电力行业优秀企业、首都劳动奖状等多项荣誉。

（胡岩毅）

【环保技改工程通过环评】 年内，京丰公司#1机组余热锅炉脱硝工程作为京能集团批复的重大技术改造项目，历经半年施工，168小时试运，完成了向北京市丰台区环境保护局的申报、现场查看、现场监测、按要求公示等相关工作，通过了北京市丰台区环境保护局的环保验收。

（胡岩毅）

【一线班组“小家”建设成效显著】 年内，京丰公司将职工之家建设重心下移，以抓“职工小家”建设为重点，对一线班组的硬件设施进行了较大资金投入，为每个一线班组员工配备整理箱并黏贴姓名标签用以辨别，设立固定吸烟区和绿色植被区，把相应的物品管理条目、人员规范细则张贴上墙。同时，将班组小家建设与对标工作相结合，一线班组门窗、桌椅、地面、箱柜、墙壁实现“五净”，桌椅、箱柜、桌面用品、墙上图表、桌内物品达到“五整齐”。

（胡岩毅）

【开展社会主义核心价值观宣传教育活动】 年内，开展了“五个一”社会主义核心价值观宣传教育活动。“五个一”活动是指阅读一本书——《社会主义核心价值观学习读本》，以深刻、全面认识社会主义核心价值观的内涵，理解实践社会主义核心价值观的重大意义；开展一次大讨论，组织员工就如何做本职工作实现自身价值、如何把社会主义核心价值观的要求贯穿于工作的各方面等问题展开讨论；开展一次关于感人事迹的宣讲比赛，将“团结、创新、务实、进取”的企业精神深植于每一位员工的行为之中；开展一次“企业开放日”活动，邀请员工子女来公司参观，“零距离”了解父母的工作环境和企业发展情况，搭建员工家属与企业交流沟通的平台，形成“快乐工作，幸福生活”的氛围；参观一次爱国主义教育基地，培养员工的爱国主义情怀。

（胡岩毅）

北京三兴汽车有限公司

【概　况】 年内，北京三兴汽车有限公司以“继续解放思想，强化结构调整，加强能力建设，推动两园建设”为指引，结合公司产品优势和背靠新兴际华集团、地处首都北京的资源整合能力，明确了向发展应急救援产业转型的战略目标，并为应急救援科技产业项目落地打下基础。军贸业务签订3.5亿订单，总参、武警、二炮等新市场均有批量订单，公司已初步形成军品、民品、军援军贸多元化的市场布局。实现营业收入4.78亿元，利润3272.94万元，完成了年度经营目标。

（陈　静）

【农民工素质工程】 1月10日，公司农民工素质工程助推计划出成果，选派的19名农民工分别被北京市总工会职工大学、东城区职业大学录取，专业包括建筑工程管理、工商企业管理、物业管理等。

（陈　静）

【军企共建】 4月25日，与中国人民解放军武警特警六团在特警六团第一会议室举行了军企共建活动签字仪式。此次军企共建活动旨在贯彻新时期双拥共建工作的有关精神，促进军地发展、扩大军企交流合作，促进双方的共同发展。

（陈　静）

【全国总工会文工团慰问演出】 5月14日，中华全国总工会文工团50多名演员到公司慰问演出。全国著名笑星博林、国家一级演员李殊、胡琴演奏家孟宪德、参加过《星光大道》的环卫工人张秀芳、晃圈吉尼斯世界纪录保持者金琳琳等艺人为职工献上了歌舞、小品、杂技等节目。中华全国总工会文工团副书记、副团长辛友谊，中国机冶建材工会钢铁部部长范莉，中华全国总工会文工团歌舞团团长张丛笑，中华全国总工会文工团舞美制作中心处长吴旭芳等与公司500多名干部职工一起观看了演出。

（陈　静）

【召开七一表彰大会】 6月30日，公司召开“七一”表彰大会，表彰2013—2014年度优秀党员、优秀党务工作者和先进党支部。会议还举行了新党员宣誓，公司11名新党员面向党旗进行了宣誓。老党员重温了入党誓辞。会议号召广大党员以坚强的党性、务实的作风、振奋的精神、强烈的使命感和责任感，为推进公司跨越式发展而奋斗。

（陈　静）

【开展安康杯竞赛】 年内，公司坚持“安全第一、预防为主、综合治理”的方针，不断探索安全工作的新思路、新方法，开展了以“车间创一流，班组夺红旗，岗位做标兵”等为主题的一系列“安康杯”竞赛活动。公司以生产班组为重点，以开展各种安全文化活动为手段，提高职工的安全生产意识、职业健康意识，掌握安全健康技能，提高了职工杜绝违章作业和违反劳动纪律自觉性和自我防护能力，管理者安全生产管理水平也得到进一步提高，实现了公司无重大责任事故和重伤事故目标。在“安康杯”竞赛活动中，公司组织开展了安全生产知识抢答赛、安全生产问卷、安全知识答题、消防逃生演习、消防竞赛等活动。7月，公司被中华全国总工会、国家安全生产监督管理总局联合授予“全国安康杯竞赛优胜企业”称号。

（陈　静）

【区工会领导慰问】 7月23日，丰台区总工会副主席李洋、刘振丽一行代表丰台区总工会到公司慰问了高温一线的职工。在高温生产车间，区总工会领导询问了一线职工们的工作情况，了解公司防暑降温措施的落实情况，并为工人送上了饮料。

（陈　静）

【领导调研】 8月22日，国务院重点大型企业监事会主席季晓南一行在新兴际华集团公司董事长刘明忠陪同下到公司调研应急救援产业及两园项目。季晓南肯定了新兴际华集团在应急救援产业的发展上国内领先，对国际、国内应急救援现状了解充分，通过应急救援产业联盟确立了比较深厚的产业基础，产业重点目标明确，发展战略清晰，为应急救援产业发展奠定了良好的基础。

（陈　静）

【举办科研装备展】 9月20日至10月20日，公司举办了2014年整体自装卸式托盘化装备展。整体自装卸式托盘化装备是以具有强大越野性能的12T整体自装卸运输车为平台，搭载遂行托盘化整装物资、军用方舱等基地化、模块化装备，是一种新型的适用于战术作战地域，集装、运、卸、储等功能为一体的系统化装备。通过平台与托盘化装备的应需组合，提供应战应急的战役战术运输保障，营造良好的基地生活环境，旨在解决中国军队在应战应急条件下的作战物资运输保障上平板化、方舱化程度较低以及野外作业人员生活条件艰苦等问题，填补了国内空白，提升了中国军队作战时的后勤保障能力。

（陈　静）

【信息化建设】 11月4日，公司ERP信息化管理系统正式上线运行，标志着公司要加大信息化投入，通过信息化手段提升管理水平，达到向管理要效益的目标。

（陈　静）

【集体约谈】 11月28日，公司组织领导干部集体约谈，公司党委书记、纪委书记冯民波与公司班子成员、中层干部及重要岗位工作人员共70余人进行了廉洁谈话，对公司各级领导进一步提醒预警、督促整改、促进工作，要求领导干部要进一步寻找差距，坚定信念不动摇，咬住目标不放松，整改问题不懈怠，强调早提醒、多提醒是绷紧干部廉洁自律这根弦，避免犯错、有错立纠的有效方法，让各级领导干部真正做到思想上不想腐，行动上不敢腐，制度上不能腐。

（陈　静）

【校园人才招聘】 11月30日，随着2015年应届毕业生校园招聘工作的启动，在丰台区人力资源和社会保障局、北京市高校毕业生就业指导中心的帮助下，公司先后到北京科技大学和北京工业大学等多所院校进行现场招聘，最终确定了13名研究生、9名本科生到公司进行面试。

（陈　静）

【科研创新】 12月5日，国家统计局“先进农产量调查系统”交接仪式在公司举行。中共中央委员、国家统计局党组书记、局长马建堂，党组副书记、副局长张为民，北京师范大学副校长陈光巨等出席仪式。国家统计局农村司司长宋跃征主持了交接仪式。该项目由北京三兴汽车有限公司承制，是面向国家农业统计的首套“天空地一体化农产量调查车载平台”，系统地搭载了无人机、野外调查PAD、沿途摄影摄像系统等设备，实现野外调查集中调度，调查成果无缝传输等功能。天空地一体化农产量调查项目的成功研发，标志着国家统计调查体系在调查方法和调查手段上的革命性转变，将实现农业统计调查体系的更新换代，打通农业统计遥感业务系统全流程，实现业务基础的根本性转变。该系统推广后具有广阔的市场空间。

（陈　静）

【外商考察】 12月22日，埃塞俄比亚代表团一行五人到公司考察。考察团详细了解了公司在展产品的各项参数和性能，并亲自操作了CBX01型整体自装卸运输车。考察结束后，埃塞俄比亚考察团对产品给予了高度评价，希望通过此次考察，为双方带来更多的友好交流和合作机会。

（陈　静）

北京市赛欧工贸有限公司

【概 况】 2014年，公司党委巩固和扩大党的群众路线教育实践活动成果，以党建促进经济发展。工会组织关心职工生活，开展了“送温暖”活动，维护职工的合法权益。企业三个文明建设进一步加强。全年安全生产无事故。至年底，全系统共有在职职工194人，退休退职人员1897人（退休1788人、退职109人）。下属六个基层单位，机关设置三部一室。全年营业收入完成10788.69万元，同比增长32.1%；实现综合经济效益4010万元，同比增长23.63%；上缴国家税金1578.76万元，同比增长9.69%。

（刘志荟）

【召开2014年工作会】 1月9日，召开了2014年工作会，市社理事会副主任兼公司董事长郭宗喜、公司党政班子领导、机关部室领导参加了会议。公司党委书记兼总经理陈思勇总结了2013年公司各项工作开展情况，提出了2014年的工作重点。郭宗喜简要介绍了市社系统的整体情况，并对公司2014年的工作提出了要求。

（刘志荟）

【召开群众路线教育实践活动总结大会】 1月28日，赛欧公司召开了群众路线教育实践活动总结大会。市社理事会副主任兼公司董事长郭宗喜、市社团委书记曹杨兴，公司党政班子成员、机关各部室副部长和一线职工代表共计30余人参加了会议。会上，公司党委书记陈思勇代表公司对为期半年的群众路线活动进行了总结，介绍了公司开展教育实践活动的基本情况，每个环节的主要做法，开展教育实践活动的经验体会以及主要成果，对今后在工作中如何进一步巩固和扩大本次活动成果提出了具体要求。

（刘志荟）

【开展两节送温暖活动】 1月，开展了两节送温暖活动。公司和基层党政领导、工会干部带队，走访慰问各类人员共46户。其中困难职工15户，退休老干部27户、困难党员1户，还看望了3位劳动模范。并为1917名退休人员发放慰问款91.98万元。全系统共计发放慰问款物合计96.31万元。

（刘志荟）

【举行“欧泰大厦合作框架协议”签字仪式】 2月25日，赛欧公司与北京欣旺泰投资有限公司合作项目“欧泰大厦合作框架协议”签字仪式在旺泰大厦举行。赛欧公司党委书记、总经理陈思勇、欣旺泰公司董事长程宝仁以及双方领导班子成员出席了签字仪式，欣旺泰公司副总经理潘麒麟主持。陈思勇和程宝仁分别代表双方在合作协议上签字。

（刘志荟）

【市社理事会副主任曹胜龙到公司调研】 2月25日，市社理事会副主任曹胜龙到公司调研，听取了公司党委书记、总经理陈思勇关于近几年赛欧公司改革发展的情况和未来的发展思路及规划，参观了赛欧科园科技孵化中心，了解了赛欧孵化器的成长历程、管理模式、服务体系以及入孵企业发展情况等。曹胜龙对赛欧公司近年来所取得的成绩给予了肯定，并对赛欧公司及孵化器今后的发展提出了合理优化资产结构，提高资产质量，扩大资产规模，为加快企业发展奠定基础；完善孵化器服务功能，增加服务项目，为入驻企业创造良好的发展环境；继续打造企业品牌，进一步拓展服务空间，实现“轻资产”扩张；加大对专业人才的引进和培养，为企业进一步发展储备人才等四点要求。

（刘志荟）

【北京赛欧孵化中心有限公司获荣誉】 3月12日，北京市第二批中小企业创业基地、北京市中小企业公共服务平台两项授牌仪式正式完成，赛欧孵化中心凭借“赛欧模式”获“北京市第二批中小企业创业基地”和“北京市中小企业公共服务平台”双重荣誉。

（刘志荟）

【赛欧孵化中心“丰台区中小企业窗口服务平台”项目通过验收】 3月19日，北京市经信委中小企业处处长辛欣与北京联合大学等单位的专家等一行7人，对赛欧孵化中心“丰台区中小企业窗口服务平台”项目进行验收。验收专家经对项目建设现场、项目建设原始资料、项目建设与相关成果进行考察询问后同意通过项目验收，并对平台的发展提出了进一步加大工作力度，延伸和拓展平台服务的广度与深度，提高影响力；在科技服务和产学研合作上多做文章，多出建设性的成果；完善相关管理制度，建立长效管理机制等三点建议。

（刘志荟）

【赛欧信发签约启动仪式举行】 5月16日，由北京赛欧科园科技孵化中心有限公司和北京北箱信发包装有限公司共同打造的赛欧信发“金星路18号科技文创产业园”项目签约启动仪式在赛欧孵化中心多功能会议室举行。北京市供销社总社理事会主任任军、副主任刘祝平，北京隆达轻工控股有限责任公司总经理张德华、副总经理粟国锦，北京市赛欧工贸有限公司总经理陈思勇等人及来自市科委、市创业孵育协会、大兴区新媒体产业基地、大兴区经信委、亦庄科技局、丰台区孵化器协会的代表出席了活动。陈思勇作了主题发言。北京赛欧科园科技孵化中心有限公司总经理梅春才与北京北箱信发包装有限公司董事长姜东，代表合作双方在《合作协议书》上签字，标志着“金星路18号科技文创产业园”项目正式启动。“金星路18号科技文创产业园”位于大兴区国家新媒体产业基地内，是由北京赛欧科园科技孵化中心有限公司与北京北箱信发包装有限公司（原北京纸箱厂）联手打造的科技创新与文化创意专业园区。产业园集研发、办公、培训、孵化、创作、制作、交易、展示与体验和配套服务等功能于一体，打造智能化、体验式、生态型、标志性的文化创意产业的聚集地，带动区域的科技创新和经济文化发展。

（刘志荟）

【召开2014年第一次股东会】 6月6日，公司在中核路1号楼13层会议室召开了2014年第一次股东会，会议应到会股东45人，实到36人。会议由公司董事长郭宗喜主持。经参会股东审议，以票决方式通过了公司《2013年度董事会工作报告》、《2013年度监事会工作报告》、《2013年度财务决算报告》、《审议公司2014年度利润分配方案》、《审议关于北京供销社投资管理中心受让公司全部自然人股东股权议案以及议案的说明》、《审议公司关于合作建设大兴新媒体产业园区金星路18号科技文创产业园的议案》。

（刘志荟）

【赛欧信发公司召开首次股东会】 7月10日，北京赛欧信发文创科技孵化器有限公司首次股东会暨第一届第一次董事会在大兴区金星路18号召开。赛欧信发公司由北京赛欧科园科技孵化中心与北京北箱信发包装有限公司共同出资成立，赛欧孵化中心占股60%，北箱信发占股40%。公司立足文创、科技企业孵化，致力于打造大兴区标杆性的科技文创产业园。

（刘志荟）

【举办入党积极分子培训班】 8月6日至8日，在中核路1号楼13层视频会议室，公司党委举办了新一期入党积极分子培训班，来自各基层单位的13名入党积极分子参加了培训，公司党委副书记王希全参加培训并作开班动员报告。培训采取了党课辅导、观看共产党员先进事迹、集中交流、个人小结、书面测试、社会考察等多种形式，并组织入党积极分子到房山区霞云岭乡堂上村参观“没有共产党就没有新中国”纪念馆，了解了该歌曲的创作过程、历史背景和历史意义。

（刘志荟）

【签署战略合作协议】 8月21日，赛欧科技孵化中心与北京中关村科技融资担保有限公司签署战略合作协议，共同为中心入驻中小微企业提供创新融资服务。通过该协议，中科融不仅可以利用其专业优势为中心入驻企业提供融资担保解决方案，还对赛欧科技孵化中心整体授信五亿元人民币，对中心推荐企业进入批贷流程时，提供绿色流程通道和优惠费率。合作不仅深化了双方合作开展的“小微小额融资与信托融资”服务，而且增强了入驻企业获得融资的可能性，同时进一步完善了中心的服务体系建设。

（刘志荟）

【举办中意企业创新孵化器赛欧基地项目对接交流会】 9月22日，赛欧科园科技孵化中心在中核路视频会议室举办了中意企业创新孵化器赛欧基地项目对接交流会。北京高创国际企业孵化器总经理张涛、北京赛欧科园科技孵化中心有限公司总经理梅春才、中博农（北京）牧场建设有限公司等赛欧基地的六家代表企业作为中方代表出席会议；意方代表为中意企业创新孵化器意大利办公室主任 Francesca Cocco 等七名意大利代表团成员。会上，张涛介绍了中意企业创新孵化器成立的背景和双方合作取得的相关成果，梅春才简要介绍了赛欧孵化器的发展历程，六家企业分别介绍了高楼火灾逃生产品、射频微波产品、创客文化网络平台、牧场建设等项目；意大利代表团推介了其国家研究委员会研究开发的预警系统、液态地膜、食品安全等相关项目，希望与中方企业实现对接，那不勒斯费德里克二世大学的教授还讲解了其学校的科研情况及开放创新计划。随后，张涛进行了总结，认为会议为赛欧基地打开了中意项目对接的交流渠道，希望双方利用该平台共赢发展。

（刘志荟）

【赛欧创投汇第一期中小微企业融资服务交流会举行】 9月25日，赛欧科园科技孵化中心在创投咖啡厅举办了赛欧创投汇第一期中小微企业融资服务交流会。中关村科技融资担保有限公司、中国银行等多家担保机构和金融机构，以及 10 多家在孵企业参加了会议。会上，中关村担保介绍了其小微小贷、创业保和金种子等担保业务以及针对中小微企业的绿色流程通道和优惠费率；各家银行也分别介绍了其金融产品和优惠服务。通过交流沟通，五家在孵企业与中关村担保和各家银行达成了总计 2000 余万元的融资意向。赛欧创投汇是赛欧科园科技孵化中心以创投咖啡厅和会议区等为载体，为企业提供创业培训、投融资、知识产权、企业信用和科技中介等内容的服务平台。

（刘志荟）

【举办 CTI 资本模式——品牌战略系统培训课程】 10月28日至30日，赛欧科园科技孵化中心联合国际创意产业联盟举办了为期三天的 CTI 资本模式——品牌战略系统培训课程。此次课程邀请品牌策划大师闫真诚和著名导演策划人马强等策划专家为讲课嘉宾，围绕梳理企业品牌战略路线图，提升企业品牌价值等内容，对来自全国各地的企业家、股东、董事长和总经理等120多位学员进行了培训。

（刘志荟）

【实地考察文化专项资金项目】 11月17日，北京市文化创意产业促进中心副主任吴锡俊带领审计部门到赛欧科园孵化中心对申报2014 年文化专项资金项目进行现场踏勘。调研团参观了赛欧中核路一层展厅和十三层公共服务区域，并观看了赛欧宣传片。赛欧公司文化专项资金项目负责人石睿婷对赛欧特色孵化服务体系以及孵化文创企业的成功案例进行了介绍。随后调研团又调研走访了在孵优秀文创企业——北京黑钻影石文化传媒有限公司和国际创业产业联盟等，其企业文化和发展历程得到了吴锡俊的肯定。

（刘志荟）

商贸 服务业

商业贸易

【概 况】2014年，丰台区商业贸易工作围绕“转方式、促增长、建机制”的主线，全面推动完善便民商业、发展高端商务、建设营商环境的开展，商务经济运行平稳，总体态势向好，对区域经济的贡献不断增加。全区共实现社会消费品零售额963.4亿元，同比增长8.3%，总量居全市第三。商贸行业实现留区税收25亿元，同比增长12.8%，占全区31.2%。

（牛格非 张会利）

【规划政策】2月7日，《北京市丰台区商业发展规划（2013-2020）》正式颁发实行。根据规划，丰台区未来商业按照“三区、八圈、六街、多点”的立体架构优化布局——建设丽泽、南中轴、总部基地三个都市商业聚集区，培育方庄—蒲黄榆、马家堡—公益西桥、六里桥—西局、梅市口—大成路、大红门—木樨园、东高地—南苑、青龙湖—王佐、园博园—长辛店等八大商圈，打造万丰餐饮街、方庄餐饮街、草桥花卉街、靛厂路商业街、梅市口路体育文化街、长辛店老镇文化街等多条特色商业街，构建多点品质社区商业。年内，制订了《北京市丰台区加快电子商务创新发展的实施意见》及相关鼓励性政策，明确了打造“三区”的发展目标，即打造国家电子商务融合应用示范区、北京电子商务民生服务引领区、品类电子商务服务聚集区。

（牛格非 杨 磊）

【调整疏解非首都核心功能】年内，对大红门市场功能进行调整疏解，1000家商户转移到白沟经营，方仕集团在白沟投资建设的一期项目白沟大红门国际服装博览中心正式开工建设。仓储物流疏解35万平方米，其中白盆窑物流中心（15万平方米）全部腾退、首钢钢材公共物流园区（20万平方米）停止营业。计划将新发地初级加工、简单包装等功能迁往河北高碑店。推动市场撤并升级，天海市场、七里庄建材市场、金色晨光花园农贸市场等七家关停，新发地市场、集美家居卢沟桥店进行升级。

（牛格非 张会利）

【便民商业网点建设】年内，全区拥有社区商业网点5000余个，每千人拥有社区商业服务业网点2.2个，人均拥有面积0.46平方米。共有规范化菜市场42家、便民菜店65家，蔬菜直销车覆盖17个街乡镇，32辆菜车定时定点服务64个社区。注册再生资源回收企业120余家，共有再生资源回收站点300余个，设立全市首个再生资源电子交易与公共服务平台。

（张会利）

【商业促消活动】年内，开展三项促进消费

活动，为百姓提供更多消费实惠，带动企业销售额增长。“欢乐购 社区行—名优商品进社区”活动为回迁房、保障房等小区居民提供服务。“2014 首届北京《淘点点》—丰台电子商务美食节”带动餐饮企业营业收入提升5%—10%。“第五届丰台购物节”突出020网上购物模式，线上优惠促销与线下美食巡展结合，提升消费者参与热情。

（张会利）

【高端商业项目建设】 年内，新增商业设施开业50万平方米，协调推动赛尔奥特莱斯、六里桥大厦、宝苑科技等商业设施的建设和招商。类金融业态实现新突破，引进丰台区首家商业保理公司（北京富达国际商业保理有限公司）。

（杨　磊）

【存量商业转型升级】 年内，引导国美生活广场项目从传统批发型转为购物中心。协调集美家具卢沟桥店转变经营方式，实现零售额纳统。推动花卉、服装等传统产业与顺丰、百度等公司对接，探索传统商业与电商合作模式。累计投入市级流通发展资金700万元，支持商业设施改造，推动福海国际停车引导系统改造，支持科园信海第三方物流自动化设备示范项目建设。

（杨　磊）

【电子商务】 年内，推动资和信百货、文轩网、中企欣源、大红门天雅服装市场、北京城乡超市等传统企业加快电子商务应用。推动香港新亚洲娱乐集团有限公司旗下的潮尚网络科技有限公司注册丰台区，打造B2C时尚服饰电商网站平台。推动地大物博打造农产品现货交易平台。推动中东在线、我爱我家网为代表的建材品类电商与实体融合发展。组织区内企业参加第三届京交会电子商务版块展览展示活动，突出线上线下融合互促发展和丰台品类电商的特点优势，促进公众社会提高对电商的认知度、接受度。截至年底，丰台区共有56家从事电子商务的企业，其中电子商务应用企业16家、电子商务专业企业8家、电子商务服务企业32家。

（杨　磊）

【开展百日整治·促商务环境提升工作】 7月到10月，开展百日整治·促商务环境提升工作，领导小组各成员单位在全区开展市场环境百日整治工作，对丰台区建材、农产品、小商品等各类专业市场进行专项整治，共检查170余家市场，出动人员2000余人次，消除安全隐患50余处，削减违规摊位80余个，查扣不合格物品50余件，拆除违规设置广告牌匾60余块，取缔无照游商120余起，取缔非法摊商聚集区22家，升级改造市场170余家。

（张会利）

【行业监管】 年内，办理酒类备案登记306户，变更32户。完成辖区22家典当企业经营管理情况核查工作，报批新增典当行6家，分支3家。开展安全生产检查，共出动600余人次，检查单位276余家次，发现并整改问题150余件；对200家经营单位主要负责人和安全管理人员进行安全生产培训；推动45家商务行业规模以上经营单位开展安全生产标准化工作。受理并办结“12312”投诉100余件，促进了商业企业规范经营。完善生活必需品市场情况和应急投放网点监测，保障供应。

（张会利　李学兵）

北京丰贸投资经营管理有限公司

【概　况】 2014年，结合企业中心任务，规范企业管理，树立企业形象，积极推进新公司发展。开展群众路线教育实践活动，提高领导干部执政水平。完成资产收益10,904.72万元，完成计划的103.58%；实际完成利润1,405.58万元，完成计划的106.82%，各项经济指标均已超额完成。

（刘春秀）

【经营管理】 按照新公司法的规定，明确了监事会、董事会、经理办公会、党委会的议事流程及工作职责。形成公司办公室、信息事务部、资产经营部、人力资源部、财务部、审计部的组织架构。召开第一届纪委、工会、团支部大会。完成盛丰顺业、兴源天成等子公司的劳动人事合并改制工作。完成营业执照、税务、统计及银行等相关手续变更工作，协助国资委完成公司产权变动登记手续。加强对制度建设废、改、立工作，修改、完善及新建制度60余项。

（刘春秀）

【安全生产】 签订《2014年安全目标责任书》、《房屋租赁安全责任书》，明确安全生产责任。贯彻落实上级安全生产文件指示精神，全年下发安全生产相关文件739份。开展五次拉链式抽查，参加区国资委监管企业（商贸组）安全检查三次。对角门东里、长辛店大街81号等开展环境整治及隐患排查。

（刘春秀）

【企业党建】 开展群众路线教育实践活动，认真进行问题整改。扭转重业务轻学习观念，加强政治理论学习。修订和落实班子成员日常学习制度。细化班子成员责任分工，建立公司干部谈心谈话制度。加强业务招待费管理，规范公务接待标准。清理整顿办公用房，完成班子成员合署办公。加强基层调研，设立为民办实事台账，完成办实事项目18项。开展走访慰问工作，全年走访慰问困难党员6人次、慰问困难职工43人次、慰问离退休老干部48人次，发放慰问金合计3.9万元。规范调整党支部，强化党委管理职能，对原有的23个基层党支部进行整合。截止年底，公司所属基层党支部18个，党员197人。

（刘春秀）

【党风廉政建设】 制定《公司纪委2014年度工作要点》，修改完善公司《党风廉政建设责任制》等规章制度。逐级签订党风廉政建设责任书，为企业党风廉政建设提供保障。

（刘春秀）

丰鑫源物资集团公司

【概　况】 2014年，丰鑫源物资集团公司完成区国资委下达的各类指标，实现国有资产的保值增值。实现利润178.06万元，同比增长25.39%；总资产报酬率2.57%，同比增长28.5%；成本费用利润率27.12%，同比增长42.89%。

（王璐思）

【内部整合初现端倪】 本着“整合资源，加强管理”的经营原则，将集团公司所属惠昌建筑公司、运输公司进行整合，小而散、小而乱的经营状况得到改善，从全年实际运行情况看整合效果明显，达到预期效果，合并后全年收入135万元。

（王璐思）

【企业内部管理工作】 一是加强企业经营管理，确保全年任务完成；二是健全管理制度，依法管理企业；三是处理历史遗留问题，为企业发展创造良好条件；四是加强财务监督服务，为企业经营管理及目标管理做好监督保障；五是完成对集团公司所属企业负责人2013年度经营目标的考核及兑现工作；六是加强安全生产检查力度，有效防范安全事故发生。

（王璐思）

【党建工作】 根据区委关于第二批党的群众路线教育实践活动总体部署和要求，集团公司结合单位实际，细化方案、落实责任，扎实有序推进。领导班子及成员深入查摆“四风”方面存在的突出问题，并制定整改方案。其中立行立改6项11条，近期整改任务6

项6条，中长期整改任务10项11条。年内，领导班子及成员全部完成当年的整改任务。

（王璐思）

【工会工作】 一是制定2014年度职工工资增长计划，并予以监督落实；二是看望、慰问因病住院的职工及家属，将送温暖落到实处；三是为在职职工投保住院险，减少职工因病带来的经济负担；四是关心职工身体健康，将过去两年一次的体检改为一年。

（王璐思）

北京市丰台区烟草专卖局（公司）

【概　况】 2014年，丰台烟草工作以稳定市场、服务百姓为立足点和出发点，结合当地实际，规范烟草市场秩序，严厉打击销售假烟行为；培训客户经理，提高服务质量，丰台烟草市场整体稳定良好。

（李依蔓）

【开展“我为客户站柜台”活动】 4月4日，组织客户经理开展“我为客户站柜台”活动，征集了解广大零售户真实诉求，改善客我关系，促进客户经理服务水平的提升。

（杨丽君）

【制定“四级需求预测”法】 5月4日，制定“四级需求预测”法。通过终端预测—网格预测—小组预测—科室预测自下而上的方式，结合市场调研了解辖区市场容量、掌握辖区卷烟市场动向，科学预测公司需求值，为区级决策层提供宏观决策，为营销中心提供信息支持。

（杨丽君）

【开展营销服务专项检查】 6月23日，开展客户经理营销服务落实情况专项检查，分成三个小组走访300户零售客户，实地查看服务工作中存在的不足并加以改进。

（杨丽君）

【政务信息工作】 年内，共上报政务信息565条，采用510条，采用率90%，同比提高9.84%。

（李依蔓）

【破获“1·02”网络案】 1月2日，在市局专卖处的统一指挥协调下，丰台、东城区局联合房山区局破获一起销售假烟网络案件，打掉以李某为首的销售假烟网络，捣毁库房16个，查扣涉案车辆3台，抓获犯罪嫌疑人13人，刑拘6人，查获各类违法卷烟177.94万支，案值128.21万元。

（朱施玮）

【新办证零售户前期培训】 1月17日，组织开展2014年首次新办证零售客户前期培训，共有40名零售客户参加培训。这是新办证零售户前期首次培训。

（陈　然）

【“7·31”假烟网络案当事人被追刑】 3月19日，丰台烟草于2013年7月31日破获的“7·31”假烟网络案件完成司法判决。案件三名当事人被依法追究刑事责任，当事人李某判处有期徒刑三年，并处罚金30万元；当事人宋某被判处有期徒刑三年，并处罚金35万元；当事人黄某被判处有期徒刑四年六个月，并处罚金40万元。

（朱施玮）

【连续查获两起大案要案】 3月24日，丰台烟草通过对相关无证户及非流户进行重点监管发现重要案件线索，与有关执法部门沟通协作，连续破获两起无证运输案件。

（朱施玮）

【破获“7·10”网络案】 6月30日，在北京市烟草专卖局稽查总队的统一指挥协调下，丰台、东城区局联合丰台、东城区公安部门破获一起销售假冒卷烟网络案件。该网络案由丰台、东城区局根据属地管辖原则分别立案，共抓获14人，刑拘11人（丰台刑拘3人，东城刑拘8人），查扣涉案车辆5台，捣毁窝点11个，查获违法卷烟92.32万支，总案值153.44万元。该网络案被国家局确定为“7·10”部督案。

（朱施玮）

【网格划分工作】 7月8日，结合辖区实际，重新划分辖区二级、三级网格，将三级网格进行排序编号，划分特殊地理环境网格，如集贸市场网格、机场车站网格等，做到边界清晰、职责明确。

（朱施玮）

【开展取缔无证经营专项行动】 7月15日，针对辖区无证经营户开展专项整治行动，共出动执法车辆20台次，人员50人次，检查无证经营 42 户，发放《无证户告知书》42份，当场取缔7户，查扣违法经营卷烟330条，价值1.5万余元。

（朱施玮）

【开展夏季错时交叉检查】 7月21日，开展错时交叉检查，共出动执法人员 55 人次，出动车辆 25 台次，取缔无证户 8 户，查获违法案件6起，涉案违法卷烟9.4万支，案值3万余元。

（朱施玮）

【一涉案当事人被追刑】 8月11日，丰台烟草2013年12月17日破获的一起涉烟案件当事人曹某某被依法追究刑事责任，判处有期徒刑三年六个月，并处罚金30万元。

（朱施玮）

【开展涉烟集贸市场专项整治行动】 8月21日，为维护辖区卷烟市场经营秩序，进一步规范涉烟类集贸市场，丰台烟草联合岳各庄公安派出所，针对岳各庄市场及其周边地区开展专项整治行动。此次整治行动，共出动烟草执法人员 20 人次，公安民警 4 人次，执法车辆5台次，检查市场及周边零售户40余户，查获各类违法卷烟20.46万支，案值7万余元。

（朱施玮）

【开展无证报刊亭集中整治工作】 9月29日，丰台烟草与区邮政公司对辖区无证报刊亭进行集中联合整治。此次行动主要以重点商业区、繁华大街等流动人口较大区域的无证报刊亭作为整治对象，根据烟草专卖法律法规及邮政部门“八条禁令”、“八项要求”的规定，对违法责任人进行严处。本次行动共出动执法人员12人次，检查报刊亭15户，对其中6户存在无证经营行为的予以清理，违法卷烟由邮政部门当场没收。

（朱施玮）

【建立重点户信息库】 10月9日，丰台烟草建立重点户信息库，将年度非法流通次数达到二次以上客户、单次非法流通达到 10000支以上客户，二次以上敏感品牌购进量超过五万支、二次以上购进总量异常预警客户，涉烟集贸市场户、与其他区县临界户、连锁商超户等月度重点户纳入信息库。

（李依蔓）

【开展规范采购自查】 12月1日，开展规范采购自查，涉及实施完毕和正在进行的项目51项，所有项目均符合规范。

（李依蔓）

【开展共产党员献爱心活动】 7月7日，开展共产党员献爱心捐款活动，参与捐款人数58名，募集款项3828元。

（李依蔓）

【江西抚州烟草公司到丰台考察交流】 5月13日，江西省抚州市烟草公司一行8人就市场化取向改革相关工作到丰台烟草公司考察交流，营销中心、市局办公室相关领导及丰台烟草公司营销主管领导出席交流会。丰台烟草围绕市场化取向改革介绍辖区工作经验，双方就市场化取向改革中客户经理工作、零售终端建设、营销队伍建设等相关内容进行交流和讨论。

（杨丽君）

【迎接上级检查】 4月22日，国家烟草专卖局第四巡回督导组组长张建军、副组长王超英到丰台烟草调研指导党的群众路线教育实践活动。5月23日，国家局价格管理专项检查组到丰台就烟草工作进行调研，了解区局（公司）卷烟价格管理实施方案，深入市场实地走访，对丰台区卷烟市场价格管理情况进行专项检查。

（陈　然　杨丽君）

外经外贸

【利用外资】 2014年，全区新设外商投资企业28家，新增合同外资1.94亿美元，同比下降60.23%；实际外资4.53亿美元，同比增长143%。实际外资超千万美元项目5家，外商累计实际到位资金4.3亿美元，占总量95%。功能区是吸收外资主要区域，丽泽金融商务区和科技园区共完成实际利用外资4.38亿美元，占总量96%。12家外资企业实现增资，外商累计追加投资1亿美元，同比增长233%。

（陈　涛　张　萍）

【新兴金融产业吸引外资】 年内，新引进中鑫企融国际融资租赁有限公司、中通融信（北京）融资租赁有限公司、中水丌元国际融资租赁有限公司、中煜国际融资租赁有限公司等四家新兴金融外资企业。

（陈　涛　张　萍）

【跨国公司地区总部】 落实北京市促进总部企业发展政策，协助银龙水务投资有限公司申请跨国公司地区总部认定，20家企业入选北京市重点总部企业名录库，争取优惠政策资金支持1700万元。

（陈　涛　张　萍）

【对外贸易】 年内，全区进出口总额实现146.50亿美元，同比下降0.12%，居全市第七位，其中进口总额128.48亿美元，同比增长3.64%；出口总额18.02亿美元，同比增长2.89%。

（陈　涛　张　萍）

【境外投资】 年内，新批境外投资项目八个，累计对外投资金额4000万美元，同比增长近50%，主要从事矿产勘探、图书出版、资产管理等，涉及非洲、美国、加拿大、俄罗斯、香港等国家和地区。

（陈　涛　张　萍）

投资促进

【概　况】 2014年，丰台区招商引资工作以提高质量和效益为中心，以高端产业集聚为导向，以“招大”、“选优”、“引强”为目标，强化责任，创新思维，实现新突破。丰台区投资促进局荣获2014年“北京市项目促进工作（重大项目促进）优秀单位”。全年，新引进千万元以上企业1152家，同比增长88%，其中亿元企业159家，同比增长106%。注册资金合计590亿元，同比增长53%。引进中国盐业股份有限公司、中建水务环保有限公司、紫金振兴股份有限公司等一批高质量企业。

（张普一）

【招商统筹】 年内，纳入区级平台招商项目43个（其中园区项目8个、土地招商项目14个、楼宇招商项目13个、融资类项目8个），分类梳理投资促进政策20余项。纳入区级平台的投资线索400余条，达成有效对接200余次。

（张普一）

【招商推介】 年内，分产业、分专题、分区域组织清华（PE）□投融中国联盟丰台对接会、北京市妇女菁英商会走进丰台及北京丽泽牵手私人银行、卢沟桥乡、花乡项目推介会等各类小型化、专题化、精准化的推介活动。

（张普一）

【招商服务】 年内，出台《标准化全流程服务管理制度》，明确“专业（Specialty）、快速（Speed）、标准（Standard）、简捷（Simple）、诚信（Sincerity）”5S工作原则。研究《丰台区重点企业绿色通道服务制度》，健全完善服务企业全响应工作机制，加强服务企业的标准化、专业化水平。

（张普一）

【楼宇招商】 年内，初步建立起全区商务楼宇资源信息库；逐步完善“区—属地（功能区、街乡镇）—业主”的联动招商机制和服务网络，打造“三送”服务品牌，即送政策、送服务、送项目。送政策：每季度组织楼宇经营单位与政府相关部门开展政策对接活动。送服务：主动走访楼宇，帮助协调解决经营发展中遇到的各类问题40余项，利用“投资丰台”网站、微信等渠道开展品牌楼宇宣传30余次。送项目：引导楼宇高端化、集约化发展，年内累计向楼宇推介有效项目130余个，引导光大永明保险公司入驻首科大厦、中标集团入驻宝隆大厦。

（张普一）

【集中办公区工作】 年内，出台《关于规范和加强丰台区企业集中办公区管理工作的实施意见》，联合街道、工商、国地税、监察，完成了对园区、卢沟桥、新村、太平桥、东铁匠营五家企业集中办公区的规范运营工作，规范后引进符合全区主导产业企业775家。

（张普一）

【北京市妇女菁英企业商会企业家考察】 7月29日，北京市妇女菁英企业商会会长、北京市人大常委会常委荣华带领商会30余名企业家到丰台进行商务考察，区委书记李超钢出席活动，区委办、投资促进局、园区、规划馆相关单位领导陪同。座谈会上，丰台投资促进局党组书记、局长郭晓一结合重点功能区北京丽泽商务区和中关村丰台园的最新开发建设情况，介绍了丰台区功能定位、六大优势、产业布局以及投资环境和相关投资政策及服务。

（张普一）

【侨商投资北京项目推介会】 9月30日，北京市人民政府侨务办公室、北京市投资促进局共同举办“侨商投资北京项目推介会”。推介会上，丰台区投资促进局党组书记、局长郭晓一详细介绍了丰台区经济社会发展规划、产业优势及相关政策，并向参会嘉宾推介丰台区的四个重点项目，分别是北京丽泽金融商务区、中关村丰台科技园、北京国家数字出版基地及北京青龙湖国际文化会都。

（张普一）

【举办投资促进理论及实务培训班】 10月16日至17日，举办“丰台区第二届投资促进理论及实务培训班”，区内相关委办局、街乡镇、地区、重点村、重点楼宇、重点企业及企业集中办公区主管招商引资的业务骨干150余人参加培训。培训邀请国家行政学院、国家发展改革委、外交学院、北京市投资促进局以及丰台区相关资深专家担任主讲，从招商理论与实践、商务谈判、京津冀一体化发展、互联网招商和区域产业发展及贡献等方面进行讲解。

（张普一）

【北京·香港经济合作研讨洽谈会】 11月25日—26日，由北京市投资促进局主办的第十八届北京·香港经济合作研讨洽谈会在北京饭店举行，丰台区携34个优质招商项目参会，重点推介5个重大招商项目，促成2个项目现场签约，签约总金额80亿元。区长冀岩、常务副区长刘宇、丰台区投资促进局党组书记、局长郭晓一出席会议。

（张普一）

【2014年中国投资营商价值城区】 12月21日，“2014中国城市发展市长论坛”暨“中国价值城市”颁奖典礼在北京举办，丰台区被评为“中国投资营商价值城区”。中国投资营商价值城区是指区域在投资营商、创新发展、生态文明、安居宜居、旅游服务、科技扶持、文化遗产、基础设施等方面，采取有效措施，为实现可持续发展理念和具有个性的特色化发展方向创造良好条件的城区。

（张普一）

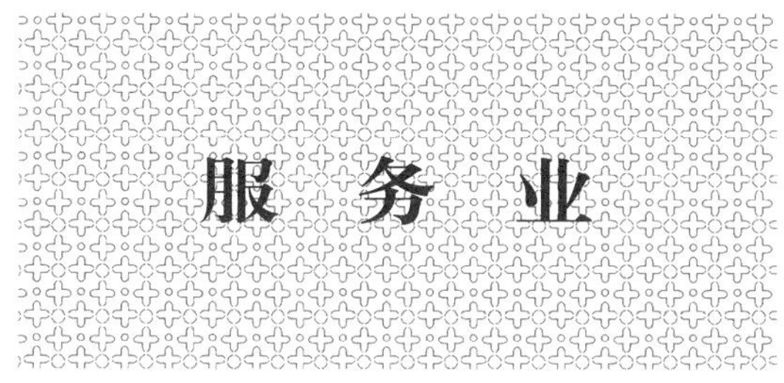

服务业

丰台区修理公司

【概　况】 2014年，按照全区经济建设要求和国有企业发展部署，扎实推进企业经营发展改革等各项工作，完成年度工作任务，企业经济效益稳中有升，职工收入稳步增长。

（马永顺）

【企业经济效益稳中有升】 年内，采取一系列保增长措施，确保经营目标的实现。逐级签订《年度经营业绩考核目标责任书》，将公司主要经营目标进行分解，同时注重加强经营管控和目标考核。开展经济运行监控、财务监督，推动经济运行质量提升。公司的经济效益得到提升，职工收入稳步增长。

（马永顺）

【企业管理】 一是做好资产管理工作，确保创收增效目标的落实。二是做好财务管理工作，保障企业经济运行。三是做好机关行政和基础管理工作，提高企业管理效率。四是做好人力资源管理工作，保障职工权益。

（马永顺）

【开展群众路线教育实践活动】 开展党的群众路线教育实践活动，制定学习计划，组织学习30余次；征求群众意见，对照检查，开展批评和自我批评，深刻挖掘“四风”问题，并认真进行整改；结合教育实践活动，按照“废、改、立”要求，对公司规章制度进行全面梳理，废止二项、修订完善七项、新制定四项。

（马永顺）

【安全生产和稳定工作】 落实安全生产主体责任，公司与基层企业签订《年安全稳定工作目标考核责任书》，与各商业网点签订《安全生产责任书》，各部门、各基层企业主要负责人是安全生产第一责任人。严格执行应急值班、带班制度，及时发现问题、处置矛盾，消除不稳定因素。加强信息反馈和沟通，确保公司全年安全稳定。

（马永顺）

北京市京都公司

【概　况】 2014年，京都公司在区国资委的指导和帮助下，经全体员工的共同努力，较好地完成了年度工作任务，经营收入282万元，经营利润19万元。

（李　芳）

【市场管理】 结合市场服务居民的特点，对市场管理人员进行培训，提高服务质量。加大对市场的规范管理，改造经营设施，保障市场的出租率，稳定经营收入。

（李　芳）

【安全管理】 制定冬春季安全生产专项行动方案，元旦、春节期间，公司与下属单位签订《烟花炮竹管理安全责任书》、与个体经商户签订《烟花炮竹管理安全责任书》。重大节日和两会期间，公司领导下基层督导、检查，保障了安全。完善安全生产工作制度，同九个安全生产点签订《生产经营安全责任书》、与在职职工签订《交通安全责任书》，对下属职工进行安全知识培训并进行考核。

（李　芳）

【廉政建设】 贯彻落实中央八项规定和市委15条意见精神，对形式主义、官僚主义、享乐主义和奢靡之风方面逐一对照检查，对群众反映、督导组反馈和上级点名的突出问题进行认真整改，制定措施。

（李　芳）

丰台区饮食服务旅店行业协会

【概　况】 2014年，围绕“两会”提出的“要用最严谨的标准、最严格的监管、最严厉的处罚、最严肃的问责，确保广大人民群众‘舌尖上的安全’”这一热点问题，开展与食品安全有关的活动，发挥了桥梁、纽带作用，促进了行业自律，整体水平得到提高。

（晁金秋）

【建立诚信企业倡议书】 9月25日，本会向全区餐饮企业发出倡议，号召餐饮企业严格遵守各项法律法规，依法诚信经营，严格遵守食品生产经营过程中的各项要求，建立健全各项管理制度，接受全社会的监督，确保辖区内餐饮企业食品安全。

（晁金秋）

【举办食品安全大讲堂】 为进一步强化餐饮企业食品安全意识和法律意识，提升广大人民群众对餐饮业的安全感和满意度，举办以“舌尖上的安全，餐饮人的天职”为主题的餐饮业食品安全大讲堂活动。活动邀请区食药局领导、本会会长、秘书长和有关餐饮企业与主持人同台共话，就食品安全问题进行互动交流。

（晁金秋）

【举办食品安全服务知识竞赛】 为提高万丰餐饮街餐饮企业从业人员的安全、服务意识和餐饮单位食品安全主体责任意识，助推餐饮企业安全、规范发展，本会与卢沟桥地区总工会、卢沟桥乡食品药品监督所联合举办2014年“万丰杯”餐饮行业安全服务知识竞赛，万丰餐饮街上的餐饮企业积极参与，万丰志欣大连海鲜代表队获得第一名，梦都酒家和初色海鲜分别获第二和第三名。

（晁金秋）

【组织企业开展考察交流】 2月，组织会员企业到浙江温州的商业和餐饮业市场进行考察学习。3月，组织会员企业赴澳大利亚、新西兰进行考察学习。通过考察学习，提高了企业的服务水平和创新意识。

（晁金秋）

【举办互联网知识讲座】 为帮助会员企业了解互联网相关知识，邀请腾讯互联网专业人员为64家餐饮业会员企业的负责人就“腾讯微生活”这一电子商务平台在餐饮业的开发应用进行了宣讲，使大家对电子商务有了初步的认知，为电子商务在会员企业中推广应用奠定了基础。

（晁金秋）

丰台区维修服务行业协会

【概　况】 2014年，丰台区维修服务行业协会共有会员单位52家，其中有限责任公司18家，占总数的34.6%；个体经营者34家，占总数的65.4%。网点数与上年环比基本持平。

（梁生荣）

【行业规范】 年内，协会起草制定了《开修锁服务规范》，共十一章四十七条。对新参加社区维修服务的10家锁具维修单位进行规范，并对其60名锁具修理工进行培训，颁发职业资格证书和胸卡。发放自律规范手册和收费指导价格手册，基本实现锁具修理“一刻钟”服务上门全区覆盖。会员单位未发生一例消费者投诉。

（梁生荣）

【技术交流与培训】 年内，为会员单位培训制冷设备、电子电器产品、锁具修理工等三个工种的中、高级维修工123名，组织中央空调、故障与维修技术讲座一次，组织锁具修理工职业道德和法规培训四期，组织制冷维修行业中央空调故障与维修技术讲座二次，锁具维修技术交流六次，提高了行业内技术人员对高新产品的维修能力、职业道德水平和法制观念。

（梁生荣）

【行业自律】 为落实国家及市发改委有关维修服务议价收费规定，提倡行业自律，规范行业收费标准，协会组织会员协商，修订了十五类457项维修服务收费指导价，并上报价格主管部门备案。同时，向会员单位发放价格表和《价格手册》，实行明码标价，先议后修；在本会网站上向社会公示，以加强社会监督，促进了行业收费自律。全年未发生价格争议的投诉。

（梁生荣）

【社区维修服务】 年内，完成对20个参加社区维修服务会员单位的认证挂牌工作。完成参加社区维修服务的160名家电、制冷、锁具修理工的登记备案、技术和职业道德培训、胸牌工装发放、服务规范、价格手册发放等工作。完成社区维修服务信息中心筹建和网络建设、专线服务电话开通、社区维修公示牌制作宣传等工作。实现了整合行业资源、就近服务及“五统一”的模式（“五统一”：统一电话或网上预约接活派单，维修单位就近服务；统一技术人员培训上岗；统一工装胸卡；统一质量标准和收费标准；统一受理解决投诉）。全年上门服务15000人次，维修各类物品14980件，免费为孤寡老人、特困群体维修服务96户，投诉率为万分之一。基本做到“一刻钟”内到位上门维修，特殊情况预约按时上门维修。

（梁生荣）

【开展公益活动】 年内，组织会员单位开展社区义务维修咨询服务民生公益活动，发放宣传资料5000份，为社区居民免工时费义务维修180户。开展社区公益大讲堂活动，向社区居民宣传门锁安全防盗知识，受益人群3000余户。

（梁生荣）

旅游

【概　况】 2014年，围绕“旅游宣传”活动，全面推进丰台区旅游产业快速发展，各项工作取得明显进步。全年共接待游客1899万人，收入167.14亿元，同比增长6.3%。丰台区共有32家星级饭店，11家A级景区。

（孙晶晶）

【举办“到北京丰台过大年”活动】 1月24日至2月14日，举办“到北京丰台过大年”活动。本届过大年活动以“红红火火过大年畅游美丽新丰台”为主题，由民俗篇、休闲篇、体验篇三大系列构成，囊括了丰台区冬季特色旅游产品，融合了丰台区春节期间冰雪、庙会、温泉、美食、民俗、汽车文化体验等多种旅游资源，为广大游客营造一个欢乐温馨的春节假期。

（孙晶晶）

【“花好月圆，幸福丰台”踏青活动】 4月5日至5月15日，举办以“花好月圆，幸福丰台”为主题的丰台2014踏青赏花活动。活动的开展，提升了丰台旅游品牌的影响力。

（孙晶晶）

【旅游宣传推介工作】 5月26日至28日，组织开展“2014世界种子大会”丰台旅游宣传推介工作。9月4日至5日，组织开展“2014世界旅游城市联合会香山峰会”丰台旅游宣传推介工作。9月14日，组织开展北京国际铁人三项赛宣传推介工作。9月27日，组织开展“2014徒步旅游嘉年华”丰台旅游宣传推介工作。10月3日，组织开展“2014北京国际旅游节”丰台分会场旅游宣传推介工作。

（孙晶晶）

【“花好月圆，幸福丰台”消夏节】 7月10日至8月31日，举办“花好月圆，幸福丰台”2014·消夏节。本届消夏节的主题是“游园赏花，戏水冲浪”。消夏节整合了全区十大景区的夏季旅游特色产品，有夏季纳凉游园、暑期精彩活动等多个项目。

（孙晶晶）

【“发现丰台历史之美”主题展览活动】 4月至12月，组织开展“发现丰台历史之美”征集工作，征集到各类主题作品320余件，并开展了发现丰台历史之美主题展览。

（孙晶晶）

【南宫国家生态旅游示范区】 1月7日，依照《国家生态旅游示范区管理规程》和《国家生态旅游示范区建设与运营规范（GB/T26362--2010）实施细则》，经旅游部门和环保部门联合技术评审和推荐、专家审核并公示，南宫国家生态旅游示范区列入公示名单。

（孙晶晶）

【北京市旅游标准化示范单位】 7月29日，市旅游委、市质监局依据《关于做好旅游标准化试点工作的通知》要求，对第二批北京市旅游标准化试点单位进行终期评估验收，北京汽车博物馆试点单位通过评估验收，并被评为“北京市旅游标准化示范单位”。

（孙晶晶）

世界公园

【概　况】 2014年，围绕“世界公园再次腾飞”的梦想，从公园硬件建设与软件建设、内部管理与外部形象、思想道德与业务技术培训、经济效益与服务质量、规范服务与优质服务等方面着手，深化改革，狠抓落实，综合管理不断加强，服务水平上了新台阶。全年接待游客80万人，综合收入6500万元，比上年增加300万元。扭亏为盈逐年攀升。

（陈　惠）

【改革创新】 年内，在文化主题不变、旅游主体不变、人文主题不变的前提下，对公园进行改造，筹办科技含量高的新项目。突出世界公园人文主题、科技主题、绿色主题几大特色，建设青少年基地，吸引更多的游客前来参观。拆除破损旧景点，建造索道桥，得到游客喜爱。尝试引进新奇、惊险、科技含量高的新项目，创造新的增长点，世界公园得到持续发展。

（陈　惠）

【环境整治】 年内，继续把全园景观和园林绿化作为改造重点，粉刷维修墙面，改造铺装破损路面，打造无障碍绿色通道，方便客人游览。公共卫生区实行定岗定责，分工分片管理，保洁人员持证上岗。实行垃圾袋装化、分类化，做到日产日清。

（陈　惠）

【宣传促销工作】 年内，利用媒体、网络、报纸及地铁沿线加大宣传，派团参加市区级旅游文化部门组织的各种旅游宣传活动。借“北京市文化创意产业主题公园演艺区”的定位，推出新的环球民俗花车巡游、《借势而为—打造主题公园演艺区升级版》专题报道、“中国梦—世界梦”主题游园活动、“世界公园环球歌舞体验周”等活动。利用小假期突出亮点宣传。

（陈　惠）

【制度建设】 按照市园林局和旅游委提出的“精细化管理”、“安全标准化”的要求，对以前制定的规章制度进行修改完善，规范各项规章制度，完善措施。

（陈　惠）

【安全管理】 牢固树立“旅游安全无小事”意识，层层落实安全责任制。加大安全宣传教育力度，完善各项安全生产方案，进行培训，营造良好的安全氛围。制定安全工作预案、应急预案和具体措施，并做到常抓不懈。在公园的重点区域增设电子监控镜头，基本实现全园覆盖。加强流动巡视，打击无照经营的小商、小贩、尾随兜售、黑导等现象。

（陈 惠）

【提高服务质量】 结合公园特点，开展多种形式的岗位练兵，进行专业技能培训，提高服务水平。强化职责意识，树立全心全意为顾客服务的思想。

（陈 惠）

【提高职工福利待遇】 年内，大幅度提高了职工的工资和福利待遇，激励职工树立主人翁责任感。关心退休职工生活，竭尽可能给予帮助。

（陈 惠）

【企业文化】 年内，开展多种形式的企业文化活动，提高凝聚力。开展对受灾职工爱心捐款、职工金点子活动；组织党员、积极分子支援一线；建立志愿者岗位；坚持对困难职工、大病职工以及职工直系亲属的婚丧大事帮扶工作，为职工解决生活中的实际困难。

（陈 惠）

园 博 园

【概 况】 根据丰编发[2011]5号《关于成立北京园博园管理中心的通知》，2011年3月25日成立北京园博园管理中心，为区政府所属，相当正处级事业单位，全额拨款；核定编制33名，其中主任1名，副主任2名。北京园博园管理中心的主要职责是：承担第九届中国（北京）国际园林博览会筹办具体工作；承担园博园的运营及展后园博园的后续管理工作。根据丰编办函[2014]41号《北京市丰台区机构编制委员会办公室关于调整北京园博园管理中心内设机构和人员编制的批复》，北京园博园管理中心内设机构：办公室、财务管理部、组织人事部、宣传活动部、工程物业部、园林绿化部、环境卫生部、安全保障部、经营管理部及游客服务部。

（李 媛）

【游客数量及经营收入】 2014年，是北京园博园重装开园的第一年，也是向市场化过渡的关键之年，园博园管理中心紧紧围绕“公益性质不变、景观特色不变、服务水平不变”的要求，注重抓落实，较好地完成了年度任务。累计接待游客104.4万人次，实现经营收入1343万元，其中门票收入1181万元，占比88%（门区售票1101万元、团购票66万元、旅行社购票14万元）；各类租金收入101万元，占比7.5%；电瓶车、自行车分成收入60万元，占比4.5%。

（李 媛）

【园区管理日趋规范】 成立了园博园领导班子、党组等组织机构，完善了相关议事程序和规则。建立健全了三重一大、财务管理、人事管理、经营管理等规章制度，梳理明确了部门职责，捋顺了工作机制，内部管理逐步顺畅。通过政府采购、委托服务等方式，建立完善了物业、卫生、安保、绿化、游客服务等团队配置，建立健全了相关工作检查考核机制。

（李 媛）

【活动与宣传推广】 活动组织方面，充分利用场地和环境资源优势，举办各类活动50余场，吸引游客14万余人次。一是成功保障建国65周年游园会、国际铁人三项赛、彩色跑、国际旅游节等大型活动；二是开展国际迷你马拉松、全民健身挑战日、家庭徒步旅游嘉年华、丰台区“健康与美丽同行”徒步走等体育健身休闲活动；三是成功举办市妇联相亲大会、麦当劳“为爱麦跑”、世纪佳缘情侣定向越野等商业活动；四是自主组织策划定向越野、真人 CS、徒步走等活动。对外宣传方面，改版新建北京园博园官网和微博，建立官方微信公众平台，官网、微博累计浏览量达 80 万余人次，关注人数达 20 万余人以上，并保持平稳上升态势。与北京日报、北京电视台、103.9 和 87.6 广播电台等 30 余家媒体建立合作关系，完成文字新闻、视频新闻、报纸专版等各类原创报道 70 余篇次，初步树立园博园良好的品牌形象。

（李　媛）

【市场培育及公司化经营】 突出园林文化特色，引入婚庆、婚纱摄影项目。启动电子票业务，八月份园博园电子票务正式上线销售推广，累计销售电子票数万余张。加强与旅行社合作，吸引游客二万余人。引入和丰富社会大课堂，拉动学生群体游客量。吸引影视节目入园拍摄，《芈月传》剧组、北京电视台《快乐健身一箩筐》栏目及《最美赛道》微电影完成在园内的拍摄。与有实力、有意向的企业洽商交流，为园区整体运营规划奠定了良好的市场基础。

（李　媛）

高新技术产业

中关村科技园区丰台园

【概　况】2014年，园区高新技术企业总数1387家；从业人员157172人；工业总产值367.9亿元；总收入3295.6亿元；进出口总额64.4亿美元；上缴税费85.4亿元；利润总额177.3亿元；资产总计7225.8亿元；科技活动经费支出总额55.5亿元；专利申请2686件，专利授权1524件。引进南车中央研究院等亿元企业51家，其中高科技企业29家。中铁产业园诺德中心230余家企业入驻，其中亿元以上企业15家，中国华电集团新能源板块正式入驻园区。实现开复工面积200万平方米，实现固定资产投资70.3亿元。新增上市公司7家，其中创业板1家，新三板5家、上交所1家；实现技术合同认定登记额409亿元，占全区85%以上；实现技术收入218.2亿元，同比增长19.4%；104家企业入选丰台区年度第一批“专精特新”企业名单；244家企业的科技项目获国家、北京、中关村及区级项目立项支持。中国中铁等2家企业项目荣获国家科技进步奖；金自天正等4家企业项目荣获北京市科学技术奖；东方通等4家企业获北京市企业技术中心称号；全路通获北京市工程技术研究中心称号。

（魏立亮）

【北京东方通科技股份有限公司发行A股】1月28日上午，北京东方通科技股份有限公司（简称“东方通”）在深圳证券交易所创业板正式挂牌上市，成为了年度第一家登陆创业板的国产软件企业。东方通是国产中间件行业的龙头企业，自主研发的“Tong”系列产品线涵盖了基础中间件、集成中间件、行业应用领域平台中几乎所有类型的中间件产品。

（李　刚）

【新增四家北京市企业技术中心】2月，北京市经济和信息化委员会公布了《2013年度北京市第十六批企业技术中心认定结果的通知》，根据《北京市企业技术中心认定评价管理办法》，经专家评审及北京市企业技术中心认定指导小组审定，中关村丰台园北京鼎汉技术股份有限公司、北京交控科技有限公司、北京航天斯达新技术装备公司、北京亚新科天纬油泵油嘴股份有限公司等四家企业通过北京市第十六批企业技术中心认定。

（宁曙光）

【获2013年度北京市科学技术奖】3月25日，北京市科学技术奖励大会暨2014年北京市科技工作会议在北京会议中心召开，同时公布2013年度北京市科学技术奖获奖名单。中关村丰台园企业北京金自天正智能控制股份有限公司参与的“大功率直线电机变频驱动系统关键技术研发及应用”项目获得一等奖；中铁工程设计咨询集团有限公司参与的“顶推法施工的大跨度曲线预应力混凝土斜拉桥技术研究及应用”项目获得二等奖；中国华电工程（集团）有限公司参与的“基于吸收式热泵的火电厂余热回收利用技术研究”项目和北矿机电科技有限责任公司参与的“铝土矿浮选机关键技术研究及应用”项目获得三等奖。

（李　刚）

【石墨烯国际合作项目在丰台园启动】 9月4日，“中关村丰台园战略性新材料国际合作项目”正式启动，该项目由中关村丰台园联合园区企业中伦国际、英国布鲁内尔大学等国内外数十家知名团队共同合作实施，政企产学研相结合，构建我国“十二五规划”中集功能、结构、复合材料于一体的战略性新材料产业基地。

（魏立亮）

【获中关村“十百千工程”专项培育支持资金】 10月，经中关村管委会专题审议，按照《中关村国家自主创新示范区产业发展资金管理办法》。两家丰台园企业获“十百千工程”专项培育支持资金，其中中国华电工程（集团）有限公司符合收入规模首次达到50亿元，近两年研发投入增速达到10%的标准，获支持资金100万元；依文服饰股份有限公司符合收入规模10亿元以下，研发投入强度6%以上，增速30%以上的标准，获支持资金50万元。

（魏立亮）

【中国通用技术（集团）控股有限责任公司进入世界500强】 10月，美国《财富》杂志发布了2014年度世界500强排行榜，园区企业中国通用技术（集团）控股有限责任公司首次跻身世界500强，排名第469位。

（李　刚）

【园区企业入选科技部“2014年度国家重点新产品计划”】 11月，科技部公布了《2014年度有关国家科技计划项目的通知》，丰台园2家企业入选“2014年度国家重点新产品计划”。分别是：北京谊安医疗系统股份有限公司（简称“谊安医疗”）的“麻醉机--Aeon8600A”和北京海鑫科金高科技股份有限公司（简称“海鑫科金”）的“基于非关系型数据库的指纹识别系统”。

（李　刚）

【获2014年度“FIDIC全球杰出工程”奖】 11月，在FIDIC（国际咨询工程师联合会）年度工程颁奖典礼上，由园区企业——中铁电气化局集团有限公司下属单位参建的西安地铁二号线工程荣获2014年度“FIDIC全球杰出工程”大奖，成为中国以及亚洲地区唯一获此殊荣的项目，这也是全球第一个获FIDIC大奖的地铁工程。此次FIDIC年度评奖共决出年度工程项目“杰出奖”6项，其中中国1项，即西安地铁二号线一期工程。

（魏立亮）

【获中国专利奖“优秀奖”】 11月26日，国家知识产权局正式公布“第十六届中国专利奖授奖的决定”，中牧股份申报的“一种超级泰乐菌素的提纯方法”发明专利荣获中国专利奖“优秀奖”。

（魏立亮）

综合经济管理

发展改革综合管理

【概　况】2014年，以抓好投资管理调控、规划政策引导、重点区域谋划、综合协调保障为着力点，卓有成效地开展了各项工作，有力地保障了区域平稳较快发展和改革任务扎实推进。全区实现地区生产总值1092亿元，同比增长8.3%；实现全社会固定资产投资812亿元，同比增长8%；城镇居民人均可支配收入增长9.1%；农村居民人均纯收入增长10.3%。全区实现全社会固定资产投资812.3亿元，同比增长8%，其中城镇投资（含房地产开发投资）786亿元，同比增长7.6%；房地产开发投资377.9亿元，同比降低14.9%；农村投资26.3亿元，同比增长21.4%。争取市政府固定资产投资资金13.5亿元。落实区级政府建设资金25.55亿元，其中通过银行融资等方式筹集建设资金10.85亿元，平均年利率6.45%。完成落实城南行动计划及政府投资计划投资469.8亿元，其中完成产业发展项目投资235.8亿元、公共服务项目投资75.8亿元、基础设施项目投资131.5亿元、生态环境项目投资26.7亿元。推动辖区改革工作，向市、区改革办报送各类动态信息50篇。完成2013年度节能目标责任评价考核工作，被北京市联合考核工作组评为优秀等级。

（王文征）

【控制产业新增】年内，出台《丰台区禁止和限制新增产业的目录》，控制产业新增。制定《目录》培训方案和宣传方案，做好解释答疑工作。建立准入许可协调联动平台，为落实区域战略定位、破解人口资源环境难题、构建“高精尖”经济结构提供制度保障。研究解决疏解产业空间后续规划利用，加快传统产业转型升级，鼓励高端产业进入，注重产业集聚发展。

（王文征）

【人口调控】年内，制定《关于丰台区严格控制人口规模的工作方案（2014-2015）》和《2014年丰台区流动人口规模调控工作意见》，建立健全人口调控考核制度。依托流动人口管理平台和统计系统建立全区人口工作动态监测台账，对批发市场和流动人口密集村进行人口情况动态监测。全区常住人口230万人，增速1.7%。

（王文征）

【资金投入】年内，首次引入中介机构，规范项目支持流程，资金投入向高端产业项目倾斜，共支持项目21个，拟支持资金6500万元，其中高端产业项目15个，拟支持资金5030万元。落实企业优惠政策，返还企业政策兑现资金6539万元，奖励优质企业85家。制定2014年经济发展专项资金使用计划，安排专项资金2.3亿元。审核中小企业发展资金、农村经济结构调整资金等专项资金安排情况，提高政府资金使用效率。

（王文征）

【“十三五”规划编制工作方案】 年内，发布丰台区“十三五”规划研究编制工作方案，明确规划研究编制工作指导思想和具体安排，确立由 57 个课题组成的前期研究课题体系以及由 1 个规划纲要和 48 个专项规划组成的规划体系，首次以统一招标形式开展前期课题研究委托工作，完成 17 个规划编制责任部门共 32 个课题与中标单位的对接，全面开展 “十三五”前期课题研究 13 项。

（王文征）

【医药卫生体制改革】 年内，完成市医改办对丰台区 2013 年任务的评估，其中健康银行的慢病管理模式得到市医改办认可；首次开展全区医改创新点课题研究，构建具有丰台特色的医改创新体系。

（王文征）

【获市级节能低碳补助资金】 年内，组织用能单位申报的三个节能技术改造财政奖励备选项目完工，并通过节能审核，合计节约标煤 1.19 万吨，获市发改委节能技改专项补助资金 952 万元。北京市京丰燃气有限责任公司组织实施的清洁生产中高费项目 1 号机组余热锅炉脱销改造工程项目，获市发改委补助资金 566.472 万元。

（王文征）

【节能宣传周】 年内，开展节能低碳理念进社区、进村庄、进公共机构活动。制定节能周活动方案；举办针对节能政策和资金支持政策专项辅导培训会，100 余人参加；开展节能环保示范门店活动；向辖区用能单位发送节能低碳公益短信，张贴节能宣传海报 3000 张，发放节能宣传品 4 万份。

（王文征）

【碳排放管理】 年内，首次开展碳排放报告报送工作，辖区有重点排放单位 29 家、一般排放单位（保密单位除外）75 家，报送率均为 100%。督促重点排放单位加强碳排放控制，按时完成碳排放权交易的相关工作，27 家重点排放单位均做到按时履约，主动履约率 100%。

（王文征）

【用能单位信息化管理】 年内，对 52 家 2000 吨—5000 吨标煤企业开展能源管理负责人备案工作，要求企业明确能源管理负责人、建立节能管理机制，并报送书面备案表和聘书。将 95 家完成备案的企业负责人和工作人员的手机号码导入发改委综合业务系统，通过短信群发功能通知用能单位上网查看信息。对于工作进展缓慢的用能单位以电话或传真方式予以重点督促，通过强化信息化管理，提高了工作效率。

（王文征）

【推进输变电工程】 年内，动漫城 110 千伏输变电工程投产发电；郭公庄 110 千伏输变电工程完工；岳各庄 220 千伏输变电工程完成前期手续；北宫 220 千伏输变电工程进入选址阶段；长辛店 110 千伏输变电工程完成立项，正在办理节能登记；大红门 110 千伏输变电工程完成可研编制，与大红门村签订变电站用地协议。

（王文征）

【压减燃煤】 2013-2014 年，丰台区共压减燃煤 52.9 吨，其中通过民用采暖锅炉房改造实现压减燃煤 35.65 万吨、工业领域压减燃煤 9.52 吨、通过散煤治理实现压减燃煤 7.73 吨。

（王文征）

【新能源项目建设】 年内，建成丰台工人俱乐部、科技园区和新发地批发市场屋顶分布式光伏发电项目备案三个，累计装机容量 10286 千瓦。在辖区内机关、学校、居民小区和公用停车场等地建立充电桩 176 个，促进新能源汽车推广。

（王文征）

【对口协作】 年内，丰台区与湖北省十堰市张湾区签署南水北调对口协作协议，确定

2014年至2020年双方建立“一对一”协作关系，结对开展对口协作工作。建立丰台区南水北调对口协作联席会议制度；组织双方代表团互访4次；建立医院、学校、园区的四小结对协作关系；开展处级领导和一般干部的人员挂职交流。

（王文征）

【价格和收费管理】 从2月份开始完善收费动态监管系统数据库，与全国联网，建立监管机制。3月至5月，开展2014年度行政事业性收费年审工作，审验收费单位392家，合格率100%。审验行政事业性收费项目141项，其中涉企项目43个、其他项目97个，收费总额19481.25万元。审查票据凭证13万余本，审验《行政事业性收费收入统计表》、《行政事业性收费年审登记表》各392份。受理各类价格投诉、咨询300余件，办结率100%，切实维护了广大群众的合法权益。

（王文征）

【经济适用房价格认定】 年内，开展经济适用房调定价可行性认证前期工作，完成中奥嘉园经济适用房项目销售价格审核，并获区政府批准；完成大瓦窑经济适用房后续成本的测算工作。

（王文征）

【价格检查】 年内，开展价格检查工作，出动检查人员1335人次，检查单位1136家，结案143件，制裁总金额24.4万元，其中罚款7.1万元、没收违法所得7.7万元、退款9.6万元。

（王文征）

安全生产监督管理

【概　况】 2014年，全区发生安全生产死亡事故70起、死亡73人，占全年控制指标（87人）的83.9%，同比死亡事故增加9起，上升14.8%；死亡人数增加8人，上升12.3%，其中道路交通死亡事故60起、死亡63人，生产安全死亡事故7起、死亡7人，铁路交通死亡事故3起、死亡3人。未发生食品安全和生产经营性火灾死亡事故。全年检查生产经营单位1764家次，下达文书923份，立案108起，行政处罚67.9万元。办理各类举报投诉107件，其中“12350”直接交办95件、内部受理12件，全部办结回复。组织粉尘、有限空间、职业卫生、乡镇村安全监管干部、属地安全检查员、烟花爆竹等专项业务培训10余次，近3000人参加。为两会、世界种子大会、抗战胜利日纪念活动、“卢沟晓月”文化节、园博园“十一”游园会及APEC会议提供安全生产保障。

（吴　洪）

【安全生产标准化建设】 年内，以工业、危化和人员密集场所涉及的行业领域为主进行三级标准化创建，制定下发全区工作方案和各行业领域专项方案，518家单位通过达标验收。制定下发小微企业标准化创建工作方案，评审1954家。聘请中介机构核查已达标三级企业150家。投入经费近300万元组织标准化培训18期，培训2500余人，印发工作手册5000余份。

（吴　洪）

【城乡结合部专项整治】 年内，联合各相关部门及街乡镇政府对城乡结合部开展专项整治，全区共出动执法检查人员3.9万人次，检查生产经营单位2.8万家次，行政处罚281家次，罚款129.6万元，发现、整改隐患10656项，停产停业1106家，关闭取缔865家，处理人员74名，清退5554人。拆除违法建筑735处95.4万平米，其中新生建筑260处6万平米、既有建筑475处89.4万平米。

（吴　洪）

【建筑施工领域安全监管】 年内，检查建设工程项目 510 项，发现各类安全隐患 1016 条，下达《责令停工通知书》7 份、《责令改正通知书》52 份，处罚 17 起（其中立案处罚 6 起），罚款 19.1 万元；对违法违规企业和相应责任人进行记分处理。通过信息平台发送各类安全警示信息 2.6 万条。

（吴　洪）

【消防安全】 年内，检查单位 1083 个次，发现隐患 657 处，消除隐患 543 处，下发《责令改正通知书》376 份、《处罚决定书》180 份，罚款 190 余万元，下发《临时查封决定书》51 份，责令 16 家单位“三停”（停止施工、停止使用、停产停业），拘留 35 人。建立并实施黑名单、典型案例通报和约谈警示、一案双查、挂账督办等一套长效管理机制。张贴发放宣传材料 2 万余份，悬挂条幅 1000 余条。

（吴　洪）

【行政许可】 年内，受理生产经营单位危险化学品经营许可证申请 56 家次，其中延期 33 家、首次申请 9 家、变更 14 家，注销 10 家，不予受理 1 家。易制毒备案 6 家，注销易制毒备案 6 家。加油站装修改造备案 10 家次。

（李建鹏）

【危化执法检查】 年内，检查危化经营单位 120 余家次、烟花爆竹零售网点 40 余家次，发现并督促企业整改隐患 132 条（其中烟花爆竹零售网点 18 条），下达整改指令书 58 份，查处 20 家次（其中烟花爆竹 12 家次）。行政罚款立案 2 笔，罚款 4000 元。

（陈　勇）

【烟花爆竹销售网点安全管理】 1 月 16 日至 17 日，区安全监管局对 146 个烟花爆竹销售网点进行岗前安全教育培训，750 名负责人及从业人员参加。春节期间，出动检查人员 1568 人次、车辆 534 台次，检查 146 个烟花爆竹零售网点 2628 家次，开具现场检查记录 1236 份，下达执法文书 16 份，消除安全隐患 36 条，经营期间未发生安全事故。

（陈　勇）

【职业病防治法宣传周】 4 月 25 日至 5 月 1 日，丰台区各街乡镇组织开展职业病防治法宣传周活动，利用宣传栏、黑板报、横幅、电子屏等宣传职业病防治知识，发放职业病防治宣传材料 16200 份，深入企业宣传 350 次，举办培训班 69 期，出动宣传人员 819 人次。

（郭卫平）

【职业卫生执法检查】 年内，检查生产经营单位 105 家，下发整改指令书 54 份，实施行政处罚 3 家，罚款 3.2 万元。

（郭卫平）

【街乡镇安全生产检查员培训】 5 月 27 日至 29 日，举办年度街乡镇安全生产检查员培训班，全区 21 个街乡镇及科技园区主管安全生产的科室负责人、安全生产检查人员共 100 余人参加。培训以安全生产相关法律法规、电气安全、人密场所安全等理论知识作为基本授课内容，针对实际工作中检查力度上不去、执法行为不规范以及不敢检查、不愿检查和不会检查的问题，运用研讨、互动、案例分析等方式，讲解了安全生产检查方法和相关法律责任。

（刘凤英）

【“安全生产月”宣传咨询日活动】 6 月 16 日，区安委会在红星美凯龙家居建材广场举行以“坚守红线意识，强化隐患治理，保障区域安全”为主题的第十三个“安全生产月”咨询日宣传活动。30 余个安委会成员单位分别设立咨询台，利用展板、发放宣传品等方式宣传相关法律法规、安全生产知识、应急处置常识。活动现场设立“12350”举报投诉受理咨询台、安排消防特种车辆进行消防器械展示及消防演示。区长冀岩、副区长高峰，中央和市属驻区重点单位代表，各行业部门职工代表，卢沟桥乡和卢沟桥街道各社区、村安全生产宣传教育志愿者共 1200 余人参加现场活动。

（李　颖）

【乡镇干部安全生产培训】 11 月 25 日至 26 日，举办 2014 年丰台区乡镇干部安全生产工作培训会，邀请首都经贸大学专家讲授“新安全生产法”释义、工贸企业有限空间作业安全防护知识和粉尘防爆安全管理常识，246 名乡镇及其属地企业的干部参加。

（任满生）

【市级安全社区建设】 11 月，经市安监局专家初审，确定丰台、和义和太平桥三个街道符合市级安全社区基本条件。12 月 15 日，三个街道通过市安全社区创建促进委员会专家组现场验收，被评定为市级安全社区。

（李　颖）

人力资源和社会保障工作

【概　况】 2014 年，以全面深化改革为主线，按照党的群众路线教育实践活动要求，围绕重点工作任务，不断提高就业工作质量，提高社会保障水平，开拓引育人才思路，保障劳动关系和谐稳定。被国转办、中组部、人力社保部等部门评为全国军队转业干部安置工作先进单位。

（白　璐）

【实施积极就业政策】 年内，争取市级试点政策，将河西地区农村劳动力纳入北京市城镇就业失业管理体系，在全市率先实施社会公益性就业组织建设试点。调整区级就业政策，以区政府名义出台《关于促进城乡劳动力就业的若干意见》，形成全方位扶持就业创业的政策体系。

（白　璐）

【开发就业岗位】 年内，在城镇实施“就业接力行动”，通过跟踪服务、“一对一”帮扶，帮助 12750 名城镇失业人员再就业。在河东地区的黄土岗、周庄子等地推广“三路居”模式，通过自有产业与岗位开发安置 5290 名劳动力就近就业。在河西地区采取本地与外出就业相结合的策略，帮助 1678 名农村劳动力实现本地就业，输送 222 名劳动力外出就业。

（白　璐）

【职业技能培训】 年内，针对重点村城市化、重点功能区建设等产业发展方向，对 5233 名城乡劳动力进行物业管理、酒店服务等实用性培训。依托公共实训基地，为 1.83 万人实施技能鉴定。

（白　璐）

【自主创业】 年内，整合市区创业政策、空间、实训、专家等创业资源，成立全市首家自主创业学院，设立大学生、留学生、城乡青年、退役军人创业园四个，联合首都经贸大学举办首届“丰贸杯”创业实践大赛，帮助 1333 人创业，带动就业 3218 人。

（白　璐）

【提高社保待遇标准】 年内，落实社保政策，上调各项社会保险待遇标准，企业退休职工月均基本养老金提至 2917 元，城乡居民养老金提至 506 元。支付各类保险待遇资金 133 亿元，增幅 11.8%。

（白　璐）

【社保基金运行管理】 年内，围绕社会保险收缴、管理、支付三个重要环节，优化工作流程 30 项，健全经办权限与数字证书管理制度。深入推进医保费用总额的控制工作，审核门诊、住院医保费用 2042 万笔。完善内控管理办法，完善数字档案系统与业务、财务系统数据定期比对机制，形成“五位一体”基金监督体系。

（白　璐）

【提高社保经办服务水平】 年内，深化社保经办业务、系统、设备、规范、责任“五下沉”工作，下沉业务新增8项共40项。拓宽社保网上预约和网上申报范围，自助服务终端覆盖21个街乡镇，面向企业、社保所和定点医院建立实时互动QQ群，提升信息化服务水平，提高社保经办效率。

（白　璐）

【人才队伍建设】 年内，启动“聚才引智之家”建设，制定管理办法，搭建政企沟通、企业互动、人才培养、专家服务、岗位信息五个平台，首批吸纳驻区重点企业会员30家。举办政策宣讲会8场，建立网络平台和微信公众账户，开展首批校园招聘，吸引1300余名应届毕业生参加。成立人才服务办公室，引进各类优秀人才510人，新建博士后实践基地5个，新进站博士后7人。推行中关村高端人才职称评审直通车制度，推荐12人参加市级面试答辩，4人获得教授级高级工程师资格。在教育、卫生、非公企业等领域推荐2014年享受政府津贴和国家级百千万人才工程人选18位。

（白　璐）

【公务员队伍建设】 年内，公开招考公务员197名。加大“上挂下派”工作力度，安排13名干部到市人力社保局等部门挂职，接收统一“下派”干部9人，自行对接5人。制定《丰台区科级领导干部选拔任用工作办法》，深化公务员平时考核，开展各类培训14期，培训2万人次。

（白　璐）

【人事制度改革】 年内，完善事业单位人事管理信息系统，对教育系统160余家事业单位的岗位设置进行重新梳理，招录事业单位工作人员759名。为1016人次办理机关事业单位人员调转手续。

（白　璐）

【军转安置工作】 年内，安置军转干部80名，接收自主择业军转干部82人，完成848名自主择业军转干部住房补贴发放的准备工作，进一步落实企业军转干部解困维稳任务。

（白　璐）

【劳动关系维护】 年内，依托三方机制，加大集体合同和工资集体协商制度推进力度。全区集体合同覆盖企业5432家，覆盖人数53万人，同比增加116.76%和30.31%。加强劳动监察，对15044家单位进行日常巡查及劳动用工专项检查。

（白　璐）

【劳动者权益保护】 年内，受理投诉、举报案件2464起，涉及职工8088人，追发工资1845.95万元，追缴社会保险22.85万元。优化仲裁办案流程，受理人事劳动争议案件3125件，结案率95%。

（白　璐）

【深化农转居工作】 年内，完善农转居协调工作会议机制，开通快速办理绿色通道。深入乡村开展政策培训30余次，受众2000余人，组织召开农转居协调会12次，为3000余人办理农转居手续。

（白　璐）

统计工作

【概　况】 2014年，通过对国民经济各行业运行情况的监测，全年实现地区生产总值1091.6亿元，比上年增长8.3%；完成全社会固定资产投资812.3亿元，增长8%；实现社会消费品零售额937.4亿元，增长8.4%；城镇居民人均可支配收入41334元，增长9.1%；农村居民人均纯收入22553元，增长10.3%。完成国家及北京市国企反腐倡廉和党风廉政调查、北京市各区县党风廉政建设民意调查、社会治安防控调查、北京市企业发展状况调查、检察公信力测评调查，及第三次全国经济普查、外来人口抽样调查、群众安全感满意度调查、反四风群众路线民意调查、互联网金融调查、居民消费习惯和消费意愿调查、社区卫生服务机构医疗现状及需求民意调查、城市环境公众满意度调查、老旧小区综合整治实施效果调查等专题调查任务。全年有30多项工作进入全国、市、区先进行列，第14 统计所荣获北京市“三八红旗集体”荣誉称号。

（赵国红）

【第三次全国经济普查】 年内，会同区监察局印发《关于严肃普查纪律、做好普查登记工作的通知》，强化依法普查意识；创新数据采集手段，确保数据准确、上传即时同步；多部门协调联动、合力组织单位核查，出动普查人员3000 多名，完成经济普查准备阶段、登记阶段、主要数据发布等主体任务。普查登记完成后，丰台区代表北京市接受国务院经普办的事后质量抽查，普查数据质量得到国家检查组的高度肯定，区经济普查领导小组办公室获国家级先进集体荣誉称号。

（赵国红）

【统计监测】 年内，继续坚持月度会商、季度分析工作机制，增强预判分析的前瞻性和准确性。围绕“稳增长”，制定《丰台区先行指标预警监测方案》，进一步加强对地区生产总值、全社会固定资产投资、社会消费品零售额、节能降耗等重点指标的运行监测，提前做好预警预判。围绕“调结构”，加强产业疏解和转型升级分析研究，以统计专报形式向区委区政府上报《优化调整产业结构，促进行业转型升级》系列分析。加强城乡居民收入监测，与区人力社保局、区农委等部门沟通协调，跟踪各项惠民政策落实效果。贯彻执行国家和北京市统计制度，对农业、工业、建筑业、批零住餐、房地产开发、服务业等行业，在基本单位、投资消费、市场价格、社会科技、能源资源等领域开展统计调查。

（赵国红）

【统计数据质量管理办法】 年内，修订完善《丰台区统计数据质量全过程管理办法》，从数据采集、审核评估、对外发布等环节进行全面管控，确保统计流程标准化、系统化、规范化，进一步提高了统计数据质量。

（赵国红）

【依法统计】 年内，以国家宪法日和统计法颁布31周年为契机，开展全员学法和多种形式的普法宣传活动，加大统计法律法规宣传力度。健全执法检查和专业审核联动机制，提升统计执法服务水平，形成“统计执法、统计服务、统计宣传”三位一体的工作格局。全年事前督导单位210家，执法检查单位188家，立案查处46家。继续开展诚信统计建设，评选诚信统计单位20家。

（赵国红）

【统计年报】 年内，建立保障机制，全面贯彻落实数据质量控制办法，抓好年报培训、审核验收、评估上报三环节的工作质量，与区县综合考评相结合，与监督、检查、考核相结合，全面完成了年报工作任务。

（赵国红）

【人口调查】 年内，制定并印发人口动态监测工作方案，建立部门人口动态监测台账，组织15个部门开展季度人口动态监测工作，为推动人口调控工作提供依据。开展外来人口情况抽样调查工作，调查社区2个小区30个，区域内居民全部登记在册。开展年度人口抽样调查工作，将样本量由3%扩大到4.4%，初步推算出丰台区2014年主要人口数据，为掌握区域人口变动趋势，推动人口调控工作创造条件。

（赵国红）

【基层统计建设】 年内，与区农委、区财政局联合印发《关于加强农村基层统计基础工作的实施意见》，加快推进统计工作向基层转移。加大对基层统计部门资金投入，在各乡镇设立村级统计站70个，培训村级统计人员100 多名，形成“区、乡镇、村”三级统计调查管理体系。探索在街道社区建立统计机构和专兼职调查员队伍，制定社区统计站试点工作方案，研究工作职责和建设标准，不断推进基层统计建设，健全统计网络。

（赵国红）

【统计信息】 年内，不断拓展统计宣传的广度和深度，全年被外单位采用信息470篇，其中被国家和市统计局采用179篇，被区委区政府“两办”采用160篇；改版统计信息网站，优化数据发布专栏，实现《统计年鉴》资料全部上网公开发布；进一步加强政府信息公开，通过外网平台发布信息1165篇。利用报纸、互联网等渠道公开经济社会发展主要指标和数据解读等统计信息，在《丰台报》“数说丰台”栏目发布信息44篇，在“前线 •丰台在线”手机报发表信息42篇。开通丰台统计官方微信平台，通过新媒介发布数据，传播统计知识，为公众提供统计资讯。

（赵国红）

【统计分析】 年内，与首都经济贸易大学建立战略合作机制，围绕产业转型升级、结构调整等重点领域开展专项课题研究11个。全年完成各类统计分析报告295篇，其中被《丰台信息》和《丰台政务》刊发专刊12期，3篇得到领导批示。

（赵国红）

【统计信息化建设】 年内，加快统计信息化建设，增设网络入侵防护系统、网站防护系统，确保网络运行安全稳定。开展联网直报平台技术保障工作，完善年定报网络培训系统。开通统计所视频会议系统，加强制度管理与系统维护，确保系统正常运行。召开应用大数据研讨会，组织各方专家学者共同探索大数据技术为统计服务发挥作用。结合“智慧丰台”顶层设计，加强与各部门沟通协调，整合数据、共享资源，推进宏观数据库及地理信息系统建设调研，启动统计信息化五年规划制定工作。在北京市第十二届统计科研优秀成果评比中，《丰台区人口与经济社会综合数据库》荣获优秀信息技术应用成果三等奖。

（赵国红）

【统计开放日活动】 10月30日，举办以“为国记账，助家理财”为主题的第二届丰台区政府统计开放日活动，向记账户代表、基层统计调查员介绍记账工作对客观反映城乡居民生活、助家理财、合理安排百姓生活的重要意义；介绍住户调查工作流程，直观呈现统计数据采集、加工利用的全过程，增强了统计公开透明度；区人力社保局就大家关心的低保、最低工资、养老、就业等问题进行答疑解惑。丰台有线电视、《丰台报》对开放日活动进行专题报道。

（赵国红）

【全程办事代理工作】 年内，继续推行全程办事代理—统计登记工作，区政府企业服务大厅统计窗口接待 1.1 万人次，其中接待各类咨询 6487 人次，受理审批 4318 件，新增统计登记单位 999 家，即办率 100%，无行政投诉事件发生。

（赵国红）

工商行政管理工作

【概　述】 2014 年，以全力服务丰台区社会发展为中心，以建设一流班子、带出一流队伍、奉献一流服务、干成一流业绩为工作目标，大力发扬“团结、敬业、创新、向上”的丰台工商精神，全面提升队伍履职能力和水平。落实登记制度改革，优化市场准入措施，推动市场主体质量提升；落实《企业信息公示暂行条例》，取消企业年检改为年报，实行企业异常经营名录制度，借助街道办、社区、商超、市场等社会管理力量推动信息公示新政和信用体系建设；加强市场秩序风险防控，保护知识产权，打击假冒伪劣，加强流通领域商品质量监测，加大多领域执法办案力度，打击商标侵权，查办商业贿赂大要案件；强化消费教育引导，提升消保维权效能，优化区域市场消费环境，建设多元消费纠纷解决机制，宣传普及新《消法》，建立消费维权志愿服务队，组织建立行业绿色通道联盟，圆满完成了各项工作任务。截至12月31日，辖区有企业107215户，其中内资非私企业13057户、外资企业1051户、代表机构88户、私营企业93019户，有个体户72196户。

（刘　莉）

【落实《注册资本登记制度改革方案》】 3月1日起，贯彻落实《注册资本登记制度改革方案》。通过网站发布、大厅张贴公告等措施加大宣传引导；加强业务培训，强化学习指导，推进方案实施；落实工商登记“先照后证”改革，将113项工商登记前置审批事项改为后置审批；6月20日起，创新二、三级平台登记业务岗位动态管理和联动方式，推进二、三级平台业务一体化；7月21日起，贯彻执行《北京市新增产业的禁止和限制目录（2014版）》，发挥登记准入的职能作用，以名称和经营范围为重点确保《目录》落实到位。通过落实公司注册资本登记制度改革，优化了审批流程，提高了审批效率与质量。

（刘　莉）

【多证联办】 10月30日，协同发改委、科技园区等部门在丰台科技园区启动一口受理、多证联办综合服务窗口，整合部门资源，优化审批流程，集成信息系统，创新管理方式，通过各部门间内部流转，企业在登记5个工作日后便可一次性领取全部证照章，提高了审批效率。

（刘　莉）

【年检制度改革】 年内，开展系列活动推进落实年报公示工作。印制《丰台工商分局企业服务手册》、法规宣传手册和新规解读告知单共4万份；通过丰台工商分局办公大厅电子显示屏和微博发布年报公示须知，开展年报公示培训两次，培训商品交易市场主办单位200余户；组建宣讲团队，在丰台科技园区、各居民社区等重要地区开展宣讲活动，各工商所借助街道办、社区、商超市场等社会管理节点宣传企业信息公示制度；研究落实经营异常名录制度和抽查制度，梳理工作流程，制定工作机制，确保制度落实到位；完成2013年度年报补报工作，推进2014年度年报公示申报工作。

（刘　莉）

【市场专项整治】 年内，参与城市管理与社会治安等综合整治，开展烟花爆竹安全管理、房地产经纪机构及违法群租房治理、城乡环境提升年、清洁空气行动、城乡结合部安全生产、提升群众安全感、废品回收大院和国庆65周年保障等30余项专项整治。组织接受市政府首都环境建设办实地检查，督促街乡拆除老旧房屋和违法建筑，推进辖区环境建设和无证无照经营治理等项工作，营造和谐、安全、稳定的社会环境。

（刘　莉）

【商品交易市场信用监管】 年内，开展诚信市场创建活动，制定《商品交易市场诚信经营十项规范》、《关于推进商品交易市场信用监管工作方案》，指导市场主办单位开展诚信星级商户的评定和公示工作，接受消费者监督。制订《水产品市场诚信经营规范》，对主体准入、经营管理、广告宣传、商标备案、信用公示、售后服务等实行统一标准，规范水产品市场经营行为，营造安全放心的消费环境。

（刘　莉）

【商标品牌建设】 年内，贯彻落实新《商标法》和市政府《关于深入实施商标战略推动首都品牌经济发展的意见》，对全区商标工作开展调研，向区政府汇报商标发展状况并提出加快实施商标战略的建议。以丰台科技园区和丽泽金融商务区为重点，加强指导和服务，鼓励和引导企业争创驰名、著名商标。制定《丰台工商分局保护知识产权打击假冒伪劣专项整治行动方案》，进一步明确了打击商标侵权的重点范围。对无假冒商标示范店、已取得无假冒商标示范场店的企业分别进行规范、培训与指导；对容易出现商标侵权的重点行业和商品进行检查，规范管理，保护知识产权。

（刘　莉）

【社会化广告监管】 年内，联合区委宣传部、区市政市容委等七个部门，签发《关于进一步完善和落实虚假违法广告整治联席会议制度的通知》，通过运行信息互通、执法联动、案件移转、督导检查四项机制，形成综合治理、齐抓共管的社会化广告监管格局。召开区级联席会议两次，部署整治互联网重点领域广告专项行动、丰台区虚假违法广告专项整治等相关工作，通过联席会议《议事制度》、《案件移转制度》两项工作机制，在案件查处中发挥联席会议的作用；联合区委宣传部启动“广告及文创重点企业跟踪顾问制”服务，建立《广告及文创重点企业名录》，确定专人作为重点企业的工商顾问，畅通日常联系渠道，了解企业需求，为企业提供提前介入、全称跟踪和绿色通道等工商服务。

（刘　莉）

【推行合同示范文本】 年内，制定推行《移动电话维修服务合同》区域性推荐合同文本，对移动电话维修时换下的零部件归属、手机中个人信息的备份与保密等投诉热点问题予以明确。制定推行《红木家具买卖合同》区域性推荐合同文本，对红木家具用材的树种范围、产品质量明示内容进行详细规定。制定推行《机动车驾驶员驾驶培训协议书》区域性推荐合同文本，对培训机构培训服务的内容及费用、教练员的操作规范、合同终止退费等问题进行约定。

（刘　莉）

【普及新消法】 年内，开展“普及学习新消法，共筑消费安全梦”巡讲活动、“大学消费教育实践园”合作共建活动、“商品质量观察家”系列消费体验活动、“彩虹消费教育微课堂”等系列活动普及新《消法》。丰台消费者协会就消费难点、热点问题与北京市消费者权益保护法学会互动，应用学会的科研成果进行消费教育，引导消费者合法合理消费，规制经营者的经营活动，从行动上普及新《消法》，维护消费者的合法权益。

（刘　莉）

【绿色通道联盟】 9月25日，召开丰台区2014年度绿色通道联盟成立大会。北京园博园管理中心等63家商户分别结成丰台区河西生态旅游绿色通道联盟、丰台区手机修理行业绿色通道联盟、丰台区美发美容行业绿色通道联盟、丰台区新业广场绿色通道联盟、北京市涂料行业绿色通道联盟五个放心消费绿色联盟，联盟承诺接受政府监督、指导，快速受理并依法解决消费者投诉问题。

（刘　莉）

【成立消费维权志愿服务队】 3月15日，在丰台区劳技中心方庄少年宫举行消费教育基地揭牌暨彩虹消费维权服务队——雏鹰小分队成立仪式，借助雏鹰小分队的力量，面向社会、深入社区开展消费维权公益宣传活动。8月18日，在“志愿北京”网站完成北京市工商行政管理局丰台分局消保科志愿服务队团体注册。9月24日，与首都经济贸易大学城市学院合作建立大学消费教育实践园，在学院开展工商法规知识宣讲及消费教育活动，鼓励在校大学生通过志愿北京网站加入丰台消费维权志愿服务队，培养大学生的消费维权意识。

（刘 莉）

【疑难案件会商】 11月19日，制发《丰台分局疑难案件会商工作规范》，由办案单位提出会商申请，法制科统筹协调，相关科室参加，以会议形式对疑难问题进行会商。《规范》要求各部门确定一名常态联系人；制定跟踪指导制度、信息互通制度；涉及非常规举报的，应在1个工作日内备案，并填写《丰台工商分局非常规举报统计表》；对疑难问题及解决、处理方法及时总结、汇总，并填写疑难案件总结表，汇集后在全局范围内下发；对办案人员加强统一培训和指导，各单位及时总结会商问题及经验做法，促进信息共享和经验交流，提高办案水平。

（刘 莉）

【传销治理】 年内，针对传销活动新特点，开展打击传销工作及预防传销宣传活动。对涉嫌传销投诉举报案件进行调查核实并回复，联合工商所取缔传销窝点、驱散涉传人员，将规模较大的传销组织通报给公安部门。利用商场、超市、写字楼等重点区域的电子显示屏播放防范传销公益性广告；联合区公安局等多部门开展5.15打击经济犯罪宣传日活动，发放宣传品2000余份，解答群众咨询300余人次。

（刘 莉）

【直销监管】 年内，对45个直销服务网点和经销工作室进行检查，重点检查是否存在夸大虚假宣传等违规直销行为，督导直销企业履行社会责任，规范经营行为。

（刘 莉）

【推进个体转企业主体升级工作】 年内，继续全面落实《丰台区落实个体工商户向公司制企业转型升级工作意见》，将转型升级工作常态化。出台《丰台工商分局二三级准入平台实施业务一体化管理 推进企业登记便利化工作方案》，进一步优化个转企工作流程，缩短审批时限，提高审批效率，推进个体转企业主体升级工作。

（刘 莉）

质量技术监督工作

【概 况】 2014年，以提高产品质量，保障人民生命财产安全，促进地方经济发展为目标，紧紧围绕产品质量安全和特种设备安全，全面发挥计量、标准化、组织机构代码和检验检测在经济发展中的重要作用，努力构建大质量工作格局，全面推动质监事业平稳有序发展。全年完成行政执法活动921起，查处案件29件。受理行政许可1944份，开工告知1180份。

（荆园伟）

【获证企业监管】 年内，监查生产许可证获证企业101家次，完成42家获证企业年度自查报告审查工作，实地核查5家，督促企业落实各项生产管理制度，提高法律意识、责任意识和管理水平，促进获证企业规范化发展。落实企业换发生产许可证观察员制度，参加生产许可证申请、换证、增项现场评审6家次。实施许可信息月通报制度，实时掌握生产许可证获证企业数量变化，确保数据准确。

（荆园伟）

【质量检验机构管理】 年内，完成产品质量检验机构工作报告报送、工作质量分类监管和食品检验机构的自查工作，现场考核和评审产品质量检验机构5家、食品检验机构2家次。强制性监查认证产品生产企业37家次，进一步提升了认证认可工作管理水平。

（荆园伟）

【机动车安检机构监管】 年内，检查机动车安检机构86家次，全部建档。与公安车辆管理所、环保部门开展联动检查，完善机动车安检机构的监督管理机制。完成机动车安检机构分类监管及资质评审的现场审核工作。

（荆园伟）

【打击假冒伪劣专项行动】 年内，开展打四黑除四害、“质检利剑”专项行动，打击无证生产、制作假冒产品的违法行为。查抄生产假冒墙锢场所1个，现场查获成品墙锢130桶、成品108胶108桶、成品界面剂48桶、百助丙烯酰胺21袋、原料胶176桶、包装材料2500套。取缔生产假冒惠普硒鼓窝点1个，现场查获假冒成品硒鼓34个、碳粉36盒。针对农资、建材、儿童日用消费品生产企业开展执法打假活动，检查农资生产企业1家、儿童服装生产企业4家，行政处罚家具生产企业5家。对消防产品生产企业进行专项检查，全面排查企业信息，杜绝质量隐患。

（荆园伟）

【煤炭企业监管】 年内，对全区煤炭销售企业开展摸底调查工作，逐步核实企业经营信息。落实“减煤换煤”工作方案，召开煤炭企业比选工作会、燃煤炉具比选工作会，选出煤炭中标企业3家、炉具中标企业5家。对全区煤炭使用单位进行监督抽查，处罚使用不合格煤炭企业7家次。

（荆园伟）

【计量监管】 年内，组织召开重点用能单位能源计量审查评价工作部署会，向企业讲解审查要求及计量管理方法，引导企业开展能源计量工作，对4家重点用能单位开展能源计量审查。组织起草《农贸市场公平秤设置与管理规范》北京市地方标准，并于10月份发布实施。在出租汽车运营行业重点推进商业、服务业民生计量体系建设，为21家出租汽车公司举办“计量大讲堂”，引导出租车运营单位依法使用计量器具，签订诚信计量承诺书并向社会公示，主动接受消费者监督。对12家计量器具制造单位开展证后监督检查，现场核查安全用计量器具制造单位3家。组织开展获证实验室监督检查，参加55家实验室认证及制造修理许可评审工作。对加油站、超市、农贸市场、出租车、餐饮等行业开展专项检查，规范市场计量行为。

（荆园伟）

【标准化管理】 年内，企业标准备案305项，企业标准登记52项，督促企业修改标准63项。受理丰台区创标奖励企业9家共16个标准，获得区级奖励资金330万元；受理市级创标补助申报企业6家共7个标准，获得市级奖励资金35万元。与区发改委、区广电中心联合拍摄“低碳城市标准化”专栏节目，在丰台电视台播出。督导北京汽车博物馆通过北京市市级旅游标准化试点验收和国家级服务业标准化试点验收。协同区民政局对9家养老机构进行星级评定，指导南苑乡社会福利中心成为丰台区第一家四星级养老机构，在全区范围内起到示范作用。

（荆园伟）

【特种设备安全监察】 年内，结合“六打六治”专项行动，完成APEC会议、2014年世界种子大会、全国“两会”、2014北京香山旅游峰会、“五一”、“十一”等重要时段的特种设备安全保障工作。推进液氨使用专项治理工作，10家涉氨制冷企业通过专项治理验收。对14家燃煤锅炉改造单位加强监管，督促其落实锅炉安全与节能主体责任，并对两家申请标杆锅炉房评比的单位做好指导工作。对6家压力管道安装单位和11家液化石油气充装单位加强监管，对26家新安装压力管道的单位下发安全告知书。

（荆园伟）

【法制工作】 年内，回复市局、区政府法制办对《关于对中华人民共和国行政诉讼法修正案（草案）》、《北京市轨道交通运营安全条例（草案）》、《关于加快区县政府行政审批制度改革的指导意见》等法律法规、行政法规征求意见 35 件。核查申请上市企业资质 28 家次，并开据核查证明。受理投诉举报 576 起，解决回复 573 起（含 2013 年底受理，2014 年办结 8 起）。答复各类投诉、举报、咨询电话 1496 人次。

（荆园伟）

【质监法律宣传】 年内，结合“5.20”世界计量日、安全月等宣传主题，以制作宣传展板、发放宣传资料等方式开展质监法律知识宣传活动。组织法律宣传活动 7 次，发放宣传材料 2550 余份；举办培训讲座 4 期，培训 300 余人。在“质量月”活动期间，深入北京华盾雪花塑料集团有限责任公司、凡客诚品（北京）科技有限公司等企业进行普法宣传，针对企业关心的质量管理、产品标准等法律问题进行现场分析探讨和咨询。

（荆园伟）

【组织机构代码服务】 年内，贯彻落实《北京市组织机构代码管理办法》，全力做好辖区代码工作，代码新办证 18861 份，变更 46864 份，发证 33761 份，制卡 37320 份。与区编办联合为教委系统 169 家事业单位现场换发证书，为办公区集中的 1500 余家企业颁发组织机构代码证，为中关村科技园区的 100 余家入园企业提供服务。

（荆园伟）

【特种设备检验检测】 年内，检验检测特种设备 17128 台，完成全年业务指标的（15230 台）的 112.5%，其中锅炉外部检验 1010 台、锅炉内部检验 467 台、压力容器全面检验 400 台、电梯定期检验 14169 台、起重机械定期检验 1082 台。校验安全阀 6240 台。深化氨制冷压力管道科技课题研究成果转化工作，对两个冷库采用 DR 技术实施检验，解决了冷库压力管道不停机就无法实施定期检验的难题。完成 743 台商场自动扶梯的安全评估工作和 3 家单位共 12 台锅炉的能效测试工作。

（荆园伟）

【计量检验检测】 年内，检定计量器具 255060 台件，完成全年计划的 204%，其中水表检定 204241 块，完成计划的 226%；其他计量器具检定 50819 台件，完成计划的 145%。完成 17 项计量标准到期复查考核工作。加强加油机、衡器、医用计量器具的强制检定工作，落实免收集贸市场衡器检定费的惠民措施，在“3·15 消费者权益保护日”、“5·20 世界计量日”免费开展人体秤、血压计计量检定。

（荆园伟）

【煤炭质量检验检测】 年内，检验煤炭样品 372 个，其中委托 129 个、监督抽查 39、监测 204 个，出具检测报告 372 份。

（荆园伟）

【消防产品检测】 年内，检测消防产品 16 个，出具检测报告 16 份。

（荆园伟）

财政　税务　审计

财　政

【概　况】2014年，区级一般公共财政预算收入86.1亿元，增长12%，增幅高于全市2个百分点，居城六区第2位，完成预算的101.8%，加市一般转移支付收入30.1亿元、上年结余收入4.5亿元，收入合计120.7亿元；区级一般公共预算收入超收1.5亿元，全部转入预算稳定调节基金。区级一般公共财政预算支出119亿元，增长7.8%，完成预算的106.1%；加上解支出0.2亿元、安排预算稳定调节基金1.5亿元，支出合计120.7亿元；其中教育支出29.5亿元、科学技术支出5.2亿元、文化体育与传媒支出2.6亿元、社会保障和就业支出12.2亿元、医疗卫生支出7.4亿元、节能环保支出1.5亿元、城乡社区事务支出22.1亿元、农林水事务支出5.5亿元、资源勘探电力信息等事务支出2.2亿元、公共安全支出9.6亿元、一般公共服务支出14.1亿元。

（袁会涛）

【政府性基金预算执行情况】年内，区级政府性基金预算收入175.1亿元，增长124.5%，完成预算的222.9%；加上年结余收入39.6亿元，收入合计214.7亿元。区级政府性基金预算支出203.7亿元，增长176.2%，完成预算的259.4%，其中安排社会保障和就业支出0.9亿元、城乡社区事务支出202.2亿元、资源勘探电力信息等事务支出0.7亿元，年终结余11亿元，支出合计214.7亿元。

（袁会涛）

【国有资本经营预算执行情况】年内，区级国有资本经营预算收入0.16亿元，完成预算的109.3%，全部为利润收入。区级国有资本经营预算支出0.16亿元，完成预算的109.3%，主要用于设立节能环保基金、支持企业创新发展、解决国有企业改革历史遗留问题等。

（袁会涛）

【社会保障基金预算执行情况】年内，区级社会保险基金预算总收入14亿元，其中社会保险基金预算收入4.8亿元、上年结余9.2亿元。区级社会保险基金预算总支出4亿元，其中安排新型农村合作医疗基金预算支出1.7亿元、城乡居民养老保险基金预算支出2.3亿元；年末滚存结余10亿元。

（袁会涛）

【融资工作】年内，不断深化政银合作，创新运用信托、资产管理等融资模式进行融资，全年融资175亿元，融资规模为历年最高，其中首次采用资产管理融资模式融资125亿元；首次单笔融资项目突破50亿元；首次创新采用土地收入政府溢价部分作为融资增信条件，规避传统抵押资源不足等弱点。政府融资实现从传统表内贷款单一模式到表外多元化融资体系转变。

（袁会涛）

【信息化建设】 年内，预算编审模块正式上线，并投入到2015年预算编报工作中。完成预算调整、预算执行、投资评审、绩效评价工作，以及政府采购内外网系统和行政办公系统的开发、实施和上线工作，实现财政核心业务整体贯通。建设预算单位财务软件集中管理系统，统一规范会计科目、经济科目、功能分类科目及资金来源分类，对全区268家预算单位实施实时监控，提高了会计核算效率，为预决算信息公开奠定了基础。

（袁会涛）

【节约支出】 年内，出台会议费等七项管理制度，严控“三公”经费等一般性支出，确保“三公”经费零增长。健全公共定额标准，进一步规范和控制水电费、公务接待费、公务用车运行维护费、会议费、培训费等公用经费，降低行政运行成本。执行结转结余资金管理办法，消化和压减当年结余结转资金，逐步清理历年滚存结余。建立健全预算执行动态监控体系，加强对违反公务卡规定、大额频繁提取现金、违规支出“三公”经费等行为的检查力度，确保财政资金安全运行。

（袁会涛）

【财政改革】 年内，加强乡镇财政预算管理，调整财政政策资金测算方式，将乡镇资金纳入国库集中支付改革。强化项目执行管理，支出进度位居全市前列。执行公务卡强制结算目录，公务卡开卡率100%。制定区级预算单位现金提取和使用管理办法，财政支出规范性不断提高。加强横拨资金管理，实行“谁使用、谁申请”的新预算申报流程，保持预算编制与执行的一致性。试编权责发生制的政府综合财务报告，全面反映政府财务状况和资产负债情况。在7家试点单位实施内部控制规范，提升单位自身经济活动管理水平。加强政府采购管理，强化政府采购预算约束，采购执行21.23亿元。推进投资评审工作，完成评审项目552个，平均审减率16%。建立预算绩效全过程管理机制，以4个部门为管理试点，对5个重大项目实施事前评估，对23个部门的26个财政预算支出项目进行事后绩效评价，涉及资金14.5亿元。

（袁会涛）

【综合管理】 年内，加强内控机制建设，出台《局工作规则》、《区级大型活动经费管理办法》等制度，进一步完善资金申报、分配、管理、使用、监督全过程的制度框架和业务规程。制定政府性债务管理办法，完善预警指标体系，健全还本付息机制，防范政府性债务风险。加强财政监督，重点检查预算单位95家，主要监督重大政策落实、重点资金使用、会计信息质量和预算编制执行情况。对287家事业单位及12家事业单位所办企业进行产权登记，分别登记总资产81.8亿元和6.2亿元。对财政借款进行全面清查、逐笔确认、逐笔分析，收回69.8亿元。提高财政运行透明度，预算公开部门由上年的32个增加到50个，并首次向社会公布2014年政府和50个部门的“三公经费”预算。

（袁会涛）

综合投资公司

【概　况】 2014年，综合投资公司党委以党的群众路线教育实践活动为契机，夯实党建工作基础，紧密围绕公司中心工作充分发挥党委的核心引领作用，促进公司各项业务顺利开展。公司资产总额136.70亿元，负债总额107.08亿元，所有者权益29.62亿元，实现利税总额6088.91万元，完成社会固定资产投资3.85亿元。

（许　睛）

【重组改制】 5月，成立企业重组改制工作领导小组，拟定《公司重组改制工作机构方案》。7月，对北京兴丰房地产经营开发公司、北京市芳城经济建设开发实业总公司实施托管。10月，公司所属北京市丰台区林工商公司及其三家子公司无偿划转至北京政融国有资产经营中心。11月，公司全资子公司北京恒盛宏大道路投资有限公司无偿划转至丰台区国有资产经营中心。11月17日，取得《丰台区国资委关于北京市丰台区综合投资公司申请企业改制的批复》（丰国资函〔2014〕36号）。11月26日，公司召开全体职工大会，表决通过《公司改制方案》及《公司改制职工安置方案》。

（许　睛）

【资本运营】 年内，公司投资1000万元，与北京石景山区国有资产经营公司等五家股东注册成立中融金华（北京）投资基金管理有限公司，持股10%。12月2日，中融金华公司完成工商登记注册。

（许　睛）

【土地一级开发】 年内，完成丽泽金融商务区B6B7项目E01、E05、E06地块地价审核工作。长辛店北部居住区一期北区项目入市，上市土地15.9公顷。中央民族大学新校址一级开发工作全面完成，总用地面积80.3公顷，总投资11.59亿元。园博园用地范围内水源净化工程项目征地工作全部完成，征地规模35.14公顷。地铁九号线郭公庄车辆段土地一级开发项目三期地块完成整体土地上市的前期准备工作，用地规模31.79公顷。

（许　睛）

【回迁安置房建设】 年内，由北京政华恒信投资有限公司（综投公司控股企业）开发建设的郭公庄车辆段定向安置房项目全面竣工，总建筑面积28.42万平方米，共12栋楼，提供房源2782套，选房工作基本完成。

（许　睛）

【基础设施建设】 年内，公司组建全资子公司北京丰综投轨道交通投资开发有限公司，作为河西现代有轨电车T1T2线及其配套工程梅市口路二期项目开发建设主体，丰综投公司推进项目前期手续办理工作。河西现代有轨电车T1T2线项目全长27.1公里，总投资71亿元；梅市口路二期项目全长5公里，总投资8亿元。

（许　睛）

【代建工程】 年内，由北京同创顺达置业有限责任公司（综投公司控股企业）代建的长辛店铁路中学改扩建工程前期手续办理工作基本完成，启动拆除工作；北京十中槐树岭校区新建工程完成施工，监理招投标工作，启动校内拆除工作；2月，丰台二中改扩建工程正式启动；8月，北京十二中文体楼及连廊工程全面竣工并交付校方使用；9月，丰台区培智中心学校改扩建工程完成竣工验收，交付校方使用；张郭庄路改扩建项目全长2.2公里，总投资额2亿元，前期手续办理工作全面展开，完成道路设计方案和市政条件的咨询工作，其中雨水、污水、中水、电信、有线电视、电力、燃气等项目的设计全部完成。

（许　睛）

【房屋销售】 年内，北京益恒房地产开发有限责任公司（综投公司全资子公司）负责销售魏各庄回迁安置房项目，涉及146户回迁居民307套住房，签约工作全部完成；东河沿回迁安置房项目销售工作基本完成，共销售房屋2281套。

（许　睛）

【物业管理】 8月，与北京政华恒信投资有限公司签定《郭公庄幸福家园前期物业服务合同》，成立郭公庄幸福家园项目部，10月8日全面接手幸福家园小区的物业管理工作，完成800余户业主2787套房屋的回迁手续办理工作，完成2600余套房屋的验房手续。9月30日，北京恒丰顺达物业管理有限责任公司（益恒公司全资子公司）取得物业企业贰级资质。丽泽景园物业项目部制定《停车管理方案》，办理地下车位手续1300个。

（许 赜）

国家税收

【概 况】 2014年，丰台国税局有内部单位29个，其中内设机构15个、直属单位2个（稽查局、车辆购置税征收管理分局）、事业单位3个（信息中心、票证中心、机关服务中心）、派出机构9个（征收所1个、管理所6个、个体集贸所2个）；全局干部职工451人，其中干部424人、职工27人。有开业纳税人12.2万户，其中企业纳税人8.7万户、个体集贸零散税源3.5万户、“营改增”纳税人 4.43万户。完成税收收入123.7亿元，比上年增加7.9亿元，增长6.8%，其中完成中央级收入85.3亿元，增长4.2%；完成地方级收入38.4亿元，增长13.1%。

（宋怡博）

【依法行政】 年内，创建税务系统法治税务示范基地，确定创建内容4大类26项；修订税务行政处罚裁量权指导意见，规范裁量权行使；开发所得税优惠政策查询系统，实现对500多条所得税文件的搜索查询。完善重大税务案件审理机制，修订重大税务案件审理办法，对达到大要案、复杂案件标准的提交重大案件审理委员会集体审理，全年审理14件，从源头上防范廉政风险和执法风险。强化执法检查和执法监察，对税收执法检查系统监控到的168户次执法过错，逐一进行问题查找和责任追究。通过税收执法监察系统，筛选疑点信息，出具监察报告67份、监察建议书24份。

（宋怡博）

【征收管理】 年内，开展大企业税收风险审计，做好境外所得税收抵免风险测试，组建上市公司和股权交易两个志愿服务团队，探索大企业服务管理新模式。158户入库1000万元以上的大企业共缴税57.9亿元，同比增加8.7亿元，增长17.7%。实行重点税源分类监控，在所得税汇算清缴等关键节点，对重点税源企业逐户摸底，送政策上门，提高企业纳税遵从度，纳入监控的重点税源企业全年实现税收收入77.3亿元。坚持以事管理、防控风险、堵漏增收的原则，推进征收管理规范化，清理税务登记疑点信息2.1万条；推行小规模纳税人票表比对，月均完成票表比对3万户；在3035户个体工商户中推行机打发票，占起征点户数的92.9%。

（宋怡博）

【税收优惠】 年内，落实税收优惠政策，提高减免退税审批办理效率，压缩办理周期，办理出口退（免）税2.3亿元。落实小微企业优惠政策，简化优惠备案手续，减免企业所得税4177万元，同比增长58%。进一步推进“营改增”工作，增值税纳税人实现减税7.85亿元；从税负情况来看，试点纳税人总体减税36.58%；分行业来看，现代服务业减税36.99%、交通运输业减税55.88%；自“营改增”政策实施以来，98.18% 的试点纳税人实现税负下降或者基本持平。

（宋怡博）

【纳税服务】 年内，以营造优质纳税服务环境为出发点提升服务水平。通过征期派驻制度，形成税务咨询第一时间响应、一站式受理、综合化解答，提速宣传咨询。推行网上办税，利用网上办税服务厅实现购票当日申请次日购买，实现发票审批等三大类16项表单的免报送服务，全年网上办税服务厅受理文书1.7万户次。简化发票审批、红字专用发票办理等办税流程六项，取消现场办税资料报送六项，简并两份发行文书及相关涉税报表填写，取消增值税普票实地核查等两项实地核查项目，提速投诉处理。落实《全国县级税务机关纳税服务规范》，通过改扩建增加办税服务面积近300平方米，增设服务窗口18个，落实服务规范事项145项。开通“张姐微信群”，为50余户企业答疑92次，发布公告通知23条。

（宋怡博）

【税务稽查】 年内，组建专业化稽查团队，专职重点税源企业和重大税收违法案件的稽查工作。充实检查人员，将70%的稽查人力资源配置在检查环节。完善查前案源推送和反馈机制、查中与征管政策部门的沟通机制、查后建议反馈机制，实现信息共享和管、评、查互动。全年查补入库税款、滞纳金和罚款1.03亿元，同比增长150%。

（宋怡博）

地方税收

【概　况】 2014年，丰台区地税局有内设机构33个，其中职能科室14个、税务所11个、稽查局1个、机关后勤服务中心1个、税务学会1个、工会1个；有干部职工416人，其中公务员388人、工勤人员28人。完成税费收入162.44亿元，同比增收12.99亿元，增长8.69%，其中地方公共财政预算收入125.22亿元，同比增收6.48亿元，增长5.46%；区级公共财政预算收入60.46亿元，同比增收5.97亿元，增长10.95%。

（李兴宇）

【税户情况】 年内，有正常登记户129032户，按经济类型划分，其中国有企业611户，占比0.47%；集体企业1201户，占比0.93%；有限责任公司17282户，占比13.39%；股份有限公司442户，占比0.34%；私营企业69980户，占比54.23%；外资企业679户，占比0.53%；个体工商户31670户，占比24.54%；国家机关、事业单位和社会团体等其他类型企业1450户，占比1.12%。按产业类型划分，第一产业333户，占比0.26%；第二产业7321户，占比5.67%；第三产业121378户，占比94.07%。

（李兴宇）

【服务区域发展】 年内，按月向区委区政府报告整体区级收入情况，提出组收工作措施，为领导决策提供依据。为招商引资、投资促进人员开展培训，加强税收工作与招商引资联动，提升新增税源质量。组织企业所得税政策培训会13场，重点讲解新增政策、税收优惠和税务处理等问题，1800余人次参加。组织新办企业办税人员培训48期，1000余人次参加。

（李兴宇）

【征收管理】 年内，加快推进税收征管改革和税收现代化建设，调整稽查局机构设置，推进稽查人员向一线倾斜；将地区税务所转变为税源管理所，逐步将申请业务和风险提示等事项调整至办税服务厅办理，降低纳税人办税成本，提升税源管理水平。夯实征管基础工作，清理异常登记户1090个、迁出无税异地经营企业505户、补办税务登记1077户；加强申报未入库信息核实清理工作，查补清缴税款421万元；做好发票开具金额与申报数据比对工作，追征税款、滞纳金共721万元。及时追缴欠税，清欠入库税款、滞纳金555万元。

（李兴宇）

【税政管理】 年内，执行小型微利企业税收优惠政策，优惠税款1053万元，享受优惠政策的小型微利企业占比增至96%。推进铁路运输、邮政、电信行业“营改增”工作，与区国税局协调解决开票难问题，实现工作有序衔接。加强建筑业属地税源管理，对在丰台区建筑施工的外区县企业征收税款2.68亿元。加强对外地企业在京所购房产的房产税、城镇土地使用税管理，追缴税费1138万元。强化土地增值税清算管理，协调税款入库3835万元。

（李兴宇）

【纳税服务】 年内，加大服务企业力度，走访房地产、金融、建筑等行业的企业87户，了解重点税源企业的生产经营情况、涉税需求、税收前景，解决企业涉税问题。贯彻《全国县级税务机关纳税服务规范》，加强对外宣传和对内培训，提升服务质效。落实“便民办税春风行动”，统一办税服务厅标识，推广使用个人所得税完税证明自助服务终端。拓展免填单服务19项，占纳税人前台办理项目的16%，相关业务办理时间减少50%。

（李兴宇）

【依法行政】 年内，全面推进行政处罚裁量权规范试点工作，贯彻落实新税收滞纳金管理制度，规范行政执法处罚案卷206份，处理行政诉讼5起、行政复议2起。持续健全内审制度，围绕税收中心工作，突出执法督察重点，检查代开发票和房土税备案类减免政策执行情况等项目6项，检查案卷资料179份，发现8项共12个问题。组织开展稽查行政处罚案卷评查、土地增值税执法督查，切实规范税收执法行为。

（李兴宇）

【评估稽查】 年内，开展大企业税收管理和风险识别工作、“违规发票在企业所得税前列支”专项评估工作，制定企业集团税收风险管理工作方案，对5780户企业开展纳税评估，补缴税款11803万元。加强稽查改革后的流程梳理，确保各项业务工作在各环节责任清晰、时限明确。围绕税收中心工作，开展稽查专项检查、重点税源企业自查、涉税检举、税收协查、打击发票违法犯罪等工作，共检查案件212件，结案208件，查补入库税款、滞纳金、罚款共23067.66万元。

（李兴宇）

审　计

【概　况】 2014年，开展审计（调查）项目51项，其中自行开展47项，配合署、市、区开展4项；涉及审计资金量308.62亿元、资金使用单位263个，查出主要问题金额19.79亿元，其中管理不规范金额14.35亿元；审计处理处罚金额8195万元，其中应上缴财政2479万元、应减少财政拨款或补贴254万元、应归还原金183万元、应缴纳其他资金88万元、应调账处理金额5191万元；发现非金额计量问题68个；审计促进整改落实有关问题资金46283.96万元，其中增收节支36479.22万元、已调账处理金额5191万元、审计促进拨付资金到位3964.67万元、审计后挽回（避免）损失649.07万元。提交审计报告和专项审计调查报告30篇，被批示、采用8篇；提出审计建议111条；提交审计信息115篇，被批示、采用53篇；向社会公告审计结果7篇。“丰台区民政局2012年度预算执行及决算草案审计”项目被审计署评为全国优秀审计项目地方表彰奖。

（刘　勇）

【预算执行审计】 年内，加强对预算执行编制全口径、全过程的监督，完成区财政本级预算执行及其他财政收支审计，以及区教委、区残联等七个部门的预算执行和决算草案情况审计，审计资金量涉及277.88亿元，查出管理不规范等问题金额91456.23万元。7月31日，丰台区第十五届人民代表大会常务委员会第十六次会议审议通过《丰台区2013年度本级预算执行和其他财政收支情况的审计工作报告》。

（刘　勇）

【固定资产投资审计】 年内，对南苑棚户区回迁房建设、区人防工程、校安工程等五项工程开展结算审计，涉及资金量6.9亿元。全年审减工程款254万元，审减率17%。为进一步完善政府投资建设项目管理、规范中介机构对工程结算审计及跟踪审计内容，修订完善《丰台区审计局聘用审计中介机构暂行管理办法》，制定出台《丰台区审计监督计划协调机制》。

（刘　勇）

【经济责任审计】 年内，围绕反腐倡廉建设和领导干部“权力运行”中的“权力清单”使用情况，对14名领导干部进行经济责任审计，审计资金量涉及13.38亿元，查出管理不规范资金9346万元。审计内容突出监督权力运行和落实中央八项规定精神；创新经济责任审计方式，实行“开放互动式”审计谈话制度；促进政府出台《丰台区经济责任审计工作领导小组、联席会议议事规则》和《丰台区经济责任审计工作领导小组、联席会议办公室工作规则》，形成领导小组集体决策、联席会议组织协调、成员单位配合工作、专职机构督查落实的组织领导工作格局。

（刘　勇）

【专项资金审计（调查）】 年内，开展专项资金审计（调查）工作，重点从资金使用效益性、效果性等方面评价项目执行效果。完成区教委、区人力社保局等五个部门的重点专项资金审计（调查）项目，审计资金量涉及5.46亿元，查出管理不规范问题金额8213万元。完成河西再生水厂和南苑棚户区改造征收等重点专项资金审计（调查）项目，审计资金量涉及5亿元，查出管理不规范资金34522.34万元。

（刘　勇）

【内审监督与指导】 年内，加大对全区内审单位的考核与培训，举办内审继续教育培训班2期，参训468人。采取“以会代培”形式，召开全区内审单位网络组长会2期，参会123人。加强内审工作理论研究和探讨，整理并上报内审信息45篇。发行《丰台内审》刊物12期。

（刘　勇）

金 融

中国工商银行股份有限公司北京丰台支行

【概 况】2015年，中国工商银行股份有限公司北京丰台支行下辖28家物理网点及4家离行式自助银行，布放471台自助机具和自助终端，为客户提供安全便捷的自助金融服务。全年实现本外币存款余额600亿元，贷款余额100亿元，拨备前利润突破10亿元。万丰路网点获评北京银协客户营销特色网点。

（杨 松）

【服务区域发展】 年内，不断加强对实体经济的服务力度，支持先进制造业、现代服务业、文化产业和战略性新兴产业的发展，对中小企业加大金融服务力度，优先配置小微企业信贷资源；提高服务政府质效，保证财政资金汇划；完善大学生实习基地建设，帮助辖区内千余名高校大学生完成职业化实践学习任务。

（杨 松）

【提升人力资源竞争力】 年内，依据经营模式转变和业务发展要求，不断完善“内涵式”人力资源配置机制，抓好培养、引入和配置三个重要环节，不断提升人力资源核心竞争力。通过科学考核、轮岗实践、公开竞聘和完善储备等形式，建立人才成长机制和晋升通道，引导员工个人职业发展方向，增强员工工作干劲，优化人员配置效率。

（杨 松）

【风险管理】 年内，从完善风险预判机制、加强重点领域信用风险防控以及严控操作风险三方面提升风险管理水平。通过加强信贷审核与监督管理，实现法人贷款零不良；通过风险事件每日通报、督导员按月驻点检查和网点负责人按季考评制度，强化员工风险意识，提升操作风险防范能力，提高业务运行质量。

（杨 松）

【建设人民满意银行】 年内，以“人民满意银行建设”为主线，开展服务规范化、标准化工作，创新服务管理模式，推进客户投诉、排队时长管理，进一步优化服务品质，提升客户满意度。开展“金融知识进万家”和“普及金融知识万里行”活动，为老百姓提供金融安全知识培训和咨询等服务，践行社会责任。

（杨 松）

中国银行股份有限公司北京丰台支行

【概 况】2014年，中国银行股份有限公司北京丰台支行实现考核利润61786.87万元，增长30.55%，对北京市分行利润贡献度同比增长11.07%；本外币存款（含理财）时点余额403.36亿元，较年初增加38.84亿元；本外币贷款时点余额165.28亿元，较年初增加61.18亿元；实现中间业务净收入26945.58万元，增幅12.31%。

（王盈盈）

【国际结算业务】 年内，坚持发展国际结算业务，通过深层营销挖潜重点客户资源，定位需求，寻求合作；通过关注市场信息，加强上下联动，注重时效，顺畅衔接；通过TSP下沉支行，梳理业务流程，提升业务办理效率。全年办理进口信用证开证172笔，金额5亿美元；开立国内外保函210笔，金额5.3亿美元，实现中间业务收入近1000万元人民币。国际结算条线实现中间业务收入9065万元。

（王盈盈）

【中小业务发展】 年内，中小业务呈较快发展态势。九家网点获批有权签字人资格，均实现业务自主发起，网点业务发起率得到提升。结合中小企业客户需求，匹配不同类型产品，实现重点产品推广落地。推行北京市分行首笔“创业通宝”产品，得到客户认可，《参考消息》、《信报》、《晨报》等媒体进行相关报道。面向全辖客户开展清单式营销，拓展客户资源，优化客户结构，做好客户储备。

（王盈盈）

【汽车分期业务】 年内，借助经销商资源扩大汽车分期业务，建立重点经销商定期走访制、分层营销制维护现有合作关系，依托网点拓展新资源，签约新经销商六家。创建特色购车服务一条龙，为客户提供全方位服务；联手经销商举办中行客户专属活动，推进合作深度。

（王盈盈）

【互联网金融】 年内，借助“去哪儿网”、“奇虎360”两大电商客户，将中行所有网上支付产品和分期产品上线，实现全面合作。两网每月交易总量跃升至11亿元，较上年增长10.2亿元。

（王盈盈）

【内控建设】 年内，通过完善内控管理制度、丰富内控传导平台、强化基层管控等手段，不断丰富内控管理模式。对各级员工加强考核、指导和管理；调整风险管控主题，确保管控思路紧跟导向、管控要求联系实际、管控举措推陈出新；通过例会锻炼业务经理沟通技能，提升履职能力；推出“我是内控检查者”活动，创新检查形式，帮助网点查改问题，提升员工内控合规意识。

（王盈盈）

【安保管理】 年内，推进“晨会案防一分钟”制度，通过统一晨会形式规范讲评内容，精炼晨会内容，丰富传导渠道。推进“安全员轮值”制度，明确轮值要点，把控日常风险。通过建立考核机制、督办落实效果等举措促进两项制度落实，形成了管理特色，夯实了基层营业网点安全保卫管理基础。安全管理工作通过北京银行业协会现场验收，以北京地区第一名的成绩被评为全国金融系统中国银行业协会安全管理先进单位。

（王盈盈）

【服务品牌建设】 年内，加强服务监督，通过常规检查、“神秘人”体验式检查、远程监控检查等方式加大检查频率，按月通报检查情况，提示重点问题。优化硬件设施配备，为网点统一安装便民柜，配备轮椅、婴儿车、医药箱、针线盒等便民物品，改善服务环境，提高服务水平。一家网点当选为中国银行业文明规范服务千佳示范单位。

（王盈盈）

中国农业银行股份有限公司北京丰台支行

【概　况】2014年，中国农业银行股份有限公司北京丰台支行围绕“市场入主流、同业创一流”的战略目标，以坚持创新引领、促进提质增效、加快转型升级、强化风险管控、构筑人才基石为重点，全面提升市场竞争力，实现丰台地区一流银行建设新突破。全年实现本外币全口径存款余额330亿元，本外币核心存款较年初增长24.8亿元，实现考核利润5.6亿元、中间业务收入1.9亿元。

（夏星昂）

【客户建设】 年内，参与中小河道治理及棚户区改造项目，为旱河河道治理项目投放贷款6.43亿元，完成小清河、大兴灌渠河道治理项目的授信审批工作。推进创新转型，通过对资产负债与中间业务组合营销、本外币业务联动营销、公司与个人业务交叉营销，不断探索、尝试新业务，实现与对公客户的多元化业务合作。完善国际业务组织架构建设，推进国际业务向业务专业化、产品多元化、流程规范化转变，国际结算量、跨境人民币结算量均位列系统前列。

（夏星昂）

【市场和产品推广】 年内，组织开展渠道产品专项营销活动，以个人资金归集、超级网银、短信理财、有效收单商户等组合产品为重要抓手，提高个人产品对存款的支撑力度。全面启动客户价值提升计划，客户服务由标准化逐步向差异化、个性化、体验式服务转变。组织开展专家坐诊、亲子沙龙活动、儿童启蒙音乐会、名表展、采摘、法律沙龙等活动，提升客户满意度。服务三农，以新发地农产品批发市场为服务重点，大力支持首都“菜篮子”工程建设，通过在市场搭建人工网点和自助银行、创新结算方式，改善了金融结算环境，丰富和完善了金融交易渠道。

（夏星昂）

【基础管理】 年内，建立网点风险分析例会制度，先后组织召开全员警示教育大会、开展员工参与非法集资等专项治理活动及员工行为、声誉风险排查等工作，切实增强一线员工的依法合规意识。修订完善支行考勤实施细则、证照及出入境管理、员工行为管理计划等制度，加强员工行为管控力度。防范信用风险，坚持实施信贷业务“精细化”管理，落实贷后管理，定期对客户生产经营及财务状况开展现场检查评估，不良贷款余额和占比持续双降，信贷资产质量进一步改善；在运营基础管理上，持续推进业务流程优化和基础管理机制创新，提升监管水平。

（夏星昂）

中国建设银行股份有限公司北京丰台支行

【概　况】2014年，中国建设银行股份有限公司北京丰台支行全口径资金量突破400亿元，人民币全口径时点存款余额334.25亿元，比年初新增34.44亿元，其中企业存款191.17亿元，比年初新增24.35亿元，计划完成率116%；储蓄存款143.08亿元，比年初新增10.09亿元，计划完成率

141%。各项贷款余额 557.47 亿元，比年初增长 90.32 亿元。实现中间业务收入 14600 万元，其中对公收入 6300 万元、对私收入 8300 万元。实现利润 12 亿元，增速 24%，人均创利 370 万元，是分行系统人均利润的近三倍。获“全国企业文化基层践行五十佳班组”荣誉称号，全国建行只有两家单位获此荣誉。获评北京市金融工会 2014 年度先进职工之家、总行级模范职工之家、北京市分行文明单位、分行级先进基层党组织。

（胡　静）

【支持区重点项目建设】 年内，支持区重点项目建设，为中关村发展集团股份有限公司下属北京丰科建投资管理有限公司申报 5 亿元综合授信，并为其发放园区建设贷款 1.84 亿元，用于丰台科技园区西区 I 项目建设。

（胡　静）

【财政服务】 年内，继续承办丰台区六项代理财政业务，其中代理授权支付业务，实现资金量 52.57 亿元；代理直接支付业务，实现资金量 38.41 亿元；代理统发工资业务，发放金额 35.96 亿元；代理非税收入收缴业务，收缴 7.58 亿元；代理国库实拨资金监管业务，拨付资金 13.25 亿元；新签约公务卡预算单位 58 家，办理公务卡 801 张。

（胡　静）

【代理保障房租金补贴代发业务】 年内，取得廉租房租金补贴发放业务的代理银行资格，成为丰台区唯一一家代理公租房和廉租房两项保障房租金补贴发放业务的银行。全年向 8900 人次发放保障房租金补贴 740 万元。

（胡　静）

北京农商银行丰台支行

【概　况】 2014 年，北京农商银行丰台支行围绕“调整、巩固、优化”的经营方针，深化分支机构改革，提升网点经营能力，推动业务转型发展，各项业务扎实推进。实现全口径存款余额 278.84 亿元、各项贷款余额 149.22 亿元。

（范鸿彬）

【优化信贷结构】 年内，注重优化信贷结构，注重综合价值提升，逐渐形成大客户支撑、中小微客户补充的信贷体系。向优质重点客户新发放贷款 65 笔 59.89 亿元，占全部新发放贷款的 96%。中小微企业贷款增加 4990 万元。个人贷款新发放 138 笔 1.89 亿元，全年净增 6212 万元。

（范鸿彬）

【发展个人业务】 年内，全力做好重点村拆迁款留存营销，全年代发资金 21.63 亿元。深化分支机构改革，转变经营理念，全年持续开展“进社区、进企业、进市场”宣传活动；举办理财沙龙、金融知识讲座、贵宾客户采摘、社区金融宣传等活动 50 余场；与北京青年报方庄社区报开展合作，定期宣传金融产品信息，不断提升影响力。

（范鸿彬）

【风险防控】 年内，开展会计营运存款风险滚查、风险防控专项检查、金库专项检查工作，节日期间进行会计运营巡查。加大清收保全力度，促进不良贷款清收。不断加强安保工作力度，控制各类风险。

（范鸿彬）

城乡建设和管理

规划管理

【概　况】2014年，组织开展《长辛店地区整合规划》及北京市第二道绿化隔离地区试点工作、《大红门地区现状市场规划实施情况研究》、《丰台科技园西一区、西二区规划用地优化研究》、《丽泽金融商务区金中都城墙遗址公园概念方案》等重点功能区及相关专项规划研究工作；组织开展《丰台区规划实施评估和发展战略研究》、《丰台区公共服务设施规划动态实施机制研究及办法》、《丰台区集体建设用地评估与发展策略研究》、《丰台区五环内棚户区规划统筹研究及东铁营地区棚户区改造项目实施研究》等工作；结合长辛店老镇改造，组织开展了《长辛店老镇复兴计划启动区协作设计行动》，探索老镇有机更新和治理的新模式。

（李西章）

【开展推进城乡一体化相关工作】 年内，推进部分重点村的用地分宗、土地入市和产业项目。全年完成白盆窑一期、石榴庄二期入市规划条件；稳定西局分宗方案，协调核发三期用地的钉桩；推进槐新组团、周庄子、大红门分宗方案；组织论证小瓦窑村的捆绑实施方案；协调市规划委开展各重点村产业项目规划研究工作，按照市政府的批复，核发夏家胡同产业项目规划条件，涉及建设用地约1.03公顷，地上建筑面积约3.61万平方米。

（李西章）

【绿隔地区规划工作】 年内，核发东管头村、看丹村、榆树庄村、纪家庙、岳各庄、小井村等农民回迁房的规划条件，共涉及建设用地约86.4公顷，可建回迁房及配套约116.65万平方米；核发小井村产业项目《规划意见函复》，核发夏家胡同产业项目的《建设项目规划条件》；共涉及建设用地1.03公顷，地上建筑规模约3.61万平方米。协调推动卢沟桥农场、槐房村等绿色产业项目，其中卢沟桥农场绿色产业项目已核发自有用地规划条件。

（李西章）

【开展公共服务设施规划研究和审批工作】 年内，开展全区公共服务设施规划动态实施办法的研究工作，完成全区公共服务设施动态资源库和需求库的建库及评估工作，已在规划中新增落实25项共6.5万平方米的各类公共设施。完成白盆窑、石榴庄等多个项目的公共服务设施研究。核发北京第十二中学东校区、北京十中槐树岭校区等教育设施的规划条件，总用地面积约5.77公顷，地上建筑规模约 3.92 万平方米。核发青塔活动中心、康复资源综合楼、王佐人民法院、青秀公园配套用房、绿源文化中心等公共服务设施项目的规划条件，总用地面积约10.05公顷，地上建筑规模约5.57万平方米。对全区104处社区办公和服务用房的规划等情况进行逐一梳理。

（李西章）

【开展保障房规划服务工作】 年内，共核发保障房规划设计方案审查意见9项，总建筑面积约86.7万平方米，建设工程规划许可证23项，总建筑面积约202.8万平方米。核发各类保障房项目的规划条件、选址意见书12项，涉及建设用地约79公顷，地上建筑面积约201万平方米。开展迅雷仓储用地、造甲村回迁房等多个保障房项目的规划调整。

（李西章）

【办理建筑工程类规划许可】 年内，核发建筑工程规划许可124件，其中《选址意见书》12件，总用地面积约89.42公顷，建筑规模约122.93万平方米；《建设用地规划许可证》24件，总用地面积约159.22公顷；《建设工程规划许可证》82件，建设规模约435.71万平方米；《临时乡村建设规划许可证》6件，建设规模约11.11万平方米。

（李西章）

【办理市政工程类规划许可】 年内，核发市政工程类规划许可239件，其中《建设项目规划条件》33件，共计12.7万延米；《选址意见书》15件，用地规模约131公顷；《建设用地规划许可证》36件，用地规模约96公顷；《建设工程规划许可证》175件，各类管线、道路长度约20.7万延米，建筑规模约0.53万平方米。

（李西章）

【重点功能区规划及专项规划研究】 年内，组织完成《丰台河西中低运量轨道交通系统线网及线路规划方案研究》、启动《丰台区内涝防治规划研究》、《北京市M16号线丰台区（丽泽商务区至宛平）重点站公共艺术设计策略及导则研究》等规划研究。编制完成《丰台区居住建筑外部环境设计图集》。组织完成《城乡一体化丰台区一道绿隔地区规划实施及村庄案例实施研究》、《京津冀一体化背景下的丰台发展战略研究》等规划研究工作。

（李西章）

【建设工程规划监督】 年内，共办理规划监督件99件，建筑规模约288.83万平方米。其中，规划验线7件，建筑规模18.62万平方米；规划验收92件，建筑面积约270.21万平方米。包含：政策性住宅约120.15万平方米；商品住宅约65.06万平方米；公共建筑约44.47万平方米；重点功能区约8.90万平方米；中央单位约29.28万平方米；公共设施约0.21万平方米；教育卫生与公共服务约2.12万平方米。

（李西章）

【新地名命名】 年内，办理建筑物、道路名称命名许可18件。建筑物名称：方恒万泽中心、领秀翠骊家园、金丰能源中心、晓月景园、鼎兴大厦、华夏幸福中心、玉璞家园、中奥嘉园、榴景秀苑、西贵园。道路名称：久敬苑路、小瓦窑路、玉璞路、小屯北街、福宜街、中顶庙街、西铁营西路、西铁营中路、西铁营东路、右外西路、双庙路、双庙东路、石榴庄一街、石榴庄二街、石榴庄三街、石榴庄四街、鑫盛街、鑫槐街、郭公庄中街、郭公庄南街、白盆窑路。

（李西章）

【查处违法建设】 年内，配合区城管部门、街乡镇认定违法建设533项，建筑面积约20.20万平方米。对经巡查或举报等方式发现的不属于规划部门的查处的违法建设线索进行了及时的移交，共涉及移交线索81件，总建筑面积约79.33万平方米。完成规划卫星查违任务，核实图斑变化共计104项，确认违法建设图斑58项，总建筑规模为121.48万平方米。全年共对3项违法建设正式立案查处，制作行政处罚案卷，涉及处罚建筑面积1584.64平方米，罚款14.12万元。

（李西章）

住房和城乡建设

【概　况】 2014年，全区累计开复工项目497项，房建工程开复工建筑面积达2275万平方米，建筑业实现财政收入5.77亿元，占全区财政收入的8%，同比增长27.6%，与房地产业共同实现财政收入21.15亿元，占全区财政收入的21.2%。累计出动检查人员5482人次，检查工地5956项次，开展联合检查31次，专项检查14次，建筑工地施工现场扬尘控制达标率为93%。建立远程视频监控平台，对90家建筑面积5000平方米以上土石方施工工地实施全天候监控。实现3家无手续、无资质搅拌站关闭拆除。实现保障房开工13589套102万平方米，完成市下达任务（13200套）的103%。

（赵　甦）

【交通建设】 年内，万寿路南延南四环—金星路段、青龙湖5号路、青龙湖23号路、云岗西路、魏各庄路、电碳厂南路、康辛路二期富丰桥至樊羊路段、石榴庄路、张新路北段9条道路实现竣工，通车里程19.13公里。

（赵　甦）

【民生保障工作】 年内，实现保障房开工13589套、竣工9434套，分别完成年度开、竣工任务的103%和105%；全面完成58个小区，198万平方米的节能改造任务。完成公共服务配套设施移交接收26处，20043平方米。

（赵　甦）

【首开馨城廉租房竣工】 年内，首开馨城中低价位、中小套型普通商品房项目配建廉租房竣工。工程位于丰台区卢沟桥乡小屯村，东至航天标准大厦围墙、南至美域家园围墙、西至玉泉西路东侧、北至梅市口路绿化带，包括C14#楼，建筑面积0.9万平方米，可提供房源192套，地下1层、地上12层，剪力墙结构，工程总造价5088万元。2011年2月20日开工，2014年10月24日竣工。

（孙兴国）

【首开馨城公租房竣工】 年内，首开馨城中低价位、中小套型普通商品房项目配建公租房竣工。工程位于丰台区卢沟桥乡小屯村，东至航天标准大厦围墙、南至美域家园围墙、西至玉泉西路东侧、北至梅市口路绿化带，包括C12#楼，建筑面积4.7万平方米，可提供房源663套，地下2层、地上28层，剪力墙结构，工程总造价26560万元。2011年2月20日开工，2014年10月24日竣工。

（孙兴国）

【大瓦窑经济适用住房项目竣工】 年内，大瓦窑经济适用住房项目竣工。工程位于丰台区卢沟桥乡大瓦窑村，东至规划大瓦窑四号路、南至规划大瓦窑三号路、西至大瓦窑中路、北至规划大瓦窑一号路，包括1#、2#、3#、4#、5#、6#、7#楼，建筑面积11.39万平方米，可提供房源2038套，地下1层，地上1#楼20层，2#楼8层，3#、4#、6#、7#楼28层，5#楼18层，框架结构，工程总造价58593万元。2011年12月1日开工，2014年1月1日竣工。

（孙兴国）

【南苑棚户区改造项目阳光星苑小区竣工】 工程位于丰台区南苑西红门路（公安局备案地址：北京市丰台区西红门路18号院），规划总建筑面积为40万平方米。2011年3月开工10个建筑单体，2014年1月竣工。总建筑面积18.5万平方米，总造价10亿元，包括8栋住宅楼、1座地下车库、1座锅炉房。

（白家璋）

【首开同馨家园工程竣工】 工程位于丰台区卢沟桥乡小屯村，共7栋建筑单体，总建筑面积287154.41平方米。包括C02、C03号两限商品住宅楼、C12号公租房为地上28层，地下2层，剪力墙结构。C14号廉租住宅楼为地上12层，地下1层，剪力墙结构。C24号、C25号配电室框架结构，C26号地下水泵房剪力墙结构。总造价为26476.6万元。2012年3月15日开工，2014年10月27日竣工。

（白家璋）

【福海国际大厦工程竣工】 工程位于丰台区永外海户屯，规划总建筑面积88714平方米，单体1栋，地上：9层地下3层，钢结构。工程造价38100万元。2012年3月开工，2014年4月竣工。

（白家璋）

【华电产业园工程（盈坤世纪）竣工】 工程位于北京市丰台区花乡四合庄汽车博物馆东路6号院。规划总建筑面积248186平方米，由AB座办公楼、CD办公楼、HI座酒店、EFG座商业办公楼、分布式能源站组成，地下三层地上十二层——十九层，全现浇钢筋混凝土框架剪力墙结构。工程总造价约26亿。2011年12月开工，2014年8月竣工。

（白家璋）

【青龙湖5号路竣工】 工程位于丰台区永定河以西地区，青龙湖25号路至云岗西路，城市主干路，道路全长约3.4公里，红线50米。桥梁1座，青龙湖输水河桥为1*25m单跨预应力混凝土现浇箱梁桥，桥梁面积1125平方米。道路面积111890平方米，步道面积27840平方米，雨水管线3400米，污水管线3400米，中水管线3400米，上水管线3400米。工程总造价14859万元。2014年1月10日开工，5月1日竣工。建设单位为北京恒盛宏大道路投资有限公司，设计单位为铁道第三勘察设计院集团有限公司，施工单位为中铁六局集团公司，监理单位为北京市曙晨工程建设监理有限责任公司。

（黄　闻）

【青龙湖23号路竣工】 工程位于丰台区永定河以西地区，云岗西路至青龙湖8号路，城市主干路，道路全长约2.8公里，红线40米。桥梁2座，桥梁面积1200平方米；西庄店排水沟桥为桥梁面积2350平方米。盖板涵1座。道路面积63190平方米，步道面积24730平方米，雨水管线2800米，污水管线1100米，中水管线1400米，上水管线2760米。工程总造价9796万元。2014年1月10日开工，5月1日竣工。

（黄　闻）

【云岗西路西延竣工】 工程位于丰台区永定河以西地区，青龙湖5号路至大灰厂路，城市主干路，道路全长约3公里，红线50米。箱涵1座。道路面积43715平方米，步道面积17049平方米，雨水管线1700米，污水管线1020米，中水管线1780米，上水管线1700米。工程总造价6151万元。2014年1月10日开工，5月1日竣工。

（黄　闻）

【玉泉西路竣工】 工程位于卢沟桥地区，吴家村路至小屯西路，城市次干路，红线宽35米，道路全长842米。道路面积20236.5平方米，步道面积5722平方米，雨水管线869米，电力管线840米，电信管线820米，工程总造价1768万元。2013年10月2日开工，2014年8月7日竣工。

（黄　闻）

【泥洼北路西延竣工】 工程位于丰台区泥洼地区，泥洼路至泥洼东路，城市支路，红线25米，道路全长319米。道路面积4286平方米，步道面积1700平方米，雨水管线264米，污水管线376米。工程总造价436万元。2014年8月20日开工，2014年10月1日竣工。

（黄　闻）

【南苑棚户区规划一路竣工】 工程位于丰台区南苑地区，槐房西路至南苑镇南三号路，城市支路，红线40米，道路全长438米。道路面积约6400平方米，步道面积3200平方米，雨水管线475米，污水管线346米，电信管线430米。工程总造价761.62万元。2012年10

月30日开工，2014年10月15日竣工。

（黄 闻）

【南苑棚户区规划三号路竣工】 工程位于丰台区南苑地区，南苑镇南五号路至西红门路，城市支路，红线30米，道路全长718米。道路面积11200平方米，步道面积5600平方米，雨水管线700米，污水管线700米，电力管线700米，电信管线700米。工程总造价1937.2万元。2012年10月30日开工，2014年10月15日竣工。

（黄 闻）

【张新路北段（看丹路东段Ⅱ--看丹路东段）竣工】 工程位于丰台区花乡地区，看丹路东段至看丹路东段Ⅱ，城市支路，红线30米，道路全长390米。道路面积8190平方米，步道面积3510平方米，电信管线400米。工程总造价428.19万元。2013年9月8日开工，2014年10月21日竣工。

（黄 闻）

市政市容建设与管理

【概 况】 年内，承担市实事工程4个、折子工程11个，区委、区政府折子工程13个、实事工程6个、区城南行动计划项目2个，通信类架空线入地等重点工作项目，约40个。承担世界种子大会环境保障和交通保障等重点工作任务。开展“城乡环境提升年”活动，加强对街道、乡镇的环境考核和检查，继续实施重点大街、背街小巷、老旧平房区及公交、地铁站点周边等区域环境综合整治，加强市政基础设施建设，全年收到锦旗10面，感谢信2封，在2014年首都城市环境建设综合考核中，取得城六区第二名，市容环境卫生综合考核即“干净指数”在城六区名列第三，丰台区道口办荣获2014年度道口安全管理先进管理区县。

（夏全书）

【种子大会环境保障】 年内，投资5500万元，对第十四届世界种子大会周边环境进行整治，拆除违法建设200余平方米，拆迁24万平方米，清理积存渣土4万方，绿化美化33万平方米，修砌景观围墙1300余延米，粉刷外立面1.6万平方米，硬化地面1.3万平方米，规范广告牌匾100余块。在核心区辐射区15条道路沿线设置4个道路景观节点，悬挂灯杆旗1400套，设置硬质横幅33幅1570余平方米，设置单立柱广告宣传画13处3200平方米。

（夏全书）

【区域环境提升工程】 年内，完成方庄地区区域环境综合提升工程，对北起南二环，南至南三环，西起芳古路，东至方庄路，面积约1平方公里的地块进行环境达标整治，对蒲方路东段和芳星路北段等5条道路进行慢行系统改造。对蒲芳路用大理石进行了铺装和芳星园一、二、三区进行环境整治，完成了群乐园总面积9000多平方米的绿化提升工程，绿化美化群星路与芳古路交叉口等地点。在体育公园、芳星园二区、方庄环岛新建并投入使用公厕3座。拆除违规户外广告牌匾6000多平方米，完成970根杆类、83个箱类的户外小广告防粘贴工程；完成了王佐区域达标环境提升工程，对北宫南路等5条市级重点达标道路、东大街等10条区级重点达标道路进行了整治。

（夏全书）

【环境综合整治】 年内，整治大成北里路等35条背街小巷，宛平老庄子和长辛店东南街5号楼周边等2处老旧平房区，看丹村、东铁营横一条等2个城乡结合部地区，丰沙铁路、京原铁路沿线、水衙沟河道沿线，地铁4号线、5号线、9号线、10号线、大兴线、房山线等15个出站口周边等区域的环境。对全区29家非法砂石加工厂开展专项整治，对APEC峰会在区内的主要环线、重点地区等进行清洗粉饰，粉饰楼宇25栋约13.6万平方米，对32个老旧小区进行环境整治、节能综合整治和抗震加固。

（夏全书）

【道路设施管理】 年内，对何家园路、北天堂东路南段、群星路等15条道路进行大修，累计修复破损路面约19.8万平方米，巡查道路2.12万条次、6.1万余公里。完成铁人三项自行车赛道整治及保障，共整修路面2万平方米、安装胶垫50个、设交通指示牌14个。完成莲花河西路桥等5座桥梁的静载检测任务，完成怪村桥梁大修和镇岗塔路桥、吕村桥的养护。推进了规划路东渠路建设，完成丰台区段道路460米建设和排水管线工作。完成规划路看丹路道路工程、路灯工程、交通工程、绿化工程，增设隔离护网和过街信号设施，实现正常通行。为莲花池汽车站西侧等37条道路安装路灯。完成通信类架空线入地工作，对抗战69周年纪念活动重点地区沙岗村路、东关南街、卢沟桥北路、京石高速4条道路通信类架空线入地和剪线穿缆工作，完成万丰路、东大街2条道路弱电架空线入地管廊建设工作。办理占掘路件32件、抢修5件、处理私掘15件、掘路意见函2件、备案3件。

（夏全书）

【市政设施巡查】 年内，接收各类任务件703件，出动1126人次进行应急抢险，处理检查井、雨污水井箅子711套/块，清掏4872座，疏通管线约9万平方米，清除淤泥约260吨；现场勘察占路、掘路49条、已恢复44条，恢复面积30389平方米；开展市区两级巡查互动，接市路政局派发的巡查件421件，处理421件，修复率100%，上报市属道路破损件数87件。

（夏全书）

【交通综合管理】 年内，对角门北路、景程桥等10处交通拥堵点通过局部拓宽、路口改造等方式进行了改造；设置68处公共自行车租赁点，投放公租自行车2000辆；为15个居住区新增备案停车位6913个，其中对7个老旧居住区进行改造，新增停车位342个，申请市级奖励资金68.4万元；协调丰台区体育中心、紫芳园三区、四区底商等10个停车场提供错时停车位719个；配合交管部门完成53条道路5873个车位“一位一编号”的施划；推进玉林东里一社区老旧小区停车管理试点，完成方庄、望园东路立体停车设施建设，开展嘉园二里等16个老旧小区停车状况调查；加大轨道交通桥下空间安全隐患整治力度，整改隐患19处。

（夏全书）

【环卫设施管理】 年内，对2座旱厕进行改造，对22座公厕进行升级改造；完成全区42%的餐厨服务企业餐厨垃圾规范化收运工作和全区废弃油脂100%的收运任务；推进16处非正规垃圾填埋场治理，完成12处的前期准备工作。

（夏全书）

【生活垃圾处理】 年内，推进生活垃圾循环经济园建设，湿解堆肥处理厂取得立项批复及建设用地规划许可证，8595万元的补偿费已全部向北天堂村支付完毕；餐厨（厨余）垃圾处理厂取得环评批复；完成建筑垃圾资源化项目已确定在大灰厂村天峪沟；投资7045万元，预处理筛分厂分垃圾93万吨；投资3786万元，残渣填埋场填埋垃圾61万吨；投资2066万元，渗沥液处理厂处理渗沥液20万吨，其中，外运处理上清液4万吨；投资9226万元，向首钢鲁家山生物质垃圾焚烧发电厂外运垃圾筛上物28万吨。

（夏全书）

【市容卫生管理】 年内，整理印发《丰台区环境卫生管理工作制度汇编》，落实“门前三包”和背街小巷管理责任，组织各街道和乡镇为辖区4923条背小巷挂牌，纳入区级财政投资清扫保洁范畴；完成16931个“门前三包单位”管理台账建立工作，推广西罗园街道“门前三包”联片自治管理工作经验；完成市市政市容委公厕“摇一摇”软件数据的普查；完成公共卫生间、垃圾收集设施普查工作；聘请专业保洁力量对二、三、四环等重点路段区域非法小广告进行重点盯守清理，协调保洁力量对303根小广告发布栏进行清理保洁。

（夏全书）

【景观设施管理】 年内，开展户外广告牌匾的专项整治行动，整治种子大会和宛平地区纪念活动周边违规户外广告和牌匾标识124处178块，其它地区违规户外广告和牌匾标识295块。

（夏全书）

【公用事业】 年内，完成既有二、三步节能居住建筑供热计量改造约750万平方米。协调草桥村并入城市热网，完成“送气下乡”工作，液化石油气开卡达11346户，销售量32774瓶。

（夏全书）

【爱国卫生】 年内，完成10个健康社区和3家健康示范单位的创建和验收；开展公共场所控烟宣传，组织13家无烟机关、无烟单位接受市爱卫会、市CDC的中期效果评估检查，6所高校控烟效果接受市级检查。组织6家专业消杀公司对中小餐饮、农贸市场、长途客运站、宾馆饭店、社会单位等89家单位进行9轮次大规模灭蟑专业消杀作业，对区政府5个办公区进行灭鼠灭蟑统一投药作业，对10个街道、乡镇的11万户居民家庭实施入户灭蟑投药作业。全年共投放鼠药76200公斤、粘鼠板26380张、灭鼠毒饵盒3500个、灭鼠毒饵站2690个、灭蚊蝇药品5个品种共4690公斤。

（夏全书）

【渣土管理】 年内，检查工地现场4000多次，开展检查考评12轮次，召开33次施工现场规范管理工作会，约谈责任单位23次，发送整改督办单53件，整改市级检查中发现的问题20处，办理市、区督办10件。出动600余人次、车辆300台次，查处和规范建筑垃圾运输车辆6744台次，暂扣违规车344辆，罚款100.32万元；对丽泽商务区工地进行了重点检查，查处违规车辆37辆，罚款11.1万元；对43家建筑垃圾砂石运输企业的277台运输车进行更新、改造，全部安装GPS定位系统，达到了北京市《建筑垃圾运输车辆标准》，发放补助资金957.5万元，其中更新车辆资金665万元，改造车辆资金292.5万元。全年共办理渣土消纳许可177件、运输车辆准运许可1779件，设置建筑垃圾消纳场所3处，建设工地渣土消纳证办理率为98%，建筑垃圾申报总量491.54万吨。其中，工程槽土471.07万吨；拆除垃圾17.55万吨；装修垃圾2.92万吨。简易填埋172.21万吨，回填利用319.33万吨。

（夏全书）

【提案议案及行政审批】 年内，承办人大建议、政协提案共111件，其中区人大建议81件、区政协提案30件；驻区政府大厅窗口受理各类申请事项47358件，其中小客车申请45129件，车辆准运审批、渣土消纳审批、消纳场所审批、运输企业经营许可审批共2229件，办结率100%。

（夏全书）

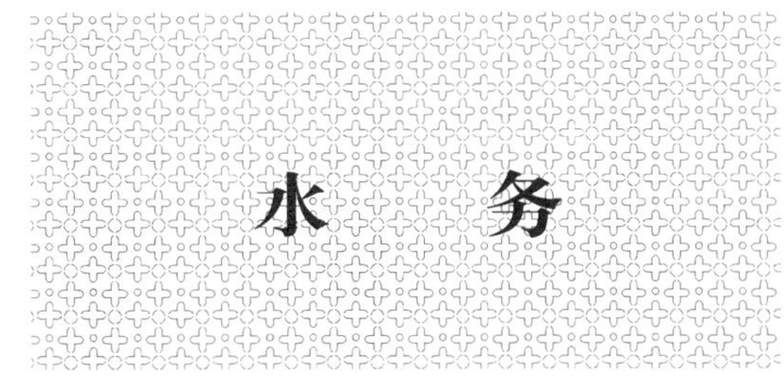

水务

【概　况】 2014年，完成了全区中小河道防洪治理既定任务。全区两阶段中小河道治理工程总长度50公里，第一阶段总长度22.6公里，已完成疏挖护砌18.8公里。第二阶段总长度27.4公里，已完成11.8公里，组织工程质量监督检查240余次。年内集成全区2000多个视频监控信号，实现气象云图、单点雷达、雨量数据、实时路况的全方监控。配合北京市水务局完成6处下凹式立交桥泵站升级改造工程。汛期针对13次主要降雨过程，及时预警，群发预警短信3800多条，备勤6.5万人次，车辆7千多台次，布控大型抢险单元65台次。全年累计处理各类涉水热线2380多次，处理供排水突发事件751件。应急处置22次，全年出动应急供水1901车次。办理涉水行政许可34件，办理涉水提案、建议21件，做到件件有回音，事事有落实。完成全区16个村级小型水站设备更新，更换井盖、雨水篦子273个，疏通排水管线2万余米。

（张　洁）

【完善排水市政管网建设】 年内，随京周公路新线铺设DN600供水管线7.3公里，随长兴路、梅市口路、大灰厂东路铺设供水、中水、污水管线43.5公里。解决了园博园的供水问题和道路排水问题。

（张　洁）

【水政执法】 年内，累计开展水政执法检查1490人次，处理办结各类举报97件，结案率100%。检查用水单位1180家，督促538家存在问题的用水单位进行整改，发出书面整改文书107份，处罚46家单位及个人，收缴罚款56万元，收缴水资源费384万元。完成了244家洗车经营户和44家洗浴经营单位的执法检查，规范管理自备井53眼，对全区708台小区制售水机，进行尾水回收设施安装检查。向410家餐饮企业，发放节水宣传资料3500份。

（张　洁）

【办理案件】 年内，承办市、区人大代表建议、政协委员提案29件、办理专项督查226项，上报督查情况550余份。对市长信箱、北京市信访综合系统、政风在线、群众来信、来电、来访及上级交办的群众涉水问题，及时处置。全年处理各类信访215件，办结率100%。

（张　洁）

【再生水厂建设】 年内，区青龙湖再生水厂是年度河西地区以西的重要配套基础设施，该项目采用BT即建设移交模式进行投资建设，5月20日，该工程土建工程全部完工，设备安装及调试基本完成，通过技术性通水验收。

（张　洁）

【林克庆检查第二阶段中小河道治理情况】 4月15日，副市长林克庆一行检查了全市第二阶段中小河道治理进展情况，市政府副秘书长赵根武、市水务局局长金树东、北京水务投资中心总经理毕小刚、市水务局副局长潘安君、副巡视员杨进怀参加检查。截止年内，25条河道已完成招投标并开工建设，34条段河道4月底完成招投标，其余13条段河道5月中旬完成招投标，汛期6月1日前，全部完成疏浚主体工程。

（张　洁）

【安钢调研污水处理工作】 8月8日，市人大常委会委员、市人大农村委员会主任委员安钢带领市人大农村委员、财政经济委、城市建设环境保护委共11位委员及代表，赴丰台区调研污水处理和中小河道治理工作。

（张　洁）

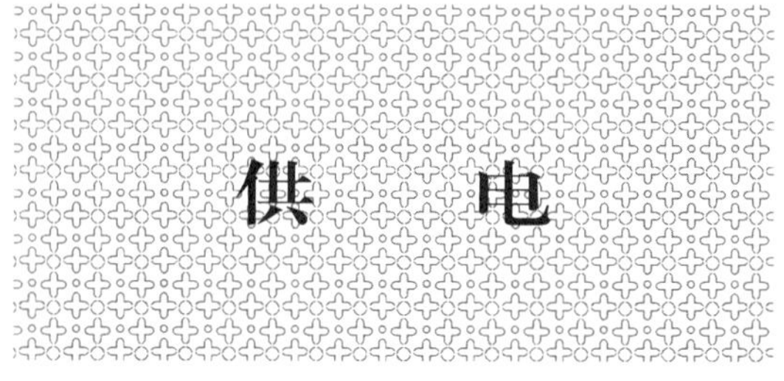

供　电

【概　况】 2014年，丰台供电公司负责丰台地区305.87万公里范围内的电网规划建设、运行管理、电力销售和 79.5 万客户的供电服务工作。全年共负责 110 千瓦变电站 27 座，主变 66 台，容量 3213 兆伏安；35 千瓦变电站 1 座，主变 2 台，容量 40 兆伏安；110 千瓦线路 0 条，长度 0 公里；35 千瓦线路 0 条，长度 0 公里；10 千瓦架空线路 192 条，长度 1310 公里；10 千瓦电缆线路 6460 条，长度 2686 公里。实现全年安全生产无事故目标，累计安全生产长周期 3005 天。年内完成售电量 72.99 亿千瓦时，同比增长 4.37%；完成线损率 6.99%；完成业扩报装接电容量 85.82 万千瓦时；电费回收率 100%。供电可靠率达到 99.9896%，电压合格率为 99.992%。最大负荷 165.8 万千瓦。获国家电网公司"三集五大"体系建设先进集体，国网北京市电力公司优质服务及厂务公开先进单位，连续 16 年荣获首都文明单位标兵称号等荣誉称号。

（黄　佳）

【安全生产】 年内，现场督导检查 546 次，发现并整改问题 132 项，下发安全建议单和违章通知单 47 张。发现并整改问题 34 项，组织 1650 人次参加各类安全教育培训。全年组织联合演习 4 次，专项演习 20 次，发布预警应急响应 13 次，突发事件应急响应 1 次。完成全国"两会"、种子大会、APEC、"七・七""9・3"抗日战争纪念活动等供电保障任务 53 项、209 天，实现政治供电"零闪动"。

（黄　佳）

【营销与优质服务】 年内，丰台公司共管理营业客户 788912 户。其中抄表收费客户 36190 户，卡表客户 222046 户；110 千伏客户 8 户，35 千伏客户 9 户，10 千伏客户 8627 户，低压客户 780263 户。全区共有重要客户 140 户，其中一级客户 40 户，二级客户 100 户。全年业扩报装服务时限达标率 100%，累计接电容量 85.82 万千伏安。

（黄　佳）

建 筑 业

丰台区城市建设综合开发公司

【概　况】 2014年，完成投资总额3.4亿元，完成开复工面积13.1万平方米，其中新开工面积7.5万平方米。完成商品房年度决算销售收入2.77亿元，其他经营收入8150万元，实现上缴各类税金1023万元，实现利润4540万元。公司再次被住建部审定为房地产资质一级企业。荣获2014年度"北京市构建和谐劳动关系先进单位"。

（吴春民　李文丽）

【主要开发建设项目】 年内，解决 3.5 万伏高压电缆的迁移这个制约项目建设的瓶颈问题。完成 C-15 组团市政工程；实现 4 栋住宅楼共计 7.5 万平方米当年开工，当年结构封顶。其中 3 栋住宅楼通过"市级绿色文明工地"、"北京市结构长城杯"验收。

（吴春民　李文丽）

【市政务服务中心项目拆迁安置房建设】 年内，市政务服务中心项目拆迁安置房主体结构封顶，完成部分装修工程，小市政工程开工建设。该项目被评为"北京市绿色安全施工工地"，3 栋楼均通过"北京市结构长城杯"验收。

（吴春民　李文丽）

【房屋销售】 年内，完成长馨园保障房项目审价工作，报区发改委进行审批。长馨园保障房项目组织完成首批 504 套回迁房的一次性入住。

（吴春民　李文丽）

【北京市丰开拆迁服务有限公司】 年内，完成长馨园项目集体产拆除工作；完成 9 个院落、2300余平方米的拆迁工作；根据安置腾退方案，给16号楼回迁户发放逾期周转费用。实现拆迁服务结算收入200万元。

（吴春民　李文丽）

【北京丰台城建物业管理有限公司】 年内，投资100余万元，实施海户西里等小区供暖设施和老旧管线的改造。进行望园中里小区20万平方米供暖面积的热计量改造。角门、望园两个供热厂连续第十八年被评为“北京市先进供暖单位”。全年回收历年欠款829.46万元。

（吴春民　李文丽）

【丰开望园科技孵化中心】 年内，建立望园大厦收费停车场，引进一家商务中心入驻望园大厦。投资34万元，实施望园东里28#楼底商、望园大厦、望园西里20#楼老旧设施维修改造工程。全年房屋出租收入1973万元。

（吴春民　李文丽）

国土资源管理

【概　况】 2014年，受理行政许可事项96件、服务事项1427件；办结行政许可事项97件、服务事项1388件。受理信息公开491件，完成答复470件；主动公开政府信息1193件。档案查询1403人次、出具证明及遗失补证109件、接收法院协助执行90件。办结国有土地使用权登记524件（其中初始登记93件、变更登记422件、注销登记9件）；中央在京单位国有土地使用权登记10件。其中初始登记8件、变更登记2件；办结国有土地使用权抵押登记864件。其中国有土地使用权抵押登记427件、国有土地使用权抵押变更登记24件、国有土地使用权抵押注销登记413件。年内，对10个项目进行规划修改或动态维护工作，使用城乡建设用地机动指标4.285公顷、特交水建设用地机动指标37.15公顷，保证项目依法合规审批。全年区政府批准11个项目按划拨方式供应建设用地，其中建设用地38.97公顷，建筑规模113.69万平方米。

（商晓青　李江楠）

【土地资源概况】 丰台区位于北京市的西南部，属城乡过渡地带，呈东西方向分布，东西长35.4公里，南北宽14.9公里。下辖16个街道办事处（地区）、5个乡镇。全区土地总面积305.5平方公里，区域土地中耕地21.8平方公里，占总量7.1%；园地7.7平方公里，占总量2.5%；林地42.8平方公里，占总量14.0%；草地0.8平方公里，占总量0.3%；城镇村及工矿用地190.9平方公里，占总量62.5%；交通运输用地27平方公里，占总量8.9%；水域及水利设施用地12.3平方公里，占总量4.0%；其他土地2.2平方公里，占总量0.7%。

（林国迁　李江楠）

【建设项目用地预审】 年内，完成土地预审项目60件，总用地面积约789.84公顷，涉及农用地104.29公顷，其中耕地57.72公顷；建设用地682.23公顷，未利用地3.32公顷。其中居住用地13宗，储备开发用地3宗，交通运输用地11宗，公共管理与公共服务用地24宗，特殊用地1宗，商服用地6宗，工矿仓储用地2宗。

（张　伟　李江楠）

【土地征收与耕地保护】 年内，完成天坛医院、园博会水源净化工程、南苑棚户区改造二期、中央民族大学等11个项目的征地结案工作，完成结案面积296公顷。共完成征（占）地8宗，审批用地面积189.10公顷。其中3个项目使用耕地4.02公顷，全部实现占补平衡。分别与区5个乡镇人民政府、1个办事处、2个国有农场及36个村委会签订耕地保护目标管理责任书，确保全区2600公顷耕地保有量的实现。

（许朝阳 李江楠）

【土地供应计划】 年内，编制完成《北京市丰台区2014年度国有建设用地供应计划建议方案》和项目表，2014年度土地供应计划完成30个项目，土地供应219.05公顷。

（杨燕群 李江楠）

【农村集体土地使用权确权登记】 年内，启动农村集体建设用地使用权确权登记工作，全区共有集体建设用地3544宗，面积3950.69公顷，历史发证161宗。全区农村集体建设用地应调查6个乡镇，59个行政村，1933宗地，已完成调查、测绘、资料收集等工作。对外业调查的1933宗建设用地按照《北京市关于加快推进农村集体土地确权登记发证工作的意见》要求逐宗梳理，最终确认1664宗建设用地符合确权条件，46宗建设用地符合发证条件。报请区政府批准并公告后，完成全部46宗集体建设用地登记工作及1664宗集体建设用地确权工作。

（商晓青 李江楠）

【保障性住房用地供应】 年内，编制完成《丰台区2014年度保障性安居工程用地供应计划》，超额完成89公顷新增保障性安居工程供地任务，累计实现保障房用地供应约92.41公顷（定向安置房68.45公顷、限价房23.96公顷），约占计划指标的104%。

（王义茹 李江楠）

【土地储备开发】 年内，土地储备开发项目完成投资约272.42亿元，完成比例约223%；完成开发土地约113.13公顷，完成比例约76%；经营性用地实现供应约111.44公顷，成交土地约91.78公顷，规划建筑总规模约166.07万平方米，成交价约281.76亿元，政府收益约154.76亿元。

（王义茹 李江楠）

【国土资源执法】 年内，卫星图片发现疑似违法用地图斑225个，合计178宗地，总面积2898.26亩，耕地面积820.89亩。其中违法用地174宗，土地面积2865.19亩，耕地522.59亩。在区政府领导下，各部门协调联动、密切配合，大力推进整改工作。通过整改，违法用地履职到位率100%，整改查处到位率84.2%，问责比例下降到8.02%，通过市级验收。

（李 萌 李江楠）

【矿产资源概况】 丰台区主要矿产包括地热、矿泉水、冶金用白云岩、制灰用灰岩、水泥配料用页岩。年内，没有新增矿产地和新查明重要矿产资源储量。开发利用的矿种有矿泉水资源及地热资源2种。已开发利用矿产地22处，其中矿泉水2处，地热20处。办理探矿权预登记2起，采矿权预登记3起。

（茹祥德 李江楠）

【地矿管理工作】 年内，对全区地热开采情况进行调查和年检，区内共有地热井30眼，其中有20眼正在使用，7眼待用，3眼停用，1眼报废，3眼正在勘查。与区气象局合作建立丰台区地质灾害气象预警预报机制，及时发布地质灾害应急预警，加强汛期预警值守，确保安全度汛。争取防治资金337万元，组织开展千灵山不稳定斜坡治理项目和后甫营羊圈头村不稳定斜坡地质灾害隐患治理项目，通过市局组织的验收。

（茹祥德 李江楠）

房屋管理

【概 况】 2014年，丰台区新建商品房预售成交3221套，成交面积38.51万平方米，签约金额111.49亿元，同比，分别下降40.13%、35.43%、29.73%，均价28955元/平方米，同比增长8.83%。新增保障性住房资格审核备案公租房1617户。租金补贴新增家庭达到274户，本年度解决住房困难家庭约1572户。开展各类保障房选房9次，涉及房源1572套。开展行政执法检查6800余人次，检查普通地下室2902处，处罚15处，关停26处，清出居住人员3243人。年内，交易权属发证中心在中共中央国家机关工委组织部、《紫光阁》杂志社和中央国家机关工委信息中心共同举办的征文活动中，文章《“三三三”工作模式提高服务水平》荣获建设服务型机关党组织优秀案例奖。

（肖　雯）

【老旧小区综合整治改造】 年内，完成老旧小区改造197万平方米，其中节能改造共完成56个小区、363栋、190.4万平方米；抗震加固改造共完成28栋、6.9万平方米；公共区域环境整治共31个小区。全年完成投资7.6亿元，惠及居民3万余户。

（肖　雯）

【普通地下空间综合整治】 年内，组织联合执法18次，出动执法人员1000余人次，检查普通地下室2902处，处罚15处，关停26处，清出居住人员3243人。全年累计完成三年整治任务的100%，租住场所由2011年的586处减少到413处。

（肖　雯）

【房屋安全管理】 年内，对全区街道、乡（镇）房屋进行安全检查，检查面积7050.87万平方米，其中：直管公房213.2万平方米，物业公司4548.93万平方米，单位直管1332.49万平方米，私产28.17万平方米，乡镇928.08万平方米。住宅专项维修资金审批完成133个物业公司和自管房单位，共计351件，审批资金147680992.02元。全区778个管房单位，除14家管房单位是涉密单位暂不提交信息外，有754个单位建立房屋建筑安全管理信息档案，比上年增加331个单位。房屋安全鉴定完成667处，冬季查房2140处，年产值1029万。

（肖　雯）

【房地产交易登记管理】 年内，共受理房屋登记业务75913件，同比下降13.87%，其中，存量房转移登记13888件，新建商品房转移登记14669件，抵押登记22516件，初始登记237件。全年共完成抽检2029件其中：初始登记12件、转移登记459件、变更登记109件、其他登记41件、抵押登记1063件、抵押注销登记345件，房屋登记质量抽检数量占全年完成房屋登记总数量的3%。交易权属发证中心和信息档案中心通过ISO质量管理体系第三次外部审核，获得认证证书。

（肖　雯）

【保障性住房管理】 年内，新增保障性住房资格审核备案公租房1617户。配合市住房保障部门开展1次公共租赁住房摇号选房工作，自行组织限价房摇号选房工作，共涉及房源1572套。租金补贴新增家庭达到274户，合计本年度解决住房困难家庭1572户。开展各类保障房选房9次，涉及房源1572套，其中玉璞家园限价房项目923套，燕西华府限价房项目360套，珠光逸景限价房项目289套。

（肖　雯）

【物业管理】 年内，共办理资质审批事项36个，其中：新办三级3个，核定三级2个，资质升级2个，资质变更27个，资质注销1个，跨区转入1个。全年完成物业项目新增备案32个、物业项目负责人及物业服务合同变更备案113个、物业服务合同注销10个。

（肖　雯）

房屋经营管理

【概　况】2014年，做好直管公房管理工作，全年完成房屋修缮资金1522万元，其中完成楼房屋面大修5幢、上下水更新改造21幢以及楼房中修189幢，共计103502.5平方米；平房大修5.5间83.2平方米，平房中修5373.5间。设备全年投资258万元，其中电梯大修工程15项，供水及消防设备大修7项。租金收缴完成2061.48万元。全年廉租房收缴应收租金105.04万元，实收租金98.46万元，租金收缴率为93.74%；另收缴旧欠8户，共计4421.80元。南苑棚户区改造稳步推进，在征收工作方面，一期项目累计动迁居民3232户，占总户数的80.28%，累计完成选房4415套。

（藏鸿媛）

【防汛工作】 年内，防汛工作以房屋普检为基础，普查房屋213万平方米，其中楼房414幢，194万平方米；查平房10058间，16万平方米，对区房管局委托管理的城镇私房514处，1650间，26903平方米房屋进行安全监护工作。

（藏鸿媛）

【供暖服务】 年内，投资1.42亿元实施专项工程，完成嘉园、自行车厂锅炉房煤改气工程，实施开关厂、彩虹家园北区BOT项目，完成晓月苑老旧管网改造、万柳园腿子管污水治理，完成晓月苑锅炉房400千瓦备用电源系统安装工程，10处锅炉房二次系统加装热量、流量计工程，红房子锅炉房低温排烟技术节能改造工程，完成小井锅炉房自控改造及周庄子、丰体等7处工控机改造工程，实施约113万平方米的二、三步节能供热计量改造工程，实施老楼供热计量改造工程。

（藏鸿媛）

【人防工程接管】 年内，共接管普通人防工程483处42.8万平方米，其中52处作为重点收费项目，除1处封存外，已收取43处人防工程使用费，合计为344.5万元。年内选取紫芳园一区7、8号楼及前泥洼小区1、2号楼两处进行经营类人防工程试点工作。

（藏鸿媛）

【老旧小区改造】 年内，节能保温项目开工小区58个，涉及楼房366栋，开工总面积192.6万平方米，全部完成节能保温任务。环境整治项目开工30个小区，涉及小区建筑面积149万平方米，全部按计划完成了环境整治任务。

（藏鸿媛）

房屋征收与补偿

【概　况】 丰台区房屋征收事务中心，成立于2012年1月，为区政府直属事业单位，经费形式为全额拨款，机构规格为相当正处级，核定编制45名。主要职责是：根据区房屋征收办的委托，承担区房屋征收与补偿的具体实施工作。2014年，实施地铁8号线三期、地铁16号线（丰台段）征收项目，完成8号线西洼地站拆迁面积3000平方米，占站点拆迁比例约80%。地铁16号线丰益桥南站拆迁面积约2300平方米，完成比例约为70%。年内加强项目配套房源筹备工作，对地铁8号线所涉及征收范围内的苗圃西里两栋居民楼进行摸底，掌握整体征收面积为 5400 平方米。

（盛 蕾）

园林绿化

【概 况】 2014 年，全区实有林地面积 9476.58 公顷，林木绿化率 39.5%，森林覆盖率 26.81%，城市绿化覆盖率 46.18%，人均公园绿地面积 7.64 平方米。年内全区有 25 个公园风景区，总面积为 998.54 公顷，其中 10 个收费公园及风景区，其余 15 个为免费公园（其中 5 个是郊野公园，3 个是绿地式公园）。共有精品公园 10 个，市级重点公园 3 个，4A 级旅游景区 4 个。其中 23 个注册公园：总面积为 578.53 公顷，占全市注册公园总面积的 5.7%。1 个森林公园：北宫国家森林公园（4A 级景区）占地面积 200 公顷。1 个风景名胜区（4A 级景区）：千灵山风景区，面积 220 公顷，占全市风景名胜区总数的 3.4%，占全市风景名胜区面积的 0.23%。全年创建 5 个花园式单位、3 个花园式社区、1 个首都绿色村庄。全区公园风景区共接待游客 1245.2 万人次，同比增长 1.9%。完成方庄地区周边环境整治 1.76 公顷，公路河道绿化 10 公里，彩叶工程 500 亩，森林植被恢复 2467 亩。完成国庆 65 周年、APEC 期间全区主要道路、重点大街、公园及周边的花卉布置工作，共布置立体花坛 9 处、容器花卉累计 1762 组、地栽花卉 29 处，栽摆各类花卉 132 万株。

（郭 强）

【构筑城市绿色空间】 年内，实施马家堡、郭庄子、郁芳园 3 个城市休闲森林公园建设，项目总面积 8.12 公顷。完成顶秀欣园社区绿地、南苑路西侧绿地、角门南路 3 处绿地便民工程 10 公顷。完成屋顶绿化 18 处 1.74 万平方米，超出年计划 16%，打造长辛店中心小学、丰台花园等 4 处精品屋顶花园。

（郭 强）

【城郊景观环境】 年内，完成平原造林任务 3520 亩。完成种子大会周边“三主一次”四条道路绿化工程 33 公顷，王佐代征地及小屯代征地绿化 10 公顷。完成总面积 143.67 公顷 64.5 公里园博绿道建设。

（郭 强）

【行政审批】 年内，共办理征占用林地绿地审核、林木和树木伐移、林保、种苗等行政许可事项 284 项，完成工程项目绿地率审核 52 件，绿地率复核 70 公顷，按时办结率 100%。通过严格把关、优化建设方案，减少审批 64 件，减少占用林地绿地 9200 平方米，减少伐移树木 4108 株。完成 12 处 32.9 公顷代征绿地的收缴。

（郭 强）

【行政执法】 年内，共处理各类绿化违章 122 起，森林公安接报警 32 起，立行政案件 10 起，结案 7 起，正在调查处理中 3 起。处罚违法单位 7 起，立刑事案件 3 起。

（郭 强）

【森林防火】 年内，以春节、清明节为重点保障时期，组织大型森林防火宣传 6 次，累计清理防火隔离带 600 多条总长 12 万延长米，清理林下可燃物 3200 公顷，全区没有发生森林火灾。

（郭 强）

【林木有害生物防控】 年内，完成产地检疫各类苗木 47.3 万株，签发《产地检疫合格证》15 份，签发《植物检疫要求书》23 份、制作检疫许可案卷 15 卷，复检各类工程苗木 13.2 万株，发现 16 批次苗木携带检疫性或危险性林木有害生物，签发

《检疫处理通知单》8 份、《限期除治通知书》11 份。全年开展三次林木有害生物普防工作，共出动防治队伍 181 支（组），27094 人次，出动车辆 264 台套、6608 台次。完成防治作业面积 40.89 万亩，施用仿生物药剂和植物源药剂 32.56 吨；其中夏、秋季两次飞防共 100 架次、防治作业面积 6 万亩，释放天敌昆虫 9.53 亿头、生物防治面积 5.54 万亩。

（郭　强）

【林政资源管理】 年内，调查绿地小班和森林资源小班 22897 个，绿化面积 22430 公顷，涉及全区面积 30580 公顷。全区有古树名木 241 株，其中单株古树 136 株，2 个古树群内 97 株，名木 8 株。一级古树 19 株，二级古树 214 株。全年完成许可 255 件，伐移林木树木 38003 株，占用林地 92200 平方米，占用绿地 73056.7 平方米，其中审批危险树 80 件，采伐林木树木 913 株，排除安全隐患。

（郭　强）

【野生动物资源保护】 年内，接处警 37 起，立行政案件 11 起，其中滥伐林木案件 3 起，损失株树 188 株，折合立木材积 13.437 立方米；毁坏林木案件 2 起，损失株树 63 株；擅自改变林地用途案件 6 起，非法占用林地面积 13490 平方米；涉及违法单位 10 起（其中擅自改变林地 6 起均为单位违法占地），违法个人 1 起，责令补种树木 1137 株，行政罚款 383373.8 元。

（郭　强）

【全民义务植树活动】 年内，组织完成全国人大和社会各界人士义务植树活动服务保障工作。开展义务植树活动 45 次，13.7 万人参加植树劳动，共植树 35.6 万余株，新建纪念林 1 处，养护树木 46.6 万株，清扫绿地 155 万平方米。中信银行、丰盾加油站等单位以及 23 名个人先后出资 16.9 万元认建认养 15 块绿地共 1.3 万平方米，认养树木 212 株。

（郭　强）

城市绿化隔离地区建设

【概　况】 2014 年，重点村建设搬迁腾退、土地入市、回迁上楼等工作取得进展，完成 100 公顷土地供地准备，累计实现 8 个村回迁上楼，5000 余名超转人员全部享受社保和医保待遇，市政基础设施和公共服务配套设施进一步完善，西局和石榴庄集体产业手续办理完成，重点村居民生产生活条件日趋完善，区域环境明显改善提升。河东三乡制定完成城市化建设统筹方案，“一绿”农村地区城市化稳步推进。

（王宏崑）

【完成土地入市准备】 年内，西局一至二期、石榴庄一期等 3 个地块完成供地，白盆窑北地块正式挂牌，石榴庄二期、西局三期等 2 个地块具备供地条件，6 个地块合计占地 101 公顷。

（王宏崑）

【重点村回迁建设】 年内，回迁房累计竣工 185.64 万平方米，竣工率 88%；回迁上楼 3.8 万人、占总安置人口的 82%。

（王宏崑）

【推进一绿农村城市化】 年内，河东一绿农村地区中，纪家庙、羊坊村基本完成宅基地腾退，纪家庙、羊坊、造甲村、小屯、大瓦窑等 5 个村项目规划调整方案通过市绿隔大会审核。

（王宏崑）

环境保护

【概　况】2014年，全区细颗粒物累计浓度为95微克/立方米，下降2%；可吸入颗粒物上升8%、二氧化硫下降17.8%、二氧化氮上升0.9%，累计浓度分别为128、23.1和58微克/立方米，四项污染物平均降幅为2.7%。细颗粒物平均浓度近几年首次实现下降。年内，完成1218蒸吨燃煤锅炉改造任务。年内，淘汰老旧机动车70445辆，超额完成55%。年内，二氧化硫、氮氧化物分别削减627.2吨、388.8吨，比上年削减17%和3.5%；河西地区化学需氧量、氨氮分别削减262吨、152.7吨，比上年削减5.6%和34.2%。年内，正式发布《丰台区环境总体规划（2013-2030年）编制工作实施方案》。建立王佐镇环境监察办公室，方便群众办事。构建部门、街乡镇、社区村“三位一体”环境监管模式，建立了包含5个部门、21个街乡镇、367个社区村、19个行业973家重点企业在内的环境监管网格化管理模式。

（王志坤　刘晓星）

【行政审批】年内，完成审批377项，建设项目竣工环境保护验收105项。完成城南行动及政府投资80个项目、纳入全市投资审批制度改革试点区的32个重点项目、区重点建设的41个项目的环评审批。

（李　淼）

【扬尘污染治理】年内，对5165处扬尘污染点位责令限期改正，督促苫盖面积1160万平方米；检查非道路移动机械2265台，责令限期改正140台；落实扬尘案件移交和应急联动机制，共移交80起扬尘案件。强化混凝土搅拌站管理，14家保留搅拌站已按环保要求整改完毕，3家关停的搅拌站，已停止生产。

（阴素贵）

【环境监管】年内，开展大气污染防治专项执法周及零点行动，加强喷漆行业、餐饮业油烟、燃煤设施等高污染行业监管，检查中发现195家单位存在环境违法问题，立案处罚43家，责令限期整改105家，移交其他部门47家，曝光55家。

（阴素贵）

【辐射安全监管】年内，完成所有医疗单位的排污申报登记工作。检查涉源单位130余家次、辐射工作单位520余家次、医疗机构260余家次，约谈违规单位72家次，实施行政处罚2起，共处罚金2万元。

（史　军）

【依法行政】年内，立案120件，移送3件，作出处罚决定112件，处罚260.06万余元；同比增长1.3倍；处罚违法机动车509辆，罚金14.9万元。

（刘　垚）

【排污申报】年内，对5343家单位进行了排污申报登记工作，提前完成年度任务。严格执行排污费征收新标准，征收排污费1758.6万元，同比增长10.7倍，排污费使用在全市名列首位。

（阴素贵）

【空气重污染应急和重大活动】年内，启动预警20次，落实“六停一冲”措施，减少污染排放。保障完成APEC会议、世界种子大会、“两会”期间、国庆节等敏感时期环境安全保障工作。

（阴素贵）

【环境信访】年内，共受理各类环境信访5143件，处理率100%，群众满意率100%；承办人大建议、政协提案14件，办结率、满意率均为100%。

（阴素贵）

【环境宣传教育】年内，在丰台有线电视台制作环保宣传片35期，在《丰台报》刊登了《大气条例》、“同呼吸 共责任 齐努力”、“践行群众路线教育 保障群众环境安全”3个专版；设立了“环保·视点”专栏，共刊登41期。在中国环境报、北京日报、京华时报、丰台报等刊载新闻35条，内容涵盖春节、两会、世界种子大会、APEC会议等期间环境安全保障工作及大气污染防控等。

（王志坤）

环境卫生

【概　况】 2014年，完成责任范围内1253条、2108万平方米、983.9公里长道路的清扫保洁及道路两侧建筑物、构筑物及地面张贴喷涂宣传品和散发的非法宣传品的清除工作；负责辖区内过街天桥88座、面积5.06万平方米，地下通道22座、面积2.08万平方米，绿地398.9万平方米；责任范围内车行道机械化清扫、保洁、洗地作业面积为1214万平方米，作业覆盖率88%。道路冲刷作业面积为938.68万平方米，冲刷作业覆盖率占可冲刷道路的99%。喷雾降尘作业面积为317.4万平方米。负责密闭式清洁站246座，其中垃圾楼68座，垃圾房145座，中转站33座；现有公厕361座，其中二类以上公厕186座，达标公厕164座，三类公厕11座。全年共清运生活垃圾90.08万吨，清运粪便30.4万吨，全部实施无害化处理。

（贺　祺）

【春节及重大活动保障】 年内，完成“七七事变”77周年纪念活动，抗日战争胜利69周年纪念日活动，以及领导视察专项保障服务共计63次。处置各类环境卫生突发事件57次。春节期间，出动环境卫生保障人员22242人次、车辆1650台次，清理烟花爆竹残屑309.5吨，较上年同期减少89.4吨。启动降雪预警7次，其中2次开展扫雪铲冰作业，出动各岗位人员8000余人次、车辆1370台次、使用融雪剂606吨（冬季道路作业使用共计1277吨），完成扫雪铲冰专项作业任务。

（贺　祺）

【完成世界种子大会环境卫生保障工作】 年内，接收世界种子大会周边8条、43万平方米新建道路清扫保洁作业任务，会议召开期间，增加作业人员和车辆，增加作业频次，严格作业和检查标准，做好各项应急准备，完成各项保障任务。

（贺　祺）

【重点工程建设】 年内，完成29座公厕大修改造。对京良路、大灰厂、白盆窑、分钟寺4座垃圾中转站进行大修改造，为7座公厕2处停车场接通市政自来水，对30余处环卫基础设施进行维修改造。

（贺　祺）

【安全维稳】 年内，组织安全生产大检查12次，累计检查环卫设施889处，发现安全生产隐患96处，隐患整改率100%。全年办理人大建议、政协提案5件，区政府督查19件，舆情督查16件，“政风在线”15件，96005热线案卷1343个，“市长信箱”10个；接收网格件6149件，对其中责任范围内1100件全部按要求办理并回复。

（贺　祺）

城市防震

【概　况】 2014年，贯彻“加强防灾减灾体系建设，提高气象、地质、地震灾害防御能力”的要求，两次云南远程驰援。与新兴际华应急装备有限公司合作，选用GS-2000-QT二氧化碳数字化气体监测仪，改造完成了原有的二氧化碳人工观测项目，在丰台区路口社区及南苑露营公园新建两个二氧化碳自动化观测点。与海军军犬训练基地、四季圆养殖中心、鸿盛四海养殖专业合作社、南苑露营公园及农户王永签订《动物异常宏观观测协议》，创建5个动物宏观观测点。对北京市武警总队第十五支队、北京市武警第三医院、新兴际应急装备技术有限公司、全民恒安科技有限公司等救援力量进行优化组合，成立实名制、专业化、常备性的地震应急救援队。北京十中压磁应力测项和丰台区地震局压磁应力测项荣获北京市地震前兆观测资料质量评比优秀奖。连续第六年被评为北京市地震监测预报先进单位。

（吕　明）

【地震监测台站概况】 年内，全区建有地震监测台站26个，其中前兆监测台站9个，强震动监测台站19个。前兆监测台分别为丰台区地震局台、北京十中台、丰台区政府南院台、新村鸿业兴园台、长辛店长馨园台、东高地角二社区台、东铁营顺四条37号院台、南苑露营公园台、丰台路口社区台。监测仪器采用中国地震局地壳应力研究所生产的CZ-1A数字压磁应力仪、DRSW-2型地热水位气象三要素综合观测仪、WYY-1型气温气压雨量综合观测仪、北京市地震监测预报中心生产的DXQ-1型大地倾斜仪、郑州晶微公司研发的GS-2000-QT二氧化碳数字化气体监测仪，观测项目主要涉及地下流体和地壳形变两大学科，共有测项28个，目的是获取地震发生前的各种异常变化，通过观测资料对比分析提出地震预报意见。强震动监测台分别为南宫台、航天三院台、青龙湖台、槐树岭台、世界公园台、金家村台、右安门台、大红门台、老庄子台、南苑乡台、长辛店台、园区公园台、大灰厂台、西罗园台、丽泽台、张仪村台、卢沟桥台、丰体台及南苑台。监测仪器采用中国地震局工程力学研究所生产的GDQJ-1A型固态地震动强度记录仪和外置的SLJ-100型三分向力平衡式加速度计，目的是获取有感地震发生时该地的三分向地震动加速度记录，给出该地地震烈度的估算值，为本市类似场地的工程抗震建设提供基础数据，为震后应急反应提供依据。

（吕　明）

【地震前兆资料处理】 年内，地震前兆资料共26个测项，主要涉及地壳形变、地下流体两大学科及气象三要素、降水量辅助观测，观测方式采用数字化和人工两种方式。数字化观测数据通过网络自动传输至本局前兆数据库保存，人工观测数据以A4纸打印稿形式保存。

（吕　明）

【地震趋势会商】 年内，结合地震前兆数据及地震目录资料，共召开会商会56次，通过网络上报北京市地震局会商意见56次，通过书面形式上报丰台区人民政府震情简报4期。

（吕　明）

【地震活动】 年内，首都圈地区共发生ML≥1.0级地震活动818次，ML≥3.0级地震13次，ML≥4.0级地震1次。北京地区发生ML≥1.0级地震活动136次，其中ML≥3.0级2次。小震活动主要集中在北京地区北部，多发地为昌平、海淀、怀柔和顺义。

（吕　明）

【“防灾减灾日”系列宣传活动】 年内，组织参与地震宣传活动7场，讲座4场，发放调查问卷100余份，向社会各界发放地震应急避险要决等折页6000册；北京市实施《防震减灾法》规定、《地震知识百问百答》等科普书物 4000 本；地震知识挂图及防震减灾法挂图 30 套、宣传盘 30 张，地震知识扑克 600 副，受众人数 8000 人次。

（吴玉琴）

【丰台区科技周宣传活动】 5 月 20 日上午，参加在方庄体育公园举行的以“科学生活·创新圆梦”为主题的 2014 年丰台区科技周主会场活动，通过摆放地震科普知识宣传展板，发放“公众地震应急避险要决”、“北京市实施《防震减灾法》规定”、“防震减灾法（选编）”、“地震灾害现场救护折页”等宣传资料，现场解答等方式向公众大力宣传地震科普常识、地震应急避险及自救互救知识，此次宣传活动共发摆放展板 50 块、发放宣传资料 2000 余份。

（吴玉琴）

【全国科普日宣传活动】 9 月 23 日上午，参加在丰台花园举行的主题为：“创新发展，全民行动”的 2014 年丰台区“全国科普日”主场活动。通过摆放地震科普知识宣传展板、发放宣传资料、现场解答等方式开展宣传活动，此次宣传活动共发放宣传资料 1500 余份。

（吴玉琴）

【地震安全示范社区建设】 1 月 14 日上午，举办授予云岗街道云西路社区“北京市地震安全社区”称号的活动，来自云岗街道辖区社区居委会代表、社区地震应急志愿者代表，共计 40 余人参加会议。

（吴玉琴）

【防震减灾助理员统计】 3 月，完成对全区防震减灾助理员和社区应急志愿者变更情况的核实统计工作，全区 16 个街道、2 个镇、3 个乡、5 个地震安全示范社区，共有防震减灾助理员 400 人、社区地震应急志愿者 160 人。

（吴玉琴）

城市管理监察

【概　况】 2014 年，丰台区城市管理综合行政执法监察局（以下简称城管执法监察局）紧紧围绕环境建设提升年和第 75 届国际种子联合会、国庆 65 周年游园活动、APEC 峰会环境秩序保障工作任务，坚持“思想更紧、标准更高、力度更强”的工作原则，以延续市区综合考核名列前茅为目标，有序推进各项工作开展。年内，共取缔无照经营 4.7 万起，检查“门前三包”单位 11 万家次，查扣非法经营物品 3.8 万件，没收盗版光盘和非法出版物 5301 件，拆除违规广告牌匾 2.5 万块；查扣各类黑车 2307 辆，收缴小广告 93 万张，制作各类案卷 15654 卷、罚款 967 万元。

（娄玉丽）

【管控无照经营行为】 年内，依托治安、交通、环境“三大秩序”整治平台，推进开展“街面环境净化、城市生态环境提升、城市痼疾顽症攻坚”三大整治行动和“治乱、靓丽、解忧、暖心”四大爱民工程有效落实，深入开展“春雷-压反弹、夏季-保秩序、秋季-固成果”等 18 项专项整治行动。全年，取缔无照经营 4.7 万起、查扣各类物品 3.8 万件，没收盗版光盘和各类非法出版物 5301 件。

（娄玉丽）

【遏制非法运营行为】 年内，与宋家庄公交派出所、军事博物馆公交派出所联合成立 2 个打黑组，对群众举报重点和黑车聚集点位开展联合执法行动。全年，查扣各类黑车 2307 辆，罚款 245 万元，占罚款总额的 25.3%。

（娄玉丽）

【整治户外广告】 年内，城管执法监察局有序推进绩效管理工作，重点对山寨指路牌和临窗广告等违法行为，实施集中打击与巡查监管。全年，拆除违规广告牌匾2.5万块，收缴小广告93万张。

（娄玉丽）

【城管进社区活动】 年内，推进“一社区一城管”的城管进社区活动，走进社区、了解需求、宣传法规、征求建议，从服务居民身边的小事做起，及时发现问题、解决问题，提升执法工作成效。依托区秩序办，牵头组织各相关部门、各街乡镇开展10088次专项整治行动，消除660个脏乱差点位，共组织召开协调会40余次，26个重点点位环境得到提升。支持配合属地街乡镇和相关部门，开展421次联合集中整治行动。

（娄玉丽）

【落实门前三包管理】 年内，联合区市政市容委和属地街乡镇，督促临街行政机关、企事业单位、学校、商铺自觉落实门前三包责任制，规范三包区域环境秩序；以乱堆放、乱张贴、乱搭建、乱挖占、乱拉挂、乱停车等问题为治理重点，实施高限处罚。全年，检查门前三包单位11万家次；建成31条精品大街，以街带片，整体区域环境得到提升。

（娄玉丽）

【开展“四公开、一监督”工作】 年内，根据《北京市城市管理综合执法“四公开、一监督”工作实施意见》和《北京市城市管理综合执法“四公开、一监督”实施方案》的总体部署和要求，牵头制定区《“四公开、一监督”工作实施方案》和《考核评价办法》，建立完善会审会商、工作例会、通报反馈、考核评价等工作机制，对29个委办局和21个街乡镇实施每月会商、每月考评、每月通报，年内，已完成信息采集和年度执法数据报送工作。

（娄玉丽）

【打击非法违法生产经营行为】 年内，针对高发时段、高发点位、高发违法行态开展20个波次的集中整治行动，查处在违法建设中进行非法经营行为21起，实施高限从严处罚，加快进度、采取超常手段坚决拆除相关违法建设，严控非法经营行为；配合相关部门开展15次燃气安全大检查活动，查处59起非法生产经营行为。

（娄玉丽）

【治理大气污染】 年内，对影响生态文明建设的施工扬尘、露天烧烤、渣土遗撒、餐厨垃圾等违法行为，开展26个波次的专项整治行动，实施高限处罚；协同区商务委和各街乡镇，提前谋划、源头治理，按照“四无”标准，加大对露天烧烤的规范和查处力度。与交通部门联合开展泄漏遗撒执法行动，减少运输扬尘问题。不间断地开展取缔煤炉大灶专项执法行动，减少大气污染源。全年，规范消夏大排档1645家，取缔露天烧烤54家；在27个重点点位组织82次联合夜查，查处运输渣土、砂石等散装货物车2791辆。

（娄玉丽）

【控违拆违工作】 年内，实行上账销账管理、局领导联系分队和每周例会制度，对群众反复举报和一周内未拆除的新生违法建设纳入大案平台管理，进行追踪督导、挂账督办，始终保持高压工作态势。对在施违法建设实行24小时盯守，7天内拆除，逾期未拆除的，作为监察立项，对分队领导实行诫勉约谈制，基本落实“发现一起、制止一起、拆除一起”的工作要求。全年，制止在施违法建设814处，基本实现“零增长”的工作目标；拆除违法建设793处95.6万平方米，其中拆除新生违法建设320处7.2万平方米，拆除既有违法建设299处6.2万平方米。

（娄玉丽）

【抓好绿色施工】 年内，开设“工地课堂”，实施源头防范；进行“绿色工地”达标验收，与区住房建设委和区环保局建立联动联查工作机制，每周定期巡查施工工地，检查工地 7689 家次，从重、从严查处 2793 起施工扬尘和夜施扰民问题。

（娄玉丽）

【为世界种子大会环境秩序提供保障】 年内，成立种子大会环境秩序保障指挥协调组，制定工作方案和应急预案，做到任务明确、目标明确、责任明确；每周组织召开种子大会执法工作调度会、适时召开现场工作会，推进工作顺利开展。制定三级防控预案，采取“内园严管、外围严控、周边巡控和全区管控”的工作模式，成立外围执法组，实行“固定岗位值守、门区专人负责、保障区域巡查”等交叉执法方式，以点带线、以线带面，对种子大会会场、周边及辐射区域实施全天候、无缝隙管控，确保种子大会环境秩序井然有序。

（娄玉丽）

【APEC 会议环境秩序保障工作】 年内，以保证“APEC”会议辐射区环境整洁亮丽为牵引，围绕二、三、四环和机场、火车站、旅游景点周边地区和进京第一印象区域周边制定保障方案和应急预案，以高于、严于、好于奥运的标准，加大对无照经营、霓虹灯断亮、白色污染、违规广告牌匾、私搭乱建等问题的治理力度，展现整洁有序、清新靓丽的城市形象。

（娄玉丽）

【实行大街分类管理】 年内，探索加强城市管理的新思路、新方法、新手段，以创新增效能、以创新谋突破、以创新求发展，不断提高城市管理水平。对全区大街实行分类管理、重点管控。进行摸底调查，按照地理位置、功能定位区分出 54 条一类大街、49 条二类大街、43 条三类大街，明确管控标准，实施分类管控，加强督导检查。

（娄玉丽）

【增设便民服务设施】 年内，协调开设便民菜站 13 处，开设早、晚市 176 个，开通社区微循环线路 10 条，设立便民信息栏 102 块等服务设施，满足群众生活需求，服务民生，实现政府、群众、相对人的“三赢、三满意”。

（娄玉丽）

【群众路线教育实践活动】 年内，严格按照“照镜子、正衣冠、洗洗澡、治治病”的总要求，以“为民务实清廉”为主题，以解决“四风”突出问题为切入点，将党的群众路线教育实践活动贯穿于日常、贯彻于始终，着力抓好科室全体成员的学习教育、问题查摆、整改落实和建章立制。按照“规定动作优质高效、自选动作亮点突出、教育效果成效显著”的总体要求，紧扣时间节点，打牢教育基础、把握关键环节、落实整改措施，适时回头教育，保证教育落到实处，取得实效；对 12 个环境秩序问题突出的点位进行集中整治，化解疑难信访 32 件，完成整改问题建议 47 条，完善规章制度 61 条，新建 6 条，废止 11 条，推进队伍规范化建设进程。

（娄玉丽）

【打造丰台城管品牌】 年内，开展“五对照、五整改”自查自纠活动，建立台账、细化措施、整改提高；设置 27 个党员先锋服务岗，开展“园博先锋行”活动，展示丰台城管风采；邀请市区政府评议员、社会监督员、市民代表、学生代表参加城管开放日活动 8 场次，使群众参与城管、了解城管、理解城管、支持城管。全年，执法风纪群众举报量下降，收到锦旗 8 面，来电来信表扬 327 次。

（娄玉丽）

网格化城市管理

【概　况】 2014 年，区城市管理监督指挥中心（以下简称城指中心）紧紧围绕群众路线教育实践活动，贯彻落实区委区政府关于“环境提升年”的各项要求，发挥“千里眼、顺风耳、指挥棒、考核尺”的监督服务作用。共发现上报各类城市管理问题 396685 件，同比上升 91.9%，处理率为 93.70%，同比上升 11.56%，市级考核总成绩位列城六区第三名。全区 16 个街道和农村试点地区共处理网格化社会服务管理案卷 410292 件，结案率为 94.03%。受理各类便民热线反映问题 76676 件，其中市 12345 交办 50940 件，办结率保持在 100%。

（王和平）

【种子大会外围环境保障】 年内，参与种子大会环境保障工作。3 月下旬至 5 月底，成立 15 人组成的种子大会监督员分队，根据重点地区、重点道路将保障区域划分为核心区和辐射区 10 个管理网格，进行巡查、检查。会议期间，开展夜查 5 次，派遣处理各类案卷 2942 件，编报《种子大会会场周边环境情况》3 期。

（王和平）

【网格化城市管理】 年内，新增监督员参与处置的模块，开展参与处置小广告、白色污染等工作。6 月中旬至 9 月中旬，重点做好下班高峰期和夜间露天烧烤、无照游商等问题的监督发现工作。修改网格化城市管理系统考核评价办法，将多发易发的 14 项市容环境和环境秩序类问题纳入考核项目。建立疑难案卷沟通协调机制，制定急难险重案件应急处理流程。每月初向街乡镇反馈扣分案卷的具体情况，推动问题解决，区域环境得到有效提升。

（王和平）

【热线服务管理】 年内，围绕提高群众满意率，建立和完善“统一受理，按责转办，限时办结”的工作机制。做好区长接听热线的组织工作，6 月，区长冀岩带队，3 位副区长、15 个委办局主要领导到市非紧急救助中心接听群众来电，共接听电话 157 个，立案 126 件群众诉求。制定《丰台区热线服务工作考核办法》，将按期办结率、群众满意率 2 项内容纳入对承办单位的绩效考核。开通“丰台 96005”微博、微信服务号，将群众通过网络反映的问题纳入原有渠道派遣、解决。

（王和平）

【网格社会服务管理体系建设】 年内，完善社区网格化工作，将原有的 5 大类 147 小类调整为 6 大类 64 小类，与社区六大委员会工作职责协调一致。建立 5 个乡镇平台，开展 5 个试点村的网格划分、信息采集工作。在河西两镇和宛平地区 20 个村建立村级平台，8 月，实现河西农村地区的全面覆盖。与民防局配合，将人防工程纳入社区常态化网格巡查管理。推进各街道乡镇整合视频监控、热线受理、网格案卷处理、应急指挥、治安巡防、综合办公等原有系统资源。

（王和平）

【建立沟通协调机制】 年内，建立热线平台与网格化城市管理平台的对接机制，将群众诉求纳入网格化核实核查，全年共转接 3 万余件。与区政府督查室和区监察局建立重点难点问题联动督办监察工作机制，对 126 件问题进行 3 轮督办。与监察局共同聘请 14 名区政府特约监察员直接参与环境问题专项监察。与排水、供暖、物价所等实际处理单位实现信息直联，建立“协同配合、快速转办”的工作机制，提高群众诉求的处理效率。尝试开展开放日活动 5 次。

（王和平）

【违法建设监督管理】 年内，规范违法建设上报要求，加强相关科室日常的巡查督查。在派遣岗位实行专岗管理，制定工作规范和流程，提高案卷的立案、派遣准确率。开展春秋季专项督查行动，加大巡查、督查力度。监督发现疑似违法建设案卷 8922 件。对国土规划卫片、媒体曝光、群众来信、领导批示件共 37 项进行发现责任倒查，对 2 起发现不及时问题进行追责。

（王和平）

【专项普查分析】 年内，结合区重点工作和实际情况，开展 10 余次专项普查，普查点位 6000 余处。按照全市统一要求，开展城市家具、LED 显示屏、废旧机动车、户外挂钟、不亮路灯的专项普查。结合丰台区实际情况，专项排查摩的非法运营、五环内露天垃圾堆放点、四环内旱厕、移动公厕、汛期前井盖和雨水箅子，建立基础台账，实行常态化重点监督管理。针对小广告、暴露垃圾及地撮站、旱厕、环境脏乱点、废弃机动车等问题进行专项普查，撰写专刊，提出相关建议，为领导决策提供参考。

（王和平）

交通　邮电

交　通

北京南站

【概　况】北京南站，简称“南站”，即原永定门火车站，是北京继北京站、北京西站的第三大火车站，位于北京市丰台区永外大街12号。隶属北京铁路局管辖，为直属特等站。北京南站地区管委会的职责是组织协调北京南站地区的社会治安、市场秩序、交通秩序、公共卫生等工作。2014年，北京南站共计发送旅客316.1万人，同比268.3万人增加47.8万人，增幅17.8%。其中直通旅客发送169.1万人，同比133.8万人增加35.3万，增幅26.4%，管内旅客发送146.9万人，同比134.5万人增加12.4万，增幅9.2%。高峰日出现在2月22日（春运第38天），发送10.5万人，同比上年高峰日9.2万人（春运第12天）增加1.3万人，增幅14.1%。暑运期间，完成693.9万人，同比上年613.3万人增加80.6万人，增长13.1%。

（刘安军）

【综合治理】年内，清理上访3460余人次，拆除窝棚87处。全年拆除违章建筑面积35.26平方米。6月协调城管分队对区域内私设的3个无线信号发射塔依法强制拆除。

（刘安军）

【环境建设】年内，区域内补植种植各种树苗约1300株，补种草坪约2000多平米，维修护栏约100延长米。投资近10万元，对地区部分设施采用小广告粘贴施工技术进行整治。组织开展“城市清洁日”活动，对南站地区停车场附近便道及两侧绿地的小广告、暴露垃圾、白色污染等进行了全面清除。对辖区内12家社会单位进行责任核对，签订门前三包协议。

（刘安军）

【专项整治】年内，联合执法队共出动4595人次，1715车次，处理违法停车1303台次，出租车违章692台次，口头警告1800余台次，劝离黑车、黑摩的3400余次，查扣黑车43台次，电动三轮57台次，黑摩的262台次，查扣黑大巴11台次，违规化学危险品运输车辆2台次，清理自行车1900余辆，清理小广告640余张，取缔无照游商35起，处理非法广告牌19处。

（刘安军）

丰台西站

【概　况】丰台西站位于北京市丰台区西南部，为路网性特等编组站，站场为三级八场、双向纵列式、自动化驼峰。连接京广、丰沙、京原、京哈、京沪、京九、京通、京承八条铁路干线车流，担负华北、华东、中原、东北、西北等方向的货车中转和货物集散任务，是全路重要的咽喉枢纽、主要的车辆集散地和晋、蒙煤外运的重要通道。2014年，配属调车机12台；有货检设备货车超偏载检测装置6台、货车超限检测及装载状态监视系统5套；机械动力设备12台。固定资产原值11290.17万元。年内承担完成的“辐射式铁路道岔除雪装置”荣获路局科技进步二等奖；获食品安全优秀单位称号。

（赵　喜）

【生产与经营】 年内，丰台西站日均完成办理出入车24751.6车；其中有调13688.8车；无调10816.3车；中转时间6.21小时；停站时间26.3小时；日均装车6.7车；日均卸车27.6车；全年运输收入1619.00万元，货物发送量13.82万吨。截至2014年12月31日，车站实现连续安全生产3377天，实现第九个安全年。

（赵　喜）

【打造全方位监控平台】 年内，拆除原有失效操纵平台，自筹资金20余万元，租用联通网络建立全新音视频监控系统，实现覆盖西道口、柳村、丰台、南信号等偏远及多口多方向行车重要岗点全方位、全角度音视频全过程监控。

（赵　喜）

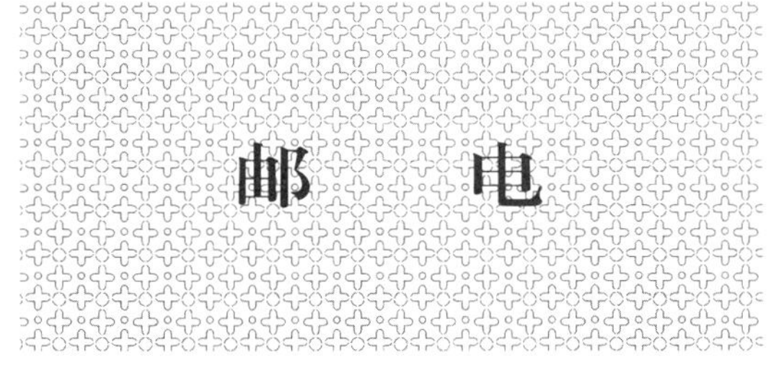

邮　电

北京市丰台区邮电局

【概　况】 北京市丰台区邮电局（以下简称丰台区邮局）是北京市邮政公司所属的二级通信企业，于2014年4月1日正式成立运行，承担北京市丰台区的通信服务任务。丰台区邮局服务面积305.87平方公里，服务人口约211.2万人。丰台区邮局下辖12个邮政支局、47个邮政所，下设函件分局、邮票公司、发投分局、代理金融业务分局、电商分销分局5个专业公司，机关设综合办、财务部、人力部、监安部、市场部5个职能部室，全局员工1500余人。经办国际和国内函件、包裹、小包、特快专递、汇款，报刊订阅和零售、集邮业务和集邮品制作、商业信函制作、邮政贺卡、定制邮资封片、邮送广告、代理保险、代办电信以及金融类代办业务，邮政短信（彩信）、代收代缴业务、代售机票、火车票业务、自邮一族、邮乐业务等。丰台区邮局依托中国邮政四通八达、遍布城乡的营业和投递服务网络，秉承“服务人民、造福职工”的企业宗旨和“用户是亲人”的服务理念，以建立与首都地位相适应、业内一流、和谐发展的现代丰台区邮政为愿景，竭诚为各界用户提供迅速、准确、安全、方便的邮政服务。年内，完成了世界种子大会等重要活动的通信服务任务。

（步安娜）

【服务世界种子大会】 5月22日至29日，丰台区邮局设立了世界种子大会临时邮局。每日早9点至晚8点，临时邮局为大会提供国内国际邮件收寄、邮品销售、加盖纪念戳和现场打印个性化明信片等邮政服务。临时邮局共销售纪念封近500枚，现场打印个性化明信片400余枚，加盖纪念戳5000余个，收寄国际邮件近百件。

（步安娜）

【依托集邮文化助推青少年主题实践活动】 年内，丰台区邮局与丰台区教委联合举办“七彩画笔绘出童年梦想，方寸天地弘扬中华文化”北京市丰台区青少年践行社会主义核心价值观主题活动，向全区少年儿童征集以中国邮政2014年发行的《教师节》、《中国梦——民族振兴》、《中华孝道》邮票为素材，以尊师重道、我的中国梦和百善孝为先为主题的绘画作品，鼓励青少年用画笔描绘心中的梦想，抒发尊师重教情感，表达中华孝敬美德。活动邀请由美术设计家、邮票设计家、国学教育家、青少年教育专家等组成的评审组，对参赛作品进行评审。

（步安娜）

【成立国内首家纪念抗战主题邮局】 7月4日，抗战纪念馆邮局在中国人民抗日战争纪念馆正式挂牌营业，营业时间与抗战馆开、闭馆时间同步。抗战纪念馆邮局包括实体邮局和网上邮局两部分。实体邮局为参观者提供抗战题材纪念封、明信片、纪念邮折和邮册等产品，提供个性化明信片制作和邮寄服务，并启用专用邮戳和风景日戳。网上邮局与抗战纪念馆“网民晒抗战”活动相结合，全面介绍中国人民抗日战争和世界反法西斯战争题材的邮票，为网民提供抗战题材纪念品的定制和邮寄服务。年内，抗战纪念馆邮局特别发行了长约10米的“铭记历史珍爱和平”70枚连体明信片等20余款抗战主题产品，在“七七”、“九三”等重要纪念日，结合《中国梦——民族振兴》特种邮票首发等事件开展多项主题活动。

（步安娜）

【推出企业专用邮资图明信片】 年内，丰台区邮局与全聚德集团合作，推出全国首款使用企业专用邮资图的新版“全聚德烤鸭纪念卡”普通邮资明信片。邮资图图案为“全聚德”老牌匾。明信片印有可追溯烤鸭生产全过程信息的电子条形码，以及全聚德集团官方网站、官方微博的二维码。首批制作的100万枚明信片在全聚德13家门店投入使用。

（步安娜）

【推出《我们结婚啦》纪念封】 七夕节，丰台区邮局与区民政局联合推出的《我们结婚啦》纪念封正式启用。该纪念封由政府出资制作，免费赠送给在丰台区民政局婚姻登记处登记结婚的新人。纪念封内附丰台区民政局《致新婚夫妻的贺信》及婚姻服务项目介绍。婚姻登记处现场可免费加盖“白头偕老”、“千里姻缘”、“比翼双飞”等9种爱情成语纪念戳。新人持纪念封到就近的丰台邮政支局可加盖登记结婚当日的邮政日戳，并订制婚庆专题个性化邮票。

（步安娜）

【完成空白乡镇邮政网点补建工作】 12月22日，南宫邮政代办所正式对外营业。该所位于丰台区王佐镇南宫迎宾路33号一区2号楼1层104，隶属于长辛店邮政支局，共设置一个营业台席，营业面积58平方米，经办业务包括：出售邮票、信封、封装用品；收寄国内国际信函、印刷品、特快专递；收寄国内包裹以及义务兵信函、盲人读物；办理邮政汇兑、报刊订阅及集邮业务。

（步安娜）

科技 教育

科技工作

【概 况】 2014年，科技活动经费支出超过28亿元，其中R&D经费支出约17亿元，占科技活动经费支出的58.2%，本级财政科学技术支出超过3亿元，超过财政一般预算支出的4%。丰台科技创新实力不断增强，年度全区科技企业20421户，其中高新技术企业突破600家，拥有各级研发中心40余家，市级以上科研院所69所，科技企业孵化器有22家，专利年申请量6000多件，两院院士26名，实现技术合同交易455亿元。丰台科技促进区域融合发展能力增强，科技支撑重点功能区建设取得新进展，4项重大科技成果在园博会上应用、3大科技项目全力助推世界种子大会、丰台区轨道交通产业集群试点（培育）加快推进、北京国家现代农业科技城物流园区、国家数字出版基地正式落户丰台。丰台科技惠民工程扎实推进，大气治理、水体治理等先进技术推广应用加快，2014年科技资金1300万元用于科技创安、医疗卫生等民生领域，建成生活垃圾预处理、建筑垃圾综合利用等示范工程，减量化、无害化和资源化水平进一步提高。

（赵 军）

【强化科技创新主体培育】 年内，拟扶持13个科技三项费项目扶持资金共1450万元，科技型中小企业创新基金项目拟扶持40项，已进行实地考察。支持专利转化项目9个，支持资金为605万元。向市科委推荐上报新认定高新技术企业50家，复审企业16家。申报市科技奖11项，其中有2项通过初审。向丰台区人才工作领导小组上报丰台区人才工作项目—“丰台区科技创新与创业生态体系建设”项目。

（赵 军）

【推进轨道交通产业发展】 年内，推进轨道交通产业集群项目的落地，研究形成《丰台轨道交通产业集群发展推进计划（2014年）》。与丰台园管委就轨道交通产业集群建设进展现状进行对接。申请市科委专项“丰台区轨道交通产业集群发展模式及轨道交通车载安全计算机系统研究”课题，获得支持资金180万元。

（赵 军）

【建设现代农业科技城和国家数字出版基地】 年内，完成国家现代化农业科技城物流科技园区建设启动任务，建成国家现代农业科技城流通研究院、中农汇通（北京）基金管理公司两个机构，出台《丰台新发地农产品物流科技园建设方案》。年度申报市级科技项目“北京农科城新发地农产品价格服务与保险信用体系建设”，获得扶持资金 250 余万元。向市科委申报“北京国家数字出版基地版权交易平台”项目，拟获得支持资金 400 万元。

（赵　军）

【营造科技创新良好环境】 年内，配合发改委开展园区外区级科技企业孵化器的政策兑现工作。5 家园区外区级科技企业孵化器的兑现工作已全部完成，兑现资金 333 万元。开展首都科技条件丰台工作平台建设，1-9 月新增成员单位 27 家，科技人才 30 名，聚集企业需求 20 多项，成功对接需求 15 项，成员单位服务合同 600 余万元。与北京市农林科学院基地联合，在 2014 年世界种子大会种业展厅展示 4 台种业智能装备，为大会开发的六大系统全面应用提供支撑。年内批准贷款担保项目 25 项，贷款金额 3890 万元。放贷 26 项，总金额 3860 万元。组织 3 次技术市场相关内容培训，参加培训人员 300 人次.1-9 月共认定登记技术合同 1454 份，成交额 166.11.55 亿元。

（赵　军）

【科普惠民】 年内，投入资金 194 万元完善科普三级网络阵地建设。投入资金 60 万元在卢沟桥街道望园社区、新村街道三环新城第三社区 2 个社区创建了社区科普体验厅。投入资金 34 万元创建北京市农作物品种试验展示基地（丰台）、北京市丰台区劳动技术教育中心青少年科普教育基地 2 家区级科普教育基地。40 万元资金资助 12 家科普教育基地。全年共资助科普项目 6 个，投入资金 48 万元。年内，在 20 余个社区举办科普专家讲座，并向各街乡镇发放科普图书 5000 余册；与区广电中心合作制作《科普讲堂》栏目 6 期。制作《科普基地导航》手册。

（赵　军）

科协工作

【概　况】 2014 年，实施“社区科普益民计划”，下拨专项资金 135 万元，用于 21 个街乡镇 22 个社区村科普项目建设。投入资金 10 万元用于基层科协组织建设。对方庄地区芳星园第三社区、长辛店街道东山坡社区项目给予支持，共计 12 万元。投入经费 29.3 万元，继续办好《丰台区全民科学素质专刊》，编印《农民科学素质提升手册》8000 册、《丰台区公民科学素质提升手册》40000 册，下发 21 个街乡镇的居民和农民。2014 年区科协被评为北京市科学技术普及工作先进集体，荣获北京市第 14 届青少年机器人竞赛优秀组织奖、全国青少年科技创新大赛基层赛事优秀组织单位、第二十届北京市中小学生自然科学知识竞赛优秀组织奖，并被市科协推荐参评 2014 年度首都精神文明单位。

（邱群思）

【送科技下乡】 1 月 13 日至 17 日，开展送科技下乡活动，先后到花乡黄土岗村、南苑乡分钟寺村、长辛店镇太子峪村、卢沟桥乡西局村、王佐镇庄户村五个乡镇（村）开展科普惠农服务活动，赠送科普图书、科普挂图、科普扑克等 4 万册科普资料，总价值约 12 万元。

（邱群思）

【第 14 届青少年机器人竞赛】 1 月 22 日至 24 日，北京市第 14 届青少年机器人竞赛在朝阳区八十中学举行。全区二十所中小学校中选拔 43 名选手，组成 16 支代表队参加了全部 6 个大项的比赛，获一等奖 3 项、二等奖 12 项、三等奖 1 项。区科协荣获优秀组织奖，首都师范大学附属丽泽中学张国庆老师当选十佳教练员。

（邱群思）

【第34届青少年科技创新大赛】 3月28日至30日，丰台区代表队参加在房山区举办的北京市第34届青少年科技创新大赛中，共获得一等奖1项，二等奖5项，三等奖15项和专项奖1项。北京十二中的辛昱辰荣获市长奖。

（邱群思）

【科技周活动】 5月20日上午，区科技周主场活动在方庄体育公园举行。市科协副主席周立军等领导及近千名群众、科普志愿者参加活动。活动以“科学生活、创新圆梦”为主题，现场分为5个科普活动区。活动中，为群众赠送科普场馆基地门票2000余张。科技周期间，丰台区累计组织开展科普活动35项，受益群众5万人次。

（邱群思）

【科普之夏活动】 8月5日至7日，科普之夏活动拉开帷幕。活动以“提高科学素质，乐享美好生活”为主题，以科普巡展进社区和“科学达人秀”表演为主要内容。活动先后在方庄地区芳星园第三社区、长辛店街道东山坡社区、丰台街道正阳北里社区等3个社区进行，现场生动有趣的科学达人秀表演，28项科普互动展品，以及有关食品安全、科学养生、低碳环保等知识的科普展览。

（邱群思）

【家庭数字生活技能大赛】 8月，街乡镇科协参加北京市百万家庭数字技能大赛，共组织群众25512人次，在北京市各区县参与上网答题人数排名中，丰台区位列第2名。

（邱群思）

【科普日活动】 9月23日上午，区科协在丰台花园举办以“创新发展、全民行动”为主题的丰台区2014年全国科普日主场活动。现场共分为8个展区，参与活动群众600余人。科普日期间，在全区街乡农村、学校集市等公共场所举办18项形式多样、内容丰富的科普活动。

（邱群思）

冶金自动化研究设计院

【概　况】 2014年，实现营业收入71336万元，利润总额9366万元，归属于母公司所有者净利润7541万元，新签合同额87495万元，与上年同期相比下降38.3%。截止到年底，院资产总额300577万元，所有者权益96481万元。全年新签合同额8.7亿元。其中，“三电”自动化工程合同额7.3亿元，占总合同额的83.9%。从业人员886人，其中科技人员400人，博士生导师2人、硕士生导师29人，硕士以上学位148人，享受政府特殊津贴专家17人、国家级突出贡献中青年专家1人、“新世纪百千万人才工程”入选者1人、光华工程奖获得者1人。

（孔　菲）

【科研工作】 年内，申报专利42件（发明专利33件），获得授权专利32件（发明专利23件），获得软件著作权27件，内容主要为冶炼过程智能自动化、网络安全、新一代电力电子与电气传动、先进传感和智能软测量、工业物联网应用、光机电一体化、钢铁企业环境监控中心和大型工业企业智能电力系统等技术。全年发表科技论文52篇，科技专著1部。年内，“大功率直线电机变频驱动系统关键技术研发及应用”获得北京市科学科技奖一等奖，“大功率直线电机驱动技术及应用”获中国电工技术学会科学技术奖一等奖。两个军工项目获得兵器工业集团科学技术奖励进步一等奖。

（孔　菲）

【学术交流活动】 年内，院自动化学会主办并参与了全国第十九届自动化应用技术学术交流会，受金属协会委托主办并参与了2014年度中国金属学会冶金自动化分会、中国自动化学会应用专业委员会委员会议。

（孔　菲）

【新业务多元拓展】 年内，青海盐湖项目等青海盐湖金属镁项目从基础自动化向二级、三级信息化工程领域迈进。山东泉林纸业有限公司能源管控中心项目标志着新一代绿色管控一体化产品体系继在钢铁、化工、建材等行业取得成功，是造纸行业国内首个生产能源物流管控一体化项目。年内院还承接了数个较大规模的烟气脱硫脱硝项目。全年新产品合同额达到4亿元，超过总合同额的40%。

（孔　菲）

北京汽车博物馆

【概　况】 2014年，北京汽车博物馆成为中国汽车工程学会常务理事单位，被中国汽车工业协会授予“中国汽车文化推广基地”称号。成为中国博物馆协会理事单位，被授予中国自然科学博物馆协会“2014年优秀集体”。通过国家级服务业标准化试点单位和北京市旅游标准化试点项目终期验收。“北京汽车博物馆展览展示系统技术开发及应用”项目荣获中国汽车工业科学技术三等奖，“雷锋——一个汽车兵的故事”教育项目纳入2014年首届“中国博物馆教育项目示范案例”，获得市科委、市委宣传部、市人力社保局、市科协联合授予的“2014年北京市科学技术普及工作先进集体”，被北京市妇女联合会等单位授予“北京市三八红旗集体”荣誉称号。“探寻轮上历史”、“泥塑车轮”课程获得北京市中小学生社会大课堂走进博物馆学习成果教师组一等奖，“我为汽车狂”获得学生组一等奖。中法“艺术、技术和专业成果”汽车文化合作交流荣获2014 中国汽车企业社会责任最佳文化艺术公益实践。

（赵　阳）

【专题展览】 年内，与上海大众汽车集团联合承办“见证亲历与卓越同行——从上海大众汽车30年看中国汽车合资合作30年”专题展览。以上海大众汽车为切入点，向观众展现中国汽车工业合资合作 30 年来取得的成果。

（赵　阳）

【重要活动】 年内，开展艺术、技术和专业成果——北京汽车博物馆与法国米卢斯国家汽车博物馆文化交流系列活动。引入“1891-1968 法国车身造型：艺术、技术和专业成果图片展”，促进两馆进行古董车修复技艺的学术交流。“从1949走来：红旗的故事”专题展览走出国门，通过讲述国车“红旗”的发展历程，寻迹红旗车上的中国文化元素，让观众获知中国汽车艰苦创业的故事。

（赵　阳）

【共建合作】 年内，与丰台一小等4所小学，与丰台七中等6所中学推出贴合学校科技课程的专项活动内容。与人大附小共建“汽车科普校外实践基地”、与首师附中合作“汽车科技选修课”、与丰台一小共同打造“博物馆特色班级”。“未来工程师”科普实验室形成每周一课的预约模式，受邀走进全国科普周及科学嘉年华等多个馆外科普秀场。“汽车人走进汽车博物馆”公益讲坛正式开讲，邀请行业专家，甄选与人、车、社会密切相关的3个话题向社会公众推出。开发《畅想电动之光》、《探索未来能源奥秘之太阳能》、《汽车流言终结者》、《车魂》4 门新课程，及《汽车新材料》科普图册。

（赵　阳）

【志愿服务】 年内，共有志愿者 1450 人，提供服务 1568 人次，义务服务时长 9358 小时。新增中国人民公安大学、北京化工大学和北京旅游志愿者交通服务总队等志愿服务团体。举办志愿服务、志愿讲解服务的培训课程 29 场次，涉及各类志愿者达到 1600 余名。

（赵　阳）

【接待参观】 年内，邀请法国阿尔萨斯大区旅游局局长 Patrice GENY 与丰台区旅游委交流区域旅游资源，承接比利时布兰肯堡市副市长代表团、日本东京都区市町村代表团、克罗地亚大戈里察市代表团、布加迪公司全球总裁 Julius Kruta、美国国际管理集团（IMG）战略策划副总裁、光大集团副董事长高云龙等国际交流和区域招商引资活动。接待北京市副市长杨晓超、国家新闻出版广电总局局长宋明昌、国家教育部副部长刘利民等领导来馆参观。吸引了光大集团、麦肯锡集团、特斯拉、北汽集团、上海大众汽车集团等国际知名集团进行交流。协办了世界种子大会启动仪式新闻发布会和“2014 年丰台区首届地书大赛”等区域重要活动。

（刘玉洁）

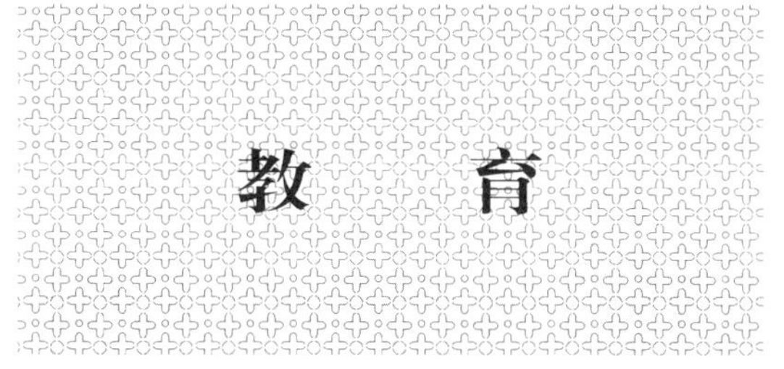

【概　况】 2014 年，丰台区托幼园 134 所，其中教育部门办 27 所，集体办园 31 所，民办 52 所，其他部门办园 24 所。离园幼儿 10895 人，入园幼儿 13637 人，在园幼儿 40401 人。教职工 6160 人，其中，专任教师 3350 人；学前三年教育普及率 100%。全区北京市一级一类幼儿园 49 所。小学 80 所，教学班 2032 个，毕业 10069 人，招生 12928 人，在校生 70432 人，在校生中，北京市户籍学生 27078 人；教职工 4867 人，其中，专任教师 4204 人；小学入学率 99.94%，巩固率 100%，毕业及格率 100%。中学 45 所（初中 14 所、高中 4 所、完中 12 所、一贯制学校 15 所），教学班 949 个（初中 651 个、高中 298 个），毕业 7944 人（初中 5379 人、高中 2565 人），招生 10301 人（初中 7874 人、高中 2427 人），在校生 30571 人（初中 22097 人、高中 8474 人）；在校生中，北京市户籍学生 18436 人（初中 10788 人、高中 7648 人）；初中入学率 100%，巩固率 100%，毕业合格率 98.91%，高中入学率 95.15%；教职工 5438 人，其中，专任教师 4016 人。特殊学校 1 所，12 个教学班，招生 56 人，在校生 150 人，教职工 38 人，其中，专任教师 33 人。特殊教育残疾儿童入学率 91.9%，巩固率 100%，毕业率 100%。校外教育单位 4 个，教职工 271 人，其中，专任教师 207 人。全区中小学专任教师学历合格率 100%，特级教师 26 人（小学 2 人、中学 24 人），高级专业技术职务教师 1307 人（小学 82 人、初中 879 人、高中 346 人）。中小学占地面积 1975094 平方米，建筑面积 1124372 平方米，图书馆藏书 3684165 册，固定资产总值 197643.52 万元。全年教育投入 340821 万元（含职业教育 14074.1 万元、成人教育 2088.89 万元），其中，国家拨款 336594.7 万元，自筹经费 4226.3 万元。职业高中 5 所，开设专业 26 个，教学班 138 个。毕业 1502 人，招生 1026 人，完成招生计划 53.58%，在校生 3789 人。教职工 661 人，其中，专任教师 415 人。专任教师学历合格率 90.6%，高级专业技术职务 98 人。学校占地面积 125939

平方米，学校建筑面积64973平方米，图书馆藏书108126册，电子图书314GB，固定资产总值18168.34万元。全区各级各类成人学校8所。其中，成人高校（社区学院）1所，开设28个专业，毕业349人，招生283人，在校生1099人。教职工87人，其中，专任教师66人。乡办成人校4所，村办成人学校3所。社会力量办学单位192所，全年培训136417人，教职工7193人，其中，专任教师3168人。

（陶慧贤）

【北京市幼儿园环境创设评优活动】 1月，在市教委学前处组织的“北京市幼儿园环境创设评优活动”中，丰台区30余所幼儿园参与全市展评，其中12所幼儿园荣获多个奖项。蒲黄榆一幼、丰台六幼等5所幼儿园荣获“最优环境建设奖”，芳群二幼、丰台三幼等3所幼儿园荣获“人文教育模范奖”，芳庄二幼、东罗园幼儿园荣获“园所环境创意奖”，丰台二幼、芳庄三幼荣获“低碳环保先锋奖”，穆新莉、闫俊喜等7人荣获“环境创设优秀个人奖”，丰台教委学前教育科荣获“优秀组织奖”。

（吴文静）

【举行扩大优质教育资源签约仪式】 4月24日，丰台区扩大优质教育资源签约仪式在丰台区人民政府举行。区政府根据市教委“加大市级优质资源整合力度，构建北京新教育地图”的重要批示精神，在教育部的关怀和市委教育工委、市教委的指导和协调下，引进高校教育科研机构，与北京师范大学、中国教育科学研究院、北京教育科学研究院、北京教育学院、清华大学附属中学签订合作协议。教育部副部长刘利民、教育部基础教育二司司长郑富芝，市委常委、市委教工委书记苟仲文，市教委主任线联平、市委教工委常务副书记刘建、市政府教育督导室主任唐立军、市教委委员李奕，中国教育科学研究院、北京师范大学、北京教育学院、北京教育科学研究院、清华大学、清华大学附中的相关领导，丰台区委书记李超钢、区长冀岩及区人大、政协和区教委的领导出席签约仪式。

（王　珂）

【新增北京市一级一类幼儿园】 5月15日和9月18日，意馨艺术幼儿园三路居教学点、草桥幼儿园分园经过丰台区验收组的验收，两所幼儿园在园所管理、教育质量、卫生保健工作方面达到北京市一级一类幼儿园标准，被认定为北京市一级一类园。至此丰台区一级一类幼儿园49所。10月25日，丰台区实验幼儿园、蒲黄榆第二幼儿园、方庄第六幼儿园、高娃钢琴幼儿园4所幼儿园经北京市验收组验收，被认定为北京市早教示范基地。至此，丰台区市级早教示范基地37所。

（吴文静）

【举行区中小学生职业体验中心启动仪式】 10月18日，丰台区中小学生职业体验中心启动仪式在丰台区职业教育中心学校东校区举行。丰台区教委职成科、中教科、小教科、体美外科、统宣科，职教中心校、方庄集群校、北京南站集群校等教委及学校的领导出席了启动仪式，方庄集群和北京南站集群共120余名师生参加了此项活动。

（林京秋）

【丰台、西城、大兴三区学校文化建设展示】 11月6日，丰台、西城、大兴三区联合在丰台区纪家庙小学开展学校文化建设集中展示活动，北京市教委、丰台教委领导、北京市学校文化建设示范校项目负责人北师大张东娇教授、北京教育学院科研处张祥兰主任等领导和专家，以及来自丰台、西城、大兴、平谷、石景山、通州等区的校长代表，共计160余人参加会议。展会活动第一个环节，与会人员观看了纪家庙小学的14门特色课程和8个社团的汇报。在“经验交流”环节中，丰台区纪家庙小学、大兴区榆垡中学和西城区师范学校附属小学分别介绍了加强学校文化建设、提升文化内涵的经验。

（黎　雪）

【召开年度新建教育集群启动会】 12 月 23 日，丰台区教委在北京教育学院附属丰台实验学校召开丰台镇、赵登禹、卢沟桥、长辛店等四个教育集群启动会。截至年底，全区已建立 8 个教育集群。

（余　琴）

【举行中学生“知行合一”风采展示活动】 12 月 26 日，由中教科组织召开的丰台区中学生“知行合一”风采展示活动在北京市十八中西马校区召开。教委及区相关领导，中学时事报领导和专家出席，全区获奖学生代表、各学校负责德育的领导、家长代表共计 200 余人参加了活动。

（柳志英）

【开展首届“魅力少先队”项目评选活动】 年内，在少先队建队 65 周年之际，开展首届“魅力少先队”项目评选活动，12 月对六个项目进行表彰。洋桥学校等 19 个少先队组织活动获得“2014 年建队纪念日‘优秀少先队主题队日活动’”；赵登禹学校等 26 个少先队大队的 30 个作品获得“优秀校园媒体作品”；丰台五小等 6 个少先队大队获得“优秀少先队雏鹰争章活动”；西罗园五小七色光鼓号队等 20 个社团获得“优秀红领巾小社团”；大红门一小三（3）中队等 19 个中队获得“优秀少先队中队集体”；丰台一小等 10 个少先队大队获得“红旗大队”称号。

（李晓季）

【丰台区采取多种措施扩大优质资源】 年内，通过原校整合、闲置改造、新接配套等形式扩大教育规模，以引进高校和教育研究机构办附属校（园）、引进外区优质校办分校、本区优质校（园）办分校（园）等方式，扩大优质教育资源。至年底，全区建成优质小学 30 所、优质初中 18 所，分别占全区公办小学的 40%和全区公办中学的 48.6%。全区小学新增优质资源学位 1724 个、中学新增 1152 个。

（王宏波）

【学校更名或撤并】 年内，北京市丰台区实验学校，更名为中国教育科学研究院丰台实验学校，十二年一贯制；首都医科大学附属中学，更名为北京师范大学第四附属中学，完全中学；北京市云岗中学，更名为首都师范大学附属云岗中学；北京市丰台区丰台第一中学，更名为首都经济贸易大学附属中学；北京市丰台区樊家村小学，更名为首都经济贸易大学附属小学；撤销北京市丰台区太平桥中学、北京市丰台区首科花园小学，设立清华大学附属中学丰台学校，九年一贯制学校；撤销北京市丰台区云岗第一小学、北京市丰台区云岗第二小学，设立首都师范大学附属云岗小学；撤销北京市丰台区实验小学，并入北京市丰台区丰台第五小学。

（刘　洋）

普通高等教育

【概　况】 年内，驻丰台区普通高等院校有首都经贸大学、首都医科大学、北京电子科技学院、中国戏曲学院等 4 所。共有在校生 37485 人，成人教育在校生 10004 人；毕业 10795 人，成人教育毕业生 3598 人；招生 11260 人，成人教育招生 3118 人；有教职工 40176 人，专任教师 3929 人；留学生毕业 545 人，招生 675 人，在校生 1173 人。

（杨晓靖）

首都经济贸易大学

【概　况】 2014 年，学校占地面积 42 万平方米，产权校舍建筑面积 37.97 万平方米、非产权校舍建筑面积 4.55 万平方米。全年教育经费投入 94312 万元，其中，国家拨款 76009 万元、自筹经费 18303 万元。固定资产总值11.32亿元，其中，教学、科研仪器设备资产值4.62亿元。图书馆建筑面积35724平方米，藏纸质图书180.81万册、电子图书1410GB。拥有计算机6741台。学校多媒体教室177间，信息化设备资产16640万元，网络信息点数28546个，校园网出口总带宽2000Mbps，电子邮件系统用户数25000个，上网课程数184门，数字资源量24300GB，管理信息系统数据总量2048GB。设置20个院（系、部）；开设41个本科专业，6个专科专业；一级学科博士学位点4个，二级学科博士学位点18个，一级学科硕士学位点10个，二级学科硕士学位点43个，专业硕士点17个；博士后科研流动站4个，其中，博士后研究人员出站5人、进站11人和在站36人。国家重点学科1个、省部级重点学科（一级）3个、省部级重点学科（二级）9个；国家级实验教学示范中心1个。定期出版学术刊物4个。教职工1632人，其中，专任教师894人，包括教授158人、副教授302人；博士生导师54人、硕士生导师389人；“海聚工程”专家5人；享受国家政府特殊津贴教师78人，其中在职9人；全国优秀教师5人，其中在职1人；国家教学名师1人，中国″千人计划″1人。毕业生5491人，其中，学历教育学生中全日制研究生884人（博士生25人、硕士生859人）、普通本专科生2396人（本科生2279人、专科生117人）、成人教育本专科生2211人（本科生983人、专科生1228人）。本专科毕业生就业率98.72%；研究生毕业生就业率96.47%。招生5223人，其中，学历教育学生中全日制研究生1062人（博士生68人、硕士生994人）、普通本专科生2601人（本科生2489人、专科生112人）、成人教育本专科生1560人（本科生931人、专科生629人）。高考北京本科提档线一批一志愿文科591分、理科575分；一批二志愿文科630分、理工类631分；二批一志愿文科562分、理科537分。在校生18082人，其中，学历教育学生中全日制研究生2906人（博士生293人、硕士生2613人）、普通本专科生10103人（本科生9764人、专科生339人）、成人教育本专科生5073人（本科生3129人、专科生1944人）。留学生毕（结）业346人、招生425人、在校生582人。网址：www.cueb.edu.cn。

（李　娟）

【获教育部高校校园文化建设优秀成果一等奖】 5月13日至14日，由教育部思想政治工作司主办的全国高校校园文化建设工作推进现场会在四川成都西南民族大学召开。会上表彰了第七届高校校园文化建设优秀成果获奖单位，首经贸报送的《打造“圣洁课堂公约”品牌，促进教风学风建设》获一等奖。

（李　娟）

【成立中国流通研究院】 6月8日，首经贸中国流通研究院成立暨中国流通三十人论坛（G30）年会在校举行。来自全国流通界的领导、专家和学者和校内师生300多人参加了此次大会，商务部副部长房爱卿、北京市副市长程红、北京市教工委副书记、北京市人民政府教育督导室主任唐立军等校外领导，首经贸党委书记柯文进、校长王稼琼等校领导出席大会。中国流通研究院是以“立足大国流通实践，融会流通经济与管理理论，打造中国流通政策研究智库，促进中国流通发展”为使命，搭建的产学研合作的开放科研平台，广泛对接各级政府的政策研究需求，对接相关协会的行业需求，以及广大学者的学术交流和协同创新需求，围绕流通领域的重大问题，开展系列化、前瞻性、持续型的跨学科联合攻关，为北京国际商贸中心建设、京津冀协同发展以及中国特色现代流通体系构建而服务。

（李　娟）

【新增4个专业硕士学位授权点】 7月，根据北京市学位委员会[2014]3 号文件转发国务院学位委员会《关于下达 2014 年审核增列的硕士专业学位授予点及撤销的硕士学位授权点名单的通知》，首经贸工程硕士（软件工程）、公共卫生、旅游管理和翻译 4 个专业获得专业硕士学位授权点。

（李　娟）

【获第十二届中国国际合唱节铜奖】 7 月 30 日下午，校大学生合唱团的 24 名同学在清华大学蒙明伟音乐厅参加了第十二届中国国际合唱节，获得铜奖。合唱团演唱了《Wana Baraka》、《垦春泥》、《城南送别》三首歌曲。本届合唱节有 43 个国家和地区的 188 支队伍，近万人参加了 122 场比赛。

（李　娟）

【附中、附小正式揭牌】 9 月 1 日，首经贸附中、附小揭牌仪式暨开学典礼在首经贸举行，丰台区相关领导、首经贸党委书记柯文进等校领导及附中附小领导出席仪式。附中、附小部分师生代表，家长代表参加了活动。丰台区教委主任张立新宣读《关于设立首都经济贸易大学附中、附小的决定》（以下简称：《决定》），《决定》指出，利用原丰台区第一中学建立首经贸附中，利用原丰台区樊家村小学建立首经贸附小。全体参会附中、附小师生代表一并将校徽佩戴到胸前。大会宣布了“2013-2014 学年度首都经济贸易大学附中励志之星”、“2013-2014 学年度首都经济贸易大学附小爱心好少年名单”，与会领导为 33 名获奖学生代表颁奖。

（李　娟）

【新增博士后科研流动站】 9 月，根据人力资源和社会保障部、全国博士后管理委员会文件通知，经全国博士后管委会专家组评审，人力资源社会保障部、全国博士后管委会研究决定，首经贸新增管理科学与工程博士后科研流动站。至此，学校共获批应用经济学、统计学、工商管理、管理科学与工程 4 个博士后科研流动站。

（李　娟）

【获国家级教学成果奖二等奖】 9 月，学校工商管理学院吴冬梅教授主持的《非行政化运行模式的教师促进中心（OTA）建设与发展》项目获国家级教学成果奖二等奖。

（李　娟）

【成立教育基金会】 9 月 15 日，学校教育基金会获颁法人登记证书。作为非公募基金会，教育基金会由北京市教育委员会主管，其宗旨在于支持学校建设，资助学生成才，激励教师成长，服务校友发展。10 月 7 日下午，教育基金会召开第一届理事会第一次会议。九名理事及两名监事参加了会议。会上各位理事审议并通过了基金会章程，确定了基金会理事会的管理模式及各级领导权限、基金会资金使用方向，以及基金会未来战略发展方向。

（李　娟）

【首届中美经贸发展论坛召开】 10 月 16 日，由美国克利夫兰州立大学和首都经济贸易大学联合主办的“中美经贸发展论坛”在克利夫兰州立大学召开。克利夫兰州立大学校长柏克曼、首经贸党委副书记朱玉华以及来自克利夫兰联邦储备银行、大克利夫兰地区商会、克利夫兰州立大学和首经贸的专家学者参加了会议。

（李　娟）

【与中建一局签约产学研共建基地】 10 月 24 日，学校与中国建筑一局（集团）有限公司（以下简称“中建一局”）产学研共建基地签署共建协议，并为首经贸与中建一局的“产学研一体化研究中心”、“实践教学基地”揭牌。

（李　娟）

【主办第一届首都土地利用与住房保障论坛】 11 月 29 日，由城市经济与公共管理学院“首都土地利用与住房问题研究”科研基地、土地资源管理系承办的第一届“首都土地利用与住房保障”论坛在北京商务会馆落下帷幕。国土资源部土地整理中心副主任、中国土地学会理事郧文聚，北京市国土资源局局长谢俊奇，首经贸校长助理柴兴泉，首经贸城市学院党委书记林卫等出席大会。本届论坛以“京津冀协同发展下的首都土地利用与住房保障”为主题，探讨京津冀土地资源的优化配置，深度剖析影响京津冀土地利用协调的土地政策制度原因，关注首都住房保障问题，促进首经贸土地资源管理学科发展，为首都土地可持续利用及京津冀一体化发展出谋划策。

（李　娟）

【首经贸资产评估研究院正式挂牌成立】 12月5日-7日，第四届资产评估新发展国际论坛在北京举办，会上，首都经济贸易大学资产评估研究院正式挂牌成立。

（李　娟）

首都医科大学

【概　况】 2014年，首都医科大学学校和附属医院总占地面积1512093平方米，总建筑面积2458420平方米，其中，学校占地面积246642平方米，建筑面积359206平方米。学校和附属医院固定资产总值2071731.92万元，其中，学校固定资产总值176385.95万元。学校和附属医院教科仪器设备资产值246410.84万元，其中，学校教科仪器设备资产值123400万元。全年教育经费投入114378.81万元，其中，国拨91175.32万元，自筹11268.65万元，科研经费11934.84万元。学校和附属医院图书馆建筑面积26240平方米，共藏书155.52万册，其中，学校图书馆建筑面积17901平方米，藏书83.40万册。学校有计算机7874台，教室132间，信息化设备资产4179.21万元，网络信息点数12294个，校园网出口总带宽400Mbps，电子邮件系统用户数4862个，上网课程120门，数字资源量2890GB，管理信息系统数据总量61440GB。设有10个学院和1个研究院，20所临床医学院暨附属医院以及1个预防医学教学基地，设有4个专科学院和33个专科学系，1个中心。开设本科专业16个、长学制专业2个。有一级学科博士学位授权点8个和一级学科硕士学位授权点11个，按照三级学科统计，有博士学位授权点59个和硕士学位授权点78个。有博士后流动站9个，出站30人、进站44人、在站85人。有国家重点学科8个、国家重点（培育）学科2个、国家临床重点专科56个（含中医）、国家中医药管理局重点学科（培育）14个、北京市一级重点学科4个、北京市交叉重点学科1个、北京市二级重点学科6个、北京市一级重点建设学科2个、北京市二级重点建设学科6个、北京地区高等学校学科群1个，有国家临床医学研究中心5个、省部共建国家重点实验室培育基地1个、教育部重点实验室4个、北京市重点实验室41个，有国家工程技术研究中心1个、教育部工程研究中心4个、北京市工程技术研究中心7个、北京市高等学校工程研究中心1个、北京市哲学社会科学研究中心1个。设有国家生命科学与技术人才培养基地、卫生部全科医学培训中心、北京市全科医学培训中心、首都卫生管理与政策研究基地、北京神经科学研究所等。学校和附属医院共有教职员工和医务人员37795人，其中，校本部1550人、附属医院36245人；有院士6人、特聘顾问11人；正高职称1974人，其中，校本部117人、附属医院1857人；副高职称3380人，其中，校本部303人、附属医院3380人；有专任教师2642人，专任教师中教授666人，其中，校本部91人、附属医院575人，专任教师中副教授1133人，其中，校本部214人、附属医院919人；有博士研究生导师439人、硕士研究生导师839人；有“长江学者奖励计划”特聘教授3人；“千人计划”创新人才长期项目2人、青年项目1人，外专“千人计划”2人；校本部和直属附属医院有国家有突出贡献专家2人、省部级有突出贡献专家20人、享受政府特殊津贴专家105人；有外籍教师6人。年内有毕业生4055人，其中，学历教育学生中全日制研究生998人（博士生220人、硕士生778人），普通本专科生1565人（本科生824人、专科生741人），成人教育1133人（本科578人、专科生555人）；以同等学力申请博士硕士学位272人（博士生53人、硕士生219人）。招生4788人，其中，学历教育学生中全日制研究生1048人（博士生252人、硕士生796人），普通本专科生1712人（本科生1048人、专科生664人），成人教育本专科生1454人（本科生942人、专科生512人）；以同等学力申请博士硕士学位478人（博士生239人、硕士生239人）。在校生14786人，其中，学历教育学生中全日制研究生3366人（博士生749人、硕士生2617人），普通本专科生6333人（本科生4350人、专科生1983人），成人教育本专科生4654人（本科生2563人、专科生2091人）。留学生毕业87人，招生96人，在校生433人。本科毕业生就业率96.09%，高考北京地区本科一批理工最低录取分数577分。网址：www.ccmu.edu.cn。

（方海侠　王于英）

【获得国家科学技术进步二等奖】1月10日，首医大获得国家科学技术进步二等奖两项，分别为：首医大宣武医院贾建平教授领衔完成的成果《痴呆与轻度认知障碍的流行病学、发病机制和诊治应用研究》、附属北京同仁医院王宁利教授领衔完成的成果《原发性闭角型青光眼发病机制与防治体系的建立及应用》。

（方海侠　王于英）

【新增2所附属医院】1月29日，北京市编办批准北京工人疗养院（北京市西山医院、北京康复中心）更名为首都医科大学附属北京康复医院（北京工人疗养院）。11月25日，首医大与通州区共同签署合作协议，潞河医院成为首医大附属医院。2008年，潞河医院成为首医大教学医院。截至年底，首医大共有20所附属医院暨临床医学院。

（方海侠　王于英）

【4项成果获2013年度北京市科学技术奖】3月25日，学校4项成果获2013年度北京市科学技术奖。其中，二等奖1项、三等奖3项。附属北京同仁医院为第一完成单位周兵教授为第一完成人的项目“额窦外科相关基础与临床研究”获该年度二等奖；基础医学院与中国农业科学院中兽医研究所共同合作完成的项目“药用鼠尾草活性成分代谢和药效作用物质基础的系统研究”、附属北京儿童医院项目“儿童急性淋巴细胞白血病规范化诊断、治疗及早期评估研究”、附属北京朝阳医院及附属北京安贞医院合作完成的，以附属北京朝阳医院项目“去势抵抗性前列腺癌疾病进展的分子机制及治疗策略的研究”分别获得该年度三等奖。此次北京市科学技术奖共一等奖26项，二等奖66项，三等奖141项。

（方海侠　王于英）

【1人当选国际眼科科学院院士】4月2日，学校眼科学院院长、附属北京同仁医院眼科中心主任王宁利教授在第34届世界眼科大会（World Ophthalmology Congress，WOC）及第29届亚太眼科学院大会（APAO）中当选国际眼科科学院院士。

（方海侠　王于英）

【参加第四届全国高等医学院校大学生临床技能竞赛】4月13-14日，赴沈阳参加第四届全国高等医学院校大学生临床技能竞赛，获得华北地区分赛区一等奖并入围全国总决赛。第四届全国高等医学院校大学生临床技能竞赛是由教育部、卫生部、财政部共同主办，旨在推动医学临床教育的发展，促进医学生临床实践能力水平的提高。竞赛共分为5个分区赛，东北华北分赛区比赛由中国医科大学承办。本次比赛华北地区五省市共有13所医学院校参加。

（方海侠　王于英）

【在首都高校武术集体项目比赛中获奖】 5月10日，学校武术队在“2014年首都高校武术集体项目比赛”中荣获初级刀阵和太极剑阵两个项目冠军，并获得团体总分第三名。

（方海侠　王于英）

【在首都高等学校学生田径运动会上获奖】 5月15—18日，学校9名学生在首都高等学校第52届学生田径运动会上获得佳绩。其中，获女子乙组标枪比赛金牌1项、女子乙组跳高比赛银牌1项；其他7名学生获其他项目前八名。此次运动会由北京市教育委员会、北京市体育局主办，共67所高校代表队参赛。

（方海侠　王于英）

【3个学系揭牌】 5月18日，学校胸外科学系、心脏外科学系、血管外科学系成立揭牌仪式暨学术委员会第一次会议在首医大学术报告厅举行。胸外科学系、心脏外科学系、血管外科学系的系务委员会委员、学术委员会委员、各成员单位医师代表等300余人参加揭牌仪式。中国科学院汪忠镐院士、国家卫生计生委医政医管局郭燕红副局长、北京市教委、北京市卫生计生委相关领导及校领导共同为胸外科学系、心脏外科学系和血管外科学系揭牌。

（方海侠　王于英）

【成立首都医科大学微生态研究中心】 6月6日，学校微生态研究中心成立。该中心以学校基础医学院和宣武医院为主体，整合学校本部和各相关附属医院微生态研究的学科资源。中心设立基础和临床研究部，并分别设立办公室。基础研究部挂靠基础医学院，由基础医学院病原生物学学系和免疫学学系具体承载；临床研究部挂靠宣武医院，由宣武医院妇产科和检验科具体承载。

（方海侠　王于英）

【在首都高校游泳冠军赛中获奖】 6月7日，学校游泳队在2014年首都高校游泳冠军赛中荣获男女团体总分第五名、男子团体总分第七名、女子团体总分第七名的好成绩，个人项目中获得男子100米蝶泳第二名、50米自由泳第三名；3人获优秀运动员称号。

（方海侠　王于英）

【入围“世界大学学术500强”】 8月15日，上海交通大学世界一流大学研究中心发布2014年“世界大学学术排名”，首医大首次入围，列第411位。排名列出了全球领先的500所研究型大学，中国内地共有32所大学上榜。

（方海侠　王于英）

【在第五届首都大学生记者基本功大赛获奖】 12月13日，“法治梦 中国梦”第五届首都大学生记者基本功大赛暨高校传媒文化节在中国政法大学昌平校区举行。首医大学生记者团首次组队参赛，荣获优秀团队奖、时尚先锋奖、最佳表现奖，代表队成员章秀林同学荣获明星记者奖。本次大赛由北京市高等学校新闻与文字传播研究会主办，28所首都高校的大学生记者团参赛。

（方海侠　王于英）

【获“十佳示范班集体”称号】 12月17日，2014年北京高校“我的班级我的家”优秀班集体创建评比活动在北京林业大学举行，首医大2008级七年儿科班以总分第4名的成绩获北京高校“十佳示范班集体”，学校同时获得优秀组织奖。本次评比由北京市教工委组织，北京各高校264个班级参评，评选出了“十佳示范班集体”10个，“优秀示范班集体”15个，“示范班集体”38个，优秀组织奖15个。

（方海侠　王于英）

北京电子科技学院

【概　况】 2014年，学院占地面积7. 93万平方米，建筑面积7.39万平方米，其中，教学行政用房建筑面积3.58万平方米、学生公寓建筑面积1.46万平方米。固定资产总值18484.06万元，教学、科研仪器设备总值9125.60万元。年教育经费投入15378.91万元，其中，国家财政拨款11594.49万元。《北京电子科技学院学报》设有自然科学、社会科学两个版、季刊、年发行4000册。图书馆建筑面积4700平方米，藏书29.84万册，中文报刊527种，外文期刊41种，网上全文数据库13个，教师阅览室1个，电子阅览室2个。拥有计算机3150台，多媒体教室座位2200个，信息化设备资产7098.26万元，网络信息点数1260个，校园网出口总带宽230 Mbps，电子邮件系统用户总数3432个，上网课程数678门，数字资源量9000GB，管理信息系统数据总量90GB。下设5个系（信息安全系、电子信息工程系、计算机科学与技术系、通信工程系、管理系），2个教学部（人文社会科学教学部、基础学科教学部），开设8个本科专业（信息安全、信息与计算科学、电子信息工程、计算机科学与技术、通信工程、行政管理、信息管理与信息系统、保密管理），2个工程领域硕士专业学位授予点（电子与通信工程、计算机技术），3个联合培养硕士研究生专业（密码学、通信与信息系统、计算机应用技术）。在岗教职工335人，其中，专任教师150人，教授19人、副教授65人；博士学位59人、硕士学位117人；硕士生导师39人；16名教师享受国务院政府特殊津贴，5名教师获得“北京市教学名师”，9名教师获得“北京市优秀教师”。该校教师在研国家级课题31项，1项科研成果获省部级二等奖。毕业生585人，其中，学历教育学生中全日制研究生0人（博士生0人、硕士生0人、研究生班0人），普通本专科生434人（本科生434人、专科生0人），成人教育本专科生151人（本科生111人、专科生40人），网络教育本专科生0人（本科生0人、专科生0人）；非计划招生高等教育学生中在职人员攻读博士硕士学位0人（博士生0人、硕士生0人），研究生课程进修班0人。招生490人，其中，学历教育学生中全日制研究生38人（博士生0人、硕士生38人、研究生班0人），普通本专科生452人（本科生452人、专科生0人）、成人教育本专科生0人（本科生0人、专科生0人）。高考北京地区提档线理科556分、文科615分。网络教育本专科生0人（本科生0人、专科生0人）；非计划招生高等教育学生中在职人员攻读博士硕士学位0人（博士生0人、硕士生0人），研究生课程进修班0人。在校生2035人，其中，学历教育学生中全日制研究生116人（博士生0人、硕士生116人、研究生班0人），普通本专科生1817人（本科生1817人、专科生0人），成人教育本专科生102人（本科生102人、专科生0人），网络教育本专科生0人（本科生0人、专科生0人）；非计划招生高等教育学生中在职人员攻读博士硕士学位0人（博士生0人、硕士生0人），研究生课程进修班0人。留学生毕业0人，招生0人，在校生0人。学院网址：www.besti.edu.cn。

（张　斌）

【开展“好老师教学之道的探索与实践”教研活动】 3月18日，学院将各教学团队推荐的自2013年10月“好老师教学之道的探索与实践”教研活动开展以来取得的21项优秀成果进行展示、交流和评比。经院教学指导委员会综合评审，“从‘技巧’到‘思想’”等5项成果获得一等奖，“面向专业的课程定制”等6项成果获得二等奖。

（张　斌）

【举办人文素质与公文写作比赛活动】 6 月6 日，学院举行人文素质与公文写作大赛决赛，内容涉及文、史、哲、艺等方面的基础知识，自然科学常识以及公文写作知识和应用技能。院领导，教务处、各系部、团委、组宣处等部门负责人及300余名学生观看了决赛。经过知识问答、公文辨析、人文演绎、人文探底四个环节的角逐，管理系一队获得一等奖，管理系二队、通信工程系队获得二等奖，信息安全系、计算机科学与技术系、电子信息工程系队获得三等奖。

（刘旭然）

【完成 2014 版本科培养方案修订工作】 6月26日，院长办公会审议通过了电科院2014版本科培养方案。为适应高等学校教育教学理念的发展和密码保密部门对人才培养的需求，电科院制定了信息管理与信息系统专业培养方案，修订了信息安全、信息与计算科学、电子信息工程、计算机科学与技术、通信工程、行政管理、保密管理7个专业培养方案。

（张　斌）

【参加纪念全民族抗战爆发 77 周年活动】 7月7日，学院选派59名学生代表，参加在中国人民抗日战争纪念馆举行的纪念全民族抗战爆发 77 周年活动，完成青年方阵宣誓任务。8日，电科院学生作为宣誓方阵代表在中国人民抗日战争纪念馆参加了首都各界纪念全民族抗战爆发 77 周年座谈会。

（刘旭然）

【首届国家网络安全宣传周】 11月21日，根据中央网信办“网络安全知识进学校”活动安排，学院开展网络安全知识宣传活动，摆放了大型宣传展板，向师生发放《网络安全知识手册》，此次宣传活动标志着“首届国家网络安全宣传周”活动在北京市高校正式启动。

（刘旭然）

中国戏曲学院

【概　况】 2014年，中国戏曲学院占地面积86246平方米，总建筑面积95000平方米。固定资产总值67162.68万元。全年教育经费投入23185.62万元，其中，国家拨款20176.42万元、自筹经费3009.2万元。图书馆总建筑面积5723平方米，藏有纸质图书25.2万册，中文图书24.9万册，西文图书2900册，电子图书190.64GB，中文期刊399种，外文期刊 98 种。设有京剧系、表演系、音乐系、导演系、戏曲文学系、舞台美术系、新媒体艺术系、国际文化交流系、基础部、附中（中国戏曲学院附属中等戏曲学校）等 10 个教学单位，有戏剧与影视学、音乐与舞蹈学 2个一级学科硕士点，有艺术学理论1个二级学科硕士点，设有15个本科专业及25个专业方向。教职工414人，其中，专任教师243人。专任教师中教授38人，副教授71人；硕士生导师 88 人。毕业生 664 人。其中，学历教育学生中全日制研究生 72 人，普通本专科生489人，成人教育本专科生103人（本科生66人、专科生37人）。本科毕业生就业率97.17%。招生759人，其中，学历教育学生中全日制研究生138人，普通本专科生517人、成人教育本专科生104人（本科生 61 人、专科生 43 人），非计划招生高等教育学生中在职人员攻读博士硕士学位 0人。在校生 2582 人，其中，学历教育学生中全日制研究生303人，普通本专科生2055人，成人教育本专科生175人（本科生117人、专科生58人），非计划招生高等教育学生中在职人员攻读博士硕士学位 49 人。留学生毕业112人，招生154人，在校158人。学院网址：www.nacta.edu.cn。

（王　媛）

【北京市政府与文化部共建戏曲学院】 3 月20日，北京市人民政府和文化部签署共建中国戏曲学院协议。实行“中央与地方共建、以地方管理为主”的机制，支持戏曲学院发展。北京市将戏曲学院纳入非遗传承与人才培养的整体规划，支持戏曲学院参与北京市举办的各类艺术文化活动和对外文化交流活动。文化部将为戏曲学院与文化部各司局及所属戏曲院团、研究机构、社会团体搭建“产学研”桥梁，搭建协同创新平台。市、部共建将促进戏曲学院更好地为北京市和全国文化建设服务。

（王　媛）

【新编《梁祝》公演】 4月26日，戏曲学院创排的新编历史京剧《梁祝》在长安大戏院公演。该剧由戏曲学院二级教授张火丁牵头创作并领衔主演，实现剧本、唱腔、唱词、音乐、伴唱、舞美等六大创新。新编《梁祝》更加突显梁祝的爱情之“美”，全剧格调更加纯粹。

（王　媛）

【获国家级教学成果二等奖】 9月4日，戏曲学院“高端京剧表演人才培养机制的创新与实践”获得国家级教学成果二等奖。该成果以中国京剧优秀青年演员研究生班学员培养机制的创新与实践为研究对象，创新推进招生制度改革，总结出符合高端京剧表演人才教育规律的实践教学模式。

（王　媛）

【附中开展教学汇报演出活动】 11月21日至30日，戏曲学院附中在北京长安大戏院开展2014年“携手为了孩子”系列教学汇报演出活动。活动以纪念中国少年京剧团建团五周年为主题，演出了包括《京剧新三字经》《大·探·二》《九尾玄狐》《金玉奴》《凤还巢》《白雪公主》《四郎探母》《三打祝家庄》《赵氏孤儿》和《师生演唱会》等10场演出和3场京剧（地方戏）中等戏曲人才培养专题研讨会。其中，大型儿童音乐歌舞剧《白雪公主》由中央电视台《空中剧院》栏目现场直播。

（王　媛）

【在学京赛等专业比赛中取得佳绩】 8月22日，戏曲学院学生张志芳在“文华艺术院校奖”第二届全国青少年戏曲比赛中，获青年组唯一金奖。8月23日，戏曲学院学生第二届全国戏曲院校京剧演员电视大赛中获得2项金奖、4项银奖、8项铜奖，获奖人数居全国参赛艺术院校之首。

（王　媛）

【大学生创业公司入选创业优秀团队】 9月14日，戏曲学院濮阳市龙城兄弟演艺文化传媒有限公司北京分公司、卢与杨（北京）品牌设计有限公司、锦绣高品（北京）文化传播有限责任公司、百纳嘉利（北京）剧场管理有限公司等4家大学生创业公司入选北京地区高校大学生创业优秀团队。这4家大学生公司均是第一批入驻戏曲学院大学生创业创意孵化园的企业。经过戏曲学院的政策支持与创业扶助政策，大学生公司不断发展壮大。4家公司共同打造的大型儿童音乐剧《故事城堡历险记》，入选北京市文化局2014年“圆梦中国、春苗行动”优秀少儿题材舞台剧目展演。

（王　媛）

【举办纪念“富连成社”创办110周年系列活动】 12月25日，戏曲学院举办纪念“富连成社”创办110周年学术研讨会。研讨会围绕“富连成社”的发展历史和办学经验、中国戏曲教育的发展脉络与历史源流、新时期戏曲教育的展望等议题展开专题研讨，对当下戏曲高端表演人才的培养与传统戏曲艺术的传承创新进行深入探索。26日至28日，戏曲学院举行纪念富连成社创办110周年纪念演出，京剧系、表演系师生参与演出，展示了戏曲人才培养的最新成果。

（王　媛）

文化　体育　卫生

文　化

【概　况】 2014年，举办周末百姓大舞台、星火工程等活动在内的“我的丰台·我的家”系列活动、“花好月圆传戏韵”主题活动及“发现丰台之美”主题活动、第九个非物质文化遗产日等群众文化活动等，在园博园中组织各项文化活动。全年全区组织文化活动、文艺演出、电影放映、读者报告会等各类文化惠民活动4400余场次，累计受众50万人次。新建、改建大红门文化广场、卢沟桥乡大井村文化广场和方庄休闲文化广场3个文化广场。周末百姓大舞台活动全年共开展262场次。周末“相声乐苑”和周末场演出114场次。全年开展农村“星火工程”文艺演出204场。以落实“平安丰台”为目标，保持文化市场有序发展，为APEC会议等做好服务保障工作。获得“我的中国梦，欢乐新北京”第二届“放飞梦想”北京诗歌朗诵大赛优秀组织奖等多项荣誉。

（王　蕊）

【三下乡活动】 1月13日—17日，丰台区2014年文化、科技、卫生“三下乡”陆续开展慰问送温暖活动。区文委以“文化服务到农家”为主题，为五个乡镇各送1场高质量的文艺节目，同时向五个乡镇赠送图书、杂志、光盘等学习材料。

（王　蕊）

【区第五届室内新春游乐会】 2月2日-5日，“共筑中国梦 幸福丰台人”丰台区第五届室内新春游乐会活动在文化馆举办，四天共吸引游客10000余人。本届游乐会以中国春节传统民间民俗为主线，设置了大赛、演出、展示、游艺、花会5大类近30个不同的项目，在保留了优势项目外，特增加了“重温老北京的记忆”——京城老物件展，让游人在游玩中感受中国传统民间文化的意趣。

（王　蕊）

【“发现丰台之美”主题活动】 4月至12月，开展“发现丰台之美”主题活动，活动依托人物、历史、自然、和谐、发展、环境等六大美丽元素，彰显丰台文化、丰台精神、丰台品牌、丰台形象。累计收到推荐作品3458件，新浪微博#发现丰台之美#活动话题阅读1469.7万次，豆瓣官方小站吸引豆友直接来访3.6万人次。

（王　蕊）

【“我的丰台·我的家”系列文化活动】 5月至11月，开展包括“周末百姓大舞台”、“戏曲进社区（村）”、“星火工程”文艺演出等活动在内的“我的丰台·我的家”、“书香丰台”及相声乐苑等区级文化活动1031场，街乡镇及社区（村）文化活动154场，受众50余万人。

（王　蕊）

【端午文化游园会】 5月31日至6月2日，在北京园博园举办端午文化游园会。活动中吸引企业力量开辟“创意端午”——“三元牛进城了”活动版块，吸纳公益组织开辟“快乐端午”——中国少年儿童文化艺术基金会活动，政府提供活动平台与场地保障，企业与公益组织提供活动内容与宣传资源，相互依托、优势互补、鼎力合作，以活动展风采、引创意、聚人气。借助活动平台，三元公司向中国少年儿童文化艺术基金会捐赠了价值10万元的爱心物资。

（王　蕊）

【第九个“非物质文化遗产日”活动】 6月14日，全国第九个“文化遗产日”活动中，将活动地点设在南苑村文化广场，通过花会展演、艺术品展示互动、发放宣传品等方式，吸引更多市民自发加入到活动中来，让非物质文化遗产保护理念走进百姓生活，集中展示非物质文化遗产的独特魅力。500余人参与活动，发放宣传品2000余件。

（王　蕊）

【百姓周末大舞台】 6月14日至6月29日每个周六、日上午8：30，在莲花池公园文化广场，邀请中国杂技团、北京歌舞剧院等专业院团进行表演，总计演出6场。

（王　蕊）

【“彩色跑”活动】 6月21日，举办主题为“彩色园博 快乐生活”，的“彩色跑”活动。共吸引3万余名中外友人参与，是迄今为止世界范围内参与人数最多的一届，网络媒体、电视媒体、纸媒、广播媒体和新媒体等不同类别的数百家媒体进行报道。

（王　蕊）

【纪念抗战爆发77周年群众歌咏活动】 7月7日，在中国人民抗日战争全面爆发纪念地——卢沟桥宛平城地区中国人民抗日战争纪念雕塑园中心广场，组织主题为“勿忘国耻 圆梦中华”的首都各界群众优秀合唱团开展大规模歌咏活动，纪念全民族抗战爆发77周年、抗战胜利69周年。

（王　蕊）

【“卢沟晓月”中秋群众文化活动】 9月8日，以“卢沟晓月·中秋传情”为主题，举办了“卢沟晓月”中秋群众文化活动。活动充分挖掘中秋文化内涵，还原中秋节“团圆”、“美满”的核心精髓，形式多样，展现了团圆、文明与和美。1.6万名游客参与了卢沟桥主会场活动。园博园、世界花卉大观园、科技园区公园及莲花池公园等区内12个主要景点也举办了此项活动。

（王　蕊）

【丰台戏曲文化嘉年华】 9月27-28日，在万方亭公园举办，此次活动为市区联动，规格提升，邀请北京文化艺术活动中心共同主办2014“谁与争锋”全市戏曲票友大赛活动，并纳入“梨园大舞台 戏曲零距离”2014丰台戏曲文化嘉年华。活动面向全市票友和广大市民，开展一系列“贴近实际、贴近群众、贴近生活”的文化活动，共吸引15个区县、万余人参与。

（王　蕊）

【国庆游园活动】 10月1日，围绕“祝福祖国喜迎国庆”主题，分别在园博园三、四号门区广场邀请海政歌舞团、中国杂技团等市级和部队专业院团等一线演员演出获奖节目。配合戏曲文化中心打造，选取八个地方园安排地方戏曲表演。组织花车展示、永定河历史文化展、音乐喷泉表演及流动的新北京一行为艺术表演。

（王　蕊）

【戏曲进社区（村）】 年内，通过购买戏曲学院的专业讲师和专业服务，聘请专业老师到各街乡镇基层戏曲票友与戏迷朋友们中间，传授戏曲文化知识，提升基层戏曲表演水平，共有43个票友接受专业指导，讲座培训及票房指导共计241场。

（王　蕊）

【“我的中国梦，欢乐新北京”群众合唱大赛】 年内，以“我的中国梦，欢乐新北京”为主题开展群众合唱大赛，活动历时两个多月，分初赛、复赛和决赛三个环节，最终评选出一等奖3名，二等奖6名，三等奖9名。

（王　蕊）

【“我的中国梦，欢乐新北京”群众舞蹈大赛】 年内，开展“我的丰台·我的家”群众舞蹈大赛，活动历时一个多月，分为初赛、复赛和决赛三个环节，最终评选出一等奖3名，二等奖6名，三等奖9名。

（王　蕊）

【惠民文化消费季】 年内，配合全市开展“2014丰台区惠民文化消费季活动”，运用微博、微信、网络平台等众多渠道宣传，通过门票奖励、展销优惠、限时打折等多种方式引导，充实、丰富了百姓的精神文化生活，22万余人参与，消费人次7万余人，消费金额141万余元。

（王　蕊）

【基层文化设施建设】 年内，新建、改建大红门文化广场、卢沟桥乡大井村文化广场和方庄休闲文化广场3个文化广场对全区42个重点文化室进行文化扶持，为卢沟桥街道新建青塔文化活动中心和5个社区新建文化室、图书室申请项目改造及文化设备购置经费共计561.3万元。

（王　蕊）

【文化市场安全监管】 年内，加大文化市场的监督管理力度。建立行政许可联动机制，规范娱乐场所管理。组织“平安丰台”法律法规、安全培训、消防演练13次，总人数超过2800人次。

（王　蕊）

【文化娱乐场所安全生产工作】 年内，与全区娱乐场所签订《安全生产责任书》，开展4.26知识产权日、12.4宪法日等宣传活动，发放安全标语、宣传手册等各类宣传材料6000余份，确保全区娱乐场所未发生重大安全事故。

（王　蕊）

【文物保护工作】 年内，完成宛平城南城墙西段抢险修缮工程、丰台福生寺修缮工程的竣工验收备案工作。进行可移动文物普查第二次摸底工作，完成597家单位的调查，开展历史文化名城保护研究。

（王　蕊）

【行政执法工作】 年内，检查各类文化场所2400余家次，对71家违规文化经营场所处以行政处罚，主动查处一起重特大案件，全年行政许可准确率、承诺件按时办结率、举报查处回复率和群众满意率均100%。

（王　蕊）

丰台区文学艺术界联合会

【概况】 2014年，围绕“发现丰台之美”主题活动和“2014世界种子大会”重点项目，结合庆祝建国65周年的契机，带领广大文艺工作者，开展理论研讨、学术交流、作品创作等一系列工作。全年组织艺术家举办笔会活动3场，组织艺术家采风团500余人进行实地采风，组织会员进行书法作品交流活动3次，选派数百名艺术家进行多次各个艺术门类的比赛。

（张凤青）

【文化三下乡活动】 1月13日起，组织所属协会的书画家30余人，分别到南苑、长辛店等乡为农民写送春联1500余幅，做字画100余幅，拍摄全家福100幅。

（张凤青）

【迎新春优秀作品展】 1月20日，由区文联、区美术家协会主办，区少年宫协办的“迎春画展”——丰台区美协会员优秀作品展在丰台影剧院二楼展厅开幕。展览时间为1月20日到23日。共展出的120多幅作品涵盖国画、油画、风筝、剪纸等艺术门类。

（张凤青）

【美丽北京·你好丰台原创词曲征集活动】 4月2日，由北京音乐家协会、北京戏剧家协会、区委宣传部、区文化委和区文联主办，举办“美丽北京·你好丰台——原创歌词征集活动”。并以评选出的20首获奖作品为题材，再次面向全国公开征集原创歌曲作曲，征集到全国各地200余名曲作者发来的歌曲300余首。终评会由活动评委会主任、著名作曲家付林主持。

（张凤青）

【世界种子大会摄影优秀作品展】 5月22日，小种子 大梦想——世界种子大会摄影优秀作品展首展在区政府1号楼大厅开展。此次展出的80幅优秀摄影作品形象展示了世界种子大会的建设历程及其成果给周边环境带来的巨大变迁。作品于5月至8月间相继在种子大会主酒店、卢沟桥乡等地进行巡展。

（张凤青）

【世界种子大会原创摄影美术精品展】 6月13日，2014世界种子大会原创摄影美术精品展在区工人俱乐部四层展出。300幅摄影和美术作品参展。

（张凤青）

【第二届“花好月圆看丰台”征联活动】 7月5日，由北京作协和区文联联合举办第二届“花好月圆看丰台”征联面向全国正式启动。10月17日所有稿件经过毕淑敏等专家评委的评选，选出一等奖3名，二等奖6名，三等奖12名，优秀奖30名。

（张凤青）

【首届“高元钧杯”全国山东快书大赛】 8月19日—20日，由中国曲艺家协会、区文委、区文联共同主办，中国曲协山东快书艺术委员会协办的首届“高元钧杯”全国山东快书大赛在丰台文化馆进行。

（张凤青）

【“花好月圆看丰台”原创文学作品朗诵会】 9月19日，由区宣传部、区文委、区文明办、区广电中心、区文联共同主办，区作家协会、区音乐舞蹈家协会、区少年宫承办的2014年“发现丰台之美”主题活动“花好月圆看丰台——丰台区原创文学作品朗诵会”在区青少年剧场举行。区作协副主席、朗诵艺术家詹泽担任艺术总监。著名朗诵表演艺术家曹灿、红云、瞿玄和以及“夏青杯”等全国朗诵大赛冠军获得者参与表演。

（张凤青）

【首届京城高校相声邀请赛】 9月23日，由北京曲艺家协会。区文委、区文联和京城高校相声联盟主办的“首届京城高校相声邀请赛”在丰台相声乐苑进行四场决赛，最终评选出最佳表演奖、最佳作品奖等奖项。10月24日进行了颁奖仪式，著名评书表演艺术家刘兰芳等到场为大学生颁奖并进行助兴表演。

（张凤青）

【“发现丰台之美”美术书法摄影作品展】 10月12日，由区文联主办的“发现丰台之美”主题美术书法摄影作品在北京园博园奇石馆进行集中展示。展期15天。400幅参展作品中接近四成创作涉及卢沟元素。

（张凤青）

【“你好丰台”原创歌曲演唱会】 10月22日，由区文联主办的“你好丰台”原创歌曲演唱会在区文化馆举行。区音乐舞蹈家协会会员作为承担本次演唱任务的主体，现场演唱了《莲花池》、《永定上河图》、《一起来看世界》、《丰台之歌》等歌曲。

（张凤青）

【百名书家扇面书法展】 11月2日，由区文委、文联主办，区书协承办的“丰台区百名书家扇面书法展”在北京世界花卉大观园开幕。100幅扇面书法作品亮相京城。

（张凤青）

【“北京意象·丰台华彩”绘画作品展】 11月19日，由北京市文联、丰台区委、区政府联合主办的“北京意象·丰台华彩”绘画作品展在中国美术馆开幕，300 余幅作品围绕丰台风光、历史、故事、人物四个方面进行展现。

（张凤青）

广 播 电 视

【概　况】 2014 年，丰台有线 803 数字频道每天 6：30 至 00：30 播出，全天电视节目时长为 18 小时。《丰台新闻》及重点栏目在 BTV 新闻频道播出。年内，制作、播出《丰台新闻》305 期，播发自采稿件 2200 多条，总时长约为 4560 分钟；各栏目制作播出 192 期，总时长 3060 分钟；拍摄各类资料 3100 分钟；围绕主旋律，完成主题宣传片 13 部；制作包装频道宣传片 23 部，频道导视系统修改 7 版；各类后期制作任务 151 项，频道、栏目、专题节目包装时长共计 4800 秒。其中电视新闻《扫桥爷爷窦珍》获北京新闻奖二等奖。

（张欣悦）

【报道群众路线教育实践活动】 年内，开展群众路线教育实践活动的宣传报道工作，开设《党的群众路线教育实践活动》、《记者走基层》等新闻专栏。记者深入辖区委办局、街乡镇、社区村，采访报道开展群众路线教育实践活动的做法、成果、新变化、新气象，共播发相关新闻 100 多条；拍摄视频资料 25 期 1700 分钟；制作播出宣传片、总结片 3 部。结合全区党的群众路线教育活动，推出民生类栏目《在身边》，围绕老百姓关心的大事小情进行报道，让观众看到丰台区的变化和丰台人的精神风貌。

（张欣悦）

【重大活动宣传】 年内，落实习近平总书记关于“调整疏解非首都核心功能，推动京津冀协同发展，建设国际一流和谐宜居之都。”的指示精神，特派记者报道企业搬迁、产业升级等重大事件，对白沟大红门国际服装城 600 家商户正式开门营业进行了重点报道；围绕全区“两会”、种子大会、铁人三项赛、抗战胜利纪念日、卢沟晓月中秋文化节、烈士纪念日等主题宣传工作，精心策划，重点选题，采写、编发了一批有新意、有影响力的新闻报道；配合北京电视台完成国庆 65 周年游园博庆祝活动的宣传、技术保障工作，组织拍摄了京剧、川剧、粤剧等 8 个剧种经典剧目的展演，留存大量的声像资料。

（张欣悦）

【弘扬“社会主义核心价值观”】 年内，按照“培育和践行社会主义核心价值观”宣传工作的部署，报道《东高地好心老人徒手接住坠楼男童》、《身边好人郭德卿》、《最美片医》等凡人善举，对丰台环卫中心做了六期系列报道。开设《节俭养德》专栏，弘扬节俭美德。自 3 月开始，丰台有线频道选择相关宣传标语，每日滚动播放 27 次；公益宣传短片，每天播放 6 次。

（张欣悦）

【深入基层挖掘丰台之美】 年内，《丰台新闻》开设“发现丰台之美”专栏，连续展示不同地区的风景美和人物美，对各街乡镇开展的“发现丰台之美”宣传展示周活动进行了全面报道。加强记者走基层的报道力度，“楼门文化展 弘扬正能量”、“百家饺子宴欢乐过佳节”、“蔬菜直通车进社区 ”等新闻展示了多彩幸福的百姓生活。围绕全区中心工作及社会热点现象，对春节走访慰问、烟花爆竹禁限放、安全生产月、学雷锋活动、敬老月等等都做了详细的报道。

（张欣悦）

【宣传阵地稳步发展】 年内，新增《丰台消防》、《法制风景线》、《南城人物》、《在身边》四档栏目，通过平凡朴实的故事，弘扬主旋律，传递正能量。恢复《丰台教育》栏目，中心社教类栏目共有 14 档，内容涉及政策宣传、纪检工作、消防安保、扶残助残等。完成了“园博园彩色跑”、“长辛店老镇复兴计划会”等重大活动资料拍摄。

（张欣悦）

【完成折子工程】 年内，完成区政府折子工程1项。配合北京广播电视台、歌华有线公司提前并高质量地完成高清交互机顶盒3万户的推广工作。做好区委宣传部折子工程14项包括：弘扬“社会主义核心价值观”、深化拓展“发现丰台之美”主题活动、把握“重大纪念日宣传”、做好“幸福生活大讲堂”宣传平台、探索微信、微视频、微电影等新技术呈现途径等。

（张欣悦）

【加强新媒体时代的传播内容建设】 年内，配合卢沟晓月中秋文化节宣传活动，中心拍摄的微电影《卢沟晓月》在腾讯网等多媒体平台上线播出。摄制了以“发现丰台之美”为主题《幸福绽放》等15部微视频。与区纪委联合制作《购物卡》、《旁观》、《藏》、《退休》四部廉政微短剧。其中微短剧《购物卡》获北京市纪委、市委宣传部“北京廉政故事”和“廉政微短剧”创作征集活动优秀奖。

（张欣悦）

卢沟桥文化旅游区

【概　况】 2014年，景区共接待游客469084人次，总收入5623942元。年内完成宛平城南城墙西段抢险修缮工程，宛平城城楼、城墙及东西闸楼修缮前期评估准备工作已经完成进入实施阶段。对景区周边设施进行了维护，全力配合市快轨公司完成地铁十六号线宛平站前期各项准备工作。为保障纪念“七七事变”爆发77周年活动，粉刷周边围栏400米，门脸房4000平方米，铺设绿地、草坪6600平方米。年内多次接待开展抗战纪念日、少先队入队日、北京市成人仪式、入团、入党仪式团队等活动。

（高　健）

【第二十八届醒狮越野跑比赛】 8月30日，在中国人民抗日战争纪念雕塑园举办第二十八届醒狮越野跑比赛。来自全国5000多名长跑爱好者参加了比赛，全国人大常委会原副委员长、民革中央原主席何鲁丽致开幕词。

（高　健）

【“卢沟晓月”中秋文化节】 年内，完成第七届“卢沟晓月”中秋文化旅游活动。此次活动以“卢沟晓月　中秋传情”为主题，重点挖掘，传承中秋节团圆、美满的文化内涵，通过在卢沟桥广场设立祈福墙，新颖活泼的快闪舞蹈以及与游客互动的兔爷、嫦娥等趣味盎然的游戏活动，让市民朋友亲身感受和美、温馨的节日氛围，中秋期间客流量5万余人次，门票收入50余万元。

（高　健）

【爱国主义教育】 年内，完成“北京市中小学生大课堂”社会实践活动及区领导对旅游区大课堂建设调研的接待工作，共接待团队13个，计2071人次，被区教委评为2014年度“中小学生社会大课堂建设先进集体”。

（高　健）

中国人民抗日战争纪念馆

【概　况】 2014年，是中国人民抗日战争胜利69周年。抗战馆以“纪念全民族抗战爆发77周年”和“纪念中国人民抗日战争胜利69周年”两项重大活动为契机，以中央赋予的“三大任务”为主线，做好全年各项工作。年内推出“伟大贡献——中国与世界反法西斯战争”、“红色影像展——中国共产党领导的敌后抗日战场纪实”、“甲午风云　宝岛悲歌——甲午战争与台湾同胞抗日保台专题展览”、“血写的历史——日本军国主义在亚太地区罪行图片展”四个专题展览。习近平等党和国家领导人参观了“伟大贡献——中国与世界反法西斯战争”展览。年度荣获中宣部“全国基层理论宣讲工作先进集体”荣誉称号、“首都绿化美化先进集体”、“最美北京人”百姓宣讲比赛团体第一名，实现“服务零投诉，安全零事故”的“双零”指标。全年共接待观众 851186 人次。

（吕　曦）

【组织重大抗战纪念日活动】 年内，把“七·七”、“九·三”纪念活动作为年度重大政治任务。7 月 7 日，习近平、俞正声等党和国家领导人出席“纪念全民族抗战爆发 77 周年”活动，习近平和抗战老战士代表、少年儿童代表为“独立自由勋章”雕塑揭幕并发表重要讲话。9 月 3 日，习近平、李克强、张德江、俞正声、刘云山、王岐山、张高丽等出席“纪念中国人民抗日战争暨世界反法西斯战争胜利 69 周年向抗战烈士敬献花篮仪式”活动，与首都各界代表一起，向抗战烈士敬献花篮。

（吕　曦）

【开展爱国主义教育活动】 年内，成立抗战馆志愿者合唱团——黄河合唱团，成立抗战馆志愿者委员会。抗战馆被北京市教委纳入中小学培育践行社会主义核心价值观活动地之一，被北京市志愿者服务指导中心授以“首都学雷锋志愿服务示范站”。全年共举办民族精神大讲堂 12 场，中小学生社会大课堂 23 批，来自北京市 42 所中小学的 10210 名学生参加“培育和践行社会主义核心价值观——首都中小学生走进抗战馆主题教育活动”，来自高校和社会的众多志愿者也参与到抗战馆的志愿服务工作中。

（吕　曦）

【文物征集工作】 年内，围绕台湾同胞抗日斗争史实展、2015 年基本陈列改陈等征集抗战文物。共征集珍贵文物各类藏品 1041 件（套）。编目登记上账文物 1480 件/套。全年复制文物 279 件，修复 110 件。

（吕　曦）

【对外交流】 年内，推进京津冀三地博物馆、纪念馆等文化单位的交流与合作，北京拟由抗战馆牵头、河北拟由西柏坡纪念馆牵头、天津拟由周恩来邓颖超纪念馆牵头，建立三省市纪念馆联席会议制度，定期召开会议，协调京津冀纪念馆的发展规划，研究三地抗战类纪念馆的交流与合作机制，推动成员单位的协同发展。同时加强国际间学术交流与合作。抗战馆业务人员赴韩国独立纪念馆参加“第 12 届中国境内独立运动遗址相关人士会议”。

（吕　曦）

【开展舆论宣传】 年内，新华社、《人民日报》、中央人民广播电台、中央电视台、《北京日报》、北京电视台等中央和地方重要媒体报道抗战馆相关活动信息 5281 次。其中，中央媒体报道共 1956 次，地方媒体报道共 3325 次，网络媒体报道 5056 次，刊发专版 21 个，刊登在报纸首版和网络首页的报道 213 个。共编印《内情通览》12 期、《外媒动态》24 期、《信息参考》12 期，报送信息快报 310 条，被《宣传系统信息快报》刊登 129 条。向市委宣传部报送的《抗战精神励中华 观众参观创新高——纪念全民族抗战爆发 77 周年仪式后社会各界反响强烈》信息，被市委办公厅《北京信息》中办专报第 706 期采用，被评为优秀信息。年内推出“中国人民抗日战争网上纪念馆”专题、“网上祭先烈·中共抗战英烈”专题、网上公布了强掳中国赴日劳工名录、抗战馆入驻百度百科数字博物馆项目活动、手机导览 APP 项目、“伟大贡献——中国与世界反法西斯战争”和“红色影像展——中国共产党领导的敌后抗日战争纪实”专题展览虚拟展。与首都互联网协会和搜狐、新浪等七家网络媒体联合推出“中国人民抗日战争网上纪念馆”，举办网上纪念馆专题上线、七七专题、九三专题、优秀参与奖评选暨颁奖和“我的抗战寄语”网络演讲比赛、抗战胜利日标识设计大赛、网络知识大赛、网络民意调查等宣传活动。各网站专题总点击量近 2800 万人次，境外网民点击量超 47 万人次，网民留言达 20 万余条，各网站合计展示历史照片、文物图片 11400 多张，抗战人物故事、历史资料 6600 多份。

（吕　曦）

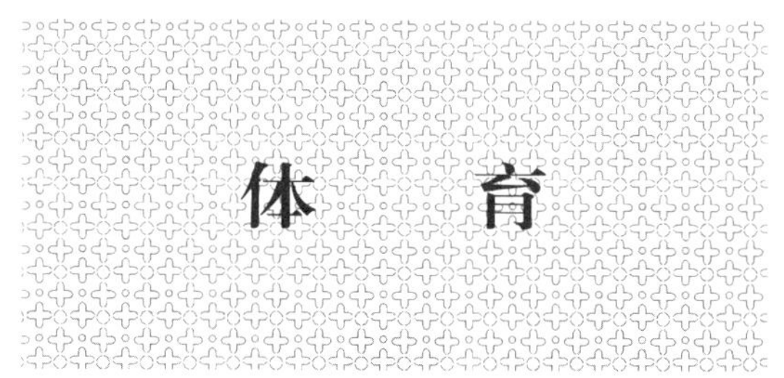

【概　况】 2014 年，承办、组织、参加市、区各类体育赛事活动 9 场。在北京市第十四届运动会上，共获金牌 22 枚、银牌 27 枚、铜牌 27 枚的成绩。开展全民健身系列活动，在全区设置三个全民健身培训站点，为居民提供就近就便的健身指导；发展网球运动协会、桌游协会 2 个新的单项体育协会；承办、组织国际迷你马拉松、8 月 8 日全民挑战日、家庭体育嘉年华、国际徒步嘉年华等各种群体活动 40 次。加强场地设施建设，21 个街道、乡镇自筹资金 1150 万改建、扩建、新建场地设施 20 块。向小瓦窑村 2 片篮球场拨付扶持资金；申报小瓦窑 1 片篮球场、1 片多功能足球场、1 片门球场建设；投入更新经费 259 万元完成了 77 套器材更新工作；调研学校体育设施向社会开放工作，推进 10 所学校的对外开展工作。全面实施场地普查工作，组织第六次全国体育场地普查工作，共普查场地 904 块。合理布局“三大球”项目网点校；向市局申请扶持资金 100 万元。规范开展行政许可审批及执法工作，完成 27 家高危险性体育项目行政许可审批工作；对体育项目经营单位开展行政执法检查工作，共出动检查人员 124 人次，车辆 45 台次，对玛雅岛酒店游泳馆、首都医科大学游泳馆等 11 家单位下达限期整改通知书。

（胡　博）

【北京国际铁人三项赛】 9 月 13 日至 14 日，2014 年北京国际铁人三项赛在北京园博园举办。为了增加赛事的参与性和群众性，设置了 sprint 铁人三项赛，用半程距离吸引更多群众参与。本次比赛共有来自 40 多个国家和地区的 1272 名运动员参赛。活动现场同时举办“家庭体育嘉年华”活动，空竹、飞叉等传统的中国体育项目，车辆模型体验场向参与群众进行科技体育普及推广。

（胡　博）

【丰台区第六届全民运动会】 5 月至 10 月，丰台区第六届全民运动会举行。本着“隆重、热烈、节俭、安全”的原则，通过传统赛事、一区一品、助力赛事、基层群体活动四大类赛事活动，实现了“开门办体育、全民齐参与”目标。本届运动会历时 5 个月，举办各类赛事活动 46 项，直接参与人数突破 10 万人次。

（胡　博）

【“健康丰台人”运动素质公开赛】 年内，区体育局与北京体育大学合作，在全市开展“健康丰台人”运动素质公开赛活动。活动历时 6 个月，覆盖全区 21 个街乡镇，共举办 22 场活动，参与人数 2300 余人。活动设立“6+6+1”的测试项目，对人体六大素质（即力量、耐力、速度、柔韧、灵敏、平衡），六项体质检测（身高、体重和 BMI 值、肺活量与体重的比值、体制百分比、骨密度、握力），以及智力心理测试，从素质、体质和健康知识三方面综合衡量，让参与者获得专属自己的“运动素质健康分”，活动中特邀专家现场指导，依据参与者自己的“健康分数”，为其量身定做个性化运动处方，指导其更加科学、健康地参加体育锻炼。

（胡　博）

【北京科技体育馆竣工】 北京科技体育馆 2012 年 10 月在丰台体育中心开工建设，采用大空间钢结构，2014 年年底完成竣工验收。根据北京科技体育馆的功能定位，突出科技体育特色，确定了体育赛事、互动体验、展览展示、创业平台、教育培训等经营内容。体育馆将通过开展包括但不限于航空航天模型、航海模型、车辆模型、建筑模型、无线电测向、业余通信、机器人等科技体育项目，将北京科技体育馆打造成为国家第一个以科技为主的体育馆，成为首都科技体育中心。

（胡　博）

【北京国际车辆模型大奖赛】 10 月 16 日至 10 月 19 日，2014 年北京国际车辆模型大奖赛在丰体模型越野赛车场举办。大赛是由中国车辆模型运动协会、北京市体育局、北京市体育总会、丰台区人民政府共同主办，北京市模型运动协会、丰台区体育局、丰台区旅游委和丰台体育中心承办的国际性车辆模型赛事。共有 3 个比赛项目，分别是 1/10 两驱电动越野车、1/10 四驱电动越野车和 1/8 电动越野车。

（胡　博）

【安全生产监管】 年内，落实市场监管职责，对体育运动项目经营单位开展行政执法检查，全年共开展检查 73 次，其中联合执法 10 次，出动检查人员 186 人次，车辆 46 台次，对 21 家单位下达限期整改通知书，对 1 家单位进行行政处罚；完成 33 家高危险性体育项目行政许可审批工作；组织 3 次体育项目经营单位培训会，共 105 家单位参加培训。

（胡　博）

【体育协会管理】 年内，丰台区已登记注册单项体育协会、地区体育协会共有 17 个，社会体育指导员 2554 人，其中，国家级 58 人，一级 392 人，二级 448 人，三级 1656 人。其中年度新注册单项协会 2 个。全年分 2 次对 446 名社会体育指导员进行业务培训；指导 21 个街乡镇建立了体育组织，已备案的社区（村）全民健身辅导站 688 个，各类健身团队 600 余支；全区共有社区体育健身俱乐部 11 个，青少年体育俱乐部 17 个，北京市体育生活化社区 225 个，体育特色村 3 个。全年指导基层开展各类群众体育活动 1600 余场，参与人数 17.8 万余人。

（胡　博）

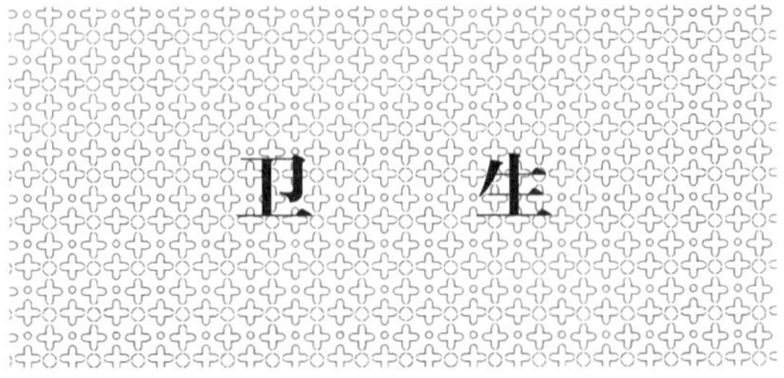

卫　生

医疗卫生

【概　况】 2014 年，全区有街道办事处 16 个、居委会 303 个、乡镇 5 个、行政村 65 个，户籍人口 112.75 万人，常住人口 230 万人。有医疗卫生机构 549 个（不含 3 家军队医院），其中医院 70 个、基层医疗卫生机构 467 个、专业公共卫生机构 5 个、其他机构 7 个。非营利性机构 396 个，营利性机构 146 个。卫技人员 17063 人，其中执业（助理）医师 6267 人、注册护士 7348 人，实有床位 9347 张。平均每千常住人口拥有卫技人员 7.42 人、执业（助理）医师 2.72 人、注册护士 3.19 人、床位 4.06 张。全年出生 10913 人，出生率 9.74‰；死亡 7915 人，死亡率 7.06‰；人口自然增长率 2.68‰。因病死亡 7531 人，占死亡总人数的 95.15%。死因顺位前十位依次为：恶性肿瘤、心脏病、脑血管病、呼吸系统疾病、内分泌、营养和代谢疾病、消化系统疾病、损伤和中毒、神经系统疾病，传染病和泌尿生殖系统疾病。期望寿命 82.11 岁。

（吕媛媛）

【机构改革】 9月18日，区政府办下发《北京市丰台区人民政府办公室关于设立北京市丰台区卫生和计划生育委员会的通知》（丰政办发〔2014〕32号），根据北京市机构编制委员会《关于组建区县卫生和计划生育委员会的实施意见》（京编委〔2014〕44号）精神，设立北京市丰台区卫生和计划生育委员会，为区政府工作部门，负责辖区卫生和计划生育工作。撤销北京市丰台区卫生局、北京市丰台区人口和计划生育委员会。

（吕媛媛）

【卫生改革】 年内，建成以北京丰台医院、铁营医院、丰台中西医结合医院、南苑医院为枢纽，以23家社区卫生服务中心为成员，以市级医院为核心的医联体网络。继续推进应用DRGs（疾病诊断相关组）医疗服务绩效评价项目，促进医疗服务管理科学化和规范化。鼓励和引导社会资本办医，制发《丰台区社会资本办医指导意见》。

（吕媛媛）

【社区卫生】 年内，全区有社区卫生服务中心23个、社区卫生服务站147个（实际运行136个）。有社区卫生工作人员3504人、卫技人员2830人，其中在医疗、护理和公共卫生岗位工作的分别为1122人、904人和280人。全年门诊703.63万人，同比增长1.8%。医疗总收入19.08亿元，同比增长11.19%。社区卫生服务机构和农村卫生所共销售零差率药品8.62亿元。区财政对政府购买服务单位所减少的合理收入6060.75万元（除外收支两条线管理单位的补助经费6843.44万元）给予补偿。

（吕媛媛）

【社区医师培训】 年内，组织社区卫生机构2275人报名参加北京市社区必修课学习，全区培训合格率99.8%。选送8人参加北京市康复、口腔等7个专业骨干培训，选送2名临床医师参加北京市卫生局全科医师转岗培训（全科医师骨干培训），7名中医医师参加北京市中医全科医师转岗培训。全区160人参加“2013年家庭医生式服务培训”。组织各社区卫生服务机构开展28场社区全科医生公益性培训及社区继续教育培训，培训4600人次。370人参加北京市社区卫生服务岗位练兵活动，方庄社区卫生服务中心代表丰台区参加北京市市级决赛和全国城市对抗赛，获得京津城市对抗赛第二名。

（吕媛媛）

【社区卫生服务】 年内，建立社区卫生服务团队256个，家庭医生签约317375户700867人，提供主动服务158053人次，提供上门服务14758人次。建立家庭健康档案55.76万份、居民个人健康档案180.15万份，建档率79.68%。其中电子健康档案150.53万份，个人电子健康档案建档率66.58%。开展社区青少年心理健康促进工作，完成26场青少年团体心理咨询、102场青少年心理健康知识讲座、千份青少年心理健康筛查问卷、近万份青少年心理健康宣传的印制与下发。

（吕媛媛）

【社区支援】 年内，23所社区卫生服务中心分别与14所上级对口支援医院续签对口支援协议书，对口支援医院选派支援社区卫生服务中心专家1085人次，诊治患者111263人次，进行疑难病会诊2585人次，带教医务人员371人次；开展健康大课堂讲座112场次，受益居民4876人次。上转病人3815人次，接收下转病人1037人次。

（吕媛媛）

【农村卫生】 年内，有乡级医疗机构5个、村级医疗机构68个、村卫生室26个。完成286名在岗乡村医生换证工作。组织全区60岁以下、在村卫生室执业的156名乡村医生参加北京市乡村医生岗位培训；组织乡村医生到乡镇卫生院、区直属医院实习见习，127名乡医参加理论考试，153名乡医参加技能考核。

（吕媛媛）

【新型农村合作医疗】 年内，全区参合103847人，参合率99.7%。低保参合707人，重残参合1289人。人均筹资标准1270元，个人缴费标准150元，总筹资13188.569万元。报销补偿187931人次，补偿资金14219.55万元，其中门诊补偿175024人次，补偿资金4659.70万元；住院（含特病）补偿12907人次，补偿资金9559.86万元。完成2013年新农合大病保险报销补偿工作，补偿人数1421人，补偿资金1048.45万元。

（吕媛媛）

【传染病防治】 年内，报告法定传染病23种17379例，发病率760.13/10万（按照中国CDC统一提供的2014年度数据，全区人口228.63万人计算），比上年（712.85/10万）上升6.63%；报告死亡30例，死亡率1.31/10万，比上年（2.01/10万）下降34.81%。其中甲类传染病1例，发病率0.04/10万。乙类传染病15种4721例，发病率206.49/10万，比上年（209.35/10万）下降1.36%；死亡27例，报告死亡率1.18/10万，比上年（2.01/10万）下降41.33%。丙类传染病7种12657例，发病率553.60/10万，比上年（503.50/10万）上升9.95%；死亡3例，报告死亡率0.13/10万。发病率排在前三位的疾病分别是其它感染性腹泻病、手足口病、痢疾。开展霍乱、手足口病等多种传染病的监测工作，监测43697人次，采集实验室检测病原相关标本4577件。做好埃博拉出血热防控工作，下拨39.28万元经费为各医疗机构配备埃博拉出血热防控物资，开展埃博拉出血热区级师资培训4次，510余名专业骨干参加，对重点医疗机构开展专项工作，督导检查5轮次，与佑安医院进行技术对接，完成4例埃博拉留观病例的流调和标本运送工作以及35人的健康监测工作。以流感、集中发热疫情处理为背景开展两场大型实战演练。肠道门诊共开诊214天，自11月1日起，保留东方医院及南苑医院冬季继续监测，门诊14760人次，同比下降13.12%，其中初诊12598人次、复诊2162人次。

（吕媛媛）

【结核病防治】 年内，确定丰台中西医结合医院等四家医院为结核病定点综合医院。全年报告发病881例，其中涂阳病例297例、菌阴病例388例、未痰检病例176例、仅培阳病例20例。丰台区登记管理病人153例。新生儿接种卡介苗16970人。

（吕媛媛）

【性病防治】 年内，新增艾滋病病毒感染者及病人469例、五种性病1013例，其中梅毒584例、淋病117例、尖锐湿疣196例、生殖器疱疹22例、生殖道沙眼衣原体感染94例。完成艾滋病病毒感染者及病人流行病学调查739例。完成拘留所、看守所高危人群艾滋病病毒抗体筛查163例，筛查率100%，检出艾滋病病毒抗体阳性22例。申报为第三轮全国艾滋病综合防治示范区。

（吕媛媛）

【狂犬病管理】 年内，报告本地狂犬病1例。未发生一犬咬伤多人事件。报告输入病例6例，均为佑安医院报告，户籍为河北4例、内蒙古1例、山西1例。7家人狂犬病免疫预防门诊接种人狂犬病疫苗13740人次。

（吕媛媛）

【手足口病管理】 年内，报告手足口病5283例，发病率231.07/10万，占丙类传染病总数的41.74%，无死亡病例。男性3139例，占59.42%。以1～5岁患儿为主，占85.95%。散居儿童、托幼儿童及学生3种人群5218例，占98.77%。

（吕媛媛）

【慢性非传染性疾病防治】 年内，创建国家慢性病综合防控示范区。新增社区高血压自我管理小组10个、糖尿病自我管理小组13个，累计建立自我管理小组181个，覆盖全区50%的居（村）委会。开展全民健康生活方式行动工作，新创建健康社区3个、健康单位5家、健康食堂1家、健康餐厅3家、健康步道2条。新培养200名健康指导员。开展慢病发病及危险因素监测工作，样本代表丰台区各类人群，样本量3900人。

（吕媛媛）

【地方病防治】 年内，对小井小学、槐房小学及樊家村小学的210名8～10岁儿童进行尿碘水平监测，尿碘中位数111.5μg/L；对其中150人开展甲状腺B超检测，儿童甲状腺肿大率3.3%。孕妇与育龄妇女尿碘监测401人份，孕妇尿碘中位数128.1μg/L，育龄妇女尿碘中位数136.2μg/L；辖区内成年男性碘营养水平监测调查200人，尿碘中位数144.1μg/L。居民户碘盐监测300户，非碘盐率4.0%，碘盐覆盖率96.0%，碘盐合格率94.8%，居民合格碘盐食用率91.0%。对19名养殖行业从业人员进行血清布氏杆菌抗体检测，无阳性病例。

（吕媛媛）

【精神卫生】 年内，有6类严重精神障碍患者4230人，均规范化建档。患者检出率1.89‰、发病率0.02‰；在档患者管理率81.70%、规范管理率78.48%；在管患者规范管理率89.68%、规范治疗率69.64%、病情稳定率74.56%。贫困患者免费投药359人；贫困患者住院补助18人；患者年度免费健康体检986人；精神科门诊基本药物使用补助518人。发生在档精神障碍患者社会危害事件5例次。

（吕媛媛）

【学校卫生】 年内，中小学生应体检100243人，实体检90273人，体检覆盖率90.05%。视力不良检出率52.98%，肥胖22.39%，营养不良16.12%，龋齿患病率10.72%，恒牙龋均0.14，龋齿充填率37.08%，贫血0.95%，沙眼0.017%。

（吕媛媛）

【计划免疫】 年内，建卡69022人，建卡率100%，基础免疫接种358402人次，加强免疫接种186591人次。抽查210人，建卡率100%，建证率100%，卡证符合率100%，五苗全程合格接种率97.1%。麻疹疫苗应急接种8668人，水痘疫苗应急接种661人。为企业、建筑工地、医疗机构等770家用工单位的外来务工人员免费接种流脑疫苗16316人、麻疹疫苗16737人。调查学龄前流动儿童71827人，目标儿童的入户摸底调查率98%。针对无卡无证儿童，补卡补证率均为100%。为56747名60岁以上老年人接种免费流感疫苗，为65296名中小学生接种免费流感疫苗。报告预防接种异常反应（AEFI）122例，报告率1.75/万，报告AEFI门诊覆盖率100%。长辛店镇社区卫生服务中心通过北京市规范化免疫预防门诊基本标准3A级门诊验收，安装了智能冷链监测设备。

（吕媛媛）

【职业卫生】 年内，有接触职业病危害因素单位238家，共有职工45780人，其中接触职业病危害因素职工10540人。对5家单位开展职业病危害现状评价。完成9家单位职业病危害因素检测，采集88个作业点416件样品，超标点数5点，超标率5.68%。北京航天总医院、华北电网有限公司北京电力医院和北京国济中医医院三家职业健康检查机构对2535家单位27571人进行职业健康检查，检出职业禁忌证289人、疑似职业病20人。新报告尘肺病10例、职业性肿瘤1例、噪声聋2例。开展职业卫生知识培训1次，87家单位146人参加。

（吕媛媛）

【放射卫生】年内，有放射诊疗医疗机构112家、诊疗设备253台（不含部队医院）。有进行外照射个人剂量监测的单位139个，其中医用诊断X射线单位105个、工业探伤32个、工业其他射线装置2家。有放射工作人员659人，其中医疗卫生机构484人、工业探伤159人、工业及其他射线装置16人。完成放射工作人员个人外照射剂量监测4批次2565人次，完成大剂量核查10家单位15人次。医用辐射防护监测网工作完成13家单位，15台摄影机，5台透视机。

（吕媛媛）

【健康教育与健康促进】 年内，新创建健康促进示范社区10所、健康促进医院2家。共创建健康社区189个、健康促进示范村44个、健康促进学校117个、健康促进医院12个、健康促进工作场所6个。开展流感、结核病、艾滋病、高血压、糖尿病等重点传染病和慢性病的健康教育宣传工作以及世界无烟日、计划免疫日、全面健康生活方式日等主题日宣传，开展各类宣传10次，制作宣传品26种5万份，干预人群5万余人。承接国家、市、区级健康教育相关成人烟草调查和体重管理，以及公园露天大课堂项目，干预调查人群2000余人，撰写论文2篇。

（吕媛媛）

【卫生监督】 年内，审批行政许可1678件，其中公共场所1164件、生活饮用水504件、放射卫生10件。办理注销20件，其中公共场所19件、生活饮用水1件。制作许可证6088个，其中公共场所1164个、生活饮用水504个、放射诊疗10个、医师2111个、护士2299个。受理企业标准备案登记141件。

（吕媛媛）

【公共场所卫生监督】 年内，有公共场所单位2662户，监督检查9926户次，监督覆盖率99.55%，监督频次3.75。开展丰台区公共场所控烟、游泳场馆、集中空调通风系统等8项专项检查工作。开展公共场所经营者违法行为积分管理试行工作，选取游泳场馆、影剧院、宾馆饭店、歌舞厅四类业态共计36户单位进行试点，继续推行公共场所量化分级管理工作，住宿、娱乐场所、沐浴场所、美容美发场所、书店量化率分别为92.97%、90.44%、96.04%、93.45%、97.30%，游泳场馆、展览馆、博物馆、美术馆、图书馆、商场（店）、候车（机、船）场所量化率均为100%。

（吕媛媛）

【饮用水卫生监督】 年内，有生活饮用水单位873户，监督检查2689户次，监督覆盖率99.43%，监督频次3.10。对145家供水单位和5家涉水产品生产企业进行生活饮用水卫生知识培训。开展现场制售水机专项监督检查工作，接收备案材料461份，初步建立现场制售饮用水机监管台账。开展涉水产品专项监督检查工作，对北京红星美凯龙国际家具建材广场有限公司等49家单位进行全面检查，出动监督员91人次、执法车辆24台次。

（吕媛媛）

【职业（放射）卫生监督】 年内，存在放射卫生单位86户，监督检查267户次，监督覆盖率100%，监督频次3.10。以“防治职业病，职业要健康”为主题开展职业病宣传周活动，发放宣传材料2000余份，受众400余人。

（吕媛媛）

【学校卫生监督】 年内，监督管理各类学校168所。与区体育卫生中心联合开展丰台区学校卫生监督巡检，重点监督监测教室黑板、照明、课桌椅分配符合率、采光等项目。对学校及托幼机构开展传染病防控卫生监督，监督187户次。

（吕媛媛）

【医疗卫生监督】 年内，监督检查医疗卫生机构1585户次，监督覆盖率99.82%，监督频次2.90。开展医疗机构标牌清理整顿、基因测序临床应用、预防接种检查等六项专项监督检查工作。10月31日至11月6日，联合公安、工商、食药、城管等六部门开展整顿医疗服务市场秩序专项行动——“飓风行动”，全面检查重点医疗机构14家。

（吕媛媛）

【打击非法行医】 年内，开展打击非法行医专项行动工作、“六打六治”专项执法检查、城乡结合重点地区集中整治专项工作等多项打击非法行医专项工作。出动卫生监督员476人次、机动车155辆次。立案处罚无证行医案件80起，罚款91万元；没收药品95箱，没收器械、工具341（台）件。转发《打非协办单》80份，向公安部门移送无证行医人员11名。

（吕媛媛）

【公共卫生投诉举报】 年内，受理举报投诉664起，回复率、办结率均为100%。

（吕媛媛）

【妇女保健】 年内，有孕产妇10778人，系统管理率98.3%，住院分娩率100%，剖宫产率44.42%，孕产妇死亡率0。0-6月纯母乳喂养率71.01%。计划生育手术22162例，手术并发症0例；妇女病普查42143人，患病22910人，疾病检出率54.36%。完成乳腺癌筛查11310人，乳腺癌高危410人，乳腺癌11人。完成宫颈癌筛查10524人，宫颈癌高危223人，宫颈癌1人。婚前检查1828人，婚检率7.47%，疾病检出率17.45%。

（吕媛媛）

【儿童保健】 年内，新生儿死亡率1.19‰，围产儿死亡率2.97‰，婴儿死亡率2.01‰，5岁以下儿童死亡率2.19‰。新生儿疾病筛查率98.6%，出生缺陷发生率16.17‰。0-6岁儿童64845人，系统管理率98.18%；0-6岁儿童参加体检64472人，其中集体儿童40237人、散居儿童24235人。0-6岁儿童听力筛查率98.56%、保健覆盖率99.42%。

（吕媛媛）

【医疗工作】 年内，门诊接诊15586189人次，急诊接诊989212人次，观察室留观392597例，出院180854人次，病床使用率78.76%，平均住院13.68日，急诊死亡率0.05%，住院死亡率2.23%，住院手术46479例。

（吕媛媛）

【护理工作】 年内，医护比1：1.17。推动二、三级医院开展优质护理服务示范工程工作。组织医院参加临床护理骨干静脉输液规范化培训、护理标准与护理安全（不良）事件管理培训。组织参加“第三届北京市优秀护士”评选活动，辖区两名护士获评。制发丰台区“护理安全十大目标”。开展有关护理服务质量、护理管理提升的专项培训6场，举办民营医疗机构护理管理交流沙龙2场。

（吕媛媛）

【对口支援】 年内，对房山区12家乡镇卫生院开展对口支援义诊活动，74人次支援759天，诊疗2768人次，培训170人次。

（吕媛媛）

【交流协作】 年内，完成南水北调对口协作专项任务，安排对口协作单位4名学员到北京丰台医院进修。接待湖北省十堰市张湾区卫生系统人员，就基本医疗服务工作进行参观交流。

（吕媛媛）

【血液管理】 11月，六里桥电力医院街头采血车升级改造成献血方舱，提升了献血环境。7个街头献血点采血52296单位，同比上升17%。300家单位应急献血5352单位。临床用红细胞36417单位，成分输血率100%，采供差21231单位。完成丰台中西医结合医院血库备案登记验收工作。接待无偿献血者本人及直系亲属报销48人，还血总金额38767元，其中本人还血报销12人，还血金额11114元；直系亲属还血报销36人，还血金额27653元。

（吕媛媛）

【特殊药品管理】 年内，受理7家医院印鉴卡审核报批，换发印鉴卡46家，完成申请7家。医师麻醉药品处方权资格备案244人次。

（吕媛媛）

【医疗设备】 年内，全区万元以上设备总值

316356 万元，本年度新增万元以上设备 1167 台。

（吕媛媛）

【中医工作】 年内，通过北京市中医管理局基层中医药服务能力建设项目中期督导考核。启动中医药预防保健及康复服务能力建设项目，印发《丰台区中医药预防保健及康复服务能力建设项目实施方案》。开展中医药适宜技术培训 21 次，培养中医家庭保健员 350 名。完成传统医学师承和确有专长考核组织工作，2 名师承人员申请参加出师考核，1 名考核通过。冬病夏治三伏贴贴敷 67782 人次。加强中医科普宣传工作，开展中医药健康知识讲座 70 场。开展“以中医药研究机构名义实施非法诊疗活动”专项整治工作。

（吕媛媛）

【医学教育】 年内，27 个继续教育基地申报区级继续医学教育项目 513 项，申报并批准院内自管项目 621 项。14324 人参加继续医学教育，达标 14144 人，参加率 99.60%，达标率 98.35%。加强丰台区继续教育师资库建设，对入库师资进行教育理论及教学方法的培训，组织 47 位师资参加区继续医学教育院内自管项目培训工作，培训 186 场次。全区卫生技术人员通过网络学习完成 6 学时的艾滋病防治知识培训。开展埃博拉出血热师资及全员培训，培训 13478 人，参加考试 11958 人。贯彻落实国家及北京市住院医师规范化培训制度精神，选送 78 名新招收的医学专业毕业生参加北京市住院医师规范化培训工作。组织急诊医师参加 2014 年北京中法急救培训，5 名二级医院急诊医师参加北京市高级模拟人培训，提高急诊急救医疗人员的综合素质。选派 3 名学科骨干医师到三级医院的优势学科参加北京市区县级医院骨干医师培养工作。通过转岗培训、在岗培训及规范化培训方式培养 275 名全科医师。选送 8 人参加社区骨干培训，开展 48 名社区全科医师参加的“三基”师资培训、370 名社区人员参加的岗位大练兵培训。举办北京市第三期社区中医心理培训班，培养 54 名社区心理医师。开展丰台区老中医药专家学术经验继承工作阶段性总结会，搭建学员学习交流平台，完成丰台区中医师承年度考核工作。

（吕媛媛）

【科研工作】 年内，科研立项 168 项，获资助 3389.2 万元，其中国家级项目 9 项，获资助 391 万元；市级项目 30 项，获资助 1634.175 万元；区级项目 23 项，获资助 45 万元；其他项目 106 项，获资助 1319.025 万元。卫生系统科研获奖项目 15 项，其中获得丰台区科学技术奖 8 项。医务人员在核心期刊发表论文 602 篇，其中 SCI 收录 32 篇。

（吕媛媛）

【财务管理】 年内，财政总收入 249349.06 万元，总支出 199297.65 万元。送审基建审计项目 75 项，送审金额 1486.30 万元，审定金额 1404.89 万元，审减金额 81.41 万元，审减率 5.48%。

（吕媛媛）

食品药品监督管理

【概　况】 2014 年，围绕“让首都市民享受更高水准的食品药品安全保障”的根本目标，遵循安全和服务“两个至上”基本准则，按照“强基础、谋共治、保安全、惠民生、促发展”五个方面工作思路，强化食品药品统一监管，守住食品药品安全底线，辖区食品药品安全形势总体稳定，未发生重大食品药品安全事件。9 月 26 日，国务院副总理汪洋实地考察卢沟桥乡食品药品监督管理所，对丰台区基层食药监管所建设给予充分肯定。

（李嘉惠）

【安全管理委员会职能建设】 年内，食品药品安全工作列入区政府行政效能监察，32个食药委成员单位纳入食品药品安全考核体系，实现对成员单位和街乡镇食药安委考核全覆盖，强化了食品药品安全工作的组织领导和责任落实。

（李嘉惠）

【食品药品监督管理示范所】 年内，卢沟桥乡、新村、卢沟桥街道三个食药监管所获得北京市食品药品监督管理系统食品药品监督管理示范所称号。卢沟桥乡食药监管所规范化建设走在全市前列，得到汪洋副总理、市区各级领导一致肯定，河北省、广东省及香港食环署先后前来交流学习。

（李嘉惠）

【三级监督网络建设】 年内，在全区365个社区（村）、大型食品批发市场等52个食品药品重要企业，建立食品药品安全工作联络站417个，经过培训、考核，确定食品药品安全信息员656名；健全由行业专家、大学生、社区和党员参加的四支食品药品安全志愿者队伍，共1617人；在区县人大代表、政协委员和专家中聘请特约监督员14名，搭建起由区、街乡镇、社区（村）组成的食品药品安全三级监督网络。

（李嘉惠）

【食品药品应急体系建设】 年内，协调区卫生局、区疾病控制中心建立疑似食源性异常病例监测网络，辖区15家二级以上医疗机构、街乡镇二级以下医疗机构全部建立监测点，完善了监测评估、调查控制等联动机制。制定《应急预案》及《应急保障操作手册》，配发应急装备，实行领导带班、4人值班、24小时待命制度。为园博园、APEC会议等重大活动提供安全保障，对定点食品供应单位、大型食品批发市场实行错峰巡查、驻场监管和全过程监控，实战检验应急处置能力。

（李嘉惠）

【“四品一械”生产经营主体】 年内，辖区有“四品一械”（食品、药品、保健食品、化妆品和医疗器械）生产经营主体40227户，其中食品生产企业83户、食品经营单位29958户、餐饮服务单位3563户（其中建筑工地食堂187户、学校及托幼机构食堂244户）、药品生产经营单位572户、保健食品生产经营单位1157户、化妆品生产经营单位2596户、医疗器械生产经营和使用单位2298户。

（李嘉惠）

【“四品一械”行政许可】 年内，在区政府政务服务大厅设立六个一站式服务窗口，实施行政审批集中受理、分级核查、分类审批、统一发证，提高服务质效。共受理“四品一械”行政许可9393件，核准发放8450件。

（李嘉惠）

【“四品一械”抽验工作】 年内，共检测“四品一械”13214件，总体合格率97.06%。其中抽检65大类食品4509件，合格率98.03%；药品777件，合格率99.87%；保健食品69件，化妆品80件，医疗器械38件，合格率均为100%；快速检测食品7741件，合格率96.15%。

（李嘉惠）

【“四品一械”市场环境整治】 年内，开展“春风行动”、夏季食品安全、城乡结合部食品药品安全、食品交易市场环境百日整治、农村食品市场“四打击四规范”、医疗器械“五整治”等食品药品专项整治行动，提升对重点环节食品药品安全的控制能力。全年受理投诉举报6342件，解答办理群众咨询6132件，立案1253件，罚没金额1170万元。配合公安机关办理食品药品涉刑案件32件，向公安机关移送涉刑案件17件，批捕34人，有力地打击了食品药品违法犯罪行为。

（李嘉惠）

【饮食用药安全宣传】 年内，将北京市药师协会、北京市食品安全企业联盟等行业协会专家纳入讲师团队伍，深入社区（村）、企业开展食品药品安全知识讲座125场，普及食品药品安全科普知识。在丰台有线电视台开设《食药园地》，在《丰台报》开设“食事药闻”专栏，广泛宣传食药安全知识。结合“3.15”消费者权益保护日、丰台区幸福生活大讲堂、食品安全宣传月、安全用药月等活动，深入社区（村）、企业、军营等开展饮食用药安全宣传，举办食药安全知识竞答、公众开放日、问卷调查、应急演练等活动。

（李嘉惠）

【“两准入、两备案、两公示”制度】 年内，在食品集中交易市场推行“两准入、两备案、两公示”制度，由市场主办单位督促落实经营主体和经营客体（食品）“两准入”，食品生产厂家及供应商经营资质和产品检测报告“两备案”，并通过LED显示屏、公示栏等对进货票据和检疫证明“两公示”，食品市场内监管信息和企业经营信息公开透明，方便消费者监督，督促经营者自律。

（李嘉惠）

【药学服务规范化建设】 年内，针对全区540家零售药店GSP认证换证工作，聘请北京市医药行业协会专家，对100家零售药店开展GSP认证现场辅导，推进药学服务规范化建设。

（李嘉惠）

【APEC会议安全保障】 APEC会议期间，对六个定点食品供应单位和五个大型农副产品批发市场进行驻点监管，检查大会供应食品459个品种13.4万公斤，检测大会供应食品及批发市场食品样本500个，确保大会供应食品安全。

（李嘉惠）

社 会

民政工作

【概　况】2014年，围绕改革发展大局和中心任务，着力保障和改善民生，不断创新社会管理，加快发展社会服务，全面提升民政服务保障水平，促进了社会和谐稳定和区域经济发展。全区共有低收入群体6247户。全年接受各类捐款603余万元。接收军休干部692人，接收军休职工492人。拥有志愿者124743人，志愿者服务队55支。共办理结婚登记12386对，离婚登记4958对。

（韩丽敏）

【完善社会救助政策体系】完善社会救助政策体系，制定出台《城市特困人员供养实施办法》，在全区街乡镇设立救急难社会救助窗口，建设“一门受理，协同办理”的救助工作模式。整合15个委办局和21个街乡镇救助资源，实现资源共享、信息互动，确保救助对象动态管理下的应保尽保。调整低保标准，由每人580元提高到650元，农村五保供养标准调整到每人1267.2元，生活照料费调整到每月500元。全区共有6247户、11759名城乡低收入群体纳入低保范围，累计支出低保金8500万元。走访慰问困难对象6500余户，发放慰问金、慰问品合计400余万元。

（韩丽敏）

【专项和临时救助工作】落实“托底线、救急难、可持续”的救助方针，建立民政统筹、社会联动工作机制，制定出台《丰台区关于开展救急难工作实施意见》，落实城乡特困人员医疗、教育等救助政策，4085人次得到医疗救助，支出救助金622万元；342人享受重大疾病医疗救助，支出救助金154万元。发挥临时救助兜底保障作用，共救助2850人，累计支出资金278.8万元。对8个农村特困户危房进行了翻建。

（韩丽敏）

【流浪乞讨人员救助】推进北京市“一区一品”创建工作，创新救助管理方式，完善流浪乞讨人员救助管理工作联席会议机制，建设区、街乡、社区村三级救助保护网络，探索救助工作进社区、未成年人社会保护试点工作，取得阶段性成果。共救助流浪乞讨人员3002人。

（韩丽敏）

【居家和社区养老工作】落实惠老优待政策，截止年底，共发放养老券5596.63万元，高龄津贴378.2万元，办理医疗补贴67.39万元，为28955名65周岁及以上老年人办理了优待卡，为12528名60周岁及以上老年人办理了优待证。推进市、区政府办实事项目中养老照料中心建设，完成6个中心建设，其中卢沟桥街道幸福里养老照料中心在北京市率先投入运营，代表北京市接受国务院“保增长惠民生”检查组的检查，得到良好的肯定和评价。开展“敬老月”系列活动，评选表彰“孝星”1010名。

（韩丽敏）

【养老机构建设】 应对人口老龄化发展要求，加快养老机构建设，全年新建养老机构四家，新增养老床位2030张。年内，丰台区共有养老机构28家，养老床位6882张。

（韩丽敏）

【捐赠和慈善工作】 开展为云南鲁甸地震灾区捐款和日常捐赠活动，全年接收各类捐款603余万元，其中捐赠中心接收捐款153余万元，慈善捐款450万余元，支援了受灾地区和本区困难群众。使用“7·21”洪涝灾害专项捐款，完成长辛店镇辛庄村防洪设施重建项目，支出资金552.3万元。

（韩丽敏）

【防灾减灾工作】 针对“5·12防灾减灾日”和“10·13国际减灾日”进行宣传，增强群众防灾减灾意识。完成5个全国减灾示范社区、20个北京市减灾示范社区的创建申报，与地震局合作成立应急救援队。

（韩丽敏）

【福利彩票发行工作】 宣传福利彩票发行理念，规范福利彩票发行工作，净化福利彩票市场环境，开展福利彩票回馈社会活动，完成福利彩票销售5.15亿元，居全市第三位。

（韩丽敏）

【福利企业经济运行情况】 全区18家福利企业解决残疾人就业325人，完成销售20481.88万元，完成利税1670.77万元，申请到残疾人就业岗位补贴229.3万元，返还社会保险补贴164.3万元。

（韩丽敏）

【双拥共建工作】 把争创全国双拥模范城“六连冠”作为工作目标，深化军民融合发展，加强协作，实现共赢。为262名随军家属发放自谋职业补助金997.82万元，实现随军家属就业54人。组织开展“十”个主题月活动，开展军民同乐文体活动30余项，促进了军民融合。协调驻区部队参加各种保障任务10项。

（韩丽敏）

【优抚优待工作】 年内，共发放定期抚恤补助金和残疾抚恤金2180.6万元；为188名牺牲、病故军人家属办理发放一次性抚恤金4461.77万元；完成残疾军人换证、烈士证明书换发补发工作，涉及全区残疾军人1625人；保证义务兵家属优待，发放优待金1122.6万元。落实退伍安置政策，接收退役士兵、士官297名，安置37名，其中20名进藏兵全部安置到事业单位。办理自主就业人员244名、发放自主就业金1458.7万余元。组织专项招聘会8次，技能培训43人。

（韩丽敏）

【见义勇为权益保护】 年内，见义勇为人员行为确认四例，发放一次性奖励金16.1284万元。开展“两节”走访慰问活动，向全区113名见义勇为人员发放慰问金，每人2400元，总共发放35.52万元。组织见义勇为人员体检，支出资金9129.5元。

（韩丽敏）

【军休安置】 2014年度，丰台区军休干部接收安置任务1832人，军工接收任务600余人。截止12月31日，完成接收军休干部692人，接收军休职工492人。

（韩丽敏）

【基层民主建设】 继续推动“四权实践”活动，评选出60个达标社区，10个示范社区；在全区各街道推行城市参与式协商制度，每个街道有2个社区进行试点；在农村地区实行《丰台区村务监督委员会工作实施细则（试行）》，推进村务监督委员会规范化建设。

（韩丽敏）

【社区服务功能建设】 继续做好“六型社区”创建和农村典型社区示范建设工作，新申报42个“六型社区”和6个农村典型社区。推进社区公共服务平台建设，全区285个社区居委会实现市、区、街、居服务系统四级联网。组织开展各类社区志愿者服务活动，全区现有注册志愿者124743人，志愿者服务队551支。

（韩丽敏）

【行政区划调整工作】 进行五年一次区划联合检查，测量完成八条与丰台区相邻区的界线，共计161.58公里，完成丰台区与海淀、朝阳、房山、大兴四条线路的重新测绘，并在丰台、石景山、门头沟三区交点重新埋设界桩。

（韩丽敏）

【婚姻登记】 年内，以创建国家5A级婚姻登记机关为契机，对硬件设施进行标准化改造，形成一站式办理，多功能服务的办公格局。推行颁证仪式，开展婚姻家庭心理辅导、法律咨询，普及婚姻家庭大讲堂服务，完善登记高峰应急方案，服务过程嵌入未成年人社会保护，提供免费复印等，使婚姻登记工作更具人性化。共办理结婚登记12386对，离婚登记4958对，补结婚登记2009对，补离婚登记415对，开具婚姻证明5948份。

（韩丽敏）

【殡葬管理】清明节公众祭扫期间，突出“绿色、文明、平安”清明主题，全区5个公墓、4个骨灰堂共接待祭扫群众52.8万人，祭扫车辆9.8万台。推进“零、百、千、万”殡葬工程，批准发放丧葬补贴1634人，发放金额817万元。

（韩丽敏）

【社会组织建设】 年内，共有社会组织459家，其中社团66家，民非企业393家。对316家社会组织进行年检，为100家社会组织进行等级评估，向社会组织106个项目购买了服务，同时扶持101项社区志愿服务项目。完成社会组织行政许可事项86项，行政执法合格率100%。

（韩丽敏）

【地退超转】 年内，完成超转人员接收安置6400余名，收缴超转安置费4.77亿元。全区现有征地超转人员9159人。认真落实有关生活保障和医疗政策，确保这一群体安全稳定。

（韩丽敏）

【孤残儿童养育服务工作】 加大送养力度，推动家庭养育模式发展，强化寄养家庭监管，探索儿童福利院从养育机构向养育康复机构功能拓展转型。截止年底，在院管理49名，家庭寄养30名。年内新接收入院儿童6名，国内外收养6名，康复训练治疗50名，早期教育25名儿童，4名孤残儿童实施了康复手术，为孤残儿童回归家庭做好了准备。

（韩丽敏）

社会建设工作

【概　况】 2014年，围绕全区中心工作，着力在深化改革、夯实基础、理顺关系、求真务实上下功夫，大力推进社会治理体制机制创新，社会建设工作扎实推进，取得明显成效。全区共有社会组织1968个，共有社区工作者4222人。

（王莎莎）

【社会事业和社会治理改革工作】 年内，成立丰台区社会事业与社会治理体制改革专项小组。一是加快推进社区治理方式的转变。拓展社区居民参与社区事务决策渠道，实现政府治理、社区自我调节和居民自治良性互动。二是加快推进社会组织改革与发展。研究制定《丰台区加快推进社会组织改革与发展的实施意见》。推进政社分开，推动社会组织直接登记和“枢纽型”管理模式，构建“枢纽型”社会组织工作体系，完善对社会组织的监督、评估、退出机制。

（王莎莎）

【深化行政体制改革实施撤村建居】 为加快农村管理体制向城市管理体制转变，健全和完善运行机制，加强社区服务体系建设，实现服务功能的不断延伸、公共资源的高效利用和居民生活品质的持续提高，4 月，南苑地区办事处石榴庄村实施整建制撤村建居，成立双石一社区。

（王莎莎）

【社会领域党建工作组织】 年内，全区共有社会组织 1968 个，其中民政局注册 467 个、社区备案 1501 个；已建立党组织 72 个，其中党委 2 个、党总支 2 个、党支部 68 个。为下一步开展社会组织党建工作奠定了基础。

（王莎莎）

【社区规范化示范点建设】 按照北京市《关于开展创建社区规范化建设示范点工作的实施方案》中“七化”目标要求，扎实推进社区规范化示范点建设。年内，新建成市级社区规范化建设示范点 12 个，超额完成 2 个，累计建成市级社区规范化建设示范点 32 个，社区安装规范化标识 266 个。

（王莎莎）

【“一刻钟社区服务圈”建设】 年内，以“六个一”和“两率”为量化标准（一个服务圈标识、一张便民资源图、一个网站、一套服务商准入、退出制度和监督制度、一本便民服务手册、一张便民服务卡。提高居民知晓率和满意率），新建成市级“一刻钟社区服务圈”示范点 7 个，共建成 160 个，覆盖社区 262 个，覆盖率 86.75%，提前完成市委社会工委提出的“十二五”期间“一刻钟社区服务圈”覆盖全市 60%以上城市社区目标。

（王莎莎）

【探索老旧小区治理长效机制】 完成老旧小区自我服务管理试点五个，引导不同类型的社区开展居民自治。为解决老旧小区社会治安、环境卫生、停车管理等涉及群众切身利益的难点问题，探索建立老旧小区服务管理长效机制。

（王莎莎）

【网格化社会服务管理体系建设】 年内，街道社区网格化社会服务管理系统在实现全覆盖的基础上强化运行，乡镇农村从 5 个试点村覆盖至 22 个村，其中河西两镇农村地区 19 个村实现全覆盖，河东三乡各有 1 个试点。16 个街道共划分社会服务管理网格 979 个，农村地区 5 个试点村共划分网格 23 个，为河西两镇、宛平地区招聘城管监督员兼村级网格信息采集员 47 名。方庄、丰台等 5 个街道整合资源、调整机构，建立街道网格化服务管理指挥中心。

（王莎莎）

【推进“智慧社区”试点工作】 按照“试点先行、突出实效、整合资源、加大投入、注重宣传、点面结合、逐步推进”的原则，确定 90 个智慧社区试点和 60 个升星试点，其中太平桥、马家堡、丰台、方庄、东高地等 5 个街道的所有社区纳入智慧社区建设。区级层面已完成智慧社区、幸福丰台网站建设和北京社区服务之——丰台 app 建设，街道层面 16 个街道全部完成手机 app 的制作并投入使用。截止年底，累计完成 193 个智慧社区试点工作，社区覆盖率 63.6%，提前一年完成“在 2015 年完成全部社区 60%的“智慧社区”创建任务。

（王莎莎）

【社会工作者队伍】 年内，全区共有社区工作者 4222 人，平均年龄 37.3 岁，大专以上学历 3826 人，占比 90.6%，其中研究生 75 人，占比 2.6%。通过社会工作职业水平考试共计 1667 人，占比 39.5%。

（王莎莎）

【社区工作者财政工资统一发放】 为加强社区工作者人员编制和工资管理，保障工资及时足额发放，从一月起，全区社区工作者工资由授权支付转为直接支付，率先在全市实行财政统一发放。此次财政统一发放工资共涉及社区工作者 4612 名（含社区居委会、服务站人员、退离居委会老积极分子、退休返聘人员、社区党组织义务委员、楼宇党建工作者等不同性质的社区工作者）。

（王莎莎）

【中组部老干部局到丰台调研】 4月23日，中组部老干部局专题调研组一行来丰台就社会领域党建工作及发挥老干部作用、积极参与社会建设工作进行专题调研。

（王莎莎）

【成立“园区型”商务楼宇工作站】 4月28日，南苑街道中福丽宫品牌基地楼宇工作站成立。

（王莎莎）

【商务楼宇网站服务体系全覆盖】 为指导非公领域党建工作，推进群众路线教育实践活动深入开展，在原有的 19 个商务楼宇工作站党建网站及各楼宇党建博客、微博、QQ群的基础上，统一新建 57 个商务楼宇工作站党建网站。截至年底，全区共建立商务楼宇工作站独立党建网站 76 个，实现全区商务楼宇网站服务体系全覆盖。

（王莎莎）

【网格化社会服务管理工作】 8月15日，召开网格化社会服务管理农村地区覆盖工作会，标志丰台网格化社会服务管理工作进入农村地区推广阶段。此举将有利于实现农村社会服务管理工作的精细化、信息化、标准化，进一步完善农村的社会服务管理模式，从而实现农村地区社会管理水平、公共服务能力、人民群众幸福感的提升，加快推进区域城乡一体化进程。

（王莎莎）

【城市社会管理创新的“丰台样本”】 以党建为核心探索和创新现代城市社会管理，主要做法包括绘制“民情图”走进百姓、以社区事务会商深入群众、用集体经济与村规民约引导群众、用市场机制动员群众、通过“永善劝导队”组织群众、以“网格化”治理融合党群干群关系、推动非公党建扩大社会组织基础七个方面，形成城乡结合部、流动人口集中地社会管理创新的“丰台样本”。

（王莎莎）

【“大党委制”区域化党建新格局】 一是创建席位制。在社区增设“大党委”席位制委员，共有 692 名辖区单位党组织负责人参与，形成以社区党组织为核心、2-3 个单位党组织共同参与的“一核多元”党建架构。二是健全工作机制。明确社区议事规则和重大事项通报制度，建立“大党委”班子成员联系单位、党员联系群众、席位制委员双重管理等机制，保证社区“大党委”的高效运转。三是发挥共建优势。依托席位制委员地缘、业缘优势，采取难事共议、活动联办、结对帮扶等措施，实现辖区单位与社区之间资源整合、共驻共建，解决居民关注的热点、难点问题。

（王莎莎）

【改造人防工程服务社区公益】 对已关停的 108 处人防工程，按照“街道使用优先，公益利用优先”的原则，对符合条件的人防工程建设社区警务工作站、社区文化活动中心、便民菜站、水站、农民工之家等，为社会建设、公益事业和城市管理服务。

（王莎莎）

【打造社区议事协商新模式】 一是开放空间日。由专业调查公司定期在社区开展问卷调查和幸福研讨，形成客观分析评价报告，推进 98 个群众最不满意事项的整改。二是信息互动网。完善“幸福马家堡”手机 APP、官方微博、微信群、社区论坛等网络互动平台的盯守、处理、回复机制，专人负责，全体参与，100%反馈。三是社区议事庭。建立社区议事功能屋，收集意见建议，不定期开展专项协商，解决群众合理诉求 86 项。四是个别恳谈会。聘请群众调解员 135 名、信息员559名，通过走访入户、个别访谈等方式调处纠纷103件。

（王莎莎）

【“三个对接”创新群众工作机制】 一是“网格与通信”对接。把智能手机APP移动网络平台中的网格员注册、幸福建言、幸福共建模块纳入街道网格化社会服务管理系统，打造全天候服务群众新平台。二是“协商与共谋”对接。借助幸福社区开放空间研讨会、群众需求基线调查以及社区议事协商会等，组织地区各方代表协商解决热点难点问题，制定幸福街道建设三年行动纲要，形成全方位服务群众新局面。三是“传统与现代”对接。在坚持报纸群众专栏、社情民意接待站、主任信箱等传统手段的基础上，充分发挥官方微博、智慧社区健康管理小屋、智能手机APP平台等现代技术优势，探索全媒介服务群众新途径。

（王莎莎）

人口管理

【概　况】 2014年，丰台人口管理工作以提升群众安全感、满意度为目标，以APEC会议安保和“两个最低、四个坚决防止、两个确保”专项工作为载体，结合反恐维稳和社会治安形势，全力推动派出所和社区警务规范化建设、流动人口和出租房屋服务管理、重点地区维稳以及户政等各项工作，全面夯实派出所防恐维稳基础工作，完成全国“两会”、“世界种子大会”、“敏感期维稳”、“十八届四中全会”及“APEC会议”等重大安保任务，全局基层基础工作提升到新水平。

（李　刚）

【开展“千警万户大走访”活动】 年内，坚持民意主导，践行民生警务，开展以“为您服务、受您监督、护您平安、让您满意”为主题的“千警万户大走访”活动，共出动警力4241人次，入户走访6万余户，收集民情民意、问题隐患658件，解决579件。开展全区安全度调研，被列为市局级应用软科学课题。

（马　艳）

【加强物流寄递渠道安全防范工作】 年内，为确保物流寄递渠道基层基础建设取得实效，采取固化工作机制，广泛检查督导，及时清理整治三项工作措施，以全区13个物流寄递场站为重点，建立专职安保队伍310人，抓前置安检规范化，发挥新发地汉龙警务室龙头带动作用，推广手持安检仪205台、身份证识别仪175台，实现场战集中安检、商户自行安检的上下交错、全面覆盖的前置安检工作模式。

（马　艳）

【社区警务室规范化建设】 按照市局对社区警务站提出的“外观标识达标、联通公安网、建立视频巡控及落实辅警值守”四项指标，投入专项经费2765万余元，对259个社区警务室进行规范化建设，完成警务室规范化建设达标252个，已联入公安网光纤并安装巡控探头的社区警务室250个，开通座机电话的警务室232个，配备社区辅警811名，为360名社区民警配备电动自行车，实现警务室24小时“开门、亮灯、管事”建设要求。

（周　筠）

【推进直属所站筹建及运转工作】 围绕分中寺、五爱屯、新发地、看丹、小井五个地区的直属所（站）筹建工作，统筹谋划，多策并举，提前完成市局建设工作要求。自重点地区建立直属派出所及直属中心警务站以来，共走访出租房屋1.9万余户，审查流动人口6.5万余人，检查各类场所门店9000余家，依法关停整改360余家，消除各类隐患6000余处；查处交通违法行为1300余起，查扣车辆760余辆；搜集掌握涉案线索并抓获违法犯罪人员157人。

（赵 松）

【开展流动人口登记办证工作】 一是严格落实流动人口及出租房屋登记制度。在“区流管信息平台”内共登记出租房屋100962户、流动人口691286人。二是建立数据监测通报机制。每周对各单位录入平台的数据进行统计分析，并通报督促派出所做好流动人口管理工作。三是为户籍派出所接通流管网络平台，使基层流管力量能够在属地派出所依托政府内网，开展辖区出租房屋及流动人口登记工作。

（赵 松）

【提升户政窗口服务质量】 年内，丰台分局共审批外地进京户口3200余件，办理农转居手续1.81万余人次，制作办理临时身份证9700余人次、边境通行证1300余人次。开展户口清理整顿“人像比对”和年满18周岁无相片人员核查及应销未销人员清理整顿专项工作，核查可疑数据577组，注销人员2200余人，补充采集相片290人。结合全局开展“执法不公、群众不满大整顿”专项工作，针对户政窗口服务开展“窗口服务大检查‘回头看’工作”。落实四项便民服务措施，为特困群众预约上门办理居民身份证8件，就近办理丢失补领居民身份证1900余件，受理缩短办理老人投靠独生子女户口进京办理时限304件，受理新生儿在人才集体户申报出生登记手续11件。

（于 兵）

人口和计划生育

【概 况】 2014年，丰台区人口和计划生育工作以“幸福家庭，和谐人口”为核心，以“依法依规落实生育政策”为主线，深入推进“幸福家庭创建”活动，各项工作取得新进展。丰台区户籍出生人数10783人，计划生育率98.53%，完成责任指标。新进入农村计划生育家庭奖励扶助对象867人，累计享受奖励扶助对象2845人。新进入独生子女伤残家庭扶助对象149人，累计享受1684人。新进入独生子女特扶家庭扶助对象139人，累计享受1095人。4003人享受独生子女父母年老一次性奖励。55129人领取独生子女父母奖励费。

（宋新华）

【依法行政】 依法征收社会抚养费，依规办理再生育审批，依法开展出生人口性别比综合治理。推进北京市“生育服务信息系统”试点工作，逐步完善办证系统，合理简化办事流程。接待信访104例、来电1423人次、电子邮件84封。查处“两非”（非医学需要胎儿性别鉴定和选择性别的人工终止妊娠行为）案件4例。为计生特扶家庭提供救助和温情服务，将独生子女伤残、夭折家庭列入特困人群救助范围。

（宋新华）

【宣传工作】 利用元旦、春节“三下乡”活动，为农村群众进行健康指导，宣传政策，免费发放健康图书及药具。利用“5·29计生协“会员活动日”、“12·4国家宪法日”，开展政策宣传和健康服务。举办第三届“丰台人口文化周”活动。开展第六届丰台“幸福家庭之星”评选活动。丰台有线《人口与家庭》电视栏目播出六期。“北京丰台人口计生”政务微博已成为政民网络互动的重要渠道和平台，年内微博数和微博粉丝数在全市16个区县中排名第四。

（宋新华）

【婴幼儿早期教育指导】 建立健全0～3岁婴幼儿早期发展教育管理机制，形成“管理专业，家长配合，宝贝体验”的工作格局。开展“宝贝计划”进社区活动。4月，与“红黄蓝”亲子教育机构合作，在方庄园和草桥园举办社区流动亲子课。6月，举办第三届“幸福宝宝”活动，全区105名婴幼儿参加比赛。

（宋新华）

【青春健康教育】 开展第五届青春健康项目师资培训，邀请台湾心理专家王淑媛博士，进行“从临终关怀展望生命之旅”专题讲座，30余名中小学心理老师参加培训。

（宋新华）

【生育关怀行动】 全区1055名志愿者与630个计生特殊家庭结成亲情帮扶“对子”，开展“一对一”亲情服务。5月，在21个街、乡（镇）开展失独家庭需求调查，了解情况，征求意见，为进一步做好计生特殊家庭关怀关爱工作提供参考。

（宋新华）

【流动人口计生管理】 年内，制定下发《丰台区流动人口卫生和计划生育基本公共服务均等化试点工作实施方案》，全面启动均等化试点工作。开展试点工作基线调查，完成花乡新发地、大红门集美家具城大型集贸市场流动人口计划生育服务管理基本情况调查。提高动态监测质量，完成50个国家抽样项目点1000名流动人口调查工作。免费为流动人口进行孕情检查15277人次（含2080人免费生殖健康检查）、出具孕检证明14984张。免费发放宣传资料12万份，避孕工具71万余只，宣传品3万余份。督办婚育证明，发放限期补办通知单30447份。召开流动人口健康知识讲座300余场。为25个流动人口图书角配发10万元图书。

（宋新华）

【举办“单独两孩”政策培训】 2月21日，北京市“单独两孩”政策开始实施，为进一步贯彻落实《北京市启动“单独两孩”政策的实施方案》，做好丰台区“单独两孩”政策实施工作，2月26日，组织各街、乡（镇）计生办主任进行业务培训，对“单独两孩”工作进行部署。

（宋新华）

【办理意外伤害保险】 年内，区政府投资134.379万元，为独生子女户籍在丰台区且年龄在1-18周岁的独生子女家庭办理保期一年的意外伤害保险。全区共计44793户家庭受益，其中农村13591户，城镇31202户。

（宋新华）

【成立丰台区卫生和计划生育委员会】 9月18日，北京市丰台区人民政府办公室下发《关于设立北京市丰台区卫生和计划生育委员会的通知》（丰政办发〔2014〕32号），根据北京市机构编制委员会《关于组建区县卫生和计划生育委员会的实施意见》（京编委〔2014〕44号）精神，经研究决定，设立北京市丰台区卫生和计划生育委员会，为区政府工作部门，负责本区卫生和计划生育工作。不再保留北京市丰台区卫生局、北京市丰台区人口和计划生育委员会。

（宋新华）

【成立流动人口计划生育服务联络站】 11月20日，举行合肥市驻北京丰台区流动人口计划生育服务联络站揭牌仪式。北京市卫计委流管处处长叶小敏，安徽省人口计生委流管处处长郑翠华，丰台区卫计委主任张杨、副主任曹苁及街乡镇计生办主任出席揭牌仪式。揭牌仪式上，合肥市人口计生委和丰台区卫计委签署了《流动人口计划生育双向协作协议书》。双方在建立定期交流信息互通机制、开展流动人口计划生育信息化网络协作、流动人口卫生计生基本服务均等化以及计划生育便民维权、技术服务、行政执法等方面进行区域协作。

（宋新华）

老龄工作

【概 况】2014年，重点抓“三位一体”养老综合服务平台建设，养老事业得到全面发展。各类老年大学和老年学校209个，各类老年文体队伍1165支。有4.83万名老年人享受政府购买的居家养老服务。全区签约服务商总数达570家。

（陈 垒）

【养老照料中心建设】为打造集居家、社区、机构养老“三位一体”养老综合服务平台，2014年市政府将养老照料中心建设列入实事项目，区政府也将此列为折子工程和实事项目，确定卢沟桥街道、右安门街道、东铁匠营街道（二个）、长辛店街道、西罗园街道等六个养老照料中心建设项目，利用闲置校舍、宾馆等改建，利用已有的养老机构进行改扩建。截止年底，六个项目已全部建设完成。为强化养老照料中心的枢纽和辐射作用，制定出台《丰台区街乡（镇）养老照料中心建设和管理工作的实施意见》，明确建设原则、中心功能和建设规范，提出具体工作要求。

（陈 垒）

【养老工作体制机制建设】为进一步健全完善老龄工作体制机制建设，制订《丰台区老龄工作委员会工作制度》，建立职能明确、科学规范、高效运转的工作机制，形成各司其职、齐抓共管、合力推进的养老服务工作格局。

（陈 垒）

【老年优待】年内，全区累计办理95周岁及以上老年人医疗补贴47.38万元，发放90周岁及以上老年人高龄津贴311.47万元，共为28955名65周岁及以上老年人办理了优待卡，为12528名60周岁及以上老年人办理了优待证；为高龄空巢有特殊困难的老年人安装“一按灵”733个；共发放养老（助残）券金额合计4169.71万元，有4.83万名老年人享受到政府购买的居家养老服务；进一步完善居家养老服务商准入制度，对全区296家养老餐桌、312家托老所实施规范化管理，提高老年人用餐和日间照料服务水平。培育养老服务市场，加快发展养老服务商，全区签约服务商总数达570家，可提供涵盖生活照料、家政服务、康复护理、精神慰藉等四大类116个项目的服务。

（陈 垒）

【营造养老文化氛围】年内，通过举办“老年健身项目大赛”、“银龄之声”老年合唱大赛、“丰台区健康老人之星”评选、“敬老月”系列活动，以满足老年人精神文化生活需求。截止年底，全区共有区、街乡镇和社区（村）级各类老年大学和老年学校209个，各类老年文体队伍1165支。全区涌现出1010名市、区级“孝星”，并推荐8名“孝星”代表参与“北京市孝亲敬老楷模”评选。

（陈 垒）

【探索养老服务试点新路】借鉴上年度开展90岁以上老年人养老服务需求评估调查经验，对80-89周岁老年人进行养老服务需求抽样调查。抽取全区21个街乡镇的4288名80－89周岁老年人作为样本，通过具体数据分析，掌握了高龄老年群体在养老服务和护理需求等方面的第一手资料，对下一步开展养老服务奠定了基础。

（陈 垒）

【养老服务专业队伍建设和人才培养】一是组织进行学历教育，依托丰台职工大学，开办老年服务与管理专业学历班，鼓励在职人员和从事养老服务人员参加养老服务与管理学历教育，并获得市教委的批准。二是抓好岗位培训，提高养老服务与管理人员的工作技能、道德素质和服务水平。依托区职业教育中心学校，举办护理员师资培训班。三是发挥养老服务机构作用，抓好自身员工能力素质培养。四是落实职业资格认证制度，鼓励和支持养老服务从业人员参加职业培训和技能鉴定，提升养老服务与管理人员的职业技能水平。五是组织法律、心理、卫生健康等专家深入基层，结合老年人生理、心理特点，针对养老服务志愿者开展为老服务技能培训，促进专业化养老服务队伍建设。

（陈　垒）

残疾人工作

【概　况】 2014年，完成35934名残疾人信息核查工作和1000户残疾人家庭无障碍改造任务。征缴残保金1.7亿元。新安置残疾人就业205名。1.65万残疾人享受各类社会保障政策。1072名残疾人参加职业培训。135名残疾人学生和生活困难残疾人家庭子女上学受到捐助。康复救助残疾人4370名，发放残疾人辅具1950件，119名残疾儿童少年享受康复补贴，残疾人社会组织服务残疾人2000人。建立残疾人温馨家园法律维权服务工作站5个。329个社区、村残协完成换届选举。在市级以上报刊杂志网络发表信息文章237篇。区残疾人综合服务中心保障残疾人活动201次，服务残疾人及其亲属1.4万人次。

（闫根旺）

【全国助残日活动】 5月18日，是第24次“全国助残日”，主题是“关心帮助残疾人，实现美好中国梦”。5月16日，举行“全国助残日”庆祝活动，活动中，举行致公党丰台区工委向区残联捐赠音像文化制品仪式和向贫困残疾人发放慰问金仪式，开展《共圆中国梦》演讲活动。5月17日，举办“提供一个岗位，共享人生出彩机会”助残日残疾人专场招聘会，提供就业岗位58个，150余名残疾人参会，39名残疾人达成就业意向。5月18日，市残联全国助残日“爱助梦想”主题活动在丰台举行，丰台区演出情景剧《模拟法庭》和职康学员丝网花作品现场制作项目。助残日期间，出板报、挂横幅535块条，发放各种宣传资料一万多份，参加走访慰问的各级领导337人次，慰问残疾人家庭1683户、2030人，发放钱物57.6万元。

（闫根旺）

【全国残疾人专项调查工作】 年内，制定了《丰台区残疾人专项调查工作实施方案》及《残疾人专项调查基础信息核查工作实施细则》。成立区专项调查领导小组，建立区专项调查办公室。9月12日，全国残疾人服务状况和需求专项调查工作启动。至年底，完成35934名残疾人的信息核查工作，完成率100%，为2015年1月1日入户调查工作打下了基础。

（闫根旺）

【残疾人辅具“金点子”创意发明活动】 在北京市第四届残疾人辅助器具“金点子”创意发明活动中，丰台区共参评11个项目并全部获奖。其中获得二等奖一个，优秀奖四个，纪念奖六个。区残联获优秀组织奖。

（闫根旺）

【全国政协社会和法制委到丰台调研】 12月11日，全国政协社会和法制委员会办公室、中国残联维权部和部分全国政协委员10人到丰台调研残疾人专项补贴制度落实情况，市残联理事长吴文彦、党组书记马大军，副区长高峰等领导参加调研。

（闫根旺）

【残疾人回报社会】 1月30日，“最美丰台人”、“身边雷锋·最美北京人”称号获得者、重度肢体残疾人金伯宏向丰台残疾人捐助善款10万元，一次性用于残疾人大病救助，全区33名因病至贫的残疾人受到捐助。

（闫根旺）

【康复工作】　年内，康复救助残疾人4370名，享受康复补助残疾儿童少年119名，发放残疾人辅助器具1950件。举办二期自闭症儿童家长培训班和自闭症儿童康复技术培训班。为区旅游委配发闪光门铃66套。为1421名盲人发放了盲人生活安全辅具包。

（闫根旺）

【就业工作】　年内，完成1.6万就业年龄段残疾人信息的采集与录入工作。残疾人各类职业技能培训1072人，新安置残疾人就业205人，征缴残保金1.7亿元。491家用人单位享受岗位补贴，41家盲人保健按摩机构得到资金扶持。参加职业康复劳动项目的残疾人稳定在720人左右。

（闫根旺）

【社会保障工作】　年内，1.65万残疾人享受到各类保障政策。27名残疾人新入住社会福利机构，356名残疾人、64家机构享受入住福利机构补贴。82名特困残疾人得到23.8万元的临时应急救助。135名残疾人学生及贫困残疾人家庭子女学生受到43.9万元的救助。全年，参加走访慰问残疾人的各级领导2101人次，走访残疾人家庭9100户，慰问残疾人一万多人，发放钱物折合人民币491万元。

（闫根旺）

【宣传信息工作】　年内，举办第24次“全国助残日”活动。在市级以上报刊杂志网络发表信息文章237篇条，其中市残联网站采用信息162条，中残联网站采用信息60篇条，其它媒体采用信息文章15篇条。区残联网站编发信息298篇条。制作《真情零距离》节目9期。出简报25期，编发信息593篇条。

（闫根旺）

【信访维权工作】　年内，处理残疾人来信来访370件次，代书16份，建立温馨家园法律维权服务站五个。组织100名专职委员参加网络在线学习。完成区政府办实事项目1000户残疾人家庭无障碍改造任务。完成无障碍改造系统3430户信息补录工作，发放视力、听力残疾人预约服务卡6000份。

（闫根旺）

【组织建设工作】　年内，召开区残联第六届主席团第二次会议，副区长高峰当选区残联主席团主席。329个社区、村残协完成换届选举工作。新办理残疾人证2097人，迁出、转入363人，注销743人。为专门协会设立值班室，配备电脑、打印机、书籍，每个协会年活动经费增加至二万元。

（闫根旺）

【社会组织工作】　年内，建立残疾人社会组织联合党支部。完成《丰台区残疾人社会组织发展情况的调查与思考》调研课题，实现由单一型康复训练向集机构托养、教育咨询、康复训练、文化传播综合服务的转变，服务残疾人数从230人扩大至2000多人。

（闫根旺）

私营个体经济

【概　况】2014年，私营个体经济工作，在上级党委的正确领导下，各项工作取得全面进步。有48户获得金融机构贷款19100万元。办理诉讼案9件，挽回经济损失51685元。

（吴秋涛）

【开展走基层送温暖活动】　春节期间，区协会和各分会组织人员，看望 32 名老党员、残疾商户和特困会员。

（吴秋涛）

【举办培训班】 举办新知识、新思想、新技能培训班，区协会理事、党委委员、各分会会长参加培训。各分会开展形式多样的培训，全年开展各类培训 25 次，累计培训 2428 人。

（吴秋涛）

【为会员提供金融支持】 与邮政储蓄银行等金融机构合作，为会员提供金融支持。截止年底，有 48 户获得金融机构贷款 19100 万元，其中区担保公司担保贷款 30 户，贷款金额 15000 万元；邮储银行贷款 18 户，贷款金额 4100 万元。年内，接待来信来访 195 人次，累计咨询人数 326 人；办理诉讼案 9 件，挽回经济损失 7 户，累计挽回经济损失 51685 元；开展经贸洽谈 2 次；转型升级户数 728 户；网络会员推荐 25 户。

（吴秋涛）

【申报技师特殊津贴】 按照市协会《关于开展推选 2014 年享受北京市政府技师特殊津贴人员工作的通知》精神，经分会推荐，区协会考察，为三名会员申报 2014 年北京市政府技师特殊津贴。

（吴秋涛）

【宣传教育工作】 开展“送法律、送服务”活动，右安门、六里桥、南苑分会先后举办《消费者权利保护法》培训班。编印《丰台私营个体经济动态》八期，采用稿件 480 多篇。向新闻媒体报送信息稿件 60 余篇。

（吴秋涛）

【党建工作】 年内，私人个体经济领域党建“两个覆盖”初步形成。建立“非公党建领导小组”和“非公党建办公室”。协会党委下设分会党总支 9 个、党支部 36 个，现有党员 310 名。

（吴秋涛）

消协工作

【概　况】 2014 年，按照分局、市消协的统一部署和要求，围绕“新消法、新权益、新责任”这一年主题，以普及宣传新《消法》为核心，从抓消协工作的制度化、规范化入手开展工作。全年受理消费者投诉 3791 件，解决 3713 件，解决率 97.9%，挽回经济损失 262.4918 万元；受理消费者咨询 24452 人次，收到表扬信三封，锦旗一面。

（李建中）

【新《消法》开始实施】 十二届全国人大常委会第五次会议表决通过关于修改《消费者权益保护法》的决定。修改后的《消费者权益保护法》于 2014 年 3 月 15 日开始实施。

（李建中）

【宣传贯彻新《消法》】 借“3·15 消费者权益保护日”和新《消法》颁布实施的时机，到久隆百货、万隆汇洋等企业进行走访宣传。先后配合 12315、消保科、相关工商所在居然之家组织部分绿色通道企业，在集美市场组织经营管理人员开展新消法知识培训。向丰台区修理行业协会等社会团体和部分工商所、消协分会发放新《消法》宣传册 4200 本。联系街道、社区组织辖区消费维权积极分子开展新《消法》培训。联系行业协会、消费联盟等社会团体和群众组织开展商业、服务业企业新《消法》培训。

（李建中）

【明确分工　规范服务】 年初，为更好的完成年度任务，根据现有人员情况重新确立各部门责任人，做到职责明确。要求接待投诉有记录，处理投诉有答复。接待要热情、礼貌、严谨、周到，做到规范服务。认真执行上级规定，加强消协内部工作人员的严格管理。

（李建中）

【组织学习】 组织全体人员学习分局和市消协2014年工作意见，学习分局2014年绩效考核内容，明确任务和目标；学习新《消法》，掌握运用新《消法》解决消费者投诉的办法，更好的为消费者服务；学习北京市人民政府关于进一步优化市场消费环境的意见。

（李建中）

【加强与社团组织的联系】 为深入宣传《消法》，扩大消协的影响力，先后走访丰台商业联合会、修理行业协会等社团组织，与新一届行会领导进行广泛沟通，就如何进一步在行业会员中开展《消法》宣传教育、树立为消费者服好务的理念、创造良好的消费环境达成共识。

（李建中）

【企业约谈】 就新消法的颁布实施，针对消费者维权意识的增强，对问题发生较集中的商业企业进行约谈，在指出问题的同时，督促指导企业认真学习新《消法》，明确自身义务，更好的为消费者提供优质服务。

（李建中）

【年检统计工作】 完成事业单位网上年检的申报。完成分会每月上报活动情况的统计汇总工作，并按时上报市消协。

（李建中）

【案　例】 面包变“气垫”店家赔三百

案情简介：2014年3月29日上午，消费者郑先生在物美草桥店花3.9元购买一个245克义利大果子（双联）面包。该面包在回家路上突然膨胀变成“小气垫”。消费者于当日下午一点到“物美”草桥店客服部要求解释并提出索赔。客服经理、卖场科长、厂家促销员都无法解释这一现象，期间双方就面包自身质量问题、还是消费者食用前加工不当问题发生争执，问题没有得到解决。消费者在找到其他相关职能部门和检测机构咨询无果情况下，于2014年4月4日投诉到丰台区消费者协会要求索赔。

处理过程及结果：丰台区消费者协会接到投诉后，指派投诉部负责处理。投诉部的同志接任务后，及时通过电话向消费者了解情况，同时与“物美”草桥店取得联系，并与客服负责人和厂家促销员进行沟通。在基本确认投诉事实存在的前提下，于4月8日将双方约到消协办公室进行调解处理。工作人员与双方分别进行谈话，谈话中，企业无法说明面包突然膨胀的原因，也拿不出证据证明面包没有问题；在赔偿数额上企业与消费者也产生分歧，企业坚持按商品价格的三倍赔偿。针对分歧，工作人员明确告知企业新《中华人民共和国消费者权益保护法》赋予消费者的权利和经营者应尽的义务和责任。消协依据《中华人民共和国消费者权益保护法》第五十五条相关条款对此投诉进行调解处理，双方最终达成一致意见：由被投诉方一次性赔偿消费者三百元，使问题得到解决。

案例评析：根据《中华人民共和国消费者权益保护法》第十条“消费者享有公平交易的权利。消费者在购买商品或者接受服务时，有权获得质量保障、价格合理、计量正确等公平交易的权利，有权获得质量合格的商品。”消费者郑先生花3.9元有权在物美草桥店购买一个有质量保障的245克义利大果子（双联）面包；经营者不管有无主观故意因素，但所销售的面包确实存在变形，显然与约定商品质量不符，经营者应向消费者赔偿损失。

（李建中）

人民生活

【城镇居民收入增速居城六区首位】 年内，

丰台区城镇居民人均可支配收入41334元，比上年增加3448元，增长9.1%，高于全市平均增速0.2个百分点，增速位居城六区首位。全区城镇居民人均家庭总收入46562元，比上年增加4221元，同比增长10%。

（鲁明达）

【城镇居民收入稳步增长】 年内，城镇居民收入稳步增长。据城镇居民家庭抽样调查资料显示，通过对家庭总收入构成分析，工资性收入和转移性收入是收入主体，是拉动可支配收入增长的重要因素。人均工资性收入28893元，同比增加1796元，增长6.6%，工资性收入占家庭总收入的62.1%，拉动家庭总收入增长4.2个百分点。人均转移性收入15087元，同比增加2353元，增长18.5%，是家庭收入的第二大来源，其中人均离退休金收入13433元，增长12.6%。人均财产性收入1013元，增长16.4%。人均经营净收入1568元，下降4.3%。

（徐红果）

【城镇居民生活消费支出平稳增长】 调查显示，年内丰台区城镇居民人均消费性支出26816元，比上年增加2033元，增长8.2%，增速比上年下降0.2个百分点。八大类消费性支出中，其他商品和服务、交通和通信、医疗保健支出增速分别排在前三位，人均其他商品和服务支出1703元，比上年增加344元，增长25.3%；人均交通和通信支出4362元，比上年增加693元，增长18.9%；人均医疗保健支出1807元，比上年增加202元，增长12.6%。

（李　遥）

【农民收入稳步增长】 年内，据农村居民家庭抽样调查资料显示，农村居民人均纯收入22553元，比上年增长10.3%。收入构成中，人均工资性收入15790元，增长8.2%，占农村居民人均纯收入的比重为70%，拉动增收5.8个百分点。人均家庭经营纯收入38元，下降4.9%。人均财产性纯收入2377元，增长19.7%，其中人均集体分配股息和红利1179元，增长44.2%。人均转移性纯收入4348元，增长13.7%，其中人均离退休金、养老金收入3196元，增长3.1%。

（陈　瑶）

【农民消费全面增长】 年内，据农村居民家庭抽样调查资料显示，农村居民人均生活消费支出18303元，比上年增长8.3%。人均食品支出6678元，增长10%。人均衣着支出1889元，增长8.1%。人均居住支出1780元，下降6.1%。人均家庭设备用品及服务支出1278元，增长9.4%。人均交通和通讯支出1763元，增长9.1%。人均文化教育娱乐用品及服务支出2299元，增长3.8%。得益于新农合制度的完善，人均医疗保健支出1611元，增长8.5%。人均其他商品和服务支出1006元，增长44.1%。

（陈　瑶）

街 乡（镇）

丰台街道

【概 况】丰台街道位于丰台区中部，是区委、区政府所在地。东起西三环南路和造甲街，西至程庄路和京山铁路线与卢沟桥乡接壤；南有丰台南路和看丹路与新村街道毗邻，北至丰北路和丰体南路与卢沟桥街道相望，属城乡结合部。西四环南路和京沪高速铁路纵横交织，将辖区格划为四大板块。面积9.18平方公里，设25个社区，常住人口15万人，流动人口3.6万人。有回、蒙、藏等16个少数民族，信仰伊斯兰、佛教、基督教、天主教、道教的 信教士。驻辖区单位3000余家，中学5所，小学6所，少年宫1所，幼儿园15所，医院10家，敬老院2家。清真寺1座于1895年由大井村迁驻。火车站1处建于1896年。花园一座。市级保护二级古树6棵。丰和轩饭庄是百年老字号。年内，市级先进4项，区级先进25项，连续第14次被评为区政府机关行政效能建设考核评估街道系统第一名。

（柏 华）

【城市环境建设】年内，发放以全面提升辖区环境建设水平为主题的《告知居民一封信》6000余张，宣传手册1000余本，制作文化墙159延米，悬挂硬质横幅40余幅，编发简报10期。建立垃圾渣土清运队伍，每月清理暴露垃圾约1000余车。建立20人小广告清除队伍，清理各类小广告约30余万张。完成了4条道路、2处“城中村”“边角地”、158条背街小巷整治和5个老旧小区33栋楼的综合改造。

（柏 华）

【社会管理综合治理】年内，投入资金162万元，为社区安装了126个监控探头和111盏路灯。治理违法群租房305处，核减流动人口4247人，超额完成调控任务134%。沿街的62家各类经营商户全部达到有证照经营，完成市级挂账治安地区的整治。取缔了有16年之久的北大地西区早市。组织黑车治理20次，查扣黑车（主要是摩的、电动三轮）65余辆。开展5处普通地下室整治和关停3处人防工程专项行动，与地下空间110余家单位，200多个承租人分别签订防汛责任书。

（柏 华）

【安全生产】年内，签订责任书3500份，发放材料3500份，制作宣传条幅112条，集中宣传25次，购买一氧化碳报警器1657个，投入费用29.2万元。完成了北京市安全社区创建、150家小微企业标准化创建达标等工作。对辖区内1141户取暖户全面开展宣传检查，共组织各类专项联合检查8次，出动联合检查人员40人次，组织专项检查督办14次，排查隐患103条，整改103条。与辖区单位签订了年度、春运、两节、两会、五一、国庆、APEC 会议交通安全协议书各自 390 份，强化对辖区 1171 家单位的食药安全监管，治理食品餐饮无证照商户，组织联合行动 15 次，关停无证照餐饮类商家 12 户，治理无证照商户取得实质效果。

（柏　华）

【矛盾化解】 年内，共接待信访 145 件 314 人次，办结 139 件，办结率 95%。完成了非京籍儿童入学的“五证”审查工作。协调解决劳资纠纷，处理辖区讨薪突发事件 2 起，涉及农民工人数 30 余人，涉及资金 9.6 万元。

（柏　华）

【劳动就业】 年内，实现辖区失业下岗人员稳定就业，接受政策咨询 4.8 万人次，发放宣传材料 3600 份，完成就业指标 1204 人，城镇登记失业率控制在 1.9%，充分就业社区 100%。为生活困难的失业人员发放慰问金 4.474 万元，为辖区 25123 余人提供管理服务，发放各项基金 300 万元。对 1700 多家用工单位进行了日常巡查。

（柏　华）

【社会保障】 年内，城镇失业率指标实际完成率 101%；失业人员就业人数实际完成 1203 人，完成全年指标的 109%；困难人员就业人数实际完成 648 人，完成全年指标的 131%；完成创业指标 95 项，实际完成率 119%；带动就业指标 340 个，实际完成率 121%；成功推荐外阜人员指标 52 人，实际完成率 104%；推荐城乡劳动力就业人数 528 人，实际完成率 106%；社区安置就业指标 506 个，实际完成率 101%。全年共报销 846 笔，报销金额为：395.56 万元，其中退休人员医保报销共计 364 笔，报销金额为：103.45 万元；市区灵活就业及自谋职业报销共计 12 笔，报销金额为：8.249 万元；失业人员医疗报销共计 19 笔，报销金额为：9.065 万元；一老一小及无业人员医疗保险报销共计 451 笔，报销金额为 274.79 万元 。

（柏　华）

【住房保障】 年内，共受理保障性住房申请 282 户，其中廉租补贴申请 29 户，完成廉租房家庭续租手续 185 户。为居民办理变更事项 354 次，办理终止资格家庭 63 户，协助申请家庭进行复核申诉 15 户。完成 2014 年度限价商品房轮候家庭房产专项核查 421 户；配合区房管局完成 2014 年度限价商品房轮候家庭收入情况专项复查 832 户；完成廉租房租金补贴家庭、实物配租家庭的年度复核工作，共计 248 户；全年审核廉租房租金补贴金额 151.04 万元（由丰台区房管局发放）；完成北京市公共租赁住房摇号登记工作，涉及家庭 1137 户，受理有效登记 756 户；完成丰台区限价商品房摇号登记工作，涉及家庭 2000 余户，受理有效登记 1351 户；完成丰台区限价商品房选房排序单发放工作 288 户，登记补选家庭 225 户，其中复核收入家庭 59 户；完成 2014 年度已入住北京市公租房项目家庭租金补贴年度复核工作；完成公租房小屯新城项目意向登记 212 户。

（柏　华）

【助老服务】 年内，继续执行“九养”政策，签约服务商 54 家，老年餐桌 38 家，家政服务公司 5 家，其他服务商家 11 家，为辖区老年人提供 10 余项服务。办理老年证 1130 张、老年优待卡 2433 张，居家养老券 5493 人。完善养老（助残）智能化呼叫中心，完成 189 系统，为 24 个社区 96156 提供了技术服务，保障了街道、社区两级服务网络的畅通运行。引进了“新发地蔬菜直通车”开进社区。建成三家社区级养老服务中心，方便周边老人的活动。

（柏　华）

【社会救助】 年内，为 1352 人次发放助残券 4.9 万元。完成残疾人服务“一卡通”信息工作，通过租金补贴发放、房源配租配售等方式，解决了 550 户家庭住房困难；发放计划生育政策性补贴 51.4 万元，为辖区家庭提供了 4478 人次人口和生育服务，完成合法生育率指标。

（柏　华）

【社区规范化建设】 年内，完成“万名社区工作者培训计划”，街道持证（助理）社工师共 175 名，占全体社区工作者比例为 50.4%。开展“社工能力提升”项目，提升社区工作者的抗压能力，职业认同感。丰益花园社区按照“七化”总体要求，按照标准完成市级社区规范化建设示范点；完成 12 个社区的规范化建设标识安装，解决北大地 16 号院社区办公和服务用房；积极开展智慧社区建设，积极推进社会服务之窗的应用，手机 app 上线并投入使用；13 个社区完成社区志愿服务站规范提升工作，达到全部社区总数的 52%。

（柏　华）

【文体活动】 年内，成功举办第二届丰台街道“逐梦之行·丰雅之韵”百姓嘉年华暨“丰街五雅”百姓系列文化活动。参与市、区级文化赛事 5 场，参与区级培训 21 场，组织街道级文化活动 12 场，指导社区开展各类文化活动 35 余场。完成了 7 个社区“体育生活化社区”的建设达标和 4 个社区健身器材的安装。

（柏　华）

【和谐社区建设】 年内，7 个社区申报首都文明社区，24 个社区全部申报区文明社区，创建率 100%；从 25 个社区中选树 36 名“最美丰台人”，文明引导员陈红入选“北京榜样”开展 “幸福生活讲师团”和“理论与生活大讲堂” 37 场宣讲活动。设计制作了《把群众放在心上》专题片 1 部，组织“为心点亮一盏灯”主题宣讲活动；认定丰台街道和谐社区建设协会为街道级“枢纽型”社会组织，并依托瑞丰社会工作事务所，以丰台街道社会组织服务指导中心为大本营积极开展社会公益活动；建立《丰台街道社会组织服务指导中心场地使用规定》、《丰台街道和谐社区建设协会会员参与制度》等一系列培育扶持社区社会组织发展制度，由街道出资向瑞丰社工协会购买“社区工作者能力提升”、“青少年暑期夏令营”等项目，开展街道级购买社会组织公共服务工作。建成“丰台街道便民服务平台”，为居民提供餐饮、住宿、购物等各类生活消费信息，与 24 个社区外网实现一键链接。为所有社区安装便民缴费终端机，使居民不出社区就可以满足缴纳水、电、电话、燃气费，信用卡还款。

（柏　华）

卢沟桥街道

【概　况】 卢沟桥街道位于丰台区北部，东至丽泽桥、莲花桥一线，与太平桥街道接壤；南至丰北路及丰台西路，与丰台街道、新村街道交界；西至张仪村路，与宛平城地区相连；北至莲石路，与石景山区、海淀区毗邻。西三环、西四环、京港澳高速、莲宝路、人成路、卢沟桥路、青塔西路、丰北路等交通路线贯穿整个辖区，构成便利的交通网。辖区范围 59.73 平方公里，属典型城乡结合部，现共有 37 个社区，与卢沟桥乡 12 个行政村相融交错管理。辖区共有户数 11.2 万户 25.9 万余人，流动人口 67961 人。辖区内国家机关、文化、教育、商业设施相对集中。有中央、市属单位中建一局、中铁电气化集团公司、铁路通信号集团公司、中国电子工业出版社等 50 余家；有中国人民解放军八一电影制片厂、海军装备研究院、解放军总参谋部第六十一研究所、解放军第三 O 二医院、武警北京总队第三师等 10 个驻区部队，有公安派出所、工商所等10个区政府职能部门派出机构；有外埠驻京办事处机构12家；各种企事业单位4600余家。

（周亚妮）

【基层服务型党组织建设】 年内，着眼破解联系服务群众“最后1公里”难题，优化学习型党组织运行平台，丰富基层党的政治生活，理论中心组学习、“三会一课”制度得到较好落实。拓展“五个好”、“五带头”争创渠道，深入开展“三级联创”活动，建立社区“两委”班子跟踪督导台账，积极协调5002名在职党员回社区报到参与社会实践，8个非公党组织被评为丰台区“五个好”先进基层党组织，10个社区被推评为“五个好”先进党组织，大井社区“新闻直播间”的做法被《北京信息》刊发，大瓦窑社区民情访谈进万家“大巴车”的做法被中组部党员手机报、《北京信息》刊发。

（周亚妮）

【作风建设】 年内，深入开展党的群众路线教育实践活动，贯彻落实中央八项规定和市委、区委实施意见，严格执行“三重一大”具体规定，量化工委扩大会、主任办公会管理流程，推进人、财、物的精细化管理，班子成员查找“四风”问题120条，提出批评意见130条、制定整改措施84项236条、建立专项整治清单75项198条。“四事四办解决群众身边环境”、“构建三微平台服务群众”等教育实践活动经验做法，被区委教育活动办专报，丰台报、北京日报、中组部党员手机报等媒体刊登。

（周亚妮）

【环境建设】 年内，拆除违法建设101处10642平方米，保持新生违法建设“零增长”。整治17批市级环境脏乱点台账20个，整治10批区级日常检查台账53个，重点环境保障活动11次，接收处置市容环境类网格案卷13120个，清运垃圾渣土、社区堆物堆料2755车1.1万吨。组织“城市清洁日”、爱国卫生专项活动13次，组织协调综合整治行动29次，取缔夏季露天大排档、非法经营摊点、废品收购点、违规早餐车48处，关停非法经营门店56家，清除违规广告牌匾510块3200平方米，督促关停搅拌站、工地等60余次。辖区110条11.95万平米背街小巷落实专业保洁维护，市容卫生满意度提升10%以上。

（周亚妮）

【安全管理】 年内，以“强化安全基础，排查治理隐患，服务保障稳定”为目标，制定经营、生产、消防、交通、食品、药品安全等应急预案、方案46个，逐级签订安全责任书8367家。深入推进“安全生产月”、交通安全和预防煤气中毒专项治理行动，组织实施联合执法检查38次，举办安全、消防保障应急演练和专项培训51次，先后组织清查24429次，整改、查处安全隐患3631处，清理非法群租房654户，关停整改地下空间27处，完成辖区150家微型企业安全生产标准化达标创建任务。

（周亚妮）

【社会治安综合治理】 年内，依托社会面网格化防控，着眼“大综治”建设，发现、处理应急案件77442件，保持全区网格上报第一名；探索实现“四心合一”（网格中心、应急中心、维稳中心、指挥中心），建立日常问题“主动发现、及时解决、定量分析、综合评价”的工作机制。对社会矛盾调处工作健全信访代理制度，深化“四访”工作机制，建立司法全程调处、律师进驻咨询工作平台，对于个别问题复杂的群体访事件，班子成员专门成立工作组，实现初信初访100%成功化解，5件历史积案圆满解决，“610”、“守望教会”等重点人得到有效防控。

（周亚妮）

【社区建设】 年内，广泛开展“六型社区、智慧社区、四权实践示范社区”创建活动，28个社区被评为“四权实践活动”示范社区，

17个社区被评为“智慧社区”，14个社区被评为北京市规范化示范点社区，17个社区高标准通过“六型社区”创建达标评审，30个社区顺利完成规范化标识建设任务。开展社区干部岗位练兵活动，145名社区干部通过助理社工师评审，63名社区干部通过社工师评审。按时限程序完成5个新建社区组建选举工作和社区“手机APP”平台建设。

（周亚妮）

【精神文明建设】 年内，做好“北京榜样”、“最美丰台人”、学雷锋岗等先进典型的选树工作，开展“文明小使者”、“公共文明引导员进社区”、“幸福生活讲师团”、“北京榜样、最美丰台人”等12项主题活动，建立“职工文化之家”，开展“和谐卢沟·幸福启航”百千万系列群众文化活动，基层文化建设“六个十”示范项目评比位列街道系统第一名，广场舞风采展示活动、职工体育健身活动被区总工会评为优秀组织奖，无偿献血工作被北京市献血办评为2014年度先进单位，街道荣获首都文明单位，六里桥、莲香园、丰西路社区、青塔东里、京铁家园、丰台路口等6个社区荣获首都文明社区称号。

（周亚妮）

【社会保障和救助】 年内，组织实施各类专项救助、优抚、退保、老龄、超转、慰问等民生保障3640余万元，开展“送温暖、献爱心”活动捐款41万元，应急救助帮扶342人。实现城乡劳动力就业指标1300人，全程代办群众事项3.1万件，督查用人单位3000余家，取缔“黑职介”1家，依法追讨拖欠民工工资140万元。

（周亚妮）

【民生项目】 年内，完成市政府折子工程6条背街小巷环境整治工作；完成23栋共9.4万平方米的节能改造工程，5000居民受益；完善、规范家政服务商点、服务早餐点、再生资源回收站点123个，回收养老、助残券193.61万元，改扩建幸福里养老中心，新增养老床位600余张。积极推进辖区企业建立工会工作，1080家企业完成建会工作，新发展会员800多名。

（周亚妮）

【文教体卫】 年内，投入资金677万用于文化型社区、益民书屋建设及社区文图两室改造，筹建青塔文化活动中心，打造地区综合型、地标型、旗舰型文化活动场所。开展体育生活化社区创建，组织37个社区50余名体育指导员、文体骨干进行全民健身操舞培训，150余人参加“健康丰台人”活动，600余人参加第五届“卢沟杯”健身操舞大赛。开展非本市户籍适龄儿童入学资格现场联审工作，接待咨询1200人次，联审通过514人。

（周亚妮）

太平桥街道

【概　况】 太平桥街道位于丰台区的中北部，东与西城区接壤，北与海淀区毗邻，西南分别与卢沟桥、新村、右安门街道和南苑乡搭界，并与卢沟桥乡6个村交叉相连，是典型的城乡结合部地区，辖区面积9.81平方公里，居民总户数为36583户，居民人口数为82332，计划生育率100%。街道有编制科室21个、内设科室1个，2个事业单位、2个派驻机构和16个社区居委会。地区辖国家机关、社会团体、企事业单位及医院、学校等其他组织1541家，个体经营户1382户，是首都交通枢纽、对外窗口和丰台区的经济、政治、文化活动中心之一。

（陈　晨）

【环境建设】 年内，地区新生违法建设继续保持零增长，处理各类既有违法建设6起，拆除房屋20余间，总计700平方米。对首科D区北侧、太平桥中学两侧、菜户营88号、太平桥路等6500平米进行绿化美化改造，增加绿地面积，提升居住质量。整治环境脏乱点，清理整顿蓝调社区北侧环境秩序，为居民新建健身场所。完成背街小巷环境整治任务，对莲花池南里7号楼东侧路、办事处门前路进行改造升级。

（陈　晨）

【绿化美化】 年内，完成6200平方米绿化美化改造，无物业管辖绿地补植补种4000余株树木。借助市、区政策，打造绿化特色社区，在辖区内形成一花一社区美好景观。结合“市花月季进社区”活动，在万东社区等4个社区分别打造月季、玉兰、海棠、牡丹特色社区，将太平桥路打造为红枫大道。

（陈　晨）

【社会稳定】 年内，重要节点、日期累计出动公安等专业力量4917人次，动员群防群治力量72389人次，民兵及专职巡防队3274人次，社会单位及物业安保人员等其他防控力量8074人次。为莲花池等11个社区办公服务活动场所及太东里社区安装技防设施，提高社区技防覆盖率。投资建立2支专职巡防队开展日夜巡逻。

（陈　晨）

【基础设施建设】 年内，完成马连道南街、水衙沟路东侧道路升级改造及东里社区南门人行道铺装、精图社区无障碍设施改造、市政宿舍出行路中修以及三路居社区西侧停车场外路面硬化工程；为3个社区安装便民设施，投入经费100余万元，完成太东里社区花园、廊架改造，路灯及重点部位技防设施安装布设。

（陈　晨）

【民生工程】 年内，为辖区低保、残疾人、困难家庭和救助对象发放补贴、救助金及实物帮助100余万元，为34户失独家庭购买家政服务1020小时，实现残疾人就业10人，为20户残疾人家庭安装了无障碍设施。探索推行社区联手专业机构、居民家庭和志愿组织的立体化社区养老方式，投资30余万元改扩建莲花池居家养老服务中心，引入专业家政服务公司，提供集日间照料、老年活动及老年餐桌为一体的专业化服务。

（陈　晨）

【劳动就业】 年内，社会保险和促进就业各项指标落实到位。实现就业435人，完成率111.5%，困难人员就业294人，完成率167%。建立用人需求档案153户，完成率102%，跟踪回访478户，完成率106.2%，空岗信息完成2935个，完成率104.8%；城乡劳动力推荐成功人数150人，完成率100%，外来务工人员推荐成功50人，完成率100%。

（陈　晨）

【法制宣传】 年内，共举办普法讲座10场，开展“律师进社区”法律咨询活动11次，开展“平安社区”青少年安全法制教育活动、12.4法制宣传日活动等主题法治宣传活动20余次。积极开展“和谐之星——人民调解能手”争创活动。

（陈　晨）

【矛盾调解】 年内，各级调解组织共调处矛盾541件，调解成功率为100%。其中，婚姻家庭纠纷47件，邻里纠纷242件，合同纠纷44件，经营纠纷26件，损害赔偿纠纷24件，物业纠纷19件，其他纠纷139件。接待群众来访34批次，接待来人访、接听来电访60余次，接收市长信箱转办来信访63件，全部落实了包案领导和责任人，实现信访办结率100%。

（陈　晨）

【社区建设】 年内，完成社区规范化建设示范点创建任务和“六型”社区创建工作，完成6个社区智慧社区升星申报，投资15万元完善一刻钟服务圈网络平台、社区网站升级及APP手机客户端建设。进一步推进居民自治，开展“四权”实践活动3421次，召开居民代表大会64次、两委联席会议418次，听证会35次、协商议事会58次。

（陈　晨）

【社会治理】 年内，圆满完成商务楼宇“五站合一”工作指标，进一步推进网格化社会服务管理和社会面防控工作。依法推进人口疏解调控，清退“门脸房”等低端业态，整治429处违法群租房、14处普通地下室和18处人防工程，关停2处人防工程。

（陈　晨）

【安全创建】 年内，完成生产、消防、交通、食品药品安全责任落实。共出动5020人次，检查单位2251家，排查及整改安全隐患313处，检查辖区企业覆盖率100%。开展各类安全宣传活动和知识讲座45次，走访单位38次，发放各类宣传材料10000余份，购物袋等宣传品5000余份。未发生重大安全责任事故。

（陈　晨）

【文化及精神文明创建】 年内，举办“五月鲜花”等社区专场文艺演出24场，开办舞蹈、声乐等各类培训班143期次。积极开展核心价值观宣传实践，在六里桥北里建设600平米的核心价值观主题文化墙，在《丰台报》、《丰台新闻》、《北京日报》等媒体上发布信息稿件65条。开展了“最美太平桥人”推荐评选、宣讲和“发现丰台之美”主题周活动，开展文明小使者评选、青少年自护教育、“手拉手·心连心·打造太平家园”主题演讲、最美家庭作品征集、妇女健康知识讲座、首届社区工作者运动会等活动。

（陈　晨）

【权力规范】 年内，重新梳理制定了街道职权目录和权力运行流程，共清理涉权事项116项，绘制权力运行流程图17张，查处廉政风险点167个，制定防控措施285条；社区清理涉权事项35项，查找廉政风险点60处，制定防控措施106条。

（陈　晨）

【建章立制】 年内，以开展群众路线教育实践活动为契机，对行政职责、机关管理、效能建设、党风廉政、队伍建设等86项制度进行了“废、改、立”，其中废止制度30项，完善制度40项，新建制度16项。

（陈　晨）

新村街道

【概　况】 新村街道位于丰台区中南部，东至草桥、新发地一线，西至丰台西站，南至羊坊、与大兴相接，北至京广铁路、造甲街、丰台南路和看丹路，行政区域总面积50.28平方公里，常住人口6.8万余户、18.8万余人，流动人口6.3万余人，辖区有32个社区。年内，地区出生人口1332人，符合政策生育率98.34%。按照区委区政府的统一部署，全面打造“智慧社区”，建成“两个平台”即“社区信息统一发布与管理平台”和“智慧新村移动综合服务平台”，15个社区成为星级社区；建成“六型社区”示范单位4个；三环新城第二社区居委会、韩庄子第一社区居委会荣获“北京市先进社区居委会”。

（郭　鹏）

【城市建设】 年内，完成了小广告清理工作、净化视觉环境百日整治工作、2014年春季街面“保秩序压反弹打基础”专项整治行动、四公开一监督等工作。完成对千禧百旺西侧路进行改造；积极协调区市政市容委在刘庄子路、丰西南里平房、华联达储运公司南侧新建了垃圾房，解决了几个地区垃圾倾倒困难问题；完成了万柳园30余栋、新村四里5

号、6 号楼进行老旧小区改造工作完成了首经贸、青秀城、益辰新园、万芳园二区、万年一、优筑等六个垃圾分类小区申报工作；完成了对背街小巷、无物业小区和老旧平房区、城乡结合部等地区存在的公共服务设施缺失、垃圾暴露、墙面不洁、破损等社区周边环境问题进行治理，消除环境脏点、乱点、盲点和死角。共清理垃圾 460 车，清理 18000 余平方米，清理堆物堆料 1950 余吨，清理白色污染 1520 公斤，铲除非法小广告 65000 余张，发放宣传册 3700 余份，展出展板 190 块，悬挂横幅 180 条，；硬化小区道路 3600 平方米，公厕改造 70 平方米；新建垃圾房 135 平方米；建立“门前三包”管理台帐，与 1525 家单位、商户签订了门前三包责任书。完成了几个地铁站周边、保温段、丰西地区等的长年积存无人清理的垃圾进行了清运；积极协调解决银地小区北门占道经营问题；共接收案件 17493 件，回退案件 3371 件，处理案件 14122 件。

（郭　鹏）

【拆违工作】 年内，共出动人员 3600 余人次、车辆 400 台次，帮助拆除了富丰园社区、风格与林、造甲村社区等违章建筑；违法建设累计拆除 47 处，6089 平方米；接受网格案卷 592 件，完成处理 336 件。

（郭　鹏）

【社会综合管理】 年内，个人出租房屋税收 990 余万元；全年共清理地下空间 6 处，其中人防 4 处，利用地下空间建成社区公益性活动用房 2 处；加强治安巡逻志愿者队伍建设，在册治安巡逻志愿者 4682 名；共投入资金 17 万元，在重点节假日、敏感日，加强治安志愿者巡逻，认定星级志愿者 1875 人，其中三星 399 人，二星 767 人，一星 709 人；扩大科技防范覆盖面范围，共拨款 9 万余元，购置预防煤气中毒购置报警器，增加、维修了桥二、韩二、韩一社区的探头共投入 13 万，各社区安装治安监控探头覆盖率、完好率达 94%；武装部完成民兵整组工作，2014 年共有 16 名青年应征入伍。

（郭　鹏）

【矛盾排查化解】 年内，共接待群众来电来访 220 余人次；处理上级转办信 30 件次，涉及人员 51 人次；处理市长信箱 129 件次；处理上级交办信 3 件。

（郭　鹏）

【安全生产】 年内，与各社区、各单位签订了《安全生产目标管理责任书》、《消防安全管理责任书》、《建设工程安全责任书》、《交通安全责任书》，共计 2213 份。开展专项行动 39 个，制定相关工作方案 31 个，召开专项工作会议 41 次，上报相关工作信息 235 篇。出动检查人员 3200 余人次，检查辖区单位共 674 余个次；APEC 会议及火灾隐患集中排查工作中，街道和社区共出动检查组 219 个、人员 495 人次，检查单位 674 个次，发现火灾隐患 103 处、督促整改 103 处，下发整改通知书 68 份；六打六治工作中，打击“三合一”、“多合一”场所违法生产经营行为 47 起，集中整治 300 多间地上出租房屋，整治违规住人场所 20 处，关闭地下出租房屋 4 处 274 间，拆除违章建筑 47 处，6089 平方米，查出消防设施缺失损坏 152 处，查出安全出口疏散通道堵塞封闭情况 13 处。完成小微企业达标 77 家；元旦、春节期间燃放安全宣传工作中共悬挂横幅 330 条，张贴宣传海报 2800 份，印制、发放《致居民的一封信》40000 份，开展集中宣传活动 5 次，入户宣传 13000 户次，覆盖群众 39000 人。在 64 个禁放点张贴禁放标识 150 个；冬春季火灾防控专项治理宣传工作中共出动了社区干部、志愿者以及单位干部、职工近千人，发放宣传材料约 45000 余份共、悬挂宣传横幅 170 余条，设置宣传栏、橱窗、展板 380 余块，张贴宣传画 300 余幅，设立消防宣传公益公告牌 40 余块，消防应急疏散演练 26 场，消防知识讲座、培训 33 场，其他宣传活动30余场，直接受教育人次22000余人次，清理可燃物约400立方；安全生产月宣传活动工作中在32个社区分别设立宣传站，开展宣传活动。共发放宣传材料8000余份，悬挂横幅130条、摆放展板186块、公共电子显示32块、发放宣传品26000份，受益群众近30000人；春节期间对辖区的11个烟花爆竹销售网点，共检查69个次；组织辖区单位及各社区清理可燃物，约300余立方，发放宣传材料约40000余份。

（郭　鹏）

【社区建设】 年内，继续推进“一刻钟社区服务圈”建设，整合服务圈资源，银地、风格与林社区获北京市示范市区称号，万柳园、万柳西园获北京市达标社区；全面打造“智慧社区”，建成“两个平台”即“社区信息统一发布与管理平台”和“智慧新村移动综合服务平台”，15个社区成为星级社区；建成“六型社区”示范单位4个；三环新城第二社区居委会、韩庄子第一社区居委会荣获“北京市先进社区居委会”。

（郭　鹏）

【两节走访慰问】 年内，开展“四进十送”系列走访慰问活动。两节期间，街道共慰问各类群体5004人353.1847万元。包括：市区级保障资金318.5291万元、党费慰问资金10.997万元、街道资金（公益金）23.6586万元。

（郭　鹏）

【老龄九养工作】 年内，开展“孝星”评选推荐活动。经社区网络平台推荐，街道荣获市区级孝星称号达111人。受理老年人各项事务达3654人次，包括老年证877人、老年优待卡2328人、养老服务券396人、90岁以上高龄津贴48、95岁岁以上医疗报销5人。发放养老服务券2624人，兑现养老服务券105.5万元。为保障80岁以上老年人享受老年服务卡，向市区级老年服务平台提供1.3万余条基础信息。兑现2012年度居家养老奖励资金25万元，为社区老龄工作购置工作用电脑34台，32个社区老龄工作均配置工作用电脑。推荐7支社区文体队伍参加区级健身舞蹈比赛获得组织奖。推荐怡海社区老年合唱团参与丰台区第六届“银龄之声”老年合唱大赛。

（郭　鹏）

【民政服务】 年内，落实各类民政对象的生活补助及各项优待政策。服务人群达1115人（超转927人、军退32人、地退29人、伤残军人59人、义务兵家庭35户、三属23人、参战3人、在乡复员3人，农村籍士兵4人）。协助区民政局做好生活补助费发放，发放各类人群生活补助费1650万元；组织军地退人员外出疗养8人；办理各类事务性工作292件，包括：更换伤残军人证51件，更换烈士证18件，发放义务兵家属补助13件，复审超转人员燃煤自采暖210户。

（郭　鹏）

【社会救助】 年内，街道城镇最低生活保障户数达315户580人、低收入3户6人。办理新申请29户51人、终止41户59人、变更103户，发放低保金345万元，受理医疗救助123人139634.31元，重大疾病9人51815.12元，大病周转金使用4人。端午节前后，分两次面向低收入参加家庭、60岁以上老人家庭发放爱心物资共187份。在“春风送暖”社会捐助活动中，接收社会捐款22339元、捐物10938件。在共产党员献爱心活动中，收缴捐款72873.8元。为云南鲁甸活动中，收缴募捐款54503.40元。街道研究制定了《新村街道“救急难”工作方案》（丰新办法〔2014〕69号），明确工作原则、工作目标和工作任务。形成了以民政部门牵头、相关部门参与的“大救助”格局，成立了工作机构，健全了工作机制，规范了工作流程，严格了审核程序。并将“救急难”工作作为一项长效机制予以落实。

（郭　鹏）

【住房保障】 年内，完成日常性受理工作。审核新申请105件2310份材料，变动信息402件3215份变动材料。受理公租房补贴57户，廉租补贴和协议68户。复核廉租房115户终止4户。核实名下有房人员215份，邮寄挂号信115封，超标人员做笔录60户，涉嫌超标493户，上报核查材料6563份。完成临时性复审工作达3598户。包括：公租房224户。其中221户家庭通过，终止3户家庭。经适房、两限房轮候家庭2666户，其中变更85户。限价房名下有房人员215户，其中终止76户，通过139户。协助市区自住商品房复核15户，终止3户。接待群众电话咨询及群众来访咨询5300人次。

（郭　鹏）

【双拥共建】 年内，落实军地学联动机制，共同开展融进式活动。春节期间，街道统一采购5万元新鲜水果配送到部队。并按照传统，除夕前走进国旗班开展慰问座谈活动。“八一”期间，开展“庆七一”、“迎八一”党建促双拥活动。以“爱党拥军为人民，融合发展促和谐”为主题，发挥机关党支部、社区党委作用与驻区部队联合开展慰问、座谈、参观、文化演出等活动，践行群众路线，推进军民融合发展。

（郭　鹏）

【劳动监察】 年内，完成劳动保障监察员日常巡查252家，劳动保障监察协管员2640家；新增企业57家，地区单位总数达2520家；企业的法律意识明显增强，劳动合同签订率达到99.5%，续订率达到99%；完成劳动用工规范一条街工作。有5家企业补签了规范的劳动合同，27人补缴社会保险。43名员工补签了劳动合同，8家企业补办社保登记证。年底完成农民工工资专项执法大检查，分网格分区域走访检查单位252家，发放宣传资料2500余份，确保工资无拖欠；共完成办理知青返城人员12人，上报材料合格率达到100%。

（郭　鹏）

【助残工作】 年内，共有243人申请享受残疾人生活补助，共审批、发放补助101.4万元。共有382名残疾人享受助残服务券，发放助残券22.98万元，回收助残券11.7271万元，为4名残疾人办理了入住福利机构申请手续。为181名残疾人发放燃油补贴4.7万元，为113名残疾人办理了城镇残疾人个体保险报销80%补贴，节日走访慰问370户困难残疾人家庭，共送去慰问金和慰问品折合人民币23.6万元。共为5名残疾人进行辅助器具申请，5名残疾人儿童办理了康复补贴申请，为4名残疾人大学生申请助学款项2.2万元。为辖区2335名残疾人办理了残疾人服务一卡通申请，办理率99.96%。组织康复站劳动人员室外康复600人次。推荐55名残疾人进行各类技能培训，安置15名残疾人就业。多次举办助残义诊、宣传、文艺展示等活动，共出板报30块、横幅33幅，发放宣传品5000余份。

（郭　鹏）

【社保工作】 年内，城镇登记失业率完成1.68%；失业人员就业人数完成1119人，其中困难人员就业人数完成767人；空岗信息采集数完成3344人次；走访跟踪服务用人单位户数170户；实现创业完成85人；带动就业完成304人；发放小额担保贷款完成1笔；充分就业社区占总数百分比完成80%。专项工作指标：组织培训生源完成360人次；就业困难求职人员实现就业比例85%；征集并通过评审认定创业项目完成1个；创业项目展示推介活动（20人以上/次）完成3次；社区安置就业完成600人。其他：社保业务下沉工作完成6661笔；医保报销工作完成1054笔；城镇居民医疗保险新参保1844人；城乡居民养老保险新参保422人。

（郭　鹏）

【文教体卫工作】 年内，组织102支文体队伍，2300 名文体骨干，90 名社区体育指导员，开展文体活动 155 场，文体活动全年受众人数达 42000 余人。有 25 个社区文化室达标（100 平米以上），三个成规模文化广场分别为：银地社区文化广场 500 平米，富锦嘉园社区文化广场 800 平米，三环新城文化广场 2400 平米。辖区共有“体育生活化社区”26 个，“六个十”社区 7 个，“六型社区”11 个。共有红十字会站 31 个，红十字急救员 500 余人，居家工程 35 套，1 家社区卫生服务中心，7 家社区卫生服务站。

（郭　鹏）

【计生工作】 年内，协助区卫计委征收社会抚养费 29 例，收缴 583.2 万元。依法顺利完成计生证件审批 1565 例，其中一胎《生育服务证》1034 例、《独生子女父母光荣证》516 例、《流动人口婚育证明》15 例；完成计生事务审核 2466 例，其中失业人员转档 1002 例、二孩 430 例、《外地来京人员生育服务联系单》1034 例；发放独生子女费 16.1 万余元，独生子女父母年老一次性奖励费 315 人，一次性经济帮助 5 人，完成独生子女家庭特扶对象 70 人、伤残特扶对象 97 人的申报材料登记、年审、上报及信息核查录入工作，协助办理病残儿医学鉴定 5 人。在 4 个大型社区和欧尚超市新增普通型计生药具自取机和身份证自助取套机。

（郭　鹏）

右安门街道

【概　况】 右安门街道位于丰台区中东部，辖区东至北京南站与东城区相邻，南至京山铁路与西罗园街卡道相连，西至菜户营与卢沟桥乡、太平桥街道接壤，北至护城河与西城区隔河相望。街道办事处坐落在右安门外翠林小区。辖区面积 4.70 平方公里，有大街小巷 25 条。设 16 个社区，常住人口 3.5 万户，8.5 万人。流动人口 5200 户，1.6 万人。驻辖区单位 1493 户，大学 1 所，中学 4 所，小学 3 所，幼儿园 4 所，医院 3 家，敬老院 1 家。

（马克龙）

【城市建设与管理】 年内，开展城市家具及服务设施整治工作，整治 4 处报刊亭、38 处早餐车、27 处废品回收、20 处便民修车修鞋点、37 处自行车停车设施、5 处移动公厕等占用公共空间问题。完成玉林里阳光棚、玉林东路改造、东庄 6 号院北侧路修缮、东庄 5 号院安装大门、西三条垃圾房周边安装栅栏工程。完成市级督办市容卫生点位 30 余处、区级督办市容卫生点位 120 余处。处理 12345 及 96005 热线反映市容卫生问题 400 余件。完成凉水河北岸、西二条、西三条南段、玉林东路、西后街重点点位的整治、市场环境百日整治、翠林地区 2014 年整治协调工作，清运各社区无主渣土共计 757 吨，处理老旧小区改造热线举报 130 余件，拆除违法建设 56 处、1253 平方米。对辖区工地共进行督导检查 210 余次，签订门前三包责任书台账 2000 余份。

（马克龙）

【安全维稳】 年内，督促和指导社区做好社会面防控工作和各类隐患排查，全面做好地区的社会面维稳工作，广泛动员组织各种专业力量、群众力量参与全国“两会”、“APEC”会议等重要活动社会面安保工作，共出动公安警力专业力量 4500 余人次，专职巡防队 4100 余人次，治安志愿者 27000 余人次，民兵 1200 人次，及其他防控力量 16500 余人次。2014 年，关闭人防工程 11 处。

（马克龙）

【矛盾排查】 年内，协调处理解决各类来访信件428件，解决群众来电千余人次。召开社会监督员例会9次，征求意见建议150条。出台《关于进一步完善信访工作机制的意见》。

（马克龙）

【精神文明建设】 年内，积极开展“发现丰台之美”主题活动，举办发现丰台之美——右安门展示周活动，以“弘扬窦珍精神，传承右安美德”为主题举办展示活动。推进窦珍精神宣传和志愿者服务工作，开展“五个一”宣传活动（窦珍老人的事迹宣讲团、戏曲“评剧扫桥爷爷”、纪实文学“一座开满鲜花的桥梁”、窦珍事迹展板、志愿者组织“右安门窦珍志愿联合会”）。开展“清明祭英烈”活动、寒假期间开展争当文明小使者活动、庆“六一”和暑期主题实践活动。公共文明引导员作用进一步凸显，成立由30名文明引导员组成的巡逻队，每天分组巡逻，维持地区秩序。成立“环境秩序文明劝导队”，参与到街道的“1+2+6+X”（1名城管执法队员、2名保安、6名文明劝导员、若干名志愿者）的环境秩序建设活动中。

（马克龙）

【社区建设】 年内，推进北京市社区治理和服务创新示范区申报工作。申报东庄社区、开阳里第二、第三、第四社区、玉林东里第二社区、玉林西里社区共6个社区为智慧型社区。开阳里第一和玉林东里第三社区的办公和活动用房已建设完成。在玉林东里第一社区成立社区事务自管会，在翠林一里、二里、三里三个社区成立治理委员会，实行理事会议制度。

（马克龙）

【计划生育宣传活动】 全年计划生育符合率98.8%。在右安门街道政务网开辟“阳光计生”专栏网页。依托专业机构指导社区开展第四届人口文化节系列活动。举办幸福右安门宝宝大赛等亲子活动20场，举办妈咪宝贝课堂和沙龙12场。建立理发、网上预约挂号、电脑培训，定期检查身体等服务项目，为失独人员服务累计483余次。走进非公单位、建筑工地等场所与流动人口开展面对面计生政策宣传6场。在迦南商务楼宇流动人口计生服务站设立流动人口图书角，举办非公企业流动人口民俗运动会。《中国人口报》、《北京日报》等主流媒体刊登有关右安门妈咪宝贝课堂和沙龙及幸福右安门宝宝大赛、最美计生人演讲等新闻报道5篇。

（马克龙）

【住房保障】 年内，受理审核辖区居民申办保障性住房92户，其中廉租补贴家庭11户。年内受理三房轮候家庭转公租房88户，为144个轮候家庭变更保障性住房信息，终止155户申请家庭资格。对经济适用房19户轮候家庭进行婚姻和房产情况复查，对限价商品房轮候家庭年内进行2次资格复查、1次资格复核。组织225户公租房轮候家庭参加《房山金地朗悦等7个公租房项目》摇号登记。

（马克龙）

【社会救助】 年内，地区共有409户、747名困难群众享受低保待遇，累计发放低保金及生活补助金478万元。为低保对象提供医疗救助54人次。为13名低保及低收入家庭的大学新生发放教育救助金52000元。为地区2686名80岁以上老年人发放养老卷290余万，208名90岁以上老年人发放高龄津贴22.5万元。

（马克龙）

【社会保障】 年内，共管理2035份失业人员档案，接收新增失业人员档案551份，失业登记及办理《就业失业登记证》725人，发放失业金2272人次计224万元。共为801人办理灵活自谋新参保、停止参保等手续，接收新退休人员档案372份，办理退休人员自采暖补贴审批手续共136人11.8万余元，开具各类档案证明350人次。

（马克龙）

【文体活动】 年内，创建完成开阳里第一社区电子图书馆，举行永乐社区电子图书馆开馆仪式。发展“阳光管乐艺术团”为右安门特色项目，与北京青年报联合举办“右安门广场舞大赛”。完成第六次全国体育场地普查工作，登记体育场地 45 个。完成开阳里第一、第三社区和东滨河路社区的体育生活化社区创建工作。

（马克龙）

【助残服务】 年内，为 108 名残疾人重新进行城乡养老保险审核；为 79 名残疾人审核、申请和发放个体就业保险补贴 43 万余元，为 237 名贫困残疾人申请和发放生活补助 61 万余元，为 310 名无就业能力且重度残疾人发放养老助残卷。协调地区单位、志愿者、辖区医务人员为 150 余名残疾人进行健康医疗服务等志愿服务。完成 8 名残疾人肢体康复训练，组织 16 名智力残疾人和 4 名精神残疾人员完成训练，组织两次残疾人及家属咨询服务，开展医疗及心理方面的家庭康复共计 164 人。

（马克龙）

【社区养老服务】 年内，完成对翠林敬老院固定资产的盘点工作及性质变更，增加老年餐桌 4 处。为有需求的 65 岁以上空巢老人或行动不便老人共计 402 户家庭免费提供上门服务。注册志愿者 7400 多人，志愿者工时 25 万余小时。

（马克龙）

马家堡街道

【概　况】 马家堡街道位于丰台区东南中部，东与西罗园街道、大红门街道接壤，西与新村街道相邻，南与南苑街道交界，北与右安门街道隔路相望；辖区内南三环中路、角门北路、角门路、嘉和路、枫竹路、南四环路、马家堡路、马家堡中路、马家堡西路和嘉园路贯穿东西南北，构成便利的交通网。辖区呈长方形，东西宽 1.53 公里，南北长 3.21 公里，辖区面积 4.9 平方公里，居民小区 73 个，居民 56538 户，常住人口 110839 人，外来人口 32656 人，设 16 个社区居委会。年内，全面深化“健康小屋”服务功能，健康咨询和远程服务项目成为老服务的新模式。与政务网、一刻钟服务圈、网格化社会管理相结合，成功创建 2 个四星级智慧社区，实现联系群众无盲点，社区服务无遗漏，社会管理无缝隙。

（童亚玲）

【社会治安综合整治】 年内，加强社会面防控，确保全国“两会”、“六四”敏感期、65 周年国庆、十八届四中全会、APEC 会议等重要时期地区社会安全稳定，完成了 4198 名治安志愿者年审工作；协调辖区凯德 MALL、华联、华冠等 12 家单位保安 50 余名组建街道巡防队，配备制式巡逻自行车等装备 30 辆，每日 24 时至次日 5 时，由民警带队，分组进行联防巡逻，共核查录入 3 万余人，审查可疑人员 100 余人，刑事拘留 17 人，治安拘留 39 人，处置各类纠纷 30 余起；加强警务站建设，实现了 16 个社区全覆盖，雇佣 20 名保安人员保证警务站启动运转，为嘉园三里等多个社区安装了门禁，在马草河东侧安装摄像头 20 个。深入开展“两抢一盗”防范宣传，发放宣传材料 2 万份，大力开展黑车“净化行动”、“五类”治安重点地区和旱河马家堡段专项整治；加强地下空间和违法出租房屋管理，关停地下空间 16 处、整改违法群租房 110 处，削减流动人口 2300 余人，完成减员 8.5%目标；优化了基干民兵队伍建设，完成了重点时期民兵执勤任务，加强了国防教育，完成了兵役登记和征兵工作。建立信访接待室和接访工作制度，通过矛盾排查、领导包案处理和规范信访工作机制，接待群众来访47批37件210余人次；受理群众来信93件，办结87件；5件区级重点矛盾纠纷问题得到调解和答复。加强了矛盾排查，排查出矛盾纠纷隐患18件，全部按要求包案到街道处级领导。

（童亚玲）

【生产和交通安全监管】 年内，完成了8个烟花爆竹的设点和监管工作，清理绿地11公顷、清除可燃物65车，组织协管员、巡防队员、社区干部安全巡视，印制宣传横幅200余条，发放“一封信”1.5万封，制作禁放警示标志1.3万张，确保了节日烟花爆竹燃放安全；围绕“坚守红线意识，强化隐患治理，保障区域安全”开展了安全生产月活动，制发各类安全知识和急救逃生宣传挂图、横幅等5000余份，组织安全知识竞赛、消防演练、法规培训等20余次，推进安全生产标准化建设，超额完成102家小微企业达标验收工作；开展了重大火灾隐患、城乡结合部地区安全生产、交通秩序等专项整治活动，发现并消除火灾隐患350件。印发“四种”交通违法乱象宣传材料1.2万份，实现8个城乡结合部安全隐患销账，销帐率100%。签订《消防安全责任书》411份；与辖区外埠车辆驾驶员签订交通安全责任书72份；督促20家重点生产经营单位完成了应急预案编制工作，组织应急救援实战演练24次；为辖区所有燃煤取暖用户安装报警器。

（童亚玲）

【食品安全监管】 年内，成立食药委，与工商、公安、城管、卫生等职能部门建立“一家发现、转告相关、部门联动、综合治理”工作机制，联合整治80余次；开展食品安全“进学校、进社区、进工地、进商场”活动，对辖区200余家重点食品经营单位实行户口风险监管，引导企业自律；加大对申诉、举报、信访的核查力度，巡查600户，完成快速检测440件；打造凯德MALL购物中心食品药品安全放心商场，持续评价跟踪商场内35家商户的信用状况，构建良好市场环境。

（童亚玲）

【环境整治】 年内，拆除违法建设38处1850平方米，完成全年市级台帐拆除工作、新生违法建设清“零”任务；开展综合执法83次，累计取缔无照经摊点营470余处次，规范商户门前三包800余家，规范、拆除违规户外广告和门头牌匾151处，规范违规大排档40余家，累计清理小广告万余张，处理喷涂、张贴广告800余平方米。集中整治无物业管理小区的环境问题，清理住人集装箱13个，整治绿地4.1万平方米，清运垃圾堆物堆料500余吨；完成了3个地铁口、北甲地北路、角门北路、星河苑小区、彩虹路的环境整治和镇国寺北街的整修工作，对三环边三个楼体进行了外立面粉刷；开展了老旧小区绿地清退专项行动，拆除私搭乱建26处，净化绿地2万余平方米，安装围栏2100米，硬化、修整地面1400平方米；完成了老旧小区11栋居民楼节能改造，完成了角门南路、木厢厂、服务街路灯安装，修缮了马家堡中路南段、嘉园三里主管道、晨新园小区污水管线，新建了玉安园社区门前道路雨水排放管道，抢修了角门东里旱河段小区道路塌陷，协调解决了嘉园三里2号楼天然气断气问题，确保了城市有序运行和管理。

（童亚玲）

【网格化管理工作】 年内，及时发现并上报各类问题、隐患32938件，视频监控系统发现问题952件，均得到较好解决。接收96005丰台城市环境热线市民举报1417件，回复1417件，回复率100%。

（童亚玲）

【精神文明创建活动】 年内，开展街道宣讲团、社区故事会活动，制作2处文化墙，安装了48块硬式标语牌、悬挂了112条横幅、展板34块，电子屏5块；在“北京榜样·最美丰台人”选树活动中，推选最美马家堡人85名，4人入选“最美丰台人”；积极开展宣传传统文化和主流价值观活动，街道上报学习型城区建设信息700余篇；制定了《公共文明引导队管理办法》，规定每月11日为“公共文明引导日”、22日为“文明出行推动日”，在6个公交站点开展排队秩序和停车秩序文明引导活动；完善文明单位（社区）创建工作机制，对8个区级文明社区、5个区级文明单位和2个首都级文明单位和6个首都文明社区进行了指导；借助科技专家进社区、社区市民学校、精品课堂等，开展各类讲座309场，受教育3.8万余人次。在区政府网站、街道网站和手机APP登载的信息数为6078余条；在首都文明网发布信息481条。在区级以上报刊登载文章125篇。上报区两办信息80余篇、编发《马家堡街道情况》46期、《群众路线教育实践活动专刊》27期，编辑信息1000余篇。

（童亚玲）

【文教体卫大发展】 年内，举办“国粹艺术进社区”、周末百姓大舞台、星火工程等文化活动90余场次，参与活动演员2600人次，受众人数3.8万多人次；特色团队铸就品牌。和韵京剧团参加了全国老年戏曲大赛，获得了个人赛2金4银和集体一等奖，在北京市“谁与争锋”票友大赛中取得1银1铜；体育活动和设施有序推进。参加区组织的“第八届和谐杯”乒乓球赛、“醒狮杯”越野赛，3个社区成功创建“北京市体育生化社区”，新增4处室外健身器材。举办了“全民健身日体育团队展示”等全民健身活动，累计参加人数达2.8万余人次；健康卫生教育服务水平不断提高。红十字会发放救助金额近8万元，开具非京籍适龄儿童幼升小借读证明284份；完成了300余名流动儿童强化免疫及查种补漏工作，完成了1000余名外来务工人员的流脑、麻疹疫苗接种工作，完成“两癌”筛查249人，接受艾滋病宣传教育的外来务工人员2500余人。

（童亚玲）

【社会服务保障】 年内，帮助703名失业人员再就业，失业率为1.6%，向企业成功推荐311人，鼓励66人实现自主创业，采集空岗信息2308个，通过推动创业带动126人实现就业，为170人提供了职业技能培训，保持“零就业家庭”100%安置率。建立特殊困难群体走访慰问机制，走访慰问困难家庭566户，送去慰问金14.5万元，为5.13纵火案受害家庭和病困老人送去救助金共5.9万元。完成廉租房续租53套，经济适用房复核19套，限价房复核361套，公租房申请176套，公租房摇号登记157户，租金补贴复核83户。限价房摇号登记523户。嘉园二里社区老年餐桌开始营业。新安置残联人就业6人，社区残联委员与162名重残和孤残特困家庭结对子，开展定期帮扶行动。

（童亚玲）

【公共服务逐渐规范化】 年内，加强了社区基础设施建设，完成晨宇社区“三通”改造；拓展了枫竹苑、角门东里西等社区居民活动室面积；在玉安园和晨宇社区进行规范化示范点建设；在嘉园一里、嘉园二里等11个社区安装了志愿服务站标识及桌牌。提出5种居民参与式议事协商模式，成功创建2个六型社区，1个规范化社区。形成了“一刻钟便民生活圈”，对8处棚亭进行了整治改造，26辆便民服务车已开始服务于民。加强了96156服务平台建设，服务居民群众800余次。“劳动用工规范一条街”工程进展顺利。开展了劳动法宣传活动，开展劳动保障日常巡察200余次，受理投诉案件30余件，涉及人员100余人，追缴拖欠工资60余万元，投诉、举报案件同比下降8%，办结率100%。新增建会183家，职工入会率99.8%。

（童亚玲）

西罗园街道

【概　况】 西罗园街道位于丰台区东北部，东起木樨园立交桥中心线，西到右安门外大街草桥路口，北起北京南站东南侧，南至角门路。辖区面积2.86平方公里。凉水河由西北向东南蜿蜒过境，境内长2公里，马草河经海户西里汇入凉水河。南三环中路、马家堡东路、马家堡路、角门路纵横交错，交通便利。2014年，辖区内常住人口为8.7万，流动人口1.7万。年内计划生育率98.7%。街道办事处下设16个社区居委会。辖区内设有中小学校7所、职高1所、托幼园9所，医疗卫生机构4所，社区卫生站4所，养老院1所，驻辖区部队2个。

（杨　凡）

【社区党建】 年内，构建以社区“大党委”为核心、驻区单位党组织和全体党员共同参与的社区管理新格局，提升社区党组织在社会服务管理中的引领作用。社区“大党委”成员单位共40家，席位制委员42名，召开联席会66次，座谈会48次，开展共建活动105次，席位制单位参与活动242人次，结对帮扶困难党员48人次，困难群众35人次，投入帮扶资金2.815万元，帮扶物资折合人民币1.4848万元，征求梳理意见63条，解决社区实际问题65件，形成工作机制38条。

（单卫东）

【精神文明建设】 年内，以创建市级文明街道为契机，开展硬件及软件工程建设。组织开展学雷锋高潮日、举办“快乐一分钟、共享中国梦”大型趣味晋级赛、“幸福生活大讲堂”、筹备策划和举办“马家堡、西罗园、右安门街道文化节”活动，提升市民文明素质和城市文明程度。7月下旬，借助“发现丰台之美”主题展示周第三站进驻西罗园街道，开展“花椒树故事会”宣讲、评剧票友联谊会、书画摄影展等活动，弘扬社会主义核心价值观。

（吴高平）

【矛盾排查调处】 年内，共受理信访件70件，其中信访平台、市长信箱44件，人民来信来访26件，办结67件，处理率95.7%。

（宋　勇）

【纪检监察】 年内办理政风在线、行风热线投诉18起，完成区纪委委托调查案件3起。

（王子静）

【社会治安综合治理】 年内，组织签订社会治安综合治理责任书及610工作责任书，签订率100%。清理整治重点地下空间16处；清理辖区群租房帐内287处，帐外18处。累计收缴黑车、黑摩的65辆，教育拘留5人。

（韩建宝）

【住房保障】 年内，受理、审核、公示保障性住房183户，变更、复核、终止、续签各类保障性住房755户。完成限价商品房选房83户，公租房配租44户。完成7个公租房项目232户和3个限价房项目535户摇号登记工作。

（游贤春）

【募捐活动】 年内，组织慈善捐赠月、云南省鲁甸县地震募捐、“共产党员献爱心”等募捐活动，累计募集善款14.7236万元。

（喻忠文）

【社会救助】 年内，为321户576名低保对象办理低保审核并发放低保金343万元，撤销收入超标家庭17户。为58名医疗救助对象申请医疗救助11.5万元、临时救助53人次5.4万元，为2名高考应届毕业生困难家庭申请教育救助0.8万元，为27名无丧葬补助人员发放丧葬费13.5万元，为40人办理自采暖补贴3.5万元。

（詹惠萍）

【发放各类助残补助】 年内，街道残疾人享受各类生活补助206人，发放81.15万元；为306人发放助残券36.69万元；办结服务商助残券18.1235万元。申请临时救助1人3000元；办理三险补助76人，享受补贴44.8349万元；办理扶残助学补贴11人4.614万元，阳光家园托养补贴5人3000元；发放残疾人机动轮椅车燃油补贴249人7.074元，享受参加社会养老保险补贴100%。

（李晓月）

【就业与再就业】 年内，挖掘空岗信息2597条，组织免费招聘洽谈会9场，开展项目展示3场。开展职业指导40场，免费为失业人员提供就业指导，开展“一对一”专项小组指导20次，180人接受指导；开展技能培训8次，160人接受技能培训。帮扶553名失业、369名就业困难、189名职介推荐失业人员和52名外地工实现就业。为457名失业人员办理自谋和灵活就业。小额担保贷款1例1人实现创业，带动就业23人。

（陈红星）

【消防安全检查】 年内，对辖区1396间出租房屋、3处公棚、85家企业和8所学校幼儿园进行防火工作检查，发现并整改隐患45个。APEC会议前排查火灾隐患，检查宾馆饭店、医院、工地、网吧等场所279处共1235次，查出隐患165处，整改164处。进行可燃物清理专项行动，共清理可燃物108余吨。开展小微企业安全生产标准化达标创建工作，工作计划中的100家有80家完成创建。检查特种设备使用单位49家，检查特种设备作业人员268人，发现问题隐患5处，下达限期整改通知书3份。累计发放宣传材料5000余份，组织辖区单位职工安全生产培训18次，逃生演练20余次，出动检查人员350人次，检查重点单位70余家，发现、消除隐患40余处。组织辖区16个社区及各行各业代表进行消防安全演练42次，受教群众达900余人次。以安全文化馆为依托，联合社会专业机构对辖区单位、社区居民陆续开展了50余次的安全教育讲座，受众人群600余人。

（马　力）

【药品食品安全专项检查】 年内，街道主管领导带队检查食品药品安全工作10次，开展专项检查和联合执法66次，查处各类问题24个，重大节日开展食药安全整治8次，专项整治活动18次，食品流通专项检查12次，餐饮服务专项检查18次。建起6类主体专项台账及9个专项台账，开展“食药安全进社区”活动5次，向居民介绍食药安全法规及常识，发送各类宣传资料2680份；向辖区各类经营主体发放宣传资料1300余份（套）；及时向上级报送食药安全工作信息75篇。

（马　力）

【老旧小区整治】 年内，对9个社区共76栋老楼进行节能改造，其中54栋完成100%，22栋完成85%。抗震加固2栋楼。

（李世豪）

【环境建设】 年内，在定点整治盯守，定期组织联合执法基础上，继续引进专业保洁公司负责无物业社区整体的保洁服务。6月和9月完成洋桥西里、洋桥北里和海户西里北社区的引进工作。在社区和街道建立月度考核机制，保洁公司、社区和街道共同负责社区环境质量，建立保洁工作长效化机制。街道投入资金15万元，修剪树木、处置危树死树300余棵，消除安全隐患。

（李世豪）

【加大拆违控违力度】 年内，加强宣传工作，加大遏制和查处违法建设工作力度，落实街道、社区、分队三级巡查机制，坚持早发现、早制止、早拆除原则，共拆除违法建设58处3490平方米，制止拆除新生违法建设53处1060平方米。

（李世豪）

【网格化管理】 年内，社区上报街道网格化社会服务管理平台1.955万件，自处率98%以上。接收信息化城市管理网格件2267件，处理完成2264件，合格率99.9%。接收96005平台热线数量1428件，召开街道层面疑难案卷会商40余次，案卷全部及时接收、及时处理、及时回复。进行了36次网格件周统计、周分析，12次月统计、月分析、月通报，召开了25次环境周例会，出版了11期《西罗园环境周报》。

（耿连明）

【社区文体活动】 年内，辖区共有不同种类的群众文化队伍 55 支，街道针对不同需求开展戏曲身段、合唱指挥、摄影技巧等各类专业培训 18 场，受训者 118 人。开展慰问演出、群众联欢会、元宵节灯谜等演出活动 16 场以及端午、中秋、国庆、重阳等节日活动 10 场。组织辖区文化队伍开展“周末百姓大舞台”演出活动，11 个社区的文化队伍在万芳亭公园进行 12 场演出。与区图书馆合作，把图书交换大集搬到了辖区的万芳亭公园；与北京市体育局协作，以“体质促进项目推广活动”为主题，把体质促进项目配套器材送进社区。制定《西罗园街道体育生活化社区创建工作实施方案》，四路通、洋北、角一 3 个社区完成创建。为体育生活化社区配置新健身器材，安装 LED 电子显示屏，购置移动音箱。以社区为主体开展春季运动会 6 场，秋季运动会 4 场，各种棋牌比赛 9 场，大步行活动 7 场，社区举办乒乓球赛 4 场。8 月，举办“西罗园街道体育文化节”，有百人大步行，足球知识竞赛，羽毛球、乒乓球、健身操舞等比赛，历时一个月，参与人数 700 余人。

（杨　芃）

【社区建设】 年内，深化以实现社区自我管理、自我服务、自我教育、自我监督为目标的“四权实践”活动，调动居民参与社区建设工作，成立志愿组织，为社区发展献言献策。完善一刻钟服务圈建设，本着区域共享原则，整合服务资源，合理勾划社区服务圈，印制服务手册，对网站应用工作进行宣传，引领整个地区的“一刻钟社区服务圈”建设工作向前发展。继续推进“智慧型”社区建设，把智慧型社区创建与“一刻钟服务圈”工作结合，建设社区综合服务和监督管理平台，打造信息生活化社区。

（郭　跃）

东铁匠营街道

【概　况】 东铁匠营街道位于丰台区最东部，辖区总面积 12.9 平方公里，北部与东城区、方庄地区相邻，东部与朝阳区接壤，南部与大红门街道、南苑乡搭界，西部与东城区、西罗园街道相连。北部毗邻京津城际高速铁路，京广铁路，南二环路，南护城河。南三环路东西贯通辖区，地铁 5 号线、10 号线、亦庄线纵贯辖区，蒲黄榆路、榴乡路南北横跨辖区，紧邻京津塘高速公路的进、出口。2014 年，辖区常驻人口 17.846 万人，户籍人口 9.5513 万人，流动人口 4.786 万人。计划生育率 99.26%。辖区有北京市同仁堂科技发展股份有限公司、北京地铁车辆装备有限公司、方庄污水处理厂、方庄供热厂、北京联合大学特殊教育学院等 4800 余家单位，其中，各类学校、幼儿园 40 家，医院 7 家，液化气站 2 家，加油站 3 家，大型商市场 25 家，电影院 2 家，物业单位 50 家。蒲安里第一社区居委会被北京市民政局评为“先进社区居委会”。

（朱伟成）

【社会治安综合治理】 年内，为严厉打击非法运营，组织开展“掏窝行动”，取缔黑车拼改装窝点2处；组织联合执法查扣“黑车”、“黑摩的”共计562辆。街道投入资金50余万元，聘用20名保安对重点区域进行了监控管理，非法运营导致的交通秩序混乱现象得到了有效治理。街道新增治安志愿者600余名，志愿者总数达到4550人。创建驻点办公机制，拆除群租房屋隔断168处，清理流动人口2200余人；辖区相关部门相互配合，采取通告约谈、设备检修、联合执法等方式，关停普通地下室2处、人防工程12处，清理租住的流动人口1200余人；严厉打击非法经营、占道经营、散摊乱点等违法行为，清理流动人口2200余人。共消减流动人口5600余人，消减任务完成率100%。

（王志海）

【安全生产】 年内，组织开展安全生产综合检查37次，检查单位130余家，出动网格力量7000余人次，共消除生产、消防等各类安全隐患160余处。开展食品、药品安全检查820余次，联合执法22次，关停违法经营点位38处。认真履行劳动监管职责，依法对辖区内1025家企业进行了日常巡查与监控，企业劳动合同签订、履行率和缴纳社会保险率均在95%以上。推进小微企业达标创建工作，街道投入资金7.5万元，引入第三方评审机构，按时完成150家小微企业达标任务。

（张　岩）

【老旧小区改造】 年内，投入资金200多万元，对横一条、顺四条等路段进行了改造；筹集资金100多万元，对辖区内年久失修、破损的横一条等4条道路进行了修整；协调市、区有关部门解决蒲安里第二社区、横一条小区、方宝苑小区下水管道修复问题；筹集近50万元对贾家花园1号院、宣祥家园进行了绿化改造；为老旧小区安装了70套便民座椅；规范老旧小区停车管理，新增居住区停车位约800余个；加快老旧小区抗震节能综合整治进程，抗震加固楼房4栋，节能改造60栋，顺利完成整治工程。

（李　智）

【环境建设】 年内，投入资金200余万元，重点对同仁东路、横七条等十几条主要大街、85条背街小巷、刘家窑地铁站以及宋家庄交通枢纽等重点区域进行综合治理；累计开展各类联合执法行动100余次，出动执法人员2500余人次，执法车辆300多台次；规范门前“三包”3000余次，拆除门前私搭乱建100余处；取缔各类无照经营累计1850余户，清理各类垃圾950多吨。

（李　智）

【网格服务】 年内，接收并处理完成区城市监察指挥中心下派的网格件10642件；城市环境热线96005平台案卷299件，北京市非紧急救助热线12345的案卷2339件。

（袁　文）

【老龄服务】 年内，建成光彩养老照料中心并投入使用，共有床位150张；积极推动南方庄颐养康复养老照护中心建设，并达到正常运营的标准，共有床位50张；兑换居家养老服务券583万元；街道25个社区养老（助残）餐桌、日托所实现全覆盖。

（刁岳红　邢志辉）

【社会救助服务】 年内，接受社会救助申请37份，入户调查50余次，新批准低保家庭35户，低收入家庭11户；共审核低保材料713户，1314人，对不符合低保条件的108户家庭共207人停止享受低保，给予66人发放丧葬补贴共33万元。

（温悦宏）

【就业与再就业】 年内，与用工单位联手打造再就业平台，走访跟踪服务用人单位161家，提供空岗信息3430个，组织3800余人进行就业指导，并对320人进行专业培训；完成失业人员再就业1200人，困难人员就业633人，社区安置就业823人，完成率达103%；完成创业指标122个，完成率达122%；带动就业指标292个，完成率达 105%。

（温悦宏）

【文化教育活动】 年内，以“共筑铁营梦、绽放铁营美”主题活动为载体，弘扬社会主义核心价值观，开展“讲述身边最美的故事、歌颂身边最美的人”活动。街道工会、妇联、团工委、文教科、宣传部等科室，共开展各类文体活动 30 余场，城南民乐队获得北京市器乐大赛合奏金奖；居民群众组建的乒乓球队获得北京市第八届“和谐杯”团体比赛第四名。为 14 个社区配发卡拉 OK 设备。为特色团队配备乐器和演出服装，为 10 个社区文化室配备图书 3000 册。完成红狮家园等 7 个体育生活化社区达标创建工作，对 2 个社区健身文化广场和 3 个社区文化活动室进行改造，满足了社区居民文化活动的需求。

（杨章君　滕海燕）

【信访与矛盾排查】 年内，深入推进矛盾调处化解和法律保障工作，街道三级调解组织共成功调处各类矛盾纠纷 948 件，成功率 98.9%；围绕解决实际问题，狠抓信访工作落实，共受理群众来信来访 98 件，接访 148 人；针对保障房小区居民的特点，以宋家庄社区为试点，对多层次矛盾调处化解机制进行了探索，依法为 215 户居民进行了维权。

（张春华）

【社区建设】 年内，蒲安里第一社区被评为市级先进居委会；南方庄社区、成寿寺社区、宋家庄社区、宋庄路第一社区、横七条第三社区、刘家窑第二社区、蒲黄榆第一社区、蒲黄榆第二社区、蒲黄榆第三社区、蒲安里第一社区被评为市级三星级“智慧社区”；红狮家园社区和四方景园社区升级为四星级“智慧社区”；蒲安里第一社区、木樨园第一社区、刘家窑第二社区、刘家窑第三社区被评为市级“六型社区”示范单位；蒲安里第一社区评为老旧小区自我管理服务试点小区。

（范文杰）

【食品药品监管】 年内，组织对辖区“四品一械”（食品、药品、保健食品、化妆品、医疗器械）单位检查 820 余户次，其中街道主要领导带队检查 15 次；共受理个体行政许可 95 件，办结 89 件。办理投诉举报 274 件，及时向投诉人反馈调查处理情况。7 月 1 日起，开始行使行政处罚权，年内对 3 起违法案件进行了立案处罚，罚没款 13000 元。开展大型宣传活动 6 次，接受宣传群众 8000 余人，发放各类食药宣传材料 20000 余份。共组织食品、药品从业单位开展安全管理培训 3 次，参训单位 130 余家。食药所编辑制作食药安全知识专栏 10 期，编发食药安全知识条 50 条，转发食品下架信息 40 批次。

（冯占斌）

【住房保障】 年内，上报保障房审核 284 户，其中 275 户通过审核备案。各类资格变更 189 户，廉租房租金补贴复核家庭 51 户，续租 47 户，变更 19 户，终止补贴资格 22 户。

（王宗青）

【劳动监察】 年内，新增用人单位信息采集 420 家，劳动巡察用人单位 1025 家，涉及职工 9865 人。对辖区 50 家规模企业进行了劳动合同履行情况的全方位监控，对 310 家用工单位进行了日常巡查。组织开展了 4 次劳动用工情况专项执法大检查活动，5 次劳动法律法规的宣传活动；处理劳资纠纷案件 5 起，无拖欠工资情况。办事处解决劳资纠纷 3 件，涉及职工 3 人，追回拖欠工资 3000 元；双方达成和解 2 起，涉及职工 6 人，支付工程款 94727 元；由区劳动监督大队协调解决 1 起，涉及农民工 82 人，追回工资款 29 万元。

（肖俊亭）

【助残工作】 年内，辖区共有残疾人 3654 名。其中 123 人享受了重残人生活补贴，29 人享受失业残疾人生活补助，283 人享受低保残疾人生活补助，三项生活补助累计发放补助金 115.19 万元。为服务商兑换助残券 63

万余元；为辖区享受居家养老助残券的 571 名残疾人发放助残券 70 余万元。在开展的城镇个体三险补贴工作中，为辖区内 104 名残疾人办理了保险补贴，涉及补贴资金余额 54 万余元；完成辖区 412 名残疾人生活补助复审以及 201 名残疾人的城乡居民养老补贴申请、复审工作。帮助 1 名患重病的精神残疾人申领到了 3000 元的临时救助金。

（曹乃斌）

【法律服务】 年内，司法所对社区服刑人员做到每月一走访，共走访两类人员家庭和所在社区 445 次。为两类人员申请低保 9 人次，发放招聘信息 10 次，向区申请救助两类人员救助金 2000 元。两类人员未出现重新犯罪。

（杜 刚）

方庄地区

【概 况】 方庄地区位于丰台区东北部，北至南二环路与东城区搭界，东至方庄路与朝阳区接壤，西至蒲黄榆路、南至南三环路与东铁营街道相连。辖区面积 5.53 平方公里（小区面积 3.14 平方公里），分芳古园、芳城园、芳群园、芳星园、紫芳园、芳城东里 6 个园区，有 16 个社区、27 个居住小区。常住人口 10.04 万人，流动人口 3.2 万人，人口计划生育率为 98.3%。人口构成以汉族为主，占 95.7%；有满、回、蒙古、朝鲜、藏族等 35 个民族，人口密度为每平方米 0.019 人。地区工委下辖 16 个党委、4 个党总支、122 个党支部，3448 名党员。辖区有中央、市、区属单位 105 家；有非公有制企业 1140 家，其中私营企业 870 家，个体企业 308 家，外资企业 11 家，规模以上企业 20 家；有技校 2 所，中学 4 所，小学 6 所，幼儿园 12 所，医院 2 家，金融网点 30 家，公交线路 26 条，轨道交通线 2 条。年内获市级先进 12 项，区级先进 12 项。

（乌兰塔娜）

【加大协税护税工作力度】 年内，加强对地区现有企业和新进企业留区税收数据的摸排掌握；代征出租房屋税 463 万元；完成留区税收 3.92 亿元，比去年同期减少 15.5%，居丰台区街道系统第二名；招商引资企业 7 家。

（乌兰塔娜）

【党组织廉政建设】 年内，以党的群众路线教育实践活动为主线，推进机关党总支及 16 个社区党组织建设。成立“两新”组织（新经济组织，新社会组织）党组织 9 个，覆盖辖区非公企业 13 家；发展入党积极分子 135 人，发展党员 34 人，接转党员组织关系 196 人；组织党风廉政教育活动 30 次，征集廉政书画 130 幅、展出 55 幅；对地区原有 8 个方面 69 项制度进行全面梳理，保留 31 项、修订 17 项、废止 21 项、新建 11 项；编制梳理涵盖单位、部门、岗位的 103 项职权目录及权力运行流程图。

（乌兰塔娜）

【社区建设】 年内，完成社区储备干部招录工作，新招录社区储备干部 8 人；完成芳古园一区第二社区、芳群园第一社区等 7 个社区“智慧社区”升星工作；芳古园一区第二社区、芳星园第一社区、芳城园第二社区等 3 个社区被评为“六型社区”；芳城园第三社区、芳群园第四社区成为“四权实践”达标社区；完成芳古园一区第一社区、芳古园一区第二社区的社区规范化建设试点工作；完成芳城园第三社区微循环交通改造试点工作，规范停车位 254 个，在此基础上，对芳城园一区、芳城园二区、芳星园三区等 3 个社区进行了小区微循环改造，新增标志牌、标线，实现小区道路交通的“单循环”，推进小区内交通畅通。

（乌兰塔娜）

【环境建设】 年内，根据方庄地区区域环境综合提升3年规划，完成了年度项目建设工作，项目覆盖6个社区，包括道路改造提升922米、绿化美化17247平方米、综合提升6个社区的生活环境、改造提升6108平方米广告牌匾、新建3座公厕、群乐园建设、社区垃圾分类等内容，全面提升区域内硬件水平；完成了4个社区12栋楼、1432户、10.8万平方米的老旧小区节能综合整治改造任务。

（乌兰塔娜）

【综合治理】 年内，完善联合执法、专项整治协调机制，强化重点路段、桥、涵洞的守护，优化社会面防控体系，参与巡逻人员3.48万人次；对142处民防工程和263处普通地下室、211户挂账群租房进行大检查8次；完成关停到期民防工程27处，拆除房间1400间，劝离人员1700人，清理群租房211户，整改各类隐患40余处；张贴防汛、防火、防盗安全提示1800余份；组织网格化社会服务管理系统平台升级培训70人，更新手持终端设备23部，累计上报网格件17186件。

（乌兰塔娜）

【安全生产监管】 年内，对179家生产经营单位进行安全生产检查并签订安全生产责任书，整改隐患75处，进一步完善了基础台帐；加强对建筑施工行业的安全监管，完成100家小微企业标准化创建工作；开展安全宣传活动25次，发放宣传手册5000份；对1367家单位进行了消防检查，整改隐患272处，清理消防疏散通道12处。

（乌兰塔娜）

【社会矛盾调处】 年内，开展社会矛盾排查16次，受理矛盾纠纷154起，调处成功154起，成功率100%；接待群众来访152人次；开展主要领导接访20场，接访群众55人次，相继解决问题11件。

（乌兰塔娜）

【劳动监察】 年内，完成日常检查190次；协调解决劳资纠纷8起，涉及职工163人，为职工追回工资137万元；开展劳动政策法律法规讲座5次，参加人数600人。

（乌兰塔娜）

【就业与再就业】 年内，安置就业困难人员201人，完成年度指标的101%；推荐就业262人，完成年度指标的145%；失业人员就业380人，完成年度指标的86%；创业带动就业162人，完成年度指标的135%；实现创业47人，完成年度指标的157%；采集空岗信息3078条，完成年度指标的103%；组织培训生源110人，完成年度指标的110%；累计办理自谋职业和灵活就业社会保险补贴2421人；组织企业招聘会9次。

（乌兰塔娜）

【社会保障】 年内，有最低生活保障家庭118户、205人，发放低保金120万元；为6户、8人办理了低保手续；对46户收入变化的低保户进行了变更或撤销；为4户、9人办理低收入认证；办理一老一小医疗保险2451人，无业人员医疗保险248人；办理无保障老人福利养老461人，城乡居民养老保险136人；报销退休人员医疗费1056人次；办理居民丧葬补贴50人、25万元；办理居民自采暖补贴68人；为3496名企业退休职工提供社会化管理服务。

（乌兰塔娜）

【社会救助】 年内，为19户、34人次办理医疗救助，发放医疗救助金5万元；为4户办理临时救助，发放临时救助金0.35万元；为1名心脏病患儿申请大病救助0.5万元；为7名大病困难儿童申请发放救助金4万元；为6名残疾人大学生及困难残疾人子女办理扶残助学补助申请，发放助学款1.5万元；走访慰问残疾人家庭120户、130人，发放慰问金 1.8 万元；走访慰问困难党员 29 名，发放慰问金 2.9 万元；走访慰问困难群体 230 户，发放慰问金、慰问品 9.63 万元；走访慰问 10 户孤老病残征地超转人员，发放慰问金 0.6 万元；筹集善款 16.55 万元，棉衣棉被 3031 件；开展博爱、鲁甸地震募捐活动，收到捐款 7.27 万元。

（乌兰塔娜）

【养老服务】 年内，为 90 岁以上高龄老人发放津贴 25.29 万元；为 10 名 95 岁以上高龄老人办理医疗补助，发放医疗补助金 6.12 万元；为 9 人申请高龄特困补助 0.9 万元；为 4 位高龄特困老人发放慰问金 0.4 万元；为 550 名 60 岁以上老年人办理老年证；为 1578 名 65 岁以上老年人办理老年优待卡；为 25 户 60 岁以上“空巢”老人安装“一按灵”紧急医疗救援呼叫器。

（乌兰塔娜）

【法律服务】 年内，开展法制宣传教育活动 60 次，发放法制宣传材料 5000 份，受教育群众达 12000 人次；排查调解矛盾纠纷 208 件，达成调解 205 件，涉及金额 360 万元，调解成功率达到 98.5%；接待居民法律咨询 500 人次，提供法律建议 100 条；为居民进行集中法律服务 60 次，法律知识讲座 16 次；接收矫正对象 11 人，解除矫正 9 人，接收帮教对象 17 人，解除帮教 16 人；劝离上访人员 28 名。

（乌兰塔娜）

【城市管理】 年内，组织“环境清洁日”活动 45 次，2.9 万人参加，清刷小广告 30 万条，捡拾白色垃圾 3430 公斤，清理无主垃圾 196 吨，清理绿地面积 13.8 万平方米，清除垃圾、渣土 900 余车、7000 余吨；补栽树木 180 棵，种植花草树木 1500 余株，认种认养绿地 3000 平方米；为辖区树木打药 2.3 万余株；拆除违法建设 73 处、1233 平方米，消除安全隐患 25 处，拆除违规广告牌匾 11 处，取缔小散低劣企业 10 家；对辖区内 5 个在建工地进行检查 36 次，规范垃圾治理、渣土苫盖 72 起；整治非法运营车辆 50 次，扣押非法运营车辆 140 辆，清理“僵尸车” 69 辆。

（乌兰塔娜）

【文体活动】 年内，有群众文体活动组织 60 个，参加活动群众 1600 人；开展文化体育活动 115 场，受益群众达 9 万人；社区服务中心开展活动 370 次，放映电影 40 场，讲座 30 次，参与群众 3.2 万人次。

（乌兰塔娜）

【医药卫生】 年内，举办健康教育讲座 75 次，对 519 名外来务工人员进行流脑、麻疹疫苗接种，对 1900 名流动儿童进行查漏，完成目标儿童入户摸底率 95%，补种流脑、麻疹疫苗 8 人；对 200 名“艾滋病”高危人群开展预防干预，对 14 名精神疾病人员进行建档，回访 950 人次；组织辖区企业、居民 131 人无偿献血 148 袋；发放各类卫生防病宣传折页及宣传海报 2.9 万份。

（乌兰塔娜）

【计生管理】 年内，登记育龄妇女 22788 人，常住已婚育龄妇女 8995 人；当年新出生婴儿 307 人，计划生育率为 98.3%；办理《独生子女光荣证》199 册，审核单独、再婚二孩生育材料 126 份；开展计划生育宣传教育 16 次，发放宣传手册 500 份；计划生育优质服务到位率 100%，生殖保健服务到位率 100%，社区卫生计生服务落实率 100%；征收社会抚养费 102.57 万元。

（乌兰塔娜）

【精神文明建设】 年内，开展以“最美方庄人”为主题的“知方庄、爱方庄、建方庄、享方庄”活动，启动身边好人美丽人生、绿色低碳美丽生活、说事拉理守望相助、方庄美丽我有责等系列活动；开展“创建环境示范区、打造丰台新名片、建设优美新方庄”主题展示日活动，制作展板 40 块，参观群众 1 万人；组织开展幸福生活大讲堂活动 18

场，参与群众500人；在市级以上主流媒体刊登稿件35篇、发布信息61条，在《丰台报》发表新闻稿件29篇，在丰台有线电视台发布视频新闻16条，在丰台政务网、方庄政务网上发布消息450条。

（乌兰塔娜）

南苑街道

【概　况】 南苑街道位于京城正南，丰台区境域东南部，人称“天安门前第一镇”。历史上是元、明、清三代的皇家苑囿旧址，元称飞放泊，明称南海子，清称南苑。辖区面积13.62平方公里，居民25424户，常住人口49272人，其中包括汉族、回族、满族、蒙古族、朝鲜族等13个民族。辖区内有8家中央、市属单位和武警北京总队二师、空军南苑场站等38个驻区部队，11个社区，清真寺和基督教堂各1座。年内以党的群众路线教育实践活动为契机，围绕“走群众路线、谋百姓福祉、建和谐南苑”的目标，以南苑棚改三期征收为重点，坚持惠民导向，从制度严起，从细节抓起，确保以棚改三期为重点的各项工作稳步推进和圆满完成。

（谢长年）

【地区经济】 年内，辖区税收收入为7677万元，比去年同期增长66.6%，其中在地税登记注册的企业约为1052户，缴纳税款的企业约为651户，缴纳税款约为5077万元，留区税收约1600万元；在国税登记注册的企业约为885户，缴纳税款约2600万，留区税收约517万元。

（谢长年）

【南苑棚改】 年内，5220户居民签订安置补偿协议，签约比例72%，其中一期签约3220户，三期签约2000户。4023户居民入住新居。

（谢长年）

【建章立制】 年内，开展党的群众路线教育实践活动，修订完善制度7个、新建制度19个、废止制度5个，归类工委制度、党风廉政制度、行政管理制度、财务制度等四类制度，长效机制和制度体系初步形成。修订两类台账，以机关办实事台账（32件）和社区办实事台账（93件）为载体，规范社保所等窗口单位服务行为，推行“四个零”举措，新增公开事项38项，简化办事事项9项，解决民生问题76件。

（谢长年）

【精神文明建设】 年内，着力打造节庆、红色、双拥、群众四个文化，以传统节日为节点，推出“老镇情街巷印幸福年”等文化品牌，开展“千家米百口锅浓情邻里话腊八”、“红领巾牵引中国梦假期体验兵生活”、“志愿服务我光荣文明引领我争先”、“浓情端午粽飘香结对认亲情意浓”、“传递南苑情唱响中国梦”等精神文明建设文化活动。

（田亚军）

【宣传活动】 年内，在人民日报、中国社会报、北京日报、北京晚报等国家、市区级主流纸质媒体报道街道信息112条；新华网、千龙网、人民网、中国日报网、首都文明网等主流网络媒体报道168条，北京电视台、丰台有线电视主流媒体71条。

（田亚军）

【残疾人基数增长】 年内，持证残疾人共计1675人，其中视力残疾人293人、听力残疾人74人、言语残疾人10人、肢体残疾人1000人、智力残疾人129人、精神残疾人141人、多重残疾人28人，较2013年增加14%。

（谢长年）

【服务残疾人】 年内，对辖区内10余名残疾大学生进行扶残助学帮困。为133名持有残疾机动轮椅车的残疾人发放燃油补贴共计3.4万元。为65名失业残疾人办理城镇个体就业残疾人社会保险，并发放保险补贴38万余元，为38名重残失业残疾人员发放残疾人生活补助金22.4万余元，为182名低收入残疾人员发放残疾人生活补助金16.1万余元，为16名失业残疾人员发放残疾人生活补助金1.2万余元，累计为重度残疾人发放助残券24万余元。

（谢长年）

【城市管理】 年内，落实“首接负责制”，完成2000余起城指网格案件和1000余起12345和96005信访案件的处理、市区级督办整改件100余份。制止、拆除违法建设35处3360平方米，实现新生违法建设零增长。老旧小区地面进行硬化8000余平方米，脏乱区域的绿化1000余米。

（谢长年）

【社会保障】 年内，完成城镇登记失业率1.86%，控制在1.9%以内；城乡劳动力就业601人，完成率103.6%；其中，困难人员就业424人，完成率162.5%；用人需求档案指标数26，完成率104%；跟踪回访指数100，完成率133.3%；采集空岗信息指标数2275，完成率113.75%；城乡劳动力推荐成功348人，完成率105.5%；外地进京务工人员推荐成功58人，完成率116%；职业指导人次数指标数为1855，完成率123.66%；组织技能及创业培训指标数132，完成率110%。实现创业指标数为47，完成率117.5%，带动就业指标数为120，完成率120%。

（谢长年）

【劳动监察】 年内，坚持宣传与监察相结合，妥善处理解决劳资纠纷共15起，涉及劳动者68人、金额20.27万元。社保扩面征缴完成639人。

（谢长年）

【安全生产】 年内，完成小微型企业安全生产标准化创建达标48家。组建各类检查组553个，发动人员3020人次，联合执法10次、夜查17次，累计检查单位2395家次，发现隐患75处，整改75处，复查整改35家，整改率达100%。各类宣传共计187次，发放材料8378份，受教育12936人次。

（谢长年）

【民生保障】 年内，新增低保20户，30人，终止173户，395人，发放低保金865万余元；办理医疗救助80人发放医疗救助金136307.63元；特别救助3位因患癌症、肺结核等重大疾病导致家庭生活困难的患者；向辖区87户特困家庭发放永辉超市“爱心卡”；利用爱心家园救助生活困难家庭473户，1419人。开展“共产党员献爱心”活动，收到捐款40970元，向云南鲁甸地震捐款21166元；开展“春风送暖”捐款月活动，收到辖区15个单位捐款84153元，

（谢长年）

【住房保障】 年内，申请保障性住房41户、公租房补贴8户；为80户做了因家庭原因的信息变更工作；办理廉租房续签合同39户、新签合同13户；对105户申请经济适用房及限价房的家庭名下有房情况进行核查、对5户已入住享受公租房租金补贴的家庭进行复核；对79户具有公租房资格的家庭进行公租房“房山金地良悦”等7个项目的摇号登记工作。

（谢长年）

【矛盾排查】 年内，开展矛盾排查9次、重点专项排查3次；共排查各类矛盾隐患问题57件，解决56件；共接待群众来访72批（次）、439人（次），其中：党政一把手接待35批次、145人次；协调化解群体访隐患问题7件。

（谢长年）

【流动人口管控】 年内，开展流动人口出租房屋基础调查工作。新增流动人口3922人、核销3659人、更新811人、迁移535人。新增出租房屋260户、核销131户、更新51户，查处违法群租房15户。共有流动人口

17644人、出租房屋2023户。

（谢长年）

【人口与计生管理】 年内、办理一胎生育服务证245人；办理独生子女父母光荣证120人；失业人员转档审核婚育情况手续办理310人；办理北京市外地来京人员生育服务联系单194人；审核二胎生育服务证材料76人次；上报新出生人口372人、上报违法生育5人；处理流动人口信息核查593人次；补录76人次计划生育“三项扶助”的个人信息；开展特别扶助年审合格74人；落实独生子女父母年老一次性奖励157人，累计奖励金额15.7万元；落实独生子女意外死亡父母经济帮助2人，金额1万元；落实独生子女父母奖励费1573人，奖励费资金共计4.642万元；为辖区6000多人、2000多户上了独生子女家庭意外伤害保险。

（谢长年）

【文体活动】 年内，开展各类文化活动66场，受众10200人次；培训文化专干23名、建立文化队伍39支，参与文艺骨干及文化志愿者1006名；为11个社区配备文化宣传橱窗。

（谢长年）

【非京籍子女借读资格审核】 年内，大力开展地区教育督导，严格非京籍子女借读资格审核工作，通过小学入学证明137份，转学29份。

（谢长年）

大红门街道

【概　况】 大红门街道地处丰台区东部，距离丰台区政府11公里，位于南三环、南四环之间，分布于南中轴线两侧，辖区面积9.56平方公里。2014年，辖区下属30个社区，共有常住人口22万余人。辖区拥有轻纺、服装、鞋业、小商品批发等大中型商贸市场32家，日客流量约20万人。驻有3支空军部队，2支消防中队，5个公安派出所；4所公办中学、10所公办小学、5所公办幼儿园、28个社区市民学校、2所私立小学和44所自办园。

（张东林）

【社区公共服务建设】 年内，共接听小呼叫服务热线80余次，分配服务单62张。在街道社区服务信息网上传社区活动信息660条，更新社区图片20余张，完成“96156社区大课堂”46节。

（张东林）

【社区建设】 年内，统筹辖区资源，大力改善社区办公用房，已完成苗东社区、顶秀欣园、南顶路、时村、东罗园、石北二、世华水岸等7个社区的8处工程；完成了怡然家园社区办公用房屋顶改造、西罗园南里自行车棚屋顶改造及防水铺设工程。

（张东林）

【便民服务】 年内，新建养老助残爱心超市1个；完成西罗园南里、木南、果园、南顶路、大红门东街等老旧小区改造工程；新建10处垃圾房；完成马公庄小马路路面和污水管线、时村平房区污水管线改造；新建远洋文化广场；完成果园、大红门东街、苗东、西马小区、彩虹城、怡然、远洋自然等7个社区体育设施更新工作；完成华远社区技防设备维修和石北二、石南二、光彩路3个社区技防设备安装工作。针对部分社区群众买菜难的问题，与新发地市场协调，为3个社区新建便民菜站，引进10辆新发地蔬菜直通车；为17个社区解决饮用水问题，为6个社区解决居民用电问题，对7个老旧社区进行基础设施改造，新增停车位107个，解决其他联系服务群众“最后一公里”问题32项。

（张东林）

【帮扶救助】 年内，协调解决了辖区内低保及生活困难家庭717户、1355人的救助和管理等问题；医疗救助困难群众150人次，合计救助金额28.5万余元；救助困难大病群众3人次，救助金额2万元；慈善救助困难群众1人次，救助金额3万元；为辖区两名孤儿申请大病保险金各10万元；办理60岁老年证842人；办理65岁老年优待卡23591人；发放养老服务券38440人次，合计383万余元；为参保计划生育家庭安康保险的2545户发放了保险计划权益告知书，对失独家庭发放了暖心卡；重大节日期间慰问辖区困难群众163户，慰问驻区部队2次，慰问地区优抚对象84户，慰问地区老人2次，慰问残疾人家庭600户，慰问金额合计51.06万余元。为485名残疾人发放助残券，价值43.35万元，为8位残疾儿童发放康复补贴42269.5元；为3名患大病的残疾人向丰台区残联申请发放了临时救助款7000元，为15名精神、智力一级残疾人发放了“阳光家园”补助款共计9000元；为125名自己缴纳“三险”的残疾人发放了10.2万元的三险补贴。实现失业人员再就业867人，其中困难人员570人；采集空岗信息数3315人，实现创业108人，带动就业410人；组织社会化管理活动10次，参加人员1860人次。

（张东林）

【流动人口计生服务保障】 年内，实现了居住、工作在街道的流动人口享受同本市居民一样的计生服务；全面落实“单独两孩”政策，为相关需求家庭做好生育服务工作；成立了6个社区早教基地，组织开展了早教活动14场次，师资投入80余人次。接待非京籍适龄儿童入学家长1100余人次，审核材料2800余人次，审核通过适龄儿童入学780人。与驻区单位签订了流动人口计划生育责任书200余份，将流动人口计划生育服务、管理纳入到街道日常工作。开展了针对流动人口妇女的“情暖社区、法惠妇女”主题活动。

（张东林）

【住房保障】 年内，细致做好保障房审核入住工作，初审新申请保障（公租）房105户，完成新申请廉租房20户、续签合同39户、新签合同9户、信息变更4户、终止1户，787户完成摇号登记。

（张东林）

【文化活动】 年内，推进远洋文化广场、建欣园社区文艺联盟活动站、西马场南里国民体质测试活动站建设。承接并完成了“星火工程”文化下乡演出任务26场；组织了社区周末大舞台12场；放映数字电影近50场。举办了“唱响大红门、圆我中国梦”群众歌咏大赛，社区29支代表队1087人参加了比赛；举办了“舞动红门、乐享健身”群众舞蹈大赛，社区30支舞蹈队360余人参加了比赛，形成了街道文体活动品牌。

（张东林）

【信访维稳与劳动监察】 年内，领导班子定期召开矛盾排查分析会，在重大节假日期间、重大会议期间均对重点人实施了有效管控，共处置6起建筑施工企业拖欠农民工工资事件，涉及194人，金额485万元，帮助追讨工资147.7万元。

（张东林）

【安全生产】 年内，组织开展人防工程火灾隐患排查整治行动，对辖区的154处人防工程进行了全面检查，查封关停人防工程20处。组织开展了辖区商市场、重点防火区域安全生产宣传、检查6次，直接受教育人数3000余人，对辖区单位、个人发放《一封信》、《安全告知书》、《消防安全提示牌》等各类宣传材料5万余份。

（张东林）

【食品、药品安全】 年内，共开展食品类执法检查1200余户次、餐饮类检查290余户次、药品类检查20余户次、医疗器械检查

66户次、保健品检查26户次、化妆品检查18户次。

（张东林）

【群租治理】 年内，根据上级对辖区319处群租房进行集中整治的要求，针对辖区内流动人口大院外来人口聚集、治安案件高发的问题，启动了社会秩序综合治理工作会战。共出动执法力量150余人次，走访大院内租户200余户，发放宣传资料1000余份，发放整改通知书20余份，规范各类违法行为220余起，约谈大院产权单位负责人4次。319处群租房台账全部清零。

（张东林）

【环境整治】 年内，共处理网格案件10795件，处理率97.8%，月均清理小广告4万余张，组织社区进行9次城市清洁日活动，累计参加活动的居民4300余人次。对6个社区的39棵树木进行修枝剪枝，对9棵死树进行伐除。出动46人次、车辆32台次对4个社区发现的疫情进行及时处理，累计打药120公斤，悬挂灯具49台，防控面积达到30万平方米。

（张东林）

【控违拆违】 年内，街道办事处接办私搭乱建网格案件397件，确认并拆除新生违法建设9处、540平方米，处理社区上报、居民群众举报违法建设110余件，处理42处新生违法建设。共拆除违法建设72处、7448平方米，其中新生58处、2948平方米，既有14处、4500平方米。

（张东林）

【网格建设】 年内，严格执行社区网格化管理制度，75个网格的带班网格长、网格员在各社区范围内开展网格交叉巡查。新配置10辆电动巡逻车，聘请专业保安，组织治安巡逻队，每日不间断对辖区重点部位和背街小巷开展巡查。

（张东林）

【法制宣讲服务】 年内，发挥赵公口长途客运站“法律向导站”的导航指引作用，组织开展了“普法暖流惠民生、向导服务保平安　”宣传活动。在大红门“家庭矛盾调解团”成立的基础上，开展了“和谐丰台、幸福家庭”学法讲堂活动。开展了辖区非公组织法律大讲堂活动，邀请有关法律专家针对企业经营中经常遇到的劳资关系、知识产权保护等热点问题进行了讲解，提高辖区居民的遵法守法意识。

（张东林）

【信息宣传】 年内，在辖区重要道口、路段等宣传点统一制作悬挂硬式宣传标语、横幅和海报共计1000余张。在大红门街道外网刊登政务信息329条，在区政府门户网站刊登信息249条，向区委区政府信息科投稿400余条，采用25条。

（张东林）

东高地街道

【概　况】 东高地街道位于丰台区境域东南部，东南与大兴区接壤，西与南苑街道毗邻，北与和义街道相连，辖区内南苑东路、万源北路、南大红门路（104国道起点）等7条道路贯穿，交通便利。辖区面积约3.81平方公里，设有10个社区，常住人口45050人，流动人口6000余人，计划生育率99.58%。辖区内有中国运载火箭技术研究院、北京航空航天精密研究所、首都机械公司、704所、508所、772所等6个航天航空科研系统的中央单位，市、区直属单位20个，中学1所、小学4所、科技馆1所、老年活动中心1所、幼儿园1所4个分园、三级医院1家、社区卫生服务站6所，90%的常住人口是航天航空科研人员、职工和家属，是典型的单位型街道。2014年东营房社区、万源南里社区被评为首都精神文明社区，梅源社区、西洼地社区、万源南里社区、东营房社区被评为北京市三星级智慧社区，万源西里社区被评为北京市综合减灾示范社区，东高地社区被评为2014年度北京市社区侨务工作示范单位，六营门社区被评为先进社区居民委员会。年内完成留区税收6476万元，同比增长13%。

（李　欣）

【环境建设】 年内，投资13.865万元为地区安装休闲座椅76套，棋牌桌19套，平椅6套；投资25万元为东高地、角一、角二和西洼地社区安装晾衣杆133套；投资27.8146万元改造桃源里24、25两栋楼的下水管线（难题，军产房）；投资130万元对东高地26栋楼前进行了整修，新铺沥青3225平方米，整修停车场2250平方米，人行步道200.5平方米，粉刷围墙320平方米；投资42万元，对711胡同北、中、南三段进行了改造升级，共新铺沥青1530.8平方米，整修人行步道362平方米，粉刷围墙671平方米；投资4.922万元，对辖区内的自管公厕进行修缮。

（杜百杰）

【综合治理】 年内，协调派出所、城管分队联合打击黑摩的11次，收缴黑摩的36辆；对万源路口北段街面秩序做为挂账重点地区进行整治，共查扣黑车7辆，治安拘留8人，训诫无照游商23人次；网格全年共上报案件16313件，结案16150件，结案率99%；开展群防群治维护地区社会治安，组织治安防范集中宣传活动16次，组织治安志愿者巡逻开展平安创建活动，全年群众安全感调查始终保持在94%以上。

（李克俭）

【劳动监察】 年内，成功调解劳动纠纷举报案件13件，涉及人员56名，追讨拖欠工资等194900元，组织劳动法规培训讲座3次，邀请地区293个企业参加，培训570人，与地区单位签订“无工资拖欠”承诺书82份；春节前走访慰问7户因病、丧偶等造成困难的人员，送去米面油并按每户500元的标准发放了慰问金；协助1名外地退休返京知青人员完成相关手续办理。

（许文保）

【老龄服务】 年内，办理老年证（卡）1049个，发放居家养老券折合人民币306.225万元，高龄津贴14.48万元，高龄医补1.799万元；地区115名独居老人纳入社区邻里守望三对一巡视服务，开展各类巡视服务1.1万人次；为40户老人家庭安装一按铃和烟感器；发放助困金11.45万元、慰问金1.55万元。对荣获2012年和2013年养老服务商发放以奖代补金35万元；发放33名孝星奖励金3.3万元；部署组建10个社区153人组成的34支志愿者帮扶队伍；新增2处老年餐厅；积极筹建地区养老照料中心。

（费凤华）

【社会保障】 年内，新申低保家庭18户，终止107户，为267户、550人及时调整低保标准；安置失业人员253人；接收失业人员档案389份；就业488人；为失业人员发放失业保险金700人次，70.99万元；办理灵活就业保险补贴249人，办理自谋职业保险补贴1人；自主创业44人，带动就业114人；协助50家单位建立《企业用工需求档案》；采集空岗信息2726个；失业人员推荐成功121人，外地进京人员推荐成功50人；为1358名失业人员进行了精细化职业指导培训；组织推荐108名失业人员参加再就业培训；办理小额担保贷款1笔10万元；征集创业项目1个，举办创业项目展示2次；新增办理城镇居民大病医疗保险481人，城乡居民养老保险115人，享受养老待遇无保障老人682人；组织298名无保障老年人进行免费体检；为261户542名低保人员累计发放低保金361.58万元；为18名失业人员办理退休审批手续；协助外省退休人员养老资格认证143人；办理退休人员手工报销药费57人次近14万元。

（唐　红）

【慈善救助】 年内，开展“春风送暖”捐款活动，捐款金额共计2.3111万元；开展“共产党员献爱心”捐款活动，接收捐款共计5.0346万元；为云南鲁甸地震灾区捐款4.4351万元；开展“冬衣送暖”募捐工作，共募集衣被4665件，募捐款1.2767万元；建立地区扶贫济困基金，接收地区单位捐款6.45万元，米面油170份，走访慰问贫困家庭172户，发放慰问金8.6万元，米面油等慰问品257套。

（俞洪莹）

【住房保障】 年内，复核廉租房租金补贴家庭70户，发放补贴6.3万元，新受理保障房25户，组织70余户公租房轮候家庭参加摇号备案登记；对232户两限房轮候家庭进行复核，为15户做变更手续；为117户已购置商品房的家庭发放复核告知书，办理退出申请书。组织294户两限房家庭进行摇号登记，填写选房意向。

（俞洪莹）

【食品药品监督】 年内，受理食品流通许可22户，完成食品快检480件，受理投诉举报案例68起，累计罚没款4.6万元，开展“两会”、“APEC会议”等专项检查30次，开展“315”“双11”的打假维权宣传2次，联合执法检查17次，根据群众举报整治了辖区内的3处药品回收点儿，5家保健品体验店，2家无证早餐摊位，处理辖区内医院收诊的食物中毒案例3起。

（彭铁京）

【社区建设】 年内，投入20万元为社区建立手机短信平台，改版智慧社区移动综合平台等，实现智慧社区全覆盖；社区标识安装率100%；推广值班站长轮岗制，探索解决服务群众最后1公里难题；协调便民菜车进社区，解决居民买菜难问题；社区工作者中助理社工师和社工师持证率达57%。

（蒋　艳）

【思想文化建设】 年内，统筹开展“最美航天人”宣讲团、文明养犬以及“发现丰台之美”等系列活动；“最美航天人”宣讲团精选6名身边的先进人物事迹，开展巡回宣讲12场、专场报告会1场，听众达1000人；指导文明养犬协会开展文明养犬相关活动20次，《文明养犬协会工作创新及启示》被列为2014年北京市思想政治研究会十个基层重点立项课题之一；策划组织了“幸福东高地，多彩航天人”巡美东高地主题宣传日活动，开展了群众文体特色展示、多彩艺术展示、艺术集粹展演三场大型综合活动。

（李夏清）

【科普宣传活动】 年内，以三角地第二社区防震减灾科普基地为阵地，做好科普品牌建设；在防震减灾科普示范基地共开展科普月活动10场；成功举办第八届科普文化广场，以品牌科普活动促进科学普及；积极协调市级科普大篷车走进六营门、梅源社区，积极开展走进群众的科普活动。

（李夏清）

和义街道

【概　况】 和义街道地处中轴路南部，位于丰台区东南部，东与大兴区旧宫镇竖桥村毗邻，东南与东高地街道相邻，西南与南苑街道接壤，北与南苑乡、大红门街道搭界，区域为典型的城乡结合部。辖区面积7.38平方公里，管辖社区9个，辖区常住人口约5万人，其中户籍人口约3万人、流动人口约2万人。人口构成主要为原崇文、宣武区拆迁安置居民、大红门商圈产业相关外来务工人员。年内，辖区统计出生人口210人，计划生育率98%。辖区内设有幼儿园4所，中小学3所，派出所1个，共建部队10家，主要餐饮店有慈孝宫、巴蜀旺龙居等，主要超市有世纪家家福超市、天客隆超市等，主要金融网点有东高地邮局和义邮政所和农业银行三营门分理处2家。

（李　雪）

【信访工作】 年内，共协调处理各类信访件包括群众来电、来访、市长信箱、信访办公系统、政风在线等反映问题1326件，网格社会化系统完成案卷4583件，信访问题处置率达100%。组织社区公益律师开展家庭纠纷、信访咨询服务活动2次，未发生重大非正常访和到重要地区过激访事件。

（李　雪）

【社区建设】 年内，通过社区公益金统筹部分为西二嘉禾庄文化广场、北一健身园广场、绿地改造、西一大泡子路面补铺及砌墙、久敬庄窑窝村垃圾消纳等工程支出43.4万余元，完成“久敬佳园小区动用公共维修基金开展房屋维修”的项目审批，对久敬佳园34栋居民楼屋顶防水进行了全面维修。与乐助社工事务所签署和义街道社会组织孵化、培育与合作服务协议，建立社会组织孵化、培育和合作中心，邀请专业师资力量对辖区内52家社区社会组织进行了评估访谈和实地座谈，对20家初具规模的社会组织进行“孵化培育”，并与4家辖区外成熟社会组织形成合作关系，开展社区服务。

（李　雪）

【老旧小区整治】 年内，完成东三社区老旧小区精细化管理试点工作。通过调查居民需求，对小区的保洁、绿化、公共污水清掏、水电维修、公用区域修缮等主要服务采取专业外包，各产权单位按照所辖产权建筑平方数进行费用分担的方式解决，对企业破产或无力承担的费用进行量化，申请资金9万元建立了老旧小区专项维护资金。对于居民应急需求，在街道社区服务中心建立了非营利性水电维修部门，按基本物业维修标准进行收费。

（李　雪）

【环境建设】 年内，拆除既有违建面积5000余平方米，拆除新生违建11处，约600平方米。明确社会单位环卫责任，实现700余家单位门前三包签订率100%、上墙率100%的“双百”目标。组织机关干部、社区干部、居民志愿者等开展环境清洁日活动，共发动4000余人次，40余车次，对9个社区40余处脏乱点进行反复清理，消除卫生死角。联系南苑环卫所与久敬庄社区结成共建单位，为街道配置卫生清扫车6辆，全新垃圾桶60个，协调区市容委设施科，配备100个半新垃圾桶。完成和义西里东地出行路300米的修建任务，对窑窝村4个旱厕及2个垃圾房进行整修，改善环境卫生状况。开展林木有害生物防控工作，共为辖区4000多亩林木喷洒预防药物300余公斤，为291亩林木喷洒防治药物26公斤，共出动人工300余人次、车辆150余台次。

（李　雪）

【公共安全】 年内，建立了《和义街道城乡结合部打非治违工作台账》，取缔、清理违法生产经营单位87家，整改9家，拆除违建4000余平方米。引进专业化第三方，积极推进小微企业安全生产标准化达标工作，完成80家小微企业安全生产标准化创建工作。开展“拉网式”火灾隐患排查、整治、清理行动，设置宣传站点15处，发放《居民防火安全知识》等宣传材料1万余份，出动检查人员1000余人次，入户宣传1200余户，检查辖区单位150余家，外来人员出租大院63个。开展重点时期社会面火灾防控工作，累计检查单位738家。强化交通安全宣传，协调8号线施工方设置交通劝导岗，保障行人、车辆安全，在重点时间段对辖区内物流公司及大货车车主及时进行节前检查，对司机进行节前教育，严违率比上年下降近20%。

（李　雪）

【精神文明建设】 年内，依托“幸福生活讲师团”，邀请专业老师、医生到社区中为居民讲解常见疾病预防、法律知识等，在9个社区共授课21次。组织13人的宣讲团，以“和义荣耀”为主题，对核心价值观认识进行宣讲10场次。编辑发布“和义家园”手机报，向辖区群众介绍街道办事处、社区工作情况、安全提示、生活小常识等内容，共编辑发布微信报、专刊76期。

（李　雪）

【文化教育工作】 年内，投资94.8万元为社区综合文化活动中心购置综合活动大厅各类活动设备；投资48.6万元，完成北京精神文化园9座雕塑小品的制作，并安装在世纪家家福南侧绿化公园内；投资74万元完成嘉禾庄文化广场舞台主体建设以及周边7座雕塑小品的制作安装；投入10.7万元，为东三社区、北一社区、大泡子地区居民建设体育活动场地和设施。开展各类文体宣传活动，组织开展“百姓周末大舞台”、“全民健身PK赛”等各类大型活动20余场。完成2014年非京户籍适龄儿童入学审核工作，共计审核通过入学儿童210人。加强对无证照幼儿园的管理，查处无证照幼儿园1家。

（李　雪）

【公共卫生服务】 年内，协调社区卫生服务中心，举办各类健康讲座6场，听众共计400余人。组织500余名居民参加了区卫生局开展的慢病筛查工作，为180名适龄妇女进行了两癌免费筛查体检，并为每位适龄妇女建立了专门的档案卡并进行跟踪随访。开展红会救助工作，募集博爱在京城、少儿大病、鲁甸救灾捐款1.1万元。申请发放红会救助款3.76万元，组织社区干部、单位职工、居民等60人，进行红十字初级急救技能的培训，提高辖区单位和居民的救护和自救能力。加大对非法小诊所的查处力度，共查处非法小诊所4家。

（李　雪）

【就业与再就业】 年内，开发就业岗位2315个，实现创业人数60人，带动就业79人，开展创业项目展示2次，征集创业项目1个，发放小额贷款2笔，组织培训生源99人，建立用人需求档案30个，走访跟踪服务用人单位25户，安置失业人员390人。

（李　雪）

【社会保障救助】 年内，为辖区低保对象382户发放最低生活保障金535万元；为5名大病特困人员办理了大病周转金借用手续，借款共计2.3万元；对356人次实施了医疗救助，共计39万元；对86人次实施了临时救助，共计9.6万元；对低收入和重大疾病人员救助24人次7万元；为低保户清洁能源及燃煤自采暖67户补助5万元；为因大病医药费支出过大的5户家庭申请慈善救助共计12.7万元；对低保、三无等各类困难群体380户实施了困难救济，共发放春节慰问金24万元；为辖区7名患危重病的特困人员申请慈善救助4.35万元；为11名低保在校大学生申请慈善救助4.92万元；依托和义街道“爱心家园”超市，对辖区特困群体69户发放“爱心救助卡”共2.68万元；为辖区伤残军人、带病回乡军人、病故定补家属共20人发放了慰问金1.6万元，为11名伤残军人发放补助金10万元。

（李　雪）

【养老服务】 年内，为辖区65周岁以上老年人办理优待卡473张；60周岁以上老年人办理老年证275张；为辖区90周岁以上老年人发放高龄津贴9.54万元，共为80岁以上老年人发放养老券103万余元。

（李　雪）

【助残服务】年内，与外研社联合开展了“爱无国界”关爱残疾人系列活动，成为丰台区第一家“中外学生公益实践基地”。与北京亿派博文国际科技发展有限公司签订合同，成为北京市第一家开展“舞动生命—智力残疾人疗愈性舞蹈理疗”训练的单位。节日走访慰问贫困残疾人281户，发放慰问品及慰问金，折合金额17.4万元。为25名无业重残人员发放生活补助19.4万元；为129名享受低保人员发放补助15.6万元；为8名无业残疾人申请享受生活补助8600元；为203名残疾人发放助残券24.3万元；为30名残疾人发放个体就业社会保险补贴15.4万元；为112名残疾人发放燃油补助3.1万元；为4名残疾人争取大病救助1.1万元；为7名残疾人发放阳光家园家庭托养费4200元；为3名残疾人子女发放助学补助9000元；为10名残疾人办理了重残认定，审核申请入住福利机构2人；为45户家庭安装无障碍设施的办实事项目，共安装各类扶手452根、浴椅33个、座便椅34个、铺设地胶100平方米；为51名行动不便的残疾人发放了预防褥疮坐垫；为1名贫困残疾人安装了假肢；为2名智力与肢体残疾儿童申办了少儿康复；为1名残疾儿童发放了康复补助金1.6万元。

（李　雪）

【劳动安全】年内，针对“无拖欠工资”工作，共检查各类单位142家，出动人员140余人次，对个别单位不规范的行为予以了纠正，并帮助和义西里热计量改造项目农民工追回工资欠款21.36万元。辖区内未发生劳动争议案件以及工资拖欠、使用童工现象。

（李　雪）

【社会治安综合治理】年内，着力加强地区物技防设施投入，累计投入资金16万余元，为久敬佳园小区安装监控探头20个，终端设在属地派出所，开展24小时监控。完成了南苑北里二区六号楼地下人防空间清退工作。组织开展了居民小区私装地锁清理整治工作，以问题突出的南苑北里小区为重点，组织城管、公安、社区、物业等多方力量开展反复清理整治，共拆除各类私装地锁450余个。完成挂账群租房清理整治工作任务，约谈中介公司6家，开展入户30余次，发放各类宣传、告知材料120余份，拆除11户挂账群租房简易隔断并停止其群组行为。

（李　雪）

【社区公益服务】年内，启动和义东里老年日间照料活动中心和老年餐桌，每日平均接待60余人次，全年累计接待1万余人次。坚持开展每月为社区60岁以上老人及重症残疾人进行免费入户理发活动，共计受益居民达720余人。为社区空巢老人、社区志愿者、社区居民免费送书画协会会员手写春联500幅，福字200个。

（李　雪）

宛平城地区

【概　况】宛平城地区位于丰台区中西部，北接石景山，南与大兴区、房山区相连，是北京市永定河绿色生态发展带丰台段的核心区。辖域呈自西北向东南的狭长地势，面积22.1平方公里。其间有东部的丰沙铁路、丰西编组站、京山铁路，西部有永定河、小清河双双纵贯全境，京石高速路拦腰将辖域截成南北两部分。辖区内总共有居民19753户，人口46236人，其中常住人口38095人；

农户457户，899人；流动人口1007户，3213人。人口分布不均，居民主要分布在高速路以南的楼房区和东关楼房区，农民集中居住于卢沟桥西、北天堂村、永合庄村、小郭庄，属于典型的城乡结合部。北部地区以建材和建工产业为主，南部地区以机械加工业为主。

（郭翔宇）

【效能建设】 年内，重新整理修订工委办事处制度汇编，在原有制度基础上，保留12项、废止15项、修改24项、增加47项，并为部分制度制作流程图。

（郭翔宇）

【环境政治】 年内，规范东关市场占道经营问题，与市国资委、纺织集团协调宛平城东关市场迁移进厅，规范商户106家，修复粉刷宛平城各类仿古建筑1.4万平方米，拆除违规广告牌匾74家约710平方米，制作修复广告牌匾395.5平方米，油漆京港澳辅路等主要道路沿线铁艺围栏1500平方米，修复及粉刷主要道路沿线破损墙面11300平方米，修复京港澳高速沿线仿古木亭1座，清洗及更新向导路牌4个，清理废弃机动车26台，清理垃圾渣土1610立方米、堆物堆料6卡车，修建道路3条共4682平方米，硬化地面360平方米，绿化3460平方米，新建垃圾房2座。

（郭翔宇）

【综治维稳】 年内，组织治安志愿者20000余人次，雇用18名专业保安，参与重点地区治安整治，完成重大活动期间的社会面防控工作；在地区建立四个警务室，加强社会治安；开展群租房治理和地下空间整治工作，成功整治违法群租房41户；分流清理流动人口260人，本市户籍10人；开展“铁拳”行动错时检查消防安全，组织“打通生命通道”和“亚太经合组织会议”社会面火灾防控工作；加强安全生产及食品药品安全监管，维护地区安全稳定。

（郭翔宇）

【拆除违建】 年内，投入资金11.3万元，拆除违法建设45处，共55742平方米；投资96万元雇用专业保安，加大沙岗村及城内街违规建设监管力度，拆除擅自设立的电信塔5个；配合种子大会环境整治拆除棚子13处，共340平方米既有违法建设。辖区未产生新生违法建设。

（郭翔宇）

【老旧小区改造】 年内，为卢沟桥南里14栋楼进行节能保温改造，完成12栋。完成卢沟桥北里4号的“外套式”抗震加固工程。筹资23.7万元，委托专业公司为14栋无人管理的老旧楼房公共区域清理杂草、堆物堆料、生活垃圾，提供基本保洁。自筹资金20.3万元，为11栋楼安装室外监控探头22台。成立志愿者队伍，发挥社区居民的参与及自治作用。

（郭翔宇）

【社会救助】 年内，受理5户困难、低保、低收入家庭及48户家庭丧葬补贴申请。办理老年证134个、优待卡549个，残疾人证39个，为20名有需求的“空巢”老人申请一按铃，为7名残疾人配发辅助器具。按月（季度、年）分别给农村低保、无军籍职工、优抚对象、90岁以上老人及残疾人发放补助或津贴。为29户低保家庭申请采暖补贴共计22158元。为3名低保低收入子女申请新生救助12500元，为5名困难家庭子女申请慈善助学款22500元。为2名残疾人申请办理阳光家园补贴1200元。为36名低保、低收入人员申请医疗救助，共发放救助资金41369.16元。对优抚对象和95岁以上老人药费进行报销。春节、端午、助残日等重大节日走访慰问困难家庭及地退、超转人员，慰问金及慰问品折合金额约17万元。出资1.5万元对失独家庭进行走访慰问，并安排其进行健康体检。组织“送温暖、献爱心”捐款共计31058.9元。

（郭翔宇）

【就业与社保】 年内，空岗信息采集数2354个，城乡劳动力推荐成功人数120人，外地进京务工人员推荐成功 50 人。落实小额贷款贴息政策，鼓励劳动者自主创业，创业人数46人，创业带动就业133人，办理区灵活就业19人，市灵活就业181人。2014年新增“一老一小”297 人，“无业人员”13人，发放社保卡272张，信息变更752次。无档人员与农村劳动力参保7人。办理社保卡补换卡459张。城镇居民参加养老保险106人。领取福利养老金317人。为各类人员340人报销药费190余万元。

（郭翔宇）

【文体活动】 年内，举办红色短剧赛、抗战故事会、爱国书画展和励志留言簿等活动，收集书画作品90余件、楹联诗歌作品近70件，组织地区群众合唱团并成立宛平少年武术队参加红色主题纪念活动；7个项目获选丰台区基层文化建设“六个十”示范项目，获得项目基金9万元，名列全区第二；组织开展“宛平大舞台 想唱您就来”系列文艺活动 103 场；组织群众参与戏曲进社区、基层文化骨干舞蹈小教员、摄影、合唱指挥以及“阳光路上”健身操培训，共计6类27次培训。组织两千多人参加“全民健身挑战日”活动；更新地区乒乓球长廊，更换乒乓球台27张，围挡163米、289平方米，成功举办地区“和谐杯”乒乓球比赛。

（郭翔宇）

【安全生产】 年内，开展日常隐患排查，通过“安全生产月”活动，加强安全生产宣传。推进地区小微企业标准化达标工作，对地区“六小单位、五小企业、三合一、多合一”场所进行专项整治，建立 53 家隐患台账，对能完成的23家进行整改，整改率100%。规范食品药品市场秩序，重要节点期间加强对辖区内“四品一械”企业的全程监管完成2013年至2014年地区预防煤气中毒折子工程。免费发放500个一氧化碳报警器供取暖户居民使用。出动 2000 人次发放各类宣传品、提示贴20000份。地区未发生一氧化碳煤气中毒伤亡事故。

（郭翔宇）

【矛盾化解】 年内，规范了信访接待制度，完善了领导大接访制度，采取接访、约访相结合方式，接待两村拆迁遗留问题等相关来访180人次，本着件件有回音的原则，把处理情况全部反馈给上访人，矛盾化解率为93%。做好信访及矛盾排查工作，受理并回复市、区信访案件 88 件，市长信箱交办件31件。

（郭翔宇）

【劳动监察】 年内，完善了劳动保障监察网格化、网络化管理和劳动关系书面审查制度，对辖区内 41 个社会单位进行了年度劳动关系工作书面审查。强化劳动用工规范一条街机制，根据选定的阀东路范围内的8个社会单位，深入开展宣传教育，使企业自觉规范本单位的劳动用工行为。妥善处理各类劳动纠纷及工资拖欠等群体性突发事件，协调解决地区劳资纠纷事件 17 起，涉及农民工工资款830万元。

（郭翔宇）

【农村工作】 年内，对两村人口、土地、经济情况及原乡集体经济进行了摸底。拓展农村产业发展路径，积极推进绿色环保企业与两村洽谈对接。与市政管委协调，重新调整两村垃圾场合同，提高了两村的租金。成立了由工委书记陈阳和地区办事处主任王华任组长的宛平城地区建设征地补偿安置工作领导小组，做好北天堂村征地补偿安置基础工作，加强对北天堂村征地费专储账户的监管。完成乡集体5宗，村集体32宗现状集体建设用地使用权确权工作。完成农村集体土地清查及录入工作。首次推出农保工作协议制，为489人签署农保协议并录入系统。

（郭翔宇）

长辛店街道

【概　况】 长辛店街道位于丰台区西南部，辖区位于卢沟桥西侧，东临永定河，西至镇岗塔，与云岗街道、王佐镇相邻，南接房山区南岗洼，北到鹰山公园，与石景山区、门头沟区接界，南北长、东西窄，地势西高东低。东临永定河、哑巴河、小清河、大宁水库，西靠南北走向的两道丘陵。属城乡结合部。有京广铁路、京九铁路、京港澳高速、京周公路南北向穿过。辖区面积46.63平方公里，下设26个社区，常住户40365户，常住居民96218人，计划生育率99.13%。辖区内有中央企业17家，市属企业18家，区属企业5家，驻军部队8支。以铁路、军工业为主，为丰台区重工业集中地。

（贺丽梅）

【社会管理和服务创新】 年内，接收珠光逸景、珠光嘉园两个新建成小区，分别为其协调办公和服务用房355.96平方米和447.64平方米，成立了珠光逸景和珠光嘉园社区筹备组。按照规范化社区要求，为21个社区安装了规范化标识，为26个社区配备书架70个、报刊架14个和图书2000册，为车辆厂等7个社区改造了上下水和暖气，安装了空调，为玉皇庄等社区重新布置电线网线。完成3个“六型”社区、8个智慧化社区、10个体育生活化社区和1个防震减灾示范社区的创建工作。先投入20万元，用于购买居家养老、救助帮困、文艺进社区、绿色环保等社会组织和志愿服务项目11个。

（贺丽梅）

【环境整治】 年内，投入资金464万元，改造了东山坡一里路面和雨污水管线，整治了长辛店一中至七小背街小巷、东南街5号楼及周边老旧平房区环境；修缮了朱云路等10条道路胡同，为花园北里等5条无照明道路安装路灯，修缮扶手及台阶450处，安装休闲座椅300套，为106户残疾人家庭改造了无障碍设施等。加大长辛店大街整治力度，年初开展了“让路行动”，以曹家口路口为重点，逐户进行调查核实取证，对侵街占道、乱倒垃圾、私搭乱建等进行摸底和宣传教育，督促商户落实“门前三包”。划定经营范围，责令商户清理堆物堆料、私设摊点，拆除私搭乱建。对不符合经营要求的商户进行告知和劝离，联合城管、工商、食药等部门组成联合巡查队，坚持每日巡查。取缔了玉皇庄非法市场，并对原址进行了合理规划，建成了规范有序的便民市场。加大拆违控违力度，全年拆除违法建设23542平方米。

（贺丽梅）

【营造安全环境】 年内，围绕提升群众安全感满意度，着重开展了“城市病”治理和流动人口消减工作。开展出租大院整治工作，打击无照游商、占道经营，削减流动人口2606人，超额完成8.5%的削减指标。加大技防建设力度，为朱南、建设里、崔二里和光明里安装监控探头64个，建立了“平安长辛店”微信平台，多种途径提高见警率，降低可防性案件，提高居民安全感。推动50家小微企业和7家中型以上企业安全生产标准化创建，提升安全管理水平。完成了建国65周年、APEC会议、世界种子大会等重大活动期间的安全保障和维稳工作。

（贺丽梅）

【保障和改善民生】 年内，完善企业用工长效机制和资源共享机制，落实“自谋、灵活”就业优惠政策，开展就业指导和培训，1182

人实现再就业，失业率控制在1.9%以内。强化保险覆盖，城镇居民医疗保险和城乡居民养老保险续保率分别达到98%和99%。强化社会救助，成立街道综合救助领导小组，完善救助体系，为低保户938名、大病特困家庭、困难党员等弱势群体发放各类救助金750余万元。强化权益保障，成立残疾人法律维权站，开展了年终“无工资拖欠”专项整治，加快工会建会工作，切实维护劳动者合法权益。加大老龄工作力度，开展了老年需求问卷调查，养老资源摸底，并结合地区企业闲置资源多的特点，进行专项调研，形成了整合资源助力养老事业发展的调研报告。重点开展了街道养老照料中心的建设工作，对原康助护养院的资源进行了整合，通过改扩建后养老床位增加至202张。

（贺丽梅）

【挖据古镇“四个文化”内涵】 年内，为推动长辛店老镇复兴，与区文联联合开展了“千年古镇情，璀璨长辛店”系列文化活动。上半年，举办了楹联征集活动，收到来自全国各地，包括港澳台同胞和外国留学生在内的433人的856副楹联作品，其中北京市47副，丰台区30副。6月，邀请了区作家协会40余名作家到长辛店采风，制作完成了优秀作品集《京南长卷古镇浓情——长辛店拾贝》。举办了原创文学朗诵比赛，邀请著名朗诵艺术家詹泽对参赛者进行朗诵培训，来自学校、部队、医院、企事业单位的200余名参赛者和爱好者参加。

（贺丽梅）

【丰富群众文化生活】 年内，借助周末百姓大舞台，丰富辖区居民的文化生活，进一步挖掘社区文艺骨干，推动社区民间文艺团体的良性发展，共演出33场。组织、支持社区开展群众性各类文体活动10余次。举办了伊斯兰美食节，组织老街胡同、红色遗址体验游等，积极打造文化活动精品项目。

（贺丽梅）

云岗街道

【概　况】 云岗街道地处丰台区西南部，东与长辛店街、镇为邻，西与王佐镇相连，北与门头沟区接壤，辖区面积8.53平方公里，常住人口13056户，32708人，人口密度3834人/平方公里，辖区内主要有航天科工集团第三研究院、航天科工集团十一院、101研究所、京丰热电有限公司等中央及市属单位8个，区属单位23个，中学1所，小学1所，社区居委会9个。年内，云岗街道工委、办事处在区委、区政府的正确领导下，扎实开展党的群众路线教育实践活动，围绕“一个核心，实现三个目标，突出五项任务，做好一批实事”工作思路，全力推进幸福云岗建设，圆满完成了全年的工作任务。

（何　丹）

【社会保障】 年内，开展面对面职业指导1031人次，辖区失业人员再就业399人，困难人员就业199人，发放小额担保贷款8万元，开展技能培训3期70人，实现创业42人带动就业87人。新申请享受低保家庭15户，终止28户，累计为235户低保户发放低保金200余万元。为204名地退、超转、军休人员发放工资850余万元，为优抚对象及烈士子女发放生活补助7万元，发放伤残军人抚恤金41万元。为地区1500位老年人提供养老服务，发放养老券140万元，为310名无保障老人免费进行体检。为3427名散居婴幼儿、230名16至59岁地区居民和929名老年人办理城乡基本医疗保险。审核上报40户保障性住房申请，为23户家庭发放廉租房租金17.05万元。

（何　丹）

【帮残救助服务】 年内，完成9个社区的残联换届选举工作。开展扶贫解困工作，累计发放慰问品、慰问金11万元，生活补助47.462万元，结算助残券52.8万元。为49户残疾人家庭进行了无障碍改造，为158名残疾人申请了康复训练，新安置残疾人就业12人，为24人申请了社区灵活就业保险补贴，累计13.87万元。为3名大病特困残疾人申请一次性临时救助金1.3万元。

（何　丹）

【计生文化工作】年内，启动单独二孩工作，提交申请103户，审批92户。为流动人口孕检450余人次。发放药具9000盒，实现48人网上办证信息审核一次通过。为2005户1-18岁独生子女家庭办理免费意外伤害保险。发放独生子女费83675元，奖励费39000元。共办理《一胎生育服务证》553户，《独生子女父母光荣证》467户，新生儿上报出生396户；申请二胎生育服务证121户；《转档生育信息证明》353人次。组织开展12场周末百姓大舞台演出。为北区社区、镇岗南里社区安装体育健身器材。

（何　丹）

【食品药品管理】 年内，监督检查食品药品生产经营企业130余户次，发现食品药品安全隐患问题36起。受理食品药品投诉举报43件，全部结案。

（何　丹）

【安全生产和劳动保障】 年内，发现整改安全隐患40余处，高危行业人员准入培训2000余人次。组织开展劳动保障法律法规专项执法检查，涉及用工单位430余家，劳动用工人数2000余人。受理投诉案件9起，涉案人数109人，监督发放工资、经济补偿金133.5万元。日常巡查用工单位627家，涉及2930余人次。受理劳动争议案件33起，支付劳动者各类经济补偿款13.7万元。

（何　丹）

【环境建设】 年内，对35楼、丙20楼和22号院进行环境整治。对7栋老旧居民楼的公共部分19000平方米进行改造。拆除违法建设和私搭乱建252平方米。联合执法行动54次，出动车辆400余台次，人员1000余人次；清理非法小广告100余处，整治环境秩序乱点7处，排查环境秩序问题26起。全年受理96005城市环境热线和12345困难救助热线168起，处理网格案件2121件，结案率98.1%。

（何　丹）

【综合治理】 年内，培训治安志愿者2232名，开展联合执法21次，警示教育200余人，签订保证书30份。

（何　丹）

【社区建设】 年内，完成北里社区、北区社区办公用房建设，完成田城社区办公地点搬迁工作，对南二社区、镇岗南里社区的网线进行了改造。为大灰厂社区活动室安装空调、显示屏。安装便民椅75组，棋牌桌8个。配齐了社区服务站站长、副站长。公益金累计支出65万元。

（何　丹）

卢沟桥乡

【概　况】 卢沟桥乡（地区）位于北京市区西南部、丰台区的西北部，东起西二环南路的菜户营桥与西城区毗邻，西至永定河西畔的园博大道南段，北与石景山区、海淀区接壤，呈东西狭长分布，乡域面积56.3平方公里，与卢沟桥、宛平、太平桥、丰台镇4个街道办事处管理交叉，辖区内共有丰台镇、西局、太平桥、六里桥、岳各庄、青塔和卢沟桥7个驻地派出所，是典型的城乡结合部地区。

卢沟桥乡（地区）素有北京西南大门之称，古为九省通衢，今是交通枢纽，境内二、三、四、五环路和京港澳高速路等 15 条干线公路纵横交错，京广、京哈、丰沙三条铁路大动脉穿乡而过。共有 19 个行政村、一个社区、6 个直属公司、6 个直属事业单位、3 个改制企业，乡域内常驻人口约 13.5 万人，其中，乡属农居民人口 4.04 万人，流动人口 6 万余人。

2014 年，全乡（地区）总收入完成 103.88 亿元，增长 6.1%；人均收入实现 18927 元，增长 10.4%；劳均收入实现 34494 元，增长 11.8%，留区税收 9.8 亿元。

深入开展党的群众路线教育实践活动。乡党委结合教育实践活动，对 68 条征求意见带头整改落实，从严从实履行党委主体责任。坚持开展党员理想信念、宗旨意识、先进典型、警示教育，解决群众反映强烈的突出问题。

贯彻落实党风廉政建设责任制。层层签订党风廉政建设责任书和保证书，严格按照《党政机关干部选拔任用条例》和《丰台区科级领导干部选拔任用工作办法》选拔任用干部，年内共任免干部 77 人次，其中任职 53 人次，免职 24 人次。

推进基层服务型党组织建设。建立非公党支部 35 个，有非公党员 468 名，探索楼宇党建和社区党建新模式，将党建工作与社会管理相融合，基层服务型党组织建设初步发挥作用。

加强政府自身建设。废除制度 1 项，完善 4 项，新建 10 项。健全责任追究机制，修订完善《机关管理补充规定》，严格执行乡政府机关各项管理办法。实行多会合一制度，简化会议流程。全年共办理政协提案和人大代表建议件 13 件，代表满意率 100%。建立了乡人大代表列席乡长办公会制度。完善服务窗口首问负责制和满意度评价制。健全行政应诉、行政复议、政务公开、信息公开工作制度。

城市化建设取得新进展。年内，腾退 671.7 万平方米建筑面积，其中住宅 284.7 万平方米，非住宅 387 万平方米，建设 341 万平方米安置房，实现上楼 46831 人，建设产业 41.6 万平方米，完成绿化 666.1 公顷。19 个行政村、1 个社区全部完成集体经济产权制度改革工作。

继续推进丽泽金融商务区建设。丽泽北区完成农、居户宅基地腾退 718 个院（共 742 个院），占总数的 96.8%，涉及丽泽路北侧集体企业面积共计 102 万平方米，年内共腾空 90.5 万平方米。

有序实施重点村建设。西局、周庄子和小瓦窑 3 个重点村安置用房全部竣工。三村共融资 134.43 亿元，完成总量的 93.6%。三个重点村 100 万平方米回迁安置房及配套建设工作圆满完成。

扎实开展基础设施建设。完成万丰路、张仪村路等 54 条市政道路建设，累计长度 46.54 公里。

农转居工作进展顺利。年内，三路居村完成整建制撤村建居，西局、小瓦窑、周庄子三村完成转居，全乡共完成转居 14853 人。

产业结构调整成效显著。年内，全乡实现产业 41.6 万平米。金融业留区税收处于各产业首位，旅游娱乐业形成亮点。确定了 15 家市场的改造提升方案，共腾退低端产业 203.4 万平方米，疏解流动人口 4.5 万人。

招商数量继续增长。年内，坚持抓大原则，减化审核程序，启动对重点企业的服务联动机制，引进注册资金千万元以上企业 58 家，同比增长 15 家；亿元以上企业 22 家，同比增长 7 家。

集体三资规范监管。年内，对财政资金进行全过程审计监督，对事业单位开展收支审计，对 6 个村主要领导干部经济责任审计的范围扩大至开发公司。认真落实“四议一审两公开”制度，健全各村（社区）经济合同和征地补偿费管理制度，出台内部控制、固定资产管理等规定，完善直属事业单位“三重一大”实施细则，确保集体三资良性运行。

城市建设不断完善。改善乡域环境，逐步提升靛厂商业街绿化、亮化整体景观效果。完成西站南路南延、金中都南路、柳村路（北段）主干路建设工作。完成大瓦窑中路、西局中街、大瓦窑三号路、大瓦窑四号路、小瓦窑西路5条道路的竣工验收工作。完成玉泉西路北段、西局南街、小屯北街、泥洼北路西延四条道路的建设工作。

大力开展生态文明建设。做好清洁空气“五个一批”工作，落实《卢沟桥乡2013-2017清洁空气行动计划实施方案》，大力推广优质燃煤，全年共减煤换煤5068吨，完成减煤换煤下降20%的任务目标。定期对175家餐饮企业和29处工地进行环保检查。完成270亩平原造林任务，全长30余公里的绿道工程基本竣工，并向市民开放。

全面规范社会秩序。清理关停出租住人的普通地下室11处、地下人防工程8处，整治359户群租房，流动人口下降14.11%。取缔菜户营和杜家坎鸽子市等非法市场，治理黑车、露天烧烤、违法停放工程车成效显著。扩大趸租模式的实施范围，实现房屋集中管理、市场运作。加大对违法建设的发现、查处和拆除力度，保持对新生违法建设现象的高压态势。

实现辖区安全稳定。拨付266.6万元用于取缔违法市场、整治环境痼疾、消除治安隐患。同时为弥补专业执法力量不足，动员村级巡防力量957人、治安志愿者3706人、民兵120人，确保辖区防范、反应、及时处置能力得到明显提升。持续开展净化视觉环境等专项整治行动，整改隐患3000余个。圆满完成国庆65周年、APEC会议、“七七事变”77周年纪念日等各项保障任务。落实促进征兵工作优待办法，为部队输送19名青年。走访社区服刑和帮教安置人员500余人次。

社会保障全面提升。年内补贴新农合和城乡居民养老保险资金共997万元，健全高龄老人、失独家庭等多层面社会救助体系，投入383万元、救助困难群体720人。乡社会福利中心升级改造工程竣工。大力推进小区“菜篮子”系统工程建设，切实满足村民就近买菜的需求。

强化矛盾排查调处。严格落实领导干部接访下访制度，进一步畅通信访渠道，注重源头预防，实行重大决策社会稳定风险评估，开展矛盾纠纷排查，加大历史信访积案的梳理和化解力度，加大初信初访办理力度，全年信访总量258批149件3962人次，信件226件，办结率98%。

公共管理服务稳步推进。国医院与武警总医院签订合作协议，解决基层医院患者看专家难、享受高质量的诊疗服务难的问题。出台促进就业指导意见，鼓励村民自主创业、外出就业。开展“学校食堂专项整治”、“工地食堂专项整治”、“医疗器械五整治”等排查整治行动，全年全乡未发生食药安全事故。开展法制讲座和法律咨询，受教育群众近2万人次。

文教卫生事业稳步发展。完成新农民培养380人取得专业职业证书。完成8名高考招生工作。协调解决了小屯村、卢沟桥村子女就近入学问题。整合丽泽商务区教育资源，充分利用规划中的六里桥小学、太平桥中学资源，整合为一所规模学校，解决丽泽商务区周边居住子女入学困难。将大瓦窑村规划教育用地1.59公顷及张仪村规划教育用地1.94公顷，共3.53公顷，调整至张仪村绿化地块，面积为8公顷。由北京十二中在此创办12班初中+36班高中的完全中学，扩大本地区优质教育资源的辐射范围。健全完善基本公共体育服务体系，促进全民健身计划落实。

丰富群众文化生活。举办“中国梦卢沟梦描绘幸福卢沟”、“发现丰台之美、唱响中国梦”群众文化节，以及“万丰晓月杯”第三届京剧票友大赛、第三届群众摄影大赛等近90场活动。建设了占地2000平方米的大井文化休闲广场。利用各村现有的图书室开展阅读活动，丰富群众业余文化生活。

（耿玉倩）

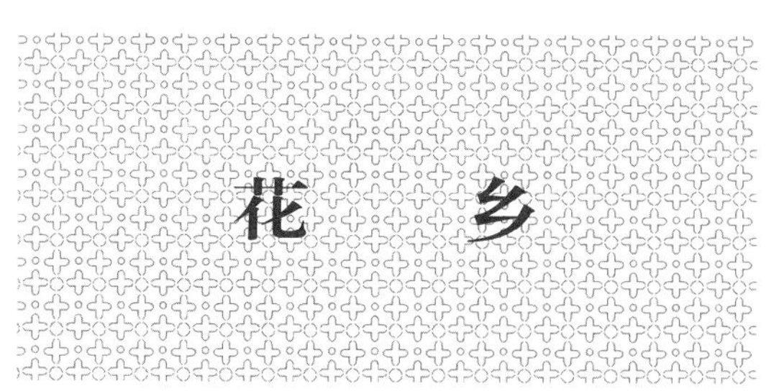

花　乡

【概　况】丰台区花乡位于北京西南部，距天安门10余公里，区域面积50.3平方公里，户籍人口5.5万人，其中农业人口3.1万人，外来常住人口约15万。全乡下辖黄土岗、草桥、白盆窑、新发地等15个行政村、1个总公司，共有基层党委4个、党总支18个、党支部166个，党员2794名。花乡区域主要分布在西南三环至五环路之间。地铁4号线、9号线、10号线、大兴线、房山线、规划16号线及南三环、南四环、南五环、京开高速、京沪高铁穿乡而过。辖区内有北京新发地农产品市场、建设中的北京国家数字出版基地等产业集聚区，以及天坛医院、首都经济贸易大学、世界公园、世界花卉大观园等各类优质资源，是北京建设世界城市过程中商流、物流、人流和信息流的重要集聚地之一。2014年，全乡实现总收入62.7亿元、留区税收6.7亿元。农民人均纯收入21930元、增长8%。

切实落实首都城市功能定位，调整结构，提质增效迈出新步伐。花乡坚决落实首都功能疏解要求，积极引导产业转型，加大调整疏解非首都核心功能力度，占地2081亩的河北高碑店新发地物流园区一期工程基本建设完成，北京榆构大型生产基地外迁河北固安，发展空间得到进一步拓展，成为花乡疏解非首都核心功能的亮点和着力点。退出低端高耗产业，累计关停、注销、搬迁184家工业企业，约占我乡工业企业的79%。

加快推进产业建设，三产业比重趋于合理。强化对重点产业项目的调度服务，全面推进26项重点产业项目的谋划与建设，纪家庙村万兴广场、高立庄村家居广场、新发地牛羊肉大厅陆续营业；15万平方米的城南购物中心、10万平方米的黄土岗奥特莱斯主体结构全面封顶；国家数字出版基地工作机制逐步理顺，筹建工作全面启动。提高企业准入门槛、积极扶持小微企业发展。全年引进亿元企业14家，其中金融业、商务服务业占比近7成，第三产业比重已达79%。高端产业集聚能力显著增强。全乡协税护税的意识不断增强，经济发展合力进一步形成。

推进花卉产业转型升级。进一步明确了花卉产业“内升外延”的发展思路，谋划了花乡花卉系列工程，国际花卉会展中心等花卉产业项目正在建设当中，插花博物馆建成开展，盛芳园花卉总部基地正式运营。花木集团承接了236公顷的园博湖两岸绿化、美化工程。

统筹城乡发展，城市化进展取得新突破。乡域内已实现上楼2.87万人，占总人口42%。规划回迁房总建筑面积353.35万平方米，累计实施246.64万平方米，占总数69.8%。上市商品房总用地351.31公顷，已实施232.14公顷，实施率66%。2014年，造甲村、羊坊村、草桥村等回迁房共实现开复工42.5万平方米。白盆窑村、郭公庄村、四合庄村等52万平方米回迁房竣工，其中，郭公庄村实现入住。土地上市节奏进一步加快，白盆窑村北地块15公顷40万平方米完成上市交易，纪家庙村、羊坊村宅基地顺利腾退，郭公庄三期C地块正在申报二级规划条件。看丹村正在办理融资和回迁房前期手续；确定了榆树庄村腾退方案。

基础设施全面提升。万寿路南延正式通车，张新路北段、看丹路东段、康辛路二期主要路段达到通车条件，对5条乡属道路进行大修。全乡电网规划报市规委审批。完成了马草河、葆李沟、黄土岗灌渠治理，高立庄污水处理厂正在筹备运行前的各项工作，南水北调工程花乡水厂已全面运转。

全面推进整建制撤村转居。全乡共有10个行政村和1个自然村启动了撤村建居工作，草桥、纪家庙和新发地村的社区筹建工作取得实质进展，社区化管理转型逐步展开。四合庄村、白盆窑村和夏家胡同全部完成转居工作，全乡转居人数达9237人；造甲村已获得市、区批准，正在办理转居的相关手续；郭公庄村已完成农转非程序，正在推进超转人员和劳动力人员趸交社保资金事宜；黄土岗村已完成民主程序；纪家庙村、樊家村、羊坊村正在推进民主程序。积极启动社区建设工作，正在协调草桥村、四合庄村、白盆窑村、纪家庙村、夏家胡同和新发地天伦锦小区准备建立社区的相关申请。

加强民生服务保障，社会事业开创新局面。花乡坚持以群众需求为导向，按照办实事不封顶的原则，全年投入近2000万元资金，完成30件实事的办理，解决了一批群众关心的实际问题。实现了花乡医院新农合住院即时即报，对育菲园、育芳园老旧小区进行改造，推动新发地蔬菜直通车进社区，为失独家庭、低收入家庭发放补贴，城乡居民养老保险参保率和新农合参合率分别达到97%和99.8%。充分发挥区、乡、村就业服务网络平台作用，广泛开展再就业服务，全年实现失业转就业1534人；严格落实正常离任村级主要负责人生活补贴工作，全乡已有51名原村主要干部享受政策，其中新增6人。对全乡教育资源开展调查，积极推动布局调整，完成了非京籍儿童入学审核工作。落实“单独二孩”政策，在全乡进行摸底调查。完成了花乡第六次全国体育场地普查工作，保护和发展区域内非物质文化遗产，丰富了辖区百姓文体生活。

深入开展“环境提升年”活动，保持控违拆违高压态势。加强城乡结合部安全生产专项整治，落实“平安示范”创建活动，发现和消除各类安全生产和火灾隐患。加强群防队伍建设，提升了辖区群众的安全感。创新食药监管新机制，强化对生产、流通、消费全过程监管。坚持变上访为下访，引导群众依法逐级上访，落实领导接待日和领导包案、督办制度，化解率达到98%。积极配合市、区相关部门，妥善处理了马航失联家属的安抚工作，圆满完成了APEC会议、十八届四中全会安全保障的工作，维护了区域和谐稳定。

深入转变政府工作作风，履职能力进一步提升。进一步贯彻中央八项规定、市十五条实施意见，巩固深化群众路线教育实践活动成果，坚决防止“四风”问题反弹。出台乡内部控制规范，切实规范会议活动、公务接待、公车使用等问题。加强廉政制度建设，用制度管权、管钱、管人，继续推进“三审、两备案、一跟踪”工作，开展农村集体经济组织征地补偿费审计。用好农村产权交易平台，加强对基层单位“三资”的监督管理。真正形成不敢腐、不能腐、不想腐的反腐机制。继续做好作风整改工作，加强政府队伍建设，坚决纠正为官不为、懒政怠政现象，切实做到干部清正、政府清廉、政治清明，真正赢得群众的信任和支持。

加强内外协调沟通力度，提高政府效能。围绕党委领导、政府履职，采取乡长办公会、专题会为中枢指挥、以常规工作巡查督办、综合治理协调、环境安全保障、处突应急等互动配合的“马上就办”工作联动机制。形成了“干劲足、出实招、勤作为、求实效”的工作态势，进一步提高政府效能。积极推进决策科学民主化，协调沟通扁平化、督办督查常态化。全面实行政务公开，自觉接受人大监督，认真听取社会各界意见。完善政府办公平台、启用乡村视频会议系统，推广电子政务和网上办事，大力提高政府办事效率。制定下发了乡机关差旅费报销规定、会议费管理实施细则。压缩“三公“经费开支，进一步规范财务流程。扎实推进“三审、两备案、一跟踪”，实现监审合一，加大对基层“三资”管理。启用花乡数字办公平台，搭建视频会议系统，构建了乡、村内网及外网三级信息网络平台。“饮水思源”，花乡政府与十堰市张湾区黄龙镇结成友好乡镇，新发地村与张湾区双丰村开展共建，加强对“南水”源头地区经济社会发展的支持，实现资源禀赋互补。

全面贯彻落实“依法治国”精神，建设法治政府。树立尊法、学法、用法、守法意识，做好行政复议、行政应诉、行政执法等有关工作。严格执法，推进综合执法。落实普法责任制，强化法律在维护群众权益、化解社会矛盾中的权威地位，引导和支持人民理性表达诉求。完善法律援助制度，加强民生领域法律服务，保证人民群众获得及时有效的法律帮助。

全力维护乡域安全稳定。深化基层平安建设，进一步整合“人防、技防、物防”力量，做好地区安全防控工作，严厉打击各类违法犯罪行为，不断提高群众安全感满意度。充分发挥专职安全员队伍的作用，加强安全生产综合执法检查，加强食品药品安全监管，坚决防止重特大安全事故发生，保障群众生命财产安全。畅通群众利益表达、协调沟通渠道，建立多元有效的调解机制，进一步推进疑难积案化解，加强矛盾纠纷调解，努力维护社会稳定。

（张晶晶）

南苑乡

【概　况】 南苑乡地处北京市中轴线南部两侧、丰台区东部，东与朝阳区相连，西与本区的花乡、卢沟桥乡毗邻，南与大兴区接壤，北与东城区、西城区相接。北京市二环以南，五环以北，有三环、四环路、铁路丰双线横贯东西，南中轴路、马家堡东路、马家堡路、马家堡西路、右外南延路、地铁四号线、地铁五号线、亦庄线、蒲黄榆路纵贯南北。乡域面积 56.74 平方公里，下辖 14 个行政村和中苑盛世投资管理有限责任公司及金城源投资管理公司，与 9 个街道办事处接壤，辖区内有 11 个派出所，7 个税务所，4 个工商所，是典型的城乡结合部地区。乡域乡村户数 27603 户，常住人口 94203 人，其中外来人口 60102 人；户籍人数 34101 人，其中农业人口 20956 人。

加快转变经济发展方式。增强经济综合竞争力。坚持特色与高端相统一，推进重点区域产业建设。紧抓首都第二机场建设机遇，力促南中轴地区纳入市级层面发展定位。确保福海国际商贸大厦、宝苑国际年内开业，实现经济效益。结合南苑、槐房绿色资源优势，积极探索林下经济发展模式，推进槐房儿童科教娱乐产业园项目的实施。围绕大红门时尚创意产业集聚区，探索推进电子商务。做好石榴庄村、东铁营村产业项目定位，奠定宋家庄综合商务区基础。继续支持中福丽宫品牌产业基地建设，努力构建全乡“一轴三区多产业”的重点产业格局。

坚持结构与效益相统一，加快产业调整优化。依据棚户区改造和环境整治政策，统筹南苑村、东铁营村产业用地，加速时村、东罗园村产业规划研究。指导鑫福海大厦、西铁国际等项目明确产业方向。力促侨园饭店、丽华饭店升级改造方案的确定。指导航天主题园、国际露营公园创新发展。大力实施“建名村、出名人、育名产”的“三名工程”，不断培育新的经济增长点。

坚持速度与质量相统一，提高招强引优水平。全力做好第三次全国经济普查，结合数据成果，科学建立企业、项目台账。加强对外招商宣传；严格执行《关于加强招商引资及协税护税工作的实施意见》和产业准入制度，实现全年亿元企业引进不低于2家。

推进城市化进程。对基本实现城市化的6个村（花园、马家堡、成寿寺、东铁营、果园、右安门），梳理剩余土地，制定产业升级、规划调整方案；对中苑盛世用地情况进行梳理，明确规划用途及发展模式；固化南苑村旧村改造试点方案；加大统筹力度，确保时村、东罗园村旧村改造方案获得市政府批准。

加快城市化建设。重点村改造实现三分之二以上的土地上市；启动产业项目的实施；完成集体企业搬迁；加大市政基础设施建设；完成36.7万平方米安置房建设，实现回迁上楼率90%以上。

提升城市化水平。加强对农村经济体制改革问题的研究，从捋顺“行政、劳动、股份”三种关系入手推动改革深化工作。完成8个村的整建制农转居劳动力建档、社保趸缴续缴工作。

固化城市化成果。按照“土地流转起来，资产经营起来，农民组织起来”的“新三起来”目标要求，加强“三资”管理、合同管理、财务管理；提高村民组织化程度，在组织中提供服务。让资源升值、资本用活，使村民真正成为“有资产、有岗位、有保障、有组织”的首都新市民。

发挥项目带动作用，提高城市建设水平。全年实现开复工面积148万平方米，主要包括保障性住房类项目、地产开发项目、公共服务项目等。完善基础设施建设，重点推进槐房北路（新宫段）、晨光路、西红门路等道路建设，协调推动地铁八号线三期、宋家庄路、南顶路等前期手续的办理及大红门110kv变电站建设；实现西铁国际项目7万平方米开工建设，侨园饭店升级改造准备就绪。

围绕“一村一品”，提升城市整体形象。按照“突出亮点、全面提高”的要求，突出本村特色，形成“一村一品”。着力打造南苑村成为“北京最美乡村”；全力做好2014年平原造林及郊野公园养护、道路绿化工作，广泛开展花园式单位、花园式社区创建活动；认真落实《北京市大气污染防治条例》，提高空气环境质量。

开展“环境提升年”活动，强化城市精细管理。以“环境提升年”活动为契机，将背街小巷环境整治延伸到全乡每街每巷，实现全覆盖全达标。完成嘉园路、南天津庄老旧平房区环境整治。巩固保洁队伍和村级举报服务站建设成果，落实“首接负责制”，全年实现网格处理率100%。

着力提升社会保障和服务水平。发挥政策引领、产业带动作用，加强职业技能培训，多渠道开发就业岗位；做好城乡居民养老保险、新型农村合作医疗参保工作，实现应保尽保；加大对低收入、贫困、病残人员等困难群体的帮扶救助。继续深化落实各项敬老惠老优惠政策，开展孝文化传播，开展了第五届“庆重阳、促和谐、展风采”暨“孝星”评选表彰活动。

着力加强和创新社会管理。深化“平安南苑”建设，完善综治工作“1443”工作模式，保证“五个着力推进”的更好落实。巩固三大秩序整治的工作成果，在全乡推广建立社会服务管理平台。落实属地监管、行业监管和主体责任，看住545家生产经营类企业，管住50家流通类商市场，盯住汛期、冬季等安全隐患高发期，确保安全生产形势平稳可控。加强和创新流动人口服务管理。健全应急管理体制，着力提高应急处置能力。规范劳动用工行为，构建和谐劳动关系。以“六型”社区建设为抓手，做好社区筹建工作。

民生保障和社会事业取得新成效。努力促进劳动力就业。积极落实市、区促进就业政策，全年新增规范就业2298人，签订劳动合同1300份；完成岗位技能培训722人，开展职业指导2735人次，提供空岗信息1224条。被区人力与社会保障局推荐为北京市充分就业乡。提高社会保障水平。办理城乡居民养老保险4665人，参保率达98%；办理新农合7986人，参合率达99%；完成一老一小参保续保981人；累计报销医疗费759.03万元。南苑社会福利中心获评全区首家四星级养老服务机构。安置9名残疾人及残疾人家属成功就业；为32户残疾人家庭安装无障碍设施；乡、村拨付15万元改造了槐房职康站基础设施。加强公共管理服务。完成外地来京务工人员随迁子女入学工作。做好公共卫生服务，为外来务工成人接种麻疹、流脑疫苗2864例，完成育龄妇女体检孕检3632名、适龄妇女免费两癌筛查420名。贯彻计生改革政策，办理“单独两孩”申请78份。丰富群众文体生活，更换安装健身器材120件；深入开展“三下乡”、“科普之夏”、“全民健身徒步走”等系列活动。

加强和创新社会管理。深化“平安南苑”建设，完善综治工作“1443”工作模式，保证“五个着力推进”的更好落实。巩固三大秩序整治的工作成果，在全乡推广建立社会服务管理平台。落实属地监管、行业监管和主体责任，看住545家生产经营类企业，管住50家流通类商市场，盯住汛期、冬季等安全隐患高发期，确保安全生产形势平稳可控。加强和创新流动人口服务管理。健全应急管理体制，着力提高应急处置能力。规范劳动用工行为，构建和谐劳动关系。以“六型”社区建设为抓手，做好社区筹建工作。

重点区域产业建设强力推进。深入调研，为南苑乡产业升级和大红门地区转型政策制定提供依据。发挥资源优势，打造南槐新都市休闲产业区品质概念。北京国际露营公园申报国家级休闲农业与乡村旅游园区；南苑现代农业生态大棚建设“南植北种”休闲体验园；槐房村依托绿色资源创建儿童文化产业园。紧抓机遇，推进蒲黄榆商圈的发展。石榴庄、东铁营产业项目取得重大推进；雅居乐项目整体竣工待验收。推动项目建设，促进了环北京南站产业的聚集。西铁国际项目正在进行方案设计；右安门医院二期开始内部装修，嘉祥敬老院正在加紧施工建设；侨园饭店升级改造已纳入大康鞋城二期整体研究。

产业结构优化调整。坚持“拆、建、调、整、促”的原则，建成福海国际大厦并向高端发展；调整了47家工业企业退出我乡；东铁营村整合畸零地拟置换约4万平方米的产业；促进资本运作，果园参股的辽宁兴城大红门物流商贸城两座主楼及综合办公楼主体已完工；西铁营、花园等村尝试资本运作取得了初步收益。

集体经济规范管理。夯实基础。落实集体经济组织“三资”管理检查；加强土地补偿费日常监管力度；完成了相关单位的经济责任审计。深化改革。中苑盛世改革形成初步意见；马家堡深化改革方案已完善；东罗园正在启动深化改革前期相关工作。

安全稳定全方位强化。狠抓安全生产管理，签订安全责任书610份；开展专项隐患排查整治，检查单位 2218 家，地下空间 83 处，消防演练 24 次。开展“司法大讲堂进农村”等“六五”普法活动；加强反恐防暴工作，加强预案演练；完成了分中寺、五爱屯两个市直属派出所的筹建并实现正常运转，提高了处置突发事件的能力和水平。

城市化建设进一步加快。重点村土地上市正在全力破解“最后一公里”难题。各村土地上市正在办理相关手续择机上市；产业建设正在进行实施方案待批、申请立项和洽谈合作意向单位；回迁房竣工面积 73.64 万平方米。市区联储亚林西项目一揽子解决西铁营、花园、右安门“城中村”难点问题，1、5 地块地上物已全部拆除，具备了上市条件；分中寺土地一级开发项目在停滞十余载后得以全面启动，在奖励期内完成宅基地腾退 98.7%，创造了市区搬迁腾退速度新纪录；10 万平方米回迁房已进场平整土地。

城市化成果进一步突显。积极落实社会化保障。区折子工程转居任务全部完成。全乡 8 个村 11513 人完成农转居。完成了 4 个重点村及西铁营、右安门村乡企人员转居工作。以“六型”社区建设为目标，有序推进社区化管理。在新建社区投入 200 余万元，加大技防设施建设、物业管理；新宫家园回迁房使用市政水；石榴庄顶秀金石家园、大红门锦苑小区完成绿化美化。

美丽南苑建设实现复工面积 138 万平方米，即将新开工 10 万平方米。其中，开发类产业项目果园鑫福海大厦主体结构已完工；西铁国际 7 万平方米建设项目正在进行建筑方案设计。宜居类项目石榴庄二期、槐房二期、三期、亚林西回迁房建设顺利进行。市政基础设施项目建设槐房北路、晨光路、通久路槐房段等全力推进。地铁八号线三期乡域内 5 个站点中的 4 个已进场施工。大红门 110kv 变电站项目选址已落实并进行公示。市重点工程槐房再生水厂项目 8 月 10 日实现全面复工。以“环境提升年”活动为契机，严格落实首接负责制，处理网格案件 6337 件，处理率达 99.59%。落实“突出亮点、全面提高”要求，建设果园村福海国际广场，新宫村翠海明苑南侧路文化墙；接管槐新公园，完成 115 亩平原造林任务。落实“一扫两保”频率达标要求，组织“城市清洁日”活动，开展回迁小区垃圾分类。开展分中寺地区、大红门商圈、新宫地铁站社会治安、城市秩序清理整治；对流动人口和出租房屋摸底调查登记，完成群租房清理整治；有效防治雾霾天气，全面加强建筑工地绿色施工考核管理。

和谐稳定局面在保障服务中稳固提升。进一步促进劳动就业。鼓励引导乡域劳动力在“四队”规范就业，实现“签合同、上保险、保工资”；完成岗位技能培训 348 人、引导性培训 536 人，开展职业指导 1790 人次。进一步落实应保尽保。为 1500 人办理城乡居民养老保险；完成新农合参合 7986 人，参合率达 99%；累计报销医疗费 459.77 万元。

（柳　明）

长辛店镇

【概　况】长辛店镇位于北京市区西南、丰台区西部的永定河西岸。东距卢沟桥 1 公里，北隔永定河与石景山区相望，西北隔山和门头沟区相邻，西南与王佐镇和房山区接壤。杜家坎为镇政府所在地。长辛店镇是北京西南的交通咽喉，京石、京周、京原等公路，京广、京原、京九复线等铁路皆在镇域内穿过。长辛店镇属于燕山山脉浅山区，是离北京中心城区最近单位、地貌特征显著的丘陵地带。全镇总面积 62.44 平方公里，下有 9 个行政村、37 个自然村，总人口近 10 万人。

年内，全镇农村经济总收入完成 44.2 亿元，同比增长 10.1%；农民人均纯收入实现 1.7 万元，同比增长 11.2%；留区税收完成 1.1 亿元。向区农委、发改委、财政局等部门申报产业项目 33 个，获得资金支持 2881 万元。

积极推进试点工作。以十八届三中全会和总书记在考察北京时的重要讲话精神为指导，以“人地减量，功能疏解”为主要目标，以城乡一体化为基本立足点，积极探索农村集体经营性建设用地集约节约利用的新路径，初步完成试点工作实施方案。

创新招商引资方式。动态管理招商引资双平台，积极对接优势企业，推介镇域优质资源，吸引社会资本。加大服务和管理力度，定期召开协调会，听取项目进展，及时解决问题。全年办理企业类营业执照 108 家，其中，注册资金 500 万元以上 47 家，5000 万元以上 5 家。

优化经济薄弱村帮扶机制。拓宽工作思路，整合各方资源，采用重点科室点对点帮扶、每周入村办公等方式，指导经济薄弱村培育主导产业，增强造血功能。李家峪村充分发挥资源优势，发展观光采摘体验农业，形成草莓基地、麦秀农场、信鸽园等产业项目；赵辛店村以都市农业为主，建设智能农业产业园，发展高端设施农业；大灰厂村依托北宫森林公园，发展旅游配套服务，建成豪特湾度假基地。

进一步深化经济管理工作。建立产业准入机制，加强业态控制，引进优质企业，推动产业结构优化、经济转型发展。修改完善 11 项村集体财务管理规章制度，严格审批程序，规范票据报销，重点实行了村级财务预决算（试行）制度。加强了土地征占款的专户管理，留足转居人员安置费，组织村级报账员培训，全面做好“三资”监管工作。完成《长辛店镇农村集体经济合同整理完善工作实施方案》。

聚焦重点项目，城镇建设取得新突破。张郭庄路完成道路设计方案的编制和前期手续申报咨询工作。芦井路 A 段已办理完区内相关手续。轨道交通 T1 线完成线由勘察、腾退资金测算核定工作。

电力水利工程建设继续推进。北宫 220KV 变电站和南营 110KV 变电站项目已完成选址及规划设计工作。完成河西第三水厂项目周边用水需求量统计工作。

棚户区改造项目及新农村建设方面。东河沿回迁房建设已全部封顶。辛庄一期和长馨园经济适用房项目已按期回迁入住。长辛店棚户区 A 地块完成腾退总量的 98%，回迁安置房已基本封顶。张家坟和太子峪回迁房地块控规获得市规委总体处技审会原则同意。

土地整理工作稳步推进。完成大灰厂、张郭庄和东河沿地块的测绘及可研方案的编制工作，并通过村民代表大会表决。完成大灰厂村和张郭庄村动态维护方案的编制工作。大灰厂村土地整理项目已报市国土局备案。

提高管理水平，环境品质实现新提升。通过组建队伍，完善制度，强化管理，去年全镇环境建设工作在全区综合考核中首次进入前十名，摆脱了在全区的落后局面。

拆违控违工作。全年共拆除新生违法建设 57 处、4 万多平米。在加大拆除工作力度的同时，更加注重日常巡查管控工作，将遏制新生违法建设工作关口前移，充分发挥镇综合执法队作用，在萌芽状态巡查发现并及时处理的违法建设达到 165 处。

市容环境工作。共处理暴露垃圾等六大类环境问题网格案卷 6128 卷，处理率达到 98%以上。拆除违规架设大型户外广告 5 处，灯箱广告 200 余块。同时，圆满完成世界种子大会、北京国际铁人三项赛、APEC会议、北宫彩叶节等重大会议活动期间的环境保障工作。

环境基础设施提升工作。完成北宫南路环境提升项目和张郭庄南社区环境整治工作，周边环境面貌焕然一新。张郭庄、张家坟村两座垃圾中转站完成主体框架建设。升级改造67座垃圾房，实现了主要道路、重点街巷的垃圾封闭化管理。对28座旱厕进行了升级改造，全部改造为水冲式公厕。太子峪钢渣山整治方案已完成，进入招投标阶段。西峰寺、大灰厂东桥北侧市政路灯安装完毕。1561亩平原造林任务全部完成，占全区总任务的44%，栽植各类乔灌木3.6万株。园博绿道建设按时竣工。

坚持以人为本，民生事业迈出新步伐。镇政府坚持以人为本的理念，从关系群众切身利益的民生事业出发，不断加大各项民生工程的落实力度。发放低保金121万元；发放医疗救助资金73万元，救助357人次；发放养老（助残）券49万元；发放残疾人重残生活补助、失业补助、低保残疾人生活补助82万余元。为18户失独家庭发放慰问金5.4万元。为200名优抚人员发放优抚金59万元。完成全镇16028人新农合参合人员录入和筹资工作，参合率达到98%。成立公益性就业组织，托底安置就业困难人员。登记农村劳动力转移就业1081人，完成任务的108.1%。解决困难人员就业450人，完成任务的175.8%。为281名达到退休年龄的农民办理退休手续，为5535人办理了城乡居民养老保险。

成立镇文化体育培训基地和园博书画社，为全镇文体和书画爱好者提供交流平台。完善2个村级文化活动室硬件设备。建设太子峪特色休闲体验园，为周边群众创造了良好的休闲健身场所。完成石刻园、留霞峪菩萨庙、辛庄关帝庙、福生寺三期修缮工作。张郭庄和赵辛店两所村办幼儿园实现开园招生。高质量完成210名非京籍少年儿童入学联审工作。全程办事代理大厅共受理事项2819件，办结事项2819件，办结率为100%。

维护安全稳定，社会秩序开创新局面。通过公开招聘选拔，建立了一支15人的专职安监队伍，用于日常安全检查。为村级安全员配备执法记录仪、统一服装，实现安全检查工作的形象统一化和检查正规化，做到检查有据、执法有依。安全生产工作首次荣获北京市级奖励。综合执法工作打造大综治概念，实现全覆盖网格化管理，聘用保安人员协助村委会、派出所对吕村地区进行持续管控，在重点路口新建11个治安岗亭，综治考评荣获全区第二。全年共接待来信来访总计402件，880人次，办结366件，实现了初信初访办结率达到90%以上的工作目标。一批有影响力的历史积案得到有效解决，信访重点人过上正常生活。

年内，我们自觉接受长辛店镇人大的依法监督，认真办复人大代表批评、意见和建议39件，解决了一批群众关注的热点难点问题。坚持依法行政，深入推进政务公开。行政复议、行政应诉工作继续加强。监察、审计工作扎实推进，惩防腐败体系建设取得新进展。完成第三次经济普查工作。全力落实“六五”普法工作。妇女、儿童事业健康发展，工会、共青团作用充分发挥，档案、保密、地方志等工作取得新成绩。

（索木芽）

【概　况】王佐镇地处丰台区的西南部，北部毗邻门头沟区，南部与房山区相连。辖区

面积61.33平方公里，下辖8个中心村，36个自然村，户籍人口33751人，农业人口14938人。2014年，全镇经济总收入完成33亿元，同比2013年增长9%；人均纯收入17052元，同比2013年增长16%。

世界种子大会获得圆满成功。坚持“以会兴业，以业惠民”的办会宗旨，确保各项保障任务圆满完成。在市政道路建设方面，积极协调、加大拆迁腾退力度，攻坚克难，确保周边4条道路及青龙湖再生水厂等基础设施如期竣工；环境保障方面，做好大会核心区、联络线及全镇环境整治，开展综合治理，打造景观节点，展现了王佐镇良好的生态环境形象；安全保障方面，全镇上下齐动员，加大巡查、稳控力度，强化应急处置能力，实现了会议期间社会面平稳有序。

重点功能区建设扎实推进。完成青龙湖二期项目用地控规调整，青龙湖国际文化会都B、C地块腾退进展顺利、土地一级开发工作加速推进，世界种子大会主会场——美高美酒店成为区域新地标。

重点项目建设成效显著。周云路、鲁坨路、王佐消防站均完成年度计划，河西再生水厂配套管网工程实现基本贯通，佃起河河道治理工程按时完工。开展了轨道交通T1、T2线现状调查、捆绑资金测算，完善了项目方案。紧紧抓住政策机遇和支持，加快传统产业转型升级，积极申报支农、产业引导资金、工业污染企业退出奖励等各类产业项目17个，争取项目资金4501.2万元。

招商引资工作不断加强。以“招大、选优、引强”为目标，依托市区招商平台，严格制定落实产业项目准入规定，瞄准具有国内外影响力的优质企业，主动推介重点招商项目，加大宣传、对接服务，2014年新增注册企业58家，其中千万元企业3家，百万元企业27家。坚持增量与存量并重，深化跟踪服务，落实属地纳税，确保入驻企业税源稳定增长。完成了第三次全国经济普查工作。

经济改革日趋深入。深化产权制度改革和股权结构调整，完成镇级集体资产清查审计、资产评估等工作，初步制定了产权制度深化改制工作方案，推进3家村级有限责任公司个人股东变更。

旧村改造全面推进。积极协调推进项目前期手续办理，佃起项目具备施工条件，庄户、沙锅村项目进行立项申报，西王佐项目完成方案设计。怪村、魏各庄项目启动回迁安置，累计搬迁上楼村民540户。

土地管理严格规范。开展土地清查，全镇共发现违法用地22宗，查处办结率100%。健全土地流转台账，推进了重点村土地流转，完成了集体土地“两证”发放工作。

强化人口规模调控。切实履行人口调控职责，坚持“以房管人、以业控人”措施，完成区政府下达清退无正当职业外来流动人口10%的目标，完成了本地区非京籍子女入学指标任务，清退一处多年违规办学、存在安全隐患的流动人口子弟学校。

狠抓环境品质提升。深入开展环境建设提升年活动，完善以市容卫生、环境秩序为重点的常态、长效管理体制机制建设，建立健全了《王佐镇制止违法建设工作方案》、《王佐镇城乡环境建设考核办法》等制度。通过综合整治与专项治理相结合、健全清扫保洁网络、规范落实门前三包、完善考核评价机制等举措，进一步提升了主次干路、窗口地带、背街小巷的保洁水平，巩固了环境建设的成果，实现了全区排名靠前的既定目标。继续保持打击违建高压态势，全镇累计制止、拆除各类违法建设83宗、21662平方米，实现了新增违建零增长。坚决完成大气污染治理任务，退出不符合功能定位的工业污染企业10家，完成送气下乡5244户、优质燃煤替代1688吨、冬季采暖煤改电1367户。

大力开展综合治理。按照打非治违专项行动“六打六治”的工作要求，对小型商市场、三合一场所、五小企业、六小场所等重点地区社会秩序和公共安全进行了整治。提升镇域安全管理。严格落实属地安全责任，切实抓好安全生产、食品药品和消防等安全工作，围绕建筑工地、人密场所、危化企业、旅游景区等重点区域开展安全检查、清除安全隐患，累计检查528家次，查出各类安全隐患600余处，责令限期整改回访128家次，现场立即整改476家次，保障了人民群众生命财产安全。

加强社会面防控。切实发挥农村社区网格化管理、信访矛盾排查调处四级网络作用，落实责任，加强重点时段、地区和重点人的控制力度，圆满完成了建国65周年、十八届四中全会、APEC会议等保稳定工作。切实加强人防技防措施，健全镇村联防队伍建设，投入了300余万元安装监控设备46座，购置执法仪10部，增设治安岗亭3座，人员增加至200人。依托“智慧王佐”信息化建设，完成主要道路监控系统安装，群众安全感满意度得到有效提高。

突出抓好就业。把促进就业作为改善民生的根本举措，完成失业人员再就业158人，农村劳动力就业及转移就业1213人，对接专项就业招聘160余人。全年发放各类就业补贴1400余万元。结合就业提升、产业发展和实际需求，对劳动力开展定向、定单、定岗等多种形式技能培训，全年共培训2300余人次。

着力做好保障。积极落实各项保障政策，完成2014年城乡居民养老保险参保8002人，做好新农合、一老一小参保及报销工作，做到应保尽保，完成各项医疗报销及镇二次补助共计2800余万元；落实镇党委有关养老、残疾补助政策，为符合条件的老年人、残疾人、独生子女家长发放补助2566余万元；建立健全社会救助制度，做好低保户、五保户及低收入户、大病特病、危房改造等救助工作，做到政策用足、应助则助。

提升文化服务。加强群众文化阵地建设，全年协调申报文化体育项目5个，全部获批复，争取支持资金700余万元；全年以“恒源杯”文化活动为载体，以“一村一品”文化队伍建设为抓手，以服务群众、引导群众、凝聚群众为目标，大力培育健康生活观念、倡导宣传社会主义核心价值观，开展了丰富多彩的文化活动50余场；加大文物保护力度，今年基本完成怪村万佛寺、西庄店华严庵的修复工作，下庄娘娘庙已取得立项。

加强理想信念教育。以社会主义核心价值观为统领，引导广大党员干部坚定理想信念，认真学习习近平总书记一系列重要讲话，增强四个自信，进一步增强了团结一心的精神纽带、自强不息的精神动力。

加强问题的整改落实。从群众最期盼的事情做起，认真落实各项富民惠民政策举措，研究解决教育医疗、食品药品安全、社会保障、环境治理、安全生产等人民群众关心关注的现实问题，积极回应群众关切。及时解决在征地拆迁、涉诉涉访等方面存在的突出问题，维护群众合法权益。完成镇政府年初制定的20项实事项目，让人民群众得到实实在在的好处，看到实实在在的变化。

加强党风廉政建设。严格落实中央“八项规定”、“六项禁令”等规定，尤其认真贯彻好《党政机关厉行节俭反对浪费条例》、《党政机关国内公务接待管理规定》，设置纪律作风的“高压线”。严格落实党风廉政建设责任制，加大廉政教育力度，加强权力制约，狠抓违规违纪行为，从严惩治腐败，真正把权力关进制度的笼子里。

（冯子烨）

人 物

组织机构负责人名单

丰台区委员会

书 记 李超钢(11 月免)
杨艺文(女，11 月任)
副书记 冀 岩 顾晓园(女)
常 委 李 军 衡晓帆 霍连明
高 朋(1 月免) 孙军民(女)
刘 宇 钟百利(1 月任)
朱继明 张建国

丰台区委工作机构负责人

区委办公室主任 李 岚(女)
组织部部长 霍连明
宣传部部长 孙军民(女)
精神文明办公室主任 高文娟(女，4 月免)
张国强(4 月任)
统战部部长 张建国
台湾工作办公室主任 房书勇(女)
区编办主任 许 民
区委区政府政策研究室主任
汝玉虎(3 月免)
冯志成(3 月任)
区委区政府信访办公室主任 尚振国
保密局局长 王京荣(女，2 月免)
尚保华(2 月任)
区直机关工委书记 徐鸣凤
党史资料征集办公室副主任 杜来全
老干部局局长 朱运昌
区委党校校长 顾晓园(兼，女)
常务副校长 李富国

中国共产党北京市丰台区纪律检查委员会

书 记 李军(安徽利辛县)
副书记 胡春溪 李 军(北京丰台，10 月免)
王和友
常 委 翟光红 徐振华 王祥进
鲍书田(女) 钱义菊(女)
王卫军

丰台区第十五届人民代表大会常务委员会

主 任 王苏维
副主任 吕跃进(常务) 苗 华(女)
郭振江 李 杜
薛 明(不驻会)
委 员 王 丰 王志江
王跃进 伊 敏(女)
刘 颖(女) 李大维
李有毅(女) 李 军
李 奇 李跃生
杨元智(回族) 吴 恒
迟 岚(女) 张小玲(女)
张世伟 张金豹
陈运柏 陈 鹏
赵万军 俞亚茹(女)
姜 萍(女，满族) 贺俊崎
夏 华(女) 徐朝辉
徐 颖 高彦彬
梁小虹

丰台区人大工作机构负责人

办公室主任 赵万军
研究室主任 陈运柏
代表联络室主任 李　军
财政经济工作委员会主任 张世伟
内务司法工作委员会主任 张小玲(女)
教科文卫体工作委员会主任 张金豹
城建环保工作委员会主任 俞亚茹(女)
农村工作委员会主任 陈　鹏

丰台区人民政府

区　长　冀　岩
副区长　高　朋(3月免)　刘　宇
钟百利(3月任)　狄　涛
张　婕(女)　刘文洪
高　峰　刘树苹(女，挂职干部)
吴继东

丰台区政府工作机构负责人

政府办公室主任 张　洋
经济和信息化委员会主任 吴神赋
中关村科技园区丰台园主任 张　婕(女)
国有资产监督管理委员会党委书记 刘　军
主任 李东明(10月免)
(2014年10月至12月空缺)
人口和计划生育委员会党组书记、主任
李小娟(7月免)
社会工作委员会书记、社会办主任
王珮琦
民政局党委书记兼局长 李秀瑛(女)
投资促进局党组书记、局长 郭晓一
商务委员会主任 刘怀生
北京市丰台区旅游发展委员会党组书记 曹　生
主任 于临溏
世界公园总经理 张　军
北京园博园管理中心党组书记 王长松(11月任)
主任 花伟军(3月任)
住房城乡建设委员会主任 刘　郦(女)
市政管理委员会主任 李春滨
科学技术委员会主任 刘少华(2月免)
朱京宁(2月任)
农村工作委员会主任 肖文燕(女)
文化委员会主任 王　虹(女)
党组书记 周衔临(2月免)
史文彬(2月任)
教育委员会主任 张立新
书记 宋金忠
教育督导室主任 狄　涛
房屋管理局局长 苏　军
环境保护局局长 隆　重
地震局局长 吕广生
国土资源分局局长 李文忠
房屋经营管理服务中心主任 李　勇
丰台区房屋征收中心主任 刘立宏
农村合作经济经营管理站站长 王升贵
广播电视中心主任 何岳飞
卢沟桥文化旅游区办事处主任 陈　阳
规划分局局长 杨　浚(女)
环境卫生服务中心主任、书记
左兰萍(女，11月免)
杨桂红(女，11月任)
园林绿化局局长 张小龙
绿化办主任 张小龙
城市绿化隔离带地区建设指挥部办公室主任
吴建英
气象局局长 杨玉华
水务局党组书记 吴　燕(女)
局长 刘权来
体育局局长 薛　红(女)
丽泽开发办主任 史卫民
民族宗教侨务办公室主任 马士有
发展和改革委员会党组书记、主任 周新春
人力资源和社会保障局局长、书记 冯晓光
安全生产监督管理局局长、书记 董铁铮
统计局党组书记 刘庆文
局长 韩　伟
国家统计局丰台调查队队长 亓学霞(女)
审计局局长 段德珍(女)
质量技术监督局局长、书记 刘新华
财政局党组书记、局长 李　屹

国家税务局局长、书记　王忠新(10 月免)
刘嘉权(回, 12月任)
地方税务局局长、书记　金志雄(满)
工商行政管理局局长　于巨川
卫生和计划生育委员会书记　毕永丰(7 月任)
主任　张　扬(7 月任)
(原)卫生局党委书记　毕永丰(7 月免)
局长　张　杨(7 月免)
(原)人口和计划生育委员会党组书记、主任
李小娟(7 月免)
食品药品监督管理局党组书记、局长
李云鸿(7 月任)
地方志办公室主任　吴永利
法制工作办公室主任　张　悦
外事办公室主任　梁彦梅(女)
机关行政事务管理处处长　王秋利
监察局局长　胡春溪
档案局局长、书记　谷　卫
城市管理综合行政执法监察局局长　姜东升
丰台区城市管理监督指挥中心主任　李春滨

政协北京市丰台区第九届委员会

主　席　李昌安(侗族)
副主席　周大春(女)　李新民　邢方岭
刘占良　张兆旗(回)
程留恩
秘书长　赵冬辰
常务委员（主席、副主席、秘书长均为常务委员，从略。按姓氏笔画为序排列）
万艳生　马洪波
王　虹(女)　王　强
王卫军　王忠新
王诗雪　王艳霞(女)
王德文　韦　云(女)
邓继林　田秀华
史文彬　刘　郦(女)
刘少华　刘文辉(女)
孙金来　杜　涵(满)
李小月(回)　李春明
李海云　吴神赋
宋耕福　张　苑
张　涓(才旺卓玛, 女, 藏)　张立新(女)
张俊峰　张振军
张燕琴(女)　陈景泉
林海青　金　铮(女)
房书勇(女)　胡国强
姚建国　徐培发
蒋旭东　韩　伟
温智勇　樊　维(女)

丰台区政协机构负责人

区政协研究室主任、学习委员会主任
杜彦奎
区政协专门委员会工作一室主任、教文卫体委员会主任、文史资料委员会主任
解明珠(女)
区政协专门委员会工作二室主任、经济科技委员会主任　许　伟
区政协专门委员会工作三室主任、城乡建设和管理委员会主任　綦建国
区政协专门委员会工作四室主任、社会法制委员会主任、民族宗教和港澳台侨委员会主任
陈　娟(女，回)
区政协专门委员会五室主任、提案委员会主任
许　翔(女)

丰台区各民主党派负责人

民革丰台区工委主任　张兆旗(回)
民进丰台区工委主任　刘占良
民盟丰台区工委主任　薛　明
民建丰台区工委主任　王　虹(女)
农工民主党丰台区工委主任　温智勇
九三学社丰台区工委主任　程留恩
致公党丰台区工委主任　王艳霞(女)

丰台区群众团体负责人

丰台区总工会主席　王建斌
共青团北京市丰台区委员会区委书记
王松涛
丰台区妇女联合会主席　姜　萍
丰台区工商联主席　田秀华
党组书记　孙延明

区归国华侨联合会主席　孙金来(4月免)
区红十字会会长　张　婕
老龄工作委员会办公室主任　刘藏生(女)
残疾人联合会主席　李军会(2月免)
高　峰(2月任)
残疾人联合会执行理事会理事长　王跃进
区私营个体经济协会会长　杨　光
区消费者协会会长　张　京
丰台区饮食服务旅店行业协会会长　李京华
丰台区维修服务行业协会会长　王德意
科学技术协会常务副主席　邓继林
党组书记　邓继林
丰台区文学艺术界联合会常务副主席　李　澎

丰台区工商企业负责人

丰台区烟草专卖局(公司)局长、经理
杨　捷
北京丰贸投资经营管理有限公司党委书记
许庆丰(5月免)
刘　峰(5月任)
董事长兼总经理　刘　峰
丰台区修理公司总经理兼党委书记　刘立志
京都公司总经理　刘　视
丰鑫源物资集团公司党委书记、总经理
米惠鹏
北京市丰台区国有资本经营管理中心总经理
刘震坤(10月任)
丰台区财政贸易干部学校支部书记　杨宝森
综合投资公司党委书记
静　冬(常务副总经理，临时负责)
总经理
曹建民(党委副书记，临时负责)
中关村科技园丰台区管理委员会主任
张　婕
城市建设综合开发公司经理　胡新鹏
北京汽车博物馆馆长　樊　维(2月免)
杨蕊(7月任)
北京南站地区管委会副书记　李宝英(女)
副主任　李宝英(女)
朱　晖
陈银亭(女)

丰台区政法军事机构负责人

政法委书记　顾晓园
检察院检察长　叶文胜
法院院长　王宜生
区人民武装部部长　朱继明
政委　李树元
民防局局长　刘　涛
司法局局长　尚保华(2月免)
郗俊生(2月任)
公安分局局长　衡晓帆
政委　耿　飞
交通支队支队长　杨　毅
政委　孙金辉
消防支队支队长　古炳文
政委　靳文忠

丰台区街道、乡（镇）负责人

大红门街道办事处主任　张永梅
工委书记　李建刚
东高地街道办事处主任　李海秋(12月免)
(2月至12月空缺)
工委书记　连　宇(2月免)
李海秋(2任)
东铁匠营街道办事处主任　张立和(11月免)
刘海东(11月任)
工委书记　李广民
方庄地区办事处主任　冯志成(4月免)
高文娟(4月任)
工委书记　朱京宁(2月免)
连　宁(2月任)
丰台街道办事处主任　赵　刚
工委书记　张　莉(女)
和义街道办事处主任　盛云英
工委书记　赵　新
卢沟桥街道办事处主任　王俊山(4月免)
赵胜利(4月任)
工委书记　王俊山(1月任)
马家堡街道办事处主任　丁小君(2月免)
李永勤(1月任)
工委书记　李大维
南苑街道办事处主任　田秀文

工委书记 李振茹
太平桥街道办事处主任 裴玉珍(女,2月免)
工委书记 郗俊生(2月免)
裴玉珍(2月任)
西罗园街道办事处主任 赵 钢
工委书记 常志杰
新村街道办事处主任 郭新占(1月任)
工委书记 李跃生
右安门街道办事处主任 钱爱平(9月免)
储建军(9月任)
工委书记 王百玲(女)
长辛店街道办事处主任 史文彬(2月免)
蔡志强(3月任)
工委书记 徐 鸾(女)
云岗街道办事处主任 陈 阳(1月任,8月免)
刘权利(8月任,12月免)
凌佩利(12月任)
工委书记 刘权利
宛平城地区办事处主任 于 清(4月免)
王 华(4月任)
工委书记 刘建伟(8月免)
陈 阳(8月任)
卢沟桥乡党委书记 吴继东(8月免)
李春生(8月任)
人大主席 管洪波
乡长 李惠松
南苑乡党委书记 王振华
人大主席 陈福启
乡长 刘永宗
南苑地区工委书记 王振华
南苑地区办事处主任 刘永宗
花乡党委书记 李 智
人大主席 刘翔龙
乡长 王世义
长辛店镇党委书记 李春生(9月免)
王 萍(9月任)
人大主席 陈国林(1月任)
李永勤(1月免)
镇长 王 萍(10月免)
钱爱平(10月任)
王佐镇党委书记 吴 恒
人大主席 芦 杰
镇长 纪亚辉

丰台区部分金融单位负责人

中国工商银行北京市丰台支行行长
尹承德
中国农业银行北京市丰台区支行行长、书记
姜 华(女)
中国建设银行北京市丰台支行行长
秦伶华(女)
中国银行股份有限公司北京丰台支行行长
王 强(女,满族)
北京农村商业银行丰台支行行长
李春荣(女,8月任)

荣誉栏

全国先进单位

2014年度环境保护“绿坐标”管理创新奖
环保局
工人先锋号
丰台区环卫中心马家堡环卫所嘉园干路班
“博园杯”建筑业统计工作先进单位
丰台区住建委
全国建设工程质量监督机构北京地区先进单位
丰台区住建委
中国汽车工业科学技术三等奖
北京汽车博物馆展览展示系统技术开发及应用项目
中国博物馆教育项目示范案例
“雷锋——一个汽车兵的故事”教育项目纳入2014年首届“中国博物馆教育项目示范案例”

2014 中国汽车企业社会责任最佳文化艺术公益实践项目

中法“艺术、技术和专业成果”汽车文化合作交流活动

中国自然科学博物馆协会 2014 年度优秀集体

北京汽车博物馆

第三次全国经济普查先进集体

丰台区第三次全国经济普查领导小组办公室

2012-2013 年度全国消协组织消费教育引导先进集体

丰台消费者协会

2014 年度全国检察宣传工作先进单位

丰台区检察院

全国安康杯竞赛优胜企业

北京三兴汽车有限公司

全国先进个人

全国优秀教师

寇富弄

全国五一劳动奖章获得者

田红军

全国第五届我最喜爱的人民警察特别奖

蒲黄榆派出所　刘　安

全国孝亲敬老之星

东高地派出所　罗　建

中国自然科学博物馆协会 2014 年度优秀个人

北京汽车博物馆　吴　婧　王　亮

2012-2013 年度全国消协组织消费维权先进工作者

丰台消费者协会　李建中

全国税务系统先进工作者

丰台区国家税务局第二税务所所长　张玉玲

北京市先进单位

2014 年度北京市五四红旗团委

北京市航天中学团委

2014 年度五四红旗团支部

丰台区南顶中学团总支

2014 年度五四红旗团支部

丰台路中学团总支

2014 年度北京市青年文明号

芳星园中学相约星期二青年教师班

丰台四幼信息技术创新教育组

芳城园小学青年教师工作室

2014 年度交通安全先进单位

丰台区环卫中心东铁营环卫所

2014 年度安全生产管理先进单位

丰台区住建委

全国工程质量监督系统先进监督站

丰台区住建委

首都环境建设先进单位

丰台区住建委

2014 年北京市安全生产月活动优秀组织奖

丰台区住建委

2014 年度北京市无偿献血工作突出贡献单位

丰台区住建委

北京市 2014 年保障性安居工程及棚户区改造工作先进单位

丰台区住建委

2011—2014 年度动植物疫情防控工作先进集体

北京市丰台区农村工作委员会

全国巾帼文明岗

丰台分局出入境接待大厅

2014 年北京市项目促进工作(重大项目促进)优秀单位

丰台区投资促进局

2014 年北京市科学技术普及工作先进集体

北京汽车博物馆

北京市 2014 年度建筑(竣工)长城杯银质奖工程

北京汽车博物馆

北京市三八红旗集体

北京汽车博物馆

北京市中小学生社会大课堂走进博物馆学习成果教师组一等奖

北京汽车博物馆“探寻轮上历史”、“泥塑车轮”课程

北京市中小学生社会大课堂走进博物馆学习成果学生组一等奖

北京汽车博物馆“我为汽车狂”

北京市党员教育电视片观摩交流活动二等奖

丰台区统计局《铸就心中的丰碑》

2011-2013 年度北京市统计系统先进集体

丰台区统计局执法队、专项调查科

2014 年北京政府统计系统统计建模比赛优秀奖

丰台区统计局、调查队

2014 年北京市安全生产月活动最佳实践活动奖

质量技术监督局

北京市五一劳动奖状

丰台区地方税务局

北京市妇联系统先进集体

丰台区地方税务局

首都文明单位标兵

丰台区地方税务局

丰台区国家税务局

首都文明单位

丰台区地方税务局稽查局

丰台区地方税务局第一税务所

丰台区地方税务局南苑税务所

丰台公安分局西罗园派出所

丰台区国家税务局第二税务所、第三税务所

北京市食品药品监督管理系统区县先进局

丰台区食品药品监督管理局

北京市食品药品监督管理系统诗歌朗诵比赛第一名

丰台区食品药品监督管理局

北京市食品药品监督管理系统食品药品监督管理示范所

卢沟桥乡食药监管所

卢沟桥街道食药监管所

新村街道食药监管所

农工党北京市委 2013 年度工作先进集体

首都医科大学支部

北京市党校(行政学院)系统 2012—2013 年度“优秀科研工作组织奖

中共北京市丰台区委党校

2013 年北京市无偿献血先进集体

中共北京市丰台区委党校

北京市先进个人

2014 年首都劳动奖章获得者

水务局　蔡　勇

北京市三八红旗手

出入境管理大队　沙宝霞

北京市“三八”红旗奖章获得者

朱翠萍　高宪卉　樊　维　李秀平

北京市先进工作者

王　伟

首都精神文明建设先进个人

刘　郦

北京市无偿献血先进个人

丰台教委　宋海燕

2014 年度北京市优秀团干部

丰台区少工委办公室主任　周泓宇

2014 年度北京市优秀共青团员

首师大附属丽泽中学教师　赫龙震

北京市青年岗位能手　刘　莉

2014 年度北京市青年岗位能手

北京十二中　马宏鑫

“我站少年先锋岗”2014 年首都少年先锋岗主题征文一等奖

丰台路中学初一五班　王　萌

“我站少年先锋岗”2014 年首都少年先锋岗主题征文二等奖

中国教科院丰台实验学校初一六班　徐怀钰

“我站少年先锋岗”2014 年首都少年先锋岗主题征文三等奖

左安门中学初二一班　刘　贝

“我站少年先锋岗”2014 年首都少年先锋岗主题征文优秀奖

东铁营一中初二二班　李莹菲

北京市青年岗位能手

张剑波

首都环境建设突出贡献个人

赵宏生　李　硕　刘洋铎

十佳安全生产监管卫士

张红波

工程质量监督工作三十周年优秀论文评选一等奖获得者

江　成

北京市公安局优秀老民警

经侦大队　刘天新

第二届首都公安杰出青年卫士

大红门派出所　谭　铮

2014 年北京市万名孝星

东高地派出所　卢士强

北京市优秀宣讲员

东高地派出所　罗　建

第三次全国经济普查市级先进个人

韩　伟　刘旭芳　张　斌　宋晔晖
王燕燕　毕　蕾　王　建　马　铮
冯　灏　高丽英　梁中申　武　婧
刘扬阳　潘洪银　赵丽娟　许　丽
李北平　王　莉　杜　玺　陈忠冶
高　明　陈希春　李月华

2011-2013 年度北京市统计系统先进个人

刘旭芳　陈　涛

北京市政府统计系统“依法统计，守护数据”微征文优秀奖

刘　利　鲁明达　陶瑞梅　赵宇倩

北京市统计系统艺术节演讲比赛三等奖

周巧玉

北京市统计系统艺术节书法比赛三等奖

王庆安

北京市模范军队转业干部

李文军

北京市社会组织系统先进个人

白　羽

北京市食品药品监督管理系统“岗位大练兵、专业大比武”个人标兵

蔡　旭　张世伟　李丽娜

参政议政先进个人

高彦彬

社会服务先进个人

高彦彬　郭自强

组织工作先进个人

于文平

农工市委 2014 年高层协商优秀个人

高彦彬

北京市党校（行政学院）系统 2012—2013 年度“优秀科研管理工作者

李富国

统 计 资 料

丰台区国民经济主要指标一览表

MAIN NATIONAL ECONOMIC INDICATORS FOR FENGTAI DISTRICTS

项 目 Item				丰台区 Fengtai 2014	2013	2014年为2013年% 2014 as% of 2013
综合		**General Survey**				
地区生产总值	(万元)	Gross Domestic Product	(10000 yuan)	10916146	10077978	108.3
第一产业		Primary Industry		8052	12100	66.5
第二产业		Secondary Industry		2533337	2344032	108.1
第三产业		Tertiary Industry		8374757	7721846	108.5
财政收入	(万元)	Fiscal Revenue	(10000 yuan)	2614265	1549474	168.7
#增值税		Increased Value Tax		122619	104401	117.5
营业税		Operating Tax		325913	287569	113.3
个人所得税		Private Income Tax				
企业所得税		Enterprise Income Tax		122981	103047	119.3
财政支出	(万元)	Fiscal Expenditure	(10000 yuan)	3120287	2261476	138.0
人口和劳动力		**Population and Labor Force**				
总人口	(人)	Total Population	(person)	2300000	2261000	101.7
常住户籍人口	(人)	Permanent Registered Population	(person)	1127525	1113855	101.2
#非农业人口		Non-agriculture		1035999	1008832	102.7
男		Male		571477	565116	101.1
女		Female		556048	548739	101.3
出生率	(‰)	Birth Rate	(‰)	9.62	8.06	
死亡率	(‰)	Death Rate	(‰)	5.61	4.20	
自然增长率	(‰)	Natural Growth Rate	(‰)	4.01	3.86	
非私营单位从业人员	(人)	Nov-private persons units	(person)	639057	609567	104.8
按产业分		Grouped by Industry				
第一产业		Primary Industry		1473	1653	89.1
第二产业		Secondary Industry		132877	120656	110.1

续表 1 continued

项目	Item	丰台区 Fengtai 2014	2013	2014年为2013年% 2014 as% of 2013
第三产业	Tertiary Industry	504707	487258	103.6
按职工非职工分	Grouped by Staff and Workers or Non-staff-and-worker			
在岗职工人数 （人）	Fully Employed Staff and Workers at their Posts (person)	576500	548407	105.1
#国有经济	State-owned			
集体经济	Collective-owned			
城镇个体劳动者	Urban and Rural Individuals			
劳动工资	**Wages**			
在岗职工工资总额 （万元）	Total Wages of Fully Employed Staff and Workers (10000 yuan)	4203744	3628777	115.8
#国有经济	State-owned			
集体经济	Collective-owned			
在岗职工平均工资 （元）	Average Wage of Fully Employed Staff and Workers (yuan)	72912	66581	109.5
固定资产投资	Investment in Fixed Assets Assets			
全社会固定资产投资（万元）	Total Investment in Fixed Assets (10000 yuan)	8122853	7520219	108.0

注：出生率、死亡率、自然增长率按户籍人口计算。（区统计局 调查队提供）
地区生产总值及各产业增加值发展速度为现价速度。

项目	Item	2014	2013	2014年为2013年% 2014 as% of 2013
新增固定资产 （万元）	Incremental Fixed Assets (10000 yuan)	2377593	2706111	87.9
房屋施工面积 （万平方米）	Floor Space of Buildings under Construction (10000 sq.m)	1989.0	1885.8	105.5
房屋竣工面积 （万平方米）	Floor Space of Buildings Completed (10000 sq.m)	336.7	198.1	169.9
农村经济	**Rural Economy**			
农村劳动力 （人）	Labor Force (person)	268763	260185	103.3
种植业	Planting	5316	6091	87.3
林业	Forestry	4490	5255	85.4
牧业	Animal Husbandry	468	414	113.0
渔业	Fishery	4	81	4.9
农村工业	Rural Industry	24409	22603	108.0
农村建筑业	Rural Construction	17537	16982	103.3
农村运输业	Rural Transportation	17898	16931	105.7
农村商、饮食业、服务业	Commerce, Catering and Services	92618	101900	90.9
耕地面积 （公顷）	Area under Cultivation (hectare)			
农业机械总动力 （千瓦）	Total Power of Agricultural Machinery (kw)	49105.9	51696.2	95.0
化肥施用实物量 （吨）	Consumption of Chemical Fertilizers (ton)	392.6	408.1	96.2
化肥施用折纯量 （吨）	Consumption of Chemical Fertilizers(100%) (ton)	133.1	139.7	95.3
农村用电量 （万千瓦时）	Consumption of Electricity (10000 kwh)	48882.8	43918.6	111.3
农业总产值 （万元）	Gross Output Value of Agriculture (10000 yuan)	25103.4	36377.1	69.0
种植业	Planting	8745.9	10440.8	83.8
林业	Forestry	12612.8	20367.7	61.9

续表 2 continued

项目	Item	丰台区 Fengtai 2014	2013	2014年为2013年% 2014 as% of 2013
牧业	Animal Husbandry	2280.5	2613.1	87.3
渔业	Fishery	93.0	1658.1	5.6
农作物总播种面积（万公顷）	Sown Area of Farm Crops (10000 hectare)	0.039	0.069	56.5
粮食作物	Grain	0.013	0.025	52.0
经济作物	Industrial Crops			
其他作物	Other Crops	0.026	0.044	59.1

注：农村劳动力（从业人员）指16岁以上实际参加生产经营活动并取得实物或货币收入的常住人口。

项目	Item	2014	2013	2014 as% of 2013
农副产品产量	Yield of Farm and Sideline Crops			
粮食（万吨）	Grain (10000 tons)	0.04	0.10	38.2
蔬菜（吨）	Vegetable (ton)	3862.3	6072.0	63.6
干鲜果（吨）	Dry and Fresh Fruits (ton)	1410.4	1570.6	89.8
畜产品产量	Output of Livestock Products			
生猪出栏（头）	Slaughtered Hogs (head)	3219	4948	65.1
猪牛羊肉（吨）	Pork, Beef and Mutton (ton)	314.0	421.2	74.5
#猪肉	Pork	241.5	371.1	65.1
禽肉（吨）	Meat of Poultry (ton)	33.1	66.8	49.6
禽蛋	Poultry Eggs (ton)	682.3	721.2	94.6
牲畜年底头数（头）	Number of Livestock (year-end) (head)			
大牲畜	Large Animals	291	553	52.6
猪	Hogs	2117	2284	92.7
羊	Goats and Sheep	3046	2954	103.1
水产品产量（吨）	Output of Aquatic Product (ton)	31	644	4.8
农村经济总收入（万元）	Total Rural Economic Revenue (10000 yuan)	3483935.5	3297619.0	105.7
农村利润总额（万元）	Total Profits of Rural Economy (10000 yuan)	215922.3	216080.3	99.9
国家税金（万元）	State Taxes (10000 yuan)	147846.5	141794.8	104.3
提取盈余公积金（万元）	Surplus Accumulation Funds Drawn (10000 yuan)	21893.6	29174.3	75.0
劳动所得（元）	Income from Work (yuan)	21347.3	19231.0	111.0
乡镇企业单位数（个）	Number of Township and Village Enterprise (unit)	462	483	95.7
乡镇企业人数（人）	Number of Persons of Township and Village Enterprises (person)	25796	29570	87.2
乡镇企业净利润（万元）	Net Profit of Township and Village Enterprises (10000 yuan)	52166	50044	104.2
工业	**Industry**			
企业单位个数（个）	Number of Enterprises (unit)	207	210	98.6
国有	State-owned	5	11	45.5
集体	Collective-owned	2	3	66.7
其他	Others	200	196	102.0
工业总产值（现价，万元）	Gross Output Value of Industry (at current prices, 10000 yuan)	4351649	4182120	104.1
国有	State-owned	329289	393031	83.8
集体	Collective-owned	13633	24442	55.8

续表 3 continued

项目	Item	丰台区 Fengtai 2014	2013	2014 年为 2013 年% 2014 as% of 2013
其他	Others	4008727	3764647	106.5
注：2011 年起，规模以上工业法人单位统计起点由主营业务收入 500 万元及以上调整至 2000 万元及以上。				
轻工业总产值 （现价，万元）	Output Value of Light Industry (at current prices，10000 yuan)	703602	750016	93.8
重工业总产值 （现价，万元）	Output Value of Heavy Industry (at current prices，10000 yuan)	3648047	3432104	106.3
工业增加值 （万元）	Gross Output Value of Industry (10000 yuan)			
工业企业财务指标	Financial Indicators for Enterprises with Independent Accounting System			
主营业务收入 （万元）	Business income of the main products (10000 yuan)	5061376	4922272	102.8
#国有	State-owned	323911	420365	77.1
主营业务成本 （万元）	Core business cost (10000 yuan)	4159831	4096772	101.5
#国有	State-owned	261495	336093	77.8
固定资产原价 （万元）	Original Value of Fixed Assets (10000 yuan)	2388002	2244121	106.4
#国有	State-owned	342292	329802	103.8
固定资产净值 （万元）	Net Value of Fixed Assets (10000 yuan)	1563163	1511725	103.4
#国有	State-owned	399466	393393	101.5
全部流动资金年平均余额 （万元）	Annual Average Balance of Circulating Funds (10000 yuan)			
#国有	State-owned			
利润总额 （万元）	Total Profits (10000 yuan)	317589	326185	97.4
#国有	State-owned	18711	28600	65.4
注：固定资产原价、净值和全部流动资金年平均三个指标在 2011 年工业财务快报中已取消该指标。				
产品销售率 （%）	Ratio of Sales Value to Gross Output Value (%)	98.5	99.2	
商业	**Commerce**			
社会消费品零售额 （万元）	Retail Sales of Consumer Goods (10000 yuan)	9373726	8646079	108.4
按类别分	Grouped by Type of Goods			
吃的商品	Food			
穿的商品	Clothing			
用的商品	Daily Used Articles			
烧的商品	Fuel			
网点数 （个）	Number of Outlets (unit)	65919	75783	87.0
#商业	Wholesale and Retail	59440	69853	85.1
饮食业	Catering	5778	5284	109.3
住宿	Accommodation	701	646	108.5
营业人员 （人）	Personnel (person)	281150	295031	95.3
#商业	Wholesale and Retail	222591	239929	92.8
饮食业	Catering	42633	40945	104.1
住宿	Accommodation	15926	14157	112.5

续表 4 continued

项 目		Item		丰 台 区 Fengtai		
				2014	2013	2014 年为 2013 年% 2014 as% of 2013
外经、外贸		**Foreign Economy and Trade**				
海关进出口贸易总额(万美元)		Total Value of Imports and Exports at Customs	(USD 10000)	1465000	1466900	99.9
利用外资签订协议(合同)数	(个)	Number of Signed Agreements and Contracts of Foreign Capital to be	(unit)	28	18	155.6
利用外资签订协议(合同)金额	(万美元)	Amount of Foreign Capital to be Utilized through Agreements and	(10000 yuan)	19362.8	48684.2	39.8
实际利用外资	(万美元)	Amount of Foreign Capital Actually Used		45291.2	18636.5	243.0
旅游人数	(万人)	Number of Tourists	(10000 persons)	1899	2184	87.0
教育		**Education**				
学校数	(个)	Number of Schools	(unit)	267	265	100.8
小学		Primary Schools		80	84	96.6
普通中学		Regular Secondary School		45	46	97.8
招生数	(人)	New Student Enrollment	(person)	38231	40141	95.2
小学		Primary Schools		12928	14360	90.0
初级中等学校		Junior Secondary Schools		7874	7758	101.5
高级中等学校		Senior Secondary Schools		2427	3095	78.4
在校学生	(人)	Student Enrollment	(person)	146442	144963	101.0
小学		Primary Schools		70432	68840	102.3
初级中等学校		Junior Secondary Schools		22097	20624	107.1
高级中等学校		Senior Secondary Schools		8474	9279	91.3
毕业生	(人)	Graduates	(person)	30765	31762	96.9
小学		Primary Schools		10069	10603	95.0
初级中等学校		Junior Secondary Schools		5379	6050	88.9
高级中等学校		Senior Secondary Schools		2565	2974	86.2
幼儿园、托儿所个数	(个)	Number of Kindergardens	(unit)	134	127	105.5
幼儿入托数	(人)	New Enrollment	(person)	40401	40694	99.3
文化		**Culture**				
文化馆、站	(个)	Cultural Centers	(unit)	20	18	111.1
公共图书馆	(个)	Public Libraries	(unit)	2	2	100.0
公共图书馆藏书	(万册)	Collection	(10000 volume)	86.4	79	109.4
电影放映单位	(个)	Film Projection Units	(unit)			
区级以上重点文物保护单位	(个)	Cultural Relics Preserved at District Level and above	(unit)	31	31	100.0
卫生		**Health**				
卫生机构数	(个)	Number of Health Institutions	(unit)	549	541	101.5
#医院		Hospitals		70	69	101.4

续表 5 continued

项目		Item		丰台区 Fengtai 2014	2013	2014年为2013年% 2014 as% of 2013
卫生院		Clinics				
床位数	(张)	Number of Beds	(unit)	9347	8926	104.7
#医院		Hospitals		9207	8667	106.2
卫生院		Clinics				
平均每千人拥有床位数	(张)	Average Number of Beds Per 1000 Persons	(unit)	4.06	3.95	102.8
卫生技术人员	(人)	Medical Technical Personnel	(person)	17063	15999	106.7
#医生		Doctors		6267	6029	103.9
公用设施		**Public Utilities**				
区级以上公园	(个)	Parks at District Level and above	(unit)	14	14	100.0
体育场地	(个)	Stadiums and Gymnasiums	(unit)		1275	
道路长度	(公里)	Length of Roads	(km)	1357.0	1320.7	102.7

注：1．“平均每千人拥有床位数”按常住人口计算。
2．体育场地个数为第六次全国体育场地普查数据，时点为2013年12月31日。

附　　录

中共北京市丰台区委主要文件目录

中共北京市丰台区委文件

京丰发〔2014〕1 号　中共丰台区委关于印发《区委常委会 2014 年工作要点》的通知
京丰发〔2014〕2 号　中共丰台区委关于印发《区委常委会 2014 年议题计划》的通知
京丰发〔2014〕3 号　中共丰台区委关于在全区深入开展党的群众路线教育实践活动的实施意见
京丰发〔2014〕4 号　中共丰台区委关于成立区委全面深化改革领导小组的通知
京丰发〔2014〕5 号　中共丰台区委关于印发《丰台区贯彻落实〈建立健全惩治和预防腐败体系 2013－2017 年工作规划〉实施方案》的通知
京丰发〔2014〕6 号　中共丰台区委关于进一步做好工会工作的意见

中共北京市丰台区委办公室文件

京丰办发〔2014〕1 号　中共北京市丰台区委大事记(2013 年 12 月)
京丰办发〔2014〕2 号　中共丰台区委办公室关于印发《中共丰台区委常委会深入开展党的群众路线教育实践活动工作方案》的通知
京丰办发〔2014〕3 号　中共丰台区委办公室关于认真学习贯彻郭金龙同志在丰台调研座谈会上的讲话精神的通知
京丰办发〔2014〕4 号　中共丰台区委办公室丰台区人民政府办公室关于印发《2014 年世界种子大会丰台筹备指挥部工作方案》的通知
京丰办发〔2014〕5 号　中共丰台区委办公室中共丰台区纪委中共丰台区委组织部关于征订《中国共产党党内法规选编(2007-2012)》的通知
京丰办发〔2014〕6 号　中共北京市丰台区委大事记(2014 年 1 月)
京丰办发〔2014〕7 号　中共北京市丰台区委大事记(2014 年 2 月)
京丰办发〔2014〕8 号　中共丰台区委办公室关于转发《丰台区直机关 2014 年运动会暨健身系列赛事活动方案》的通知
京丰办发〔2014〕9 号　中共丰台区委办公室丰台区人民政府办公室丰台区党政机关办公用房清查和整改的通知
京丰办发〔2014〕10 号　中共丰台区委办公室　丰台区人民政府办公室关于调整丰台区双拥工作委员会成员的通知
京丰办发〔2014〕11 号　中共丰台区委办公室　丰台区人民政府办公室关于印发《“发现丰台之美”主题活动实施方案》的通知
京丰办发〔2014〕12 号　中共丰台区委办公室关于调整中共丰台区委外事工作领导小

组成员的通知
京丰办发〔2014〕13号 中共北京市丰台区委大事记(2014年3月)
京丰办发〔2014〕14号 中共丰台区委办公室 丰台区人民政府办公室关于印发《中共北京市丰台区委中关村科技园区丰台园工作委员会中关村科技园区丰台园管理委员会主要职责内设机构和人员编制规定》的通知
京丰办发〔2014〕15号 中共丰台区委办公室 丰台区人民政府办公室印发《丰台区关于加快推进社会组织改革与发展的实施意见》的通知
京丰办发〔2014〕16号 中共北京市丰台区委大事记(4月份)
京丰办发〔2014〕17号 中共丰台区委办公室 丰台区人民政府办公室关于调整丰台区处理信访突出问题及群体性事件联席会议组织成员的通知
京丰办发〔2014〕18号 中共丰台区委办公室 丰台区人民政府办公室关于印发《丰台区网络评论员队伍建设方案》的通知
京丰办发〔2014〕19号 中共丰台区委办公室 丰台区人民政府办公室关于成立丰台区建设学习型城区工作领导小组的通知
京丰办发〔2014〕20号 中共丰台区委办公室 丰台区人民政府办公室关于成立丰台区2014年征兵工作领导小组的通知
京丰办发〔2014〕21号 中共北京市丰台区委大事记(2014年5月)
京丰办发〔2014〕22号 中共北京市丰台区委大事记(2014年6月)
京丰办发〔2014〕23号 中共北京市丰台区委大事记(2014年7月)
京丰办发〔2014〕24号 中共丰台区委办公室关于2014北京“卢沟晓月”中秋文化旅游系列活动中街乡镇“送福”活动安排的通知
京丰办发〔2014〕25号 中共北京市丰台区委大事记(2014年8月)
京丰办发〔2014〕26号 中共丰台区委办公室 丰台区人民政府办公室关于印发《丰台区非首都核心功能疏解指挥部组织机构和人员》的通知
京丰办发〔2014〕27号 中共丰台区委办公室 丰台区人民政府办公室印发《关于进一步完善区领导同志调查研究工作的意见》的通知
京丰办发〔2014〕28号 中共丰台区委办公室 丰台区人民政府办公室关于印发《北京市丰台区区级机关会议管理办法》的通知
京丰办发〔2014〕29号 中共丰台区委办公室 丰台区人民政府办公室关于印发《北京市丰台区党政机关公文处理细则》的通知
京丰办发〔2014〕30号 中共丰台区委办公室关于进一步加强和改进区委督促检查工作的实施意见
京丰办发〔2014〕31号 中共北京市丰台区委大事记(2014年9月)
京丰办发〔2014〕32号 中共北京市丰台区委大事记(2014年10月)
京丰办发〔2014〕33号 中共丰台区委办公室关于印发《丰台区关于深化“四风”整治、巩固和拓展党的群众路线教育实践活动成果的工作安排》的通知
京丰办发〔2014〕34号 中共北京市丰台区委大事记(2014年11月)

丰台区人民政府主要文件目录

丰台区人民政府文件

丰政发〔2014〕1号 丰台区人民政府 丰台区人民政府关于印发区十五届人大四次会议审议批准的《政府工作报告》的通知
丰政发〔2014〕2号 丰台区人民政府 丰

台区人民政府关于印发《2014年区政府折子工程》的通知
丰政发〔2014〕3号　丰台区人民政府　丰台区人民政府关于印发2014年在直接关系群众生活方面拟办的重要实事的通知
丰政发〔2014〕4号　丰台区人民政府　丰台区人民政府关于印发《丰台区夜景照明设施管理规定》的通知
丰政发〔2014〕5号　丰台区人民政府　丰台区人民政府关于成立大气污染综合治理领导小组的通知
丰政发〔2014〕6号　丰台区人民政府　丰台区人民政府转发市政府关于印发《北京市安全生产“一岗双责”暂行规定》的通知
丰政发〔2014〕7号　丰台区人民政府　丰台区人民政府关于印发《北京市丰台区商业发展规划(2013-2020)》的通知
丰政发〔2014〕8号　丰台区人民政府　丰台区人民政府关于促进城乡劳动力就业的若干意见
丰政发〔2014〕10号　丰台区人民政府　丰台区人民政府关于印发《丰台区专利支持办法》的通知
丰政发〔2014〕11号　丰台区人民政府　丰台区人民政府关于调整区政府领导分工的通知
丰政发〔2014〕13号　丰台区人民政府　丰台区人民政府关于做好重大火灾隐患集中整治专项行动期间重大火灾隐患挂牌督办工作的通知
丰政发〔2014〕14号　丰台区人民政府　丰台区人民政府关于建立审计整改联动的意见
丰政发〔2014〕16号　丰台区人民政府　丰台区人民政府关于加快丰台科技园转型升级的若干意见
丰政发〔2014〕17号　丰台区人民政府　丰台区人民政府印发关于加快推进养老服务业发展的实施意见的通知
丰政发〔2014〕18号　丰台区人民政府　丰台区人民政府关于取消一批行政审批事项的通知

丰台区人民政府办公室文件

丰政办发〔2014〕1号北京市丰台区人民政府办公室转发关于《丰台区加强物业服务和社会管理工作意见》的通知
丰政办发〔2014〕2号北京市丰台区人民政府办公室关于印发《丰台区政府“马上就办”工作制度》的通知
丰政办发〔2014〕4号北京市丰台区人民政府办公室关于印发《丰台区服务保障2014年全国“两会”工作方案》的通知
丰政办发〔2014〕5号北京市丰台区人民政府办公室关于印发《丰台区2014年引进亿元以上规模企业任务分解方案》的通知
丰政办发〔2014〕6号北京市丰台区人民政府办公室关于印发2013-2017年清洁空气行动计划重点任务分解2014年工作措施的通知
丰政办发〔2014〕7号北京市丰台区人民政府办公室关于印发《丰台区区域性火灾隐患整治工作规划》的通知
丰政办发〔2014〕8号北京市丰台区人民政府办公室转发关于《丰台区开展创建无障碍环境区县工作方案》的通知
丰政办发〔2014〕9号北京市丰台区人民政府办公室关于印发《丰台区人民防空工程使用规划》的通知
丰政办发〔2014〕11号北京市丰台区人民政府办公室关于印发《丰台区2014年重点经济指标任务分解方案》的通知
丰政办发〔2014〕15号北京市丰台区人民政府办公室关于印发2014年丰台区环境建设提升年活动方案的通知
丰政办发〔2014〕17号北京市丰台区人民政府办公室关于印发丰台区交通排堵保畅第十一阶段(2014年)工作方案的通知

丰政办发〔2014〕19 号北京市丰台区人民政府办公室关于印发丰台区建筑垃圾土方砂石运输综合管理工作实施方案的通知

丰政办发〔2014〕20 号北京市丰台区人民政府办公室关于印发 2014 年“减煤换煤、清洁空气”行动实施方案的通知

丰政办发〔2014〕22 号北京市丰台区人民政府办公室关于印发丰台区公共服务设施规划动态实施办法的通知

丰政办发〔2014〕23 号北京市丰台区人民政府办公室关于印发《丰台区支持“新三板”挂牌企业发展实施细则(试行)》的通知

丰政办发〔2014〕25 号北京市丰台区人民政府办公室关于印发《丰台区第一次全国可移动文物普查工作实施方案》的通知

丰政办发〔2014〕26 号北京市丰台区人民政府办公室关于印发《丰台区“十三五”规划研究编制工作方案》的通知

丰政办发〔2014〕28 号北京市丰台区人民政府办公室关于印发《丰台区落实智慧丰台顶层设计实施方案》的通知

丰政办发〔2014〕30 号北京市丰台区人民政府办公室关于印发《丰台区禁止和限制新增产业的目录》的通知

丰政办发〔2014〕31 号北京市丰台区人民政府办公室关于成立丰台区“十三五”规划编制工作领导小组的通知

丰政办发〔2014〕32 号北京市丰台区人民政府办公室关于设立北京市丰台区卫生和计划生育委员会的通知

丰政办发〔2014〕33 号北京市丰台区人民政府办公室关于印发《丰台区重大环境建设问题约谈制度》的通知

丰政办发〔2014〕35 号北京市丰台区人民政府办公室关于印发《丰台区环境总体规划(2013-2030)编制工作实施方案》的通知

驻区高等院校一览表

学校名称	学校详细地址	邮编	电话
首都经济贸易大学	北京市丰台区张家路口 121 号	100070	83952350
首都医科大学	北京市丰台区右安门外西头条 10 号	100069	63291983
中国戏曲学院	北京市丰台区万泉寺 400 号	100073	63353774
北京电子科技学院	北京市丰台区富丰路 7 号	100070	83635022

中学一览表（教师学生班级情况）

学校名称	教职工（人）			班级（个）							毕业生数						招生人数					
	合计	专任教师	区级以上骨干教师	合计	初中一年级	初中二年级	初中三年级	高中一年级	高中二年级	高中三年级	初中	北京市户籍毕业生	非北京市户籍毕业生	高中	北京市户籍毕业生	非北京市户籍毕业生	初中	北京市户籍招生人数	非北京市户籍招生人数	高中	北京市户籍招生人数	非北京市户籍招生人数
总　计	**5438**	**4016**	**713**	**949**	**221**	**219**	**211**	**80**	**106**	**112**	**5379**	**3489**	**1890**	**2565**	**2468**	**97**	**7874**	**3539**	**4335**	**2427**	**2349**	**78**
一、教育部门和集体办	**4854**	**3697**	**713**	**835**	**209**	**204**	**191**	**70**	**77**	**84**	**4818**	**3203**	**1615**	**2236**	**2164**	**72**	**7454**	**3362**	**4092**	**2283**	**2211**	**72**
北京教育学院附属丰台实验学校	17	11	2	2	2	0	0	-	-	-	0	0	0	-	-	-	69	38	31	-	-	-
北京市右安门外国语学校	59	41	8	13	5	4	4	-	-	-	87	34	53	-	-	-	180	27	153	-	-	-
清华大学附属中学丰台学校	153	116	19	19	6	7	6	-	-	-	135	58	77	-	-	-	237	100	137	-	-	-
北京市佟麟阁中学	56	41	5	12	4	4	4	-	-	-	69	5	64	-	-	-	106	5	101	-	-	-
北京市丰台区南苑中学	67	55	9	14	4	6	4	-	-	-	72	12	60	-	-	-	108	1	107	-	-	-
北京市丰台区东铁匠营第二中学	63	49	7	12	4	4	4	-	-	-	94	21	73	-	-	-	111	5	106	-	-	-
北京市丰台区丰台路中学	72	57	10	18	6	7	5	-	-	-	96	29	67	-	-	-	237	56	181	-	-	-
北京市丰台第八中学	116	91	18	28	10	8	10	-	-	-	286	246	40	-	-	-	346	258	88	-	-	-
北京市丰台第七中学	63	47	10	13	4	5	4	-	-	-	94	27	67	-	-	-	169	27	142	-	-	-
北京市丰台区看丹中学	64	45	7	14	5	5	4	-	-	-	89	28	61	-	-	-	212	20	192	-	-	-
北京市丰台区槐树岭学校	67	36	5	10	3	4	3	-	-	-	56	26	30	-	-	-	75	19	56	-	-	-
北京市芳星园中学	70	54	11	12	4	4	4	-	-	-	68	37	31	-	-	-	152	50	102	-	-	-
北京市丰台区左安门中学	56	40	3	12	4	4	4	-	-	-	72	17	55	-	-	-	89	2	87	-	-	-
北京市丰台区卢沟桥中学	76	59	11	16	6	6	4	-	-	-	88	47	41	-	-	-	233	33	200	-	-	-

学校名称	教职工（人）			班级（个）							毕业生数						招生人数					
	合计	专任教师	区级以上骨干教师	合计	初中一年级	初中二年级	初中三年级	高中一年级	高中二年级	高中三年级	初中	北京市户籍毕业生	非北京市户籍毕业生	高中	北京市户籍毕业生	非北京市户籍毕业生	初中	北京市户籍招生人数	非北京市户籍招生人数	高中	北京市户籍招生人数	非北京市户籍招生人数
北京市丰台区黄土岗中学	61	47	5	16	6	6	4	-	-	-	98	11	87	-	-	-	243	11	232	-	-	-
北京教育学院丰台分院附属学校	105	79	11	11	4	4	3	-	-	-	83	72	11	-	-	-	120	70	50	-	-	-
北京市西罗园学校	94	73	12	12	4	4	4	-	-	-	68	18	50	-	-	-	156	23	133	-	-	-
北京市洋桥学校	94	67	8	13	4	5	4	-	-	-	51	18	33	-	-	-	140	10	130	-	-	-
北京市赵登禹学校	217	199	20	24	8	8	8	-	-	-	209	158	51	-	-	-	310	145	165	-	-	-
北京市丰台区长辛店学校	110	82	13	9	3	3	3	-	-	-	48	31	17	-	-	-	102	41	61	-	-	-
北京市丰台区和义学校	140	121	23	19	6	6	7	-	-	-	133	59	74	-	-	-	227	57	170	-	-	-
北京市丰台区王佐学校	151	101	23	15	5	5	5	-	-	-	123	96	27	-	-	-	192	98	94	-	-	-
北京四中璞瑅学校	52	44	0	5	4	1	0	-	-	-	0	0	0	-	-	-	98	61	37	-	-	-
北京师范大学第四附属中学	177	135	29	32	5	4	4	6	6	7	73	33	40	197	195	2	156	45	111	200	191	9
北京市航天中学	237	176	16	36	8	8	8	4	4	4	206	159	47	80	75	5	316	195	121	120	112	8
北京市丰台区东铁匠营第一中学	141	101	10	31	7	7	6	3	4	4	133	79	54	38	29	9	229	69	160	104	98	6
北京市大成学校	261	200	33	36	6	6	6	6	6	6	127	59	68	95	95	0	222	48	174	136	132	4
中国教育科学研究院丰台实验学校	268	206	45	34	6	6	6	5	5	6	159	103	56	155	153	2	236	157	79	195	188	7
北京市第十二中学	381	290	93	77	14	14	16	11	11	11	582	540	42	433	423	10	505	456	49	358	347	11
首都经济贸易大学附属中学	158	101	15	27	6	6	6	3	3	3	141	88	53	50	41	9	265	112	153	84	84	0
北京市丰台区丰台第二中学	241	176	57	41	7	7	7	6	7	7	236	216	20	262	257	5	239	214	25	239	234	5
北京市首都师范大学附属丽泽中学	249	210	49	48	9	8	8	6	8	9	287	241	46	239	239	0	319	203	116	209	202	7

学校名称	教职工（人）			班级（个）							毕业生数						招生人数					
	合计	专任教师	区级以上骨干教师	合计	初中一年级	初中二年级	初中三年级	高中一年级	高中二年级	高中三年级	初中	北京市户籍毕业生	非北京市户籍毕业生	高中	北京市户籍毕业生	非北京市户籍毕业生	初中	北京市户籍招生人数	非北京市户籍招生人数	高中	北京市户籍招生人数	非北京市户籍招生人数
北京市第十中学	240	184	52	49	6	6	6	7	11	13	232	207	25	305	287	18	214	169	45	228	223	5
北京市丰台区长辛店第一中学	99	70	17	16	6	5	5	0	0	0	81	48	33	0	0	0	204	64	140	0	0	0
首都师范大学附属云岗中学	150	111	23	31	6	6	6	4	4	5	210	194	16	126	124	2	239	180	59	139	138	1
北京市第十八中学	229	182	34	57	12	11	9	8	8	9	232	186	46	256	246	10	398	293	105	240	232	8
北京市丰台区职业教育中心学校	-	-	-	1	-	-	-	1	0	0	-	-	-	0	0	0	-	-	-	31	30	1
二、其他部门	**57**	**8**	**0**	**7**	**1**	**3**	**3**	**0**	**0**	**0**	**139**	**106**	**33**	-	-	-	**58**	**36**	**22**	**0**	**0**	**0**
北京市第十二中学体育分校	57	8	0	5	1	2	2	0	0	0	101	85	16	-	-	-	58	36	22	-	-	-
北京体育职业学院	-	-	-	2	0	1	1	0	0	0	38	21	17	-	-	-	0	0	0	-	-	-
三、民办	**527**	**311**	**0**	**107**	**11**	**12**	**17**	**10**	**29**	**28**	**422**	**180**	**242**	**329**	**304**	**25**	**362**	**141**	**221**	**144**	**138**	**6**
北京市圣云中学	24	15	0	5	1	2	2	0	0	0	48	19	29	-	-	-	34	5	29	-	-	-
北京市丰台区振华民生学校	29	19	0	0	0	0	0	0	0	0	0	0	0	-	-	-	0	0	0	-	-	-
北京市第八中学怡海分校	165	105	0	42	9	9	11	4	4	5	282	156	126	96	93	3	298	131	167	87	85	2
北大附属实验学校	210	111	0	10	1	1	4	1	1	2	92	5	87	1	1	0	30	5	25	11	11	0
北京市中桥外国语学校	43	26	0	21	0	0	0	3	9	9	-	-	-	113	108	5	-	-	-	27	24	3
北京市明德中学	36	19	0	10	0	0	0	0	5	5	-	-	-	33	26	7	-	-	-	0	0	0
北京市第十二中学高中分校	1	0	0	0	0	0	0	0	0	0	-	-	-	0	0	0	-	-	-	0	0	0
北京市丰华中学	19	16	0	4	0	0	0	0	2	2	-	-	-	52	51	1	-	-	-	0	0	0
北京新桥外国语高中学校	-	-	-	15	0	0	0	2	8	5	-	-	-	34	25	9	-	-	-	19	18	1

中学一览表（教师学生班级情况）（续表）

学校名称	总计						初中一年级			初中二年级			初中三年级			高中一年级			高中二年级			高中三年级		
	在校学生（人）						在校学生（人）			在校学生（人）			在校学生（人）			在校学生（人）			在校学生（人）			在校学生（人）		
	小计	北京市户籍学生	非北京市户籍借读生	本市农业户口学生	按有本市户籍对待的外省市户籍学生	另有外国籍学生	小计	北京市户籍学生	非北京市户籍借读生	小计	北京市户籍学生	非北京市户籍借读生	小计	北京市户籍学生	非北京市户籍借读生	小计	北京市户籍学生	非北京市户籍借读生	小计	北京市户籍学生	非北京市户籍借读生	小计	北京市户籍学生	非北京市户籍借读生
总　计	**30571**	**18436**	**12135**	**4216**	**529**	**99**	**7877**	**3541**	**4336**	**7524**	**3498**	**4026**	**6696**	**3749**	**2947**	**2427**	**2349**	**78**	**2980**	**2535**	**445**	**3067**	**2764**	**303**
一、教育部门和集体办	**27613**	**16777**	**10836**	**4049**	**489**	**6**	**7457**	**3364**	**4093**	**7017**	**3287**	**3730**	**6065**	**3509**	**2556**	**2283**	**2211**	**72**	**2321**	**2101**	**220**	**2470**	**2305**	**165**
北京教育学院附属丰台实验学校	69	38	31	17	3	0	69	38	31	0	0	0	0	0	0	-	-	-	-	-	-	-	-	-
北京市右安门外国语学校	413	112	301	33	5	0	180	27	153	117	37	80	116	48	68	-	-	-	-	-	-	-	-	-
清华大学附属中学丰台学校	643	212	431	81	13	0	237	100	137	223	50	173	183	62	121	-	-	-	-	-	-	-	-	-
北京市佟麟阁中学	341	27	314	6	0	0	106	5	101	137	13	124	98	9	89	-	-	-	-	-	-	-	-	-
北京市丰台区南苑中学	460	27	433	16	3	0	108	1	107	206	11	195	146	15	131	-	-	-	-	-	-	-	-	-
北京市丰台区东铁匠营第二中学	358	39	319	5	1	0	111	5	106	146	13	133	101	21	80	-	-	-	-	-	-	-	-	-
北京市丰台区丰台路中学	785	155	630	50	8	0	237	56	181	342	49	293	206	50	156	-	-	-	-	-	-	-	-	-
北京市丰台第八中学	1008	862	146	76	11	0	346	258	88	324	288	36	338	316	22	-	-	-	-	-	-	-	-	-
北京市丰台第七中学	486	124	362	58	6	0	169	27	142	204	48	156	113	49	64	-	-	-	-	-	-	-	-	-
北京市丰台区看丹中学	553	62	491	40	5	0	212	20	192	203	26	177	138	16	122	-	-	-	-	-	-	-	-	-
北京市丰台区槐树岭学校	289	74	215	47	1	0	75	19	56	132	24	108	82	31	51	-	-	-	-	-	-	-	-	-
北京市芳星园中学	363	157	206	26	10	1	153	50	103	91	48	43	119	59	60	-	-	-	-	-	-	-	-	-
北京市丰台区左安门中学	291	16	275	2	2	0	89	2	87	121	4	117	81	10	71	-	-	-	-	-	-	-	-	-
北京市丰台区卢沟桥中学	603	153	450	45	12	0	233	33	200	215	56	159	155	64	91	-	-	-	-	-	-	-	-	-

学校名称	总计						初中一年级			初中二年级			初中三年级			高中一年级			高中二年级			高中三年级		
	在校学生（人）						在校学生（人）			在校学生（人）			在校学生（人）			在校学生（人）			在校学生（人）			在校学生（人）		
	小计	北京市户籍学生	非北京市户籍借读生	本市农业户口学生	按有本市户籍对待的外省市户籍学生	另有外国籍学生	小计	北京市户籍学生	非北京市户籍借读生	小计	北京市户籍学生	非北京市户籍借读生	小计	北京市户籍学生	非北京市户籍借读生	小计	北京市户籍学生	非北京市户籍借读生	小计	北京市户籍学生	非北京市户籍借读生	小计	北京市户籍学生	非北京市户籍借读生
北京市丰台区黄土岗中学	619	46	573	29	5	0	243	11	232	238	21	217	138	14	124	-	-	-	-	-	-	-	-	-
北京教育学院丰台分院附属学校	314	204	110	121	5	0	121	71	50	112	72	40	81	61	20	-	-	-	-	-	-	-	-	-
北京市西罗园学校	408	92	316	12	0	0	156	23	133	136	33	103	116	36	80	-	-	-	-	-	-	-	-	-
北京市洋桥学校	431	37	394	3	2	0	140	10	130	170	15	155	121	12	109	-	-	-	-	-	-	-	-	-
北京市赵登禹学校	767	418	349	66	23	0	310	145	165	262	156	106	195	117	78	-	-	-	-	-	-	-	-	-
北京市丰台区长辛店学校	301	141	160	74	1	0	102	41	61	115	57	58	84	43	41	-	-	-	-	-	-	-	-	-
北京市丰台区和义学校	637	183	454	47	9	0	227	57	170	193	54	139	217	72	145	-	-	-	-	-	-	-	-	-
北京市丰台区王佐学校	547	285	262	217	6	0	192	98	94	184	96	88	171	91	80	-	-	-	-	-	-	-	-	-
北京四中璞瑅学校	126	73	53	8	1	0	98	61	37	28	12	16	0	0	0	-	-	-	-	-	-	-	-	-
北京师范大学第四附属中学	1018	730	288	169	40	0	157	46	111	126	54	72	130	58	72	200	191	9	187	173	14	218	208	10
北京市航天中学	1102	850	252	229	22	0	316	195	121	224	157	67	214	176	38	120	112	8	116	107	9	112	103	9
北京市丰台区东铁匠营第一中学	900	543	357	115	19	0	229	69	160	196	84	112	150	91	59	104	98	6	111	101	10	110	100	10
北京市大成学校	1026	616	410	196	16	0	222	48	174	195	62	133	174	82	92	136	132	4	149	148	1	150	144	6
中国教育科学研究院丰台实验学校	1244	896	348	287	26	0	236	157	79	239	111	128	207	95	112	195	188	7	183	163	20	184	182	2
北京市第十二中学	2673	2466	207	233	46	3	505	456	49	470	418	52	620	567	53	358	347	11	352	325	27	368	353	15
首都经济贸易大学附属中学	903	611	292	205	24	0	265	112	153	207	143	64	180	114	66	84	84	0	83	78	5	84	80	4
北京市丰台区丰台第二中学	1359	1226	133	208	29	0	239	214	25	237	174	63	189	159	30	239	234	5	217	209	8	238	236	2
北京市首都师范大学附属丽泽中学	1688	1327	361	330	41	1	319	203	116	333	196	137	330	260	70	209	202	7	242	226	16	255	240	15

学校名称	总计						初中一年级			初中二年级			初中三年级			高中一年级			高中二年级			高中三年级		
	在校学生（人）						在校学生（人）			在校学生（人）			在校学生（人）			在校学生（人）			在校学生（人）			在校学生（人）		
	小计	北京市户籍学生	非北京市户籍借读生	本市农业户口学生	按有本市户籍对待的外省市户籍学生	另有外国籍学生	小计	北京市户籍学生	非北京市户籍借读生	小计	北京市户籍学生	非北京市户籍借读生	小计	北京市户籍学生	非北京市户籍借读生	小计	北京市户籍学生	非北京市户籍借读生	小计	北京市户籍学生	非北京市户籍借读生	小计	北京市户籍学生	非北京市户籍借读生
北京市第十中学	1599	1319	280	379	20	0	214	169	45	228	195	33	241	216	25	228	223	5	331	233	98	357	283	74
北京市丰台区长辛店第一中学	475	230	245	73	4	0	204	64	140	131	79	52	140	87	53	0	0	0	0	0	0	0	0	0
首都师范大学附属云岗中学	1118	995	123	364	15	0	239	180	59	244	209	35	206	186	20	139	138	1	135	133	2	155	149	6
北京市第十八中学	1665	1401	264	173	54	1	398	293	105	288	222	66	285	222	63	240	232	8	215	205	10	239	227	12
北京市丰台区职业教育中心学校	31	30	1	9	1	0	-	-	-	-	-	-	-	-	-	31	30	1	0	0	0	0	0	0
二、其他部门	**250**	**188**	**62**	**49**	**5**	**0**	**58**	**36**	**22**	**100**	**79**	**21**	**92**	**73**	**19**	-	-	-	-	-	-	-	-	-
北京市第十二中学体育分校	222	166	56	42	5	0	58	36	22	92	72	20	72	58	14	-	-	-	-	-	-	-	-	-
北京体育职业学院	28	22	6	7	0	0	0	0	0	8	7	1	20	15	5	-	-	-	-	-	-	-	-	-
三、民办	**2708**	**1471**	**1237**	**118**	**35**	**93**	**362**	**141**	**221**	**407**	**132**	**275**	**539**	**167**	**372**	**144**	**138**	**6**	**659**	**434**	**225**	**597**	**459**	**138**
北京市圣云中学	137	41	96	10	1	0	34	5	29	42	18	24	61	18	43	-	-	-	-	-	-	-	-	-
北京市丰台区振华民生学校	0	0	0	0	0	0	0	0	0	0	0	0	0	0	0	-	-	-	-	-	-	-	-	-
北京市第八中学怡海分校	1196	594	602	32	28	21	298	131	167	317	109	208	332	143	189	87	85	2	88	62	26	74	64	10
北大附属实验学校	278	48	230	7	1	0	30	5	25	48	5	43	146	6	140	11	11	0	18	8	10	25	13	12
北京市中桥外国语学校	459	354	105	22	3	0	-	-	-	-	-	-	-	-	-	27	24	3	209	151	58	223	179	44
北京市明德中学	259	176	83	24	0	0	-	-	-	-	-	-	-	-	-	0	0	0	129	86	43	130	90	40
北京市第十二中学高中分校	0	0	0	0	0	0	-	-	-	-	-	-	-	-	-	0	0	0	0	0	0	0	0	0
北京市丰华中学	100	88	12	9	1	0	-	-	-	-	-	-	-	-	-	0	0	0	51	40	11	49	48	1
北京新桥外国语高中学校	279	170	109	14	1	72	-	-	-	-	-	-	-	-	-	19	18	1	164	87	77	96	65	31

中学一览表

序号	学校名称	法人	邮政编码	学校地址	电话号码
总　计					
一、教育部门和集体办					
1	北京教育学院附属丰台实验学校	郝玉伟	100141	北京市丰台区大成南里四区二十四号	68278799
2	北京市右安门外国语学校	冯　雪	100069	北京市丰台区右安门外玉林东里三区 19 号	63291397
3	清华大学附属中学丰台学校	王殿军	100073	北京市丰台区西客站南路 27 号	63475285
4	北京市佟麟阁中学	栗培志	100075	北京市丰台区大红门路 60 号	67235977-8209
5	北京市丰台区南苑中学	刘爱丽	100076	北京市丰台区南苑西路 1 号	67991601
6	北京市丰台区东铁匠营第二中学	王新燕	100079	北京市丰台区石榴园北里 4 号	67283340
7	北京市丰台区丰台路中学	姜　波	100071	北京市丰台区西四环中路 103 号	63822494
8	北京市丰台第八中学	刘　磊	100071	北京市丰台区北大地一里 16 号	63841055
9	北京市丰台第七中学	徐曙炜	100070	北京市丰台区新村四里 3 号	63738115
10	北京市丰台区看丹中学	李迎红	100070	北京市丰台区建新路 19 号	63737583
11	北京市丰台区槐树岭学校	王建国	100072	北京市丰台区大灰厂东路 19 号	83804564
12	北京市芳星园中学	王瑛琨	100078	北京市丰台区方庄芳城园三区 10 号	67684478
13	北京市丰台区左安门中学	何百忠	100164	北京市丰台区成寿寺路四方景园 5 区 9 号楼	67654844
14	北京市丰台区卢沟桥中学	刘凤林	100165	北京市丰台区晓月苑小区垂虹街 2 号	83219580
15	北京市丰台区黄土岗中学	冯　明	100160	北京市丰台区花乡黄土岗后街 87 号	83716088
16	北京教育学院丰台分院附属学校	齐伟哲	100070	北京市丰台区三环新城 6 号院	86312776
17	北京市西罗园学校	王朝欣	100077	北京市丰台区西罗园二区 21 号楼	87293306
18	北京市洋桥学校	李　伟	100077	北京市丰台区洋桥北里 5 号	67213111
19	北京市赵登禹学校	徐　唯	100067	北京市丰台区马家堡嘉园一里 17 号	67576125
20	北京市丰台区长辛店学校	王立华	100072	北京市丰台区朱家坟一里 44 号	83843233
21	北京市丰台区和义学校	王海燕	100076	北京市丰台区南苑北里三区 12 号楼	67980898
22	北京市丰台区王佐学校	单鸾娇	100074	北京市丰台区王佐镇西王佐村 25 号	83316351-8845
23	北京四中璞瑅学校	夏　洁	100078	北京市丰台区方庄紫芳园六区 7 号	87526336
24	北京师范大学第四附属中学	郑　洁	100069	北京市丰台区右安门外翠林小区二里 22 号	83401226
25	北京市航天中学	柳学袖	100076	北京市丰台区万源北路 3 号	67991659
26	北京市丰台区东铁匠营第一中学	凌　云	100075	北京市丰台区刘家窑东里 7 号	67650941
27	北京市大成学校	徐朝辉	100141	北京市丰台区青塔小区 C 区	68671697
28	中国教育科学研究院丰台实验学校	石　磊	100071	北京市丰台区程庄路九十号	63833945
29	北京市第十二中学	李有毅	100071	北京市丰台区益泽路 15 号	83666020
30	首都经济贸易大学附属中学	李晨辉	100070	北京市丰台区新华街 2 号	63726654

序号	学校名称	法人	邮政编码	学校地址	电话号码
31	北京市丰台区丰台第二中学	王志江	100071	北京市丰台区丰台镇东安街头条3号	63800782
32	北京市首都师范大学附属丽泽中学	臧富仁	100071	北京市丰台区西四环南路62号	63825292
33	北京市第十中学	葛保红	100072	丰台区长辛店南关东里一号	83884109
34	北京市丰台区长辛店第一中学	王志斌	100072	北京市丰台区长辛店扶轮胡同45号	83876126
35	首都师范大学附属云岗中学	张进兵	100074	北京市丰台区云岗北区东里1号	68740542
36	北京市第十八中学	管　杰	100078	北京市丰台区芳星园二区11号楼	67696709
二、其他部门					
37	北京市第十二中学体育分校	张　炳	100071	北京市丰台区丰台镇文体路32号	63823086
三、民办					
38	北京市圣云中学	杨效欣	100165	丰台区卢沟桥晓月苑1里14号	83218989
39	北京市丰台区振华民生学校	张凤芝	100166	北京市丰台区卢沟桥乡大瓦窑村525号	83291054
40	北京市第八中学怡海分校	尹小凤	100070	北京市丰台区南四环西路129号	63798086
41	北大附属实验学校	董　琦	100160	北京市丰台区明春苑小区	83701122-2001
42	北京市中桥外国语学校	李雪兰	100073	北京市丰台区太平桥东局甲2号	63402952
43	北京市明德中学	陈秀萍	100073	北京市丰台区骆驼湾37号	83062818
44	北京市第十二中学高中分校	史卫东	100071	北京市丰台区益泽路15号	83666027
45	北京市丰华中学	崔　东	100072	北京市丰台区一里45号	83806697

小学一览表

序号	学校名称	法人	邮政编码	学校地址	电话号码
总　计					
一、教育部门和集体办					
1	北京市丰台区右安门第一小学	张悦峰	100069	北京市丰台区右安门外东三条51号	63529419
2	北京市丰台区玉林小学	梁秀桥	100069	北京市丰台区右安门外玉林里18号	63291380
3	北京市丰台区翠林小学	刘　洪	100069	北京市丰台区右安门外翠林小区三里4号楼	83401920
4	北京市丰台区太平桥第二小学校	杨国梅	100073	北京市丰台区太平桥8号	63468617
5	北京市丰台区六里桥小学	郑海生	100055	北京市丰台区莲花池南里15号	63261968
6	北京市丰台区西罗园小学	闫卫华	100068	北京市丰台区海户西里12号	67233006
7	北京市丰台区西罗园第四小学	陈卫东	100076	北京市丰台区洋桥西里31号楼	67217206
8	北京市丰台区西罗园第五小学	吴家荣	100077	北京市丰台区西罗园三区16号楼	67223982
9	北京市丰台区角门小学	张会军	100068	北京市丰台区角门东里甲30号	67584730
10	北京市丰台区大红门第一小学	马丽丽	100075	北京市丰台区大红门西前街24号	67267294
11	北京市丰台区大红门第二小学	武金英	100075	北京市丰台区大红门东后街157号	67221506
12	北京市丰台区西罗园第六小学	房建国	100068	北京市丰台区西罗园南里9号楼	67232530

序号	学校名称	法人	邮政编码	学校地址	电话号码
13	北京市丰台区东罗园小学	王艳荣	100075	丰台区马公庄5号楼	67269874
14	北京市丰台区苏家坡小学	王春林	100075	北京市丰台区大红门路15号	67212473
15	北京市丰台区时光小学	林燕鸣	100079	北京市丰台区石榴园北里20号楼	67244135
16	北京市丰台区西马金润小学	赵秀云	100068	北京市丰台区西马场南里2区25号	87597043
17	北京市丰台区南苑镇第一小学	李淑捷	100076	北京市丰台区南苑镇公所胡同22号	67991392
18	北京市丰台区南苑第四小学	蒋梅荣	100076	北京市南苑机场警备东路6号一区	67964608
19	北京市丰台区五爱屯小学	杨　静	100076	北京市丰台区南苑西宏苑小区6号	67990298
20	北京市丰台区东高地第一小学	张雪丽	100076	北京市丰台区东高地斜街1号	67991703
21	北京市丰台区东高地第二小学	吴萍华	100076	北京市丰台区万源东里75栋	68756800
22	北京市丰台区东高地第三小学	陈翠敏	100076	北京市丰台区东高地梅源小区内	68759890
23	北京市丰台区东高地第四小学	徐艳红	100076	北京市丰台区万源南里2号	88524604
24	北京市丰台区东铁匠营第一小学	徐　绯	100075	北京市丰台区蒲黄榆路胡村1号	67614441
25	北京市丰台区东铁匠营第二小学	许　芳	100079	北京市丰台区永外北铁营259号	67621601
26	北京市丰台区蒲黄榆第一小学	张小军	100075	北京市丰台区蒲黄榆西里3号楼	67653658
27	北京市丰台区蒲黄榆第三小学	张光彦	100075	北京市丰台区蒲安里15号	67613813
28	北京市丰台区成寿寺小学	吴新升	100078	北京市丰台区成寿寺村76号	67633640
29	北京市丰台区丰体时代小学	张拥军	100166	北京市丰台区丰体南路一号院10号楼	63821729
30	北京市丰台区丰台第一小学	殷　楠	100071	北京市丰台区东安街1号	63890152
31	北京市丰台区丰台第二小学	刘海莉	100070	北京市丰台区丰台南路107号	63726582
32	北京市丰台区师范学校附属小学	田昆升	100071	北京市丰台区文体路30号	63807021-8035
33	北京市丰台区丰台第五小学	李　磊	100070	北京市丰台区西四环南路78号	63823080
34	北京市丰台区丰台第六小学	张　蕾	100071	北京市丰台区丰台镇七里庄138号	63823479
35	北京市丰台区丰台第七小学校	王　莉	100071	丰台区东大街东里12号	63821456
36	北京铁路分局北京铁路职工子弟第十一小学	杨凤娥	100070	北京市丰台区葆台北路欣葆家园内	63736807
37	北京市丰台区丰台第八小学	孙淑凤	100070	北京市丰台区韩庄子二里8号楼	63720715
38	北京市丰台区实验小学	沈静洁	100070	北京市丰台区科学城恒富街1号	63723474
39	北京市丰台区万柳园小学	曹　洁	100070	北京市丰台区万柳园小区10号楼	63302749
40	北京市丰台区长辛店第一小学	吴亚民	100072	北京市丰台区长辛店大街145号	83876144-8005
41	北京市丰台区长辛店第二小学	董　山	100072	北京市丰台区长辛店大街262号	83876245
42	北京市丰台区长辛店第七小学	李旭红	100072	北京市丰台区长辛店陈庄子4号	83876327
43	北京市丰台区长辛店第九小学	陈宝忠	100072	北京市丰台区张郭庄南路3号	83879138
44	北京市丰台区扶轮小学	孙少红	100072	北京市丰台区长辛店崔村一里8号	83308461
45	首都师范大学附属云岗小学	张德江	100074	北京市丰台区云岗北区西里7号	88532492
46	北京市丰台区芳星园第二小学	孙曾红	100078	北京市丰台区芳星园三区21号	67638304-8004
47	北京市丰台区芳群园第一小学	王君霞	100078	北京市丰台区方庄芳群园一区14#	67634832

序号	学校名称	法人	邮政编码	学校地址	电话号码
48	北京市丰台区芳城园小学	刘爱华	100078	北京市丰台区方庄芳城园二区1号	67648616
49	北京市丰台区芳古园小学	申瑞芝	100078	北京市丰台区芳古园一区19号楼	67629801
50	北京市丰台区卢沟桥第一小学	李　静	100165	北京市丰台区卢沟桥城内街155号	83891403-8110
51	北京市丰台区卢沟桥第二小学校	张利民	100165	北京市丰台区卢沟桥南里32号	83893491
52	北京市丰台区长辛店中心小学	刁全贵	100072	北京市丰台区槐树岭5号	83800560
53	北京市丰台区南宫中心小学	马　新	100074	北京市丰台区云岗新村78号	83316716-8007
54	北京市丰台区万泉寺小学	张建超	100073	北京市丰台区万泉寺270号	63336916
55	北京市丰台区小井小学	白文梅	100161	北京市丰台区小井小学338号	63814959
56	北京市丰台区靛厂小学	李德华	100039	北京市丰台区卢沟桥乡靛厂村甲300号	63823941
57	北京市丰台区长安新城小学	张　波	100141	北京市丰台区长安新城一区11楼	68697083
58	北京市丰台区草桥小学	林艳玲	100067	北京市丰台区草桥欣园四区	67527447
59	北京市丰台区黄土岗小学	李　静	100070	丰台区花乡黄土岗村后黄土岗3号	63726855
60	北京市丰台区新发地小学	徐学敏	100160	北京市丰台区天伦锦城12号楼	83721271
61	北京市丰台区白盆窑小学	候　健	100070	北京市丰台区白盆窑村70号	83791278
62	北京市丰台区高立庄小学	王　兰	100070	北京市丰台区花乡高立庄村246号	83700095
63	北京市丰台区六圈小学	陈罕芙	100070	北京市丰台区富锦嘉园三区12号	83623899
64	北京市丰台区看丹小学	孙向东	100070	北京市丰台区建新路36号	63713286
65	北京市丰台区阳春小学	刘　彤	100070	北京市丰台区羊坊村111号	83700192
66	首都经济贸易大学附属小学	张晓红	100070	北京市丰台区南大元290号	63736204
67	北京市丰台区纪家庙小学	王　红	100070	北京市丰台区于家胡同59号	63350158
68	北京市丰台区四合庄小学	杨美凤	100070	北京市丰台区花乡育仁里2号院	83621316
69	北京市丰台区人民村小学	赵艳蓉	100070	北京市丰台区人民村58号	83600516
70	北京小学丰台万年花城分校	刘显洋	100071	丰台万年花城万芳园4区2号	68370901
71	北京市丰台区石榴庄小学	林艳玲	100079	北京市丰台区石榴庄南里2号	67621920
72	北京市丰台区分钟寺小学校	余　芳	100164	北京市丰台区分钟寺450号	87690640
73	北京市丰台区槐房小学	辛　洁	100076	北京市丰台区槐房村335号	67916420
74	北京朝阳芳草地国际学校丽泽分校	线永正	100073	北京市丰台区丽泽路1号院4号楼	63256917
75	北京教育科学研究院丰台实验小学	祁　红	100079	北京市丰台区顺八条8号院二区三号楼	87662327
二、民办					
79	北京市丰台区康华小学	田艳红	100075	北京市丰台区大红门路60号	67254217
80	北京第一实验小学彩虹分校	王志清	100075	北京丰台区光彩路67号	87809960
81	北京第二实验小学怡海分校	史德志	100070	北京市丰台区南四环西路129号	63743221
82	北京市丰台区晓月苑小学	杨淑芬	100165	北京市丰台区卢沟桥晓月苑一里14号	83214815
83	北京市蓝天丰苑学校	刘乙辰	100076	北京市丰台区南苑五爱屯东街头2号	67997625

幼儿园一览表

序号	幼儿园名称	法人或园长	邮政编码	幼儿园地址	电话号码
			总 计		
一、教育部门（含附设幼儿班）					
1	北京市丰台区育英幼儿园	田　丽	100077	北京市丰台区洋桥西里 33 号	67210212
2	北京市丰台区西罗园幼儿园	马玉华	100077	北京市丰台区洋桥北里 32 里号	67227202
3	北京市丰台区群英幼儿园	范建华	100077	北京市丰台区西罗园三区 10 号楼	67220618
4	北京市丰台区东罗园幼儿园	赵丽君	100075	北京市丰台区赵公口小区 1 号楼	67275410
5	北京市丰台区南苑教工幼儿园	张培红	100076	北京市丰台区南苑东长街 12 号	67991753
6	北京市丰台区蒲黄榆第一幼儿园	穆新莉	100075	丰台区蒲黄榆三里甲三号楼	67625296
7	北京市丰台区蒲黄榆第二幼儿园	翟丽娟	100075	北京市丰台区蒲安里 8 号楼	87822017
8	北京市丰台区丰台第二幼儿园	游向红	100161	北京市丰台区丰台北路望园西里 17 号	63839282
9	北京市丰台区丰台第三幼儿园	梁　莉	100071	北京市丰台区五里店南里 29 号	63813003
10	北京市丰台区青塔第二幼儿园	权　明	100141	北京市丰台区青塔小区秀园 7 号	68671467
11	北京市丰台区丰台第一幼儿园	朱继文	100071	北京市丰台区东大街 27 号	63894793
12	北京市丰台区丰台第六幼儿园	闫俊喜	100071	北京市丰台区丰台正阳小区 7 号楼	63821594
13	北京市丰台区丰台第四幼儿园	刘银玉	100070	北京市丰台桥南造甲南里 17 号	83720177
14	北京市丰台区丰台第五幼儿园	彭俊红	100070	北京市丰台区韩庄子东里甲一号	63712242
15	北京市丰台区花城幼儿园	张明英	100070	北京市丰台区芳菲路 88 号 12 号楼	83684287
16	北京市丰台区长辛店第一幼儿园	王晓红	100072	北京市丰台区长辛店曹家口 26 号	83876687
17	北京市丰台区方庄第一幼儿园	何艳华	100078	北京市丰台区方庄芳古园一区 16 号楼	67628116-8002
18	北京市丰台区芳庄第二幼儿园	孔震英	100078	北京市丰台区方庄芳星园三区 22 号楼	67635271
19	北京市丰台区芳庄第三幼儿园	吴东慧	100078	北京市丰台区方庄芳城园一区 8 号楼	67644688
20	北京市丰台区实验幼儿园	彭俊娟	100078	北京市丰台区方庄芳群园二区十号楼	67652880
21	北京市丰台区方庄第六幼儿园	庄惠清	100078	北京市丰台区方庄芳星园三区 28 号楼	67628836
22	北京市丰台区宛平幼儿园	王学明	100165	北京市丰台区晓月苑垂虹街 3 号	83214743
23	北京市丰台区嘉园第一幼儿园	郑淑敏	100067	北京市丰台区嘉园二里 25 号楼	67532807
24	北京市丰台区丰台第二幼儿园葆台园	倪　敏	100070	北京市丰台区葆台中街欣葆家园	无
25	北京教育科学研究院丰台实验幼儿园	吴海梅	100076	北京市丰台区南苑阳光新苑小区内	无
26	北京市丰台区王佐第一幼儿园	马　新	100074	北京市丰台区云岗新村 78 号	83316716-8007
27	北京市丰台区王佐第二幼儿园	单莺娇	100074	北京市丰台区王佐镇西王佐村 25 号	83316351-8845
附设幼儿班					
	北京市丰台区丰台第一小学	殷　楠	100071	北京市丰台区东安街 1 号	63890152
	北京市丰台区丰台第五小学	李　磊	100070	北京市丰台区西四环南路 78 号	63823080
	北京市丰台区长辛店中心小学	刁全贵	100072	北京市丰台区槐树岭 5 号	83800560
	北京小学丰台万年花城分校	刘显洋	100071	丰台万年花城万芳园 4 区 2 号	68370901
	北京朝阳芳草地国际学校丽泽分校	缐永正	100073	北京市丰台区丽泽路 1 号院 4 号楼	63256917

序号	幼儿园名称	法人或园长	邮政编码	幼儿园地址	电话号码
	北京教育学院丰台分院附属学校	齐伟哲	100070	丰台三环新城6号院	86312776
	北京市赵登禹学校	徐　唯	100067	北京市丰台区马家堡嘉园一里17号	67576125
	北京市丰台区长辛店学校	王立华	100072	北京市丰台区朱家坟一里44号	83843233
	中国教育科学研究院丰台实验学校	石　磊	100071	北京市丰台区程庄路九十号	63833945
二、部门办					
28	芳星第一幼儿园	张　颖	100078	北京市丰台区方庄小区芳星园二区16号楼	67633159
29	北京市丰台区人民政府机关幼儿园	方宝燕	100071	北京市丰台区北大街1号	83656449
30	中国航天科技集团公司第一研究院航天幼儿园	周　雅	100076	北京市丰台区东高地万源东里70栋	88521980
31	中国航天科技集团公司第十一研究院幼儿园	周　妍	100074	丰台区云岗南区东里8号楼十一院幼儿园	68375547
32	北京航天华盛幼儿园	花向红	100074	北京市丰台区云岗南区西里22号	68743580
三、集体办					
33	北京市丰台区槐房艺术幼儿园	赵　平	100076	丰台区南苑乡槐房村槐房西路	67915662
34	北京市丰台区西局博雅双语幼儿园	王云桃	100071	北京市丰台区西局欣园南区9号楼	83674237
35	北京市丰台区万泉寺幼儿园	王　蕾	100073	北京市丰台区万泉寺第一村民小组	63352623
36	北京市丰台区太平桥东里幼儿园	李　莉	100073	北京市丰台区太平桥东里20号院	63484711
37	北京市丰台区西罗园第一幼儿园	杨立杰	100077	北京市丰台区西罗园一区11号楼	87257462
38	北京市丰台区西罗园第二幼儿园	李　辉	100068	北京市丰台区西罗园海户西里7号托幼楼	67222010
39	北京市丰台区大红门街道办事处东楼幼儿园	杨书兰	100075	大红门西里28号东楼幼儿园	87271525
40	北京市丰台区南苑镇新开路幼儿园	贾　玉	100076	北京市丰台区南苑镇新开路头道街16号	67991307
41	北京市丰台区东铁营办事处第二托儿所	闫玉娇	100075	北京市丰台区蒲黄榆四里13号楼一层	67662829
42	北京市丰台区卢沟桥街道第二幼儿园	于向英	100141	北京市丰台区大成里居住区蔚园15号楼北门	68671451
43	北京市丰台区卢沟桥街道办事处五里店幼儿园	陈智慧	100166	北京市丰台区五里店南里小区17号楼	63817685
44	北京市丰台区丰台镇正阳幼儿园	单秀丽	100070	北京市丰台区桥南正阳头条5号	63718494
45	北京市丰台区长辛店大街幼儿园	邱跃飞	100072	北京市丰台区长辛店大街100号	83876295
46	北京市丰台区芳群第二幼儿园	郭惠如	100078	北京市丰台区芳群园四区10号楼	67638316
47	北京市丰台区大井幼儿园	刘秀利	100166	北京市丰台区田各庄村133号	83696791
48	北京市丰台区三路居幼儿园	张玉红	100073	北京市丰台区丽泽路(临)27号	83062326
49	北京市丰台区东管头幼儿园	佟　义	100071	北京市丰台区益泽路丽泽景园1号综合楼	63948281
50	北京市丰台区小井幼儿园	刘慧兰	100161	北京市丰台区小井村镇558号	63843365
51	北京市丰台区西局幼儿园	杨金星	100161	北京市丰台区卢沟桥乡西局村	83298664

序号	幼儿园名称	法人或园长	邮政编码	幼儿园地址	电话号码
52	北京市丰台区岳各庄幼儿园	刘亚丽	100161	北京市丰台区岳各庄 543 号	83668688
53	北京市丰台区靛厂幼儿园	董建平	100039	北京市丰台区靛厂村 805 号	88247057
54	北京市丰台区黄土岗中心幼儿园	李秀红	100070	北京市丰台区花乡黄土岗 271 号	83608173
55	北京市丰台区新发地农工商联合公司中心幼儿园	孙立华	100070	北京市丰台区汉龙南站京开路 78 号	67928075
56	北京市丰台区花乡白盆窑村中心幼儿园	赵艳红	100161	北京市丰台区花乡白盆窑村中心 1 号	83793384
57	北京市丰台区看丹村中心幼儿园	安春霞	100070	北京市丰台区看丹杨树庄临 27 号	63728023
58	北京市丰台区榆树庄园艺术幼儿园	顾凤玲	100070	北京市丰台区人民村 152 号	83602596
59	北京市丰台区草桥幼儿园	李爱香	100067	北京市丰台区草桥欣园一区 3 号楼	87584713
60	北京市丰台区大红门幼儿园	李祖芳	100075	北京市丰台区大红门东前街 48 号	67266318
61	北京市丰台区南苑乡西铁营幼儿园	尹贤晶	100069	北京市丰台区右安门外中顶村 255 号	63587323
62	北京市丰台区分中寺幼儿园	王晓华	100164	北京市丰台区南苑地区办事处分中寺村委会	67659256
63	北京市丰台区卢沟桥幼儿园	梁淑梅	100165	北京市丰台区卢沟桥晓月中路 8 号	63899928
四、部队					
64	中国人民解放军空军工程设计研究局幼儿园	屈文军	100068	北京市丰台区洋桥 12 号院	66711060
65	中国人民解放军 95810 部队幼儿园	刘　诤	100076	北京市丰台区警备东路六号院三区 95810 部队幼儿园	66915022
66	空军装备研究院蓝天幼儿园分园	高立民	100076	北京市丰台区南苑警备东路六号二区	66713354
67	八一电影制片厂幼儿园	胡德杰	100161	北京市丰台区六里桥北里甲一号	66834671
68	中国人民解放军三 0 二医院幼儿园	刘小焕	100039	北京市丰台区西四环中路 100 号	66933476
69	空军直属机关蓝天幼儿园	单晓梅	100161	北京市丰台区六里桥北里风荷曲苑 10 号	52731268
70	中国人民解放军海军航空兵部幼儿园	丁　洁	100071	丰台东大街 5 号	66959271
71	中国人民解放军 62301 部队幼儿园	黄筱媛	100071	北京市丰台区东安街头条 19 号	66873462
72	中国人民解放军总后勤部六一幼儿园	范　茜	100071	北京市西四环南路 63 号院	66888030
73	中国人民解放军 66040 部队机关幼儿园	石会玲	100071	北京市丰台区东大街 49 号院	66870354
74	中国人民解放军 62030 部队院务部管理处幼儿园	赵　晶	100071	北京市丰台区丰台镇东大街 20 号院	66948941
75	装甲兵工程学院幼儿园	荆　京	100072	北京市丰台区杜家坎 19 号院	66717471
76	中国人民解放军 63963 部队幼儿园	邓祖梅	100072	北京市丰台区槐树岭 3 号院幼儿园	66862192
77	中国人民解放军总参谋部第五十一研究所幼儿园	蒋　宁	100072	北京市丰台区朱家坟五里三号院	66861239
五、企业办					
78	北京市环球橡胶厂托儿所	穆　兰	100075	北京市丰台区永外海慧寺 1 号	67247632
79	北京市南厢物资经营公司托儿所	扈秀兰	100079	北京市丰台区东铁营横 7 条 44 号院	67672920
80	北京二七车辆厂幼儿园	王永霞	100072	北京市丰台区张郭庄南路 1 号	83804570

序号	幼儿园名称	法人或园长	邮政编码	幼儿园地址	电话号码
81	北京北方车辆集团有限公司幼儿园	佟　新	100072	北京市丰台区长辛店朱家坟二里十二号	83807200
82	北京二七机车厂幼儿园	段秋菊	100072	北京市丰台区长辛店崔村一里 11 号	83306612
六、民办					
83	北京市丰台区多智幼儿园	葛　静	100072	北京市丰台区德善里 19 号	83885686
84	北京市丰台区义和双语艺术幼儿园	王保凤	100076	北京市丰台区和义东里三区 9 号楼	67952788
85	北京市丰台区 ABC 双语幼儿园	宋姝威	100071	北京市丰台区三环新城 8 号院 1-16 底商	51905885
86	北京市丰台区威尔夏幼儿园	贾永军	100073	北京市丰台区华源四里 8 号楼	63371738
87	北京市丰台区如果幼儿园	张美霞	100078	北京市丰台区芳星园二区 11-1 号院	67683898
88	北京市丰台区南宫方芳幼儿园	刘淑敏	100074	北京市丰台区王佐镇长青路 113 号-1	83312308
89	北京市丰台区惠智幼儿园	陈荣艳	100039	北京市丰台区京铁家园三区二号	51800322
90	北京市北方之星艺术幼儿园	李丁丁	100069	北京市丰台区右安门外玉林里 1 区 5 号楼	63053264
91	北京市丰台区红黄蓝多元智能实验幼儿园	马云辉	100069	北京市丰台区右安门外开阳里一区 6 号楼	83528183
92	北京市丰台区首科双语传媒幼儿园	谢燕梅	100073	北京市丰台区华源三里 8 号楼	63370805
93	北京市丰台区小红帽艺术幼儿园	杨立民	100141	北京市丰台区青塔小区大城里芳园 9 号楼	68675150
94	北京市丰台区芳茹双语艺术幼儿园	王晓慧	100068	北京市丰台区角门东里小区 7 号楼	67542155
95	北京欣宇幼儿园	范淑萍	100068	北京市丰台区西马场北里 15 号	67563275
96	北京市邮政管理局海慧寺幼儿园	王凤清	100075	北京市丰台区南顶村长 44 号楼	67243028
97	北京市丰台区翩翩艺术幼儿园	周敏兰	100068	北京市丰台区大红门建欣苑小区三里	87898728
98	北京市丰台区幼师附属实验艺术幼儿园	王呈祥	100076	北京市丰台区南苑北里 1 区	67066670
99	北京市丰台区阳光起点幼儿园	李　芳	100079	北京市丰台区石榴园北里 24 号	87259981
100	北京市丰台区意馨艺术幼儿园	曹明明	100079	北京市丰台区东铁营宋家庄政馨园二区 8 号楼	87686009
101	北京育强体育才艺幼儿园	王静涛	100164	北京市丰台区成寿寺路四方景园二区 7 号楼	87645009
102	北京市丰台区高娃钢琴幼儿园	赵红梅	100141	北京是丰台区小屯路 6 号	68671703
103	北京市星桥幼儿园	赵秀珍	100071	北京市丰台区卢沟桥大瓦窑 349 号	83292374
104	北京市丰台区北大地新西区幼儿园	高素英	100071	北京市丰台区北大地一里 14 栋	63864382
105	北京市丰台区星星天地幼儿园	刘　琳	100071	北京市丰台区丰管路 1 号院 3 号楼	83824855
106	北京市丰台区英才幼儿园	孟　炜	100071	西四环南路 60 号丰台花园内	63850959
107	北京市丰台怡海幼儿园	饶亦玲	100070	北京市丰台区南四环西路 129 号怡海花园内	63743220
108	北京市丰台区雅瀚艺术幼儿园	吴　煦	100067	北京市丰台区草桥欣园三区 11 号楼	67504980
109	北京市丰台区嘉萌实验艺术幼儿园	宋雪云	100072	北京市丰台区云岗南区西里 41 楼南侧	83393988

序号	幼儿园名称	法人或园长	邮政编码	幼儿园地址	电话号码
110	北京市丰台区汇佳实验幼儿园	贾　靖	100078	北京市丰台区方庄芳古园二区6号楼	67685252
111	北京市丰台区方庄鹤立实验幼儿园	李跃丽	100078	北京市丰台区方庄芳古园一区 11 号楼	67621163
112	北京开发红黄蓝双语幼儿园	李海红	100078	北京市丰台区方庄紫芳园二区7号楼	87643052
113	北京市丰台区嘉园实验艺术幼儿园	邓　茵	100067	北京市丰台区嘉园二里 34 号楼	67534412
114	北京市丰台区宝贝星河幼儿园	韩　红	100067	北京市丰台区北甲地路6号玺萌丽苑小区内	67523612
115	北京市丰台区笑笑幼教集团南洋之星幼儿园	刘　倩	100068	北京市丰台区马家堡路角门 14 号院南华小区内	67509369
116	北京市丰台区布朗幼儿园	师晓晴	100068	北京市丰台区西马场南里二区 18 号楼	87594150
117	北京市丰台区环雅阳光双语幼儿园	唐　娜	100068	丰台区马家堡西路 28 号院 7 号楼	87560980
118	北京市丰台区嘉德双语幼儿园	刘爱芬	100067	北京市丰台区嘉园三里 15 号楼	87568279
119	北京市丰台区金贝德实验幼儿园	蔡文英	100076	北京市丰台区和义东里一区一号院	67994299
120	北京市丰台区明悦峰景双语幼儿园	刘朝辉	100166	北京市丰台区青塔西路 58 号院	63877204
121	北京市丰台区立杰小红帽艺术幼儿园	魏玉荣	100068	北京市丰台区丰葆路富锦嘉园小区	87270149
122	北京市丰台区美格双语幼儿园	闫红艳	100070	北京市丰台区万年花城万芳园一区 6 号楼	63622310
123	北京市丰台区青塔东里幼儿园	耿　珊	100141	北京市丰台区青塔东里小区 19 号楼附楼	68218230
124	北京市丰台区海嘉实验幼儿园	刘俊霞	100073	北京市丰台区万泉寺256号万润风景小区 10 号楼	63339306
125	北京市丰台区友爱谷潜能开发双语幼儿园	杨默林	100078	北京市丰台区方庄南路 29 号	87685008
126	北京市丰台区大地美域双语幼儿园	徐桂云	100166	北京市丰台区小屯西路天鸿美域家园南区 6 号楼	68633339
127	北京市丰台区汇英阳光音乐幼儿园	秦　郁	100141	北京市丰台区小屯路北青塔小区春园 10 号楼	68692263
128	北京市丰台区德美双语幼儿园	马晓林	100071	北京市丰台区大成南里一区 10 号	51750919
129	北京市丰台区北方之星幼儿园	薛福瑞	100070	北京市丰台区丰桥路三环新城7号院 14 号楼	83294007
130	北京市丰台区阳光起点锦城幼儿园	韩如雪	100160	北京市丰台区新发地天伦锦城小区 14 号	83711638
131	北京市丰台区世纪阳光幼儿园	曾琼卉	100072	北京市丰台区长辛店长云路2号院 17 号楼	83849778
132	北京市丰台区糖果双语幼儿园	邹俊军	100054	北京市丰台区嘉园路大台子 9 号	67582922
133	北京市丰台区万恒幼儿园	张　萌	100071	北京市丰台区小屯西路 66 号院万恒家园 5 号楼	83838568
134	北京市丰台区邦尼幼儿园	刘红伟	100079	北京市丰台区宋庄路 26 号红狮家园 7 号楼	87150343

职业高中一览表

学校名称	是否教育办学	法人	邮政编码	学校详细地址	电话号码
北京市丰台区职业教育中心学校	是	赵爱芹	100078	北京市丰台区方庄芳古园二区 9 号	67634860
北京市文化艺术职业学校	否	魏　玲	100075	北京市丰台区南四环中路 38 号	87880534
北京市丰台区汽车维修职业学校	否	岳东明	100162	北京市高立庄 195 号	83795515
北京八一艺术学校	否	郭　华	100070	北京市丰台区花乡樊羊路 820 号	83700362
北京新桥外国语高中学校	否	陈燕冰	100069	北京市丰台区右安门外开阳里东巷 24 号	63587607

校外教育单位一览表

单位名称	法人	联系电话	地址
北京市丰台区青少年活动中心	王振民	63896631	北京市丰台区丰台镇文体路 36 号
东高地青少年科技馆	张云翼	68383621	北京市丰台区东高地万源西里 28 栋
云岗科技站	赵宝生	68191590	北京市丰台云岗南区东里 10 号
劳技中心	刘铁汉	87681448	北京市丰台区方庄芳群园 4 区 7 号

索 引

说明：1. 主题词首按汉语拼音序排列，首字相同按第二字音序，其余类推。
2. 主题词后的数字表示该词及内容页码，a、b字母在双栏文中分别表示左、右栏。
3. 特载、附录部分不作索引。

A

B

C

D

F

G

H

J

K

L

M

N

O

Q

R

S

T

W

X

Y

Z